Histoire de l'épuration

Bénédicte Vergez-Chaignon

Histoire de l'épuration

LAROUSSE

À Sylvie et Denis Freslon
et à tous mes assistants bénévoles

Crédits photographiques :

ht : Cherbourg le 22 juillet 1944 : deux collaborateurs sont condamnés à la peine de mort à perpétuité - Ph. Coll. Archives départementales de la Manche

m : Manifestation communiste à Stains avec pancarte "Épurons" - 22 octobre 1944 - Ph. © LAPI/Roger-Viollet.

ISBN : 978-2-03-583691-5

Espérer, faire, oublier, montrer l'épuration

Nombreux sont les conflits acceptés, voire assumés pendant leur déroulement, qui sont par la suite déniés et effacés par leurs acteurs même. L'épuration entre dans cette logique. Elle a d'abord été ardemment désirée, ardemment vécue avant d'être presque aussi ardemment rejetée et volontairement oubliée. Sous l'Occupation, elle a été un espoir mobilisateur. Aux jours de la Libération, elle a été voulue et mise en œuvre comme un prolongement évident du combat et une juste compensation des souffrances et des humiliations. Mais elle s'est transformée en l'espace de quelques mois en une amère déception. Elle s'est ensuite prolongée comme un boulet dans la France de la reconstruction, de la prospérité enfin retrouvée, mais aussi des déchirements de la guerre froide et de la décolonisation. L'amnistie précoce a encouragé un oubli finalement souhaité. La honte de l'échec s'est peu à peu muée en honte de soi. De sujet irritant, l'épuration est devenue sujet embarrassant puis condamnable. Là où l'on avait voulu, dans le feu de l'action, effacer les divisions, rétablir l'intégrité du corps social et de son image symbolique, et réparer les préjudices portés à la nation, on n'a plus considéré, avec accablement, que de nouveaux affrontements, de nouvelles souffrances et beaucoup de gêne. L'épuration est restée méconnue, parce qu'encombrée d'un appareil de préjugés, de fausses idées et de honte.

Le souvenir d'un gâchis, le sentiment d'un malaise ont pu, par la suite, pousser à éviter le sujet ou inciter à « refaire » l'épuration, en estimant qu'elle n'avait pas eu lieu ou méritait d'être corrigée. Or, l'historiographie a, depuis une dizaine d'années, pris le propos à bras-le-corps en dehors des sentiers battus grâce à une multitude d'études de cas. Ces progrès, joints surtout à l'ouverture des archives permise par la loi de 2008, offrent la possibilité de considérer dorénavant l'épuration dans son contexte et dans ses détails. L'histoire de la répression judiciaire, administrative, professionnelle ou extrajudiciaire des faits de collaboration – ou l'histoire du « châtiment des traîtres » pour parler comme dans les années 1940 – a longtemps été réduite à l'étude de quelques milieux politiques ou intellectuels, ou à des bilans statistiques difficiles. Elle se donne aujourd'hui à voir dans sa dimension la plus détaillée mais aussi la plus courante, puisqu'on estime qu'elle a concerné environ 300 000 personnes directement, sans compter toutes ses répercussions. Comme beaucoup de conflits contemporains, la Seconde Guerre mondiale avait placé de vive force les « non-combattants » au beau milieu du champ de bataille. De même, son règlement concerna l'ensemble de la société. L'épuration apparaît ainsi non seulement comme le fait politique que nous connaissions, mais comme un phénomène social et même parfois intime, et une donnée culturelle.

Les objets historiques ne sont jamais tant jugés malséants que lorsqu'on les suppose impossibles à traiter ou interdits. Pourtant, non seulement les archives de l'épuration existent, mais elles sont accessibles et incroyablement riches. Aux textes législatifs, aux plaidoyers venimeux, aux commentaires intéressés, aux comptes-rendus sténographiques des procès célèbres s'ajoutent en fait une masse considérable d'archives judiciaires, policières, carcérales, préfectorales, syndicales, professionnelles, partisanes, mais aussi des correspondances, des statistiques, des dossiers individuels par milliers. Tous ces documents donnent corps aux idées restées vagues.

Pendant l'Occupation, la police et la justice avaient déjà compté et décrit les attentats contre les « collabos » : les mythiques petits cercueils envoyés par la poste avaient eu des suites concrètes que l'on peut décrire et évaluer. Des femmes tondues à la Libération ont porté plainte contre leurs « tondeurs » et on peut trouver, dans les cartons d'archives, les récits affrontés des protagonistes. La lecture des procédures et des délibérations de comités spontanés ou formels révèlent que l'épuration économique et professionnelle a bien eu lieu, mais dans un tel fatras institutionnel et si lentement que le public n'a pas pu la voir. Dans son désappointement, il nous a légué le souvenir de ces fameux constructeurs du Mur de l'Atlantique, qui auraient payé bien moins cher que les non moins fameux intellectuels. À côté des procès bien connus des plus hautes personnalités, les archives des cours de justice et des chambres civiques, présentes dans chaque département, révèlent l'ordinaire de la collaboration et de sa punition, qui fait une large part aux vilenies médiocres et bêtes de la délation, de l'envie et de la cupidité. Ces cartons aujourd'hui largement ouverts invitent à une plongée dans l'épuration vécue, et non plus seulement dans l'idée d'épuration, enjeu de controverses politiques sans cesse recommencées.

Malgré la brièveté et l'intensité des événements les plus caractéristiques (l'épuration « sauvage », les procès de Haute Cour, les grandes affaires judiciaires), c'est à une histoire plus longue que renvoie en fait ce châtiment des traîtres. En effet, l'épuration n'a pas surgi du néant à l'été 1944. Le mot comme la chose sont apparus lors de la Révolution française et ont connu des applications tout au long du XIXe siècle, toutes réalités dont avaient conscience tant les promoteurs que les contempteurs de l'épuration, qui ont puisé dans le passé français leurs modèles comme leurs critiques. Juste avant la Seconde Guerre mondiale, le terme d'épuration a pris en France une connotation presque prophylactique et très militante, qui a trouvé sous l'Occupation de douloureux échos. La France de Vichy a été, à cet égard, le champ clos de diverses épurations : une épuration rêvée contre les traîtres – qui devait déboucher à la Libération sur une législation et sur des actes –, qui connut ses prémices sous forme de propagande mais aussi d'attentats, et une épuration appliquée par l'État français et les collaborationnistes contre les ennemis de l'intérieur. La violence était déjà à l'œuvre, qui devait faire de l'épuration spontanée, à l'été 1944 mais aussi en 1945, une action vécue comme la continuation de la lutte armée. D'où le décalage ressenti entre ces véritables actes de guerre et l'effort d'organisation entrepris par les nouveaux pouvoirs publics pour placer le châtiment des traîtres sous la tutelle de l'État de droit. L'épuration s'est effectivement déployée dans tous les secteurs de la vie française dans la confrontation entre la nécessité de la punition et l'aspiration à un renouveau profond, qui impliquaient toutes deux une urgence incompatible avec les formes légales.

Les travaux historiographiques récents sur la brutalisation découlant des conflits armés et le chaos des sorties de guerre replacent l'épuration dans une nouvelle perspective. Quoi que l'on pense de l'épuration « sauvage » ou « spontanée », qui a donné lieu à tant de développements intéressés, force est de la placer aussi dans un contexte où le niveau de tolérance à la violence et à la coercition estimé légitime par l'opinion était, selon nos critères actuels, incroyablement élevé. Cela n'empêche pas non plus de remarquer que les Français de 1944 et 1945 ne se réclamaient pas de la loi du talion, de la basse vengeance, mais d'une logique de guerre et de rénovation, et d'une justice que l'on voulait sévère, prompte et publique.

De même que l'épuration commence avant l'été 1944, elle se prolonge après la fin de la guerre et après la tenue des procès les plus spectaculaires. Du fait de la lenteur des procédures judiciaires ou administratives. Du fait aussi de l'obligation de gérer les sanctions, les condamnations et les condamnés sur des décennies, y compris au moyen – délicat – du contentieux administratif, des remises de peines et des amnisties. Du fait enfin des pesanteurs d'une mémoire embarrassée et embarrassante, qui devait faire dire, à la fin des années 1990, que la France n'avait pas soldé les comptes de la Seconde Guerre mondiale. Mais cette mémoire est en pleine mutation, au moment où s'ouvre le récit de ce qu'auraient dû être et de ce qu'ont été le châtiment des traîtres et le rêve corollaire d'une France jeune, neuve et pure.

PROLOGUE

Le mal vient de plus loin

Quiconque a pris en main quelque troupeau, berger, bouvier, éleveur de chevaux ou tout autre de ce genre, n'entreprendra jamais de le soigner sans l'avoir d'abord épuré par l'espèce d'épuration qui convient à chaque groupement. Or, l'épuration la meilleure est douloureuse, comme toutes les médications vraiment efficaces : elle est celle qui n'opère la correction que par la sentence pénale et n'a, comme pénalité dernière, que la mort ou l'exil.

(Platon, *Les Lois*, V, 735b)

L'épuration n'a pas surgi toute armée du néant au moment de la Libération. Non seulement parce qu'elle avait été espérée et réfléchie pendant les années d'occupation, mais parce qu'elle possède un passé. Un passé qui implique une plongée dans l'histoire politique française depuis la Révolution. Cette plongée, résistants et collaborateurs l'ont faite, eux aussi, au moment de trouver une inspiration, des références ou des repoussoirs.

On ne peut point régner innocemment

C'est à la fin du XVIIIe siècle que le mot épuration acquiert, dans le domaine politique, un nouveau sens imagé. Il désigne l'exclusion hors d'un corps social de ceux qui sont jugés indignes d'en faire partie. Dans les années qui précèdent la Révolution se multiplient des pamphlets appelant à l'élimination de catégories parasites telles que le clergé régulier ou la noblesse. Les célèbres brochures de Sieyès *Essai sur les privilèges* et *Qu'est-ce que le Tiers État*, en désignant les éléments impurs, fondent une possible régénération collective sur un principe d'exclusion. Dans leurs discours, les révolutionnaires introduisent les éléments fondamentaux de toutes les épurations à venir. Et, en improvisant la violence politique contemporaine, le jacobinisme donne une réalisation paroxystique à cette folie de pureté. La dénonciation devient vertu civique. Des listes d'adversaires sont dressées : opposants avérés, prêtres réfractaires, puis suspects au sens de plus en plus large. La loi des suspects (17 septembre 1793) se donne pour but de réprimer « ceux qui, soit par leur conduite, soit par leurs relations, soit par leurs propos ou leurs écrits, se sont montrés partisans de la tyrannie ou du fédéralisme et ennemis de la liberté ». La Commune de Paris propose même de désigner comme suspects « ceux qui, n'ayant rien fait contre la liberté, n'ont rien fait pour elle ». À ce régime, constate Michelet dans son *Histoire de la Révolution française*, « la France entière était suspecte ». La Terreur instituée par la réorganisation du Tribunal révolutionnaire après les massacres de septembre 1792 tend à substituer une forme légalisée à la fureur populaire explosant sous la pression de l'insécurité, de la misère et de l'obsédante rumeur de la conspiration ourdie par les suspects depuis leur prison. « Soyons terribles pour dispenser le peuple de l'être », tranche Danton en mars 1793. Ce qui n'empêche pas les révolutionnaires de justifier les lynchages et les exécutions sommaires, au nom de l'infaillibilité de la souveraineté populaire. « Il fut coupable avant d'être victime », conclut Robespierre après l'assassinat du maire d'Étampes par la foule. La réaction punitive trouve sa place dans la dynamique révolutionnaire et la vengeance devient légale. Dans les dernières semaines de la Terreur, Couthon présente un projet de décret sur la justice qui la ramène aux formes les plus élémentaires : « le délai pour punir les ennemis de la patrie ne doit être que le temps de les reconnaître : il s'agit moins de les punir que de les anéantir ». La victoire se définit par la disparition physique de l'ennemi.

Cette justice politique chargée de terroriser l'adversaire et d'impressionner l'opinion procède aussi du combat pour le pouvoir. L'obsession du châtiment recoupe les affrontements entre meneurs et factions à la Convention. De même qu'au sein du Comité de Salut public Robespierre consacre à l'épuration l'essentiel de son temps, elle monopolise l'énergie des représentants du peuple au détriment des besoins du pays désorienté, appauvri et menacé par les armées européennes. Les premiers républicains sont sous l'emprise d'une puissante volonté de reconstruire la société en engageant des ruptures décisives : l'instauration de l'an I de la République ou celle du calendrier révolutionnaire sont de parlantes illustrations d'un rejet du passé allié à la fascination de la table rase. Le désir de rénovation morale découle de l'éradication du despotisme corrupteur. Les comités révolutionnaires, suppléant ce qu'ils estiment être le modérantisme et l'insuffisante légitimité des autorités, se chargent d'épurer l'administration, de rechercher déserteurs et réfractaires à la conscription, de censurer le courrier, de délivrer certificats de civisme et passeports, d'appliquer la taxation des prix, de fermer les églises... La Convention, les sociétés populaires, les clubs sont eux-mêmes travaillés par ce prurit d'épuration. Ce qu'on appelle « régénérer les sections » consiste en l'irruption d'un public menaçant, l'intimidation et le vote par acclamation. À tout instant, le dénonciateur peut devenir lui-même suspect, accusé et condamné. Le système d'exclusions successives fonctionne de plus en plus vite, les purs purgeant sans cesse les impurs, au risque de succomber à leur tour. Le « creuset épuratoire » d'où devait émerger le nouveau citoyen, s'avère un gouffre sans fond.

Dans le même temps que la loi des suspects, la Convention adopte des décrets qui inventent la figure du « collaborateur ». Le Nord de la France est alors envahi par les troupes coalisées, Toulon est aux mains des Anglais. La nouvelle législation désigne comme traîtres à la patrie les Français qui acceptent des fonctions publiques dans les territoires occupés par l'ennemi. Lecture est faite à la tribune de l'assemblée des noms de ceux qui sont en train de se compromettre dans Valenciennes occupée. La loi doit permettre d'incriminer des individus qui n'entrent dans aucune catégorie de délinquance, sous prétexte de les protéger contre les élans de la vengeance populaire. Pour la première fois est donc défini le crime d'intelligence avec l'ennemi, non plus seulement comme incitation à la guerre ou participation à l'invasion, mais aussi comme aide sciemment apportée par des civils ou par des militaires à l'occupant.

La tête de Méduse

Après thermidor, les Français s'engouent de la libération des prisonniers de la Terreur et du châtiment des terroristes. La Convention, pourtant, préférerait oublier le passé, car elle ne peut continuer à s'épurer sans se condamner. Elle cède néanmoins sur la fermeture du club des Jacobins, sur le procès des membres du Comité de salut public et sur l'épuration symbolique du Panthéon, dont est par exemple expulsée la dépouille de Marat. Dans l'armée, des officiers sont rayés des cadres comme jacobins. Des représailles sont exercées dans le Midi et la vallée du Rhône contre d'anciens administrateurs jacobins, des prêtres constitutionnels, des militants et soldats républicains. Elles culminent dans des assassinats collectifs de dizaines de prisonniers. En 1798, le Dictionnaire de l'Académie française donne du mot réaction la définition suivante : « se dit figurément d'un parti qui se venge et agit à son tour ».

À la suite du coup d'État du 18 brumaire, Bonaparte bénéficie d'un répit qui le conduit à envisager de rallier à lui les révolutionnaires modérés et les royalistes raisonnables. Il entame un processus de réconciliation qui n'exclut que les extrêmes. La loi sur les otages (prévoyant de prendre des otages dans la famille des contre-révolutionnaires) est abrogée, une amnistie permet à des républicains exilés et à des royalistes émigrés de rentrer en France. Après hésitation, le nouveau pouvoir renonce à la liste des jacobins à déporter en Guyane ou à assigner à résidence. Le temps des proscriptions semble clos. Pourtant, l'armée est de nouveau épurée : en deux ans, plusieurs milliers d'officiers ou de sous-officiers républicains sont mis à la retraite. Dans l'administration, l'épuration est d'abord masquée par le changement des institutions, mais la menace répressive demeure constante. Ainsi, exaspéré par l'agitation au Tribunat – qu'il a pourtant créé – d'une minorité d'opposants, Bonaparte fait évincer vingt tribuns, avant de supprimer le Tribunat lui-même. Donnant ses instructions, il écrit :

> Je vous prie de tenir la main à ce qu'on nous débarrasse de vingt à soixante mauvais membres que nous avons dans les autorités constituées. La volonté de la nation est que l'on n'empêche pas le gouvernement de faire le bien et que la tête de Méduse ne se montre plus dans nos tribunes et dans nos assemblées.

Un attentat contre le Premier Consul (rue Saint-Nicaise, le 24 décembre 1800) amène à l'actualisation des listes de terroristes républicains : soixante-dix d'entre eux sont envoyés aux colonies et cinquante assignés à résidence. Ce sont cependant des monarchistes qui ont perpétré cet attentat, et ils seront d'ailleurs exécutés peu après.

Si Louis XVI est innocent, vous êtes tous des rebelles

La Terreur représente aujourd'hui l'intolérable en politique, en tant que préfiguration de la folie meurtrière des purges et des crimes de masse du XXe siècle. On sait pourtant que les républicains de la IIIe République se réclamaient de la Révolution française, sans en vouloir retrancher 1793, sous peine d'affaiblir la République. « La Révolution est un bloc », s'exclame Clemenceau à la Chambre des députés en 1891, puis, se tournant vers les bancs de la droite : « Vous êtes demeurés les mêmes ; nous n'avons pas changé. Il faut donc que la lutte dure jusqu'à ce que la victoire soit définitive ».

Cinq décennies plus tard, la France des années 1940 est encore un pays où les citoyens se prononcent pour ou contre la Révolution française. À la recherche de modèles et d'unité, les résistants recourent à la référence à la Révolution de façon spontanée. On ne sait quel couplet de *la Marseillaise* choisir pour protester contre le despotisme et l'occupation étrangère, pour proclamer une volonté farouche de lutter pour la patrie. La liberté ou la mort : l'idéologie jacobine puisait sa grande force dans les dangers courus par le pays et la République, et dans sa propre intransigeance, fut-elle désespérée. Elle force l'admiration quand il faut trouver de nouveau des raisons d'entreprendre un combat qui semble perdu d'avance. En évoquant les soldats de l'an II, les résistants retrouvent le substrat patriotique qui a nourri des générations d'écoliers français. Le professeur de lycée Raymond Burgard nomme *Valmy* le périodique clandestin qu'il rédige à Paris en janvier 1941. Au contraire, le régime de Vichy dilue le 14 juillet dans un flot de nouvelles célébrations, pour des raisons tant idéologiques que tactiques. À partir de 1942, la résistance en voie d'organisation replace la fête nationale au centre du combat patriotique.

> Car, aujourd'hui comme hier, les « patriotes » sont ceux qui défendent à la fois le sol de la patrie et les libertés républicaines contre la conjuration renouvelée des « cohortes étrangères » et de ses traîtres, « opprobres de tous les partis », que dénonçait déjà la jeune *Marseillaise* (*Libération* zo, 10 juillet 1942).

Au fur et à mesure que la Résistance se dote de projets politiques pour l'après-guerre, elle s'inspire entre autres des idéaux démocratiques hérités de la Révolution, que Vichy dénigre de façon ostentatoire, tout comme il vilipende l'esprit des Lumières. Elle aspire non seulement à faire advenir une République rénovée, mais à réussir une révolution qui, par contraste avec la Révolution nationale comme avec les modèles étrangers, sera forcément une révolution *française*.

Références et vocabulaire se bousculent sous la plume des résistants. C'est la façon la plus simple de s'intégrer dans la tradition républicaine. Ils se sentent d'autant plus républicains que les royalistes d'Action française passent pour les inspirateurs de la politique de Vichy. Dans un tract diffusé le 14 juillet 1944 pour appeler à l'insurrection, on lira : « Le règne des camelots du roi va prendre fin. Ils voulaient enterrer la République en 1940. Elle va renaître avec un sang nouveau, plus jeune et plus forte ».

Il est question de nommer Comité de Salut public la future instance dirigeante du pays en voie de libération : n'est-ce pas tout simplement logique ? En 1942, le mouvement Franc-Tireur crée un périodique titré *le Père Duchesne*, en rappel du journal de l'« enragé » Hébert, avec la manchette « Haine aux tyrans. La liberté ou la mort. 151e année ». Le ton véhément s'inspire de celui de son aîné – aux obscénités près. « Prête-nous ta voix populaire et furieuse Père Duchesne de la Révolution, rappelle-nous tes injures et tes imprécations ! Nous n'en aurons jamais assez contre le tyran des Peuples. » Violemment satirique, *le Père Duchesne* revisité marche sur les traces de son prédécesseur dans sa dénonciation des partisans et artisans de la collaboration, et dans ses appels à la colère des Français. La rubrique « À la lanterne » s'en prend aux officiels du régime et se termine par l'adaptation d'un couplet bien connu :

Ah ! ça ira ! ça ira ! ça ira !
Tous les vendus à la lanterne !
Ah ! ça ira ! ça ira ! ça ira !
Tous ces Nazis on les pendra.

Et de se régaler de la vengeance espérée : « Quelles charrettes, citoyens ! ». Dans le droit fil de la Révolution, le combat s'exerce conjointement contre les ennemis extérieurs et leurs complices de l'intérieur, aussi haïssables pour les risques qu'ils font courir à l'intégrité et à la nature de la France. C'est en ce sens que l'identification aux figures les plus emblématiques du jusqu'au-boutisme révolutionnaire devient banale. Charles d'Aragon signe du pseudonyme de Saint-Just dans le journal *Combat*. Ou *le Coq enchaîné* se réclame de Camille Desmoulins et adjure les Français de devenir « fils des Sans-Culottes » contre les « fils des Français de Coblence ». Évidemment, au sein de la résistance communiste, le modèle jacobin et sans-culotte est exalté de façon répétitive. Citations de Robespierre à l'appui, 1793 est donné en exemple. « En 1793, devant la poussée du despotisme, nos pères n'ont pesé ni le pour et le contre, ni comploté à voix basse. La Patrie était en danger, ils ont combattu » (*Forces unies de la jeunesse*, août 1943). Le premier groupement des FTP-MOI (francs-tireurs et partisans-main-d'œuvre immigrée) en région lyonnaise prend par exemple le nom de Carmagnole. Avec l'idée de définir la résistance communiste comme la continuité des idéaux de 89, la presse du Parti et de ses satellites recourt d'abondance, en particulier entre 1941 et 1943, aux symboles : le 14 juillet et Valmy, *la Marseillaise*, les drapeaux et les cocardes tricolores, la devise de la République déclinée en toutes occasions. Un rapprochement est établi entre Guy Môquet et le « petit tambour » Bara, tous deux incarnant, à cent cinquante ans de distance, le jeune patriote massacré par les ennemis de la République. Vichy est sans cesse assimilé aux contre-révolutionnaires complices de l'envahisseur. « Les idées de 1789, c'est-à-dire les idées de liberté et de progrès, sont interdites en France. Elles sont bafouées par les gouvernants fantoches de Vichy, ce nouveau Coblenz » (*la Défense*, juillet 1941). Les appels au combat et à la vengeance sont systématiquement répétés, comme dans cette évocation de l'anniversaire de la bataille de Valmy (*la Vie ouvrière*, septembre 1942) :

Vive la Nation ! Mort aux traîtres !
Tel était le cri des volontaires de Valmy
Dont les Français viennent de célébrer brillamment
le 150e anniversaire.
Et ils agissaient comme ils parlaient.
Vive la Nation ! Mort aux boches et aux traîtres !

Tel est le mot d'ordre des patriotes de 1942.
C'est lui qui doit guider tous nos actes.

En prenant ses fonctions de commissaire à la Justice dans le Comité français de la Libération nationale à Alger, en 1943, le résistant démocrate-chrétien François de Menthon prévient que « la Justice sera républicaine, c'est-à-dire pure et dure ». À la Libération, les résistants continuent à se réclamer de l'exemple de la grande Révolution et de l'intransigeance jacobine, en particulier pour le châtiment des traîtres, ennemis de patrie. Le préfet communiste autodidacte Jean Chaintron fonde inlassablement ses justifications de l'épuration sur la référence à 1793 et au péril représenté, en temps de guerre, par l'ennemi intérieur :

> Comme en 1793, nous avons nos indulgents. Qui étaient ces indulgents qui, sous la Convention, luttaient contre l'Incorruptible et le Salut public ? C'étaient des faibles ou des hommes d'argent, des noceurs qui, par leurs vices, étaient liés à la réaction (discours à la radio, 10 octobre 1944).

> Je vous disais le mois denier la défiance et le mépris qu'il faut avoir à l'égard des indulgents car, comme le montre notre histoire, l'indulgence à l'égard de quelques traîtres risque de coûter demain la vie de nombreux patriotes, la vie même de la Patrie (discours à la radio, 24 novembre 1944).

Les communistes avancent Saint-Just pour exiger une épuration implacable, citant ses aphorismes toujours à propos quand il s'agit de foudroyer. « On ne fait point la République avec des ménagements, mais avec la rigueur farouche, la rigueur inflexible envers tous ceux qui ont trahi. » Jean Cassou préface une édition de *Pages choisies* de Saint-Just, ange exterminateur très en vogue, en revendiquant une analogie qui est absolue compréhension : « Nous voici mieux placés qu'aucune génération pour voir enfin Saint-Just et la Terreur dans leur simplicité et leur lumière ». À l'encontre des « indulgents de notre temps », ce résistant précoce, très préoccupé de transmettre le sens de son engagement, proclame « une farouche volonté d'épuration et de justice ». Apostrophant Saint-Just, il affirme que « la haine des ennemis est un sentiment sacré » qui « grave dans les cœurs dignes de te succéder l'exemple de tes implacables vertus ». Le garde des Sceaux Pierre-Henri Teitgen, en voulant se défendre de se contenter d'une épuration trop molle, se vante de surpasser l'exemple de la Terreur que ses adversaires, en particulier communistes, lui jettent sans répit à la tête.

> On sourit de ces chiffres en disant qu'après tout, 150 000 condamnations ou à peu près, c'est bien peu. Je voudrais, pour permettre à l'Assemblée de mesurer l'énormité de la tâche, comparer ces résultats à ceux d'une épuration qu'a faite la France au temps de la grande Révolution, à une époque où la République bénéficiait de gardes des Sceaux qui étaient de vrais patriotes et des hommes

énergiques dont l'Histoire célèbre à la fois l'audace et le courage. Vous pensez sans doute que, par rapport à Robespierre, à Danton et d'autres, le garde des Sceaux qui est devant vous est un enfant. Eh bien ! Ce sont eux qui sont les enfants si l'on en juge par les chiffres. Voici le bilan de la grande Révolution réalisée par la France entre 1789 et 1793 ; j'ai consulté les spécialistes de notre Histoire. J'ai relevé 17 000 condamnations.

Après la condamnation à mort de Louis XVI, en janvier 1793, le conventionnel Jeanbon Saint-André s'était exclamé lors du débat sur l'octroi d'une grâce : « Il ne reste plus qu'à faire subir à Louis le traître la peine qu'il a méritée. Citoyens, si Louis XVI est innocent, vous êtes tous des rebelles ». Lors du procès Pétain, en juillet et août 1945, la comparaison établie par la presse issue de la Résistance : c'est un procès politique qui clôt une époque honnie et ouvre une ère nouvelle. Surtout, d'anciens résistants pressentent que l'opposition entre eux et le Maréchal va s'y rejouer sur un mode fondamental. Si Pétain n'était pas condamné, cela signifierait que la Résistance n'était pas seule à défendre à la fois l'honneur et l'intérêt national. Exonérer Pétain, ou même lui trouver des circonstances atténuantes, reviendrait à délégitimer, au moins en partie, la rébellion des résistants contre l'État. Si Pétain est innocent, nous sommes tous des rebelles...

Si Terreur il y eut...

Les contempteurs de l'épuration utilisent cette même référence, articulée autour du thème du martyr. Avant comme après la mort de Philippe Pétain, le plus célèbre de ses avocats, Jacques Isorni, donne une série de conférences semi-publiques durant lesquelles il est supposé parler du procès et de l'exécution de Louis XVI. Il y enchante un public choisi par des allusions transparentes et des analogies chantournées avec le sort du Maréchal. Déjà, en annonçant qu'il serait l'un des avocats de Pétain après avoir été celui de Robert Brasillach, il s'était exclamé qu'il défendrait Louis XVI après avoir défendu André Chénier... Dès 1949, il commente une réédition de l'*Appel de Louis XVI à la nation* de 1793 et, par la suite, il publie *le Vrai Procès du roi*. Les parallèles entre le roi et le Maréchal, entre 1793 et 1945 deviennent des lieux communs.

Les déclarations faites par Pierre-Henri Teitgen à la tribune de l'Assemblée constituante en août 1946 ouvrent la porte à un amalgame entre la Terreur de 1793 et l'épuration de 1944 qui tourne autour d'une cruciale querelle de chiffres. Depuis plusieurs semaines, le garde des Sceaux, harcelé par la campagne communiste dénonçant « l'épuration pour rire » au bilan dérisoire, use de la comparaison avec la Terreur révolutionnaire pour protester de sa sévérité. En annonçant cette fois le nombre de 150 000 condamnés, il confond, pour les besoins de sa démonstration, poursuites possibles et condamnations effectives. Il y aura en fait environ 90 000 condamnations, dont la moitié à l'indignité nationale. On comptera 767 peines de mort exécutées. Les chiffres du ministre sont donc faux, ainsi d'ailleurs que ceux qu'il donne pour la période de la Terreur, car ils sont en réalité bien supérieurs relativement et absolument : 16 000 à 17 000 guillotinés, environ 25 000 exécutions sommaires et de 300 000 à 500 000 personnes emprisonnées, pour une population de 24 millions d'habitants. Mais puisque ces chiffres proviennent du ministre lui-même, ils procurent le moyen aux critiques *politiques* de l'épuration de la stigmatiser pour des raisons *humanitaires* comme la période la plus criminelle de l'histoire de France. Sans parler de l'épuration sauvage, réputée avoir fait des dizaines de milliers de victimes.

Le parallèle entre 1793 et 1944 se retrouve sous maintes plumes et dans les titres de pamphlets ou de mémoires à vocation justificative tels que *Terreur 1944, témoignage d'un embastillé* (Sisley Huddleston, 1947), *les Massacres de septembre 1944* (Hary-Mitchell, 1959), *Terreur rouge* (Petrus Faure). La presse de soutien aux épurés y recourt fréquemment, en particulier le journal *Rivarol* où l'on peut lire en 1951 une interview de l'ancien commissaire général aux Questions juives, Xavier Vallat : « la Terreur de 1793 a fait 20 morts dans mon département, la Libération en a fait 800 » ; ou découvrir la photo de deux femmes dénudées exhibées dans une rue au milieu de la foule, barrée du bandeau « Bordeaux 27 août 1944 », et légendée : « la Terreur, si Terreur il y eut... (Raymond Aron) ». Il ne s'agit d'ailleurs pas seulement d'utiliser un repoussoir commode, mais d'établir une filiation réelle dans les résultats comme dans l'idéologie. Les épurateurs deviennent les héritiers monstrueux des révolutionnaires fanatiques et sanguinaires, jusqu'à les dépasser. Mieux encore, c'est la pensée même de la Révolution qui porte en germe sa propre terreur et celle de 1944, intervenant après le triomphe de la République et de la démocratie. Comme 1789 et sa suite ont été le résultat d'un complot franc-maçon soutenu par les Juifs, l'épuration est la vengeance de ces mêmes groupes. La déchristianisation, les droits de l'homme, le principe de la souveraineté populaire trouvent leur conclusion logique dans la possession collective de l'été 1944. Dans les deux camps, la référence est donc instrumentalisée pour légitimer ou fustiger l'épuration. Elle montre en tout cas que ce moment d'exception s'inscrit bien dans l'histoire politique française. Ce même réflexe se répète pour d'autres périodes, par exemple quand il s'agit pour les épurés de 1944 de s'inventer un lien valorisant avec 1815 et la seconde Restauration.

La Terreur blanche

Lors de son abdication de 1814, Napoléon délie les fonctionnaires impériaux de leur serment. La France ne disposant pas d'élites de rechange, Louis XVIII continue d'user de celles dont il hérite. La Restauration ne s'accompagne donc pas de l'épuration tant redoutée, au grand dam de certains royalistes. La Charte, octroyée par le roi, manifeste la volonté de réconcilier les deux France, et les débuts du nouveau régime illustrent la volonté d'« union et d'oubli ». Mais en mars 1815, le retour victorieux de Napoléon ouvre une crise dans l'administration écartelée entre deux légitimités. En avril, 70 % des préfets sont révoqués, ainsi que des magistrats et des commissaires de police. Cependant, en dépit de déclarations menaçantes, Napoléon ne peut évincer tout le personnel qui a manifesté son zèle durant son absence. Mais, tout en essayant de s'attacher l'administration, tandis que font rage la guerre extérieure et les troubles intérieurs, il ne suscite que l'attentisme prudent des fonctionnaires échaudés.

Après la défaite de Waterloo et le second exil napoléonien, tout un pan de l'opinion demande à Louis XVIII de tirer sans faiblesse la leçon des Cent Jours et d'user de son droit légitime de punition. Les fonctionnaires nommés par l'Empereur sont révoqués, non seulement au plus haut niveau, mais même parmi le petit personnel. 60 000 d'entre eux sont ainsi destitués. Il s'agit à la fois de reprendre en main l'administration et d'écarter définitivement des hommes à la fidélité chancelante, prêts à se transformer en conspirateurs. Cette fois, l'épuration s'accompagne d'une occupation étrangère où le vainqueur abuse souvent de ses droits. Les coalisés font pression sur le roi pour qu'il liquide définitivement le régime précédent.

S'ajoute à cette épuration administrative un châtiment d'ordre politique. Fouché, ministre de la Police, dresse des listes de proscrits, auxquels sont ajoutés régicides et républicains, même s'ils n'ont pas soutenu Napoléon. Ils ont deux mois pour quitter la France, sous peine de condamnation à mort. Puis le ministre est à son tour frappé en tant que régicide… Des commissions examinent l'attitude des militaires pendant les Cent Jours. La répression au sein de l'armée allie mesures policières et reprise en main politique. C'est le temps des demi-soldes. Dix-neuf généraux accusés de trahison sont renvoyés devant le conseil de guerre. La Bédoyère et Ney sont promptement exécutés. Dans chaque département, des cours prévôtales, sans jury ni appel, statuent sur les délits politiques : 70 000 personnes sont arrêtées et 9 000 condamnées. Le champ politique se recompose brutalement, sur fond d'épuration et d'opportunisme. L'adaptation plus ou moins forcée des élites mais aussi des fonctionnaires anonymes pose de façon abrupte les questions de la compromission et de la nature de la continuité de l'État. Ainsi débat-on de la réconciliation nationale dans la fameuse Chambre introuvable, peuplée de virulents royalistes, plus royalistes que le roi :

> M. Brenet : Il est un moyen fort simple de relever le crédit public, c'est d'adopter un plan de gouvernement énergique et conséquent ; c'est de renoncer à vouloir amalgamer la fidélité et la trahison, les révolutionnaires et les antirévolutionnaires ; c'est d'entrer dans un système d'épuration franc et soutenu ; c'est de ne pas préparer un nouveau 20 mars [date du retour de Napoléon en 1815], en laissant en place des fonctionnaires infidèles.
>
> M. de Serre : Quand vous parlez d'épuration, oubliez-vous que, depuis six mois, toutes les administrations ont été épurées ? Ou bien voulez-vous que l'on traite aujourd'hui les remplaçants comme les remplacés ? Prenez-y garde, tout se paralyse : chacun hésite lorsque chaque démarche peut amener une dénonciation. Le caractère national s'altère. La délation, horrible fléau, commence à infecter la France.

Mais, tandis que les ultras de la Chambre manifestent leur volonté de revanche et de vengeance, ils mesurent combien il est difficile de mener une répression légale à valeur démonstrative et punitive, sans être débordés par des violences spontanées et privées. À l'annonce de l'échec de Napoléon, la haine contre les bonapartistes et les anciens révolutionnaires, difficilement contenue pendant les Cent Jours, éclate, en particulier dans le Midi. Durant l'été et l'automne 1815, des bandes royalistes armées s'en prennent à leurs adversaires idéologiques. La foule se joint à eux dans des mouvements populaires que les autorités ne peuvent ou ne veulent contenir. Les anciens Mamelouks de la garde impériale sont assassinés à Marseille, des protestants sont exécutés dans le Gard, des prisonniers sont sortis des prisons pour être abattus, des maisons et des boutiques sont brûlées. Des généraux représentant le roi sont lynchés pour s'être opposés aux assauts de la vengeance populaire. En Avignon, le maréchal Brune est massacré par la foule. En 1933, l'historien Charles Seignobos date de ce moment « la séparation de la Nation française en deux camps excités l'un contre l'autre par une hostilité permanente, et qui est restée le fondement caché de la vie politique française ». Commentant ces violences dans les années 1950, un spécialiste de l'histoire de la Restauration établit une comparaison trait pour trait, mais à front renversé, avec l'épuration spontanée de 1944.

> Il est plus facile, aujourd'hui, après les événements de 1944 dans les mêmes régions, de comprendre les mécanismes du phénomène ; l'analogie est en effet frappante. Une population a été comprimée par des partisans armés au service d'un pouvoir dictatorial exécré – les « fédérés » de 1815 comme la Milice en 1944 ; l'intervention étrangère a brisé le joug ; les comités de résistance clandestine se manifestent au grand jour – comités royaux de 1815, comités de

> libération en 1944 ; ils s'emparent des pouvoirs locaux ; des milices populaires irrégulières – miquelets et verdets en 1815, FTP et autres en 1944 – dominent le pays, se livrant à leurs vengeances personnelles en même temps qu'à des actes de pillage, rien n'y manque, même pas le conflit des idéologies : catholiques contre protestants en 1815, communistes contre « fascistes » en 1944. De même, encore, le gouvernement central de Paris, à peine réinstallé, gêné de sévir contre ceux qui se proclament ses partisans les plus chauds, s'est trouvé, pendant un certain temps, hors d'état de contrôler la situation (G. Bertier de Sauvigny, *la Restauration*, 1955).

Quoique tentante, cette assimilation est outrée et fait débat. Elle s'inscrit dans une appropriation de 1815 par les épurés et leurs partisans. Ces deux périodes de grand reclassement sont rapprochées de façon double. Les « républicains » qui étaient victimes en 1815, sont bourreaux en 1944. D'autre part, la précipitation des retournements politiques de 1814 et 1815 montre que des hommes ont pu passer pour des traîtres, en accordant leur soutien à trois régimes successifs en l'espace de quelques mois, alors qu'ils entendaient simplement continuer à servir l'intérêt supérieur de la France, quelles que soient les circonstances. Ainsi, Sacha Guitry, qui a eu maille à partir avec la justice pour ses accointances avec les autorités d'occupation, s'identifie-t-il à Talleyrand réhabilité, dans un film qu'il réalise en 1948 (*le Diable boîteux*). « Je n'ai jamais conspiré qu'aux époques où j'avais la majorité de la France pour complice et le salut de la patrie pour but. »

S'inspirant du très célèbre *Dictionnaire des girouettes*, le grand succès de librairie de 1815, des opposants à l'épuration publient différents ouvrages polémiques portant ce titre : Orion (Jean Maze), dans le *Nouveau Dictionnaire des girouettes* en 1948, s'en prend aux démocrates-chrétiens dont deux éminents représentants ont été gardes des Sceaux après 1944 ; Jean Galtier-Boissière, en rédigeant en 1957 un *Dictionnaire des girouettes*, poursuit dans la veine provocante qui, dès 1945, lui avait fait précéder une vie de Philippe Pétain d'un florilège des revirements des maréchaux d'Empire (*Tradition de la trahison chez les maréchaux de France*). Louis Aragon leur réplique en 1958 avec son roman *la Semaine sainte*, qui met aux prises les protagonistes les plus divers avec le choix imposé par l'épisode des Cent Jours. Si cette veine est donc particulièrement sensible à partir de la fin des années 1940, elle a toutefois été esquissée de façon très précoce, puisque l'idée en est apparue dès janvier 1945 dans *le Petit Parisien*, journal du PPF réfugié en Allemagne : « Louis XVIII et son ministre Talleyrand ont toujours été considérés comme d'habiles politiques pour avoir collaboré avec les occupants d'alors ».

Une longue suite d'épurations

La majeure partie du XIXe siècle français est marquée par la succession des régimes politiques, sous l'effet des révolutions, des coups d'État ou des défaites militaires. Ces à-coups plus ou moins violents s'accompagnent de proscriptions, d'emprisonnements, voire d'exécutions. Les révocations ou mises en retraite se succèdent, frappant les secteurs principaux ou secondaires de l'administration. Jean Tulard a par exemple pu écrire que « l'histoire de la police est une longue suite d'épurations : épuration de 1830, épuration de 1848, épuration après le coup d'État de 1851, épuration en 1870... » On parle aussi de « valse des préfets » : seuls quatre d'entre eux sont maintenus après la révolution de 1830 ; en 1848, ils sont tous révoqués ; trois restent en fonction en 1870, puis de nouvelles vagues d'épuration se déroulent jusqu'en 1879, au gré de la difficile appropriation de la IIIe République par les républicains. Après la révolution de 1848 ont été exclus les agents qui n'ont « pas une réputation irréprochable » : « la république ne doit et ne donnera ses récompenses qu'à ceux qui, dans la sphère de leurs fonctions, la serviront loyalement et avec un dévouement sans limite ».

À la suite des journées de soulèvement populaire de juin 1848, 1 500 hommes sont fusillés sans jugement, 11 000 arrêtés, 4 000 « transportés » en Algérie ; un décret rend passible de conseil de guerre les chefs de l'insurrection. L'Assemblée nationale s'attaque à ceux de ses membres accusés d'avoir encouragé le socialisme et agi contre le droit de propriété. Certains, comme Louis Blanc ou Caussidière, sont contraints à l'exil. Le coup d'État du 2 décembre 1851 de Louis-Napoléon Bonaparte fait environ 400 victimes sur le moment et il est suivi d'une vaste action préventive contre les opposants, avec 27 000 personnes arrêtées. Les préfets peuvent dorénavant faire appréhender les suspects ou les déporter sans jugement. Délations et vengeances personnelles trouvent à s'exercer. Des conseils départementaux statuent sur examen, sans interrogatoire ni plaidoirie : 5 000 personnes sont placées en résidence surveillée, 3 000 internées, 10 000 déportées en Algérie et quelques centaines au bagne. Ces peines sanctionnent non seulement des actions positives, mais aussi l'appartenance à une société secrète et des opinions avérées ou supposées. « Tout individu, précise le décret du 8 décembre 1851, placé sous la surveillance de la haute police, qui sera coupable du délit de rupture de ban, pourra être transporté, par mesure de sûreté générale, dans une colonie pénitentiaire à Cayenne ou en Algérie. » Des exils volontaires s'ajoutent aux condamnations.

La Commune s'achève par une répression plus violente encore, dans une atmosphère de guerre civile. La semaine sanglante de mai 1871 fait au moins

20 000 morts, l'armée versaillaise ayant reçu pour consigne de procéder à des exécutions systématiques : Paris doit être punie et purgée. En souvenir de l'efficacité de celles de 1815, des cours prévôtales sont formées, puis conseils de guerre et cours d'assises continuent jusqu'en 1876 à juger les communards. Pour 35 000 inculpés, on relève 93 peines de mort, 4 600 déportations et autant de peines de prison. Les soubresauts de la mise en place de la IIIe République s'accompagnent de nombreuses révocations de maires, magistrats, préfets et fonctionnaires.

Pour la Résistance socialiste, pendant la guerre, la Commune devient une référence. La poursuite de la guerre par les Parisiens assiégés apparaît comme un symbole de la lutte populaire contre l'Allemagne. Vichy est assimilé à Versailles (où le Maréchal comptait d'ailleurs, jusqu'en décembre 1940, s'installer), non seulement repaire de réactionnaires massacreurs du peuple, mais allié objectif de l'envahisseur. « Les travailleurs parisiens ont lutté, en 1871, contre les traîtres ? Ils luttent aujourd'hui contre les collaborateurs ! » (*le Populaire*, organe du comité d'action socialiste, mars 1943). À cet égard, comme le rappellera ce même journal quand il commencera à paraître au grand jour pendant la Libération de Paris, « la Résistance est un *moment* de la conscience patriotique républicaine de la France ».

Un crime allemand

Le principe et la pratique de l'épuration, mais aussi de la punition de l'adversaire et du châtiment des traîtres accompagnent donc l'histoire politique française au long de ses crises paroxystiques.

Pendant la Première Guerre mondiale, les pouvoirs publics ajoutent à l'internement des Allemands et des Autrichiens qui n'ont pas quitté la France dans les vingt-quatre heures qui suivent la déclaration de guerre, celui d'environ 8 000 Alsaciens-Lorrains, des indésirables tels que les vagabonds, les prostituées clandestines, les grévistes ayant bénéficié de non-lieux en justice. Cette disposition concernant la zone des armées s'étend en fait à toute la France en application de la loi sur l'état de siège. Elle devient un substitut de la relégation pour « purger » Paris et la zone du front d'une population marginale. De 60 000 à 70 000 personnes de toutes catégories sont frappées durant les hostilités, avec un pic à l'automne 1914. En 1916, l'internement disparaît, remplacé par les expulsions et les mises en résidences surveillées.

Le sacrifice des combattants et l'angoisse des civils trouvent d'autre part des exutoires dans les figures des profiteurs de guerre, des mercantis et des embusqués, en plus de l'exécration de l'ennemi et de la chasse aux espions et aux traîtres. Au service du Moral du ministère de la Guerre, on note en 1916 que la haine des embusqués est « au moins aussi répandue que celle des Allemands ». Des manifestations ou des pétitions de mères et d'épouses de mobilisés réclament que les embusqués partent pour le front. Des altercations éclatent entre permissionnaires et affectés de l'arrière. Les départs ou les retours de permission s'effectuent parfois dans les gares aux cris d'« À bas les embusqués ! ». Mais on ne réclame pas d'autre sanction à leur égard que de les envoyer combattre. Le mécontentement s'exprime aussi contre les pouvoirs publics, parce qu'ils sont incapables d'assurer « l'égalité devant l'impôt du sang », c'est-à-dire une mobilisation démocratique et égalitaire des citoyens. De même, après que les profiteurs de guerre ont été vilipendés, on s'en prend finalement plutôt à l'État dont l'incurie permet les profits exagérés et qui n'arrive pas non plus à trouver une fiscalité rétablissant l'équilibre. D'ailleurs, la prise de conscience des exigences exorbitantes de la guerre industrielle, le sacrifice demandé à tous les mobilisés, combattants ou non – que symbolise Verdun –, la conscience de l'ampleur des pertes puis les mouvements de révolte des soldats épuisent ces rancœurs. Ces campagnes de stigmatisation se calment à la fin de 1916.

De retentissants procès sont organisés en Haute Cour contre les anciens ministres Caillaux et Malvy, accusés l'un d'aide indirecte à l'ennemi, l'autre d'avoir, en tant que ministre de l'Intérieur, méconnu et violé les devoirs de sa charge contre les propagandistes pacifistes payés par l'ennemi ou contre ses espions plus ou moins avérés. Des affaires, à la croisée du pacifisme et de l'espionnage (Mata-Hari, *le Bonnet rouge*...) ravivent la frayeur patriotique. À cette occasion le lieutenant Mornet, commissaire du gouvernement au conseil de guerre, distinguant la trahison matérielle (le renseignement) de la trahison morale, condamne plus sévèrement la seconde. Il la définit comme « celle qui a pour but de porter atteinte à la résistance, à l'énergie, aux forces morales du pays ». Il désigne comme principaux vecteurs de cette dangereuse intelligence avec l'ennemi les journalistes, les hommes politiques et les faiseurs d'opinion. Mais ces cas isolés ne remettent pas en cause la réconfortante Union nationale. La victoire de 1918 est synonyme d'un immense sentiment de fierté et de communion dans la certitude du devoir accompli. Il rend superflu le châtiment des traîtres ou des déviants. Le thème, assez en vogue, des soldats, morts ou vivants, revenant punir les profiteurs de guerre, reste un fantasme littéraire.

Dans les dix départements du nord et de l'est occupés pendant quatre ans par les armées allemandes, l'avancée des armées alliées puis l'armistice ne signifient ni vaste explosion de vengeance spontanée, ni déploiement de justice contre les soutiens ou les stipendiés de l'envahisseur. Ils ont pourtant existé.

Des journalistes ont prêté la main à *la Gazette des Ardennes*, le journal en français des autorités d'occupation. Ceux que l'on appelait ravitailleurs ou chercheurs d'or rabattaient, éventuellement par extorsion, vivres et métaux au profit des troupes allemandes et de la population du Reich soumise au blocus. Des industriels et des négociants fournissaient aux Allemands non seulement des denrées rares, mais encore des produits servant directement pour l'effort de guerre. Des volontaires s'embauchaient pour encadrer le travail forcé ou démonter les usines françaises. Des dénonciateurs saisissaient ce moyen pour régler leurs comptes privés. Des femmes enfin affichaient plus ou moins leurs liaisons avec des soldats ennemis. Sur place et sur le moment, c'est d'ailleurs contre elles que se concentre la vindicte de la population, rendue féroce par la misère et la peur. Désignées comme « femmes de Boches », elles sont injuriées dans la rue, voire frappées, on leur chante des chansons obscènes, leurs vitres sont brisées. Conscientes des risques qu'elles courent, elles s'efforcent de fuir au moment de la retraite allemande. Dans les grandes villes, on s'acharne sur elles et sur les profiteurs des trafics et du marché noir, dont certains sont rudement molestés. Des vitrines sont brisées, des maisons saccagées, des drapeaux tricolores arrachés des façades de ceux que l'on juge indignes de pavoiser avec leurs compatriotes. L'effroyable misère dans ces régions, littéralement en ruines, les rapatriements réguliers et les déportations qui les ont vidées d'une partie de leur population, l'absence des hommes adultes mobilisés, la présence massive des armées française et alliées, surtout, limitent toutefois les explosions contre les « embochés ». La transition s'effectue avec un minimum de violences et de règlements de compte, malgré la vindicte de la presse locale. L'arrivée de l'armée française signifie toujours l'instauration d'une commission de triage qui procède à une rapide épuration, grâce aux témoignages des rapatriés, actualisés par la rumeur publique et l'avis des notables. Les suspects sont alors éloignés et internés à cause du danger potentiel qu'ils représentent, en particulier en matière d'espionnage. La force reste à la loi et à l'État, représentant d'un pays vainqueur.

Après la guerre, les affaires judiciaires sont réglées en cours d'assises, plus rarement devant des cours martiales ou des tribunaux correctionnels. L'affaire de *la Gazette des Ardennes* mène quarante-sept accusés devant le conseil de guerre, inculpés d'intelligence avec l'ennemi, d'espionnage et de commerce avec l'ennemi : onze sont condamnés à mort (dont trois par contumace), six acquittés, les autres condamnés aux travaux forcés. Les archives judiciaires civiles révèlent un nombre limité d'affaires (à peine plus de cent vingt), liquidées dès 1925 et relevant d'une collaboration sans envergure : surtout des dénonciations, dans une moindre mesure une collaboration économique. Bien que les femmes aient été nombreuses parmi les justiciables (un tiers, ce qui est exorbitant par rapport aux affaires de droit commun à la même époque), on ne remarque pas de condamnation pour avoir eu des relations sexuelles avec des Allemands. Ce sont souvent des délations qui les ont amenées devant la justice. Devant les juridictions civiles, aucune condamnation à mort n'est prononcée, il y a moins de dix condamnations aux travaux forcés avec déportation en Guyane, d'ailleurs souvent par contumace. Enfin, près de la moitié des accusés ont été acquittés, surtout parmi les gros négociants et industriels, la preuve de l'intelligence avec l'ennemi ayant été difficile à apporter. Ainsi, dans la plus grosse et retentissante affaire économique, qui portait sur des transactions de plusieurs millions de francs, l'accusé principal est acquitté, après avoir usé de toutes les ressources de la procédure. Cet acquittement soulève l'indignation des associations locales d'anciens combattants, ainsi que de la presse régionale : « seuls les imbéciles ont confiance dans la justice leur pays ». À l'usage, la répression déçoit plutôt la population des anciens départements occupés.

Dans le reste de la France, l'état d'esprit est d'autant plus à l'indulgence que le pays a partagé l'ignorance et même l'indifférence des pouvoirs publics à l'égard des régions occupées. Pendant la guerre, les réfugiés ont été accueillis avec méfiance, traités de « Boches du nord » et dans les centres d'accueil, à la frontière suisse, on ne s'est pas privé de les stigmatiser. L'intimité avec les Allemands apparaissait comme une transgression et, pour tout dire, une trahison. Abondamment dénoncées par leurs compatriotes, les femmes qui avaient eu des relations avec l'occupant ont alors été classées comme suspectes. Mais la libération de ces régions révèle l'étendue des ravages causés dans ce qui a été pendant quatre ans peu ou prou sur la ligne de front. En tournée dans ces départements dévastés, le président Poincaré avoue son émotion devant cette somme vertigineuse de dénuements absolus. Les soldats sont eux aussi bouleversés par la détresse qu'ils constatent autour d'eux. Mais ils réagissent avec sévérité à l'égard de la moindre trace d'accommodement avec l'ennemi. Il n'y a même guère de compassion pour les femmes violées qui ont mis au monde « l'enfant de l'ennemi ». La population locale se serre les coudes pour faire valoir son patriotisme inébranlable et son droit à un traitement privilégié au titre de la reconstruction.

> Nos populations du Nord qui, dans l'ensemble, se sont si admirablement conduites et qui ont tant souffert, veulent une répression sévère. Elles veulent que les quelques poignées de renégats soient implacablement punies. Et ceci, non par un sentiment de vengeance, indigne de ces populations elles-mêmes ou de leurs morts. Mais elles estiment que la dignité des pays envahis, que leur réputation sont attachées à cette répression.

Les Français coupables sont moins blâmés que les Allemands : la trahison est présentée comme un crime allemand consistant à abuser de la faiblesse de certains pour essayer de corrompre toute une population. On dépeint ces pratiques comme typiquement allemandes, reflétant bien un esprit barbare et malsain. On insiste sur le faible nombre des « gredins », des « renégats », et sur l'admirable ténacité des fonctionnaires, des maires et des notables qui, responsables sur leur vie et leur fortune, furent transformés en otages permanents, vivant sous la menace du travail forcé, des amendes, de l'internement ou de la déportation. Leur souplesse est interprétée comme une ruse nécessaire pour durer. Des attitudes qui seront considérées vingt-cinq ans plus tard comme criminelles ou délictueuses (porter un toast avec l'ennemi, menacer de faire intervenir les Allemands dans un différend privé, chasser avec les Allemands) sont considérées comme moralement condamnables mais non assimilables à une trahison. Même les « femmes à Boches » ne sont pas honnies : on comprend leur détresse et l'on se souvient que certaines ont utilisé leur position privilégiée pour rendre des services à leurs concitoyens. Les pouvoirs publics ne mettent aucune législation répressive nouvelle en vigueur. Ces affaires relèvent donc du droit commun. La France victorieuse, mais épuisée par le deuil collectif, n'éprouve pas le besoin de châtier ses enfants défaillants.

Une France qui nous dégoûte

Après que la France s'est donné l'image d'une grande puissance victorieuse, assez sûre d'elle pour s'ouvrir sur le monde, la crise économique, les affrontements politiques intérieurs et l'aggravation des tensions internationales posent brutalement la question de la présence des étrangers dans le pays. Le raisonnement en termes de concurrence sur le marché du travail conduit dès 1931 à l'expulsion d'environ 150 000 travailleurs immigrés. Sans se limiter à la sphère économique, l'idée se répand que le seuil de saturation est atteint au-delà duquel la présence des immigrés compromet l'équilibre national. Des réflexions sur la nature et la qualité des étrangers présents poussent à distinguer des catégories toujours plus nombreuses d'« indésirables » économiques, raciaux, politiques ou moraux. Il convient dorénavant de surveiller, de punir, mieux encore, d'expulser ces indésirables. Un ancien ministre de l'Intérieur parle à leur propos de « la lie des éléments troubles indésirables dans leur propre pays », pour signifier à la fois qu'il s'agit d'inaptes, de délinquants voire de porteurs d'une subversion politique. Subversion que chacun estime à l'aune de ses propres préoccupations. Le démocrate-chrétien Georges Bidault écrit qu'« il ne manque pas de gens à mettre dedans [en prison] ou dehors. Plus le traitement sera rude, plus les Français seront contents et plus l'étranger se tiendra tranquille » (*l'Aube*, 24 septembre 1937). Il a été précédé par *l'Humanité* du 29 avril :

> Il est inconcevable que le gouvernement issu du Front populaire, porté au pouvoir par le peuple antifasciste, puisse tolérer dans notre pays un tel réseau d'espionnage, une telle tourbe d'espions et de provocateurs... Assez ! Assez ! Il faut nettoyer Paris et la France.

Maurice Thorez renchérit lors d'un meeting en reprenant le slogan de « la France aux Français » : « À la porte les espions ! À la porte les provocateurs au meurtre ! À la porte les assassins ! ». Pierre Gaxotte propose de livrer à Hitler les opposants au nazisme réfugiés en France, à Mussolini les communistes italiens, et Trotski à Staline pour faire bonne mesure. « S'il reste encore quelques sans-patrie partout indésirables, ajoute-t-il, Madagascar est assez grande pour qu'on puisse y installer un camp de concentration » (*Je suis partout*, 30 septembre 1938).

Dans ce climat presque unanime de xénophobie, il faut tout de même remarquer que les violences physiques à l'encontre des étrangers sont rares, contrairement à ce qui a pu se produire avant 1914, notamment dans les milieux ouvriers. Elles sont remplacées par des menaces généralisées ou des délations personnalisées. En effet, la pratique des listes nominatives d'étrangers indésirables se répand dans la presse, y compris locale ou professionnelle, et même dans des livres ou des écrits universitaires. Parmi les étudiants, ainsi que dans les milieux populaires durement touchés par la crise, des manifestations (« Dehors les métèques ! »), des pétitions collectives, des lettres de dénonciation ne sont pas rares pour alerter l'opinion, les pouvoirs publics ou les syndicats sur les avantages indus dont bénéficieraient étrangers ou naturalisés.

Diffusé de façon systématique par des livres ainsi que par une cinquantaine de titres de presse, l'antisémitisme constitue une composante majeure de cette xénophobie agissante, touchant d'abord les Juifs étrangers, jugés inassimilables, puis, par contrecoup, les Juifs français. Ils sont couramment décrits comme des parasites, une vermine grouillante dont il faut se débarrasser. Se développe à cet égard un vocabulaire médical jouant sur le registre de la prophylaxie. L'épuration retrouve en quelque sorte ici son sens premier. Dans *l'École des cadavres* (1938), Céline s'exclame :

> Désinfection ! Nettoyage ! [...] Les Juifs, hybrides afro-asiatiques, quart, demi-nègres et proches orientaux, forniqueurs déchaînés, n'ont rien à faire dans ce pays. Ils doivent foutre le camp.

Darquier de Pellepoix, antisémite professionnel, va au bout du propos : « Que les Juifs soient expulsés ou qu'ils soient massacrés ». Dans ces conditions, les propositions d'un statut des Juifs signifient toujours l'exclusion : du droit de vote, de la fonction publique, de l'armée, des professions libérales, du commerce, de la presse ; et une distinction par l'apposition d'une mention sur les documents d'état-civil.

Dans ce climat général d'intolérance et de nationalisme angoissé, sur fond d'antiparlementarisme, avec l'obsession de la déperdition démographique, d'appauvrissement et d'immigration déferlante, la France est souvent décrite comme décadente, avachie, malade, corrompue, ruinée ; comme la poubelle, le dépotoir de l'Europe. L'épuration devient à la fois opération de police et affaire d'hygiène, pour reprendre les termes de Maurice Blanchot dans un éditorial précisément nommé « Une France qui nous dégoûte » (*Combat*, avril 1936).

La lie de la terre

Avec la déclaration de guerre du 3 septembre 1939 (qui suit de quelques jours la conclusion d'un pacte de non-agression entre Allemagne nazie et URSS stalinienne), des mesures publiques d'exclusion entrent en vigueur, accompagnées d'internements administratifs. Les communistes, dont le parti et les organisations satellites sont dissous le 26 septembre, apparaissent comme le principal ennemi intérieur. Le gouvernement est alors persuadé que le PCF trahit dans le but de s'emparer du pouvoir. Des poursuites individuelles sont enclenchées en octobre : une quarantaine de parlementaires et des responsables syndicaux sont arrêtés et traduits en justice. Les municipalités communistes sont suspendues, puis les conseillers généraux, d'arrondissement et des prud'hommes. Les préfets sont invités à épurer l'administration, aussi bien de l'État que des collectivités locales. L'épuration y est méthodique et de grande ampleur, touchant même des personnels très modestes. Dans les entreprises, les affectés spéciaux communistes, ou fichés comme sympathisants ou grévistes de 1936 ou 1938, sont susceptibles de radiation, ce qui entraîne le licenciement et le renvoi sous les drapeaux : 40 000 personnes sont touchées entre septembre 1939 et mai 1940. Dans certains domaines, des purges massives doivent débarrasser l'économie de guerre de la « Cinquième Colonne communiste ». Ne sanctionnant pas toujours un fait avéré de sabotage ou de propagande, elles sont exercées à titre de précaution. Les communistes ou sympathisants constituent la majorité des 5 000 condamnés de cette période, par des tribunaux civils ou militaires (dont trente-trois condamnés à mort). Tout au long de ces mois, la presse d'opinion, surtout en province, soutient avec emportement les opérations anticommunistes. Elles fonctionnent comme un substitut à la guerre qui n'a pas vraiment commencé, et comme un facteur de cohésion nationale. Communistes et Allemands sont confondus jusqu'à faire oublier qui est l'ennemi : les pouvoirs publics parlent d'hitléro-communistes, la presse de nazo-communistes. L'expression « Cinquième Colonne », héritée de la guerre d'Espagne, devient d'un usage courant pour désigner la menace constituée par les agents potentiels de l'ennemi au sein même de la communauté nationale, prêts à agir au service de l'adversaire pour des motifs idéologiques. L'ennemi devient d'autant plus insaisissable qu'il est intérieur.

Depuis 1938, les préfets ont également reçu des consignes pour débarrasser le pays des étrangers indésirables, cet adjectif devenant d'un usage banal. Au sénateur Ferrand qui réclame « pour ces gens, l'expulsion ou le peloton d'exécution », au journaliste Pierre Gaxotte qui exige que « l'on nettoie d'abord l'arrière » et à tous ceux qui accusent la République de complaisance pour les factieux, le ministre de l'Intérieur Albert Sarraut répond en mars 1939 : « Tous les jours nous cherchons, nous raflons, nous épurons ; nos prisons en savent quelque chose ». Le discours apeuré et haineux porte ses premiers fruits législatifs. Un décret de novembre 1938 a rendu possible l'internement des étrangers indésirables, dès lors qu'ils peuvent être suspectés de porter atteinte à l'ordre public ou à la sûreté nationale. Les arrestations massives commencent avec la déclaration de guerre, frappant les ressortissants allemands et apatrides d'origine allemande, y compris les réfugiés antinazis. L'internement concerne un peu moins de 20 000 hommes. Lorsque se déclenche la campagne de France, la politique d'internement redouble, y compris à l'encontre des hommes âgés et des femmes, perçus comme des menaces au même titre que les potentiels combattants. Les Français accueillent avec soulagement voire enthousiasme cette coercition qui s'accorde à la xénophobie massive qui s'est emparée du pays depuis le début des années 1930. L'entrée en guerre de l'Italie pose la question dans les proportions inusitées, puisque la France compte alors 700 000 Italiens sur son sol. La mesure d'internement leur est bien étendue, mais platoniquement, puisque la déclaration de guerre de Mussolini ne précède que d'une semaine la demande d'armistice. Durant ces journées, se produisent spontanément des incidents graves où les populations s'en prennent à des Italiens du voisinage, dont certains sont tués.

À côté de ces tendances lourdes, la lutte contre les « pro-allemands » demeure plus limitée. En 1939 sont dissoutes des organisations alsaciennes qui manifestent ostensiblement leur activisme pangermaniste ou pronazi. On compte alors 300 internés et dix-huit arrestations (dont un homme jugé et fusillé pour espionnage). Entrant le 19 mai au ministère de l'Intérieur, Georges Mandel (surnommé « le seul jacobin disponible ») entreprend de corriger l'administration considérée comme défaillante depuis le début de l'invasion allemande : il révoque deux préfets, trois sous-préfets, trois maires et huit commissaires dans la zone des combats pour abandon de poste ou impéritie. Il est approuvé par l'opinion. *Je suis partout* salue sa nomination : « les forces de désordre et de trahison trouveront ici à qui parler ». Mais le ministre leur donne étonnamment raison en faisant arrêter, le 5 juin, une demi-douzaine de journalistes – dont deux de *Je suis partout* – qui étalent leur hostilité à la guerre et leurs sympathies pour le nazisme. Ils doivent être poursuivis en vertu des articles 75 et 87 du Code pénal sur l'atteinte à la sûreté intérieure et extérieure de l'État.

C'est un décret-loi du 29 juillet 1939 qui a révisé ces articles du Code pénal portant sur l'intelligence avec l'ennemi et la trahison en les instituant crimes de droit commun passibles de la peine de mort (la peine de mort n'existait plus pour les délits politiques depuis 1848). « Sera coupable de trahison et puni de mort [...] tout Français qui portera les armes contre la France [ou] qui, en temps de guerre, entretiendra des intelligences avec une puissance étrangère ou avec ses agents en vue de favoriser les entreprises de cette puissance contre la France. » Un décret permet d'assigner à résidence ou d'interner toute personne réputée dangereuse pour la défense nationale. En avril 1940, un décret-loi rend également passible de la peine de mort toute entreprise de démoralisation de l'armée ou de la nation.

Les dispositions répressives appliquées durant la drôle de guerre seront prolongées, aggravées et étendues par le gouvernement de Vichy, à ceci près qu'il s'agissait encore, sous la République, d'un régime d'exception en période d'hostilités, dans le cadre légal de l'état de siège et de l'organisation de la nation en temps de guerre. L'approbation populaire de ces exclusions montre combien fragile est la cohésion devant la guerre d'une population imprégnée de pacifisme, de xénophobie, d'un nationalisme désorienté et d'une crainte affolée du communisme.

I

De la culpabilité à la chasse aux sorcières

C'est merveille en France que la contagion,
et l'on crierait À bas ma tête !
si on l'entendait crier à son voisin.
(François-René de Chateaubriand,
Mémoires d'outre-tombe, **chapitre 23).**

Le traumatisme d'une déroute totale consommée en six semaines est trop violent pour ne pas susciter le réflexe vital d'une recherche de ses causes. Le maréchal Pétain, en faisant le don de sa personne à la France, lui offre aussi un diagnostic et des remèdes. Dès son deuxième discours en tant que chef du gouvernement (20 juin 1940), il esquisse un bilan quantitatif : « moins d'amis, trop peu d'enfants, trop peu d'armes, trop peu d'alliés ». Cinq jours plus tard, il passe du numérique au qualitatif pour une condamnation morale du pays : « Notre défaite est venue de nos relâchements. L'esprit de jouissance détruit ce que l'esprit de sacrifice a édifié ». Il est appuyé par le général Weygand, préoccupé de disculper les militaires pour faire porter la responsabilité de la défaite sur le régime républicain, la lutte des classes, la baisse de la natalité, le matérialisme. Pétain convie donc les Français à une rénovation que Weygand rêve de voir conduite par des hommes nouveaux « sans tache et sans attache ».

Le deuxième semestre de 1940 est marqué par une atmosphère générale de culpabilité et de contrition. « Le peuple français ne conteste pas ses échecs », a souligné le Maréchal. Il n'a pas tort et même, jusqu'à un certain point, les Français s'y vautrent. Quoiqu'il soit tout de même plus aisé de battre sa coulpe sur la poitrine d'autrui. Or le nouveau régime ne se prive pas de désigner des boucs émissaires : hommes politiques de la IIIe République, fonctionnaires défaillants, étrangers profiteurs, francs-maçons, juifs, communistes et – nouveauté de l'heure – les dissidents. Toutes ces catégories vont être stigmatisées et exclues. Pétain ne prononce qu'une fois le mot d'épuration (à propos de l'administration). Il parle plus volontiers d'un « effort d'assainissement et de reconstruction » ou, par euphémisme, de « rafraîchir l'atmosphère de la vie française » (9 octobre 1940). Le thème n'apparaît que marginalement dans le discours officiel, qui réserve la meilleure part à l'exaltation des valeurs de la Révolution nationale. Pourtant, en trois mois, tout est dit ou presque. La légitimité de l'ordre nouveau s'édifie sur un ensemble législatif où l'exclusion tient une place fondamentale. À peine la réforme constitutionnelle adoptée, deux lois prescrivent la révision des naturalisations accordées depuis 1927 et l'éviction des fonctionnaires « nés de père étranger ». Cette disposition est rapidement étendue aux professions libérales. Dans le même temps, il est prévu que les fonctionnaires peuvent être relevés sans justification. Deux lois prévoient la déchéance de la nationalité pour les Français qui ont quitté la métropole ou l'Empire entre le 10 mai et le 30 juin 1940. Une cour martiale statuera ensuite sur leur trahison. Un acte constitutionnel supprime l'institution du Sénat en Haute Cour pour juger les anciens membres du gouvernement, et crée une Cour suprême de justice pour « les responsables de la défaite ». Les associations secrètes sont interdites, ce qui vise en réalité la franc-maçonnerie associée à la République et à la gauche. Enfin, trois lois introduisent la perte de nationalité des Juifs d'Algérie, le droit d'interner les étrangers juifs et un statut pour les Français juifs qui, entre autres, leur interdit la fonction publique, la presse, le cinéma. Ils sont transformés en citoyens de seconde zone. Pétain ponctue cette avalanche législative de commentaires qui en font l'instrument d'une « œuvre de libération et de renouveau ».

Le prétexte de l'exode

Dès le 17 juillet 1940, deux lois instituent l'épuration de l'administration. L'une est de nature discriminatoire : elle introduit l'obligation pour les fonctionnaires d'être nés de père français. Sans quoi, ils doivent immédiatement démissionner. Dans son discours du 13 août, Pétain y fait référence en annonçant l'« épuration de notre administration dans laquelle se sont glissés trop de Français de fraîche date ». L'ancienneté de l'appartenance à la nation française devient la seule garantie de la valeur morale d'un individu.

La deuxième loi permet de relever de leurs fonctions, magistrats et fonctionnaires civils ou militaires, quelles que soient leurs garanties statutaires. Une décision ministérielle suffit. Sur le moment, ce texte est présenté comme le moyen de sanctionner les fonctionnaires qui ont failli pendant la période de l'invasion et de l'exode, en particulier ceux qui ont abandonné leurs administrés. Certes, les exemples de telles conduites abondent et les Français ne peuvent qu'approuver la punition de tous ces médecins, pompiers, policiers, gendarmes, administrateurs qui ont laissé les populations les plus vulnérables à la pénurie, aux bombardements et à la détresse. Des violences spontanées se sont produites au mois de juin contre des officiers qui voulaient continuer à se battre et contre des accapareurs supposés, sur fond de pillages. « En face de cette multitude déchaînée, il n'y avait ni gendarmes, ni gardes mobiles, ni agents de police, pas même les volontaires de la défense passive. Tous avaient fui. » Les pillages, souvent collectifs, y compris en présence ou avec la complicité des représentants de l'ordre, matérialisent la carence morale et administrative. Ils amènent à une condamnation presque unanime des ordres d'évacuation donnés par les autorités locales et du départ, même sur ordre, des responsables locaux. En juillet 1940, le Parti communiste charge ainsi des militants d'accabler les autorités municipales défaillantes de la banlieue parisienne dans l'espoir de voir restaurer les élus communistes déchus sous le gouvernement Daladier. Il s'agit de fustiger à tout propos le personnel politique de la IIIe République finissante aussi bien que de faire quelques avances à l'occupant.

> Nous ne voulons plus de la bande à Bouscat !
>
> Elle nous fut imposée par le Gouvernement des pourris vendus à l'Angleterre. Pendant neuf mois, elle nous a donné l'exemple de l'impuissance et de l'incapacité. Au moment où nous avions besoin de direction, d'aide, de conseils, elle nous a abandonnés sans se soucier ni de notre sécurité, ni de notre ravitaillement, ni de l'ordre public. En fuyant, elle a jeté la panique parmi nous. Elle porte la responsabilité de l'exode douloureux de centaines de familles trompées sur l'attitude du soldat allemand par la propagande odieuse des Reynaud-Laval-Pétain (Affiche manuscrite apposée sur la mairie de Villeneuve-Saint-Georges, 21 juillet 1940).

Les occupants exploitent le désarroi en présentant dans leur propagande les soldats allemands comme de généreux pourvoyeurs d'ordre et de régulation, face aux défaillances des élites françaises. On remarque la célèbre affiche « Populations abandonnées, faites confiance au soldat allemand », sans savoir que les œuvres de bienfaisance national-socialistes sont généralement financées par des fonds français saisis... Mais en voyant bien que ce soldat allemand, si

« correct », vit tout bonnement sur le pays. Beaucoup de hauts fonctionnaires et de nouveaux gouvernants estiment primordial de reprendre la main pour assurer la souveraineté française sur tout le territoire. « L'activité ordonnée en présence de l'occupant est le meilleur exemple de civisme », estime le ministre de Finances Yves Bouthillier.

La loi sur le renvoi des fonctionnaires, qui devait rester en vigueur jusqu'au 31 octobre 1940, est en fait sans cesse prorogée. Car elle est mise au service d'une véritable épuration politique qui s'affirme dès le mois d'août. Le ministre de l'Intérieur prévient les préfets par circulaire (7 août 1940) :

> Il faut changer un esprit, des méthodes, des hommes. Rien ne ressemble à ce que vous avez connu dans votre carrière. [...] Ceux qui n'ont ni le goût ni la volonté d'entreprendre, avec le sens d'une responsabilité accrue, ne sont plus à leur place dans l'administration de la Nation.

Puis, c'est le chef de l'État qui se fait explicite :

> D'autres [épreuves] ont leur source sans les mêmes causes qui ont conduit le pays au désastre dans la démoralisation et la désorganisation qui, comme la gangrène, avaient envahi le corps de l'État en y introduisant la paresse et l'incompétence, parfois même le sabotage systématique aux fins de désordre social ou de révolution internationale. Ces causes n'ont pas disparu avec le changement des institutions ; elles ne changeront qu'avec le changement des hommes.

Sanctionnés pour leur absence de courage, de zèle ou de résultat, les fonctionnaires le sont surtout pour leurs liens, réels ou supposés, avec les partis républicains et, plus encore, les partis de gauche. Le ministre de l'Intérieur insiste sur la nécessité, pour asseoir le nouveau régime et réussir la Révolution nationale, de « l'élimination préalable des cadres administratifs des fonctionnaires que leurs faiblesses physiques, intellectuelles ou morales rendraient inaptes à collaborer à la création de l'ordre nouveau » (10 septembre 1940). Les « incapables moraux » succèdent aux indésirables sur le chemin de l'exclusion. Dans sa circulaire d'application, le ministre de l'Éducation nationale précise que doivent être frappés « ceux qui, dans ces dernières années, ont consacré une partie de leur temps à une agitation politique contraire aux intérêts de la France et persévèrent dans leur action, ou ceux qui se sont livrés par le passé à des manifestations publiques de désordre social de nature à faire disparaître leur autorité morale. » Ces catégories constituent des allusions transparentes au Front populaire et à la grève générale de novembre 1938.

Un exemple célèbre permet de mesurer le caractère politique de cette épuration, celui du préfet d'Eure-et-Loir, Jean Moulin. Il n'a pas quitté son département, en juin 1940, et a fait front avec l'aide de rares concours volontaires à l'afflux des réfugiés en perdition. Il a tenu à demeurer à son poste à l'arrivée de l'armée allemande et l'on sait qu'après des brutalités, il a essayé de mettre fin à ses jours plutôt que de signer un document imputant à des tirailleurs sénégalais des exactions allemandes. Après quelques jours de convalescence, il a repris ses fonctions en appliquant les directives du gouvernement (y compris en sanctionnant des fonctionnaires défaillants) et en s'efforçant de contenir les exigences de l'occupant dans les limites de la convention d'armistice. Les autorités militaires françaises ont informé le ministre de l'Intérieur de sa conduite exemplaire. Dans la marge de cette lettre, un collaborateur du ministre a précisé : « ancien chef de cabinet de Pierre Cot ». Et le délégué du ministère dans les territoires occupés porte au dossier de Moulin : « fonctionnaire de valeur, mais prisonnier du régime ancien ». Il est en outre dénoncé par l'un des parlementaires envoyés en mission d'information en zone occupée par le chef de l'État ; il l'accuse de continuer à pratiquer une politique de Front populaire. Le 2 novembre 1940, Moulin est placé en retraite d'office. Homme du Front populaire, il l'est assurément, par ses convictions, et par sa carrière. C'est sous un gouvernement de Front populaire qu'il a été nommé préfet et il a appartenu au cabinet de Pierre Cot, ministre de l'Air du Front populaire, réfugié aux États-Unis, depuis longtemps bête noire de l'extrême droite et accusé devant la Cour suprême de justice comme responsable de la défaite.

Jean Moulin est englobé dans un mouvement qui débouche sur l'éviction de quatre-vingt-neuf fonctionnaires de l'administration préfectorale. Le ministre de l'Intérieur en assume le caractère politique :

> Il est normal qu'un Gouvernement demande à ses préfets, qui sont ses représentants directs dans chaque département, un minimum d'adhésion morale. Depuis Waldeck-Rousseau [c'est-à-dire depuis l'affaire Dreyfus], tous les Gouvernements [de la IIIe République] ont changé les préfets quand ils sentaient en eux une opposition foncière à leur politique, bonne ou mauvaise.

Le ministère de l'Intérieur est celui qui prononce le plus de révocations (3 329), suivi par le ministère de la Guerre (671). Parmi les instituteurs, pourtant abondamment accusés d'avoir fait le lit de la désagrégation sociale, 200 sont remerciés. Marcel Déat, qui a endossé le rôle d'opposant de gauche pour le compte des Allemands, fait campagne dans l'*Œuvre*, contre la « petite terreur blanche » cléricale, militaire et maurrassienne, qui s'en prend aux fonctionnaires.

Prorogée jusqu'à la fin des hostilités, la loi reste une menace pour tous les fonctionnaires. Menace utilisée par la Légion française des combattants, qui se veut « les yeux et les oreilles du Maréchal », et qui, au cœur des querelles locales, dénonce à tour de bras ceux qui seraient hostiles à la Révolution nationale.

Les Français de fraîche date

On a vu qu'une loi a rétrospectivement interdit la fonction publique aux Français nés de père étranger. Cette disposition est cohérente avec la loi qui, la veille, a prescrit la révision générale des naturalisations postérieures à 1927.

Renvoyant au fantasme de l'invasion qui, depuis les années 1930, progresse en France – premier pays d'immigration en Europe –, l'avènement de Vichy transforme des propos d'estrade ou de pamphlets en législation effective qui épure le pays de nationaux indignes de l'être ou de le rester. André Mornet, membre de la commission de révision et futur procureur au procès Pétain, se justifiera en 1948 : le retrait de nationalité « aux étrangers qui se seraient montrés indignes paraissait en corrélation avec la recherche des éléments qui avaient contribué à la défaite ».

La révision générale ne sanctionne pas des fautes individuelles. Elle évalue une dignité présumée à être français. Le garde des Sceaux, Raphaël Alibert, indique que la loi vise « tous ceux qui se sont, pour des faits divers, rendus indignes d'être des nôtres ». Décidée par l'administration, la dénaturalisation n'est pas susceptible de recours car l'indignité qui la provoque est à géométrie variable et largement arbitraire. Près d'un million de personnes auraient dû être concernées, en comptant les conjoints et les enfants nés en France. La commission de révision des naturalisations se fera communiquer près de 700 000 dossiers, pour prononcer 15 154 dénaturalisations (publiées au *Journal officiel*). Le décalage des chiffres montre le vrai sens de la loi qui ne précisait pas de critères. La commission commence par traiter les naturalisés sur intervention politique ou postérieurs à 1936, le Front populaire étant réputé avoir ouvert à dessein les vannes pour submerger la France de la plèbe juive d'Europe de l'Est, ferment révolutionnaire. Les variables déterminantes sont la nationalité d'origine ou l'engagement politique repéré. Parmi les motifs de déchéance, on relève « origine juive » ou « activité politique extrémiste », même s'il n'y a aucune condamnation pénale, ni même « aucun renseignement défavorable ». La commission met les dossiers juifs à part. Et, effectivement, 40 % des dénaturalisés sont juifs. À titre de comparaison, les Italiens, qui constituent de loin le plus fort groupe immigré en France, ne comptent que 4 400 dénaturalisés, soit comme auteurs de délits – souvent mineurs –, soit parce qu'identifiés en tant que communistes. Les Français qui perdent leur nationalité se retrouvent d'emblée passibles d'un internement en camp ou d'un envoi dans un groupement de travailleurs étrangers. À partir de 1942, le fait d'être privé de la protection – provisoire – de la qualité de Français les expose à la déportation, sans que la connaissance de ce risque ne suscite l'arrêt ou la réforme de la politique de dénaturalisation. Sur environ 80 000 Juifs déportés de France, 50 000 sont des étrangers et, parmi les Français, plus de la moitié sont nés de parents étrangers ou naturalisés.

Vichy, d'ailleurs, manie la perte de nationalité comme une sanction politique. La déchéance frappe ceux qui ont quitté la France entre le 10 mai et le 30 juin 1940. Et plus particulièrement les engagés dans la France libre. Ils seront près de 500 « déchus ». Une cour martiale est instituée à Gannat (24 septembre 1940) pour juger les « crimes et manœuvres contre l'unité et la sauvegarde de la patrie », en particulier les gaullistes qui participent aux tentatives pour faire basculer des territoires coloniaux dans la dissidence.

Les statuts des Juifs

L'antisémitisme est, dans la France de l'avant-guerre, une banalité, parfois haineuse, le plus souvent platonique. La recherche de boucs émissaires provoquée par la défaite ne peut que raviver ce sentiment d'hostilité. À Vichy, on aime d'ailleurs à se persuader qu'une politique antisémite active et prompte contribuera à contenir des violences populaires. Un haut fonctionnaire du ministère des Affaires étrangères utilise cet argument pour justifier le premier statut des Juifs auprès des autorités américaines : « prévenir les mouvements spontanés d'antisémitisme dont il serait difficile d'éviter les excès ». Une lettre du secrétaire particulier de Pétain, daté du 22 août 1940 et envoyé à un ami juif, renseigne parfaitement sur l'état d'esprit qui règne dans certaines sphères du pouvoir :

> Je ne t'apprendrai rien en te disant que le mouvement antisémite actuel se fait de plus en plus précis, impressionnant plus par son manque de discernement et son aveuglement que par sa violence même. Tu me connais suffisamment pour savoir que je ne participe pas à ce genre de sentiments. Il y en a un, néanmoins, que j'ai : c'est celui que trop de mauvais juifs ont pris imprudemment trop de place et trop d'importance dans la vie publique française et qu'ils ont été parmi ceux qui nous ont précipités dans la catastrophe où nous nous trouvons. Ils ne sont pas les seuls, certes, loin de là, mais la fureur populaire les accuse les premiers.
>
> Que sera ce mouvement, quelles seront les mesures qu'on sera obligé de prendre ? Il est impossible de le prévoir maintenant. Nos adversaires [allemands] ne dictent absolument pas notre conduite et c'est, j'ai l'impression, un mouvement absolument spontané de gens désespérés de se trouver aussi bas, qui cherchent n'importe où ou sur n'importe qui à assouvir leur rancœur.

Sans attendre des pogroms – qui ne se produiront pas – et sans marchander ses propres convictions, Vichy met en place une législation antisémite qui fait se succéder deux statuts des Juifs (3 octobre 1940 et 2 juin 1941). En définissant – non sans errements – qui est « racialement » juif et en édictant des interdictions professionnelles, ces statuts entendent débarrasser la vie économique, politique et culturelle d'une tutelle juive décriée depuis des décennies et réputée avoir déclenché la catastrophe finale. Il s'agit de rejeter les Juifs hors de la communauté nationale. Cet antisémitisme d'État isole et fragilise un groupe qui devient paria dans la société. Les Juifs, soumis à une manière de peine collective, sont persécutés pour ce qu'ils sont et non pour ce qu'ils font. Face à une politique aussi calculée et mise en œuvre avec une telle obstination, le choc est immense pour les Juifs de France.

> Je ne suis plus qu'un demi-citoyen, sur le sol même où je suis né et où dorment les miens. C'est ainsi que j'ai perdu le droit d'exercer la profession qui fut celle de mon père et que, demain, se posera pour mes enfants la question de savoir à quelle activité ils auront droit de se livrer (Journal de Me Lucien Vidal-Naquet).

Jusqu'où l'élimination entreprise par ces lois doit-elle aller ? En dépit de son obstination à revendiquer un antisémitisme « à la française », la politique d'exclusion et de persécution de Vichy se trouve rapidement concurrencée puis subordonnée par la politique de concentration et d'extermination poursuivie par l'occupant. Elle sert ses desseins, par ses propres instruments. Une loi accompagnant le second statut prescrit un recensement des Juifs : les fichiers avec noms, nationalités, adresses et professions fourniront d'indispensables ressources au moment des rafles. Le marquage des pièces d'identité, humiliant à dessein, ôte toute chance aux proscrits d'échapper à la traque. La spoliation systématique des biens juifs (loi du 21 juillet 1941) prive les Juifs de leurs moyens d'existence, ce qui est un outil supplémentaire pour les stigmatiser et les rendre vulnérables. L'internement des Juifs étrangers prévu par la loi du 4 octobre 1940 (40 000 en février 1941) fournit aux Allemands les viviers où seront puisés les premiers déportés.

Ce que parler veut dire

La franc-maçonnerie, dans le droit-fil des obsessions de l'extrême droite, est désignée par Vichy comme l'un de ses principaux adversaires, manipulateur secret de la politique française au sein d'un complot mondial (et juif). Une première loi prescrit la dissolution des sociétés secrètes, sans nommer la maçonnerie. Mais les fonctionnaires doivent tous déclarer leur éventuelle appartenance à une loge. Une circulaire du 19 octobre 1940 interdit aux dignitaires maçons tout poste dans la fonction publique. La loi du 11 août 1941 prévoit la publication de leurs noms au *Journal officiel* et étend les interdictions professionnelles qui les frappent. Cet appareil législatif débouche sur cent cinquante poursuites contre des faux déclarants, un millier de révocations et la publication de 18 000 noms. Un fichier regroupant 170 000 personnes aurait été établi.

Ces listes soulèvent un grand nombre de problèmes. Le premier tient à l'imprécision de la définition de « dignitaire », jugée d'ailleurs trop restreinte par les pourfendeurs de la maçonnerie. « Une foule de maçons des trois premiers degrés sont aussi dangereux que les dignitaires ; je vous en citerais des centaines qui mènent aujourd'hui une propagande dissolvante antigouvernementale, bolchevisante et gaulliste » (lettre du Centre d'action et de documentation au Service des sociétés secrètes, 24 mars 1943). Ensuite, cette délation n'a pas attendu l'aval officiel pour se faire. Elle a commencé dès août 1940 dans des journaux parisiens tels qu'*Au Pilori*, qui utilisent les documents saisis dans les loges pour dresser des listes de maçons. La publication par la presse – et c'est évidemment le but – a un autre impact que dans le JO qui a forcément moins de lecteurs. Elle ne se limite pas aux dignitaires de la franc-maçonnerie, d'ailleurs, ni même aux francs-maçons. En même temps que ces premières listes ont paru celles de noms de Juifs dénoncés comme ploutocrates détenant des positions abusives : Juifs dans les compagnies d'assurance, dans les hôpitaux de Paris, dans le cinéma, dans les commerces... Et ce dès avant la promulgation du premier statut. Par la suite, les ressources offertes par les lois d'exclusion et les travaux des commissions d'application ouvrent la voie à d'innombrables listes : Juifs ou « nés de père étranger » interdits d'exercice dans telle ou telle profession, dénaturalisés, déchus de la nationalité française, avec noms et adresses. Aux listes officielles s'ajoutent celles établies au moyen de la délation, de la rumeur ou du travail de renseignement des diverses officines créées par Vichy pour contrecarrer l'anti-France, ou stipendiées par l'occupant. Tout devient possible : listes d'interdits professionnels qui continuent à exercer, listes de ceux qui leur fournissent du travail, listes des Juifs réfugiés dans les différentes régions, listes des Juifs qui ne se seraient pas déclarés, listes de sympathisants gaullistes, listes de fonctionnaires réfractaires ou réticents... S'y ajoutent, à longueur de colonnes, dénonciations individuelles et lettres de délation dûment reproduites. Des individus, beaucoup de personnalités, sont accusés par la rumeur d'être juifs, à charge pour eux de démontrer qu'ils ne le sont pas, à leurs risques et périls. Déjà méprisable parce qu'elle s'exerce en toute impunité et à l'encontre de personnes vulnérables, la diffusion de noms accompagnés d'abondants éléments d'identification a de vertigineuses conséquences en termes de répression. Les services, bureaux, centres chargés en principe de la documentation et de la propagande, se transforment en agences de renseignements, doublées de polices spécialisées et en contact étroit avec le SD allemand. L'information qui circule n'est donc pas une dénonciation à la cantonade ou platonique. Elle porte ses fruits répressifs. Dans un rapport à son supérieur, le délégué du Service des sociétés secrètes en zone occupée annonce fièrement, en janvier 1942, avoir passé un accord avec *Au Pilori* pour exploiter les lettres envoyées au journal concernant les activités maçonniques ou juives ; un accord similaire est en cours de négociation avec *Je suis partout*. En mai 1943, Adolf Eichmann, accompagnant le nouveau responsable de la Solution finale en France, décide de vérifier sur place la validité des protestations publiées dans *Au Pilori* contre la tolérance dont jouissent les Juifs sur la Côte d'Azur. On sait aussi que Charles Maurras sera accusé après la guerre d'avoir, dans un article du 2 février 1944, incité au meurtre du père du résistant juif Roger Stéphane, en se réclamant de la loi du talion.

La propagande et la loi, se relayant l'une l'autre pour établir et publier de telles listes, se sont d'abord emparées des individus pour les marquer, les déshonorer, les discréditer. Mais leur action a non seulement facilité, mais favorisé, voire rendu possibles l'exclusion puis l'extermination.

Qu'attend-on pour les pendre ?

Comme on l'a dit, la défaite a suscité l'irrépressible besoin d'en trouver les coupables. Dès les premiers jours de la retraite, le président du conseil Paul Reynaud a fustigé les défaillances du commandement en la personne du général Corap qui n'avait pas su contenir l'offensive allemande du 10 mai sur la Meuse :

> La mort est un châtiment bien faible pour toute faute contre l'intérêt vital du pays, alors que nos soldats meurent, il n'y aura plus de procédure dilatoire pour les traîtres, les saboteurs ou les lâches (déclaration devant le Sénat, 21 mai 1940).

Un mois plus tard, Reynaud est à son tour fustigé par l'opinion et les nouveaux pouvoirs publics. Le gouvernement de Vichy a prévu de faire juger, par une juridiction politique, la Cour suprême de justice, « les anciens ministres ou leurs subordonnés immédiats [...] accusés d'avoir trahi les devoirs de leur charge dans les actes qui ont concouru au passage de l'état de paix à l'état de guerre [...] et dans ceux qui ont ultérieurement aggravé les conséquences de la situation ainsi créée ». Ces crimes, nouveaux, sont en outre définis de manière rétrospective. Mais le champ d'investigation est limité à 1936, afin d'épargner le maréchal Pétain qui détenait jusqu'à cette date de très importantes fonctions au conseil supérieur de la Guerre. Le principe du procès est aussi un moyen de prévenir ou d'interrompre une recherche prolongée et mal contrôlée des responsables. Il convient donc de les désigner : le 18 novembre sont inculpés le général Gamelin, généralissime en fonction lors de l'invasion, Édouard Daladier, ministre de la Guerre et président du Conseil lors de la déclaration de guerre, Léon Blum, premier président du Conseil du Front populaire, et deux anciens ministres de l'Air, Guy La Chambre et Pierre Cot. Reynaud et Mandel et des parlementaires embarqués sur le *Massilia* sont également arrêtés et incarcérés. Il ne fait pas bon ni être juif, ni être de gauche. Le Front populaire figure l'alliance monstrueuse du communisme, du radicalisme maçon et du Juif errant sous les espèces du financier et du révolutionnaire.

Le 30 juillet 1940, Radio-Vichy a commenté la création de la Cour suprême par des mots autorisés et bien sentis : « Il faut que justice soit faite ! Il n'y aura pas de reconstruction sérieuse de la France si les responsables de la défaite ne sont pas découverts et punis ! ». Mais les journalistes parisiens ont anticipé ces arguments. À quoi bon une instruction, ou même un procès ? Les accusés sont déjà condamnés, pour un crime contre la paix et contre la patrie, commis au vu et au su de tous. La sentence est spontanée : « Paris se charge d'appliquer la peine de lynchage » (*Au Pilori*, 26 juillet 1940). Tandis que la procédure se met longuement et lourdement en place, le leitmotiv est constant : qu'attend-on pour les pendre ? À quand l'exécution ? Des articles orduriers, des caricatures grossières appellent au meurtre.

> C'est à croire qu'il n'y a plus de branches aux arbres, et que toutes les guillotines sont rouillées. On n'a pas encore osé les condamner à mort, les infâmes souteneurs qui ont vendu la France aux Anglais. Pourquoi, je vous prie, la Haute Cour, les chats-fourrés, tout le tremblement ? Pourquoi cette coûteuse mise en scène ? Une bonne exécution suffirait. Il n'y avait qu'un bain de sang qui put débarrasser de cette vermine. (*Au Pilori*, 12 août 1940).

Cet acharnement nourrira quelques années plus tard l'impression d'une réversibilité des épurations s'enchaînant sans fin. L'abbé Desgranges, ancien député reconverti après guerre dans la réhabilitation des épurés, écrira alors :

> Ce forcené de Brasillach a réclamé le poteau pour les chefs communistes, pour Daladier, pour Paul Reynaud et, d'une façon générale, pour tous ceux qui se mettaient en travers de sa propagande fasciste. Mais une justice digne de ce nom ne doit pas s'inspirer des errements des accusés et agir avec la colère qui les précipita eux-mêmes dans le crime (*les Crimes masqués du « résistantialisme »*, 1948).

Dans un tel contexte, le grand procès politique par lequel Vichy inaugure son avènement prend un double sens. Bien sûr, il s'agit de disqualifier la République et la démocratie, assimilées à un personnel politique incompétent et perverti. Mais cet étalage de procédure tend aussi à affirmer un monopole de l'exercice de la violence légitime au moment où les factions radicales, voire rivales, exigent une épuration expéditive. Le secrétaire général du ministère de la Justice justifie donc les pesanteurs d'une instruction qui se prolonge :

> Pratiquement, en 1940, certains réclamaient une exécution sommaire. Ce procédé a été résolument écarté, il est peu compatible, en matière politique, avec le tempérament français. Ce procès doit se dérouler avec toutes les garanties qu'offre une justice normale, afin de valoriser la haute portée de l'arrêt.

Mais le Maréchal lui-même perd patience. Se prévalant du droit de justice politique qu'il s'est arrogé par un acte constitutionnel, il désigne en août 1941 un conseil de justice politique chargé, sous deux mois, de l'éclairer sur les sanctions à prononcer contre ces fameux responsables. Au sein du conseil, composé « d'anciens combattants et de grands serviteurs du bien public », certains se montrent pourtant réticents sur le principe même de l'institution à laquelle ils appartiennent et essaient d'en détourner la finalité en réinstaurant enquêtes, procédure contradictoire et droits de la défense. L'un d'entre eux, le député PSF Charles Vallin, prévient ses collègues : « Ces messieurs vous feront ce que vous leur aurez fait ». Ce qui témoigne d'une absence de confiance dans la pérennité du régime comme de la certitude qu'une répression politique en porte toujours une autre dans ses flancs. Dans les délais impartis, le conseil rend néanmoins son avis et Pétain condamne Daladier, Blum et Gamelin à la détention dans une enceinte fortifiée, ainsi que Reynaud et Mandel que la Cour suprême avait estimé impossibles à inculper. Les autres accusés demeurent internés. En outre, le pouvoir judiciaire étant en principe indépendant, ceci ne présage pas du jugement à venir de la Cour suprême de justice. En effet, explique Pétain, « la gravité des faits reprochés aux principaux responsables de notre désastre apparaît telle qu'elle ne saurait être masquée ou aveuglée par de simples sanctions politiques ».

Le procès s'ouvre le 19 février 1942. Mais la pugnace efficacité de Daladier et de Blum dans leur défense, et la mise en lumière par les débats des accablantes déficiences du haut commandement militaire plongent le régime de Vichy dans l'embarras. Exaspéré par la tournure des événements, Hitler en personne, qui en tient pour la responsabilité exclusive de la France dans la déclaration de guerre, exige l'arrêt du procès. Il est suspendu le 14 avril pour supplément d'information, et ne reprendra jamais. Ceci n'empêche pas le maintien en détention des inculpés, dont la plupart sont déportés en Allemagne en 1943.

D'un procès avec juges indépendants, procédure publique et contradictoire, et solennité de l'apparat judiciaire, Vichy avait attendu qu'une condamnation éclatante conforte par l'autorité de la chose jugée une sentence politique qui doutait de sa légitimité et de son efficacité. Ce résultat n'est pas obtenu et, même, le procès se retourne contre ses promoteurs en transformant la salle d'audience en tribune politique. C'est pourquoi l'opération de Riom s'achève dans la déception, le garde des Sceaux allant jusqu'à déclarer publiquement que, de l'avis du gouvernement, « les espérances ont été trompées ».

Les communistes : de la répression aux représailles

La répression contre le communisme continue à faire l'unanimité après juin 1940, pour toutes les factions et les traditions si diverses qui se sont rencontrées à Vichy. L'État français dispose de l'appareil législatif hérité de la IIIe République et va le durcir pour chercher à neutraliser la direction du Parti communiste, ses militants, voire ses sympathisants. Il se donne les moyens d'une répression de masse dont l'internement administratif est la pierre de touche. Celle-ci s'opère très tôt avec vigueur, mais dans l'angoisse d'une complaisance de l'occupant – après tout lié par un pacte à l'Union soviétique de Staline – qui utiliserait la menace communiste contre la France (les Allemands procèdent à de vastes libérations de communistes en juin et juillet 1940).

L'action prend deux formes. L'internement des suspects, de caractère « préventif », utilise les fichiers d'avant-guerre. Il touche donc les élus et les responsables syndicaux – faciles à repérer –, ainsi que des militants qui ne sont plus forcément actifs. L'arrestation s'opère pour sa part après enquête sur des faits précis (par exemple de propagande) ou en flagrant délit. Un internement complète presque systématiquement les peines de prison courtes infligées à des communistes arrêtés. Entre l'été 1940 et l'été 1941, 4 000 à 5 000 communistes (ou présumés tels) sont arrêtés ou internés, venant s'ajouter à ceux de la drôle de guerre. Communistes français et étrangers se retrouvent dans des centres de séjour surveillé, des centres pour extrémistes ou des groupes de travailleurs étrangers (25 000 à la fin de 1940) où l'enrôlement revêt un caractère punitif.

L'attaque de l'URSS par l'Allemagne en juin 1941 entraîne d'une part le passage du PCF à une lutte massive et, si possible armée, contre l'occupant ; d'autre part une aggravation de la répression allemande à l'encontre des communistes. Les attentes de Vichy sont comblées. Pour ne rien dire de celles des partisans de la collaboration avec le Reich. Dans l'affrontement consommé du nazisme et du communisme, ils voient restaurer la cohérence de leurs passions politiques. « La marche du genre humain a mis le genre humain dans le cas de ne plus pouvoir se passer pour vivre – et pour mériter de vivre – d'une épuration totale » (*la Gerbe*, 26 juin 1941). Mais les attentes – du moins de Vichy – vont bientôt être dépassées.

Pour porter le combat sur le sol français et secouer l'opinion publique, le Parti décide d'une politique d'attentats directs contre des militaires isolés des troupes d'occupation. Les autorités militaires allemandes ne s'y trompent pas. Le 6 septembre 1941, par exemple, après qu'un sergent a été blessé à Paris, une affiche est placardée : « De l'enquête, il résulte que le coupable ne peut être qu'un communiste français ». Mais, à défaut de pouvoir retrouver et punir les auteurs de ces attentats, elles imposent des représailles étendues. Ainsi, après avoir désigné la responsabilité d'un communiste français dans cette affaire, elles font fusiller trois personnes dont un communiste français, certes, mais aussi un trotskiste et un Juif qui avait agressé un membre du RNP, parti collaborationniste de Marcel Déat.

Surtout un attentat perpétré le 21 août à Paris coûte la vie à un jeune officier allemand. Dans un premier temps, le gouvernement français a obtenu le report des six exécutions de représailles en créant dans la précipitation les sections spéciales, juridictions compétentes en matière de communisme, qui, sous couvert judiciaire, fourniront les victimes expiatoires, prises parmi « les auteurs de toutes infractions pénales, quelles qu'elles soient, commises dans une intention d'activité communiste ou anarchiste ». Il s'agit d'autant plus d'une juridiction d'exception que la loi en portant création est antidatée de huit jours pour la faire passer pour antérieure au premier attentat (attentat commis le 21 août 1941, loi datée du 14 août, en fait inventée le 22). On doit toutefois à la vérité de dire que dès février 1941, le gouvernement avait réfléchi à la création d'un tribunal permettant d'aggraver les peines contre les communistes. Les sections spéciales peuvent en outre condamner à mort des accusés déjà sanctionnés pour les mêmes faits par des tribunaux ordinaires. En effet, pour faire au plus vite, on a pioché parmi les communistes déjà emprisonnés. Dès le 28 août, trois communistes jugés la veille par la section spéciale de Paris, sont guillotinés dans la cour de leur prison. Les jugements des sections spéciales sont définitifs, sans appel et immédiatement exécutoires. Ces conditions font peser sur les magistrats une responsabilité considérable qui les rend plus timorés qu'escompté. C'est ainsi que les juges de la section spéciale de Paris n'ont prononcé que trois condamnations à mort sur les six attendues en réponse à l'attentat du métro Barbès contre l'aspirant Moser. Dès la deuxième audience de la section spéciale de Paris, tenue à huis clos sous la protection d'un important service d'ordre, les distributions de tracts et la reconstitution de cellules communistes sont sanctionnées de peines de travaux forcés ou de prison.

Pour surmonter ces défaillances, dès le 7 septembre, Vichy se dote d'une nouvelle juridiction d'exception, le tribunal d'État dont la compétence s'étend à tous les agissements de nature à nuire au peuple français. Neuf jours plus tard, le maréchal Keitel, haut commandant des forces armées allemandes, fournit son propre commentaire de la situation : « Pour la vie d'un soldat allemand [...] on pourra considérer en général la condamnation à mort de 50 à 100 communistes comme *convenable*. » À la suite de nouveaux attentats contre des militaires, dix otages sont exécutés. Trois communistes, dont le député Jean Catelas, sont condamnés à mort par le tribunal d'État pour propagande subversive, et guillotinés à la Santé. Le gouvernement français se lance dans une course éperdue qui prétend limiter les représailles allemandes en démontrant la férocité de sa propre répression, de préférence contre des communistes étrangers ou juifs. Au ministère de l'Intérieur, dans les premiers jours d'octobre, on pronostique ainsi les condamnations qui seront prononcées par la section spéciale de Marseille : mort, travaux forcés à perpétuité, travaux forcés à temps... « Répercussions politiques à prévoir : néant. » Les 19 et 21 octobre, deux officiers haut gradés sont abattus à Nantes et Bordeaux. En application du code des otages que les Allemands viennent juste d'adopter, 99 personnes puisées parmi les détenus et internés politiques de Vichy, essentiellement communistes, sont fusillées. Le ministre de l'Intérieur Pierre Pucheu intervient pour sauver des anciens combattants et tente d'influencer les Allemands en leur soumettant une liste d'otages dressée par des membres de son cabinet, qui désigne des communistes plutôt que toute autre catégorie. Non content d'avoir trempé dans ce choix, Vichy organise une démonstrative et bruyante campagne de presse autour des terroristes criminels. Tandis que les attentats sont condamnés à grands cris (« Les personnes responsables sont les Juifs, les communistes, les étrangers, les parachutistes qui possèdent des explosifs et les membres de la Tcheka espagnole. L'épuration continue », Radio-Vichy), pas un mot de compassion n'est accordé aux fusillés ou à leur famille.

Le gouvernement recommande certes à ses préfets de ne pas se mêler des désignations d'otages : parce que le principe n'en peut être admis ; parce que l'administration ne peut mener une opération de guerre contre son propre pays ; parce que, enfin, la seule attitude conforme aux lois de l'humanité et aux exigences de la conscience humaine consisterait à se livrer soi-même « plutôt que de livrer un seul des concitoyens placés sous sa protection ». Mais, tandis que Pétain renonce à s'offrir en échange des otages, les ministères continuent à ordonner la fourniture des listes d'internés aux Allemands et réfléchissent bel et bien à prévoir « un mode de désignation ». À la pratique coutumière des otages prélevés parmi les notables, Vichy contribue donc à substituer la sélection d'otages idéologiques pris parmi ses ennemis. 471 otages sont exécutés entre septembre 1941 et mai 1942.

Il ne faut pas s'exposer à des acquittements

Hitler a exigé une deuxième vague d'exécutions après les premières fusillades de Nantes et Bordeaux. L'ambassadeur allemand Abetz joint ses efforts à ceux de l'administration militaire pour les faire reporter, afin d'éviter de pousser à son paroxysme le sentiment anti-allemand. En échange, le gouvernement du maréchal Pétain poursuit vigoureusement sa politique répressive en la parant de la légitimité judiciaire. La création des juridictions d'exception que sont les sections spéciales et le tribunal d'État, va dans le sens de l'aggravation des peines et de la réduction des garanties dont jouissent les inculpés, en particulier par l'extension du droit de prononcer la peine de mort, par la restriction ou l'interdiction des circonstances atténuantes, du sursis, par l'alourdissement des peines minimum. Non seulement le parquet reçoit des instructions péremptoires mais les magistrats affectés à ces tribunaux sont choisis pour leur adhésion formelle au régime. Comme le note le garde des Sceaux Joseph-Barthélémy, en demandant des nouvelles sur les affaires confiées au tribunal d'État : « Il ne faut pas s'exposer à des acquittements ». Sous peine de perdre dans le jeu serré de collaboration et de concurrence avec les Allemands qui se livrent à un chantage permanent en cas de condamnations insuffisantes. Les magistrats déploient un zèle inconstant mais qui, au moins jusqu'en 1942, se caractérise par une propension à juger sévèrement, à exiger peu de preuves, à définir délits et crimes de façon extensive, à faire fond sur les délations, à tenir pour circonstance aggravante le passé politique (de gauche) des inculpés. Dans des affaires qui se résument généralement à des diffusions de tracts, les peines de prison et de travaux forcés sont les plus fréquentes, accompagnées d'amendes, d'interdictions de séjour ou de privations de droits. Les peines de mort sont plutôt réservées, en 1941 et 1942, à des atteintes à la sûreté extérieure de l'État. Elles sont alors assorties de confiscations des biens. Il n'y a pas de jurisprudence : pour avoir chanté l'*Internationale*, on peut être condamné à Lyon, le 30 septembre 1941, à un mois de prison, et dix jours plus tard, à Bordeaux, à six mois. Les accusés sont souvent jugés avec des a priori et en adéquation avec les circonstances extérieures plutôt que sur le fond. Un procureur général motive ainsi son avis défavorable au recours en grâce d'un condamné à mort qui n'a toutefois pas commis d'attentat.

> Il s'agit d'un Juif polonais, intelligent, pourvu d'une certaine instruction, professant des opinions extrémistes qui l'avaient fait classer parmi les communistes. Engagé dans les brigades internationales pendant la guerre d'Espagne, il y est devenu rapidement officier, ce qui dénote à la fois des aptitudes et une activité de caractère essentiellement criminel. Si l'on considère en outre que cette valise [d'explosifs] a suivi jusqu'à lui une carrière qui suppose le concert et

l'organisation entre israélites en état d'insurrection contre l'ordre établi, on ne peut qu'assimiler le cas de ce condamné à celui d'un individu qui aurait finalement réalisé son dessein d'attentat.

En outre les magistrats n'hésitent pas à réclamer aux préfets des mesures d'internement administratif pour des prévenus bénéficiant de non-lieux ou d'acquittements.

Mais, après un démarrage fulgurant, les Sections spéciales se montrent finalement assez clémentes. Certes, les prévenus sont condamnés à 75 %, mais ils le sont dans la majorité des cas à des peines de prison inférieures à cinq ans. Plusieurs explications relativisent ces résultats. D'abord, il existe sous le régime de Vichy neuf juridictions d'exception compétentes à des degrés divers pour les affaires politiques, auxquelles viennent s'ajouter tribunaux correctionnels et tribunaux militaires. Ensuite, en matière de communisme puis de résistance, les Allemands tendent à se saisir des affaires les plus importantes, ils exercent un droit de regard sur tous les dossiers et interviennent si les condamnations ne leur donnent pas satisfaction. Enfin, les Sections spéciales n'ont pas déployé une activité régulière ni selon les régions (25 prévenus jugés à Caen, 179 à Dijon, 949 à Lyon, 2 116 à Douai), ni selon les périodes. Enfin, parce qu'avec le temps, les magistrats ne veulent plus siéger dans les juridictions d'exception, ni prononcer de peine de mort. Parce qu'avec le temps, la répression est en passe d'enfanter la guerre civile.

Ainsi, à partir de l'été 1940, le nouveau pouvoir, s'il procède de la défaite, dérive aussi des conflits franco-français antérieurs. Parce que Vichy est une revanche et a choisi de ne pas répondre à une crise nationale majeure par un renforcement des solidarités mais par la désignation de coupables et d'ennemis, l'exclusion lui est consubstantielle et, de là, la répression et la persécution. Or, à compter du printemps 1942, les SS prennent en France le pas sur les autorités militaires d'occupation. Pour Pierre Laval, nouveau chef du gouvernement depuis avril, toute la gestion et les décisions politiques sont soumises à la grande négociation qu'il s'obstine à rechercher avec l'Allemagne. En se subordonnant ainsi, il s'impose en même temps qu'un assujettissement politique et une exploitation économique, une collaboration policière dotée d'un appareil répressif en constante progression. Passé des impératifs de l'ordre nouveau aux urgences du maintien de l'ordre, le régime perd sa légitimité et s'enfonce dans l'obsession de l'éradication des oppositions et dissidences. Comme durant la crise des otages de l'automne 1941, l'État se considère dorénavant en situation de légitime défense. Cette lutte pour la survie plonge le pays dans un conflit entre Français qui va culminer au printemps 1944.

II

La trahison appelle la vengeance

Venez un peu ici que je vous torde le cœur.
(Shakespeare, Hamlet, III, 3)

Ce qui a pris, à partir de 1942, le nom de Résistance est à l'origine une volonté d'agir pour préparer la revanche ou obtenir la libération. Elle s'est manifestée après la demande d'armistice par des sabotages ou des tracts improvisés. Elle a, sous cette forme, aussitôt démontré ses cruelles limites : le premier civil français fusillé, Étienne Achavane, l'a été le 6 juillet 1940, pour avoir coupé les fils téléphoniques de la Feldkommandantur de Rouen. En août, un Polonais et un Français ont été exécutés pour avoir montré le poing à des troupes allemandes en train de défiler. Assimilés à de l'espionnage ou du sabotage, tous les actes d'opposition sont, en zone occupée, passibles de la peine de mort, manifestée par les avis rouges et noirs placardés sur les murs. On doit agir plus discrètement, par exemple en secourant des prisonniers de guerre évadés ou des militaires britanniques ou polonais en perdition. Le réflexe est aussi de partager une espérance, si ténue soit-elle, de se rapprocher pour être prêts à agir. De là l'idée instinctive d'essayer de diffuser des tracts, des appels, voire de très modestes périodiques clandestins. « Reste aussi l'espoir que l'histoire nous venge », note le 2 juillet 1940 Emmanuel d'Astier, futur chef d'un des principaux mouvements de Résistance et futur commissaire à l'Intérieur du comité français de la libération nationale. Nous venge de nos occupants victorieux, mais aussi des

Français qui se sont mis à leur service et vont, très vite, faire figure également d'ennemis.

Le premier rêve des humiliés

Certes, dans le combat qui s'esquisse, l'ennemi est évidemment le vainqueur tout puissant qui dicte sa loi, l'occupant qui abuse de sa position de force et puise d'abondance dans les ressources du pays au détriment de ses habitants. Mais la présence des Allemands sert de révélateur à l'existence d'affidés, anciens ou nouveaux convertis aux vertus du nazisme. Pour leurs compatriotes, ils apparaissent d'emblée comme des traîtres stipendiés, qui se font d'abord connaître dans la presse et la radio étroitement contrôlées par les Allemands en France occupée.

Le soir même du 14 juin, jour de l'entrée de la Wehrmacht dans Paris, d'anciens correspondants de presse allemands sont venus s'assurer du contrôle des agences et des journaux. Tout en autorisant la reparution de certains journaux (aux équipes remaniées), ils créent de nouveaux titres. Le ton de cette presse ne trompe aucun lecteur de zone occupée : « même plus pensés en français », « une presse aux ordres », « les journaux de trahison et la radio allemande des postes français » (*Conseils à l'occupé*, juillet 1940 ; *la Vérité*, 31 août 1940 ; *Pantagruel*, octobre 1940). L'analogie est aussitôt faite avec *la Gazette des Ardennes*, éditée par l'armée allemande dans les départements envahis durant la Première Guerre mondiale.

La diffusion de tracts et de petits journaux clandestins à Paris est donc d'abord une réaction contre cette presse muselée et trompeuse. Ses mensonges et sa corruption – explication immédiate à sa hâte à servir l'occupant, même si l'on n'ignore pas les compagnonnages fascistes qui peuvent exister – sont exposés et dénoncés. Il ne faut pas longtemps pour passer à l'étape consistant à mettre en garde ces journalistes soumis au vainqueur, vainqueur dont on veut précisément croire qu'il ne le sera pas toujours.

> Il viendra cependant ce jour où les pauvres hères, si empressés à tirer le char du vainqueur, si impatients de poser leurs candidatures aux postes de laquais, si avides d'une autorité qu'ils ne peuvent exercer impunément que contre leurs propres compatriotes, se trouveront soudain sans protecteurs et sans amis, en face d'une France enfin libérée du joug de l'oppresseur et qui leur demandera des comptes. [...] Croient-ils vraiment qu'au jour où le destin changera de chevaux leur crime sera oublié ? Que ces valets se hâtent de jouer aux maîtres. Nous saurons nous souvenir (*Notre Combat*, septembre 1940).

En zone libre aussi, une presse trop empressée à emboîter le pas au vainqueur pour fustiger l'allié d'hier, l'Angleterre en qui résident tous les espoirs, suscite des colères. Le premier petit groupe constitué par Emmanuel d'Astier, sous le nom de Dernière Colonne, par allusion à la trop fameuse Cinquième Colonne, se propose d'agir contre cette presse par graffitis, papillons et tracts. Il dirige sa vindicte contre le grand hebdomadaire d'extrême droite *Gringoire*, dont l'éditorialiste vedette Henri Béraud s'est fait le parangon de l'anglophobie. Sa première – et seule – opération d'envergure est une campagne d'affichage clandestin dans tout le Sud-Est :

> – Lisez *Gringoire*, vous ferez plaisir à Hitler.
>
> – 10 000 francs [environ 3 000 euros] par semaine valent bien une saloperie. M. Henri Béraud les gagne en bavant sur d'anciens alliés qui continuent à se battre. M. Béraud ne fera pas toujours sans risque le jeu de M. Hitler.
>
> – La Gestapo habite Vichy, 6 rue Chomel. Elle a trouvé des Français qu'elle paie pour lui servir de mouchards. Ils seront punis.

Ainsi sont d'ores et déjà désignées deux importantes catégories de traîtres : ceux qui aident la propagande allemande et ceux qui aident la répression allemande. Toujours pour de l'argent. D'Astier et ses compagnons rêvaient de réaliser de spectaculaires expéditions punitives. Mais ils ne disposent ni de la logistique ni de l'expérience de l'action clandestine qui le leur auraient permis. Toutefois, le thème qu'ils choisissent est un premier – et timide – moyen sinon de recruter beaucoup, du moins de souder une solidarité par la prise de risques en commun. L'un des jeunes afficheurs de la Dernière Colonne, arrêté par la police française dès sa première opération, explique ainsi qu'il a été convaincu par un ami de « lutter contre les germanophiles français ». Dans le discours ébauché par la Dernière Colonne apparaît déjà plus que l'indignation, une volonté de vengeance, une promesse de règlement de comptes.

Les archives de la France libre montrent aussi que, dès la fin de 1940, des informations parviennent à Londres pour recenser ceux qu'on appelle les traîtres, en l'occurrence ceux qui fréquentent assidûment l'occupant pour en tirer profit. Sont par exemple cités l'industriel Louis Renault, l'aviateur Michel Detroyat ou l'actrice Danielle Darrieux. Au même moment on commence à dresser une liste d'entreprises « travaillant pour l'ennemi ».

Un événement majeur accroît la certitude de Français, résistants ou non, de la trahison intérieure : la rencontre de Montoire entre Pétain et Hitler, le 24 octobre 1940, après laquelle le chef de l'État français annonce et revendique la nécessité d'une collaboration. Quelle que soit la confiance que la population porte au Maréchal, elle n'admet pas la pertinence d'une telle politique, pour ne rien dire de son principe même. Les rapports sur l'état d'esprit sont pleins des immenses réserves des Français à l'égard de la collaboration. « Le public se refuse à collaborer avec ceux qu'il rend responsables de la pénurie alimentaire dont il souffre. » À ce premier degré du refus s'ajoute au fil des mois la litanie des pressions et exactions allemandes qui finit de discréditer un mot qui n'est qu'un leurre. « L'opinion se braque chaque jour davantage contre nos occupants. » Dès lors, à défaut de se porter sur la personne ou la politique de Pétain, la méfiance, le mépris ou la haine échoient au principal de ses ministres, Pierre Laval, vu comme l'artisan des incessantes concessions faites aux Allemands, sous couvert de négociations ; et sur les partis politiques tolérés en zone occupée qui, se prévalant de la caution de Montoire, se présentent comme des inconditionnels de la collaboration et du modèle allemand : Ligue française d'épuration, d'assistance sociale et de collaboration européenne (Pierre Costantini), Parti français national-collectiviste (Pierre Clémenti), Parti national-socialiste français (Christian Message), Front-franc (Jean Boissel), Feu (Maurice Delaunnay), Francisme (Marcel Bucard), Mouvement social révolutionnaire (Eugène Deloncle), Rassemblement national populaire (Marcel Déat), Parti populaire français (Jacques Doriot), pour ne citer que les plus pérennes. Au début, l'infatuation et l'irréalisme de certains de ces partis ont provoqué le sarcasme autant que la colère. Costantini accède à une éphémère célébrité en déclarant personnellement la guerre à l'Angleterre, à grand renfort d'affiches.

> Ces tartarinades burlesques n'auraient en soi aucune importance, en France, le ridicule tue et le sort du commandant démobilisé sera vite réglé, si elle ne posait la question : que vont faire les autorités allemandes ? Nul doute que le commandant démobilisé ne soit un roublard autant qu'un héros. Il pense que sa servilité sera payée son prix, et que les frais de son affiche seront vite amortis. Qui sait ? (*Pantagruel*, octobre 1940).

Encore le rédacteur de ce commentaire, ne sait-il pas que Costantini n'est que le prête-nom de la Propagandastaffel, qui veut en finir avec la lacération des affiches allemandes : elle espère, en leur attribuant une origine française, obtenir de meilleurs résultats. Les Allemands autorisent, et mieux encore, incitent, financent, manipulent tous ces partis, plaçant plusieurs fers au feu pour diversifier les publics et peser sur le gouvernement de Vichy – qualifié par l'ambassade allemande de clérical-réactionnaire –, tout en se gardant bien de favoriser l'ascension d'un groupe ou d'un leader. Les Français ne s'y trompent pas. En voyant la coûteuse propagande de chaque parti, « le public se dit : cette propagande est payée par les Allemands ». En attendant chacun se targue d'être le seul parti autorisé : « c'est donc le parti de l'Allemagne » (Rapport des Renseignements généraux, Versailles, 5 avril 1941). Dans ce concert de rejets, deux partis et deux leaders – les plus crédibles – concentrent sur eux l'attention et l'opprobre : le RNP emmené par l'ancien néosocialiste Marcel Déat, et le PPF (créé en 1936), dirigé par l'ancien communiste Jacques Doriot. Dès 1941, l'indignation fait clairement place, dans la presse clandestine, à l'appel au châtiment.

> Nous demandons que, dès la libération du territoire français, MM. Pierre Laval et Marcel Déat soient traduits devant la cour martiale et condamnés, comme le sont les traîtres, à être fusillés dans le dos (*Libération*, 12 janvier 1941).

Un an plus tard, ce même journal énumère le châtiment des traîtres parmi les trois devoirs élémentaires des patriotes, avec la formation de groupes locaux et la diffusion du journal. On parle encore de traîtres, plutôt que de collaborateurs, collaborationnistes, ou collabos. On évoque le règlement de comptes, la nécessité de payer, le châtiment. Le mot épuration n'apparaît pas : l'intention, et l'action même, précèdent l'usage.

La surenchère des collabos

C'est pour l'heure dans l'autre camp que le mot d'épuration est régulièrement utilisé. Il figure même dans le nom de l'un de ces partis que l'on appellera bientôt collaborationnistes, la Ligue française d'épuration, d'assistance sociale et de collaboration européenne, dont le slogan est : « La Ligue française vous convie à nettoyer la France ». Parmi les plus frappantes caractéristiques de ces groupes émerge en effet une exigence d'épuration qui recouvre à la fois une volonté de renouvellement et un appel au châtiment ou à l'élimination d'ennemis par eux désignés.

Tout en revendiquant leur clairvoyance passée, ces leaders autoproclamés aiment à se présenter comme des hommes neufs parce que préservés de toute compromission avec la IIIe République. Ils se considèrent à cet égard comme plus légitimes que ceux qui ont accédé au pouvoir à Vichy et ils se verraient bien les supplanter.

> Vichy est aussi méprisable, à peu de choses près, que le Paris d'hier. Toute cette racaille de bourgeois moyens, de généraux ronds de cuir, de cléricaux sans église, de maurrassiens à la petite semaine, vaut la racaille d'hier (*Journal* de Pierre Drieu La Rochelle, 29 décembre 1941).

Le but affiché est de faire prévaloir leurs idées, associées dans leur discours à la Révolution nationale, voire à la personne du maréchal Pétain, plus rarement au programme nazi ou à la victoire allemande. Mais le but véritable est bien l'accession au pouvoir, considérée comme très méritée en même temps que profitable à l'intérêt national bien compris. Épousant avec ostentation les causes de Vichy, leurs revendications commencent par une épuration administrative. Elle revêt un caractère idéologique quand il s'agit du corps enseignant. Elle possède sûrement un irrésistible parfum de vengeance lorsqu'on évoque l'épuration de la police, beaucoup des dirigeants des nouveaux partis ayant eu, dans le passé, maille à partir avec elle, pour des motifs politiques... ou non.

> Création d'une Haute Cour de Justice pour juger tous les fonctionnaires qui, ayant abusé de leurs pouvoirs, avant et pendant la guerre, auraient traqué les citoyens français clairvoyants ennemis de l'Angleterre, des Juifs et des francs-maçons (Programme du parti national-socialiste français, vers novembre 1940).

Plus généralement, il est question de surveiller de près l'attitude et les opinions de tous les fonctionnaires, pour être prêts à sévir rapidement.

Selon le schéma vichyssois, les francs-maçons et les naturalisés sont également dans le viseur et c'est une surenchère dans la façon de les traiter : révocation, interdictions professionnelles, confiscation des biens, révision, déchéance. Deux catégories retiennent tout particulièrement l'attention. Les responsables de la défaite sont promis à une exécution immédiate. « Une formule : vite et tous » (tract du PPF, 1940). Et les Juifs sont l'objet d'un déploiement de haine qui ne connaît pas de borne :

> Les Juifs : expatriation, déportation, camps de concentration, travaux forcés et enfin stérilisation (Le Front franc, réunion à Paris, 17 mai 1941).

> Le statut, le camp de concentration, la politique de race, voilà les trois éléments de notre politique à l'égard des Juifs (discours de Jacques Doriot, 22 juin 1941).

> La raison pour laquelle notre motion sur la question juive est si absolue, c'est que nous tenons les Juifs pour les pires responsables. Nous déclarons nettement que si l'on ne profite pas du moment actuel pour régler d'une façon définitive, même par les moyens les plus extrêmes, la question juive, il n'y aura pas de révolution nationale possible. J'ajoute qu'il n'y aura de victoire allemande durable (discours de Marcel Bucard au congrès restreint du Francisme, 5 octobre 1941).

À cet égard, le RNP inscrit à son programme une épuration au sens premier du terme (« épuration et protection de la race, régénération physique et morale de la population »).

Les activistes ne se privent pas de démonstrations de force. Dès 1940, des jeunes gens appartenant au parti national collectiviste ou aux gardes françaises (dans l'orbite du journal *Au pilori*) s'en prennent à des commerces juifs dont ils brisent les vitrines. Le service d'ordre du Parti national socialiste français provoque des incidents avec la police et des bagarres de rue en prétendant contrôler les papiers de passants. Des sections locales du RNP s'emparent de magasins appartenant à des Juifs pour en faire leurs permanences. Menaces et extorsions ne sont pas tout à fait exceptionnelles. En 1941, une bombe explose à la synagogue de Vichy. Plusieurs synagogues sont visées à Paris durant une même nuit – avec du matériel fourni par la SIPO-SD –, celle d'Amiens est occupée. Le 1er janvier 1942, un cortège parcourt les rues de Vichy en criant « De Gaulle au poteau », « Mort aux Juifs ». Un jeune Juif qui avait crié « Vive de Gaulle » au passage du cortège est condamné en justice. L'ancien ministre socialiste de l'Intérieur, Marx Dormoy, qui s'était illustré dans la lutte contre la Cagoule, est assassiné. L'équipe qui l'a tué est partiellement décimée par l'explosion de sa propre bombe en tentant un nouvel attentat à Nice contre un hôtel dont la clientèle est en majorité juive.

Les résistants, pour leur part, ne sont pas mentionnés. Ils n'ont pas encore été identifiés par les collaborationnistes qui les confondent dans la masse des partisans imbéciles d'une victoire anglaise. Cette ignorance ne durera pas au-delà de 1941 car, après les attentats commis contre des militaires allemands, commencent les attaques contre les collaborationnistes. Ainsi, en janvier 1942, dans la petite commune de banlieue de Sèvres, la vitrine de la permanence du MSR (en même temps boutique d'un marchand de charbon sympathisant) est brisée. Le chef de la région parisienne écrit aussitôt au maire pour exiger le remboursement des 3 300 francs (800 euros) nécessaires au remplacement des vitres (« les dommages qui me sont dus »). Sinon, « je vous avertis que dans les 48 heures, la vitrine de commerçants de votre ville, que je connais pour leurs sentiments gaullistes, communistes et adversaires de la politique du Maréchal, serait immédiatement brisée ». Un mois plus tard, cette même permanence est plastiquée, ainsi que celle de la ville voisine de Chaville. Puis des membres du MSR reçoivent des lettres de menaces. L'affrontement direct commence.

À violences, violences ennemies

Pour beaucoup de résistants, la conviction de l'existence d'une trahison – manifestée par la bruyante émergence des traîtres dès la défaite consommée – favorise l'entrée en opposition et légitime le recours à la violence, non seulement contre l'ennemi allemand, mais contre ses complices français. L'idée s'insinue que la défaite pourrait résulter d'un vaste complot, dont les acteurs, opérant cette fois au grand jour, prolongeraient leurs efforts pour pérenniser la domination allemande comme moyen de leur accession au pouvoir.

Les premières actions concertées contre la collaboration émanent là encore du Parti communiste, dont la police a repéré, dès le mois d'août, la volonté de frapper non seulement des Allemands, mais « leurs créatures qui se disent encore Français ». Il s'en prend aux communistes dissidents regroupés dans le Parti ouvrier et paysan français (POPF), représentant à leurs yeux des concurrents dangereux. Après les avoir abreuvés d'injures par tracts et *Humanité* clandestine interposés, il leur fait adresser des lettres de menace.

> Sombre ordure, [...] je ne crois pas que tu finiras comme tes maîtres Daladier, Reynaud, Laval, Doriot, etc., au peloton d'exécution car sûrement avant un portemanteau te sera accroché au beau milieu des épaules. Je crois que tu dois me comprendre.

Le destinataire de cette lettre, Marcel Gitton, ancien responsable syndical, député communiste en 1936, a rompu avec le Parti après le pacte germano-soviétique de 1939. Il est abattu d'un coup de feu le 4 septembre 1941 au soir, sur le trajet de son domicile, par deux hommes circulant à vélo dans sa rue. Cet attentat préfigure la plupart de ceux qui vont se répéter jusqu'en 1944 au moins. Il cible une personne connue, il est précédé de mises en garde, il est accompli avec une grande économie de moyens en profitant des déplacements habituels de la future victime. En ce sens, il ne consiste pas seulement à éliminer une personne gênante ou dangereuse. Il vise au moins autant à l'exemplarité. La police ne s'y trompe pas, qui analyse aussitôt après la mort de Gitton :

> Il s'agissait aux yeux des communistes d'exécuter un traître le jour même où il lançait son manifeste anticommuniste. Sa mort devait être à la fois une punition, un avertissement pour les autres et une indication sur le fait que le coup pouvait être porté impunément (L'action communiste, note pour M. le secrétaire général à la Police, 25 septembre 1941).

Dès lors qu'il s'est su menacé, Gitton a prévenu ses camarades que les communistes allaient chercher à tous les exécuter et, au moment où il est touché, il s'écrie : « C'est un crime politique ! ». Dans les années suivantes, d'autres membres du POPF sont effectivement visés par des attentats, ainsi que l'ancien maire communiste de Montreuil-sous-Bois qui avait adhéré au RNP.

D'autre part, l'intensification de l'activité communiste provoque des accrochages avec les forces de l'ordre, accrochages durant lesquels des militants font feu pour protéger leur fuite. Dix policiers ou gendarmes sont blessés ou tués dans ces circonstances entre juillet et décembre 1941, principalement dans le Nord et en région parisienne. Il ne s'agit pas, le plus souvent, d'une action politique voulue, mais il n'est pas exclu que, dans quelques cas, les policiers aient été pris délibérément pour cibles quand ils ont été touchés devant un commissariat ou en rentrant chez eux.

Bien différent est l'autre attentat spectaculaire, une semaine avant la mort de Gitton, attentat qui frappe bien davantage les esprits.

Abattre n'importe quel traître

Le 27 août a lieu à Versailles la prise d'armes du premier contingent de la Légion des volontaires français contre le bolchevisme (LVF). À l'annonce de l'attaque de l'Union soviétique, les partisans français de la collaboration se sont découverts brûlants du désir de prendre leur part à l'anéantissement de l'URSS et du communisme international aux côtés des Allemands. Ils ont aussitôt sollicité l'autorisation du Reich et de Vichy de recruter des Français pour former une phalange de combattants volontaires, faute de pouvoir faire entrer le pays entier dans la guerre. Cet engagement militaire auprès de l'ennemi d'hier, occupant d'aujourd'hui, accompagné d'une campagne boursouflée d'hommages à la croisade de l'Occident contre la barbarie soviétique attise l'indignation des patriotes, même peu portés sur le communisme. Ces nouveaux légionnaires sont tenus par les autres Français pour des renégats, haïs au moins autant que les Allemands.

> Quelques traîtres vendus à l'ennemi veulent exploiter l'aversion que le gouvernement des Soviets inspire à la plupart d'entre nous, pour tenter d'enrôler des volontaires français qui entreraient dans la guerre aux côtés des Allemands. [...] Le bon sens des Français ne permet pas aux Deloncle, Déat et autres Luchaire d'espérer autre chose qu'un grotesque fiasco. [...] Ce quarteron de traîtres n'aura plus d'illusions sur le sort qui l'attend.

Encore une fois, le châtiment est appelé sur les Français qui apportent leur aide à l'ennemi. Mais il devra malheureusement attendre le jour de la défaite allemande. Jusqu'à ce que le pas soit franchi...

Paul Collette est un homme seul, très jeune et sans grande expérience politique mais qui a rêvé d'une carrière militaire et partage les sentiments révulsés de la plupart de ses compatriotes. Il n'en faut pas plus pour le pousser à agir. Il décide d'abattre n'importe lequel des traîtres qui a affaire à la LVF. « Je voulais défendre mon idéal et supprimer une personnalité française incarnant pour ainsi dire la collaboration » (*le Petit Parisien*, 29 août 1941). Il sollicite son engagement pour s'en procurer l'opportunité. Accepté le 26 août – d'autant plus aisément que les volontaires ne se bousculent pas –, il est à pied d'œuvre le lendemain à Versailles pour la remise du drapeau français à la LVF, insulte suprême au sentiment national. Il a là l'embarras du choix. Sont présents, outre le préfet, Fernand de Brinon, représentant du gouvernement français dans les territoires occupés, les chefs de parti Déat et Deloncle, un diplomate allemand et Pierre Laval, qui pour l'heure n'appartient plus au gouvernement. Le reconnaissant d'après les photos, Collette s'approche de l'ancien ministre et tire à cinq reprises, blessant en outre trois personnes dont Déat. Après un court moment de confusion, il est écharpé par la foule, puis arrêté par deux gendarmes français.

La Gestapo exige qu'on lui remette Collette. Ce n'est qu'après s'être assuré qu'il n'est pas mêlé aux attentats contre des militaires allemands qui se sont produits les jours précédents, qu'elle consent à le rendre à la justice française. Après enquête, son geste apparaît pour ce qu'il est : spontané et isolé. Paul Collette est communément comparé à Charlotte Corday, ce qui n'est certes pas un blâme, la victime de la jeune fille, Marat, n'étant pas précisément populaire. L'opinion a accueilli la nouvelle de l'attentat avec satisfaction, puis avec désappointement en apprenant que les blessés allaient se remettre. Les commentaires indignés de la presse et de la radio collaborationnistes renforcent l'idée qu'une belle occasion a été manquée. Marcel Déat souligne dans son journal que la bénévolence du magistrat instructeur français à l'égard du prévenu témoigne assez de ses sentiments intimes.

La presse résistante approuve et salue le geste de Paul Collette qui, par rapport aux attentats perpétrés par les communistes contre des Allemands, offre l'immense avantage de ne pas générer de représailles.

> L'attentat politique devient la seule façon de montrer son hostilité au régime ou son dégoût pour la trahison dont se rendent coupables les gouvernants. [...] en France occupée du moins, l'attentat de Collette a été accueilli avec une jubilation qui doit donner à réfléchir à MM. les Collaborationnistes. [...] On ne défie pas sans danger l'opinion d'un peuple. Tout se passe depuis un an comme si le gouvernement du maréchal Pétain avait pour objectif principal de fomenter en France la guerre civile. Cet objectif, conscient chez Hitler, ne l'est sans doute pas chez les Français qui exécutent ses ordres. Mais il n'en est pas moins en voie de réalisation. Dès que les Allemands auront quitté la France, le gouvernement du Maréchal récoltera ce qu'il aura semé (*La France continue*, octobre 1941).

> Tous les Français unanimes, quand ils apprirent l'acte justicier de Paul Collette, [...] sentirent que l'action individuelle de Collette ne faisait que révéler la haine du peuple pour la collaboration, la haine des Français pour ceux qui trahirent et continuent à trahir notre pays (Le comité caennais du Front national, 30 août 1941).

Les parents de Collette et lui-même se voient adresser d'anonymes lettres de félicitations, mieux, de louanges, où il est désigné comme héros, justicier, objet de la reconnaissance des Français. Ces termes reviennent partout, soulignant l'incompatibilité évidente entre les collaborationnistes et les Français. Son geste est décrit régulièrement comme un « prélude » de la justice en marche.

Condamné à mort par le tribunal d'État, le 3 octobre, Collette est gracié par Pétain sur les instances de Laval, approuvé du bout des lèvres par Déat. Alors que ce même tribunal fait pleuvoir les condamnations sur les communistes, la grâce est assortie d'une mise en garde des autorités : « Ce geste de clémence et d'apaisement doit être compris dans son véritable esprit. Il ne sera pas renouvelé ». Détenu dans diverses centrales comme condamné aux travaux forcés à perpétuité, Collette est finalement remis aux Allemands en février 1944 et déporté. Entre-temps, le secrétaire général à la Police, René Bousquet, enquêtant pour le compte de Laval revenu au pouvoir, a fait placer un mouchard auprès de Collette pour s'assurer que son geste était isolé et spontané. On ignore si Bousquet a transmis au chef du gouvernement la transcription exacte des propos de Collette :

> On m'a bien dit que les trois quarts des Français ont approuvé l'acte que j'avais commis et que tous regrettent que M. Laval ne soit pas mort [...]. Je l'ai manqué, mais d'autres ne le manqueront pas (8 et 9 juin 1942).

Conformément aux craintes des autorités, la publicité faite à l'attentat crée des vocations. De même que la publicité déployée par Vichy autour des condamnations prononcées par les sections spéciales pour prouver sa sévérité suscite un climat propice à la violence. Les locaux de la LVF deviennent pour l'heure la cible préférée des déprédations. La librairie Rive gauche, vitrine de l'Institut allemand à Paris, est attaquée en novembre 1941. Des lettres de menaces ou des voies de fait frappent d'anonymes partisans de la collaboration (émanant souvent de très jeunes gens, par exemple des lycéens). Des panneaux artisanaux sont apposés sur des commerces : « Ici maison des boches », ou sur des maisons : « Ici habite un pétainiste donc un agent de Hitler, un traître à la France ». À Tourcoing est signalée une première liste de traîtres, diffusée sous le manteau. À Chambon-sur-Lignon, des jeunes gens organisent un simulacre d'obsèques de Laval. On ressent les mouvements d'humeur qui parcourent une population accablée par la dureté de sa vie matérielle et qui cherche partout des exutoires. La haine des collabos trouve un écho chez tous les Français prompts à blâmer les inégalités de condition. Un mode de vie facile ou opulent place ses bénéficiaires aux marges de la communauté nationale. Il fait naître le soupçon, d'autant qu'il est procuré le plus souvent par des accointances avec l'occupant. « Les fonctionnaires importants des ministères sont gras à ravir. [...] Tous ces «chefs» de l'ordre nouveau ont la même mentalité de profiteurs » (*le Coq enchaîné*, 18 juillet 1942).

La modestie de ces premiers gestes ne doit pas laisser croire qu'ils sont sans risque. Parmi les trois otages fusillés par les autorités militaires allemandes après que, le 6 septembre, un sergent allemand a été blessé à Paris, figure un homme décrit comme « un Juif qui avait agressé un membre du RNP ».

« Femelles dites françaises »

Enfin, il faut remarquer l'apparition précoce, quoiqu'encore sporadique, du thème d'un châtiment spécifique pour les femmes qui ont des relations sexuelles avec des Allemands. Dès juillet 1940, le célèbre tract *Conseils à l'occupé* du socialiste Jean Texcier a fait la différence entre les prostituées professionnelles (dont l'activité est ordinaire, quel que soit le client) et les « femmes que l'on dit honnêtes ».

> Rappelle-toi qu'au-delà du Rhin, cette jolie personne serait publiquement fouettée. Alors, en la détaillant, repère soigneusement la tendre place, et savoure d'avance ton plaisir.

Évidemment, des injures ou des graffitis sanctionnent spontanément ce qui est perçu comme de l'inconduite. Sur un plan plus général, est mise en exergue l'idée qu'il s'agit tout bonnement d'appliquer en la matière les pratiques qui furent en vigueur en Allemagne au début des années 1920. Lorsque les Français se retirèrent de leurs zones d'occupation en Rhénanie, des groupes clandestins (les *Scherenklub* ou clubs des ciseaux) pourchassèrent des femmes soupçonnées d'avoir eu des relations intimes avec des Français. Leurs noms étaient publiés sur des piloris (*Pranger*), diffusés sous le manteau. À partir de 1940, un décret signé de Himmler autorisait la mise au pilori et la coupe des cheveux des femmes convaincues de relations avec des prisonniers de guerre. Des tontes publiques se déroulent en Allemagne jusqu'en 1941, complétées d'internement en camp de concentration. Ces faits, auxquels il n'est fait qu'allusion, inspirent et légitiment l'humiliation et la stigmatisation, au sens propre du terme, qu'on rêve d'infliger symétriquement aux femmes françaises. Un tract de fin août 1941, retrouvé dans les Vosges, montre ainsi le visage dessiné d'une femme bien apprêtée, portant au front une croix gammée.

> C'est ainsi qu'un jour seront marquées au front toutes les Françaises qui fréquentent les sales boches. Tous les collaborateurs seront aussi flétris avec ce signe diabolique.

Un officier du contre-espionnage français en poste en Afrique du Nord française – où l'éventualité d'une implantation allemande est particulièrement redoutée – suggère au même moment des punitions qui soient également des mises en évidence de l'infamie.

> Le nombre de femmes reconnues coupables d'entretenir des relations intimes avec les membres des commissions allemandes ou italiennes [de contrôle de l'application de l'armistice] était en augmentation. Afin de remédier à cet état de choses, contraire à la morale et au patriotisme français, les mesures ci-après pourraient être appliquées :
>
> expulsion ou mise en résidence surveillée ;
>
> coupe de cheveux, comme les Allemands l'ont fait en 1919 à l'armée du Rhin ;
>
> mise en carte [comme des prostituées professionnelles] (Lettre du lieutenant-colonel Kientz à M. le général d'armée, résident général de France au Maroc, 4 septembre 1941).

Et, effectivement, il y aurait eu quelques femmes tondues en AFN en septembre et octobre 1941. L'idée est indiscutablement dans l'air du temps, comme en témoignent les phrases extrêmement violentes publiées par le jeune Philippe Viannay dans son journal clandestin, *Défense de la France*.

> Trop de larves encore rampent aux pieds de l'ennemi.
>
> Venez un peu ici que l'on vous vrille le cœur, que l'on vous crache notre dégoût, vous qui, faibles ou indignes, souriez à l'ennemi. Ne croyez pas que votre impunité sera éternelle. Si la dignité est impuissante à diriger vos actes, songez au moins au châtiment à venir.
>
> Honte et mépris sur votre tête, vous qui collaborez de gaieté de cœur, qui vous enrichissez aux dépens de la France, vous qui « vous vautrez dans la défaite comme un chien dans sa m... » [...] Vous qui vous pavanez aux côtés des autorités allemandes, immondes F. de Brinon, Herr Déat, Luchaire, Doriot, Boissel, Costantini, soyez prêts à périr d'une mort ignominieuse, comme l'on extermine les punaises ou autres animaux plats.
>
> [...] Vous serez tondues, femelles dites Françaises, qui donnez votre corps à l'Allemand, tondues avec un écriteau dans le dos : vendues à l'ennemi. Tondues, vous aussi, petites sans honneur qui minaudez avec les occupants, tondues et cravachées. Et sur vos fronts, à toutes, au fer rouge, on imprimera une croix gammée.

Or, on remarquera que s'il existe bien une législation qui punit l'intelligence avec l'ennemi, absolument rien dans la loi n'interdit aux Français d'avoir des relations sexuelles avec l'ennemi. La seule limite, implicite, tient au risque d'espionnage. La prostitution, elle-même, est tolérée (dans les maisons du même nom). Les autorités militaires allemandes ont pourvu à l'organisation d'un système de prostitution rigoureusement encadré et interdisent toute relation autre que professionnelle, par crainte de maladies, mais aussi d'espionnage ou de relâchement de la discipline. Les Françaises contrevenantes s'exposent en principe à la justice militaire allemande ou à l'internement. On sait ce qu'il en sera...

L'affaire de Chalais, en Charente, montre la subversion du processus. Au début de 1942, la gendarmerie est sollicitée par le médecin-inspecteur départemental dans le cadre des lois françaises et des instructions allemandes sur la lutte contre la prostitution clandestine et les maladies vénériennes. Un sous-officier dresse alors une liste de femmes convoquées à une visite médicale prophylactique en choisissant celles qui sont connues pour leur grande activité sexuelle ainsi que celles qui « collaborent » d'une façon ou d'une autre avec les Allemands. Elles sont ainsi assimilées à des prostituées. Le jour de la visite, les curieux s'assemblent devant l'hôpital, ricanent et font des plaisanteries. Ils sont dispersés sur ordre d'un officier allemand, tandis que les gendarmes français se gardent bien d'intervenir. La kommandantur exige une enquête et des sanctions contre les responsables de cette visite médicale qui visait à « compromettre » des personnes logeant des soldats allemands « avec lesquelles elles se comportent convenablement » ou « connues pour préconiser la collaboration entre la France et l'Allemagne », et une manifestation clairement « anti-allemande ». Le maire, certains gendarmes et des manifestants sont traduits devant un tribunal militaire allemand et condamné à des peines de trois mois à deux ans de prison. Les Juifs de la localité sont internés, supposés avoir particulièrement participé à la manifestation.

Ainsi, tandis que l'indulgence reste de mise dans la population à l'égard des prostituées, les comportements privés qui impliquent de s'afficher avec des Allemands, d'avoir avec eux des relations sexuelles, voire des histoires d'amour, sont perçus comme une absence de sens moral, aggravé par le manque de patriotisme, et la preuve d'une cupidité, d'une tentation de la délation, voire d'un engagement politique. Par analogie, des affichettes du Front national communiste traduisent les initiales du RNP par « Renégats, Nazis, Prostitués ». La collaboration apparaît toujours à la croisée de trois crimes : la trahison nationale, l'adhésion au fascisme, l'appât du gain. Les attitudes hostiles, les sarcasmes, les injures apparaissent très tôt, suivis de menaces qui font redouter des représailles. Ainsi, cette jeune fille de Condé-sur-Noireau, dans le Calvados, qui se fiance avec un sous-officier de la Wehrmacht et commence à recevoir des billets anonymes : « l'œil était dans la tombe et regardait Caïn », « Ce n'est pas par la fuite que les traîtres français échapperont au châtiment qui leur est réservé, surtout ceux qui auront vendu d'autres Français », « Fernande L... n'échappera pas au châtiment où qu'elle soit ».

Avertissement sans frais

En 1942, les actions de représailles de résistants contre les partisans de la collaboration deviennent plus nombreuses. Surtout, elles sont, si possible, concertées et comptabilisées pour être portées au crédit de la Résistance et donner, en particulier en zone libre, l'impression d'une intense activité. Il est donc important qu'elles soient dispersées sur le territoire pour suggérer une omniprésence, même si elles ne se produisent effectivement que dans des villes grandes ou moyennes. Un relevé établi par le mouvement de résistance Combat de février à octobre 1942 répertorie pour l'ensemble de la zone libre une soixantaine d'opérations dont on peut classer les principales cibles. Tout d'abord, les magasins dont les propriétaires manifestent des sentiments favorables à la collaboration, ou appartiennent à des groupements collaborationnistes. Sont aussi visés des kiosques à journaux mettant en vedette certains titres. Les explosions ou incendies peuvent alors être précédés d'avertissements. Quelques rédactions de journaux sont aussi touchées. Viennent ensuite les permanences de groupements collaborationnistes, au premier rang desquels le PPF (seul parti présent à l'origine en zone libre, d'ailleurs subventionné par le gouvernement de Vichy), ou le domicile de responsables locaux de ces groupements. Les locaux de la LVF ou les bureaux de placement allemands (où se pratique le recrutement d'ouvriers français pour la Relève) constituent le troisième groupe de cibles. Enfin apparaissent plus rarement les domiciles ou les magasins de personnages désignés comme des délateurs, des « mouchards ».

L'effet recherché est d'inspirer la peur et de dissuader, au moins autant que de châtier. D'où une nécessaire publicité accompagnant les opérations.

> Dans quelques jours, une action sur les personnes par corrections énergiques va être entreprise par [Combat]. Ce mouvement prend toutes les mesures pour que les intéressés et leur entourage sachent bien qu'ils doivent ces actions à leur attitude anti-française et qu'à l'avenir, c'est à leur vie même qu'ils s'attaqueront (courrier de Jean Moulin à la France combattante, 13 septembre 1942).

À cet égard sont notées les démissions qu'on estime consécutives aux menaces, voire les manifestations physiques de crainte qui s'en sont suivies : « après l'affaire, M. M... a passé la nuit à sa fenêtre, secoué par les vomissements ». L'inquiétude règne déjà parmi les collaborationnistes qui se sentent très isolés. Un responsable de section du PPF dans le Lot-et-Garonne se plaint des difficultés du recrutement parmi la population ouvrière, alors que les fonctionnaires comme les petits patrons locaux ne prennent pas la peine de cacher leur hostilité à la collaboration. Anticipant d'éventuels reproches de la direction du parti, il se défend par une implicite comparaison avec la zone occupée :

> Il est évidemment facile d'organiser là où c'est calme et où on a ses aises. Ici, c'est sur le front, à la brèche et il n'y a personne. Il faut un beau courage pour continuer la propagande sans soutien et sans personne (lettre d'un responsable de section du PPF, 2 juin 1942).

Mais, même en zone occupée, les collaborationnistes sont non seulement minoritaires, mais extrêmement mal vus de leurs concitoyens, quel que soit leur parti. Le responsable du RNP à Bernay, dans l'Eure, indique qu'il n'a pu convaincre des concitoyens d'adhérer qu'en leur promettant que leur enrôlement resterait secret. Déat « évoque avec émotion le sort des militants de banlieue et de province, espionnés, traqués, malmenés souvent sous l'indifférence gouailleuse d'une administration pourrie. Notre patience est à bout. S'il faut que nous passions à l'action directe, nous passerons à l'action directe » (*le National populaire*, 5 décembre 1942).

Les actions doivent être démonstratives au moins autant que destructrices, ce qui réclame moins de moyens et impose moins de risques. Elles suscitent une escalade de défis et de rodomontades entre résistants et collaborationnistes. À Nice en septembre 1942, le PPF anticipe la menace d'attentats en posant une banderole sur la façade de son siège : « Les émules des dynamiteurs espagnols ne nous auront pas ». Le lendemain, une explosion endommage ses locaux. La banderole est changée : « Ce crime ne nous atteint pas ». Rhétorique de guerre civile et criminalisation sont déjà à l'œuvre, quoique le degré de violence reste contenu. Néanmoins, les collaborationnistes commencent à évoquer la nécessité pour eux de se défendre, sinon de répliquer. Déat, estimant que la police n'y suffit pas, en profite pour essayer de promouvoir son projet de Parti unique, objet de tous ses soins à l'été 1942. Le 14 juillet, à Marseille, des militants du PPF tirent sur une foule qui manifestait devant le siège de leur parti et font deux morts.

Les attentats contre les personnes par arme à feu sont en nette diminution et se limitent à la zone occupée où le Parti communiste essentiellement est à l'action. On peut remarquer au printemps l'assassinat d'Albert Clément, rédacteur en chef du *Cri du peuple*, le journal du PPF, et transfuge du PCF. Dans la banlieue sud de Paris, un militant du PPF est abattu au mois d'août. Tout le parti, direction en tête, est présent aux funérailles. « Sa mort prématurée sera vengée, déclare Doriot, son sang appelle le sang ». Au cas où les autorités n'agiraient pas en conséquence, « le PPF prendrait lui-même les mesures nécessaires ». Il faut dire qu'à Rennes, une grenade a explosé dans la fosse d'orchestre du théâtre où se produisait Doriot en tournée de propagande. Marcel Déat est visé par un engin explosif lors d'un de ses meetings à Tours, mais la bombe fait long feu. Toutefois, il arrive qu'un attentat finisse par porter ses fruits : le 4 octobre 1942, à Paris, une bombe fait un mort et vingt-sept blessés au cours d'une des réunions de propagande antisémite que Doriot multiplie depuis plusieurs semaines : les réunions prennent fin.

SOL, faisons la France pure

Au nombre de ces démonstrations de force apparaissent des plasticages de locaux liés au Service d'ordre légionnaire (SOL), une récente institution vichyssoise appelée à incarner un nouvel avatar de la collaboration.

La Légion française des combattants créée en 1940 devait être la courroie de transmission privilégiée entre le Maréchal et le pays. Mais, elle ne correspond pas à l'idée que se font les plus activistes d'un véritable instrument révolutionnaire. Ils obtiennent de grouper, à l'intérieur de la Légion, dans le SOL, des militants résolus, formés politiquement et bien entraînés. Sous la houlette de Joseph Darnand (soldat des corps francs, ancien de l'Action française et de la Cagoule, responsable de la Légion dans les Alpes-Maritimes) se déroule en février 1942 à Nice la première cérémonie d'investiture des SOL, avec l'énoncé public de leur programme.

> Êtes-vous contre la dissidence gaulliste, pour l'unité française,
> Contre le bolchevisme, pour le nationalisme,
> Contre la lèpre juive, pour la pureté française,
> Contre la franc-maçonnerie, pour la civilisation chrétienne ?

Dès la création, il est entendu, tant dans les déclarations du chef de l'État et du gouvernement que dans le règlement intérieur, que les SOL peuvent participer au maintien de l'ordre dans le registre politique, contre les adversaires de la Révolution nationale. Les instructions dispensées par les chefs départementaux mentionnent bientôt l'éventuel recours à la violence. Ils sont également chargés de surveiller la population en « repérant les foyers de propagande antigouvernementale et en décelant les symptômes d'agitation », ce qui revient à un devoir de délation.

Les manifestations du SOL sont dès l'abord considérées par les Français d'un œil suspicieux. Les premiers incidents confortent cette méfiance. Ainsi, en mai, François de Menthon est molesté à Annecy par quelques SOL, décidés à réagir contre la manifestation silencieuse du 1er mai prôné par la France libre sur les ondes de la BBC. Gaulliste de réputation, Menthon est surtout une personnalité locale de premier plan dont la mésaventure choque profondément les concitoyens. L'Union départementale des syndicats ouvriers écrit par exemple au préfet : « La violence engendre la violence. Nous nous demandons si l'époque est bien choisie pour faire la guerre civile ? » Darnand, inspecteur général du SOL et membre du tribunal d'État, soutient à fond ses hommes et fait cesser les poursuites judiciaires contre eux. Ce cas n'est pas unique : l'activisme des SOL déplaît partout à la population et gêne les pouvoirs publics locaux. Lors des obsèques d'un responsable à Cannes, des SOL décoiffent brutalement les passants qui ne se découvraient pas au passage du convoi, et provoquent un scandale. Le préfet maritime de Toulon se plaint de voir les SOL « se livrer à des actes sensationnels, se signaler par des exploits dans la rue, se substituer aux pouvoirs judiciaires et de police pour épurer la ville de Toulon ». Personne n'est à l'abri de l'espionnage des SOL. On s'en rendra compte au moment du procès attenté au général de Lattre de Tassigny, ancien commandant de la XIIe région militaire, en lisant les rapports où sont minutieusement relevées ses absences aux conférences des Vichyssois, collaborationnistes et allemands en tournée de propagande.

Dès l'été 1942 s'amorce le rapide glissement vers la collaboration. Darnand visite les cantonnements de la LVF en Allemagne et en Pologne. En rentrant, il conseille publiquement, pendant une cérémonie d'investiture de SOL, de s'y engager. Le lien entre SOL et collaboration est explicite et figure dans le nouveau programme :

> Exécution immédiate et sans jugement des responsables de la guerre 1939-1940 ;
>
> Exécution immédiate et sans jugement des généraux félons ;
>
> Sanctions immédiates contre les fauteurs de troubles ;
>
> Suppression de l'adoucissement des mesures prises dernièrement contre les juifs ;
>
> Accorder à la Légion et au SOL des pouvoirs politiques très étendus ;
>
> Constitution d'un corps de volontaires pour combattre aux côtés de l'Allemagne ;
>
> Formation du SOL en Milice d'État.

Les résistants de zone libre apprennent à tenir les SOL pour des adversaires de premier plan. Toutefois, comme leurs homologues de zone occupée l'ont fait en 1940 à l'égard des partis collaborationnistes, ils commencent par les traiter par le mépris et les sarcasmes. Considérant le pedigree des responsables et des adhérents – qu'ils photographient durant leurs rassemblements pour les identifier –, ils parlent de « quelques centaines d'arsouilles panachées de quelques douzaines de couillons », « chevaliers de la matraque et, au besoin, de la pince-monseigneur » (*Combat*, juillet 1942). Mais bientôt, le discours se fait plus grave : les SOL apparaissent comme une menace, encore abstraite, à cause de la violence de leurs propos ainsi que de leur rapprochement avec l'Allemagne. « Toute cette canaille prépare activement la guerre civile », « il s'agit d'une formation destinée à faire la guerre de rue contre les Français pour le compte des Boches » (*Libération* et *Combat*, juillet 1942). Finalement, ils sont dépeints comme des collaborateurs directs de la répression allemande : « Chaque agent de la Gestapo entretient au minimum une cinquantaine d'indicateurs français, recrutés principalement parmi les SOL » (*Libération*, décembre 1942). Des noms de dénonciateurs commencent à être diffusés, à titre de précaution, et des mises en garde générales leur sont adressées :

> Quiconque aura livré un patriote à la police allemande, par l'intermédiaire ou non de la police française, sera justiciable des Tribunaux d'exception dont la constitution est prévue pour le jour même et prochain de la libération (*Libération*, décembre 1942).

Au-delà des dénonciations ponctuelles et même des indicateurs enrôlés à titre individuel au service des Allemands, les organisations collaborationnistes développent le fichage, le renseignement et la délation. Au sein du PPF, Albert Beugras dirige un service spécialisé qui transmet des informations civiles et militaires au SR de l'armée allemande, moyennant finances. Espionnant tout et tout le monde, Bucard fait aussi des rapports sur Vichy, où il est reçu et subventionné, pour débusquer attentistes et germanophobes.

Les complicités dangereuses

Les avertissements délivrés par les résistants deviennent donc de plus en plus précis et jouent sur plusieurs registres. Ils sont suscités par une répression croissante et par l'instauration de la Relève (envoi de travailleurs volontaires en Allemagne en échange de prisonniers de guerre) qui formalise l'aide consentie par Vichy à l'effort de guerre allemand. Le discours prononcé par Pierre Laval, chef du gouvernement, en juin 1942, où il dit souhaiter la victoire de l'Allemagne, sous peine de voir le bolchevisme déferler sur l'Europe, marque plus nettement que jamais la séparation des camps.

Depuis la fin de 1941, communistes et résistants de zone libre incitent leurs lecteurs clandestins à mémoriser les noms des Français qui participent à la répression ou tirent profit de l'occupation. On suggère de tenir à jour des « dossiers de représailles » contre les délateurs, les juges et les policiers chargés de la traque des résistants, les journalistes collaborationnistes dont il suffit de découper et garder les articles. En 1942 apparaît la recommandation de dresser des listes noires pour l'avenir. L'émission de la France combattante à la BBC demande à son tour à ses auditeurs de noter les noms des complices de l'ennemi pour le règlement de comptes. Puis des journaux clandestins commencent, après avoir donné quelques noms, à publier, en fin d'année, des listes courtes mais détaillées qui suggèrent avertissements, voire punitions.

> Liste noire n° 1
>
> Nous avons noté :
>
> La maison Wallach, rue Denis-Papin à Roanne : repaire de germanophiles. Mazingue de la maison Primagaz, place d'Armes à Roanne, auteur de nombreuses dénonciations.
>
> Bourdet 23 rue Denis-Papin à Saint-Étienne fait courir de faux bruits sur les parachutistes ; possède une usine 42 rue du Dr-Charcot, même ville. Brunier pharmacien et président de la Légion à Beaulieu-su-Dordogne (Corrèze) ; casier judiciaire : 2 ans de prison pour trafic de carnets médicaux (*Libération*, décembre 1942).

On en est encore à un bricolage peu convaincant. Mais, parallèlement, des mises en garde de portée générale sont adressées au gouvernement ou aux fonctionnaires qui mettent en œuvre la politique de répression et de collaboration. Les désignations d'otages dans la famille des auteurs supposés d'attentats, ainsi que l'organisation de la Relève constituent pour les résistants les principaux sujets de préoccupation.

> Combat à MM. Laval, président du conseil, et Barthélémy, garde des Sceaux et ministre de la Justice.
>
> Nous venons d'apprendre que des listes comprenant les noms des personnes incarcérées pour gaullisme ont été livrées par la police française aux autorités allemandes. En agissant ainsi, des fonctionnaires français se sont fait les complices de l'ennemi et peut-être demain des assassinats qu'on nomme exécutions d'otages. [...] Avant d'en porter la responsabilité devant les tribunaux, vous la porterez devant nous. [...] Vous répondrez de leur vie sur la vôtre. Au terrorisme dont vous vous faites sciemment les complices, nous répondrons, à notre corps défendant, par le terrorisme (12 décembre 1942).

La BBC diffuse ce texte et l'augmente de son propre pilori en citant dix-sept policiers de la Brigade spéciale (luttant contre les communistes), de la police antijuive et des Renseignements généraux : « vos dossiers sont prêts comme ceux de tous vos pareils. De vos crimes contre la patrie martyre, la patrie libérée vous demandera compte » (*Honneur et Patrie*, Maurice Schumann, 22 mars 1943).

Une secousse prodigieuse

Depuis l'armistice de 1940, rebaptisé par lui capitulation et qualifié de criminel, le général de Gaulle affirme tenir le régime de Vichy pour nul et non avenu. La rencontre entre Pétain et Hitler à Montoire n'a été à cet égard qu'un « pas de plus dans la voie de la trahison ». Même si la radio de Londres emploie plus volontiers la caricature que l'imprécation à leur endroit, il n'est fait mention des collaborationnistes et des membres du gouvernement de Vichy que comme des « traîtres » ou des « chefs prosternés dans la boue ». Dans la déclaration-programme qu'il a adressée à la Résistance le 23 juin 1942, de Gaulle a clairement signifié sa répudiation de Vichy.

> Nous voulons que tout ce qui a porté et tout ce qui porte atteinte aux droits, aux intérêts, à l'honneur de la nation française soit châtié et aboli. [...] Les chefs [...] aussi bien que les traîtres qui collaborent avec eux devront être punis.

Trois jours plus tard, une ordonnance du Comité national (l'autorité paragouvernementale de la France libre) disqualifie l'État français, substitué illégalement à la République et contrôlé par l'ennemi, et prévoit que ses hauts responsables seront traduits devant la justice militaire en vertu de la législation antérieure à l'armistice.

Dans la nuit du 8 novembre 1942, des troupes anglo-américaines commencent un débarquement en divers points des côtes de l'Afrique du Nord française. En dépit de l'aide des résistants locaux, leur progression est rendue difficile par l'opposition de l'armée et de la marine françaises. Se trouvant par hasard à Alger, l'amiral Darlan, commandant en chef des forces militaires, ordonne d'abord de combattre les Anglo-Saxons, avant de céder à la force et de se ranger à leurs côtés. Il est alors doté de tous les pouvoirs civils et militaires, et se proclame le continuateur du Maréchal « empêché ». Vichy se trouve maintenu au pouvoir avec l'aval des États-Unis. Tenu à l'écart des préparatifs du débarquement comme des décisions finales, le général de Gaulle salue le succès militaire, tout en considérant avec méfiance cette incursion étrangère dans l'empire colonial français, puis la prolongation de Vichy sous protectorat américain. Tout en admettant une dose de pragmatisme, il veut voir préserver l'intérêt national comme les impératifs de la morale. L'accord avec Darlan constitue pour lui un « marché monstrueux » avec un homme symbolisant « la capitulation, la collaboration et l'usurpation ». Le discours dans lequel il s'en prend au « quarteron de traîtres » qui assure « la reconstitution de Vichy en Algérie » est interdit sur les antennes de la BBC.

En France métropolitaine, les résistants sont déconcertés par la tournure prise par les événements. Ils veulent d'autant plus chasser les hommes de Vichy que le consentement donné à l'invasion de la zone libre par la Wehrmacht a parachevé le discrédit du gouvernement. Des télégrammes sont adressés à la France combattante pour s'étonner de voir tel ou tel maintenu en fonction. « Impression très pénible qui tournera bientôt au scandale ». Leur indignation devant le spectaculaire rétablissement de ceux qu'ils appellent des repentis est à la mesure de leur crainte de les voir s'accrocher au pouvoir et finir par l'accaparer. C'est avec insistance qu'apparaît alors le thème du nécessaire renouvellement des élites : les élites de la IIIe République ont failli par leur incapacité à préparer la guerre, pour ne rien dire de celles de Vichy, asservies à l'ennemi. Sont dorénavant seules légitimes les élites nouvelles nées spontanément du combat résistant. En cela, l'épuration sera un renouveau des hommes et de la légitimité.

> Où sont-elles, ces élites qui, hier encore, représentaient la France dans la politique, les arts, la science et l'armée ? [...] Qu'ont-ils fait, qu'ont-ils dit dans le drame que nous avons vécu et que nous vivons toujours ? Quelle part ont-ils pris dans le sauvetage de la France en danger de mort ? [...] Dans le coude à coude de la résistance anonyme, des hommes se sont révélés. À la tête des régions, des départements et des villes, ils ont pris la place désertée par d'autres. [...] La France a jugé. Elle sait aujourd'hui et se rappellera demain que les hommes se jugent sur leur valeur morale, sur l'identité entre leurs paroles et leurs actes. Au lendemain de la libération, la France posera à chacun de ses fils la question : qu'as-tu fait dans le temps de la honte et de la misère ? Et c'est sur la réponse, sans tenir compte de classe sociale, de parti ou de confession qu'elle désignera ceux qui auront l'honneur de la représenter (*Combat*, janvier 1943).

La colère des collaborationnistes n'est pas moindre. En constatant les ralliements aux Alliés contre l'Allemagne d'anciens membres du gouvernement, de hauts fonctionnaires et d'officiers supérieurs, ils se voient justifier dans leur méfiance constante à l'égard de Vichy, pas assez collaborationniste, pas assez fasciste. Doriot fait défiler autour des Champs-Élysées ses partisans qui hurlent : « Laval, démission ! Doriot au pouvoir ! Vive Pétain ! Guerre aux Anglais ! » En même temps, les consentements de Pétain et Laval devant les nouveaux coups de force allemands leur sont une divine surprise. Ils ont l'impression qu'une décantation est à l'œuvre. Le 29 novembre, Marcel Déat s'écrie devant ses militants :

> Il aura fallu cette secousse prodigieuse pour que l'épuration commence à se faire et pour que les salauds se découvrent. [...] Nous avons encore un gouvernement et nous avons le droit d'en être joyeusement surpris. En effet, à travers cette crise, le Maréchal a tenu, Laval a tenu.

Dès le débarquement en Afrique connu, Darnand a donné aux SOL sur place l'ordre de lutter contre l'agression alliée. Ils en sont chaudement remerciés par Pétain : « leur fidélité les rendait capables d'aller jusqu'au sacrifice suprême ». Après la consommation de la victoire américaine, les collaborationnistes se berceront du fantasme d'un maquis SOL tenant les montagnes de l'Atlas... Le

21 novembre, Darnand appelle les volontaires à s'engager dans la Phalange africaine, nouvelle unité destinée à combattre aux côtés des Allemands et des Italiens en Tunisie, les Américains n'ayant pas réussi à y prendre pied. C'est encore une étape franchie dans l'association entre les collaborationnistes et les Allemands – la Phalange est intégrée dans une division d'infanterie allemande – contre les Français, car la mobilisation générale a été décrétée en Afrique. Dans le protectorat combattent avec les Alliés non seulement des FFL, mais encore l'armée d'Afrique héritée de Vichy. Cette constitution est également significative de la convergence entre Vichy et les collaborationnistes, puisque le gouvernement fait encadrer la Phalange par une mission militaire emmenée par le lieutenant-colonel Cristofini, et coopère au transport des deux centaines de volontaires, en dépit des difficultés logistiques qui sévissent en Méditerranée.

Le SOL se place en pointe en Tunisie, devenant une force auxiliaire de police en étroite collaboration avec les Allemands. À la répression contre les opposants et aux exactions contre les Juifs se joignent aussi tous les militants des partis collaborationnistes déjà sur place. Avec le renfort des envoyés de métropole – à commencer par Georges Guilbaud, membre du PPF délégué par le secrétariat d'État à l'Information de Vichy – se forme un comité d'unité d'action révolutionnaire (CUAR) qui exerce un contrôle étroit sur l'administration française :

> Nous avons trouvé auprès des hautes autorités diplomatiques allemandes un appui et un encouragement précieux car elles avaient de grosses difficultés avec l'administration française réticente à la collaboration et menaçaient de remplacer purement et simplement cette administration par une administration allemande [...]. L'amiral Estéva [résident général en Tunisie] comprit que peut-être il pourrait par le truchement du CUAR prendre certaines sanctions ou décisions dont il hésitait à assurer la responsabilité, pour épurer son entourage. Il laissa faire et je dois dire qu'à l'heure actuelle, il travaille avec nous, en plein accord avec la Révolution nationale [...] Vous connaissez la mentalité des milieux administratifs. Aussi avons-nous dû procéder à une épuration sérieuse de ces milieux et faire des arrestations (lettre de l'inspecteur provincial Lacomme du SOL de Tunisie à M. Joseph Darnand Activités des SOL en Tunisie depuis le 8 novembre 1942).

À Paris, Déat réclame dorénavant l'épuration et la reprise en main de la police et de la gendarmerie, la création d'une police politique « de type Gestapo » émanant du Parti unique qu'il ne cesse d'appeler de ses vœux, l'organisation des militants les plus actifs et les plus sûrs dans une garde civique. C'est pourtant dans l'ancienne zone libre (dorénavant zone Sud) que Darnand va obtenir un résultat comparable, dès janvier 1943, avec la transformation du SOL en Milice.

Le pur et l'impur

En Algérie, des SOL qui ont fait le coup de feu contre les Alliés sont d'abord décorés. Mais, dès le 30 novembre, Darlan, contraint par les Américains à des démonstrations démocratiques, prononce la dissolution du SOL. Tout en continuant à se réclamer du Maréchal – qui pourtant le renie à cor et à cri –, l'amiral fait de prudentes concessions et les annonce en conférence de presse pour le bénéfice des journalistes américains. Parmi celles-ci figurent des atténuations des conséquences de la politique antisémite, sans que la législation elle-même ne soit abrogée. Darlan organise une manière de gouvernement essentiellement composé d'anciens responsables de Vichy et de fonctionnaires coloniaux, qui restent dans le sillon maréchaliste. Il n'est pas question d'épurer, sous peine de se retrouver dans une situation comparable à celle de la Convention après thermidor. Le sacrifice des principes au nom de l'efficacité militaire (appelé « expédient provisoire » par le président Roosevelt) aboutit au maintien d'un pouvoir adossé sur la Révolution nationale et la fiction d'une allégeance à Pétain. C'est un attentat qui met fin à la première version de ce régime d'opportunité. Probablement à la suite d'un complot inspiré par des royalistes, Fernand Bonnier de La Chapelle abat l'amiral dans son bureau, le 24 décembre 1942. Selon l'un des officiers chargés de le surveiller, le jeune homme s'explique, peu avant sa rapide exécution, dans des termes qui rappellent l'emportement de Paul Collette :

> J'ai tué l'amiral Darlan parce que c'est un traître, il vendait la France à l'Allemagne pour son profit ; [...] c'est la même chose pour Laval ; ces gens-là veulent le pouvoir pour eux.

Dans la population, l'attentat contre Darlan est accueilli par une vive émotion, « moins par sympathie, constatent les Renseignements généraux, que par crainte des conséquences ». Et, en effet, il suscite dans les milieux officiels d'Alger une véritable psychose. Une liste de suspects est soumise au général Giraud, successeur de l'amiral : les enquêteurs redoutent un vaste complot qui s'en prendrait aux hommes de Vichy comme à Giraud lui-même, voire au consul américain Murphy, qui avait supervisé les préliminaires du débarquement. Selon la procédure en vigueur depuis 1939, une douzaine de personnes, réputées monarchistes ou gaullistes, sont internées sur décision administrative.

Porté au pouvoir par les caciques de Vichy présents en AFN et les grands feudataires de l'empire, le général Giraud, désigné nouveau commandant civil et militaire, hérite du personnel et de la politique de la Révolution nationale. Il ne cherche nullement à s'en défaire, tant par facilité que par affinité. Interpellé par la presse étrangère sur certaines de ses encombrantes recrues (dont Marcel Peyrouton, ministre de l'Intérieur de Vichy réputé avoir initié les persécutions contre les républicains et les Juifs), il répond que les ralliés tels que lui sont de « braves gens, des hommes corrects et courageux qui ont travaillé pour Vichy ». Chaque fois qu'il doit se défaire d'un fonctionnaire ou d'un officier par trop controversé, il lui ménage une sortie honorable. Le seul crime est, à ses yeux, d'avoir agi en faveur de la collaboration. Donc, à l'exception des collaborationnistes zélés – effectivement ultra-minoritaires –, tous sont de bons Français prêts à s'unir pour voir l'Allemagne vaincue. Même les « mauvais Français » ne sont d'ailleurs pas passibles d'une punition. Des commissions de triage vont plutôt œuvrer dans le sens d'un rachat et d'une réintégration dans la communauté nationale, la mobilisation générale en procurant la parfaite occasion. Le général Giraud écrit ainsi à Pierre Pucheu, qui sollicite son autorisation de venir en Afrique pour rejoindre l'armée :

> Vous avez appartenu au gouvernement de Vichy et, *à tort ou à raison*, accumulé contre vous beaucoup d'inimitiés de la part des éléments qui, en France, entendaient résister à l'Allemand. Je tiens à souligner que cet état d'esprit n'est pas seulement le fait de gens qui entourent le général de Gaulle, mais également de la masse de l'opinion française. C'est *un fait que je regrette*, mais vous ne pouvez pas l'ignorer. Par ailleurs, j'estime que pour mener actuellement la lutte contre l'ennemi, *toutes les bonnes volontés doivent être utilisées. Je suis donc prêt à vous accueillir.*

Ce type de raisonnement scandalise les résistants qui y voient le moyen d'une réhabilitation par l'engagement militaire, accessible aux individus mêmes les plus compromis. Plus largement, la bénévolence de Giraud semble n'être guère partagée par ses concitoyens. Même en Afrique du Nord, on est alors toujours le traître de quelqu'un. Une partie de la population et de l'armée de métier n'a pas accepté que Darlan puis Giraud se substituent au maréchal Pétain, tandis que d'autres ne tolèrent pas qu'ils ne s'effacent pas devant de Gaulle. Le débat, qui mêle considérations politiques pratiques et morales, recouvre une confrontation entre le pur et l'impur que chacun se jette au visage. Les événements vont se charger de le concrétiser.

III

Veillée d'armes

Ce serait une erreur de croire que ces choses
Finiront par des chants et des apothéoses.
(Victor Hugo, les Châtiments, VII, 10).

Depuis le 11 novembre 1942, l'armée allemande est partout présente en France, sous le prétexte de se prémunir contre un débarquement allié depuis la Méditerranée. La zone libre a vécu, ce qui bouleverse la condition des Français et des résistants qui se trouvaient jusqu'alors hors de portée de l'occupant. Dorénavant aussi, les collaborationnistes se voient renforcés et soutenus sur place, tandis que les Allemands peuvent puiser dans un nouveau réservoir d'agents menés par la conviction ou la cupidité. Le climat de violence s'amplifie de façon spectaculaire.

L'image d'un pays en proie au terrorisme

L'instauration, en février 1943, du Service du travail obligatoire (STO), qui soulève l'indignation de la population, crée soudain des réfractaires hors-la-loi. Rafles et contrôles se multiplient. Les Allemands étendent leur répression, secondés par les services de l'État et par les officines des collaborationnistes en mal d'identification avec l'occupant. « Ces arrestations me procuraient une vie mouvementée qui convenait très bien à mes nerfs » (déposition d'un interprète de la Gestapo en Vendée). Durant l'hiver 1943-1944, la Résistance se voit sur le point de sombrer au moment de toucher au but, sous l'effet des coups redoublés de la répression et de l'isolement engendré par les immenses difficultés de liaison avec l'extérieur.

L'activité de la Résistance et les opérations de guerre contribuent aussi à l'insécurité ambiante. Bombardements, mitraillages, sabotages, vols, incendies de récoltes, réquisitions et attentats deviennent courants. Le risque s'insinue dans la vie quotidienne, impression renforcée par les commentaires des événements locaux ainsi que par la propagande contre la guerre meurtrière des Alliés et l'activité qualifiée de terroriste des résistants et réfractaires. Pour faire pression sur ses administrés qu'il soupçonne d'aider les résistants, le préfet de l'Isère adresse par exemple cet appel inquiétant à la population : « Je souhaite que mes administrés comprennent qu'aucun d'entre eux n'est à l'abri d'une vengeance personnelle, d'une erreur ou d'une représaille » (*le Petit Dauphinois*, 31 août 1943). Si l'on prend un journal régional au hasard durant cette période, on y trouve un flot continu de nouvelles inquiétantes qui donnent le sentiment que le pays est soumis à une menace terroriste répandue sur tout le territoire. Ainsi, pour le mois de novembre 1943, dans *Ouest-Éclair*, de telles annonces reviennent environ tous les trois jours :

> Nouvel attentat terroriste contre l'express de Lyon : 11 morts, 47 blessés (3 novembre).
>
> Six détenus politiques sont délivrés par des terroristes à Nevers (8 novembre)
>
> Avignon : un prêtre assassiné dans son église par des terroristes (9 novembre)
>
> Le général Debeney est mort des suites d'un attentat (11 novembre)
>
> Le commissaire principal de Juvisy-sur-Orge tué par des terroristes (13 novembre)
>
> Deux tueurs sont abattus par des gendarmes à Senlis (17 novembre)
>
> Un commandant d'infanterie coloniale, sa femme et sa fille assassinés par les terroristes à Mâcon (20 novembre)
>
> 146 terroristes et 150 communistes sont arrêtés en 15 jours (23 novembre)
>
> Attiré dans un guet-apens, chloroformé, un médecin est grièvement blessé par des terroristes (24 novembre)
>
> Les terroristes condamnés à mort seront passés par les armes (25 novembre)

Au mois d'octobre 1943, 235 attentats ont été comptabilisés par les services de police. Les chiffres augmentent lentement jusqu'au mois de mai 1944. Dans tous les départements, la population endure une vie matérielle pénible et angoissante sur fond de menaces imprécises. Aux réquisitions pour des surveillances ou des travaux peut à tout moment s'ajouter la violence de l'occupant ou de ses supplétifs, dans des proportions exagérées. Ainsi, en janvier 1943, à Belfort, une explosion cause des dégâts insignifiants dans les locaux du centre d'embauche allemand et de la LVF. Tandis que des barrages sont établis sur toutes les rues voisines, les hôtels et les meublés sont visités, ce qui entraîne l'arrestation de personnes en situation irrégulière. La police allemande exige des Français que soit appréhendé tout ce que la ville compte encore de suspects de communisme. En octobre 1943, dans le Morbihan, un capitaine de gendarmerie français prévient qu'il prendra des otages dans la population si les coupables d'un attentat ne sont pas dénoncés. En avril 1944, dans un bourg du Cher, un commissaire et deux inspecteurs français sont enlevés. La police française arrête la postière qui a assisté sans rien faire aux événements. « Elle était de connivence avec les terroristes. » Le commissaire se fait communiquer les listes électorales. Il pointe les noms de trente-cinq communistes supposés et fait arrêter les vingt-cinq qu'il peut trouver. Ils sont conduits à la prison de Bourges. « Il fait répandre le bruit qu'il ne répondra plus d'eux s'il n'a pas d'information d'ici huit à dix jours », se félicite le préfet régional. Les menaces vont croissantes contre les populations qui se rendraient coupables d'aider les terroristes, voire de simplement tarder à les dénoncer. Lasse et découragée, l'opinion attend pourtant le débarquement avec un mélange d'espoir et de crainte. Cette anxiété s'accroît au fil des mois, en même temps que la hâte d'en finir avec les opérations décisives.

> Bon gré, mal gré, la population tout entière rentre dans la guerre car il ne semble plus qu'il y ait d'« arrière ». Le développement des maquis et du « terrorisme », suivi de l'accession au pouvoir de Joseph Darnand, marque une étape nouvelle dans l'évolution française. Alors que, depuis des mois, le sujet moyen des conversations dans tous les lieux publics était le problème de la nourriture, les arrestations deviennent aussi préoccupantes (rapport de Jacques Bingen au général de Gaulle, 1er février 1944).

Nous serons tous pendus

Par une loi du 30 janvier 1943, la Milice prend la succession du SOL pour activer le redressement du pays par la Révolution nationale. Du point de vue des ultras, la situation intérieure s'est dégradée : sabotage de la Révolution par les fonctionnaires, population accablée par les pénuries et sensible aux sirènes de la Résistance, activité menaçante des agents à la solde de l'Angleterre, de l'Amérique et du bolchevisme, multiplication des actes terroristes qui pourraient préluder à l'insurrection armée. Il faut être prêt à concourir au maintien de l'ordre – et ce sera en particulier le rôle des Francs-Gardes, qui regroupent les permanents de la Milice –, voire à prendre le pouvoir. La délation, l'espionnage généralisé sont les instruments de prédilection, ce qui explique – en même temps que la rivalité des petits chefs avides de puissance et d'argent –, le pullulement des « 2e bureaux » à tous les échelons de la Milice.

> Le repérage des foyers de propagande adverse, la recherche et la poursuite des meneurs de forces hostiles, la répression des menées et des manifestations anti-gouvernementales seront les activités habituelles de la Franc-Garde (discours de J. Darnand lors de la réunion constitutive de la Milice à Vichy, 31 janvier 1943).

Les questionnaires adressés aux miliciens se font précis sur la situation dans leur commune :

> Y a-t-il des communistes ? Si oui, donnez leurs nom, âge, profession, adresse, relations, et tous détails que vous pourriez connaître.
>
> Quels sont les principaux opposants à la politique du Gouvernement autres que les communistes ? (Gaullistes, Francs-maçons, Juifs, SFIO, etc.) nom, adresse, âge, profession, etc.
>
> Y a-t-il dans votre région des centres réfractaires ? Donnez tous les détails possibles (lieu exact, ravitaillement, armés ou non, nombre de réfractaires).
>
> Y a-t-il dans votre village des réfractaires ? (nom, âge, profession adresse des parents, etc.) (Note du 2e service de la Milice des Hautes-Alpes, 15 octobre 1943).

Des communiqués sont diffusés par voie de presse, qui incitent les dénonciateurs à s'adresser à la Milice. « La plus grande discrétion leur est assurée ».

D'emblée, la population manifeste son mépris et son hostilité. En mars 1943, dans le Lot-et-Garonne, injures et horions sont échangés entre miliciens et jeunes gens requis pour le STO. Ces derniers se répandent en portant ostensiblement des cordes, emblèmes du sort qui attend les miliciens exemptés et embusqués. Les bagarres ne sont pas exceptionnelles. La Milice recrute mal, en dépit de ses considérables moyens de propagande, et elle manque de cadres. Faute de participants, des réunions publiques doivent être annulées. Les rapports préfectoraux sur l'état d'esprit parlent de miliciens perçus comme des provocateurs à la solde de l'Allemagne, comme des profiteurs, voire des voleurs. Tous les avantages matériels, tous les passe-droits contribuent alors à placer leurs bénéficiaires hors de la communauté nationale. À Villeneuve-sur-Lot, la LVF a ouvert un bureau de recrutement qui n'a fait aucun émule. « La population, constate le sous-préfet, a appris avec une certaine aigreur que la personne chargée de tenir la permanence recevait 1 600 francs par mois. Elle aura donc reçu 6 400 francs en quatre mois pour n'avoir recruté aucun candidat ». Certes, la population n'approuve pas les enrôlements dans la LVF, mais cet argent gagné à ne rien faire (environ 1 640 euros) semble encore plus difficile à admettre que l'emploi qui le procure.

Évidemment, les résistants enfoncent le clou, en dénonçant « une organisation à peine camouflée de police allemande », commandée par Darnand « devenu le Himmler de France ».

> Combattants de la Résistance, la Milice va s'étendre partout et organiser officiellement le mouchardage, la délation, la terreur, grâce à la protection des troupes ennemies. Attention ! il vous faudra surveiller de près les miliciens et leurs familles, repérer leurs domiciles, dénoncer leurs agissements et les arrêter au moment opportun (*la Voix du nord*, 8 avril 1943).

Le 24 avril, le chef adjoint des Bouches-du-Rhône, Paul de Gassovski, est abattu d'une rafale de mitraillette. Avant ses funérailles, des policiers passent sur le trajet du convoi, pour faire fermer les volets des fenêtres donnant sur la rue, se postent sur les balcons les plus élevés et s'alignent tous les cinq mètres face au trottoir. Ces précautions en disent long sur l'hostilité de la population marseillaise et la crainte de nouveaux attentats. Gassovski est le premier milicien à succomber dans un attentat, bien que les causes et les auteurs n'en aient jamais été identifiés. En effet, les adversaires de la Milice s'en tiennent encore pour l'heure à des manœuvres d'intimidation : inscriptions injurieuses, lettres de menace, graffitis représentant des potences.

> Attention, justice sera faite, gare à toi Milice et Gestapo.
>
> Jeunesse française, réponds merde ! (tract diffusé dans l'Ariège, mai 1943).

Une loi du 22 juillet autorise les Français à s'engager dans la Waffen SS pour combattre de bolchevisme. Peu après, Darnand saute le pas et prête serment à Hitler. Il est suivi par une douzaine de chefs nationaux de la Milice. Entre-temps, il figure avec Déat, Luchaire ou Guilbaud parmi les signataires d'un Plan de redressement français qui exhorte les Allemands à faire entrer les collaborationnistes au gouvernement. Se sachant minoritaires au-delà de toute expression (ils s'estiment eux-mêmes à 0,14 % de la population...), ils réclament de quoi se défendre et se battre.

> On compte, sur l'ensemble du territoire français, quelque 160 000 réfractaires dont 20 000 ont pris le maquis, dans lequel ils vivent en bandes militarisées et armées à la façon des bandes de brigands type Mandrin qui ont pullulé en France à l'époque des décompositions du Pouvoir central.
>
> Un mot d'ordre radiophonique, une consigne des « centrales » gaullistes et communistes, une tentative de débarquement peut transformer en massacre

généralisé des collaborationnistes la série limitée des attentats terroristes (17 septembre 1943).

À l'école des cadres de la Milice, la guerre civile est inscrite au programme.

> Formation militaire axée à la fois sur la guerre des maquis, mais aussi sur le combat de rues. Étude poussée des combats qui, en Allemagne, précédèrent l'avènement du national-socialisme.

En outre, le Plan de redressement français implique, bien entendu, une épuration « énergique », au moins des fonctionnaires hostiles à la collaboration qui devront être « découragés, détectés, puis expulsés ».

L'automne voit se multiplier les attentats contre des miliciens. En Ariège, un petit maquis FTP jette des engins incendiaires contre un car transportant les auditeurs d'une conférence de Philippe Henriot. Des miliciens isolés se font tirer dessus.

> Ce n'est plus, hélas ! de guerre civile qu'il faut parler : la vérité est que la chasse à l'homme est ouverte. [...] Entre le châtiment « patriotique » et la vengeance personnelle, [...] entre le crime politique et le crime crapuleux, comme entre le réfractaire et l'homme de l'armée secrète, entre celui-ci et le terroriste. (Philippe Henriot, « Aux portes de l'abattoir », *Combats* [journal de la Milice], 13 novembre 1943).

Le 6 novembre, Darnand prononce son premier appel public à s'engager dans la SS. Il provoque des démissions dans son propre mouvement, en même temps qu'une recrudescence des attentats. La montée des menaces conduit les miliciens à la militarisation, même au plan local. D'autant plus que les spectaculaires actes d'allégeance consentis par Darnand ont eu l'effet escompté : les Allemands acceptent d'armer la Milice, puis autorisent les représailles, dorénavant assumées, voire revendiquées. Chaque attentat sera suivi de représailles signalées pour telles, même si elles frappent des victimes de hasard, plutôt que les auteurs des attentats. Après que des FTP ont tué deux miliciens en Haute-Savoie et en ont blessé un troisième, six hommes sont abattus, soit parce qu'ils portent un nom juif, soit parce qu'ils sont francs-maçons, soit parce qu'ils sont réputés gaullistes.

> J'ai frappé à la porte. Le type a ouvert. Je suis entré. Je lui ai dit : « Monsieur, notre camarade Jacquemin a été lâchement assassiné par vos amis. La Milice vous a condamné à mort [...] » J'ai tiré plusieurs fois et j'ai tourné les talons. Je m'étais juré de vider mon chargeur (déposition de Joseph Lécussan, 1945).

Lors d'un meeting, Darnand dresse le bilan des attentats contre des miliciens et compte vingt-cinq victimes pour lesquels il réclame vengeance. L'engagement est total et sans retour.

> Nous sommes fiers de dire que nous allons nous battre à côté des Allemands ! C'est une question de vie ou de mort ! Vous serez pendus avec moi, nous serons tous pendus si nous ne savons pas nous battre !

Ces réunions publiques sont dorénavant entourées d'un impressionnant dispositif de sécurité. Mais après la fin du discours de Darnand, des miliciens sont mitraillés dans le restaurant où ils s'étaient retrouvés.

Le message est bien passé au sein de la Milice, comme en témoigne cette lettre d'un chef de centaine à un milicien démissionnaire :

> Vous dites, on nous a trompés ! Qui nous a trompés ? Vous n'avez tout de même jamais cru que les gens en place vous céderaient cette place en vous faisant des courbettes. Non, ils partiront par la force quand nous tiendrons le pouvoir. Comme vous le dites sur votre lettre, les événements peuvent se précipiter, c'est à peu près sûr. Et alors, camarade, que ferez-vous, isolé ? Croyez-vous que vous serez épargné par les tueurs, s'il y a lieu ?

Il n'y a plus rien apparemment, que la fuite en avant : ce sera tuer ou être tué. La SIPO-SD autorise la Milice à ouvrir des camps pour former 600 hommes aux techniques militaires et policières, sous la direction d'un officier de la Gestapo. Parmi les militants les plus résolus, en particulier les jeunes, un activisme agressif se développe à proportion de leur isolement croissant.

Les émissions en français de la BBC redoublent d'imprécations contre Milice et miliciens. Elles sont scandées de pastilles : « Miliciens assassins, fusillés de demain », « Darnand sera pendu ». « Qui sont les terroristes ? », interroge le porte-parole de la France combattante, tandis que Pierre Dac invente l'une de ses chansons :

> Gens d'milice
> Et complices
> Des polices
> De Vichy
> Traquent nos frères
>
> Réfractaires
> Qui se terrent
> Dans le maquis.
>
> Mercenaires
> Tortionnaires

Sanguinaires
Bons à tout
Les souffrances
De la France
Crient vengeance
Contre vous.

Fous sadiques
Hystériques
Domestiques
De Berlin
Pour le boche
Qui s'accroche
L'heure approche
De la fin.

Sale engeance
Sans conscience
Ni décence
Vous devrez
Tristes êtres
Disparaître
Pour les traîtres
Pas de pitié.

Le 2 décembre 1943, Maurice Sarraut, figure de premier plan du parti radical, est assassiné devant son domicile. La Résistance doit se défendre d'être responsable, car le journal clandestin Bir *Hakeim* avait annoncé sa condamnation à mort. Des mises en garde sont diffusées sur le maniement inconsidéré des listes noires et piloris. De toute façon, l'enquête s'oriente bientôt vers la Milice de Toulouse à laquelle a été dépêché un tueur issu de la LVF. Les Allemands ont, semble-t-il, donné leur accord, la mort de Sarraut devant servir d'avertissement pour les hommes de Vichy qui viennent d'imaginer une transition constitutionnelle avec l'aide de parlementaires de la IIIe République. D'ailleurs, le 4 décembre, l'ambassadeur Abetz présente à Pétain un ultimatum de Hitler, lui enjoignant, en adéquation avec le Plan de redressement français, de faire entrer au gouvernement des « personnalités sûres » telles que Darnand, Henriot ou Déat.

Pour faire passer sa tentative d'éviction de Laval, le Maréchal lui a reproché son manque d'efficacité contre le terrorisme. Depuis le début de l'année, il n'a cessé d'insister sur les ratés de la collaboration, dénonçant sans vergogne le manque de fermeté du chef du gouvernement dans la répression et faisant miroiter aux Allemands le projet d'une reprise en main. Il reçoit régulièrement

Darnand et établit des parallèles entre la situation présente et la façon dont il a, en 1917, mâté les mutineries. La nature policière du régime ne fait que s'accentuer. Toujours plus affaibli, Vichy est contraint à une répression croissante pour se maintenir. Au prétexte des attentats, du terrorisme, de la menace révolutionnaire, l'État français réduit à des soutiens de moins en moins nombreux et de moins en moins fiables, ne survit qu'en s'en remettant aux Allemands et à leurs séides. Au début de 1943, Laval a consenti à la création de la Milice, mais sans en avoir vraiment besoin, fort encore de la loyauté des forces de l'ordre. À la fin de l'année, les collaborationnistes sont, sur ordre allemand, aux portes du gouvernement. L'histoire de la Milice va désormais se confondre avec les spasmes d'un régime compromis par la collaboration avec l'occupant et obligé de se compromettre toujours plus pour durer encore.

Petits cercueils et listes noires

Au même titre que les miliciens, les militants des partis collaborationnistes sont facilement identifiés par les résistants en tant qu'ennemis. Ils font l'objet de menaces, tout comme certains policiers, gendarmes ou magistrats, ainsi, d'ailleurs, que les enrichis de la collaboration économique ou du marché noir. Aux mises en garde de portée générale, aux déprédations de locaux succèdent des avertissements ciblés qui prennent souvent la forme d'envois anonymes : article menaçant découpé dans un journal clandestin, dessin de cercueil ou de potence, petit cercueil, petite croix ou tête de mort, lettre circulaire ou personnalisée. Voici, parmi bien d'autres, la lettre reçue le 10 août 1943 par le chef de la jeunesse franciste de Marmande, forte d'une demi-douzaine de membres, et signée de la France combattante et du Parti communiste :

> Cesse immédiatement ton activité politique et invite tes camarades miliciens, francistes, légionnaires et JNP à imiter ton exemple. Sinon, nous passerons aux actes et gare... La violence est à nous. Dernier délai 15 août à 12 h 15 et après ce sera à tes risques et périls. Avertis MM. Collombet, Rebel, Pozzoco, Valhary, Maurouzel, Dardayrol, etc. De plus, ceux qui pénétreront au siège de la Jeune Légion seront pendus. À mort le francisme.

Ou celle adressée à une doctoresse d'Argenteuil, dans la banlieue parisienne :

> Deuxième avertissement. Autrement odieux que le « collaborateur » imbécile, le délateur sera appelé prochainement à expier ses crimes, soit que la justice se saisisse de son cas, soit que la vindicte populaire procède sommairement à son jugement et à son exécution.

> L'individu, quels que soient son âge et son sexe, qui, par esprit de vengeance ou de jalousie, inspiré par la haine de parti ou de confession, ou simplement guidé par un vil intérêt, a livré des patriotes à la Gestapo ou à la police de Vichy – ce qui revient au même – est un criminel de droit commun, par surcroît traître à la partie.
>
> Cet assassin est indigne du peloton d'exécution auquel il a envoyé ses victimes. C'est la guillotine qui l'attend.
>
> Les noms et adresses de ces individus sont soigneusement repérés et un dossier, aussi complet que possible, est établi pour chacun d'eux.

D'autres fois, ce sont des affiches apposées la nuit sur des maisons : « Français, souvenez-vous que tous ceux dont les noms suivent sont des collaborateurs ou des sympathisants. Cette liste sera complétée ultérieurement par le comité antinazi ». Devant la prolifération de ces intimidations, une loi les rend passibles de lourdes peines. « Bien qu'il convienne de ne pas les prendre toutes au sérieux, note un agent de renseignements de la France combattante, elles dénotent, par leur nombre et leur diversité, un état d'esprit vindicatif qui tend à se développer ». Le relais est d'ailleurs puissamment pris et orchestré par la presse clandestine, la BBC et Radio-Alger, avec leurs listes noires et leurs piloris. Il est difficile d'en faire la typologie, chaque journal pouvant avoir ses priorités ou ses centres d'intérêt, éventuellement locaux ou professionnels. Une place régulière échoit aux illustrations du gouvernement et de la collaboration, éventuellement dans des chroniques réservées.

> Nous avertissons les agents de la collaboration et les complices de la Gestapo que toutes leurs machinations sont soigneusement notées et que des comptes seront demandés à chacun des fonctionnaires français qui auront livré leurs compatriotes, par zèle ou par lâcheté. Ces traîtres seront châtiés personnellement. Avis aux généraux Bridoux et Delmotte, à Bousquet, Bouffet et certains intendants de police. Ils seront rendus responsables de tous les sévices commis contre des patriotes (Radio-Alger, 30 juin 1943).

À Vichy, on affecte de rire de ces condamnations à mort à distance. L'amiral Estéva, ancien résident général en Tunisie, au temps de la guerre contre les Américains, régale la table du Maréchal des transcriptions de la radio de la Londres. Bernard Ménétrel, secrétaire particulier de Pétain, plaisante avec les autres quand il se fait traiter par la BBC de cagoulard et de graine de nazi, mais il confie à un ami : « j'ai plutôt des chances de finir avec un trou d'aération dans la nuque ou une ficelle de chanvre autour du cou ». L'affaire est pour lui tellement entendue qu'il commence à préparer la défense du chef de l'État…

Sont très fréquemment aussi cités des noms de policiers ou de gendarmes, dénoncés soit pour leur zèle à appliquer les ordres allemands, soit pour leur brutalité. Dans une moindre mesure, on y trouve aussi des fonctionnaires participant à la répression ou marquant leur adhésion au régime : membres des cabinets ministériels, magistrats, préfets, professeurs... Mention peut être faite de trafiquants de marché noir et de commerçants profiteurs, en même temps d'ailleurs que des douaniers ou fonctionnaires du contrôle économique qui pourchassent avec trop de rigueur la simple débrouille familiale. Enfin sont indiqués de nombreux délateurs, plus ou mois assimilés à des agents travaillant pour l'ennemi. Leur signalement fait alors figure de précaution autant que de promesse de châtiment.

> Rigal, Georges, fermier dans le Cantal, collaborateur acharné, qui a menacé à plusieurs reprises de donner les jeunes gens réfractaires au SOT [STO] cachés dans la région.
>
> David, 90 rue Magenta à Villeurbanne, qui dénonce les personnes qui écoutent la radio anglaise.
>
> Marcel Roques, 11 rue Camaran à Toulouse, offre de faire passer, moyennant finances, les Israélites en Espagne et les fait arrêter.
>
> Riche, professeur de danse à Lyon, a donné un dépôt d'armes.

Ces listes publiques ne doivent pas faire oublier l'existence de documents internes à la Résistance, qui rassemblent identifications et renseignements. Ainsi, à la fin d'un long rapport sur la Gestapo de Toulouse (avec noms, grades et fonctions du personnel allemand, localisation des services, immatriculation des véhicules) figurent trente personnes désignées comme agents français, avec professions, adresses, état civil et accusations portées contre chacun. La diffusion de ces listes noires soulève pourtant des questions au sein de la Résistance, quant à leur pertinence, leur efficacité et les risques d'erreurs qu'elles génèrent. Le conseil national de la résistance (CNR) lui-même se décide à recommander la prudence.

Le débat porte aussi sur les priorités. Convient-il de dénoncer ceux qui ont le plus de notoriété ou ceux qui sont les plus dangereux ? Trancher cette question revient à trancher celle des exécutions à recommander. Le successeur de Jean Moulin à la tête de la délégation de la France combattante en métropole s'interroge franchement :

> Je me demande si, avant de faire exécuter sommairement un certain nombre de journalistes ou écrivains tels que Bernard Faÿ, Raymond Fernandez [*sic*],

> Drieu La Rochelle, il ne serait pas plus important et plus urgent de détruire les innombrables indicateurs, commissaires, etc. qui torturent nos compagnons et sont responsables de la mort de milliers d'entre eux (rapport de Clovis [Claude Bouchinet-Serreulles], 10 septembre 1943).

Hésiterait-il s'il savait que les militaires allemands comme le SIPO-SD se demandent depuis le nouvel attentat auquel Déat a échappé en mars 1943 s'ils doivent encore s'embarrasser, sur le plan politique, de personnalités collaborationnistes désormais exposées à de permanentes menaces de mort ? La doctrine de la France combattante n'est d'ailleurs pas figée puisque, renseignée sur l'identité d'un indicateur qui vient de démanteler l'encadrement du mouvement Libération dans le Nord, elle finit le télégramme de signalement par un ordre bref : « à tuer ». Depuis le printemps 1943, les agents de la Délégation essaient avec l'aide des mouvements de constituer, non sans mal, des équipes de tueurs. Le rapport préliminaire d'un des officiers de liaison montre les doutes soulevés par la guerre clandestine et ses dérives vers la guerre civile :

> J'ai décidé la constitution de cette équipe devant l'attitude particulièrement dangereuse pour nous de certains individus, il faut donner à certaines catégories de personnages la preuve que nous avons l'œil sur eux et la certitude qu'ils n'exercent pas impunément leur action néfaste. Je veux parler de certains inspecteurs de police appartenant en particulier à la brigade de police judiciaire, de quelques membres du PPF et du SOL en particulier, pour qui la délation et le mouchardage sont devenus une règle.
>
> D'aucuns m'ont déjà objecté l'immoralité des procédés d'épuration dont je viens de vous entretenir. Je dois ajouter qu'ils ne sont pas majorité. D'ailleurs, j'estime que leur avis ne présente en l'occurrence aucune valeur. Je vous l'ai déjà dit, je considère que nous sommes en guerre. Cette *guerre*, notre devoir est de la mener jusqu'au bout par tous les moyens dont nous pouvons disposer. J'estime que nous ne devons avoir aucune pitié pour nos ennemis. La guerre n'étant pas question de sentiments, nous devons les faire disparaître si nous ne voulons pas nous-mêmes être victimes de notre faiblesse (rapport de l'officier de liaison auprès de Franc-Tireur, 20 avril 1943).

Effectivement formées dans les rangs des FTP communistes, ces équipes spécialisées sont un objet de fantasme et de hantise dans les milieux vichyssois et collaborationnistes qui les imaginent beaucoup plus professionnelles qu'elles ne le sont, et animées par une stratégie pointue au sein d'un vaste complot communo-gaulliste.

> Pourquoi ces attentats ? Pourquoi ces menaces de guerre civile ? Au nom du patriotisme ? On croit rêver quand on entend cela. [...] Sur les ordres des Marty et des Catroux, des Thorez et des De Gaulle, ils sabotent, pillent, incendient,

tuent. Ces « patriotes » ne travaillent pas pour la Libération de la France, mais pour la réalisation du plan communiste d'insurrection armée (tract diffusé par la LVF, 1943).

On comprend que la prolifération des menaces ne laisse pas indifférents ceux qui en sont les cibles. La réaction s'apparente rarement à une justification. À cet égard, ce document trouvé à Lille, au dos d'un tract du PPF, présente une réponse, très originale parce qu'argumentée, à une liste noire locale.

Est-ce un crime : 1°) de souhaiter, comme le n° 20 de la liste, la victoire allemande ? Le président Laval l'a bien annoncé au micro.

2°) d'assurer, comme le n° 29 de la liste, que de Gaulle est un traître ? Pensez-vous autrement ?

3°) d'être obligé, comme le n° 32 de la liste, de remplir les fonctions d'interprète au Service de Navigation pour gagner sa croûte ?

4°) comme le n° 37 de la liste, de vendre, en tant que négociant en vins, du pinard aux Allemands ?

5°) comme cet autre commerçant, n° 41 de la liste, de ravitailler les Allemands en légumes, alors qu'il a été officiellement désigné à cet effet ?

6°) comme le n° 47 de la liste, de causer allemand dans son magasin et d'être affable envers sa clientèle, fût-elle encore allemande ?

De telles excuses préfigurent ce que seront bien des défenses après la Libération. Mais, plus souvent, la peur provoque tout simplement retraits et démissions. Dès l'automne 1943, cette tendance est sensible, si l'on en croit les rapports de la police ou des préfets. Dans la région d'Arles est par exemple noté le découragement des sections locales du PPF dont les militants quittent un parti qu'ils estiment incapable de les protéger. À Toulouse est signalé le refroidissement très net de l'ardeur des francistes depuis la campagne de lettres de menaces qui les a touchés. Un ancien capitaine de la LVF revenu dans le giron du PPF se charge d'admonester les responsables locaux trop pusillanimes :

J'ai actuellement dix-huit adresses pour Agen, ville de 35 000 habitants. C'est dérisoire ! [...] Le communiste nous menace ici même, et tu ne fais rien. Veux-tu pendant une seconde faire ton examen de conscience et voir si tu as rempli tes devoirs de PPF [...]. Ne te cache plus parce que tu es PPF. Répands notre idée autour de toi !

Encouragés par l'effet produit qui dépasse le but recherché, les résistants envisagent d'accentuer ces actions de démoralisation. Mais envois anonymes et intimidations ne seraient que de peu d'effets sans la vague d'attentats qui s'intensifie à l'automne 1943.

Terreur pour terreur

Les enquêtes menées sur les attentats montrent qu'ils ont été généralement précédés de menaces verbales ou écrites. Dorénavant, policiers et gendarmes recherchent systématiquement des motivations politiques quand ils sont appelés pour une agression. Si les actions contre des magasins ou des permanences de partis se poursuivent, augmentées de représailles contre des agriculteurs qui fournissent les Allemands et s'adonnent au marché noir, les attentats contre des personnes deviennent plus nombreux. On compte cinq collaborationnistes abattus dans le seul département de la Vienne en avril et mai 1943. Les états récapitulatifs dressés par les pouvoirs publics suggèrent une accélération à partir du mois d'août 1943, en dépit d'un certain flou dans les catégories. Le gouvernement fait diffuser le nom des 700 victimes qu'il attribue à la Résistance pour les mois de septembre à décembre. Il y aurait eu à Lyon seulement trente meurtres ou tentatives de meurtres pendant cette période. En novembre, les Allemands relèvent dix attentats importants, dont un contre Fernand de Brinon, leur interlocuteur privilégié en zone Nord. Une bombe a été déposée dans la chambre même du représentant du gouvernement français et il n'a dû qu'à la chance d'y échapper. Ce qui a fait écrire au journal *Libération* (nord) : « C'est ce qui s'appelle reculer pour mieux sauter ».

Vrais ou non, ces chiffres témoignent de l'impression ressentie d'une insécurité annonciatrice de guerre civile. « Nous sommes sur le front », déclare Marcel Déat qui estime que les collaborationnistes courent au moins autant de risques en France que ceux qui sont engagés en Union soviétique. Un PPF écrit à un camarade combattant dans la LVF pour exprimer la même certitude :

> Ici, grande joie, nous avons enfin trouvé le combat, la mort nous guette partout ; nous avons enfin la sensation de n'être pas des embusqués. Chaque jour, le parti paye de son sang son attachement à l'Europe et au Chef. [...] En avant pour la victoire de l'Europe et celle du christianisme sur la brute. Vive Doriot ! Vive la France ! Vive Hitler ! (lettre du 15 décembre 1943).

Les militants de base, les responsables locaux sont plus que jamais visés. Aux attaques contre des hommes isolés s'ajoutent de spectaculaires enlèvements suivis de disparitions. Des représentants des forces de l'ordre sont supprimés pour leur action répressive. L'assassinat du conseiller Faure-Pinguely, vice-président du tribunal d'État de Lyon, en décembre, marque une étape supplémentaire. Ce magistrat s'était porté volontaire pour siéger dans cette juridiction chargée des affaires de terrorisme. « J'ai la ferme volonté de continuer à lutter de toutes mes forces et sans aucune crainte pour le pays, contre tous ses ennemis intérieurs et extérieurs communistes, gaullistes, trafiquants de marché noir, etc. » (lettre au chef régional de la Légion française des combattants lui demandant de le recommander à Laval, juillet 1943). Sa vindicte le signale aux résistants. Une semaine après qu'il a requis la peine de mort contre deux membres de la FTP-MOI, les camarades des condamnés se présentent au domicile du magistrat, déguisés en soldats allemands, et l'abattent. Les menaces de représailles avaient poussé à la démission certains juges des sections spéciales et du tribunal d'État. L'exécution de l'un des leurs accroît leur panique et leurs hésitations au moment de juger. Or, le mois suivant, c'est au tour du président de la section spéciale d'Aix-en-Provence d'être abattu en rentrant à son domicile. Arrêté quelques jours plus tard au hasard d'un contrôle d'identité, l'un des membres du commando est condamné aussitôt à mort par une cour martiale et fusillé.

Les résistants essaient aussi d'impressionner Vichy en rossant dans les rues de la ville Jean Fontenoy, ancien proche de Laval, ancien membre directeur du RNP et animateur de journaux collaborationnistes, pour l'heure directeur adjoint d'une agence de presse.

Parmi les personnes menacées, seuls les groupes dirigeants des partis et les pouvoirs publics peuvent apporter une réponse organisée. Les militants isolés, les collaborateurs économiques en sont réduits à s'armer, ce qui implique de se placer sous la protection des Allemands et d'entrer dans une formation paramilitaire quelconque. Les groupes collaborationnistes réclament de l'armement, la formation de milices qui assureront la protection de leurs adhérents et – comme le projet semble un peu court –, combattront avec l'occupant si des hostilités s'ouvrent sur le sol français. Au printemps 1943, pour la première fois, les Allemands autorisent les services d'ordre des partis, mués en milices, à défiler dans la rue. À Caen, le groupe Collaboration sollicite la kommandantur pour obtenir des armes et faire protéger ses membres les plus exposés et leurs familles. L'entreprise d'autodéfense, qui implique de passer à l'offensive contre des Français, commence par se heurter aux calculs cyniques des autorités allemandes. La SIPO-SD estime qu'il n'est « ni nécessaire ni opportun de prévoir des représailles lors d'attentats contre des collaborateurs. Il faut respecter la différence entre des Français, fussent-ils favorables à l'Allemagne, et des Allemands de race ou de souche » (commandant de la SIPO-SD, 30 juillet 1943). Les autorités allemandes elles aussi ont besoin d'être impressionnées par la vague d'attentats de l'automne pour décider « d'abandonner la réserve observée jusqu'alors ». Lors d'une réunion, le 29 septembre, où sont représentés l'ambassade, les services secrets de l'armée, les services de la propagande, l'armée et le SD, on constate le changement induit par le « terrorisme quotidien ». Il faut dorénavant mobiliser toutes les ressources pour protéger les fidèles, transmettre des informations, voire combattre. Mais la prudence reste de mise dans la distribution d'armes, limitée à des éléments éprouvés, au cas où les collaborationnistes s'aviseraient de se retourner contre leurs maîtres. Les hommes ainsi armés doivent être mis à la disposition de la police allemande. En novembre est constituée une *Selbstschutz* (force d'autoprotection) composée de collaborationnistes de zone Nord et entraînée quinze jours durant dans un camp de la région parisienne.

La réplique organisée se fait aussi sur le terrain de la propagande. Les figures du dissident, de l'opposant, du réfractaire cèdent le pas, dans le discours officiel, à celui du maquisard – de préférence communiste et étranger – synonyme de terroriste et de bandit. Les collaborationnistes associent les menaces qui les visent à celles proférées contre des policiers (des fonctionnaires) et contre les civils dans leur ensemble qui peuvent être victimes de sabotages, de bombardements ou de vols. Aux articles incessamment répétés viennent s'ajouter des tracts – telle la fausse lettre d'un agriculteur dans laquelle sont décrites les exactions supposées du maquis voisin – et même des films. On insiste sur les risques encourus par tous les possédants, dans une logique de banditisme et de révolution communiste. Il s'agit là, non seulement d'éviter que les résistants bénéficient du soutien de la population, mais aussi plus prosaïquement d'en finir avec la satisfaction benoîte qui accueille généralement l'annonce d'un attentat contre un « collabo ».

L'heure est pour les collaborationnistes à un engagement total ; seule une solidarité retrempée permettra d'organiser la riposte. Dès la fin septembre 1943, Déat recommande à ses adhérents d'afficher leurs opinions, de porter leur uniforme, de s'armer « pour ne pas se laisser assassiner au coin de la rue ». Simon Sabiani, l'un des leaders du PPF, affirme que l'on est déjà au point de non-retour :

> Nous sommes connus et sachez bien que les gaullistes et les communistes nous connaissent. Au moment qu'ils auront choisi, nous serons tous visés et ceux qui voudront défendre leur peau le feront par eux-mêmes. Le parti ne défendra que les vrais militants (discours à la réunion des gardes françaises du PPF, Paris, 19 octobre 1943).

Le RNP et le francisme annoncent leur intention de prendre des otages pour répondre aux attentats. Lors d'un meeting, le numéro 2 du Parti franciste exige que « l'antiterrorisme combatte le terrorisme avec les moyens et les méthodes du terrorisme ». Il appelle de ses vœux le « climat de terreur fasciste » qui éradiquera la Résistance. Le 16 octobre, le journal de la Milice recommande : « Milicien, tu seras peut-être attaqué lâchement demain. Désigne de suite à tes chefs des otages ». La consigne est reprise dans les locaux miliciens, agrémentée d'exhortations : « Répondez coup pour coup », « Frappe dur et tais-toi ». Dans les colonnes de l'*Action française*, Charles Maurras appelle à cor et à cri, depuis des mois, à une sauvage loi du talion consistant à exécuter des prisonniers politiques – de préférence communistes – après chaque attentat (20 avril 1943). Il se met à désigner de potentielles victimes. Quelques jours après qu'il a nommé Pierre Worms (2 février 1944), celui-ci est assassiné chez lui par un milicien. « Nous disons plusieurs fois par semaine que la meilleure manière de répondre aux menaces des terroristes est de leur imposer une légitime contre-terreur. »

Le PPF passe à l'acte en décidant de la création de comités antiterroristes (novembre 1943). Dans certaines régions, ils se contentent d'envoyer à leur tour des lettres mettant en garde les otages potentiels. Dans d'autres, comme à Lyon, ils se mettent à l'œuvre : sont assassinés un médecin et un cafetier signalés comme francs-maçons. Leur mort est revendiquée dans un tract signé au mouvement national antiterroriste dont le mot d'ordre est « Terreur pour terreur ». Sur le corps des victimes est épinglé un avis : « Cet homme paye de sa vie la mort d'un national ». Au même moment, à Grenoble, un agent d'assurances, un journaliste et un médecin sont exécutés. On retrouve des cartes sur leurs cadavres : « les visiteurs du soir, comité national antiterroriste », « CNAT, Légion des Alpes ».

Ce sont en principe des « adversaires idéologiques » qui sont frappés, faute de pouvoir atteindre non seulement les auteurs des attentats, mais même des adversaires actifs. Les ultras de la collaboration, vivant sous la menace d'attentats, posent volontiers aux victimes, passant sous silence leur volonté d'imposer à leurs compatriotes, par tous les moyens y compris la violence, une politique que non seulement ils refusent, mais qui porte en elle l'exaltation de la force brutale. Le tout en s'appuyant, ou plutôt en s'abritant derrière un occupant qui ne lésine pas sur les exactions. D'abord clandestines, ces opérations sont facilitées par l'approbation allemande. Le 27 décembre, le responsable du service d'ordre du PPF à Nice va chercher en prison six opposants pour les abattre, après la mort d'un membre du parti. Les Juifs deviennent des proies faciles.

Ces représailles sont aussi présentées comme des conséquences du laisser-faire des pouvoirs publics. Tout en affectant de s'associer aux policiers frappés, les collaborationnistes s'étonnent entre eux de les voir si peu touchés par les terroristes : ils y décèlent d'obscures complicités. Leurs doutes sont partagés par les Allemands. Ernst Kaltenbrunner, chef de la SD, estimant que « la police a fait beaucoup contre les communistes, mais beaucoup moins contre les mouvements nationaux de Résistance ». Globalement, le gouvernement est considéré comme trop faible et décourageant ses propres fidèles, et les administrations complaisantes, ce qui reflète l'immense et insupportable complicité de la population. En poussant ce raisonnement à son terme, tous les Français sont des ennemis et il ne reste qu'à s'en remettre entièrement aux Allemands.

Pourtant, loin d'avoir baissé les bras, le gouvernement fait donner les forces de l'ordre contre les résistants et les réfractaires. Il produit sa part à la lutte contre le terrorisme, y compris en durcissant encore l'appareil juridique. Une loi du 17 juillet 1943 a institué qu'en cas de crime contre un membre des forces de l'ordre, les sections spéciales seront formées de trois juges non professionnels choisis parmi les policiers, les gendarmes ou les officiers des GMR. La vengeance corporative, quasi personnelle, se substitue ainsi à la justice.

Le banc d'essai de l'épuration

Après des mois de tractations durant lesquelles l'épuration a été posée par la France combattante comme une condition, les généraux Giraud et de Gaulle sont parvenus à rapprocher suffisamment leurs positions pour que le second rejoigne le premier à Alger, le 30 mai 1943. Le 3 juin, la première séance du Comité français de la libération nationale (CFLN), objet du compromis, est émaillée d'incidents dus à l'exigence des gaullistes de voir évincer de la haute administration dans l'Empire les hommes hérités de Vichy, parce que leur cas est symbolique.

On sait que, depuis 1940, le général et ses fidèles ont déclaré les différents gouvernements du maréchal Pétain illégaux et illégitimes, parce qu'ils ont choisi la capitulation puis la collaboration. Le général de Gaulle admet de pouvoir travailler avec ceux qui se sont trompés, s'ils n'ont commis aucun crime. Mais il est évident à ses yeux que ceux qui ont participé à la mise en œuvre de la politique de l'État français doivent être exclus de la conduite des affaires publiques, de l'administration et du commandement de l'armée. La bataille est engagée, jusque dans le sein même de l'entourage de Giraud. D'une part, il s'agit de donner à l'action menée dans les territoires contrôlés par le CFLN un caractère d'exemplarité. D'autre part, l'épuration est conçue comme une partie de l'effort global dans la préparation de la Libération. Le premier succès gaulliste, obtenu de haute lutte, est l'éviction des anciens hauts responsables de Vichy qui détiennent toujours des fonctions dans l'Empire, à commencer par le gouverneur général de l'Algérie, Marcel Peyrouton ; le général Noguès, résident général au Maroc, qui a retenu l'AFN au bord de la dissidence en juin 1940 et a animé l'opposition au débarquement américain de novembre 1942 ; le gouverneur général de l'Afrique occidentale française (AOF) Pierre Boisson, qui a fait échouer la tentative de prise de contrôle de Dakar par la France libre en septembre 1940. Suivent d'autres très hauts fonctionnaires et, dans une moindre mesure, des officiers supérieurs. Puis une législation nouvelle entreprend d'annuler les effets des lois d'exception de Vichy. Les fonctionnaires civils ou militaires révoqués pour des motifs raciaux ou politiques peuvent solliciter leur réintégration (ordonnance du 4 juillet 1943). Ils seront un bon millier à en bénéficier. Les condamnations prononcées contre des dissidents ou des résistants poursuivis pour avoir travaillé à la libération de France, sont effacées (ordonnance du 6 juillet). En même temps que sont dissous les derniers vestiges du collaborationnisme (à commencer par le PPF) est créé un tribunal militaire d'armée pour juger de toutes les atteintes portées aux personnes ou à leurs biens dans les camps d'internement (ordonnance du 23 juillet).

Le 8 août, le général de Gaulle tient à Casablanca ses propos les plus catégoriques sur la nécessité du châtiment des traîtres, présenté comme un élément crucial de la guerre.

> De ces hommes, il n'y a qu'un seul mot à dire : trahison ; qu'une seule chose à faire : justice. Clemenceau disait : le pays connaîtra qu'il est défendu. Nous dirons : le pays connaîtra qu'il est vengé.

Le surlendemain, le cas de Pierre Pucheu, ministre de l'Intérieur compromis dans la crise des otages de 1941, est évoqué au CFLN. Ayant gagné l'Afrique dans l'espoir d'y retrouver un rôle politique, il est astreint à résidence depuis le 9 mai, sur décision du général Giraud qui avait pourtant entériné sa venue. Le 13 août, il est finalement inculpé.

Une ordonnance du 18 août crée une commission d'épuration administrative pour étudier le comportement, depuis le 16 juin 1940, des élus, des fonctionnaires, ainsi que des avocats, des médecins et des professionnels de la presse et de la radio. La commission peut être saisie par les commissaires du CFLN ou sur plaintes de citoyens. Elle mène une instruction, puis émet un avis destiné au CFLN, recommandant le classement, une sanction disciplinaire ou l'ouverture d'une information judiciaire. Accablée de dénonciations, réduite à des moyens modestes, aux prises avec des objectifs mal définis, la commission ne satisfait guère. Après qu'elle a été resserrée et confiée à la direction d'un résistant venu de métropole, Charles Laurent, syndicaliste de la fédération des fonctionnaires, elle développe son activité. Jusqu'à la fin de 1943, elle examine 667 dossiers et propose 259 sanctions, dont une majorité de suspensions, mais aussi 18 % d'internements. En effet, une ordonnance du 18 novembre remet en vigueur la législation de 1939 permettant l'internement sur décision administrative des individus dangereux pour la défense nationale ou la sécurité publique. Un mois plus tard, on compte près de 800 internés en Algérie (dont un tiers d'Algériens musulmans). Au Maroc, la commission d'épuration administrative n'examine que 181 dossiers, mais préconise des sanctions dans les deux tiers des cas. Toutes ces recommandations ne préjugent en outre pas de l'action de chacun des commissaires du CFLN dans son département ministériel, amené à déplacer, rétrograder, suspendre, mettre en retraite, révoquer des fonctionnaires de grades élevés ou modestes. Le commissaire à la Justice sanctionne soixante-quinze magistrats. Le commissaire à la Guerre, le socialiste André Le Troquer, déploie une intense activité épuratoire : il traite tous les cas que lui soumet la commission d'épuration et en ajoute des centaines d'autres, prononçant environ 1 500 sanctions de gravités variables, et instituant des unités réservées aux hommes qui ne sont « pas dignes de servir avec de bons Français » et de gagner leur réhabilitation sur le champ de bataille. Même si une psychose s'empare alors de l'armée d'Afrique, restée durablement attachée à Pétain, les sanctions y sont limitées par la crainte qu'une épuration massive n'empêche la France de prendre sa part au combat contre l'Allemagne.

La victoire alliée en Tunisie, au mois de mai 1943, pose aussitôt la question de l'épuration dans le protectorat. Des individus issus du SOL, des partis collaborationnistes, de la Phalange africaine ou de la communauté italienne ont prêté la main aux troupes de l'Axe dans leurs persécutions à l'encontre des Juifs et des opposants, comme dans leur effort de guerre. Leur cas ne semble guère faire problème. Plus difficile à apprécier se révèle l'attitude des trois chefs militaires français demeurés en poste depuis novembre 1942 : le résident général Estéva (qui a regagné la France), l'amiral Derrien, et le général Barré. Malgré leurs velléités initiales, ils ont obtempéré aux ordres venus de Vichy et ont laissé les troupes allemandes prendre pied en Tunisie. L'occupation en temps d'opérations de guerre les a amenés à composer, voire à collaborer avec l'ennemi.

Enfin, la libération de la Corse, au début d'octobre, semble annoncer ce qui pourrait advenir en territoire métropolitain. D'abord par l'action concertée de l'armée d'Afrique et de la résistance locale – dominée en l'occurrence par le Front national d'obédience communiste. Durant les semaines qui précèdent le début des opérations se produisent des attentats contre des personnes suspectes de sympathies pour l'Italie fasciste, d'adhésion à Vichy ou de profits à la faveur de la situation de pénurie. Aussitôt la libération commencée, des arrestations ont lieu. Les communistes exigent des punitions rapides et sévères, qui ne s'embarrassent pas de formes.

> Voici qu'on nous parle de légalité. Quelle légalité ? Nous n'en connaissons qu'une, celle du salut de la Patrie, et seulement celle-là. [...] Le premier acte conforme à la légalité républicaine est celui du salut public et, par conséquent, le premier acte conforme à la légalité républicaine doit être l'arrestation des traîtres, la saisie de leurs biens, leur jugement, leur châtiment immédiat. En un mot, pour nous, la légalité, la seule, est celle des hommes qui se sont battus, les armes à la main, pour la libération de la terre natale, elle est celle du peuple et du peuple seul (discours d'Arthur Giovoni à l'Assemblée consultative provisoire, 10 novembre 1943).

Il répond ainsi aux nouvelles autorités préfectorales et au commissaire à l'Intérieur qui s'empressent d'organiser dans l'île une épuration contrôlée. Une commission départementale d'épuration est créée dès le 30 septembre, pour essayer de faire pièce des comités d'arrondissement dominés par les communistes. Elle examinera 848 dossiers, prononçant des internements ou des assignations à résidence dans un bon tiers des cas. L'absence de publicité faite à ses travaux et à ses décisions contribue à rendre l'épuration peu visible et peu satisfaisante. Les deux tiers des maires sont destitués, toutefois, dans une atmosphère de psychose due à la reviviscence des anciennes rivalités politiques et à l'irruption en force des communistes qui ont occupé d'autorité les mairies.

> Dans les villages, le plan prévu est appliqué. Les groupes du Front national rassemblent la population sur la place du village, déclarent déchues les municipalités indignes et proclament leur remplacement par des patriotes dont ils font applaudir les noms (rapport d'Arthur Giovoni).

Un tribunal militaire prononce des verdicts, en vertu de la législation en vigueur avant guerre sur l'intelligence avec l'ennemi et l'atteinte à la sûreté de l'État. Beaucoup de condamnations sont faites par contumace. Néanmoins, trois peines de mort sont exécutées. Après son passage en Corse, le commissaire à l'Intérieur André Philip a justifié son intervention par un souci d'exemplarité :

> [Les sanctions] doivent être justes, énergiques et surtout rapides. Elles doivent être prises par l'autorité centrale reconnue par tous, dont l'objectivité et l'impartialité ne peuvent être mises en doute. Tout cela se réalise aujourd'hui en Corse, dans l'île qui renaît à la liberté, où sont jetées les premières fondations de la IVe République.

En métropole, Vichy et la Collaboration s'en donnent à cœur joie pour vilipender une libération sanglante qui, sous couvert de « promouvoir l'ajusteur et la ménagère », porte au pouvoir les communistes, avec la complicité de De Gaulle.

Encore coprésident du CFLN, le général Giraud maintient sa désapprobation de l'épuration qu'il affecte de tenir pour une tentative d'établir la dictature. Selon cette logique, les gaullistes ne désignent des coupables que pour les évincer des places qu'ils convoitent. L'épuration se résume à une politique de conquête exclusive du pouvoir. Il feint d'ignorer ou de tenir pour prétextes les arguments nombreux et divers qui s'échangent alors à Alger ou en France sur le sujet.

Demain, du sang noir

Depuis le mois d'avril 1943, le général de Gaulle et la France combattante ont reçu le soutien d'un groupe de parlementaires de tous bords politiques. Dès l'abord, ceux-ci ont placé au cœur de leurs préoccupations la réparation de la répression vichyste et l'épuration administrative et gouvernementale. Au même moment, en France, le comité général d'études (CGE) constitué par Jean Moulin avec des résistants, commence à transmettre à Londres des projets sur l'épuration et la punition des collaborateurs, qui prévoient la définition des crimes contre la patrie, la création de juridictions spéciales et la sanction de la collaboration économique.

Au fil de 1943, on est passé, au sein de la Résistance, d'un désir spontané de représailles contre les traîtres à l'organisation pragmatique de leur châtiment. Dans *le Populaire*, journal du parti socialiste clandestin, les mesures de justice figurent au titre 5 du programme d'après-guerre (16 janvier-1er février 1943). Au même moment, *Résistance*, journal beaucoup plus orienté à droite consacre un numéro spécial à neuf propositions de loi sur les sanctions (janvier 1943). Tout au long de l'année s'égrènent au sein de toutes les familles résistantes les exposés – souvent très précis – sur les modalités pratiques de ce qu'on appelle non pas épuration, mais justice. Ils s'accompagnent d'un effort pour caractériser ceux qu'on a pris l'habitude, depuis l'été 1940, de désigner comme « traîtres » : les collaborateurs, bien sûr, les délateurs, les gros trafiquants, mais aussi les policiers et les magistrats qui ont participé à la répression, ainsi que les gouvernants et les très hauts fonctionnaires. Le maréchal Pétain n'est plus préservé, même si, alors que certains réclament sa mort exemplaire, d'autres pensent qu'il faut se contenter, du fait de son grand âge, de stigmatiser son indignité. Omettant tout à fait la législation d'avant-guerre sur l'intelligence avec l'ennemi (le terme n'apparaît même pas), les résistants imaginent de nouvelles juridictions, ce qui permet aussi de surmonter le problème d'une magistrature discréditée par son obéissance à Vichy. On trouve alors toute une gamme de propositions qui vont du tribunal spécial aux tribunaux révolutionnaires, en passant par les tribunaux populaires. La forme de la justice compte essentiellement : elle doit être tout d'abord rigoureuse. La peine de mort est le châtiment le plus couramment indiqué, suivi des travaux forcés à perpétuité, de la réclusion et, dans une moindre mesure, des amendes et confiscations. Les termes utilisés sont d'une grande radicalité : liquidation impitoyable, anéantissement... Cette justice est surtout annoncée comme immédiate dans tous les sens du mot, en cela qu'elle est à la fois urgente, expéditive et pratiquée directement par la Nation ou le peuple (et pas seulement en son nom). À peine la libération en marche, la justice devra commencer son œuvre : elle poursuivra sans interruption la « justice de guerre » accomplie par les attentats. Elle sera le premier acte du nouveau gouvernement et conditionnera tous les autres. L'instruction comme le procès seront menés avec diligence, voire ramenés à leur plus simple expression.

> Lorsque la trahison a été publique et avérée, les formes de la justice doivent être réduites au strict minimum. L'interrogatoire d'identité précédant la condamnation est la seule forme de justice possible pour ceux qui se sont fait les agents et les sergents recruteurs de l'ennemi (*Résistance*, janvier 1943).

> Un procès... Deux heures de délibération... et le châtiment (*Après...*, juillet 1943).

À ce rythme-là, la justice aura achevé son œuvre dans un délai d'un an après la fin des hostilités. Cette célérité et cette simplicité ne satisfont pas uniquement le besoin élémentaire de justice. Elles suppriment toute possibilité pour les traîtres de se faire oublier ou de bénéficier de complaisances. D'ailleurs, l'action sera la plus publique possible (« au soleil, en pleine place de la République »). Ainsi, non seulement ils paieront leurs crimes, mais ils ne pourront plus venir troubler le jeu démocratique. Le triptyque rêvé est : juger, venger, réduire à l'impuissance. Enfin, rapidité et publicité contiendront les velléités de règlement de compte individuel et d'exaction. La justice punitive est en cela condamnée, tandis que la justice populaire fait figure d'étalon. La première fait courir le risque de la guerre civile, la seconde garantit la rénovation tant souhaitée.

Vichy emprisonné, jugé et condamné

Le 3 septembre 1943, à Alger, le CFLN prend une ordonnance de portée majeure : dès que les circonstances le permettront, le maréchal Pétain et les membres de ses gouvernements seront traduits en justice pour avoir « capitulé, attenté à la Constitution, collaboré avec l'ennemi, livré des travailleurs français aux Allemands et fait combattre des forces françaises contre les Alliés ou contre ceux des Français qui continuaient la lutte ». Les menaces se précisent d'autant plus que le CFLN fait arrêter plusieurs anciens ministres ou très hauts fonctionnaires qui se trouvent sous sa juridiction : Pierre-Étienne Flandin et Marcel Peyrouton, le général Bergeret, ancien secrétaire d'État à l'Air, et Jean-Louis Tixier-Vignancour, qui fut secrétaire général adjoint à la Radio et au Cinéma, puis le gouverneur général Boisson. Un tribunal militaire à compétence particulière est constitué pour les juger (ordonnances des 3 et 21 octobre 1943). En fin d'année, un communiqué précise qu'en l'absence de tout traité de paix, l'Allemagne est restée l'ennemi et que tous ceux qui ont collaboré ou collaborent avec elle tombent sous le coup des articles 75 et suivants du Code pénal. Ces décisions suscitent les réserves des alliés anglo-saxons, qui les estiment peu opportunes et comparables à une déclaration de guerre civile. Mais, outre le problème que ces interventions posent en termes de souveraineté nationale, la condamnation annoncée des gouvernants de Vichy peut d'autant moins être omise qu'elle s'inscrit dans une véritable logique de préparation de la libération, de réorganisation du pays et de restauration de l'État. On peut estimer en effet à 5 % des ordonnances prises à Alger celles qui sont directement consacrées à l'épuration. Mais, plus généralement, l'après-guerre est au cœur des préoccupations, pour éviter aussi bien le maintien de Vichy que le retour aux défauts de la IIIe République. Emmanuel d'Astier, commissaire à l'Intérieur, dans ses instructions aux futurs détenteurs de l'autorité dans la France libérée place la répression espérée et le ravitaillement comme conditions premières du maintien de l'enthousiasme général.

L'Assemblée consultative provisoire (ACP) réunie à Alger depuis novembre 1943 – dont les membres sont choisis aussi pour leur opposition à Vichy – exerce une pression continue sur le CFLN en faveur de l'épuration administrative et du châtiment des traîtres. Dès sa troisième séance, elle s'invente une commission d'épuration et envisage l'hypothèse de se transformer en Haute Cour. Les résistants, en son sein, marqués par les épreuves et les dangers encourus en France par eux-mêmes, leurs familles et leurs camarades, réclament une justice qui soit aussi un instrument de combat et de prévention. Les fonctionnaires de métropole sont mis en garde avec insistance : l'obéissance aux ordres n'excusera ni crimes ni délits. Arguant des cas si nombreux de sévices infligés aux résistants arrêtés, les parlementaires justifient leur violence vengeresse par celle déployée d'abord par Vichy. Évoquant la possibilité d'exécutions faites à titre d'exemples, le commissaire adjoint à l'Intérieur Jean Pierre-Bloch estime qu'elles sauveraient « des millions de vies en France ». Par la suite, l'ACP votera des motions déplorant – déjà - les lenteurs de l'épuration et exprimera le souci constant qu'une épuration manquée devienne un facteur de guerre civile. Aussi est-elle en pointe pour exiger que le procès de Pierre Pucheu, inculpé de trahison et d'arrestations arbitraires, se déroule au plus tôt et qu'il soit, bien sûr, condamné.

En dépit de difficultés pratiques et de controverses juridiques, le procès de l'ancien ministre de l'Intérieur s'ouvre effectivement le 4 mars 1944 devant le tribunal militaire à compétence particulière. À défaut d'une instruction complète, Pucheu a pu bénéficier d'une défense organisée et libre dont il use avec pugnacité. Il a fort à faire. Dans les rangs de la Résistance, tant en métropole que dans l'Empire, on n'imagine pas d'autre issue qu'une condamnation à mort, sous peine de donner quitus à Vichy en plein combat. Dans leurs dépositions, les témoins issus de la Résistance rappellent que le conseil national de la Résistance a condamné Pucheu à mort en août 1943. Les communistes se montrent les plus acharnés, parce que, ministre de l'Intérieur, il s'était attaché à les poursuivre, à les désigner au titre des représailles, à les livrer aux sections spéciales. « Entre Pucheu et moi, il y a un fleuve de sang. Il doit payer » (déposition d'Albert Bosman, vice-président de l'ACP, 4 mars 1944). L'ancien député communiste Fernand Grenier fait de sa longue déposition un réquisitoire où il recourt tour à tour à l'émotion, à la solidarité, à la menace, à l'amalgame, aux mensonges, pour forcer la main du tribunal. Le verdict est effectivement la peine de mort, exécutée dès le 20 mars. Cette exécution, plus encore peut-être que la sentence, consomme la rupture avec Vichy en prouvant qu'il n'y a eu ni double jeu, ni entente secrète, ni rapprochement avec la Résistance ou le mouvement gaulliste. « Son exécution, explique le commissaire à la Justice François de Menthon, était un défi à Vichy qui menaçait directement nos familles. » Vichy ne se prive pas d'assurer la publicité du sort fait à son ancien ministre, estimant qu'il prouve que les dissidents d'Alger sont une bande de fous sanguinaires soumis aux diktats communistes, puisque de Gaulle a refusé de gracier Pucheu.

Parmi les collaborationnistes, les réactions sont plus contrastées. L'occasion est trop belle de stigmatiser la Résistance et le CFLN, marionnettes des politiciens juifs et maçons, en parlant du « meurtre rituel » commis sur Pierre Pucheu :

> Vaincu sans effusion de sang, le régime d'hier prépare une revanche sanglante, qui se confond avec la revanche maçonne, juive, communiste [...] Ça fait quarante mois que [la dissidence] promet le poteau d'exécution à ceux qui pourtant ont eu pour elle les procédés les plus courtois (Guy Crouzet, *le National populaire*, 25 mars 1944).

Mais dans ce milieu, on n'oublie pas que Pucheu a gagné de son plein gré l'Afrique du Nord, qu'il voulait s'engager dans l'armée française reconstituée pour combattre les Allemands et qu'il espérait évidemment retrouver un rôle politique en misant sur les Alliés. Aussi sa mort est-elle présentée comme le destin qui attend tous ceux qui croiraient pouvoir abandonner le navire vichyste. Dans des documents de propagande, la Milice prédit à demi-mots qu'elle se chargera d'éliminer les éventuels émules de Pucheu.

Bien différente est leur réaction en apprenant les autres condamnations prononcées à Alger. Quand il s'agit de partisans de la collaboration que le débarquement de 1942 a surpris dans l'Empire, le réflexe de solidarité joue à plein. En avril, les noms des membres de la Phalange africaine emprisonnés en Afrique sont acclamés lors d'un meeting de la LVF à Paris. Sur les dix-neuf d'entre eux jugés à Alger, six sont acquittés, cinq condamnés à des peines de 5 ans à 12 ans de travaux forcés, huit à des peines de 3 à 5 ans de prison. L'exécution du colonel Christofini (3 mai), qui avait dirigé en Tunisie la Phalange, entraîne l'exécution de cinq maquisards capturés aux Glières. Il y avait eu neuf condamnations, mais le mécontentement de plus en plus manifeste de la population savoyarde fait surseoir aux quatre dernières, au prétexte de la non-condamnation à mort de l'amiral Derrien. Ce « simulacre de représailles » semble scandaleusement insuffisant aux collaborationnistes qui estiment que ces hommes étaient de toute façon déjà promis à la cour martiale. « Où est la justice si, pour sauver des vivants, on fusille des morts ? » (Georges Suarez). On exige des listes d'otages, des arrestations préventives, la planification de représailles dissuasives. La « justice privée » ne s'embarrasse d'aucun marchandage : les miliciens trouvent dans la vengeance de leurs semblables d'AFN le prétexte de nouveaux assassinats.

Le prix du maintien de l'ordre

Le premier semestre 1944 voit donc se continuer l'accumulation des drames et des affrontements. Les violences peuvent surgir à tout moment. Dans les rapports pourtant si convenus des préfets transparaît l'indignation d'une population sur le qui-vive. Ainsi, en Eure-et-Loir :

> MM. Déat, Darnand et Henriot font beaucoup parler d'eux [...] L'opinion s'est émue de la condamnation à mort et de l'exécution de 31 habitants du département qui avaient participé, de près ou de loin, à des attentats contre des installations de l'armée d'occupation. D'autre part, l'arrestation et la déportation probable de 56 femmes et enfants juifs ont également étonné la population. [...] En ce qui concerne les bombardements, l'opinion réagit d'une façon curieuse, en ce sens qu'elle rend responsable, non pas les aviateurs anglo-saxons qui viennent décimer les populations par leurs trop fréquentes erreurs de tir, mais les Allemands dont la présence sur le territoire français leur paraît insolite et abusive (5 avril 1944).

À Alençon, le 13 février 1944, trois militaires allemands et deux civils français à bord d'une voiture de l'organisation Todt tuent un homme qui avait voulu protéger sa fille, puis ils dévalisent un bijoutier en l'accusant de détenir des tracts. Événement inexplicable si ce n'est par l'impunité dont jouissent les Allemands et ceux qui sont placés sous leur protection. Les miliciens comme les agents français des divers services allemands se mettent au-dessus des lois puis, bientôt, en dehors d'elles. Des groupes de jeunes PPF ou francistes, des permissionnaires de la LVF arrachent les plaques des rues dont les noms leur déplaisent, organisent des quêtes forcées auprès des commerçants, molestent ceux qui refusent de les saluer, de prendre leurs tracts ou d'acheter leurs journaux. Savent-ils qu'en les voyant ainsi sur la voie publique, leurs concitoyens murmurent : « Si c'est pas malheureux de voir ça, ils sont pires que les Allemands. Ils sont bons à photographier, on les retrouvera après la guerre » ? Pillages, vols, réquisitions forcées sont monnaie courante, souvent aux dépens des Juifs qui font l'objet d'une haine frénétique. Les sévices et les exécutions sommaires ne sont pas loin.

Le 31 janvier, la Haute-Savoie est placée en état de siège par les autorités françaises. La garde mobile et les GMR mènent des escarmouches contre le maquis d'environ 450 hommes qui s'est formé sur le plateau des Glières. Le 12 mars, l'aviation allemande pilonne les positions des maquisards. Le 23, Allemands et miliciens cernent le maquis, l'offensive générale est déclenchée le 26. On parle dans les documents officiels d'« épuration du maquis savoyard ». 170 prisonniers éprouvent la violence de la répression. Or, ces combats sont l'enjeu quotidien d'une guerre de propagande entre émissions françaises de la BBC et radio officielle, en particulier dans les éditoriaux de Philippe Henriot. C'est donc toute la France qui est conviée à assister à un affrontement mettant aux prises des Français et des Allemands servis par des Français. Le préfet du lointain département de la Sarthe confie alors :

> La grande publicité donnée à la répression d'une part et les appels à la résistance et à la violence lancés par les radios étrangères et dissidentes d'autre part, font l'objet de vives critiques. On craint que l'une et l'autre n'arrivent à créer une scission complète entre Français dans une atmosphère de guerre civile.

Cependant, la litanie des attentats se poursuit, visible aussi bien dans la presse collaborationniste que dans les décomptes des pouvoirs publics. Le 1er avril, des ultras de la collaboration ont organisé salle Wagram un meeting destiné à démontrer que les menaces ne les arrêteront pas : « Nous ne sommes pas des dégonflés ». La certitude du danger leur suggère aussi de singer les mœurs de la Terreur en organisant des « banquets des condamnés ». Sans doute faut-il être dans le sérail douillet du collaborationnisme parisien pour affecter de rire encore. En province, l'étau se resserre. Joseph Darnand reçoit des lettres comme celle de cette femme de Lons-le-Saunier :

> Trois membres de ma famille, de novembre 1943 à ce jour, ont été tués par des communo-terroristes, dont mon mari, ma belle-fille et tout récemment mon fils qui devait entrer incessamment dans la milice. Celui-ci laisse six enfants, dont l'aînée à 13 ans, le plus jeune 14 mois [...] Je suis obligée, pour dépister les menaces que le reste de ma famille reçoit, c'est-à-dire moi et mes deux filles, de changer à nouveau de domicile voilà deux fois (12 avril 1944).

À Voiron, dans l'Isère, sévit le milicien Ernest Jourdan, dont les violences et les extorsions sont si notables que la BBC le gratifie le 14 avril d'une condamnation à mort. Il est tué avec une partie de sa famille le 20. Lors des funérailles, des miliciens s'en prennent à la population locale qu'ils estiment trop peu indignée et compatissante. Repérés parmi les élèves d'une école professionnelle voisine, les tueurs présumés sont condamnés à mort par une cour martiale le 3 mai, et fusillés dans le dos en présence d'une vingtaine de leurs camarades qui seront ensuite déportés. Où s'arrêtera-t-on ?

Depuis janvier 1944, Darnand est entré au gouvernement, en charge du maintien de l'ordre. Comme l'a écrit le ministre des Affaires étrangères allemand à Pétain, pour exiger ce remaniement ministériel, « aujourd'hui, le seul et unique garant du maintien du calme et de l'ordre public à l'intérieur de la France et par là aussi du peuple français et de son régime contre le chaos bolchevique, c'est la Wehrmacht [...] Je vous prie de prendre acte de ce que l'Allemagne saura sauvegarder ses intérêts dans toutes les circonstances d'une façon ou d'une autre ». Effectivement, la Milice obtient le soutien des SS qui, grâce à lui, disposent d'une police supplétive et surveillent de l'intérieur l'appareil d'État. Ils y ajoutent d'autres auxiliaires, toujours plus nombreux : collaborationnistes, anciens travailleurs volontaires, repris de justice en mal de reconversion ou trafiquants de marché noir échangeant des affaires contre de la trahison. Eux aussi armés, souvent pourvus d'accréditations allemandes, ils sont redoutables pour l'espionnage, l'infiltration et les interrogatoires. Au gré des besoins, les Allemands inventent de nouveaux services, tels les groupes d'action pour la justice sociale ou comités pour la paix sociale, dévolus plus prosaïquement à faire la chasse aux réfractaires et à augmenter le rendement du STO. Formés pendant huit jours, pourvus d'armes et d'un permis de circuler, ces agents piochés dans le PPF traquent, arrêtent, brutalisent, interrogent, convoient les réfractaires. « Cette fois, envers et contre tous, nous avons à notre disposition une véritable force armée qui constituera le noyau SS de notre parti » (lettre d'un secrétaire départemental du PPF aux sections, 22 avril 1944). Évidemment, ces groupes sont rapidement amenés à participer aux combats contre des maquis ou à des représailles sur la population civile. De même, les comités antiterroristes finissent intégrés dans la Gestapo et parties prenantes d'opérations contre des résistants. Radio-Londres réplique en détaillant leurs crimes puis en donnant les noms et adresses de certains de leurs membres.

Même si les Allemands ne font pas grand cas de l'efficacité militaire de la Résistance, ils se refusent à risquer de voir se faire des concentrations de partisans sur leurs arrières, en cas de débarquement.

> Les Anglo-saxons et la radio gaulliste ont fourni des renseignements très exagérés, dont notamment le chiffre de 375 000 hommes, tant pour les francs-tireurs partisans que pour l'Armée secrète et les maquisards armés. En réalité, la résistance armée de l'intérieur ne compte en France qu'une vingtaine de milliers d'hommes, dont la moitié sont des communistes (conférence tenue à l'ambassade d'Allemagne, 30 mai 1944).

Les Allemands exigent des informations, des renseignements. Ils les achètent ou les échangent contre des facilités. Indicateurs et hommes de main les aident à faire des ravages au sein de la Résistance. De même, les forces de l'ordre de Vichy vont au-delà de la coordination avec la SS. Les archives montrent que celle-ci demande des comptes, dispose des ressources, donne ses ordres, et que le Maintien de l'ordre se contente d'obtempérer. Dans toutes les opérations, des Français sont utilisés en éclaireurs, en tortionnaires, en « nettoyeurs de tranchée », pour parler comme pendant la Première Guerre mondiale. Pourtant, dès que les combats sont accrochés, la Milice cède le pas aux Allemands.

Ceci n'empêche pas Darnand de vouloir tenir sa partie. Il prévient ses concitoyens : « une épuration énergique rendra la tranquillité à tous les honnêtes gens ». Quant à ceux qui sympathisent avec les fauteurs de troubles, « ils seront frappés aussi impitoyablement que les hommes du maquis » (Interview à *Paris Soir*, 8 janvier 1944). Il donne à ses cadres de nouvelles consignes : plus d'enquêtes, plus de filatures, plus d'arrestations. « Je ne vous demande pas d'amener des gens, je vous demande de dire : " Nous avons abattu des terroristes " » (réunion de la Milice à Vichy en présence de Pierre Laval, 21 janvier 1944).

La veille ont été créées les cours martiales, un appareil judiciaire expéditif. Trois juges non professionnels – généralement des miliciens –, anonymes, voire masqués, prononcent des sentences – le plus souvent la mort – immédiatement exécutoires au terme de séances d'environ un quart d'heure. Il n'y a pas d'instruction, pas d'avocat, pas de recours. Temporaires et réservées aux flagrants délits, les cours martiales dépassent rapidement ces restrictions, d'autant plus que le secrétariat d'État au Maintien de l'ordre de Darnand contrôle dorénavant l'administration pénitentiaire : les cours martiales se transportent dans les prisons où elles prélèvent directement leurs victimes. Il ne s'agit toutefois pas de meurtres commis isolément par des extrémistes, mais d'une répression intégrée dans une structure administrative, présente dans vingt-cinq villes des deux zones, d'« exécutions sommaires d'État ». Les cours martiales font procéder à environ 200 exécutions entre fin janvier et début août 1944. En avril, la plus active des cours martiales, celle de Lyon, suspend ces activités pendant que les cours martiales se mettent à fonctionner contre les maquisards en Haute-Savoie. Des exécutions publiques sont organisées à Vassieu-en-Vercors. Arme de terreur, les cours martiales sont prorogées en juin 1944, donnant la priorité à une logique de guerre civile. La Résistance a l'impression d'être prise dans un étau : elle succombera à la répression si elle ne donne pas cours à la violence :

> Devant les représailles de Darnand, partout on demande que la Résistance passe à l'offensive, sous peine de disparaître. On estime, en effet, que les pertes au combat sont moins fortes que celles provenant du découragement provoqué par l'inaction, et par la peur venant du sentiment de l'inefficacité. D'autre part, dans les maquis où la terreur règne – un rapport horrifiant et des télégrammes parviendront, si ce n'est déjà fait –, on réclame l'aide de l'armée secrète (rapport de Léon Morandat au CFLN, mai 1944).

Le terme de guerre civile revient alors sans cesse sous la plume des protagonistes, pour accuser le camp adverse d'en être le fauteur. Pourtant, il serait excessif de parler de guerre civile, parce que les parties en présence demeurent des minorités restreintes au sein de la population qui, si elle est concernée, n'est pas mobilisée. Dans une certaine mesure, la Résistance récuse le terme même parce que les complices de l'ennemi ne sont plus vraiment des Français. Ce sont des traîtres que leur action a « dénationalisés ».

> Pour qu'il y ait guerre civile, il faut qu'il y ait deux partis. Pour qu'il y eût guerre civile, il faudrait qu'il y eût deux France, l'une prête à mourir pour Montoire, et l'autre à mourir pour la France. [...] Il y a tout au plus un Français sur mille qui puisse peut-être se ranger dans le camp de l'ennemi. Comment, dans ces conditions, y aurait-il guerre civile ? (Maurice Schumann, émission « Honneur et patrie » du 8 avril 1944).

En dépit de son désir de punition, la Résistance ne perd pas de vue que l'ennemi est allemand et que la libération du territoire est le premier objectif. Mais le climat de guerre civile, lui, est évident. Il est criant dans le discours où l'adversaire est diabolisé. Il se traduit par la menace qui pèse sur chaque Français d'être pris dans une opération de représailles, d'être à la merci d'un combat qui tourne mal. À la veille du Débarquement, l'un et l'autre camp se voue mutuellement à l'échec consommé par le châtiment. Un tract du PPF, distribué à Marseille dans la journée du 5 juin, prédit :

> Les Juifs, les communistes, les chefs terroristes, les fonctionnaires fidèles, les patrons conservateurs de leurs privilèges, les trafiquants… Ce n'est personne d'autre que Jacques Doriot qui mettra au poteau les responsables des calamités publiques.

Les événements extraordinaires du lendemain vont placer tous les Français au pied du mur.

IV

Les morts de l'été 1944 : la guerre continue ou l'épuration commence ?

Nous vous refuserons le bénéfice du droit d'asile,
nous vous jetterons sur le parvis,
pour être livrés aux bourreaux.
(Georges Bernanos, le Chemin de la croix des âmes, 1943-1945)

Le 6 juin 1944 commence le Débarquement sur les côtes normandes. Le général de Gaulle annonce à la radio que la bataille de France sera aussi la bataille de la France. « Cette bataille, la France va la mener avec fureur ». Tandis que les plans de sabotage sont mis en œuvre, les résistants déclenchent des opérations de guérilla. Au cœur des combats, l'élimination des Français qui aident l'ennemi ou représentent un danger s'impose comme une évidence. Plus largement, la perspective de la Libération fait du châtiment de ceux qui ont failli une urgence de proximité. L'été 1944 est un temps où l'on exécute : réflexe de combat, réflexe de peur, réflexe de compensation, « l'épuration » commence, en dehors de tout cadre légal, autour des zones de force de la Résistance, avec, pour partie, l'approbation de la population. Elle se comprend d'abord comme une réponse à la politique de terreur instaurée par l'occupant et ses auxiliaires.

La politique allemande de terreur

Si, le 6 juin, les Alliés parviennent à établir une tête de pont, la progression s'effectue plus lentement que prévu. Aussi, en juin et juillet, la Wehrmacht, qui se bat avec succès en Normandie, n'est nullement une armée en déroute. Mais les obstacles mis à ses communications et à ses déplacements font prendre conscience au commandement allemand de la menace que représente l'action des résistants. Les troupes se voient donc aussi assigner la tâche de limiter cette action et de la couper du soutien de la population en instaurant un climat de terreur. Ces ordres enclenchent un comportement non plus seulement combatif, mais agressif : tout est permis. À cet égard, les événements tragiques d'Oradour-sur-Glane ou de Maillé résultent de consignes précises : monter au front, disperser les maquis, intimider les civils. En Bretagne, par exemple, où les résistants mènent à l'encontre des troupes allemandes une action véritablement gênante, on estime qu'une commune sur deux a connu des violences. Allemands et résistants se disputent parfois pied à pied le contrôle, au moins symbolique, d'un territoire. Dès le début du mois de juin, des maquisards des Hautes-Alpes essaient d'asseoir une autorité nouvelle. Dans le village d'Allemagne (au nom prédestiné), ils arrêtent la municipalité vichyssoise et désignent de nouveaux responsables qui sont ensuite fusillés par les Allemands. Puis, après l'attaque d'une voiture allemande à l'entrée du village, la maison et le moulin proches des lieux sont brûlés, neuf habitants sont fusillés sur place. Du bétail est abattu tandis que les soldats s'emparent de 250 000 francs (4 200 euros) de bijoux, d'argenterie et de liquide, ainsi que de vin, de bétail et de ravitaillement. En Corrèze, le commandant des troupes allemandes fait diffuser, dès le 10 juin, une mise en garde qui a trouvé son illustration démente, la veille, à Tulle où la division SS Das Reich a fait plus de 200 victimes civiles, dont 99 pendus.

> Chaque citoyen français doit savoir qu'il risque sa vie, sa demeure et ses biens s'il participe à ces attaques ou s'il aide les terroristes de manière quelconque. Si, en n'importe quel point, des terroristes ou d'autres individus suspects sont vus et si, dans ce cas, avis n'en est pas donné aussitôt aux autorités françaises ou aux troupes allemandes les plus voisines, la population doit s'attendre à des mesures de répression.

Les interdictions de circuler, les couvre-feux, la réglementation de l'ouverture et de la fermeture des fenêtres et volets, la dispersion des rassemblements de plus de trois personnes compliquent une vie quotidienne déjà largement faite d'expédients. Même dans les départements les plus paisibles jusqu'à cette date, le nombre des actions de guérilla va croissant : tentatives pour faire sauter des ponts, sabotages de la signalisation allemande, des lignes téléphoniques, des véhicules, puis ce sera l'instauration de barrages routiers, voire des minages. Dans l'Orne, les autorités relèvent ainsi 340 incidents et opérations entre le 6 juin et le 15 août. Au fur et à mesure qu'approchent les libérateurs, les accrochages entre francs-tireurs et Allemands se multiplient, donnant généralement lieu à des représailles.

> Hier, en fin de matinée, un groupe de jeunes gens de la Résistance a fait feu sur des soldats allemands à Ris-Orangis. En représailles, ceux-ci ont fusillé neuf personnes et brûlé deux maisons en bordure de la route nationale.
>
> Dans l'après-midi, à Bezons, entre la mairie et le pont, une courte bagarre a éclaté entre un détachement allemand d'une section antichars et des civils. Les Allemands se sont aussitôt saisis de quatre hommes qu'ils ont conduits dans un jardin et fusillés sur place. (messages téléphonés au cabinet du préfet de Seine-et-Oise, 21 et 22 août 1944).

Les Allemands manifestent en outre une solidarité nouvelle à l'égard des collaborationnistes, qui se traduit par leur participation ouverte aux vengeances. À la mi-juillet, des miliciens ont été frappés en public dans un bourg de Haute-Loire. Une semaine plus tard, la Wehrmacht vient prendre des otages (y compris des femmes) pour obtenir le nom de ceux qui ont molesté les miliciens. Deux semaines plus tard, un officier accompagné d'une quarantaine d'hommes en armes, rassemble la population et lui donne cinq minutes pour dénoncer les coupables et ceux qui aident les maquisards.

> Ceux qui les ont frappés, malgré notre attente, n'ont pas encore eu le courage de se constituer prisonniers. Ce sont des lâches et les sanctions prévues, y compris la destruction de votre village par le feu, vont être mises à exécution. Au préalable, vous le verrez brûler et quiconque essaiera de s'enfuir sera immédiatement abattu. Dans quelques instants, vous verrez qu'on ne se moque pas de l'armée allemande qui combat depuis cinq ans.

Finalement, le feu est mis à deux hôtels et cinquante hommes de 17 à 35 ans sont emmenés à Lyon.

Le dernier combat collaborationniste

Le Débarquement aurait dû sonner le glas des espérances collaborationnistes. Mais la façon dont l'armée allemande contient l'avance alliée durant les premières semaines et la violence déchaînée à l'encontre des résistants entretiennent l'idée que la bataille de France, entre guerre mondiale et guerre civile, n'est pas perdue. La confiance dans les armes secrètes allemandes, que l'on veut croire bientôt opérationnelles, complète les raisons d'espérer envers et contre tout. Le vice-président du groupe Collaboration du Mans qui, début août encore, diffuse les nouvelles et son éditorial depuis le balcon de la permanence de la Waffen SS, suscite par son acharnement la stupeur des badauds. Aux exhortations à la neutralité du maréchal Pétain, beaucoup de collaborationnistes répondent au contraire par un impératif d'engagement contre les Anglo-Saxons et les Français qui les aident. Ainsi espèrent-ils voir la France promue par Hitler au rang d'alliée. En cette heure décisive, les Allemands vont enfin lâcher Vichy et faire place nette pour leurs amis de toujours : le pouvoir va échoir aux collaborationnistes.

De jeunes sots, pris dans les rets de l'engagement collaborationniste, se voient promus espions et envoyés de l'autre côté des lignes sur le front de Normandie. Les armées alliées les traquent avec une particulière acuité. En dépit de leur évidente maladresse, de leur manque absolu de compétence qui les font souvent capturer aussitôt qu'aventurés dans la zone des combats, leur sort paraît sceller. « L'exécution des agents condamnés à mort se trouve retardée par la question du droit de grâce qui serait à supprimer par décret, comme au cours de la campagne de Tunisie », note assez roidement dans son rapport du 20 août 1944 un officier du service de sécurité militaire.

Contre les maquis du Vercors, du Mont-Mouchet, de Saint-Marcel, partout en France, les collaborationnistes secondent les Allemands pour des répressions au cours desquelles les sévices et les exactions ne connaissent plus de bornes. Le spectacle des victimes exécutées, torturées, martyrisées, la réputation effroyable qui entoure certains groupes de miliciens ou d'auxiliaires de la police allemande entretiennent la haine et la peur. Il n'est besoin que de comparer la prose pédagogique de la Milice en situation de guerre civile, aux récits privés que font à chaud des miliciens de ces fameuses « opérations » pour comprendre l'état d'esprit.

> Situation de base : notre centaine est chargée de la défense de la Préfecture (place Maréchal-Pétain) d'une ville où l'ordre est troublé par des communistes. Ces insurgés sont bien armés grâce à du matériel parachuté par leurs amis anglo-saxons. D'après des renseignements dignes de foi, le moral de ces hommes est excellent : ils sont encadrés par des rouges espagnols qui ont l'expérience de la guerre civile (*Documentation des cadres de la Milice française. Doctrine, combat, information*, vers le 30 juin 1944).

> Mon vieux R…, je profite du passage ici de Charbonneau pour te faire remettre ce mot. Tout va bien. Soleil, bonne nourriture, mais ces salopards de terros courent si vite qu'on ne peut pas les joindre. Quelques-uns viennent d'être pris, qui ont arraché la langue, les ongles, etc. à deux miliciens. Ils seront fusillés tout à l'heure. Je suis à Vaissieux-en-Vercors sur le plateau, mais je crois qu'on va partir ailleurs très vite. Au fond, nous n'avons rien fait jusqu'ici, sauf des attaques négatives de fermes. Nous avons pris par contre beaucoup de matériel et

> aussi des cigarettes. Dis à ma femme que tout va bien et qu'elle ne s'en fasse pas. Amitiés aux camarades et cordial salut milicien (23 juillet 1944).

Parmi les personnalités de la Collaboration règne tout de même une crainte qui alimente un besoin de sécurité. Les SS demandent avec insistance qu'on leur rende compte des mesures de protection prises en faveur de certains ministres tels que Bichelonne, Déat ou Chasseigne. Ce dernier, estimant qu'on n'est sans doute jamais mieux servi que par soi-même, s'entraîne dorénavant au tir avec des miliciens au fort de Romainville. Au nombre des célébrités à protéger figure bien sûr le secrétaire d'État à l'Information, Philippe Henriot, le porte-voix radiophonique d'un collaborationnisme arrogant. Depuis plusieurs mois, des câbles sont échangés entre Londres et Paris pour s'inquiéter de l'efficacité de sa propagande (« Henriot fait des ravages, même parmi nos amis »). Il faut l'obliger à se taire et faire un exemple. Le 28 juin, une petite équipe l'abat dans son appartement parisien du ministère de l'Information. Cette exécution suscite dans les rangs miliciens et collaborationnistes une émulation forcenée dans la vengeance. C'est pour cela que Paul Touvier, chef de la milice lyonnaise, exécute sept otages choisis parce que juifs, le 29 juin, ou que l'ancien ministre Georges Mandel est assassiné par des miliciens le 7 juillet. Mais, au fond, toute malversation, toute violence, tout meurtre se trouvent dorénavant justifiés par la nécessité de répliquer à une mort.

> Nous avons saisi trois millions de francs de marchandises diverses chez un juif. Celui-ci a été exécuté par nos soins, en représailles de l'assassinat de Philippe Henriot [...] À la suite de l'assassinat de notre camarade milicienne Madame Coquand, nous avons fait une expédition punitive lors de laquelle nous avons abattu quatre communistes commerçants de son quartier, éléments qui avaient été signalés comme très dangereux (lettre de Jean Reynaudon à Joseph Darnand, Lyon, 18 juillet 1944).

Pourtant, pour beaucoup de partisans de la collaboration, l'heure est plutôt à l'isolement et à la peur. À la désapprobation muette, aux menaces anonymes, aux attentats nocturnes succède une hostilité ouverte et de plus en plus active. À Troyes, un boucher inscrit au PPF obtient un permis de port d'arme après une première tentative de meurtre et abat un second agresseur le 25 juillet. Dans l'Yonne, un cultivateur adhérent au PPF a été dénoncé aux Allemands pour détention d'armes, puis sa ferme a été mitraillée ; finalement son fils est coursé à travers champs par des voisins armés. Toute la famille préfère se réfugier à Paris. Le 14 juillet, dans un village du Puy-de-Dôme, un groupe attaque la maison d'un milicien. Celui-ci et sa femme ripostent, tuant un assaillant et en blessant un autre. Ils sont secourus par d'autres miliciens et la garde mobile. Le lendemain, un nouveau groupe d'assaillants incendie la maison désertée. Plus remplie que jamais des noms des militants abattus, la presse collaborationniste avoue le désarroi qui règne dans les rangs :

> Ils sont seuls dans un village ou une petite ville de province, en butte aux menaces, aux prises avec la haine sordide dont on les poursuit, cette terrible haine provinciale, gonflée de toutes les rancunes personnelles (*le National populaire*, 29 juillet 1944).

La Libération n'est pas commencée que le sort qui les attend se dessine avec précision : la justice annoncée par le CFLN d'Alger est peut-être moins à redouter que la vindicte du voisinage :

> Des inconnus ont jeté contre ma vitrine un seau hygiénique avec son contenu. Le soir, des personnes venaient faire leurs besoins au pied de ma porte. J'ai reçu deux lettres de menace de mort, dont l'une m'invitait à quitter M... dans les plus brefs délais, sinon, je serais abattu.

Au début du mois d'août, le front en Normandie et en Bretagne est percé en maints endroits. Les forces allemandes s'enferment dans la poche de Falaise. Le 15 août, le débarquement en Provence laisse prévoir une prise en tenaille. La panique qui couvait dans les rangs de la Collaboration depuis le Débarquement prend corps. Comme le note Marcel Déat dans son journal, il ne saurait être question « de demeurer sur place à attendre l'arrivée des Anglo-Américains et des gaullistes, des communistes et des assassins ». Pour se justifier de décamper, les collaborationnistes se répètent entre eux que « certains groupes ont dû combattre assez durement pour forcer le passage. Des histoires terribles courent sur les massacres, les assassinats isolés, les incendies, les représailles de toute nature, à quoi le maquis soudain déchaîné se livre ». La Milice et les différents partis organisent comme ils le peuvent, dans le sillage allemand, le rassemblement des militants et de leurs familles, et leur mise en route. Ils seront de 10 000 à 15 000 à chercher refuge dans l'Est, puis en Allemagne. Sur le chemin du repli, les collaborationnistes continuent leurs exactions contre leurs concitoyens. La milice Perrot, formée d'indépendantistes bretons, fusille quarante-neuf résistants détenus à Troyes. Dans les Ardennes, des francistes massacrent dix-neuf résistants. À Poitiers, des miliciens et agents français de l'Abwehr remontant de Bordeaux torturent atrocement puis achèvent des résistants prisonniers... On imagine l'inquiétude des habitants des villes et villages de l'Est traversés par les convois des collaborationnistes en déroute. Persuadés d'échapper moins à la justice de leur pays qu'à l'imminente haine meurtrière de leurs concitoyens travaillés par le communisme, ces fuyards veulent se convaincre qu'ils vont participer à la victoire finale allemande et revenir bientôt, en vainqueurs, sur le sol national.

Ce qu'il faut faire des Allemands

En bonne logique, l'envie de faire payer les souffrances, les humiliations et les peurs des quatre années qui viennent de s'écouler devrait s'assouvir d'abord à l'encontre de l'occupant. Mais, on l'a dit, la Wehrmacht, qui continue à se battre et à se replier en bon ordre, ne ressemble pas à une armée en déroute qui abandonnerait ses hommes à la vindicte de l'ennemi. Certes, il y a eu des exécutions de prisonniers allemands. On signale par exemple dans la Vienne un déserteur autrichien arrêté le 18 août et fusillé après une condamnation par un tribunal improvisé. Neuf jours auparavant, dix soldats allemands ont été exécutés en public à Landévant dans le Morbihan, département qui se caractérise d'ailleurs par une vigoureuse épuration extrajudiciaire. En Eure-et-Loir, une femme aurait été fusillée le 21 août avec deux soldats allemands auxquels elle aurait tenté de procurer des vêtements civils. Lors de la libération de Tonnerre, dans l'Yonne, des maquisards FTP exécutent deux soldats allemands et cinq membres de l'organisation Todt au milieu, soulignent les rapports, de la liesse populaire. Au sud de Paris, un groupe FFI abat les deux Allemands qu'il avait fait prisonniers quatre jours plus tôt par crainte des troupes allemandes qui stationnent encore dans le voisinage. Dans les mois qui ont suivi la fin des combats, il est arrivé que la recherche des corps de « collabos » exécutés clandestinement révèle la présence de cadavres allemands. Aucun comptage n'en a toutefois été effectué. Mais, bien souvent, la libération accomplie, il y a peu ou pas de soldats allemands dont on puisse se saisir. En France, seulement un peu plus de 200 000 Allemands ont été capturés par des Français, dont moins de 10 % par les FFI au sens le plus large. Or, faute de moyens, ces prisonniers sont rapidement remis aux troupes américaines, ou à des autorités publiques. Les témoignages français comme les photographies tendent à montrer seulement des rassemblements de prisonniers désarmés, sans que les spectateurs ou les passants ne manifestent d'hostilité.

> On ne pouvait plus douter d'une vie nouvelle lorsqu'on voyait les gars du pays circuler fièrement le fusil à la bretelle, arme abandonnée par chacun de ceux-là qui attendaient leur destin de captifs sous les pommiers lourds de promesses (*Ouest-France*, Ille-et-Vilaine, 24 septembre 1944).

Dans une enquête réalisée auprès des prisonniers de guerre allemands en France un peu après la fin de la guerre, ceux qui se plaignent de l'attitude des Français parlent d'injures, de pierres jetées, de vexations diverses, en général de la part de jeunes gens. Les sévices graves ne sont pas évoqués. Peut-on supposer que les Allemands n'ont que marginalement servi d'exutoire durant les semaines de la Libération ? Dans ces conditions, qui sont les tués de l'été 44 ?

Combien de morts ?

Parmi les controverses passionnées qui compliquent l'histoire de l'épuration, son ampleur même a fait débat, avec une acuité particulière en ce qui concerne ce qu'on a coutume d'appeler les exécutions sommaires ou extrajudiciaires. Très vite, la description fantasmatique d'une France soumise à la terreur est devenue le morceau de bravoure des milieux hostiles à l'épuration qui, pour faire bonne mesure, fixèrent le nombre de ces exécutions à 100 000, « près de quatre fois plus que les odieuses fusillades allemandes ». Au début, le choix de ce chiffre, inspiré par des propos évasifs d'un ministre de l'Intérieur, Adrien Tixier, préoccupé de rétablir l'autorité de l'État, est symbolique. C'est faire mieux que le Parti communiste qui s'est baptisé « parti des 75 000 fusillés ». En fait, durant les premières années d'après-guerre, l'établissement d'un bilan fiable est rendu impossible par l'existence de tombes ou de corps non identifiés, et par la nécessité de discriminer la nature et la date des morts. Aujourd'hui encore, la lecture des archives de 1944 et 1945 témoigne du désordre et de l'imprécision des informations collectées au jour le jour. En mai 1945, le garde des Sceaux évoque devant la commission de la justice de l'Assemblée consultative, réunie en comité secret, un millier d'exécutions sommaires plus un autre millier à la suite de condamnations par des tribunaux improvisés. Il s'appuie sur les renseignements qui lui ont été transmis par les procureurs généraux. Mais il ne détient pas encore toutes les réponses à ses demandes d'enquête, et les procureurs s'avouent parfois incapables de donner un résultat fiable. Le procureur près la cour d'appel de Riom parle d'au moins cent exécutions sommaires connues, mais renonce à estimer combien d'autres pourront se révéler. En effet, la découverte poursuivie de cadavres, de fosses communes, plus rarement de charniers, anciens ou récents, crée l'impression d'une épuration sanglante toujours à l'œuvre. Les procureurs ne comptent d'ailleurs pas tous les mêmes morts : les uns se limitent aux exécutions ayant motivé l'ouverture d'une information judiciaire, tandis que d'autres recensent tous les corps retrouvés. Certains, comme le procureur de Paris, ne donne aucun total. Le procureur d'Amiens évacue le sujet en affirmant qu'il n'y a eu aucune exécution sommaire dans son ressort (rapport du 22 mars 1945), alors que ses propres archives présentent, pour la seule période du 12 juin au 13 août 1944, vingt homicides dont est mentionné le motif politique. Les départements directement concernés par le débarquement du 6 juin n'apparaissent pour ainsi dire pas dans ces statistiques, alors que la présence des Alliés n'a pas empêché les exécutions. Par ailleurs, invités à discriminer la légalité des sentences prononcées par les tribunaux d'exception, ces magistrats s'essaient difficilement à déterminer la nature de ces juridictions, leur mode opératoire et leurs dates d'activité. En réunissant leurs avis, on ne parvient pas à une « jurisprudence » qui permettrait de discerner nettement entre les exécu tions revêtues d'un simulacre de justice et celles prononcées par des instances extraordinaires, mais admises, du type des cours martiales. Enfin, au moment où les procureurs généraux adressent leurs rapports (entre février et juillet 1945), la seconde vague d'exécutions sommaires qui sévit dans tout le pays n'est pas encore achevée, ce qui contribue à brouiller les résultats. Nous y reviendrons (chapitre 9).

Le débat sur le comptage va rebondir et se radicaliser quand les parlementaires, au début des années 1950, commencent à discuter d'une loi d'amnistie. En effet, plus les massacres auront été massifs, plus il sera normal de rétablir l'équilibre par une large clémence. Une appréciation plus rigoureuse du chiffre des exécutions sommaires s'impose. En 1948 et 1952, le gouvernement rend publics les résultats collectés auprès des préfectures et des gendarmeries : environ 10 000 exécutions extrajudiciaires, dont plus de la moitié avant la Libération. Par la suite, le comité d'histoire de la Seconde Guerre mondiale fait effectuer par ses correspondants départementaux une vaste enquête qui donne 8 100 personnes abattues pour 84 départements étudiés. En se fondant sur les cas dont la date et la nature ont pu être assez clairement établies, on compte 28 % des exécutions avant le 6 juin ; 55 % du 6 juin à la date de la Libération, qui varie selon les départements entre août et novembre 1944 ; 17 % après la date retenue pour la Libération. Le point crucial en suspens demeure la qualification des exécutions ordonnées par les différentes juridictions d'exception mises en place à la Libération. Les tribunaux civils sont tenus pour illégaux. Les tribunaux militaires peuvent être considérés ou non comme réguliers, selon qu'ils ont été mis en place par une autorité régulière (comme le commissaire de la République, voire le CDL), selon leur composition et la période où ils ont fonctionné. Or, ces divers tribunaux auraient à leur actif environ 900 exécutions, ce qui change le bilan final, mais dans des proportions difficiles à estimer, faute d'archives accessibles comme de jurisprudence.

Même imparfaites, ces données permettent de dégager des constats essentiels. Tout d'abord, plus de 80 % de ces exécutions ont eu lieu soit sous l'Occupation, soit durant la période des combats. Elles s'inscrivent donc dans une logique de guerre ou de guérilla. À cet égard, relèvent aussi de cette catégorie les exécutions qui ont eu lieu à l'issue d'une forme de jugement prononcé par une cour martiale, un tribunal d'urgence, tribunal extraordinaire, révolutionnaire ou populaire. Nous y reviendrons en détaillant le processus de ces exécutions dont beaucoup concernent des membres des forces de l'ordre ou des militants de la collaboration engagés dans la répression ou la guerre. D'autre part, il n'y a pas eu, après la Libération et éventuellement en parallèle à l'épuration judiciaire, de vaste plan de terreur, de purge concertée pour régler des comptes ou éliminer des rivaux. Les exécutions improvisées en dehors des actions militaires témoignent plutôt du désordre régnant et de l'absence d'autorité.

Une logique de guerre

Ainsi, la chronologie revêt-elle une grande importance pour caractériser et comprendre les exécutions extrajudiciaires. On a vu que, commises dans plus d'un quart des cas, avant le débarquement, elles mêlent alors une volonté d'exemplarité et un besoin de protection. Il s'agit d'éliminer des ennemis sous peine d'être éliminés. Ces actions sont conçues par leurs ordonnateurs et leurs exécutants comme des opérations de guerre. Leurs auteurs risquent leur vie sur le moment ou s'ils se font prendre. En ce sens parler alors d'épuration est abusif. En dépit d'une rhétorique de châtiment, la logique est celle du combat. La mort est la solution la plus simple, car la clandestinité rend compliqué tout ce qui relèverait de la détention et, dans une moindre mesure, de la confiscation ou des amendes. On connaît plusieurs cas où des maquis obligés à la fuite, faute de savoir quoi faire de leurs prisonniers, les ont exécutés. Cela se produit au maquis Surcouf, à côté de Saint-Amand-Montrond, où treize miliciens détenus depuis plusieurs semaines sont pendus lors de l'attaque du maquis : relâchés, ils pourraient informer l'ennemi ; gardés, ils risqueraient de donner l'alerte ou même de retarder les maquisards. Les archives judiciaires mentionnent un couple enlevé le 13 juin 1944 dans la région de Toul, par un maquis qui voit en eux des trafiquants de marché noir. Ils parviennent à échapper à leurs gardes au début du mois d'août : « Interrogés par la police mobile à Nancy, les époux M... ont fourni d'importantes précisions sur les circonstances de leur enlèvement ainsi que sur les faits dont ils ont été témoins pendant le temps de leur séquestration ». Dans ces conditions, le risque devient banal : dans une bourgade de l'Eure, un ancien huissier a été vu en discussion avec un officier allemand auquel il aurait dit : « Le pays est infesté de terroristes. Deux familles ont déjà été supprimées ». Le chef de la Résistance locale s'empare de lui et le garde au maquis. Quelques semaines plus tard, il pense son maquis menacé et décide de le dissoudre. Ne sachant que faire du prisonnier, il le fait abattre de deux balles et jette son corps dans une marnière. Un an après, il est inculpé d'homicide volontaire et déféré devant la justice militaire. Il bénéficiera d'un non-lieu car « les actes reprochés ont été accomplis pour la cause de la libération de la France », conformément aux dispositions de l'ordonnance du 6 juillet 1943.

Durant les semaines qui s'étendent du débarquement à la Libération – période pendant laquelle sont relevés plus de la moitié des cas – les exécutions sont plus que jamais considérées comme des actes de guerre. La carte des exécutions sommaires recoupe celle de l'implantation des FFI. Ce qui n'empêche ni les bavures ni les discussions sur le moment où, la Libération étant réalisée, la logique des combats n'est plus valable.

C'est dans les zones de force de la Résistance que les exécutions ont été les plus nombreuses. Tout d'abord parce qu'elles visent des gens dangereux : infiltrés, espions, combattants adverses. Ainsi, on trouve en tête des départements ayant connu le plus d'exécutions des lieux de forte concentration de maquis et d'intensité des combats : Drôme, Dordogne, Côte-d'Or, Savoie, Haute-Savoie, Haute-Vienne, Morbihan, Côtes-du-Nord (243 exécutions sommaires recensées dans ce dernier département, à comparer aux 250 victimes tuées par les Allemands et leurs supplétifs entre le 1er juin et le 11 août)... Dans la région Champagne-Ardenne, par exemple, 80 % des exécutions extrajudiciaires se sont produites dans l'Aube (197 exécutions en tout, dont 125 entre le 6 juin et la Libération) parce que c'est dans ce seul département qu'étaient implantés des maquis actifs. À proximité des lieux du débarquement puis de la progression alliée, les exécutions existent aussi, qui semblent motivées par l'impression que les partisans de Vichy ou de la collaboration risqueraient de faire échouer des opérations militaires en cours. Dans un département aussi paisible que l'Orne, on compte 19 exécutions entre le 6 juin et le 15 août. Quand les motifs en sont connus, deux catégories ressortent : des indicateurs qui signaleraient des maquis ou des résistants ; des personnes souvent étrangères au département, parfois non identifiées et présentées comme des « agents de la Gestapo ».

Les renseignements collectés au jour le jour par les procureurs montrent que, sur la période qui court du débarquement à la Libération, on compte une ou deux exécutions identifiées dans le ressort de la cour d'appel de Caen ou de celle d'Angers, entre 10 et 20 dans les ressorts de Poitiers, Pau, Orléans, Montpellier, Nancy, Nîmes, une quarantaine pour Douai, Aix-en-Provence, Bourges, Limoges, Toulouse ou Riom, mais 70 ou 80 pour Agen, Besançon, Chambéry ou Dijon, 120 pour le ressort de Lyon, près de 100 pour le seul département de l'Aube (cour d'appel de Paris). En outre, on note, d'une région à l'autre, de grandes disparités concernant les blessés et les enlèvements. Le comptage des blessés révèle les tentatives d'homicides qui ont échoué et n'est donc pas négligeable. Quant aux enlèvements, ils sont bien souvent la prémisse d'exécutions dont la trace n'est pas retrouvée sur le moment. Ils s'inscrivent dans une tactique de précaution et de secret qui a tout pour effrayer. Mais ils peuvent aussi être le moyen de mettre les forces de l'ordre hors d'état de nuire sans recourir systématiquement aux meurtres, quand les maquis se sentent suffisamment sûrs d'eux pour tenter des opérations d'envergure et garder des prisonniers. Dans ces conditions, les statistiques en matière d'enlèvements varient selon la stratégie adoptée par les maquis. Dans le ressort des cours d'appel de Dijon ou de Limoges, les enlèvements sont deux fois plus nombreux que les exécutions, au nombre pourtant significatif. Ils frappent surtout des gendarmes, raflés par brigades entières, et, dans une moindre mesure, les policiers et les maires. Dès le 7 juin, dans le village d'Asnières-la-Montagne, le chef du maquis voisin est venu chercher de force quatorze hommes pour les enrôler. Pour lui, il s'agit tout simplement d'une mobilisation générale. « C'en est fini de Vichy, il faut obéir au général de Gaulle. » Dans les ressorts d'Agen, de Bordeaux, de Riom, de Toulouse, les enlèvements sont au moins aussi nombreux que les homicides. Pour Agen, ils concernent près d'une cinquantaine de gendarmes, mais aussi un sous-préfet, le greffier d'un tribunal et l'amiral Platon, ancien secrétaire d'État des Colonies de Vichy, extrêmement favorable à la collaboration et qui sera peu après exécuté. La perspective des attaques et des enlèvements devient tellement plausible que des hauts fonctionnaires circulent sous protection. Le sous-préfet d'Autun, enlevé sur la route le 30 juin, gardait une mitraillette dans sa voiture. Les magistrats mentionnent les impossibilités de circuler qui entravent les enquêtes. Le procureur de Ribérac souligne ainsi que les voitures autorisées à rouler refusent de se rendre dans certains points de Dordogne tenus par le maquis. Des vols de camions, de voitures, de vélos apparaissent partout au travers de la France, parfois accompagnés de l'enlèvement des chauffeurs. Sans parler des voitures ou des autocars mitraillés par erreur.

De telles statistiques sur les enlèvements laissent présager pour l'avenir de sombres découvertes. Des maquis semblent avoir opéré de véritables rafles dans leur voisinage. Au Dorat (Haute-Vienne), le 22 juillet, des maquisards arrêtent dix-huit personnes et, le lendemain, six autres dans un second village. Le 24 juillet, vingt de ces personnes sont fusillées et quatre relâchées.

Il faut donc garder à l'esprit que cette période est marquée par des homicides et des tentatives d'homicides, des enlèvements, ainsi que des vols à main armée, des tontes, des exactions multiples. C'est toute cette violence de guerre qui détermine l'état des esprits et pèse sur la vie quotidienne.

La justice au maquis

Les études fines qui ont pu être réalisées dans certains départements montrent que deux tiers des exécutions relèvent alors de la responsabilité de résistants, ce qui veut dire qu'elles procèdent d'un ordre donné par une hiérarchie, plus ou moins pérenne, légitime ou assurée. Elles seront donc couvertes par l'assimilation des FFI aux forces armées. C'est la justice militaire qui aura à trancher des cas litigieux et elle le fera souvent en faveur des résistants, en référence aux dispositions de l'ordonnance du 6 juillet 1943 qui couvre « les actes accomplis pour la cause de la libération de la France ».

Dans la clandestinité, la justice du maquis n'entend pas forcément être improvisée, d'autant plus qu'elle peut être conçue comme un instrument du combat. Ainsi, dès le 6 juin, le chef départemental FFI de la Drôme donne-t-il l'ordre à un commissaire de police rallié de former un tribunal chargé de juger les suspects dont les maquisards vont s'emparer. « J'avais donné comme ordre, témoignera-t-il, de considérer que le fait d'appartenir à la Milice encadrée et armée, était suffisant comme crime, pour justifier la condamnation à mort » (déposition du 24 janvier 1956).

Pour le reste, un quart au moins des exécutions ont été commises par des individus inconnus ou incontrôlés, et à peine plus de 5 % sont dues aux militaires alliés. Ces derniers cas se noient beaucoup plus facilement dans le flot de l'action militaire, même si les pratiques sont contraires aux lois de la guerre. Ces exécutions sont néanmoins susceptibles de formes inattendues comme ce qu'il advint à deux cultivateurs d'un village du Calvados. Alors que la Résistance coopère avec les Alliés en pleine progression victorieuse, un agriculteur et son fils ouvrent le feu sur une poignée d'hommes armés qui approchent de leur ferme. Ont-ils voulu manifester leur hostilité à la Résistance ou, plus banalement, craignaient-ils de se faire détrousser ? Quelques jours plus tard, le territoire est passé entièrement sous contrôle allié. Toute cette famille est convoquée par le groupe de résistance local, au milieu d'une foule hostile. Le fils est accusé d'avoir appartenu à l'armée allemande. Le soir, le père et le fils sont conduits à Honfleur où cantonne un état-major belge. Un général constitue aussitôt un conseil de guerre qui condamne les deux hommes à mort. Au résistant qui lui fait part de ses doutes sur la culpabilité du père qui, après tout, n'a pas appartenu à l'armée allemande, le général rétorque qu'il est coupable d'avoir laissé son fils s'engager. Mais après avoir prononcé leur sentence, les officiers alliés chargent les FFI d'exécuter les deux condamnés.

Enfin, ces chiffres élevés sont aussi constitués de l'amalgame de cas qui ne relèvent pas tous des combats, ni même de l'épuration. Ils comprennent d'une part les exécutions de membres de la Résistance par leurs pairs, en général pour indiscipline ou pillage. D'autre part, la coexistence des maquis avec la population civile a pu susciter des confrontations ou des malentendus à l'issue tragique. Un magistrat parle de la difficulté à distinguer « expédition organisée par le maquis » et « acte de brigandage comme il y en eut trop fréquemment ». Enfin, on ne peut exclure que certains corps soient ceux d'Allemands ou de victimes des Allemands, la période étant marquée de nombreux accrochages et représailles et l'état de décomposition des cadavres ne permettant parfois plus d'identification. On cite deux cadavres en civil repêchés dans le canal de l'Ourcq qui seraient ceux de déserteurs allemands abattus par leurs compatriotes. Ou celui d'un trafiquant de bestiaux, à la frontière franco-belge, victime d'un règlement de comptes avec ses « associés ». En ces temps troublés, la part d'affaires non élucidées augmente dans des proportions significatives.

Dans les cas de « discipline » interne à la Résistance, sévit une justice rendue excessive par l'intransigeance morale suscitée par l'accumulation des souffrances et par le manque de solutions alternatives. Au début du mois de mai 1944, un maquis de l'Ardèche forme une cour martiale, s'empare d'une demi-douzaine de jeunes gens qui attaquaient des bureaux de tabac sous couvert de la Résistance, et les fusille. Une histoire, survenue à la mi-juillet 1944, à Chamonix illustre tous les caractères exorbitants de ces quelques semaines. La brigade de gendarmerie arrête quatre hommes, âgés de 18 à 32 ans. Ils avouent le meurtre de deux femmes. Ne pouvant plus communiquer directement avec le reste du département, les gendarmes font prévenir le tribunal de Bonneville par des collègues. Un juge d'instruction décerne des mandats d'amener. Mais la brigade n'a pas les moyens de faire sortir les prévenus de Chamonix : les forces locales de la Résistance interdisent le passage des voitures de gendarmerie et demandent que les quatre jeunes gens arrêtés leur soient livrés. Après quelques jours d'hésitation, les gendarmes les remettent en liberté, arguant de l'impossibilité de les conserver indéfiniment en détention. Capturés par des maquisards, ils sont passés par les armes.

Par la publicité faite à ce type d'exécutions, la Résistance entend montrer qu'elle contrôle ses troupes mais aussi qu'elle exerce déjà une part de l'autorité publique légitime. Des avis sont placardés dans des lieux publics, sur les façades de mairie ou de gendarmerie, voire au tribunal. Au mois de juillet, une boîte contenant une forte somme et des bijoux est laissée à la gendarmerie de Billy-sous-Mangiennes (Meuse) avec une lettre explicative signée des FFI : ces biens ont été volés à un habitant de Dompry par Louis H..., accrocheur à Bouligny. Il a été exécuté pour vol. La lettre conclut en indiquant où son corps peut être retrouvé. Des résistants semblent tenter d'étendre leur action punitive à l'encontre de délinquants de droit commun. Lors de l'attaque d'une infirmerie pénitentiaire en Haute-Vienne, deux détenus sont délivrés, mais trois hommes abattus, qui étaient inculpés de vol, escroquerie et banqueroute. Ou bien à Anduze (Gard), les résistants capturent et fusillent un failli qui avait assassiné l'avocat qui devait plaider contre lui. Il y a là une volonté d'étendre le ressort de la justice de la Résistance et de prendre la relève en matière de force publique.

C'est aussi l'une des raisons pour lesquelles, au maquis, l'exécution peut être précédée d'une manière de procédure judiciaire, éventuellement publique. Le 9 août, le curé de Mosset, dans les Pyrénées-Orientales, est enlevé. Le lendemain, un avis laissé sur la mairie indique qu'il a comparu devant une cour martiale qui l'a condamné à mort et exécuté aussitôt pour trahison. Tout ce qui relève d'une forme d'enquête ou d'aveu peut contribuer à justifier les condamnations. En Charente, le 26 juin, un indicateur permet la localisation d'un maquis qui est attaqué. Par la suite, les maquisards apprennent le nom du délateur et le capturent. « Interrogé », le jeune homme donne les noms de six « agents de renseignement de la Milice ». Ils sont à leur tour fait prisonniers.

> Après interrogatoire et enquête qui durèrent quatre ou cinq jours, il leur fut donné lecture de la sentence de mort pour avoir dénoncé le maquis Lépine, ce à quoi aucun des condamnés ne répliqua (le commandant de la 9e région militaire au ministre de la Guerre, 15 mai 1945).

Certains accusés paraissent être en veine de confidences, à en croire le compte-rendu établi après l'exécution d'Alphonse C… par un maquis de la Vienne :

> Collaborateur notoire, C. a été arrêté par le maquis « Bayard » de Civray, alors qu'il était en permission dans cette région […] Interrogé par un officier du maquis « Bayard », il a reconnu avoir avec les Allemands des relations volontaires et habituelles. Il avait été chauffeur à la Kommandantur à Poitiers, il avait vendu des journaux pour le compte des Allemands, il avait été volontaire pour transférer, par camion, en Allemagne, des prisonniers, et rapporter en retour des marchandises. Au cours de l'instruction de son procès par le tribunal militaire du Groupement D, il a reconnu avoir été volontaire comme tortionnaire pour le compte des Allemands […] Il a même avoué ne pas aller à « ce travail » de manière régulière, parce que cela dépendait du temps que lui laissait libre le trafic d'or qu'il faisait pour le compte des Allemands.
>
> Transféré à Asnières-sur-Blour, il a été jugé par le tribunal militaire et condamné à mort dans la fin de juillet 1944. Il a été fusillé au lieu-dit « Les Planchettes », commune de Saint-Barbant (Haute-Vienne) et inhumé par le groupe « Marcel » du Groupement D, vers le 5 août de la même année (rapport du commissaire des RG au préfet de la Vienne, 7 août 1945).

Le respect des formes peut aller jusqu'à autoriser le « condamné » à rédiger une dernière lettre que l'on promet d'essayer de transmettre quand les circonstances le permettront. Voici celle d'un homme tué d'une balle dans la tête par le maquis de Ruillé-sur-Loire (Sarthe) le 8 août :

> Chère Renée,
>
> Près de la tombe ouverte, je t'envoie quelques mots pour te demander pardon pour tout ce que tu as souffert par ma faute. Je meurs en martyr de mon devoir. J'ai toujours fait mon devoir envers mon pays, et jamais quelque chose qui n'était pas mon devoir. Donc je meurs et je pense à vous, mortels. Le baron V. me doit encore 220 000 francs ; chez Lucien M., il y a cinq tableaux et beaucoup de petites choses qui m'appartiennent. Le couvent de l'Adoration perpétuelle doit encore 24 000 francs pour les pommes de terre de 1942. Maintenant, occupe-toi bien des enfants et adieu. Beaucoup de baisers.

De même, au contraire de la stratégie des enlèvements, qui fait des exécutions un secret, des groupes de résistants diffusent une manière de revendication des exécutions, même si les cas sont peu nombreux. Cette revendication s'exprime soit par un écrit, soit par la publicité même de l'exécution. Ainsi, des journaux clandestins locaux annoncent l'exécution de collaborateurs.

> Communiqué des FTP et FFI du 7 au 20 juillet.
>
> Le traître Marius Pilon, garde-chasse à Saint-Martin-d'Ablois, qui avait dénoncé 17 patriotes dont 15 ont été fusillés, a été abattu.
>
> Lucienne Richard de La Villa d'Ay, dénonciatrice au service de la Gestapo, responsable de l'arrestation et de l'exécution de nombreux patriote, a été abattue (*les Fils de Valmy*, organe départemental du Front national marnais).

Au greffe du tribunal de Bonneville (Haute-Savoie), trois hommes armés viennent déposer des valises et une lettre destinée au procureur, à en-tête du « Comité de libération nationale des Mouvements unis de Résistance », qui explique que lui sont ainsi remis les effets personnels de Vitalio C. de B., « condamné à mort par les FFI et exécuté le 18 juillet 1944 ». Ou un enlèvement s'accompagne de la remise au maire de la commune d'un avis à placarder : « Forces françaises de l'intérieur. Le nommé Roger F., habitant à Goutz [Gers], reconnu coupable de dénonciation de prisonniers évadés et d'intelligence avec l'ennemi a été condamné à mort. La sentence a été exécutée le 5 août 1944 ». Plus simplement, on laisse une feuille ou un carton sur le corps : « Je, soussignée Mlle B., reconnais avoir vendu les gars de la Résistance de la région de Beaumont [Nièvre] ». Et, sous la signature de la victime : « Voici comment on punit les traîtres ». Dans leur simplicité, les mots sont toujours les mêmes :

« J'étais un traître, je mangeais à deux râteliers. FFI » (Aube, 12 juin 1944) ; « Voici le châtiment réservé aux traîtres. Vive la France ! » (Gers, 6 juillet 1944) ; « Français, les crimes contre la Patrie se paient. Les traîtres sont punis de mort » (10 juillet 1944).

Les exécutions publiques sont aussi un moyen, pour la Résistance, d'afficher sa puissance et, paradoxalement, de lui donner une teinture de légalité. Le 14 juillet, la population du village de Servoz (Haute-Savoie) est rassemblée par les hommes du maquis en armes. Le boucher est amené devant le monument aux morts. Une sentence est lue : il a été condamné par un tribunal militaire pour trahison. Conduit à quelque distance, il est aussitôt exécuté. Au début du mois, un jeune homme a été amené à Taninges par des hommes armés et casqués. Il a été fusillé devant le monument aux morts en présence d'une cinquantaine d'habitants. Trois semaines plus tard, un camion s'arrête au même endroit. Huit hommes armés y déposent trois cadavres. Dans ces processus, le monument aux morts de la Première Guerre mondiale fournit un emplacement symbolique parce qu'il est central, parce qu'il sert couramment à des cérémonies publiques et parce qu'il évoque le patriotisme. Quelques jours plus tard, il sera, dans la plupart des communes de France, le lieu de convergence où se fêtera la Libération.

Dans le cas de Taninges, une cinquantaine de personnes ont assisté à la fusillade. Le document judiciaire ne précise pas s'ils sont intervenus, s'ils ont protesté, au contraire s'ils ont approuvé. Quelle peut être, en effet, la réaction de l'opinion en apprenant ces morts, a fortiori en y assistant ? Dans un régime de censure et de répression exacerbée, il est difficile d'obtenir des renseignements fiables. La colère des collaborationnistes laisse entrevoir la satisfaction plus ou moins discrète de la population devant certaines exécutions. Il serait pourtant exagéré de penser que la peur ne tient pas aussi sa part : une peur directe d'être choisi pour victime (et c'est aussi le but des enlèvements comme de la publicité des exécutions), plus sûrement encore la peur d'être la victime accidentelle d'une erreur ou d'un mauvais coup. Qui sait ce que certains meurtres pourraient susciter comme représailles des Allemands ou des collaborationnistes, qui sait ce qu'une réaction peut provoquer ? Une affaire assez sordide survenue dans le Loiret à la fin du mois de juillet révèle cette atonie craintive et haineuse. Le facteur d'un village est abattu à quelques dizaines de mètres de chez lui par trois hommes portant un brassard à la croix de Lorraine. L'homme était pour le moins peu populaire, autant à cause de son caractère violent que pour les sentiments germanophiles qu'on lui prêtait. Dans la région, il est impossible de circuler : ni les magistrats, ni même le médecin ne peuvent se déplacer. La veuve de la victime sollicite en vain l'aide de ses voisins qui disent craindre des représailles s'ils se mêlent de quoi que ce soit. C'est seule qu'elle charge le corps de son mari sur une brouette, seule qu'elle le ramène chez elle et seule qu'elle procède à la toilette mortuaire. De même, dans une petite commune de la Haute-Vienne, la famille d'un maire abattu par des FTP, fait procéder à l'enterrement à la sauvette, de peur de représailles.

Quand commence et quand finit la Libération ?

Les journées mêmes de chaque libération locale constituent un paroxysme dans les exécutions. Elles ont eu pour prémices les brèves prises de contrôle de localités dès avant la Libération, qui ont donné lieu à des arrestations et à des exécutions. Dorénavant, aux combats eux-mêmes – plus ou moins violents et prolongés – s'ajoute un sentiment d'urgence du châtiment aux effets ravageurs. Des exemples survenus dans l'ouest de la France illustrent cette épuration par des groupes locaux de Résistance, perçue par chacun à l'échelle de son village ou de son quartier. Ces opérations doivent beaucoup au hasard, mais elles se produisent toujours le jour même de l'arrivée des Américains. Le 9 août à Dollon dans la Sarthe, un groupe important se rend devant la maison de Firmin L... pour le conspuer comme collaborateur. Peu avant, au café, l'un des manifestants a affirmé que L... l'avait dénoncé à la police allemande parce qu'il écoutait la radio anglaise. Les manifestants finissent pas enfoncer la porte et L... est tué d'un coup de revolver. En Eure-et-Loir, dans la soirée du 15 août 1944, au moment même de l'entrée des troupes américaines dans le bourg de Gatine, la foule en liesse a envahi les rues. Un habitant avise trois jeunes gens portant des armes, qu'il prend bien sûr pour des FFI. On se met à bavarder : savez-vous qu'il y a des collabos dans le pays ? Chacun donne son avis. Le premier homme insiste : l'un de ces partisans de la collaboration est particulièrement dangereux. Pourquoi ne pas s'assurer de lui ? Tous les quatre se mettent en route. Le « collabo » est bien chez lui. Il les nargue et se moque d'eux. L'un des justiciers ouvre le feu. L'homme prend la fuite, poursuivi par les quatre autres qui tirent et finissent par l'atteindre et le laisser pour mort. Les coups de feu ont attiré l'attention. Les gendarmes sont avertis et interpellent les trois jeunes garçons retournés sur la place de la mairie pour participer aux réjouissances populaires. Ils présentent leurs papiers sans difficulté et déclarent être en mission. Les gendarmes les laissent puis se rendent là où les coups de feu ont été entendus. Ils trouvent le cadavre. Ils se renseignent auprès de la Résistance locale qui nie avoir ordonné à quiconque d'exécuter la victime. Les gendarmes cernent alors la maison où les trois nouveaux venus sont hébergés.

L'un s'esquive, les deux autres se rendent. Ils expliquent s'être mis en route quelques jours auparavant pour s'engager dans la Résistance Ils se sont procurés des armes, mais n'appartiennent à aucun groupe. En arrivant à Gatine, on leur a parlé des collaborateurs locaux, en particulier de l'un d'entre eux qui semblait faire peur à beaucoup. Leur décision a été vite prise.

En de tels jours, la force armée est en partie incontrôlée et, de ce fait, peut servir à régler des comptes. Non point forcément des comptes personnels, comme on peut l'entendre au sens le plus trivial. Mais des comptes avec ce qui a été directement vécu comme injuste, humiliant, indigne ou menaçant. Sont immédiatement en but à la vindicte les miliciens, les délateurs, les agents payés par les Allemands. Une haine féroce s'exprime à leur encontre, qui ne connaît pas de clémence. Leur châtiment est une évidence, qui ne souffre aucun retard.

> Trois agents français, indicateurs de la Gestapo ayant à leur actif la dénonciation de patriotes, ont été arrêtés à leur domicile par les agents de la Sûreté et exécutés sans jugement, les preuves de leur criminelle délation étant nettement établies. Coué, Ménardeau, Rousseau, membres du PPF, agents de la Gestapo, ont été fusillés dans la cour de la préfecture, le 16 août au matin, alors que les Allemands se trouvaient encore dans la ville (*l'Indépendant*, Chartres, 18 août 1944).

On se trouve au-delà de l'épuration, dans ce que les historiens appellent désormais les sorties de guerre et qui se caractérise par une intensification des violences où sont à l'œuvre les représentations forgées durant le conflit qui se cristallisent en particulier dans la figure du délateur.

Le pire est possible

Au milieu de toute cette confusion, certains cas resteront à jamais impossibles à classer comme celui de ce corps dénudé portant deux balles dans la tête, repêché dans le Rhône à Lyon le 20 septembre et dont l'autopsie situe la mort environ deux semaines plus tôt, c'est-à-dire juste avant, pendant, ou juste après les combats de la Libération. Cinq corps sont retrouvés dans la Garonne à Agen en août et septembre. De même, en septembre et octobre, fleuve et canaux rendent le cadavre d'un milicien près de Beaucaire, puis celui d'un médecin militaire qui examinait les requis pour le Service du travail obligatoire, ou à Sète, le cadavre d'un ancien gardien de la centrale d'Eysses.

Ce temps est au moins autant celui d'arrestations massives. « Trop de patriotes, explique le procureur général de la cour d'appel de Riom, se sont substitués à la police et ont voulu mettre hors d'état de nuire ceux qu'ils considéraient à tort ou à raison comme de mauvais Français. » On discutera ultérieurement pour savoir si ces arrestations ont été un moyen d'empêcher des exécutions. Mais la multiplication des initiatives de toutes sortes de groupes ou d'individus en la matière entraîne la prolifération de lieux de détention privés. Il se dit que les violences et les sévices y sont courants, débouchant parfois sur la mort des détenus. C'est ainsi que des magistrats semblent tenir pour affaire entendue les brutalités extrêmes commises pendant les journées de la Libération de la capitale à l'Institut dentaire et leur imputer des cadavres retrouvés dans la Seine en aval de Paris.

Des bandes sévissent, qui paraissent avoir franchi la limite du banditisme. Autour d'Agen, un groupe se réclamant de la police FFI intimide, vole, rançonne, exécute sans que les autorités sachent s'il faut les arrêter.

> Il ne fait pas de doute que la police est dans l'impossibilité d'agir, confie le procureur général au ministre de la Justice. Il y a là une question de force : si la police de sûreté est appuyée par la force armée, elle prendra ses responsabilités et découvrira les coupables ; ce serait un jeu d'enfant. Mais il s'agit de savoir si le moment est propice ou s'il vaut mieux attendre et ces considérations me dépassent.

Dans le Vaucluse, on ne s'embarrasse pas de ces précautions politiques avant d'appréhender un plombier de Carpentras qui, à la tête d'un petit groupe FTP, a cravaché, brûlé puis promené nue dans les rues la tante de deux miliciens, avant de lui faire signer un papier où elle reconnaissait avoir volontairement donné 2 700 francs (450 euros) aux FTP. Après le décès de cette femme, son tortionnaire est condamné en cour d'assises à vingt ans de travaux forcés pour coups mortels.

En même temps, contrairement à ce que l'on pourrait croire, cette violence n'est pas forcément cachée. Ceux qui la mettent en œuvre ont d'autant moins honte qu'ils l'estiment non seulement utile mais légitime. Le surlendemain de la Libération d'Agen, le journal du CDL vante les représailles affligées aux anciens tortionnaires par leurs victimes : œil pour œil, dent pour dent ou, en l'occurrence, ongle arraché pour ongle arraché. Ce même jour, un homme que l'on estime responsable de l'arrestation d'un dirigeant de la Résistance est promené dans les rues sur une camionnette et on l'oblige à crier régulièrement : « Je suis un salaud ! Vive le maquis ! » Les exécutions publiques ne sont pas exceptionnelles, surtout si elles ont été ordonnées par des tribunaux, réguliers ou non.

C'est évidemment cette image, particulièrement choquante, de désordres et d'excès que les contempteurs de l'épuration vont retenir de la Libération et qui sera déployée dans leur vulgate. Sur le moment, on constate, à la lecture de quelques correspondances ou journaux personnels, que parmi les participants anonymes à la collaboration, la peur domine, mêlée d'un sentiment d'injustice, voire d'incompréhension. On a toujours l'impression qu'il y en a tant d'autres qui ont fait bien pis, qu'on n'est frappé que par malveillance, par erreur. Si l'on peut s'expliquer, éclairer des apparences trompeuses, tout sera réglé. À côté de nombreuses minimisations, rares sont ceux qui assument leur colère devant la tournure des événements, comme cet officier pétainiste qui écrit à un ami le 21 août :

> Je venais de rentrer de la gendarmerie de Nocé (mon chef-lieu de canton) où j'avais été mené le 14 août au soir, après avoir été arrêté chez moi pendant que je dînais, par le chef communiste du canton, déguisé en superpatriote avec une bande de petits voyous armés jusqu'aux dents, qualifiés de la Résistance... Délit d'opinion, en l'espèce fidélité au Maréchal et aux principes de droit éternel qui prescrivent aux citoyens d'un État de respecter les conventions d'un armistice conclu par les Chefs responsables de l'État auquel ils appartiennent et qui ont engagé leur parole au nom de leur pays. Voilà d'ailleurs la thèse que j'ai entendu renier par un avocat de valeur, avocat de l'Institut qui s'érigeait en juge et ne se considérait pas comme engagé par la parole et la signature de son gouvernement. Voilà jusqu'où mène comme erreur de jugement l'individualisme effréné, qui par la passion obscurcit la raison.

Ce n'est qu'au fil des mois que va se dégager une théorisation par les plus intellectuels ou les plus compromis qui fera de l'été 1944 une révolution concertée menée à coup de massacres et de sévices. Elle s'inspire aussi des réactions éloignées mais immédiates des collaborationnistes réfugiés en Allemagne. Leur expression est publique (par voie de journaux et d'émissions de radio), même si elle est évidemment biaisée par des impératifs de propagande puisque la guerre se poursuit. Leur description de la France est celle d'un pays à feu et à sang, parce que soumis à l'emprise communiste. Avec un bel aplomb, Jacques Doriot regrette le bon temps de l'occupation allemande « sous laquelle l'ordre pacifique avait régné, avant l'action maquisarde des gaullistes et des communistes ».

> Ils se livrent dans le pays à toutes sortes d'actions criminelles, pillages, vols, réquisitions et collectes abusives à la campagne par des bandes armées ; assassinats de patriotes de toutes tendances, d'hommes fidèles au Maréchal Pétain, de collaborationnistes, de PPF, de Francistes, de Miliciens, de RNP, d'hommes de l'Action française (déclaration de Jacques Doriot à Radio Patrie pour la création du Comité de libération française, 6 janvier 1945).

Ils sont évidemment très impressionnés par les exécutions, qui leur font craindre pour leurs propres vies. À cet égard, l'annonce de la mise à mort de l'amiral Platon fait beaucoup de bruit à Sigmaringen et autour du lac de Constance. Il est difficile de faire toute la lumière sur la date exacte et les circonstances du décès de l'ancien ministre, enlevé le 22 juillet chez lui, en Dordogne, par un maquis FTP. Il aurait été rapidement jugé par une « cour martiale » et condamné à mort, mais l'on aurait sursis à son exécution dans l'attente d'ordres supérieurs. Vinrent-ils, comme l'affirment certains, ou est-ce la nouvelle du départ de Pétain pour l'Allemagne qui motiva le passage à l'acte qui aurait eu lieu entre le 18 et le 28 août 1944 ? Toute cette « procédure » n'a toutefois été ni aussi clandestine, ni aussi oubliée qu'on pourrait le croire, dans la mesure où les Archives nationales conservent aujourd'hui encore les papiers saisis au domicile de Platon lors de son arrestation, dans le fonds des commissaires de la République.

Pour les collaborationnistes, sa mort n'est pas encore assez, qui le décriront atrocement torturé, tandis que les Allemands, se découvrant blessés dans leurs sentiments humains, menacent sur-le-champ d'exercer des représailles. Ils remettent une note au comité international de la Croix-Rouge pour que cessent en France les assassinats perpétrés par les bandes communistes et les parodies de justice. Tout ceci n'empêche pas la disparition de Platon de passer à peu près inaperçue aux yeux de l'opinion publique française.

Une myriade de juridictions d'exception

À l'issue de la période des combats et pour empêcher les exécutions sommaires, les commissaires de la République, institués par l'ordonnance du 10 janvier 1944 pour assurer les pouvoirs de l'État dans les régions libérées, peuvent créer des cours martiales. Ils s'y emploient effectivement, mais concurrencés par les CDL, ainsi que par des groupes locaux de résistants. Cours martiales « légales » ou cours martiales de fait, les exemples abondent, sans qu'il soit toujours aisé de faire la différence.

En se fondant sur les rapports des procureurs généraux, qui ne couvrent ni toute la France, ni tous les tribunaux improvisés dans le feu de l'action, on recense déjà, pour les mois d'août, septembre et octobre, au moins 25 tribunaux non institués par les commissaires de la République (dans 22 départements), et une trentaine de juridictions instituées par eux (pour 20 départements). En l'absence de données chiffrées pour tous ces cas, on atteint tout de même 630 exécutions ordonnées par des juridictions extraordinaires pendant ou juste après la Libération, dont à peine plus de la moitié par des cours martiales régulières.

Ces dernières juridictions sont acceptées par les magistrats et le ministère de la Justice. Les autorités qui les ont instituées étaient légales et la forme de cour martiale renvoie à des règles exceptionnelles, mais admises dès lors que l'on se trouve en zone des armées. Pourtant, il y aurait beaucoup à dire sur les critères formels : les grades des juges sont insuffisants en regard de la loi du 12 mai 1940 sur les cours martiales ; certains d'entre eux ont été les victimes directes des inculpés et sont donc juges et parties ; les débats ne sont pas contradictoires et peuvent se borner à un interrogatoire d'identité suivi d'une sentence ; les droits de la défense sont pour le moins allégés, voire omis ; le droit de grâce est oublié. Les décideurs eux-mêmes semblent ne pas savoir exactement où ils en sont au plan juridique et « bricolent » avec les moyens du bord, dans l'espoir de donner satisfaction à la Résistance, à la population et à la justice. On peut, à cet égard, évoquer les débats qui déchirent la Résistance iséroise quand commence à fonctionner la cour martiale départementale.

Dès le 12 août, le futur commissaire régional de la République, Yves Farge, prescrit la suppression des tribunaux du peuple et autre juridictions fonctionnant en dehors de la légalité. Alors qu'il n'a pas pu encore prendre son poste, Lyon restant occupée, il délègue au nouveau préfet de l'Isère les pouvoirs qui lui permettent d'instituer une cour martiale. Cette juridiction paraît en tout point conforme avec la situation, puisque la ligne de front traverse encore le département. Logiquement aussi, ce sont les collaborationnistes envisagés en tant que combattants qui sont ici visés. « Il faut procéder à l'arrestation la plus rapide possible de tous les collaborateurs, traîtres, mouchards, indicateurs et employés des polices allemandes, rabatteurs de l'organisation Todt et des offices de placement allemand, de tout individu ayant appartenu aux organismes [collaborationnistes et militarisés] » (directives du chef départemental des forces de police, 29 août 1944). Procédant dans l'urgence mais avec la volonté de respecter les formes, le préfet compose avec attention la cour martiale et désigne à sa tête un magistrat professionnel. La cour, constituée par arrêté du 30 août 1944, tient sa première audience le 2 septembre. Mais un problème majeur réside dans l'absence d'accusés valables en nombre suffisant. Terre d'affrontements sanglants depuis plusieurs mois, l'Isère a été désertée par les combattants collaborationnistes qui se sont enfuis dans les fourgons allemands. On ne dispose en fait que de dix miliciens qui avaient été arrêtés par des résistants dès le mois de juin. Lors de leur arrestation, on avait déjà débattu avec opiniâtreté du sort à leur réserver : exécution immédiate bien méritée ou jugement à titre d'exemple ? On les avait finalement « réservés » pour le temps de la justice nouvelle. Le préfet a apparemment abondé en ce sens en annonçant le 26 août : « la justice du peuple n'assassine pas, elle condamne, sans faiblesse comme sans erreur. »

Or, tandis que ce temps semble enfin advenu, la cour martiale ne condamne à mort que six des dix miliciens qui lui sont présentés. Les quatre autres bénéficient de circonstances atténuantes. Le scandale est immense au sein de la Résistance. Le jour même, le CDL fait diffuser par haut-parleur dans Grenoble un désaveu formel de la sentence qui « n'est pas conforme au vœu du peuple français ». Il souligne que la cour martiale a outrepassé ses droits puisque les circonstances atténuantes ne sont pas prévues devant cette juridiction. Il promet de remplacer les membres de la cour martiale qui ont si évidemment failli. La nouvelle presse, en particulier communiste, se déchaîne contre les membres de la cour, jugés autistes, voire restés à la solde de Vichy. Lors d'une réunion de six CDL du Sud-Est, le 5 septembre, une motion est votée qui traduit la conception que se font ces résistants des cours martiales comme simples chambres de validation des exécutions : « les traîtres à la patrie et en particulier miliciens, PPF, Waffen SS, Gestapo, Jeunes de l'Europe nouvelle, LVF, Francistes, RNP, reconnus comme tels par les cours martiales seront immédiatement exécutés en application de l'ordonnance du 26 juin 1944. ». Les communistes soutiennent que les exécutions rapides et exemplaires sont non seulement justes, mais contribuent à l'ordre public en évitant les exécutions « privées ».

Le président de la cour martiale remet sa démission. Pourtant, il existe au sein de la Résistance une tendance qui défend le droit de la cour martiale à statuer souverainement et de façon non automatique. Un bras de fer s'engage entre une partie du CDL et le préfet sur la nouvelle composition de la cour martiale. Elle n'est renouvelée que le 15 septembre. Or, dès le 19 – geste répété d'ailleurs le 21 – le ministère de la Justice fait savoir par dépêche qu'il faut immédiatement suspendre les cours martiales, les juridictions régulières devant prendre le relais. Le débat sur l'utilité des cours comme exutoire à la vengeance populaire rebondit de plus belle.

Par ailleurs, la répartition ne sera pas toujours exactement établie entre toutes ces juridictions. La justice militaire entérine la plupart des décisions prises sous couvert FFI, pendant la période des combats. La justice civile accepte les cours martiales et se résigne aux autres. « À la libération d'Évian, un groupe de résistants a jugé et fusillé trois dénonciateurs. Aucune information n'a été ouverte, ces faits ayant été approuvés par le comité de libération local » (le procureur général de Chambéry au garde des Sceaux, 27 mars 1945). La suppression de ces entités, à partir de l'automne, doit évidemment beaucoup aux problèmes d'illégalité qui les entachent. Mais leur légitimité n'est au fond pas remise en cause. Leur existence demeure justifiée par des impératifs de vitesse et d'efficacité. On comprend qu'elles ont servi d'exutoires, dont l'ampleur même empêche de les renier.

Ainsi, le 18 novembre 1944, le tribunal militaire de Cahors (tribunal régulier) valide les condamnations à mort prononcées dans le département par les tribunaux des maquis en campagne. En avril 1947, la Cour de cassation casse et annule les 63 exécutions concernées : 31 parce que le tribunal s'est borné à les déclarer valides sans aucun acte de procédure, les 32 autres parce qu'elles ont été déclarées valides sans avoir fait même l'objet d'un acte de décès. On plonge dans le néant juridique, et même administratif.

Dans ces conditions, il demeure extrêmement difficile de qualifier ces exécutions, qui ne sont peut-être ni sommaires, ni tout à fait extrajudiciaires, mais pas non plus légales. Pourtant, les enjeux ne sont pas minces, ni en matière de nombre, ni en ce qui concerne l'idée que l'on se fait de la justice.

Souvent, ces juridictions sont les héritières directes de la justice du maquis. Dans l'Ariège se noue ainsi une succession de représailles. Dans ce département, les FTP et les maquis de Républicains espagnols ont été aux prises avec les auxiliaires français de l'occupant. Le comité antiterroriste du PPF a assassiné, le 13 juillet, deux radicaux-socialistes en tant que représentants de la République abhorrée. Les FTP ont répliqué quatre jours plus tard en liquidant douze personnes à Saint Girons. La ville est libérée le 21 août. Aussitôt, les FTP instituent une cour martiale devant laquelle sont traduits huit membres du PPF, accusés d'avoir trempé dans l'assassinat des radicaux. Ils sont fusillés devant une foule importante. Évoquant ce genre d'actions qui surgissent un peu partout en France, le procureur général de Nîmes parle à propos des tribunaux des maquis de « transfert dans les villes au fur et à mesure de la Libération ». Les juridictions ainsi formées gardent un temps les caractères d'une justice improvisée au milieu du combat. À des degrés divers, certains de ces « tribunaux » n'en ont guère que le nom. À Provins, par exemple, un agriculteur croit avoir été dénoncé aux Allemands par un Polonais. Il demande de l'aide au groupe local de résistants qui arrête le coupable désigné, se constitue en tribunal et prononce la peine de mort. L'agriculteur plaignant exécute lui-même la sentence. Dans le ressort de Chambéry, ces divers tribunaux d'exception ont jugé 146 inculpés, dont 115 ont été fusillés. Parmi eux, 98 miliciens jugés et exécutés le 24 août au Grand Bornand par un tribunal militaire. Cinq mois plus tôt, une division de la Wehrmacht a écrasé là le maquis des Glières, avec l'appui de trois centaines de francs-gardes de la Milice qui ont ensuite contribué à la traque des maquisards exfiltrés. Les cours martiales miliciennes ont sévi contre les prisonniers. Le 5 octobre, le tribunal du Grand Bornand juge et condamne à mort huit miliciens ou membres de la LVF et recrues de la Gestapo. La logique de guerre est encore à l'œuvre, le départ des Allemands ne signifiant pas la fin de la guerre. La crainte de la Cinquième Colonne renaît de plus belle. Il se dit que l'occupant et les collaborationnistes ont laissé sur place des nids dormants de terroristes, des « maquis noirs ». Aussi tout incident peut-il enflammer les esprits. Lorsque l'on croit discerner des attaques ou des attentats contre des FFI, les représailles ne tardent pas. À Nîmes, entre le 9 et le 19 septembre, quarante-cinq détenus sont fusillés sur ordre d'un capitaine FTP.

La justice du peuple n'a rien à cacher

On a vu que les résistants avaient espéré, durant la clandestinité, que la Libération signifierait une justice sévère, rapide et au grand jour. Beaucoup de ces tribunaux d'exception, de ces cours martiales répondent à ces exigences et, en cela, reçoivent l'approbation d'une partie non négligeable du public. L'ampleur des crimes racontés devant ces cours justifie les sentences sévères et expéditives. Elles sont à la mesure de la souffrance commune. « Les multiples condamnations à mort prononcées n'auraient peut-être pas recueilli l'adhésion générale de la population sans le récit des horreurs miliciennes » (rapport du commissaire de police de Sète, 15 septembre 1944).

À Migennes (Yonne), le 24 août, la foule s'assemble sur la place de la mairie pour réclamer la tête de deux Italiens accusés de dénonciations. Après la formation hâtive d'un « conseil de guerre » et un simulacre de procès, les deux hommes sont condamnés à mort et aussitôt exécutés sur place par un résistant qui leur tire une balle dans la nuque. Ici, la juridiction a été improvisée pour donner un semblant de légalité aux exigences des manifestants. La cour martiale extraordinaire de Nîmes condamne à mort, le 28 août, neuf miliciens accusés d'avoir participé à des coups de main contre les organisations de Résistance. Ils sont immédiatement exécutés en public dans les arènes. Peut-on imaginer symbole plus violent et plus ostentatoire ? Après le régime de censure de Vichy, le huis clos des sections spéciales et des tribunaux d'État, le secret des miliciens anonymes des cours martiales qui sévissaient dans les derniers mois de l'Occupation, la guillotine ou le peloton d'exécution derrière les murs des prisons, cette publicité constitue une transition brutale, mais démonstrative : la liberté n'a rien à cacher. À Montpellier, ce sont jusqu'à 800 spectateurs qui assistent aux exécutions. Comme toutes les manifestations de ces journées de Libération, le spectacle de l'épuration participe aussi à une réappropriation de l'espace public. En même temps, l'unité du plus grand nombre, le consensus sensible sont mis en exergue par l'exclusion des faillis et des traîtres.

Ce concours du public ne va pas sans problème. Les critiques fusent sur la compétence des magistrats provisoires. Surtout, la présence de spectateurs donne lieu à des débordements. Le 15 septembre, à Perpignan, la cour martiale des Pyrénées-Orientales juge un prêtre, pétainiste démonstratif et véhément, accusé d'avoir livré des résistants à la Milice peu avant la Libération. Sur le fond, le dossier est peu clair : il est possible que l'intervention de la Milice ait été fortuite, causée par les imprudences de maquisards qui avaient contrevenu aux consignes sur le stockage et le transport des armes. Parmi les cinq juges figure d'ailleurs l'un des chefs FFI qui aurait été mêlé à ces imprudences. L'inculpé est néanmoins condamné à mort. Le lendemain, la foule manque de le lyncher tandis qu'il est conduit sur le lieu de son supplice. À peine est-il mort que des personnes se précipitent pour tremper leur mouchoir dans son sang. À la suite de ces scènes d'hystérie, le CDL interdit les exécutions publiques.

Ces exemples ne font que souligner de façon paroxystique la satisfaction avec laquelle sont accueillis les malheurs infligés aux collabos, aux profiteurs. De même que les attentats contre des personnalités de la collaboration ou de Vichy étaient salués sous l'Occupation par du contentement et un sentiment de justice accomplie en cas de réussite, de déception dans le cas contraire, la population n'hésite pas à exprimer sa joie en apprenant que tel journaliste collaborationniste local a été blessé, que tel gros commerçant a été molesté et sa marchandise saisie, que telle fille à soldats a été tondue.

Un cas d'espèce

À l'échelon local, quelle perception les responsables ont-ils des exécutions de l'été 1944 ? Sont-ils dépassés ou consentants ? Quelles sont leurs priorités ? On peut esquisser quelques réponses en considérant, par exemple, le cas du Limousin, qui va acquérir la réputation d'avoir été la « capitale des maquis » ou « une terre d'épouvante ».

Depuis la fin du printemps 1944, la Haute-Vienne, la Corrèze et la Creuse, ainsi que les départements voisins tels que la Dordogne sont en état de dissidence et complètement morcelés. Non seulement ils sont le théâtre d'affrontements armés sporadiques, mais aussi de prises de contrôle plus ou moins durables de territoires, ponctuées de représailles. Dans la mesure où ils parviennent encore à s'informer, les procureurs de ces départements ont signalé entre le 6 juin et le 18 août, 36 exécutions sommaires, ainsi que 74 enlèvements. Surtout, le début du mois de juin est marqué par des épisodes inouïs. Le 7, des forces maquisardes ont occupé Guéret, préfecture de la Creuse, pendant deux jours. Elles ont alors improvisé un tribunal qui a condamné trois miliciens à mort. Du 7 au 10, les Allemands ont fait régner la terreur à Tulle (Corrèze), en massacrant 200 personnes. C'est le 10 juin qu'ont été tuées à Oradour (Haute-Vienne) 600 personnes, dont une écrasante majorité de femmes et d'enfants. Ce traumatisme a sur les populations voisines un retentissement immense et va conditionner en partie leur conception de l'épuration. « Horreur, épouvante, haine, il n'est personne dans la région qui, depuis ce temps, n'en ait le cœur rempli jusqu'au dégoût » (*le Centre libre*, 24 août 1944). Radio-Limoges, juste libérée, consacre au village martyr l'une de ses toutes premières émissions, et c'est le thème du premier éditorial du journal naissant du CDL, le 24 août.

La région ne doit qu'à elle-même sa Libération, appuyée sur les FFI, dont de considérables forces FTP, commandés par le communiste Georges Guingouin. Par son autorité exceptionnelle, il consigne les hommes en armes dans leurs quartiers. Le CDL et le commandement FFI répètent l'interdiction des arrestations spontanées et mettent en garde contre les violences « imitées des procédés d'Allemands et de miliciens ». Pourtant, les vengeances sont à l'œuvre, de même que tourne à plein la conviction d'être sous la menace d'éléments de la Cinquième Colonne. Des tribunaux s'improvisent, comme à Cussac et Saint-Junien en Haute-Vienne ou Ussel en Corrèze. Aux termes des enquêtes rétrospectives sur les exécutions sommaires, la Haute-Vienne figure dans le peloton de tête, avec 260 exécutions. Est-ce le résultat d'une guerre de partisans menée sans l'assistance des armées régulières, ou d'un mot d'ordre révolutionnaire accompli avec la complicité des autorités ?

Le président du CDL, Albert Chaudier, est un pasteur, a priori peu suspect de favoriser les crimes. Seulement, il ne peut cacher sa compréhension à l'égard de l'humaine propension à se faire justice.

> Oradour-sur-Glane, les miliciens de Darnand, les tueurs de Laval et leur parodie de jugement immédiatement exécutoire, les résistants tombés aux mains de la sanglante Gestapo, quand on a vu, vraiment vu ou entendu, vraiment entendu tout cela, alors certes on n'admet pas les arrestations arbitraires, ni la tonte publique des femmes prostituées à l'ennemi, ni les exécutions aveugles qui épargnent souvent les vrais coupables [...] Mais on n'a pas davantage le droit de condamner la juste révolte des parents, des enfants, des amis ou des camarades de ces innombrables victimes dévorées par le Moloch hitlérien et ses acolytes « français ».

Le préfet Jean Chaintron, un communiste qui aime à se définir comme un préfet issu du maquis, balance entre son devoir de faire régner l'ordre dans la légalité et sa vision de l'épuration comme prolongement de la guerre. De la guerre de partisans qui vient de se dérouler en Limousin, mais aussi de la guerre qui continue entre les armées alliées et allemandes dans le nord et l'est de la France. Dans ses discours radiodiffusés mensuels, il « réprouve » formellement les violences, actes commis par des irresponsables, des aventuriers, voire des agents provocateurs, tout en mettant en doute l'existence même, les traitant de « bobards », de « calomnies » et d'« épouvantails ». Dans ses propres appels au châtiment, il donne d'ailleurs la première place aux mesures à prendre contre

« les agents des trusts, les gros requins » qui ont vendu le pays à l'ennemi pour s'enrichir, devant les « tortionnaires de la milice, les agents de la Gestapo, les complices de la répression allemande ». Ce décalage est une constante dans sa vision. On le retrouve dans les propos privés tenus à l'abbé Desgranges. Celui-ci, on le sait, s'est adonné à la dénonciation de l'épuration. Le 20 septembre, il interroge le préfet sur les exactions commises dans son département. « Ceux que nous avons exécutés – 73 je crois – sont vraiment criminels. Leur cas a été examiné avec le plus grand soin », répond Chaintron. Tandis que le prêtre insiste, signalant les morts causées par un « maquis rouge dissident », « il blâme certes, mais non sans me faire observer que la sensiblerie, la mollesse dans la répression entraînerait des conséquences funestes ».

Attardons-nous sur le chiffre de 73 morts donné par Jean Chaintron. D'après les termes qu'il emploie et parce qu'il est préfet, on peut supposer qu'il se réfère à des condamnations régulières prononcées depuis la Libération, qui ne date tout de même que de moins d'un mois. Chaintron n'a pris ses fonctions que le 9 septembre. C'est le 25 août que le commandant FFI pour la région a institué des tribunaux militaires exceptionnels dits aussi cours de justice militaire. Cette cour, à dire vrai, fonctionnait déjà à Limoges depuis la veille. Entre le 24 août et le 14 septembre, elle a effectivement condamné à mort 74 personnes, dont l'une a été graciée. Le chiffre du préfet est donc juste. On peut y ajouter douze peines de travaux forcés, dix-neuf de réclusion, treize de prison, deux amendes et 179 relaxes, soit tout de même 60 % des inculpés. Mais on soulignera le caractère atypique de cette juridiction en relevant qu'un quart des inculpés ont été condamnés à mort. En fait, il n'y a guère de place entre la mort et l'acquittement.

D'autre part, 299 personnes ont été jugées en dix-sept audiences seulement, ce qui représente plus de dix-sept inculpés par audience. C'est donc là une justice plutôt avare de procédures et de précautions. Enfin, il faut mentionner que le ministère de la Justice considérera ultérieurement ces cours comme irrégulières et leurs décisions comme juridiquement inexistantes puisqu'elles ne peuvent se prévaloir d'aucun texte justifiant leur création. Par exemple, la chambre criminelle de la Cour de cassation cassera et annulera toute la procédure à l'encontre d'un inspecteur du commissariat général aux Questions juives, fusillé le 30 août 1944, au terme d'une interminable liste d'attendus au nombre desquels figurent la composition fantaisiste de la cour, dont les membres ne sont désignés que par leurs prénoms, l'absence des pièces de procédure les plus élémentaires telles qu'un ordre d'informer ou l'arrêt relatant les questions posées et les réponses des juges, l'absence de vote sur des circonstances atténuantes, d'information sur le huis clos ou la publicité de l'audience et du verdict, de recours pour le condamné, l'évidence du non flagrant délit (puisque cet inspecteur avait quitté ses fonctions plusieurs semaines plus tôt) alors que les cours martiales sont dédiées aux flagrants délits et, enfin, les pièces grossièrement antidatées puisque la sentence date du lendemain de l'exécution.

D'ailleurs, dès le 5 septembre le commissaire de la République institue des cours martiales régulières. Celle de Limoges fonctionne du 15 au 28 septembre, prononçant trois condamnations à mort. D'autre part, le préfet Chaintron n'évoque pas devant son interlocuteur d'exécutions sommaires au sens exact du terme. Fin décembre, dans un discours à ses administrés, il donne un bilan aussi partiel, pris entre sa volonté de démontrer l'efficacité de l'action entreprise contre les traîtres, et une vision biaisée de ce qui se passe en réalité. Il évoque 81 condamnations à mort, 47 internements administratifs et 600 arrestations au statut non précisé. Ces approximations soulignent la difficulté pour les pouvoirs publics, à l'échelon national à saisir dès l'été 1944 ce qui se passe sur le terrain.

Un pouvoir éclaté

Le 1er août, un envoyé du ministère de l'Intérieur du GPRF rend compte :

> De mes visites personnelles dans les régions libérées, des rapports qui nous sont faits par les commissaires de la République, il ressort que le passage de la vie clandestine à la vie publique est une épreuve difficile. Il est exaltant de voir dans des villages français des forcées armées en uniforme, il est admirable de voir siéger librement, dans la France encore occupée, les comités de libération, mais dès que sur une parcelle de territoire, les FFI détiennent le pouvoir, elles doivent répudier immédiatement des méthodes sommaires qui étaient inévitables dans la clandestinité. On ne peut plus abattre les traîtres, sans jugement ; il faut les faire passer devant une cour martiale avant de les exécuter (commissariat à l'Intérieur du GPRF, rapport de Jacques Maillet, 1er août 1944).

On voit que le niveau d'exigence en matière de légalité n'est pas très élevé. Il l'est pourtant encore trop face à la réalité.

Depuis 1943, le CFLN a consacré une grande part de son activité à préparer le cadre légal de la Libération. Avec la coopération des organes centraux de la Résistance et grâce à l'envoi de missions « administratives » en métropole, il a désigné les futurs secrétaires généraux des ministères, les commissaires régionaux de la République et les préfets, prévu les comités départementaux de Libération (CDL) et édicté une nouvelle législation. L'épuration est englobée dans ce dispositif de restauration de l'État, certes comme une mesure de sécurité et de justice indispensable, mais aussi pour éviter des excès et une spontanéité qui constituent une menace pour l'ordre public, le bon déroulement de la guerre et la crédibilité de la Résistance, dont tous sont bien conscients. Dans un rapport de juillet 1944, un des chargés de mission administratifs admet toutefois qu'il se pourrait que les arrestations prévues avant que le gouvernement n'ait fixé la nouvelle procédure judiciaire ne suffisent pas « dans l'émotion du combat et les nécessités de l'heure ».

Les circonstances variables de la Libération bousculent effectivement les plans mûrement préparés, soit pour des raisons matérielles (au nombre desquelles la disparition de certains nouveaux hauts fonctionnaires dans les combats ou leur retard à gagner leur poste), soit pour des raisons politiques, selon les rapports de forces locaux. Dans beaucoup de communes, les communistes cherchent à s'assurer plus ou moins discrètement une place prépondérante dans les nouvelles instances. Les CDL outrepassent le simple rôle consultatif que leur adjoignait l'ordonnance du 23 mars 1944 (« pour faciliter la tâche des futurs Pouvoirs publics [...], ils préparent les mesures immédiates d'épuration et de neutralisation des traîtres » ; « ils sont chargés d'arrêter les traîtres et les suspects »). Ils s'arrogent sur le moment, au nom de leur légitimité résistante, une souveraineté sans partage qui se dissémine néanmoins dans une constellation de comités locaux. Ils se heurtent en outre à la concurrence des FFI et FTP (100 000 en juin, 500 000 en août), en principe non concernés par l'épuration, mais qui exercent, au moins autant que les forces de l'ordre régulières, les fonctions de contrôle et d'arrestation, quand ils ne se prennent pas à rendre et exécuter la justice, en se substituant à l'autorité militaire. Dans les faits, le pouvoir comme exercice légal de la violence publique s'avère diffus et partagé.

Cet état se constate très simplement à tous les échelons de l'épuration. Le pouvoir est alors *de fait*. Le sous-préfet de Corbeil, à peine installé, avise les commissaires de police de son « opposition à toute exécution non précédée d'une décision de justice ». Il a raison de le signifier, mais les policiers ne sont pas encore en mesure de mettre ces ordres en œuvre. De même, les commandements FFI multiplient les rappels à l'ordre précis, à travers toute la France. Ainsi, dès le 22 août à Paris (l'insurrection est commencée depuis le 19) :

> Le colonel commandant des FFI de la Seine rappelle que si l'on doit s'assurer de la personne des collaborateurs et des traîtres, il ne peut être toléré que ceux-ci soient exécutés d'une façon sommaire par les membres des troupes FFI. Ceux qui ont forfait à leur devoir sont justiciables des tribunaux de la République. Toute infraction à cet ordre sera réprimée avec la dernière rigueur.

Les CDL veulent aussi participer à la nouvelle souveraineté nationale. Enfin, des éléments inorganisés, des groupes isolés pratiquent pour des motifs plus ou moins honorables une justice expéditive à l'égard des personnes rendues vulnérables par les circonstances, parfois avec l'assentiment de la population. Prises entre la compréhension et la désapprobation – que ce soit pour des motifs humanitaires ou par souci d'ordre public et de légalité –, les nouvelles autorités cherchent à contenir les excès tout en ayant parfois elles-mêmes bien du mal à distinguer entre des actes de guerre et des actes de vengeance. Certains CDL n'adoptent pas une ligne constante, contribuant à déconcerter leurs concitoyens comme les forces de la Résistance. Ainsi, dans les Pyrénées-Orientales – où le bilan des exécutions sommaires, d'après les enquêtes rétrospectives, est assez modeste (une avant le 6 juin, 12 avant la Libération, 3 après) –, on pourrait penser qu'une politique responsable et active a prévalu, grâce à la préparation en amont des listes de suspects, à la création de commissions d'interrogatoire pour trier le flot des internés, à la répétition de l'interdiction de les brutaliser. En même temps, le président du CDL s'exclame : « cette Révolution est la nôtre et elle doit se faire dans le sang, le sang des traîtres et des collaborateurs ». On verra par ailleurs que le CDL a également encadré et pris part à la répression contre les femmes accusées d'avoir eu des rapports sexuels avec des occupants.

Pour surmonter les risques de débordements, c'est le chef régional FFI qui instaure une cour martiale, décision finalement contresignée par le commissaire de la République. Même si cette cour martiale répond formellement aux exigences légales, son fonctionnement hâtif et partial comme les excès honteux suscités par les exécutions publiques posent évidemment la question de la légalité des condamnations à mort qu'elle a prononcées (une vingtaine) qui ne comptent pas en principe au nombre des exécutions extrajudiciaires.

Partout en France se répète ce bafouillement tragique, tant redouté des préparateurs de la Libération.

> Nous avons indiqué aux Commissaires et Préfets que rien ne les autorisait à admettre des tribunaux spéciaux sans un texte du Gouvernement, qu'ils ne pouvaient d'eux-mêmes innover en la matière qu'il leur fallait s'en tenir en cas d'urgence aux lois de la République, au code de Justice militaire et qu'ils pourraient alors former des Tribunaux militaires constitués en cours martiales, suivant les prescriptions de la loi sur l'état de siège.
>
> Ces recommandations ne furent pas inutiles. [Le commissaire de la République pour Rhône-Alpes] arrivant dans le Vercors et l'Ardèche constatait que les juridictions populaires avaient jugé ou se proposaient de juger des traîtres notoires. Il prenait aussitôt un arrêté constituant des cours martiales où siégeaient, aux côtés du colonel en retraite, des officiers des FFI, tous en uniforme. Il est bien entendu que les cours martiales ne connaîtront que des cas simples de trahison qui, s'ils n'étaient pas immédiatement châtiés, risqueraient de nuire à la sécurité

des armées françaises et alliées (miliciens pris les armes à la main, espions, etc.), les cas de collaboration proprement dits seront examinés par les juridictions qui seront mises sur pied par le Gouvernement provisoire (rapport de Guizot, 20 juillet 1944).

Tandis que la guérilla se poursuit dans la traque des séides de l'ennemi, que des tribunaux s'improvisent et que des comptes se règlent à la faveur du désordre, la mise en place d'une justice légalisée demande un peu de temps (et il lui faudra effectivement deux bons mois pour commencer à fonctionner). La reprise en main par l'État aurait besoin de ressources plus immédiates. Le conseil des ministres, revenus à Paris le 6 septembre, annonce que « la période d'illégalité nécessaire à la Libération est terminée ». Le général de Gaulle parcourt le pays, passant par les villes qui ont connu une Libération effervescente, comme Lyon, Toulouse et Marseille. Il vient en renfort de l'autorité encore chancelante des commissaires de la République et des préfets et signifie le retour dans le rang des éléments FFI incontrôlés, par leur enrégimentement, leur départ pour le front, puis la dissolution des milices patriotiques communistes. Mais il faut du temps.

Les communications se rétablissent peu à peu entre Paris et les régions. Les pouvoirs locaux n'ont plus l'excuse d'ignorer les ordres, et le ministre de l'Intérieur, Adrien Tixier, nourrit sa très ferme conception de l'autorité de l'État d'un flot continu d'informations. Comment pourrait-il supporter celles qui parviennent par exemple d'un officier envoyé vers l'Ardèche, le 20 septembre ?

> Sur la route de St-Étienne-au-Puy, je charge deux jeunes filles communistes qui me donnent des renseignements intéressants sur le maquis local. Montée en lacet dans la montagne où nous rencontrons de nombreux FTP qui nous arrêtent brutalement. Arrivée au Puy. Atmosphère d'inquiétude. Représailles injustifiées, intimidation, chantage. De nombreux fusillés après jugement sommaire. Le colonel Gevold me déclare qu'il a fallu donner satisfaction à l'opinion publique et qu'il est très inquiet en raison du problème des Russes (Soviétiques), lesquels se trouvant dans un premier temps encadrés par l'armée allemande, font corps aujourd'hui avec les communistes français et se livrent à des excès inqualifiables.
>
> Je me rends à Aubenas à l'état-major FTP régional. Même atmosphère d'incertitude. Sur la route, je monte deux FTP qui profitent du trajet pour me dérober de nombreux objets personnels. Je résiste à des mesures d'intimidation et dans un des cas, me trouvant en présence d'un nombre important, je peux continuer non pas en raison de mes sauf-conduits, mais avec des cigarettes et du cognac.

Au sein de la France combattante puis des mouvements de Résistance, la volonté de libérer le pays envahi s'est doublé d'un combat pour faire figurer la France au nombre des nations respectées et victorieuses, pour rétablir la République et restaurer l'État de droit. L'épuration et le châtiment des traîtres devaient prendre leur part de tous ces projets en privant l'ennemi de ses soutiens intérieurs et en favorisant le renouvellement des cadres de la nation. Les objectifs risquent-ils de se retourner contre eux-mêmes et de nourrir une guerre civile que préparatifs et négociations en amont ont essayé absolument d'éviter ?

L'été 1944 est marqué non seulement par l'explosion du nombre d'homicides, mais aussi de tentatives d'homicides et d'enlèvements qui pour certains annoncent d'autres morts. L'immédiate après-Libération ne se différencie pas à cet égard de la période des combats de la Libération. Les fins de guerre, d'ailleurs, se caractérisent toujours par une intensification des violences entre combattants, comme à l'égard des civils. Mais l'épuration qui commence ainsi ne mérite pas vraiment son nom : c'est une guerre après la guerre, une guerre continuée qui croit participer à la victoire finale contre l'Allemagne nazie.

L'insurrection a certes été accomplie par une minorité réduite, mais avec la sympathie croissante d'une bonne partie de la population qui s'est sentie de plain-pied avec les combattants au moins autant à cause des souffrances et des peurs partagées, que par adhésion à leur cause. À l'identité combattante s'ajoute ainsi une identité nationale édifiée autour des peines communes. Or, la sortie de guerre est un moment où éclatent les rancœurs forgées durant le conflit. Les Allemands se dérobant dans une certaine mesure à l'expiation immédiate, les catégories de Français à châtier viennent au centre des préoccupations urgentes. Les exactions commises dans les derniers temps de l'Occupation par les Allemands et leurs acolytes, éventuellement à grand renfort de publicité, comme la révélation des crimes de l'ennemi après la Libération paraissent justifier une violence équivalente à celle qui fut exercée, malgré les appels à se préserver de la contagion de la barbarie nazie. Toutefois, en dépit de l'approbation de la population envers les exécutions de l'été 1944, cette violence ouverte, publique, qui est aussi une démonstration de force de la Résistance militarisée, fait encore figure de prolongement de la guerre. C'est ailleurs, ou plus tard, qu'il faudra rechercher cette épuration de voisinage, si tenace et déconcertante, que les collaborateurs, pourtant, avaient appris à redouter.

V

Des victimes raisonnables

En ce temps-là, pour ne pas châtier les coupables,
on maltraitait les filles.
On allait même jusqu'à les tondre.
(Paul Éluard, Exergue à Comprenne qui pourra,
les Lettres françaises, 2 décembre 1944).

La mémoire collective travaillée par le traumatisme et la culpabilité, ravivée selon un schéma constant par les œuvres de fiction, associe à l'épuration (et à la Libération) l'image accablante des femmes tondues. Au-delà de l'émotion, l'archétype s'explique aussi par des chiffres. On estime à 20 000 le nombre de femmes qui ont subi ce cérémonial, ce qui représente le double du chiffre des exécutions sommaires, et le cinquième du total des condamnations prononcées pour faits de collaboration. On est donc au-delà du fantasme et bien dans le domaine d'une réalité d'autant plus visible qu'elle a été massive et répandue sur l'ensemble du territoire. Les tontes auraient eu lieu dans 85 % des départements, toutes régions confondues, en ville comme à la campagne.

Elles représentent un élément fondamental de l'épuration extrajudiciaire, souvent imbriquée avec les exécutions et les arrestations. Châtiment sexué puisque réservé aux femmes à plus de 99 %, il pose généralement la question de l'application de l'épuration aux femmes, qui produit un résultat plus ample, plus violent et plus politique que celui que, sans doute, on attendait.

Mourir d'aimer ?

Amour, vénalité, libre sexualité, adhésion politique, prostitution, misère, sottise. Toutes les raisons sont invoquées tour à tour pour condamner ou défendre les femmes qui ont eu un ou des amants allemands. Les archives leur donnent raison, en produisant une vaste gamme de cas, qui apparaissent au fil des correspondances ou des dépositions. Quoi que l'on en dise, ce ne sont pas toujours des jeunes femmes aveuglées par l'amour qui ont payé le plus lourd tribut. Mais bien plutôt celles qui ont commis réellement des actes qui s'interprètent comme une aide à l'ennemi.

Sans que les statistiques soient complètes, force est de constater qu'en matière d'épuration extrajudiciaire, les femmes ont représenté environ un cinquième des exécutés, que ce soit avant, pendant ou après la Libération. Ce qui prouve qu'elles avaient acquis un rôle suffisamment autonome pour être considérées comme coupables, voire dangereuses. Sur 63 exécutions décidées avant la Libération par les tribunaux des maquis du Lot, quatre concernent des femmes. Certes, il y a des morts de circonstances, ces femmes qui sont abattues en même temps que leur mari ou leur fils, pour s'être trouvées là au mauvais moment. Il arrive même qu'elles « paient » à la place d'un absent. Dans l'Orne, où il y aurait eu cinq femmes sur 43 victimes d'exécutions sommaires, elles auraient toutes été frappées au sein de leur famille. Le contraire existe aussi : le 8 juillet, trois hommes ont abattu un cultivateur savoyard faute de trouver sa fille qui « est de mœurs légères et fréquente assidûment les troupes d'opération ». Épilogue tragique de *la Fille mal gardée*.

Mais on est aussi frappé par la proportion de femmes qui sont visées parce qu'elles sont délatrices (et pas seulement dans un cadre privé), parce qu'elles appartiennent à un parti collaborationniste ou travaillent pour un service allemand. Dans ces conditions, il n'est pas toujours aisé de démêler si les relations intimes avec des Allemands qui leur sont reprochées sont l'essentiel ou l'accessoire dans la décision prise de les tuer.

> La famille D... était mal considérée dans le pays ; la fille aînée avait eu un enfant de ses relations avec des militaires allemands ; la Feldgendarmerie avait l'habitude de venir régulièrement rendre visite aux époux D... ; la femme avait fait arrêter un ami de son mari qui a été condamné à dix mois de prison par le tribunal militaire allemand (le procureur près le tribunal de Troyes au procureur général près la cour d'appel de Paris, 12 août 1944).

Dans une petite commune de Seine-et-Oise, une jeune fille de 21 ans fait l'objet de deux tentatives de meurtre en février puis mars 1944. Interrogée par la police sur les raisons de telles attaques, la mère de la victime se montre évasive sur les soupçons de la délation (qui la concernent aussi), mais étonnement explicite sur le comportement privé de sa fille avec les occupants. Peut-être pense-t-elle minimiser ainsi les faits.

> D'après la rumeur, le motif en serait que nous aurions dénoncé un habitant du bourg, M. Goujon, marchand de meubles, comme ayant hébergé des parachutistes américains ou anglais. Ou encore qu'on renseignerait les Allemands au moyen du téléphone.
>
> Ma fille, qui est d'un naturel léger et facile, était en bons termes avec beaucoup de soldats allemands qui nous apportaient du linge à laver ; elle se promenait même en leur compagnie (déclaration à la police, 13 mars 1944).

Le comportement paraît varier fortement d'une région à l'autre. Un tiers des femmes abattues dans le Morbihan l'aurait été pour relations sexuelles avec des Allemands. De telles occurrences ne sont pas rares non plus dans l'Aube :

> La victime, qui était d'origine luxembourgeoise, recevait chez elle beaucoup de soldats de l'armée d'occupation ; il semble que ce soit pour cette raison qu'elle ait fait l'objet d'un attentat (3 août 1944).
>
> Ces trois femmes, qui étaient de conduite et de moralité douteuses, vivaient ensemble dans le débit qui n'avait pas bonne renommée (Villemoyenne, 21 juillet 1944).

Ainsi que dans le Sud-Ouest :

> La victime était de mœurs légères et aurait eu des relations avec les autorités allemandes. Il est à supposer qu'elle a été assassinée par les gens du maquis (Dordogne, 30 juin 1944).

Dans l'Ain, des jeunes femmes « connues pour leur inconduite et leur fréquentation assidue des militaires des troupes d'occupation » sont enlevées au mois de juillet 1944, sans que les archives mentionnent si elles ont été ou non retrouvées vivantes. Dans tous ces lieux, la force et l'activité des maquis font pressentir leur rôle déterminant. Toutefois, la corrélation peut être faible, comme dans les Alpes ou le Massif central, qui sont aussi des terres maquisardes. Au contraire, dans les Ardennes, qui ont connu seulement neuf exécutions extrajudiciaires, quatre concernent des femmes abattues au motif de relations sexuelles avec des Allemands, ce qui laisse deviner une sensibilité exacerbée, sans doute héritée des souvenirs de l'occupation de la Première Guerre mondiale. Punir de mort les femmes coupables de « collaboration horizontale » n'est donc pas un phénomène national, contrairement à la stigmatisation publique qui va les frapper aux jours mêmes de la Libération.

Prémices de la honte

S'il s'agit bien d'un phénomène explosif de l'été 1944 – avec une résurgence au printemps 1945 sur laquelle nous reviendrons – les tontes ont été mises en pratique de façon sporadique dès l'été 1943. Un cas est signalé à Pau, par un journal clandestin local, au mois de juin :

> Une équipe de jeunes gens, écœurés de la conduite de certaines femmes – proxénètes nouveau style – avec la soldatesque allemande a entrepris une action de tonsurage de crâne de ces dames, ces dernières seront plus discrètes maintenant. Elles le seront certainement davantage si une bonne publicité leur est réservée.

À cette époque-là, la tonte apparaît couramment comme une punition pour des relations sexuelles avec des Allemands, mais elle est aussi un marquage, à titre de précaution, sur les agents de l'ennemi. Les femmes « faciles » acoquinées avec l'ennemi pourraient être des rabatteurs qui feraient des jeunes gens leurs proies. C'est aussi pourquoi les descriptifs donnés par la presse clandestine ont quelque chose à la fois de moqueur et méprisant, mais aussi de combatif et engagé, qui contraste avec la médiocrité de ces opérations. Dans le Gard, une très jeune fille qui a fait des avances à des Allemands, qui vante la supériorité de ses amants sur les Français et qui a choisi de partir comme travailleuse volontaire en Allemagne, est tondue par un cousin et quelques camarades, la veille de son départ. À Roanne, ce sont neuf femmes travaillant pour les Allemands et une jeune fille dans le Finistère.

Les tontes sont présentées aussi comme des avertissements. Dans le journal du mouvement France d'abord de décembre 1943, les tontes, accompagnées de marquages à l'encre ou au mercurochrome, sont signalées en campagne ou dans de petites localités. On reconnaît qu'elles sont difficiles à mettre en œuvre en ville, mais il est alors recommandé de « prévenir par lettre les coupables et leur dire qu'après la Libération, le Comité de Salut public ne les oubliera pas ». Dans ce cadre punitif et préventif, ces pratiques ne sont pas réservées aux femmes. Quand, le 6 décembre 1943, le maquis investit provisoirement Nantua, un couple de commerçants est tondu, affublé de croix gammées et ainsi promené en ville.

Au début de 1944, des femmes sont brutalisées à Mur-de-Bretagne où un maquis est en cours de formation. À partir de mai 1944, on voit apparaître des tontes dans la région de Guingamp où les FTP sont très actifs. Obéissant à un mot d'ordre, ils s'en prennent surtout aux actrices de ce marché noir de proximité qui fait le régal des troupes d'occupation. À compter du débarquement, le phénomène prend de l'ampleur, accompagnant parfois des attaques nocturnes de fermes. En ville, on substitue au passage à l'acte des listes de « femmes à tondre », toujours dans un double registre : « les poules et autres bistrotes ». Les menaces verbales deviennent plus courantes.

> Ces femmes avaient eu une conduite scandaleuse pendant l'occupation et on les avait menacées à plusieurs reprises de leur couper les cheveux à la Libération (lettre du procureur général près la cour d'appel d'Amiens au garde des Sceaux, 7 mars 1949).

Dans le contexte de la clandestinité et des combats, tondre comme tuer sont des gestes qui font courir un risque important à leurs auteurs, ce qui les nimbe d'une légitimité résistante.

Avérées ou fantasmées, ces pratiques sont donc dans l'air du temps. La certitude que des représailles et, plus précisément la tonte, attendent les femmes coupables de collaboration, d'une façon ou d'une autre, s'impose, y compris aux intéressées. C'est ainsi qu'une jeune institutrice de Seine-et-Marne, admiratrice inconditionnelle de l'Allemagne, membre du RNP et fan des SS, écrit à des cousins en janvier 1944 : « Je serai dans les femmes à raser quand nos " amis " viendront. Qu'importe, je suis mordue par la bête ».

Une évidence, une urgence

On ne peut repérer aucun appel à la tonte, aucun mot d'ordre national, aucun envoi systématique de consignes. Pourtant, l'ampleur du phénomène et sa diffusion sur l'ensemble du territoire national le signalent comme une évidence accompagnant la Libération, au même titre que les arrestations et, plus encore peut-être, que les mises à mort. On est frappé par l'immédiateté de la mise en œuvre des tontes, pendant la poursuite des combats même, comme s'il y avait urgence. D'ailleurs, la réponse fournie par un tondeur récidiviste lors d'une enquête de gendarmerie souligne, par son arrogance même, à quel point la tonte de femmes « coupables » s'impose : « Je me refuse à faire toute déclaration parce que j'ai fait ce qui a été fait dans beaucoup d'autres pays [villages] et je n'ai pas d'explication à donner » (ouvrier agricole dans l'Orne, 44 ans).

L'une des plus célèbres photographies représentant une tondue, celle prise par Robert Capa à Chartres, où l'on voit une jeune femme au crâne nu portant son bébé de huit ou dix mois, escortée de policiers hilares et au milieu d'un concours de foule empressée où femmes et enfants sont en majorité, date du 18 août, c'est-à-dire de la veille de la libération définitive de la ville. Les tontes commencent à Marseille dès le 23 août, alors que les combats se poursuivent en ville jusqu'au 28. Dans un village de la Manche, elles surviennent aussitôt après le passage des Américains. À Houilles, en grande banlieue parisienne, une trentaine de femmes sont tondues le lendemain du départ des Allemands et promenées sur un camion à travers la ville. Ces quelques exemples ne font qu'illustrer une constante : les tontes apparaissent comme une urgence, quasiment une priorité.

> Le 25 août, les FFI prennent la ville [Chablis], installent leur PC à la Mairie et organisent des postes de garde [...] Ces mesures préventives prises, il fut procédé, sur le seuil de la Mairie et devant une foule en liesse, à la tonsure de huit jeunes personnes qui s'étaient signalées pendant l'occupation par leur sympathie non déguisée à l'égard des boches.

> Le 30 août, dès l'arrivée des troupes alliées [à Trie-Château dans l'Oise], les résistants se partagèrent en deux groupes. Le premier se mit en campagne pour effectuer la chasse aux boches, le second se mit à la recherche des femmes désignées comme ayant entretenu des relations coupables avec les Allemands.

On estime que les deux tiers des tontes ont eu lieu pendant les journées même de la Libération. À nos yeux, elles semblent n'obéir à aucun impératif tactique, à aucune nécessité de sécurité comparable à l'idée du « marquage » des agents de l'ennemi avancée sous l'occupation. Pourtant, les historiens militaires du débarquement nous apprennent que les Alliés se sont persuadés que des Françaises étaient prêtes à faire le coup de feu contre eux, au nom de solidarités matérielles et sentimentales avec les Allemands. Churchill lui-même, après son passage en Normandie le 12 juin, écrivit à son ministre Antony Eden que des tireuses d'élite françaises avaient ouvert le feu sur lui. Cette rumeur est très présente sur le front, alors que les archives ne révèlent rien de tel dans les faits et qu'elles présentent même peu de cas de femmes arrêtées pour avoir aidé ou caché des soldats allemands. En l'occurrence, l'utilité des tontes n'est pas matérielle, elle est symbolique et c'est cela qui les rend urgentes et évidentes. Si évidentes que leur déroulement s'effectue partout selon des modalités très semblables, sans qu'il y ait besoin d'instructions. Un rituel se met en place, en dépit de l'émiettement du pays morcelé par les événements de guerre et par l'absence de communications.

Comprenne qui voudra

La scène se déroule selon un scénario étonnamment similaire selon le lieu et la date. Souvent dès le premier jour de la libération de la commune, la ou les femmes destinées à être tondues sont appréhendées chez elles par un petit groupe d'hommes en armes. Elles sont conduites dans un lieu public : place, café, rue... Elles sont plus ou moins longuement interrogées ou directement accusées. Elles peuvent faire l'objet d'une manière de procès et de verdict. Elles sont menacées et intimidées. Elles peuvent être molestées ou frappées. Leurs cheveux d'abord coupés grossièrement sont éventuellement jetés à la foule, puis tondus ou rasés. Ces gestes peuvent s'accompagner d'autres sévices : marquage au front, au visage, sur le ventre par des croix gammées tracées par exemple à l'encre ; déshabillage plus ou moins complet ; éventuellement rasage du pubis. Elles sont ensuite exhibées, généralement à pied, plus rarement en camion, pour une manière de défilé expiatoire au travers de la localité. Il arrive qu'elles soient pieds nus, dénudées, qu'on les oblige à faire le salut hitlérien, à porter une pancarte (« honte à cette femme amoureuse du mark ») ou des objets compromettants comme des billets de banque, voire leur enfant, preuve vivante de l'infamie. À ce moment, elles subissent de nouveau des quolibets, des injures, parfois des coups. Le défilé se termine dans un lieu de détention. Il peut aussi être suivi d'un simulacre d'exécution ou d'une libération immédiate. Tout ce cérémonial prend rarement plus de quelques heures, parfois beaucoup moins, exceptionnellement plusieurs jours.

> Imagine-toi que samedi 19 août, j'étais une des jeunes filles les plus heureuses d'Agen, vu que le Maquis occupe la ville ; mais, à 2 heures, la police est venue me chercher pour la suivre au commissariat. J'y suis restée jusqu'à 5 heures dans la salle de police, puis on m'a mis dans une cellule, soi-disant que je fréquentais les Allemands, moi qui ne sortais qu'avec les aviateurs. On nous a fait monter dans un camion et on nous a coupé les cheveux à ras, et on voulait nous mettre à poil, enfin j'ai pu me sauver et garder un slip, de là on nous a ramenées au poste jusqu'à 11 heures et demie du soir sans manger, je n'en pouvais plus (lettre de Betty, interceptée par le contrôle technique, 24 août 1944).

Quatre questions peuvent être posées : quelles sont les femmes tondues ? qui sont les tondeurs ? comment réagit le public ? quelle est l'attitude des pouvoirs publics ?

Les femmes tondues peuvent être des jeunes filles, éventuellement mineures, des femmes adultes, voire des femmes âgées. Dans la mesure où toutes les femmes tondues ne le sont pas en punition de relations sexuelles, on peut supposer que plus la tondue est jeune, plus il y a de probabilités pour que ce soit là le motif. Plus elle est âgée, plus on pourra aussi deviner un motif de délation ou de marché noir. Le registre d'écrou de la prison centrale de Poissy pour les premiers jours de la Libération montre que sur 80 femmes arrêtées dans la région, dix ont été libérées au bout de huit jours, après avoir eu les cheveux coupés. À deux exceptions près, ce sont de très jeunes femmes, célibataires, sans profession ou avec un tout petit métier (bonne, fille de ferme), parfois appartenant à la même famille.

Les témoignages contemporains montrent que la réputation ou la rumeur constituent des facteurs déterminants dans la désignation des victimes.

> J'ai entendu dire que cette jeune fille n'était pas des plus sérieuses (buraliste à Saint-Symphorien 14 octobre 1944).
>
> Il est notoire qu'elle est de mœurs légères (conseiller municipal à Rouez-en-Champagne).

La proximité joue aussi à plein :

> Madame F... et sa fille ont côtoyé publiquement des Allemands et les recevait chez lui [*sic*]. Je puis dire que les Allemands étaient renseignés par elles sur tout ce qui se passait dans le pays. Je ne connais pas particulièrement la famille M... mais j'ai vu la fille se promener avec les Allemands (garde champêtre à Gargenville, 15 septembre 1944).
>
> Parmi ces femmes, quelques-unes étaient notoirement connues pour leurs relations avec les soldats ennemis et avaient causé des ennuis à la population ainsi qu'à moi-même (maire de Nonant-le-Pin, 1er septembre 1944).

Enfin interviennent des règlements de compte plus ou moins justifiés : « Un jour, la mère F..., au cours d'une discussion de voisins, m'a dit qu'elle me ferait partir en Allemagne » (manœuvre à Gargenville, 15 septembre 1944).

Il peut aussi suffire d'avoir travaillé pour les Allemands, et certes pas comme auxiliaires de la Gestapo. Tous les menus métiers (laver chez soi le linge que des soldats allemands apportent, être cuisinière, femme de ménage), tous les trafics même modestes (vendre des œufs, du beurre, etc.), les activités commerciales ordinaires (être vendeuse, serveuse, tenir une caisse), tout ce qui fait que l'occupant entrait chez une femme suscite une suspicion. « J'ai blanchi des soldats puisque j'ai encore le linge chez moi et le soldat qui me l'a porté à passé *sic* pour faire la noce avec moi » (lettre au préfet de l'Orne d'une femme tondue à Damigny le 14 août 1944, 16 août 1944).

Effectivement, ces femmes sont décrites comme des profiteuses, des jouisseuses à tous les sens du terme. Avoir des relations sexuelles avec les Allemands est bien sûr immoral au premier degré, parce qu'une honnête femme ne fait pas ça, non plus qu'une jeune fille et, a fortiori, l'épouse d'un prisonnier de guerre. C'est une tromperie : « Cette femme a été prise en flagrant délit d'adultère avec les ennemis de notre Nation » (*la Voix de l'Ouest*, 28 septembre 1944). C'est également une trahison patriotique, la preuve même que la France est violée, souillée, mais aussi soumise comme une fille. C'est le consentement insupportable qui sera reproché à Brasillach, lors de son procès, sur un mode ambigu.

[Le procureur Reboul citant un article Brasillach du 19 février 1944] Qu'on le veuille ou non, nous aurons cohabité ensemble ; les Français de quelque réflexion, durant ces quelques années, auront plus ou moins couché avec l'Allemagne, non sans querelles, et le souvenir leur en restera doux. [...]

[Le procureur reprenant son réquisitoire] Ce sentiment qui n'ose pas dire son nom, c'est de l'amour ! [...] Il n'est que trop facile de tirer de ces pages pénibles un effet commode, je ne le ferai pas, mais je veux ici souligner l'outrage qu'elles ont pu être, pour tous ceux qui ont été torturés, pour tous les martyrs, pour toutes les misères de la France [...] [évoquant la libération de Brasillach de son camp de prisonniers de guerre en avril 1941] Il couche avec l'Allemagne, et au lendemain de cette fornication, on lui glisse dans la main le billet de retour [...] Toute idée de résistance à la pénétration de la France par l'Allemagne vous paraît un acte monstrueux. Votre amour quasi charnel de la force brutale a pu vous pousser à tenter d'amener votre pays dans le lit aux souvenirs si doux.

La soumission sexuelle a des corollaires, à commencer par des avantages matériels, petits cadeaux, petites facilités, ravitaillement, passe-droit, tout ce qui paraît insupportable lorsque l'on subit privations et contraintes. C'est pourquoi ce qui se déroule dans les maisons ou les cafés qui abritent ces amours avec l'occupant est souvent qualifié d'« orgies » avec ce que cela implique certes en termes de sexualité, mais aussi en termes de goinfrerie.

Ces gueuletons se terminaient souvent par les pires orgies. Avec tout cela, il y a eu naturellement des histoires de fausses couches ou avortements pendant lesquels on lisait l'inquiétude sur la figure du Boche (lettre au 2e bureau FFI de Paris, mi-septembre 1944).

Dans ces liaisons, la plupart du temps, il n'y eut pas de trace d'amour. Souvent, les officiers allemands utilisaient ces filles comme sources de renseignements pour la Gestapo. Quant à ces généreuses déesses de l'amour, ce n'est pas pour les beaux yeux des officiers allemands qu'elles mettaient entre les mains de la Gestapo la vie de leurs compatriotes, mais pour le plaisir de s'acheter une nouvelle robe ou une combinaison en satin (l'*Appel de la Haute-Loire*, 27 août 1944).

Et tous ces avantages, ce luxe, ce superflu achetés par la prostitution et le crime, c'est autant du nécessaire volé au reste des Français.

Les agissements des misérables et infâmes créatures déshonorées et corrompues par l'ennemi étaient un défi au vu du sacrifice supporté par les femmes françaises (le *Département*, journal du CDL de l'Indre, 25 août 1944).

Et le problème se trouve aggravé par le fait que la soumission sexuelle devient inexorablement soumission politique. Teintée d'une irrésistible tentation d'exercer un pouvoir, ne serait-ce qu'au moyen de la délation. Coucher, c'est collaborer.

> Pendant l'Occupation, quelques filles ou femmes de Saint-Pair ont été les maîtresses de soldats ou de gradés allemands et ont affiché des sentiments pro allemands. Ce petit groupe, se sentant méprisé par la population, s'en est vengé en dénonçant les Français aux Allemands. Pendant plusieurs années, nous avons vécu sous la menace des dénonciations de ces filles et dû subir le scandale et la honte de leur conduite (lettre du comité local de Saint-Pair au CDL de la Manche, 11 octobre 1944).

Les ciseaux sont patriotiques

Le châtiment s'impose donc. Et il faut que quelqu'un le mette en œuvre. Or, en dépit de l'image de spontanéité, de vengeances mesquines, de foule suiveuse et bête que véhicule le souvenir des tontes, ce sont bien des résistants qui sont au cœur du processus. Sans hésitation : « Thérèse G. a été putain, putain effrénée avec uniquement des Boches » (rapport FTP/FFI du 14e bataillon de Chalais, vers le 6 septembre 1944).

La question de savoir qui sont les tondeurs est en fait multiple. En allant du plus évident au plus difficile à cerner, on peut se demander : qui manie les ciseaux ou la tondeuse ? qui va chercher les femmes, les conduit au lieu de la punition, les contraint à la subir, les exhibe ensuite ? Et, en premier, lieu, qui préside au choix des victimes, qui donne l'ordre initial, qui préside aux étapes du châtiment ?

Un coiffeur est souvent requis. Mais n'importe qui sachant manier une tondeuse (même une tondeuse à moutons) fait l'affaire. Les arrestations sont opérées par des hommes en armes, éventuellement des policiers ou des gendarmes, plus souvent des résistants locaux.

> Cinq hommes armés de fusils sont descendus de cette voiture et sont venus à la maison. Parmi ces hommes que je ne connais d'ailleurs pas, il y en avait un qui portait un brassard comme en portent les FFI. Celui-ci était plus jeune que les autres. Il pouvait avoir 20 ans environ ; quant aux autres, ils pouvaient être âgés de 35 ans environ. Ma sœur Madeleine était présente. Ces hommes qui se sont présentés comme des hommes de la résistance se sont adressés à elle. Ils lui ont demandé si c'était elle la fille B. Ma sœur leur a répondu qu'il y en avait deux. Ils nous ont donc demandé nos cartes d'identité. Nous leur avons donné (Henriette B., 19 ans).

À y regarder de plus près, tous les cas de figures sont possibles. Deux Mayennais dont l'un se déclare résistant affilié à un groupe depuis mai 1942, se font accompagner d'un camarade de Bordeaux pour procéder à des arrestations et à des tontes dans la Sarthe. Ou bien il s'agit de groupes qui se font une spécialité, dans une zone, de procéder aux tontes. On en voit un à l'œuvre, dans l'Orne, dans les premiers jours de la Libération. Or, il est composé d'anciens de l'organisation Todt qui ne paraissent pas avoir beaucoup d'actions de résistance à leur actif. Surtout, on remarque un effet d'entraînement, en particulier auprès de très jeunes gens, qui participent de façon pratiquement spontanée sans savoir très bien pourquoi.

> J'ai bien tenu certains propos aux deux femmes mais étant l'énervement qui me poussait à agir, je ne me souviens pas exactement des paroles que j'ai prononcées, elles n'étaient pas vexantes au point qu'elles ont bien voulu le dire [...] Je ne faisais partie d'aucun groupe de résistance. J'ai suivi les autres qui étaient armés (ouvrier bourrelier à Écomoy, 17 ans).

> Je me trouvais à la maison lorsque j'ai appris que des gens coupaient les cheveux à des jeunes filles qui collaboraient avec les Allemands. Je suis descendu et je suis arrivé au moment où la fille M. était déjà tondue et que la fille F. était sur le point de l'être par B. Maurice ; j'ai donné moi-même deux derniers coups de tondeuse à cette dernière (manœuvre à Gargenville, 23 ans).

Quant à savoir qui donne les ordres, le flou est encore plus grand.

> À un moment donné, sans savoir d'où venait l'ordre, j'ai vu les filles se coucher par terre. B. a enlevé la culotte de la fille M., l'autre n'en avait pas. Pendant que je tenais les jambes de la fille F., C. avec une lame de rasoir et de l'encre de chine lui faisait une croix gammée sur le ventre. Je n'ai pas touché la fille M. C'est C. qui a également opéré sur elle. Je ne me souviens plus qui a rasé les parties génitales de ces filles ; j'ignore qui a eu l'idée ou donné l'ordre.

Cette violence qui peut sembler *sui generis* est pourtant ordonnée et prise en charge par une partie de la Résistance et des autorités nouvelles qui en sont issues. On estime par exemple que 80 % des femmes tondues en Bretagne l'ont été par des FFI ou des FTP. Les chefs des groupes de résistants, les comités locaux de libération sont souvent à l'origine de la désignation des tondues et de l'ordre de procéder.

> Le 1er août 1944, je suis entré dans la Résistance au Ier Régiment de France de Paris, sous les ordres du capitaine Moussou. À partir de ce moment, j'ai reçu différentes missions et les ordres de M. Fat qui se tenait à la mairie de Noisy-le-Grand.

> Dans les premiers jours de septembre 1944, je ne saurais préciser le jour, j'avais été chargé de placarder à différents endroits des affiches émanant de notre groupe de résistance. Le soir même j'ai reçu l'ordre de m'assurer que lesdites affiches se

trouvaient toujours en place. J'ai effectué une ronde avec Mme Jeanne Todano et, vers 21 h 30, j'ai remarqué la nommée M... Jacqueline qui, en compagnie de sa mère, décollait une de ces affiches apposées au coin de la rue du Dr Sureau et de la route de Villiers. Avec ma compagne, je ne suis pas intervenu et nous nous sommes bornés à signaler le fait à M. Fat, notre chef qui se trouvait à la mairie.

Quelques jours après, M. Fat m'a donné l'ordre ainsi qu'à plusieurs de mes camarades d'aller couper les cheveux à la délinquante. Je me suis donc rendu au domicile de Jacqueline M... en compagnie de Gourdin Charles, Charrier Robert, Joffrin Lucien, Gourdin Louis, Douine Henri et de mon frère Lucien. En arrivant à cette adresse, nous avons enfoncé la porte du jardin et nous avons pénétré dans la propriété où nous avons pu joindre Jacqueline M... Celle-ci a alors été placée sur une chaise et le nommé Charles Gourdin s'est alors mis en devoir de lui couper les cheveux pendant que mon frère et mon beau-frère Robert Charrier lui tenaient les mains. Notre mission terminée chez les M..., nous avons tous quitté les lieux.

En plus du décollage d'affiche dont je viens de vous parler, la nommée M... Jacqueline était désignée dans le quartier comme faisant partie des JNP (chemises bleues à Doriot). En ce qui me concerne, je ne l'ai jamais vue en tenue de JNP dans le quartier que nous habitons. Il n'est pas à ma connaissance non plus qu'elle y ait fait une propagande quelconque. Sa mère, par contre, avait la réputation de parler toujours en faveur des Allemands. C'est ainsi qu'un jour, je l'ai entendue dire qu'elle préférait marier sa fille à un Allemand qu'à un Français (déposition de Jean Cottart, 19 ans, 25 janvier 1945).

Certains CDL non seulement organisent administrativement le châtiment, mais le prolongent par des peines de complément. Ainsi, le CDL de l'Hérault édicte que « les femmes qui ont couché avec les Allemands seront conduites au service de la prostitution ; elles seront tondues et mises en carte après avoir subi un examen vénérien ». Le CDL des Pyrénées-Orientales voisines renchérit : « À l'exception des prostituées des maisons publiques, les femmes qui ont eu des rapports intimes avec les Allemands devront avoir la tête rasée. Et seront en outre soumises pendant six mois à la visite médicale bihebdomadaire à laquelle sont astreintes les prostituées surveillées ». Elles sont traitées comme des prostituées, plus mal même que les prostituées qui échappent généralement à la tonte, tout le monde semblant penser qu'elles n'ont fait que leur travail en couchant avec l'occupant. Ce qui est crime pour les amateurs, est « accommodement » pour les professionnelles : il faut bien vivre. Pour les autres, la tonte comme marquage d'infamie est aussi le signe visible de la « désinfection » de la personne et de la société qu'elle pourrait contaminer. D'où aussi la désignation publique par l'exposition des photos d'identité des femmes tondues, ou la chasse aux turbans, foulards et autres cache-misère pratiquée par des résistants dans les temps qui suivent la tonte.

De la part de ces résistants et de leurs comités, la tonte, punition bénigne (nous y reviendrons) est présentée comme un excellent exutoire au risque du déchaînement d'une violente épuration de voisinage. Un jeune homme, qui détient des responsabilités dans le 2e bureau FFI de son département, exprime cette nécessité de répondre aux desiderata d'une foule avide de vengeances promptes et visibles. La mise en scène renforce cette assimilation. Ainsi, à Issoudun, deux femmes sont tondues sur une place centrale devant « une assistance considérable ». Le lendemain matin, au même endroit, sont exécutés publiquement une femme coupable d'avoir dénoncé un maquis et un milicien. La tonte est comprise comme un moindre mal par rapport à un risque de lynchage ou d'exécution sommaire. Un commissaire versaillais se félicite de cette excellente catharsis :

> Cette explosion de la colère et des souffrances contenues pendant quatre années, s'est manifestée par des nombreuses arrestations et la tonte des femmes ayant eu des relations avec les Allemands : ce qui a évité aux particuliers de faire justice eux-mêmes. On peut affirmer que cette autorité permise aux comités locaux a évité très certainement le déclenchement de la guerre civile (rapport au procureur de la République, 18 septembre 1944).

Les premiers reporters des programmes français de la BBC ont insisté, alors que les faits se déroulaient, sur le caractère à la fois nécessaire, démonstratif et bon enfant de la tonte, assurant par là une publicité de bon aloi auprès de leurs auditeurs.

> En vérité, la sagesse populaire est ce qui frappe le plus dans les premières réactions de la foule. Non seulement les Français ne sont pas sanguinaires, puisqu'ils rasent la tête des femmes qu'ailleurs on aurait pendues (André Gillois, « Honneur et patrie », 30 août 1944).

Justifiée comme sanction d'un flagrant délit (« Quand elles se levaient, la foule riait, huait, conspuait. Il y avait de bonnes raisons à cela », James Wellard, « Les Français parlent aux Français », 20 août 1944), la tonte ne s'avoue toutefois pas pour ce qu'elle est. Car les speakers de la BBC ne mentionnent pas les raisons les plus banales qui conduisent ces femmes devant leurs persécuteurs : les relations sexuelles. Il n'est même pas question de marché noir. Sur les antennes radio, elles sont toujours dépeintes comme des traîtresses, des délatrices, des personnes qui ont dénoncé des résistants, voire ont provoqué leur mort. Ce sont donc des criminelles qui sont marquées en public – par sécurité car on est encore en guerre –, avant de comparaître bientôt devant la justice.

Chacun semble donc s'accorder à voir la tension retomber après les tontes. Épuration de voisinage par excellence, elles prennent leur place « naturelle » dans le cérémonial festif qui accompagne la Libération. Elles vont avec le défilé des FFI, le pavoisement des façades, les chansons et les discours patriotiques, l'éventuelle acclamation des Alliés, la cérémonie au monument aux morts, la messe et, pourquoi pas, le bal improvisé, le soir venu. Les tontes publiques de Saint-Eloy-les-Mines, dans le Puy-de-Dôme, donnent lieu à l'édition d'une carte postale commémorative. Comme l'explique le comité de libération de Saint-Pair, dans la Manche, avoir ses tondues pour la Libération, est un droit pour la population.

> Au moment de notre délivrance, nous estimions et nous estimons encore :
>
> Que des filles qui avaient, au mépris de toute prudence et de toute dignité, fait la joie des Allemands, qui avaient trafiqué avec eux et qui sont la honte de notre pays, méritaient une humiliation.
>
> Que la population qui avait été insultée et narguée par ces filles pendant quatre ans méritait cette satisfaction.
>
> Que le jour même de la libération que ces filles devaient subir leur châtiment au milieu de la joie générale (lettre du comité de libération de Saint-Pair au CDL de la Manche, 11 octobre 1944).

Les tontes participent du passage soudain et violent de la censure à la publicité, du subi au vécu.

> Aujourd'hui, on a le droit d'être content et on le clame haut, dans la rue, à la fenêtre, sur la place, devant sa porte, par deux, par trois, par dix, et parfois tout seul. Des années de contrainte, d'inquiétude, de malaise – de malheur trop souvent – viennent crever là, ce matin d'août. Cela fait dans la ville une grande fièvre de joie, un grand besoin d'agitation (*le Centre libre*, organe des comités de libération, Limoges, 24 août 1944).

La population devient par ce biais le témoin direct de l'épuration, qui lui est donnée en spectacle dans des lieux publics : devant la mairie, devant l'église, sur une estrade, dans des arènes, sur un balcon. C'est aussi une cérémonie expiatoire : celle qui a joué de ses charmes est enlaidie par son crâne rasé. Qui croit-elle encore pouvoir séduire ? En cela, c'est un châtiment sexué : il touche la femme dans l'un des « attributs féminins ». Il n'y aurait qu'une cinquantaine d'hommes tondus, et souvent avec des variantes comme le tracé d'une croix sur le crâne, le rasage de la moitié de la moustache. C'est une punition infligée à des femmes par des hommes, qui reprennent ainsi la main au fur et à mesure que le pays se libère.

La foule, spectatrice indispensable de cette justice sur la place publique dont rêvait une partie de la Résistance, est appelée à participer. Selon des modalités qui sont parfois stupéfiantes. À Nanterre, une estrade est montée devant la mairie. Les femmes arrêtées la veille sont présentées une à une à la foule à laquelle un Ponce Pilate moderne demande : « Voulez-vous la fille P. ? », « Voulez-vous la femme S. ? ». Aux cris de la foule, telle est tondue, une autre peut être graciée. Les photographies montrent la foule, parfois non pas violente, mais hostile, voire vindicative, parfois souriante, presque détendue. Les témoignages soulignent un fort concours de public. L'approbation, au moins tacite, est massive. Au mieux, l'indifférence l'emporte :

> On vient de prendre à la maison X... une collaboratrice depuis la guerre pour lui couper les cheveux ainsi qu'à d'autres, sur les marches de la mairie, et leur appliquer la croix gammée sur la poitrine, châtiment normal et en tout cas sans grande douleur !... (Journal d'un habitant de Laval, 7 août 1944, jour même de la libération de la ville).

Défoulement, refoulement

Les comités locaux de libération, s'ils organisent ces pratiques, cherchent à en garder le contrôle et à leur donner une manière de légalité. Ainsi, le surlendemain de la cérémonie publique de tonte de Nanterre, le comité de libération et sa commission d'épuration s'élèvent par voie d'affiches contre ces peines appliquées sans qu'ils aient prononcé de condamnation. Les termes sont catégoriques. « Les punitions infligées ne peuvent être que le résultat de vengeances personnelles ou d'une réprobation, sans doute justifiée, mais non voulue par la commission d'épuration. » De même, dans l'Indre, huit jours après la Libération, le CDL cherche à mettre un terme aux tontes « spontanées », estimant qu'elles ne doivent pas se dérouler « dans de telles conditions ». Il interdit les menaces de tonsure au moyen de lettres anonymes ou de papillons. On retrouve maints exemples de cette opinion chancelante des autorités. Elles partagent la réprobation de leurs concitoyens à l'égard des maîtresses des soldats allemands – ainsi que des délatrices –, elles ne savent ou ne veulent en contenir l'expression débridée, mais, en même temps, elles ne veulent lui accorder que le temps bref du défoulement. La reprise en main vient très vite. Ainsi, en Normandie, le commissaire de la République rédige une circulaire contre les tontes dès le 26 juillet. Elles se poursuivent néanmoins plusieurs semaines. Dès les premiers jours de septembre, le chef régional FFI pour Paris, le communiste Rol-Tanguy, interdit à ses hommes de prendre part aux tontes, sous peine de sanctions. Son appel n'est repris que par deux journaux.

Ce souci de l'ordre public rejoint l'inquiétude de l'armature traditionnelle du pays, en particulier des maires de communes rurales, souvent prudents. Ils ne nient pas que certaines femmes méritent un châtiment, mais celui-ci leur paraît inadéquat et susceptible de donner lieu à des abus. Toutefois, ils hésitent à traiter la question eux-mêmes et préfèrent s'adresser au préfet comme garant de l'ordre public.

> Des incidents regrettables se sont produits dans ma commune hier sur la fin de la soirée. Une partie du groupe local des FFI s'est emparée de femmes, leur a fait subir de mauvais traitements et promené dans le bourg en les insultant. Parmi ces femmes, quelques-unes étaient notoirement connues pour leurs relations avec les soldats ennemis et avaient causé des ennuis à la population ainsi qu'à moi-même. Elles méritaient d'être remises à la justice. Cependant, parmi les habitantes de ma commune, l'une de celles qui furent molestées, semble avoir été prise à tort. Il s'agit de… À ma connaissance, rien de sérieux ne peut être retenu contre cette femme et j'ai l'honneur de demander votre intervention pour lui faire rendre justice. Il est très regrettable que de pareils faits puissent se produire et que cela se passe en dehors de l'autorité régulièrement constituée. J'insiste pour que des ordres soient donnés par vos services afin que ces choses ne puissent se reproduire (maire de Nonant-le-Pin, 1er septembre 1944).

En outre, comme pour le reste de l'épuration, l'enthousiasme et même l'accord populaires retombent très vite. En l'espace de quelques heures, tel Lavalois qui accueillait avec satisfaction les premières tontes, jugées par lui presque anodines, affirme dorénavant son refus de telles pratiques. Elles lui paraissent synonymes d'un désordre qui cache une volonté de subversion inquiétante :

> Attroupement autour d'une femme accusée d'être pour les Allemands, ou d'y avoir été, au carrefour ameutant la foule ! Il n'y a donc pas de police municipale ?… Il faut de l'ordre et non des représailles parfois injustifiées (lundi 7 août 1944).
>
> Les jeunes « Don Quichotte » de lundi, portant un fusil plus grand qu'eux, ont disparu de la circulation et il n'est plus question de « couper les cheveux » de personne. Cela frisait l'émeute !… et l'idiotisme !… quand on pense que ces jeunesses matamoresques défilaient avec un drapeau tricolore en chantant *la Marseillaise*, par qui donc étaient-ils poussés sur le boulevard ? (mercredi 9 août 1944).

Une Agenaise abonde dans ce sens cinq jours après les premières tontes.

> Navrant de voir s'abaisser les Français à des choses si mesquines comme de faire défiler des femmes nues et tondues. C'est vraiment un spectacle immoral et peu digne de nous (lettre du 24 août 1944 interceptée par le contrôle technique).

Lorsque deux sœurs acquittées par une cour martiale au Puy-en-Velay, sont tondues et promenées en ville par des FFI plus d'un mois après la Libération, l'opinion désapprouve une publicité jugée dorénavant exagérée. Or, ces sentiments personnels, ce malaise grandissant finissent pas trouver un écho dans la presse. Dans la presse résistante locale elle-même où l'on criait haro sur les tondues et où l'on s'interroge dorénavant sur la dignité de pratiques qui fleurent un peu trop « la barbarie nazie ». Avec le recul, voisins ou spectateurs expriment leur désapprobation et mettent en doute les motifs patriotiques de ce qui ressemble furieusement au défoulement de jeunes coqs irresponsables :

> J'étais effectivement présente quand plusieurs jeunes gens de Noisy-le-Grand parmi lesquels les frères Cottart, un nommé Joffrin ainsi qu'un homme de 40 ans environ, sont venus chez les M... où, après avoir défoncé la porte de la grille, ils se sont emparés de vive force de Jacqueline à laquelle ils ont coupé les cheveux sous le prétexte qu'elle avait couché avec les Allemands. D'ailleurs, ce sont les griefs qui ont été exposés au moment pour motiver la mesure prise à l'encontre de cette jeune fille. Or, je puis dire en toute connaissance de cause que Jacqueline M... n'a jamais été vue en compagnie d'aucun Allemand, militaire ou civil, et qu'elle n'en a jamais fréquenté aucun.
>
> Bien physiquement, cette jeune fille était fière de sa personne et paraissait assez distante. Certains jeunes gens du pays, dont les avances ont été repoussées par elle à plusieurs reprises, continuaient à la poursuivre de leurs assiduités. Toujours repoussés, ils avaient acquis un certain ressentiment et c'est, je crois, de là que viennent surtout les violences dont Jacqueline a été l'objet ainsi que son arrestation (déposition d'Églantine Beaudet, 30 ans, 24 janvier 1945).

Le 1er septembre 1944, le journal communiste *la Marseillaise* qui, une semaine plus tôt félicitait les « vaillants FFI », dénonce « des procédés qui rappellent précisément les pires habitudes des ignobles sadiques SA et SS ». Le 2 septembre Sartre a parlé dans *Combat* de « sadisme moyenâgeux ». Paul Éluard donnera le 2 décembre, dans *les Lettres françaises*, hebdomadaire communiste, le bouleversant *Comprenne qui voudra* qui s'apitoie sur le calvaire de ces « idiotes lamentables ». Condamnée au plan humain, la tonte est aussi disqualifiée dans le registre politique par l'exergue et le commentaire du poème qui présentent le défoulement de la tonte comme une manœuvre pour faire oublier au public la nécessité de l'épuration véritable. L'« enfant perdue découronnée défigurée » ne doit pas sauver, par son châtiment inutile, les vrais coupables : Pétain, Laval, Darnand, Déat, Doriot, Luchaire, encore en fuite à cette date. Les communistes prennent position contre les tontes. Ils ne sont pas les seuls, d'autant que l'on peut deviner que certains membres des Forces françaises combattantes puis de l'armée d'Afrique revenant au pays après plusieurs années d'exil ne cachent pas leur mépris pour les tontes et, plus généralement, pour une épuration qu'ils jugent, de leur point de vue, partisane et militairement inefficace. Aux ordres précis, à l'encouragement succèdent rapidement la tolérance, le refus et la condamnation, jusqu'à ce que les résistants rejettent la responsabilité des tontes présentées comme des manifestations spontanées qu'il a fallu contenir puis éliminer. Au prix d'un véritable refoulement, la Résistance s'absout de l'accablante médiocrité d'une chasse aux femmes qui a enlaidi la Libération, moralement et physiquement, jusque dans ses traces historiques. Dans cette autocensure, elle va être aidée par le silence des victimes et renforcée par la seconde vague des tontes, en 1945, aux caractéristiques bien différentes.

Les victimes raisonnables

Comment les femmes tondues n'auraient-elles pas cherché à faire oublier leur humiliation, à se faire oublier, à oublier ?

> Si vous avez été Père, Monsieur le Procureur, songez à la détresse d'une mère sans soutien et de tout cela j'ai tout enfermé, même pas montré de haine et n'ai pas voulu porter plainte comme on me l'avait conseillé. Ce jour-là, Monsieur le Procureur, nous sommes parties toutes deux à pieds à Paris, à demi-folles. Nous avons loué une petite chambre dans un hôtel (lettre de la mère d'une jeune fille tondue au procureur de Versailles, 11 avril 1946).

On se souvient peut-être d'Esther, la recluse de Saint-Flour, retrouvée par les gendarmes en 1983, mi-séquestrée, mi-protégée par sa famille depuis 39 ans. Les travaux consacrés aux enfants nés de l'occupation (peut-être entre 100 000 et 200 000) montrent quelles souffrances ont été transmises de génération en génération, accompagnées parfois de maltraitances physiques ou psychologiques, le plus souvent de honte viscérale et de silences assourdissants. Les enfants nés des viols de la Première Guerre mondiale avaient été à peine tolérés par la société française. Que pourrait attendre l'enfant de l'ennemi qui se prétendrait enfant de l'amour (en 1943, 80 000 Françaises s'étaient inscrites auprès des autorités allemandes pour l'allocation de maternité et demandaient la nationalité allemande pour leurs enfants) ? Les termes utilisés dans les dépositions, qui reflètent à la fois les propos de l'inculpée et le vocabulaire de celui qui l'interroge, montrent la manière péjorative et déshumanisée dont on amenait ces femmes à parler de leurs liaisons et de leurs enfants. Ils traduisent la gêne réciproque en même temps que la condamnation : « en 1941 et jusqu'à mon départ pour l'Allemagne, j'ai travaillé pour les Allemands dans un cantonnement d'Asnières-sur-Oise. Il est vrai aussi que j'ai fréquenté des militaires allemands et que je suis mère d'un enfant provenant de l'un d'eux » (déposition devant la gendarmerie de Madeleine T., 23 ans, pour la chambre civique de Seine-et-Oise, 14 juin 1945). On voit d'ailleurs des mères célibataires s'acharner à proclamer que leur enfant naturel est bien celui d'un Français, pour atténuer leur malheur.

> Maman, va voir le procureur, le préfet et la Résistance, et dit pourquoi et comment qu'ils m'ont fait ce dont je ne peut [*sic*] croire ? Emmène avec toi André Robert pour qu'il puisse prouver qu'il est bien le papa à Chantal, surtout cela. Ici je suis à moitié folle (lettre de Margot à sa famille, Alençon, sans date).

Certaines femmes restent internées ou incarcérées après leur tonte, inculpées et déférées en justice. Beaucoup d'autres sont laissées libres ou rapidement remises en liberté. Une semaine après la libération de Clermont-Ferrand, soixante-dix femmes ayant eu la tête rasée sont libérées sur la décision d'une commission pour l'examen des arrestations. Sur les 175 personnes arrêtées à Châlons-sur-Marne pendant la Libération, 118 sont des femmes dont 114 sont libérées aussitôt après leur tonte. C'est ainsi qu'il faut rentrer chez soi et reprendre, au milieu des témoins de l'humiliation, goguenards, hostiles, apitoyés, effrayés, le cours de sa vie. L'accablant proverbe « il n'y a pas de fumée sans feu », fait des ravages : il n'y a pas de tonte sans faute :

> la nommée T. est mal considérée dans son entourage. Le fait d'avoir subi une coupe de cheveux, lors de la Libération, a augmenté l'inimitié des gens connaissant déjà son attitude pendant l'Occupation et en a amené d'autres, ne sachant rien d'elle, à la juger défavorablement. Rien que cette punition suffit pour la gratifier du nom de collaboratrice, nom qu'elle mérite sans aucun doute pour ses sentiments intimes avec un cheminot allemand, mais qui ne comporte pas autrement de gravité (rapport du commissaire de police de Juvisy pour la chambre civique de Seine-et-Oise, 6 septembre 1945).

Certaines se cachent, se disent malades, ne sortent plus. D'autres préparent un déménagement hâtif. La plupart se résignent, attendant que le temps guérisse les blessures comme il fait repousser les cheveux. Elles sont parfois prêtes à se reconnaître fautives et à faire profil bas, voire amende honorable :

> J'ai commis une faute que j'ai reconnue, que je reconnais franchement. Cette dernière n'a fait du mal qu'à moi seule. Je la regrette sincèrement et je l'ai déjà expiée très durement : cinq mois de détention, les cheveux coupés, ma santé compromise et peut-être le divorce [...] je vous jure d'avoir dans l'avenir une conduite irréprochable et vous prie de bien vouloir me pardonner (lettre de Mme C. au préfet de l'Orne, 13 janvier 1945).

Issues souvent de milieux pauvres et peu éduquées, des femmes trouvent toutefois le courage de porter plainte contre leurs tortionnaires. Il s'agit généralement de faire reconnaître l'injustice dont on a été victime eu égard à la fausseté des accusations portées. Des certificats de virginité peuvent être produits à l'appui de ces plaintes. Il arrive que ce soient les parents de filles mineures qui demandent justice.

> Je vous demande de bien vouloir réparer une partie du mal qui nous a été fait, en me confirmant dans une lettre signée de vous ou en votre nom, que ma fille fut bafouée et salie en dehors de tout jugement et victime seulement de l'aveugle fureur populaire (lettre de la mère d'une fille de 21 ans tondue le 27 août 1944 aux membres du conseil de la Résistance de Nanterre).

Certaines mères, parfois tondues elles aussi, demandent réparation pour leur fille plus que pour elles-mêmes.

> Voilà, je suis la femme F. J'habite Damigny depuis voilà 8 ans. J'ai 7 enfants sur les bras donc une fille qui a 15 ans et qui a aussi les mêmes choses que moi. J'ai eut les cheveux coupés à ras la tête et ma fille aussi et ils nous on promener le long du bourg et a ma fille on lui a aussi mis la croix gammée parce que j'ai travaillé avec les allemands et ma fille aussi [...] Je proteste de l'innocence de ma fille. Je peut vous prouver par tous les voisins que ma fille na jamais sortis avec un allemand [...] et même on ma dit que lon alais faire renfermé ma fille. Monsieur je demande à votre libérale d'avoir vous le chef la bonté detre plus réfléchi sur les choses que je vous déclare car nous sommes punis injustement. J'ai toute la preuve en main que ma fille est innocente et que je doit la marier ci tot son fiancé libéré. Je ne suis pas méchante car je peut dénoncer plusieurs femmes qui faisait la vraie noce avec les boches dans la tente de vous parlé. Recevez Monsieur les sincères salutation. Femme F. (lettre au préfet de l'Orne, 16 août 1944).

L'absence de réaction des parents peut traduire la désapprobation, la honte, le désarroi ou un état d'abandon dans lequel la tonte est, hélas, une péripétie de plus dans une vie de misère. Recherchant dans Orléans libéré une fille de 17 ans accusée d'avoir couché avec des Allemands, les policiers la découvrent dans un hôtel avec un lieutenant américain. L'un des policiers croit bon dans son rapport de s'interroger sur les responsabilités de la mère. L'examen du cas des 194 Françaises poursuivies après la reddition de la poche de Lorient montre leur jeunesse, leur isolement, leur déracinement, leur faible niveau d'instruction. Beaucoup de ces femmes ont cherché auprès des Allemands des protecteurs. De ce point de vue, le choix des victimes n'est pas toujours seulement guidé par une faute supposée ou avérée, mais aussi par une situation de faiblesse dont il paraît facile d'abuser sans risque. C'est ce que suggère l'enquête menée sur la tonte d'une jeune fille dans la Sarthe, le 3 septembre :

> B. Henriette, 19 ans. Sait lire et écrire, élevée par son père jusqu'à aujourd'hui, célibataire, un enfant.

Monsieur B. Henri, 46 ans, bouilleur de cru : Je ne suis nullement content de ce procédé ni de cette façon de faire. Si ma fille a eu des torts comme le prétendent ces hommes, la justice française doit être seule qualifiée pour lui demander des explications, Je ne crois pas que ma fille ait fréquenté des Allemands. Si cela est, ce n'est pas en ma connaissance.

Monsieur R., cultivateur et conseiller municipal : J'ai entendu dire par la rumeur publique qu'elle est de mœurs légères mais, si elle s'est amusée, c'est avec des Français. Je ne crois pas qu'elle ait de relations avec les Allemands. Sa conduite est tant soit peu excusable ; elle a été élevée sans mère et son père n'est pour ainsi dire jamais à la maison.

D'autres fois, c'est l'acharnement qui pousse les femmes tondues à se plaindre aux autorités. En particulier, la hargne mise à faire sauter le foulard ou le chapeau porté pour cacher un crâne nu dans les jours qui suivent la tonte. Tout en reconnaissant parfois avoir eu des relations sexuelles avec un ou des Allemands, certaines déposent tout de même plainte, mais plutôt pour attentat à la pudeur que pour violences et voies de fait. Elles mettent alors en avant le fait d'avoir été tout ou partie dénudées en public, y compris devant les enfants qui se trouvaient dans la foule. Ces situations posent brutalement la question de l'attitude du public, souvent complaisant, voire actif :

Sur le quai de la Chaume, ils ont pris une femme, ils l'ont tondue, le haut et le bas, devant tout le monde, même les enfants. Sa mère est arrivée en pleurant. Ils m'ont répondu : « c'est une grosse vache ! » [...] Une coiffeuse et une vendeuse ont été attachées à des chaises et exhibées toute la journée dans la vitrine. Des gens leur crachaient dessus (les Sables-d'Olonne).

Ainsi, dans une petite commune de la Beauce où deux jeunes filles ont été tondues, rasées sur le corps et marquées :

Une foule d'une centaine de personnes, dont beaucoup d'enfants, ont assisté à cette opération et, parmi elles, le garde champêtre qui, en tenue, assistait impassible à la chose et m'insultait.

Le garde champêtre se défend. Il n'a pas approuvé ni participé, mais il ne pouvait rien pour empêcher ces sévices, de toute façon bien mérités :

Je passais comme par hasard sur la place publique lorsque j'ai eu mon attention attirée par un rassemblement. Je me suis approché et j'ai vu que des FFI, dont B., finissaient de couper les cheveux à deux jeunes filles ? Je ne suis pas intervenu pour faire cesser cet état de choses, ne le pouvant pas en raison de l'état d'exaltation des jeunes gens et des civils témoins [...] Je n'ai été à aucun moment à la tête de ce mouvement contre les jeunes filles ou la femme F. Cela est faux. Je n'approuve pas l'acte commis par C. et consorts, mais je puis dire que Madame F. et sa fille ont côtoyé publiquement des Allemands et les recevaient chez lui *sic*. Je puis dire que les Allemands étaient renseignés par elles sur tout ce qui se passait dans le pays. Je ne connais pas particulièrement la famille M., mais j'ai vu la fille se promener avec les Allemands.

Dans de tels cas, l'enquête s'attarde effectivement sur la composition de la foule, la distance à laquelle elle se tenait, et les « tondeurs » se défendent en arguant que la foule ne pouvait pas « voir »... En même temps que ces plaintes, les archives révèlent donc que des tontes ont donné lieu à des enquêtes de police ou de gendarmerie, à l'instigation des préfets à qui les plaignantes s'adressaient généralement. Le trouble n'a donc pas été entièrement éludé par les nouvelles autorités publiques. À défaut de pouvoir se prononcer sur la part de compassion et d'humanité que révèlent les décisions de ces préfets, on peut suggérer qu'elles traduisent une volonté de contenir cette épuration mise en scène publiquement et qu'elles répercutent le malaise d'une partie de la population. Ce malaise apparaît dans les témoignages recueillis où chacun, tondeurs y compris, cherche a posteriori à minimiser son rôle, ce qu'il a vu, tout en faisant preuve d'assez peu de sympathie à l'encontre des tondues. On s'accorde à affirmer qu'il s'agit d'un moindre mal, d'une punition bénigne et sans danger, presque d'un chahut pas bien méchant, entre jeunes.

Ces deux jeunes filles nous ont avoué avoir eu des relations intimes avec certains soldats allemands. Munis de ces aveux, nous les avons amenées en automobile sur la place de l'église de St-Symphorien (Sarthe) où devant un public assez nombreux, nous leur avons coupé les cheveux à l'aide d'une tondeuse. Nous avons brûlé ceux-ci sur ladite place. Ensuite, avec un liquide inoffensif, nous leur avons dessiné une croix gammée au front et un V au menton ; puis nous les avons reconduites en automobile à leur domicile (déposition de Julien M., garde-chasse, Mayenne, 28 novembre 1944).

La rumeur publique étant très montée contre les femmes s'étant manifestement affichées avec les Allemands, nous avons, afin de soustraire ces femmes à la vindicte populaire, décidé de donner satisfaction à la colère générale. À cet effet, nous avons « tondu » celles de ces femmes qui nous avaient été signalées comme compromises. Aucune brutalité, aucun mauvais traitement n'ont été exercés contre ces femmes. D'ailleurs de toutes ces femmes que nous avons prises, nous en avons relâché une parce que le public n'était pas sur des faits qui lui étaient reprochés. Les hommes avaient leurs mitraillettes dans le dos et les chargeurs n'étaient pas dans leurs guides (déposition d'Émile P., 24 ans, démarcheur de banque, adjoint au chef du bureau d'enquête des FFI de La Ferté-Bernard, 27 septembre 1944).

> L'enquête menée sur cette affaire démontre que les FFI étaient en droit de mépriser H. Aimée. Les Allemands ont fréquenté sa maison et le marché noir a fonctionné. Les gendarmes de La Ferté-Macé ont su que cette jeune fille se promenait assez souvent avec les Allemands sur la route de Bagnoles. Ces faits sont suffisants pour monter contre cette jeune fille les jeunes résistants FFI [...] Les rancœurs accumulées au cours de quatre années d'occupation excusent les gestes accomplis dans l'atmosphère de la Libération (lettre du président du CDL au préfet de l'Orne, 13 novembre 1944).

Un rapport de gendarmerie du Cantal relatant la tonte de la femme de l'ancien président de la Légion des combattants parle simplement de « brimade » : « aucun acte de brutalité ni violence n'a été infligé ». Il précise que la victime « s'est refusée catégoriquement à faire toute déclaration permettant l'identification des coupables et demande que le silence soit fait sur cet incident » (rapport du commandant de gendarmerie de la brigade de Maurs, 22 juin 1945).

Il ne faut pas attendre de vaste remise en cause, de réparations morales ou matérielles. Dans le ressort de la cour d'appel d'Angers, deux femmes tondues ont porté plainte. Le parquet a d'abord refusé l'une des plaintes parce que la plaignante « fréquentait assidûment les Allemands ». Elle a accepté la seconde parce que les brutalités ont été purement d'initiative personnelle et que les relations intimes avec l'occupant ne sont pas prouvées. Les tondeurs se verront condamnés à 600 francs (70 euros) d'amende avec sursis ! Trois jeunes filles tondues dans la Manche portent plainte pour violences légères et se constituent partie civile contre cinq hommes qui les ont tondues le 31 juillet. Elles demandent des dommages et intérêts. Le juge de paix se déclare incompétent et le procureur général de Caen avertit le garde des Sceaux : « pour mettre obstacle à des poursuites pour des faits de même nature, la promulgation d'une ordonnance du Gouvernement provisoire de la République amnistiant lesdits faits pourrait être envisagée » (lettre du 12 février 1945). De la part des instances locales de la Résistance, c'est un tollé : ces plaintes sont une manœuvre concertée des collaborationnistes pour discréditer la Résistance.

> La justice et la morale s'opposent à ce que de bons Français, qui ont fait leurs preuves sous l'oppression allemande, soient condamnés en justice pour des faits en somme bénins, et cela à la requête de créatures dont le moins qu'on puisse dire, c'est qu'elles ont perdu toute dignité (lettre du CDL de la Manche au commissaire de la République de Rouen, 7 novembre 1944).

Ces questions vont se poser avec une acuité bien plus grande et plus fréquente à propos des exécutions sommaires : la justice peut-elle demander des comptes aux résistants pour avoir fait justice à sa place ? Ici interviendront législation et procédures judiciaires. Rien de tel concernant les femmes tondues, dont les plaintes sont rares et volontiers classées sans considération.

> Femmes de mœurs légères, elles ont eu les cheveux coupés au moment de la libération. De l'avis de divers témoins, elles le méritaient par leur conduite durant l'occupation allemande. Elles sont mal venues de se plaindre, le CDL décide de ne donner aucune suite à cette plainte (lettre du président de la commission d'épuration du CDL au préfet de l'Orne, 11 décembre 1944).

Pourtant, leurs réclamations sont plutôt modestes. Elles veulent rétablir leur réputation et n'exigent guère de réparations matérielles ni même de sanctions. Elles sont bien, telles que Paul Éluard les a perçues, des « victimes raisonnables », des victimes résignées à leur condition.

Des femmes en nombre

Les femmes représentent donc un fort contingent de l'épuration immédiate de proximité, même si les griefs retenus à leur encontre sont parfois modestes. Cela ne les dispense pas pour autant d'internement, d'inculpation, d'incarcération et de passage devant la justice.

Les exemples pris à l'échelon local ou départemental comme les statistiques nationales montrent un fort pourcentage de femmes parmi les personnes arrêtées à la Libération, parfois plus de 60 % au nord de la ligne de démarcation, couramment un bon tiers ailleurs. Ceci n'est pas étonnant si l'on considère que ces arrestations sont l'immédiate conséquence des tontes, châtiment sexué. Mais, la proportion de femmes parmi les internés demeure de l'ordre de 30 % tout au long de l'année 1945, en dépit de la libération rapide de « tondues ». En février 1945 par exemple, on compte 10 430 femmes sur 31 380 internés. Les catégories sont multiples et se renouvellent : trafiquantes de marché noir, femmes allemandes éloignées du front, femmes rentrant d'Allemagne après la capitulation du Reich, plus généralement femmes soupçonnées de collaboration politique.

Si l'on prend par exemple les notices des femmes internées au centre de Noéfort en Seine-et-Marne, on découvre la variété des motifs d'arrestation. Des propos pro-allemands ou hostiles aux Alliés : « avait trop d'admiration pour le maréchal Pétain » (Julienne R., 55 ans, commerçante à Villeparisis) ; des relations sexuelles avec des Allemands, évoquées de façon allusive : « recevait des Allemands chez elle » (Rosalie S., 21 ans, manœuvre, Villeparisis) ; le fait d'avoir travaillé pour l'occupant ; des dénonciations ; une origine allemande ou autrichienne ; une manière de culpabilité familiale enfin : « parce que son époux et son fils font partie de la SKK, organisation de transports allemands » (Henriette M., 52 ans, sans profession, Ferrières-sur-Brie).

Mises « hors d'état de nuire » par l'internement, les femmes ne sont pas toutes tenues pour autant pour quantité négligeable. Elles sont nombreuses à être inculpées, incarcérées et traduites en justice, alors qu'en temps ordinaire, elles occupent dans l'univers pénal une place très secondaire. On les retrouve d'abord devant les chambres civiques, chargées de statuer sur le cas de ceux qui, tout en n'ayant pas trahi ou espionné, ont apporté sciemment une aide directe ou indirecte à l'Allemagne, porté préjudice à l'unité, à la liberté ou à l'égalité des Français. La sanction infligée est l'indignité nationale, à vie ou à temps, privative des droits civiques et pouvant impliquer des interdictions professionnelles ou des restrictions de résidence (chapitre 11). Dans les départements où la présence des troupes d'occupation ou d'opération a été forte, le nombre de femmes déférées devant la chambre civique est souvent égal voire supérieur à celui des hommes. On compte par exemple 69 % de femmes dans le Morbihan, 72 % dans la Marne, 38 % dans le Maine-et-Loire, 27 % dans le Lot-et-Garonne, 25 % en Seine-et-Oise. La moyenne nationale s'établit à 26 %, avec un clivage visible de part et d'autre de la ligne de démarcation. Le motif d'inculpation de « relations intimes » avec un ou des Allemands revient très fréquemment, souvent en deuxième ou troisième position, d'autant plus qu'il peut être jumelé à une accusation de collaboration économique ou de travail volontaire par exemple. Pourtant, aucune disposition légale ne fait des relations sexuelles avec l'ennemi un crime ou un délit. La pertinence de l'inculpation est laissée à l'appréciation du commissaire du gouvernement et de la chambre. Or, il n'y a pas de jurisprudence en la matière. Le relevé des sanctions, très brièvement motivées, donne donc l'impression au sein d'une même chambre civique et a fortiori d'une chambre à l'autre, d'un désordre ou d'une injustice qui font tort à l'idée même d'épuration.

Si l'on considère, à titre de cas d'espèce, la chambre civique de l'Allier (où se trouve Vichy), on ne peut dégager aucune constante dans l'application des sanctions à l'égard des femmes inculpées. Il faudrait connaître le détail des dossiers et le déroulement des audiences pour savoir pourquoi Marie-Jeanne Le G., 31 ans, qui exploitait un « débit de boisson où se rencontraient des femmes légères et des soldats allemands » est condamnée à quinze années d'indignité nationale, tandis que Germaine G. qui, « dans son bar, favorisait la prostitution en faveur des Allemands » est condamnée à l'indignité à vie, assortie de la confiscation de la moitié de ses biens. Sous la rubrique générale de « relations intimes » sont motivées des condamnations de dix ans à l'indignité nationale à vie, avec de faibles exceptions pour des circonstances atténuantes (cinq ans) ou l'absence de discernement (acquittement). Ces condamnations ne sont ni plus lourdes, ni moins lourdes que celles infligées aux femmes ayant appartenu à un parti collaborationniste (qui sont plus rares). On ne discerne pas si avoir été la maîtresse d'un ou de plusieurs Allemands change l'appréciation, non plus que d'avoir choisi pour amant un médecin plutôt qu'un membre de la Gestapo ; si l'âge, la situation sociale, l'état marital influencent les jurés. Il apparaît en creux que chaque cas a dû être estimé en fonction d'un mélange de critères moraux, de considérations matérielles et d'implications politiques, selon l'état d'esprit dominant alors qui tient tout de même les femmes pour secondaires.

> Vous avez bien voulu appeler mon attention sur le cas de Mme J., auxiliaire à la Poste. Je ne la connais pas assez pour être très affirmatif à son sujet, mais il est à peu près certain qu'elle est de mœurs légères et, bien que son mari soit prisonnier en Allemagne, elle a dû entretenir des relations intimes avec des Français et avec des Boches. C'est pour cette raison qu'elle a eu les cheveux coupés. Quant à être coupable d'activités antinationales, je ne le crois pas : elle n'est pas assez intelligente pour cela (lettre du président du comité de libération de Domfront au président du CDL de l'Orne, début janvier 1945).

On peut noter aussi que le rapatriement des travailleuses volontaires d'Allemagne a été envisagé par le ministère de tutelle d'abord comme une affaire de santé publique. On veut s'attacher à limiter les risques de transmission de maladies vénériennes car elles sont d'abord considérées comme des sujets très actifs sexuellement. Les documents préparatoires estiment au contraire que, dans leur cas, « le facteur politique est négligeable ».

Les chambres civiques s'avèrent à l'usage des juridictions d'exception qui acquittent beaucoup. C'est tout à l'honneur de leur impartialité, mais cela traduit aussi, sans doute, la vacuité de certaines accusations, dans laquelle le nombre élevé de femmes ne compte peut-être pas pour rien. Si l'on considère les sentences de la chambre civique de Seine-et-Oise prononcées contre des femmes entre janvier et août 1945, on trouve 38 % de relaxes, presque autant de condamnations à vie (33 %) et petit tiers comprenant des condamnations à cinq ans (les plus nombreuses), dix ou quinze ans.

Des accusées mineures ?

Les femmes sont moins nombreuses à être traduites devant les cours de justice parce qu'y comparaissent en grand nombre des personnes accusées de collaboration militaire ou politique, qui impliquent des situations personnelles ou professionnelles, ou des positions de pouvoir qui sont encore l'apanage des hommes dans les années 1940. Les femmes sont forcément très minoritaires parmi les journalistes, les dirigeants de partis, les hauts fonctionnaires, les miliciens, pour ne rien dire des militaires. Leur engagement politique est en outre considéré comme tirant moins à conséquence que celui des hommes, comme le montre le renvoi en chambre civique de miliciennes d'abord déférées en cour de justice. Pourtant, leurs comparutions ne sont ni rares, ni anecdotiques. Il arrive même que ce soient elles qui soient les premières à comparaître devant les cours de justice. Ces affaires concernent le plus souvent des dénonciations, qui apparaissent bien souvent comme le moyen de défense des faibles : une cuisinière, une ouvrière agricole dénoncent un homme qui leur fait des avances trop insistantes, une épouse maltraitée dénonce le mari qui lui fait peur, une mère qui a perdu la garde de son enfant dénonce son ex-mari pour le récupérer, une femme de ménage indique aux Allemands qui allaient lui prendre son vélo les possesseurs de voitures, des femmes qui ont des amants allemands dénoncent pour injures à l'armée allemande les belles-sœurs, les voisines qui les traitent de « traînées »... Les défenses sont toujours les mêmes : « Je regrette d'avoir écrit cette lettre dans un moment de colère. Je n'ai jamais eu une attitude favorable aux Allemands » (cour de justice de Versailles, 6 décembre 1944) ; « J'avais peur que B., qui était très brutal à mon égard, ne se serve de ce revolver contre moi. J'avais simplement l'intention de le désarmer, non de le faire condamner » (cour de justice de Versailles, 6 décembre 1944). Les sanctions tombent : deux, trois, cinq ans de prison, dix même quand les conséquences ont été plus graves pour la personne dénoncée.

Mais, à côté de cette multitude d'affaires médiocres et sans enjeu, apparaissent pour les femmes aussi des cas graves qui entraînent la peine de mort. Deux exemples pris dans la Marne illustrent ces situations. Dans le premier cas, une femme est jugée pour avoir dénoncé son mari aux Allemands comme communiste. Le mari a été fusillé en 1942 et la femme a touché 9 000 francs (environ 2 300 euros) pour l'avoir dénoncé. Dans le second cas, un couple, ses cinq enfants adultes et deux conjoints des enfants sont jugés par le tribunal militaire pour avoir dénoncé 80 personnes. Dans le premier cas, la femme est condamnée à mort mais graciée. Dans le second cas, la mère de famille est condamnée à mort et exécutée en même temps que trois de ses fils. Le père, la fille et les deux brus sont condamnés à mort mais graciés, le dernier fils est condamné à mort par contumace. Devant les cours de justice, le fait d'être une femme n'est nullement une garantie d'indulgence ou de modération. Les peines de mort ne sont pas exceptionnelles, non plus que les condamnations aux travaux forcés. Entre sa mise en place, à la fin de 1944 et début février 1945, la cour de justice de Gap prononce ainsi cinq condamnations à mort, dont quatre à l'encontre de femmes, l'une agent de la Gestapo, les trois autres accusées de dénonciations. Elles sont toutes graciées, voyant leurs peines commuées en travaux forcés à perpétuité ou pour vingt ans.

On sait que le général de Gaulle, détenteur du droit de grâce jusqu'en janvier 1946, se faisait un principe de gracier toutes les femmes condamnées à mort. On sait par ailleurs que l'opinion publique a souvent mal toléré les grâces accordées à des condamnés qu'elle estimait largement coupables et qu'à partir de l'hiver 1944, de graves incidents ont éclaté conduisant parfois à l'exécution ou au lynchage de condamnés graciés tirés de vive force de leur prison. Or, les femmes n'ont nullement échappé à ce risque.

On retrouve dans les archives judiciaires, pour la période comprise entre novembre 1944 et juin 1945, dix-sept femmes, au moins, exécutées de façon sommaire, soit durant des attaques de prison, soit par la foule, soit lors d'attentats. À Digne, le 28 novembre 1944, un homme et une femme sont sortis de la prison et fusillés en public. La femme, condamnée à mort un mois plus tôt comme auxiliaire de la Gestapo, était en attente d'une décision de grâce que les assaillants ont voulu prévenir. Le même scénario se reproduit à Bourges le 22 décembre : l'homme et la femme sont abattus à la mitraillette à cinquante mètres de la prison d'où ils viennent d'être enlevés. Des lynchages ont lieu comme à Gap, le 9 janvier 1945, quand la cour de justice ordonne une expertise psychiatrique et le report d'une affaire : l'inculpée est saisie à la sortie du tribunal et malmenée à mort. Deux femmes sont lynchées à Aubigny-sur-Cher où la cour s'était transportée pour une confrontation. Dans l'Allier, un couple – dont le fils fut agent de la Gestapo –, libéré de son internement administratif, est pendu devant son domicile le soir de son retour à domicile. Le même jour, dans le Puy-de-Dôme, une femme considérée comme une indicatrice de la Gestapo rentre chez elle. Arrêtée à la Libération, internée, elle a fait l'objet d'une instruction devant la cour de justice qui n'a débouché que sur une condamnation en correctionnelle pour propos antinationaux. La première nuit, une bombe est déposée devant son domicile. Le lendemain, elle est rouée de coups par la foule quand elle se risque dehors. Le soir même, elle est traînée hors de chez elle et succombe sous de nouveaux coups. Enfin, on note plusieurs femmes abattues dans des opérations commando après des internements sans suite ou des condamnations à de simples peines d'indignité nationale : dans le Cher, le Lot-et-Garonne, le Doubs, l'Ardèche, l'Allier. C'est compter sans les femmes qui ne sont que blessées comme ces deux Italiennes rentrant à la fin mai 1945 dans leur bourg de Meurthe-et-Moselle, traînées hors du commissariat assailli par deux cents personnes, brutalisées et piétinées.

Si dans la plupart des cas, ce sont les dysfonctionnements – réels ou tenus pour tels – de la justice qui sont « compensés » par une justice populaire immédiate, dans ce dernier exemple on voit aussi fonctionner la relance du désir d'épuration suscitée par le retour des prisonniers et déportés, concomitant avec celui des travailleurs volontaires en Allemagne ou des fuyards de l'été 1944. C'est dans ce contexte que se produisent de nouvelles tontes, qui font figure de remugles de célébration de la victoire et, plus encore, de substituts d'exécutions.

Pendant que la foule était occupée à ce spectacle…

La capitulation du Reich est fêtée parfois en reprenant les schémas de la Libération. Au soir du 8 mai 1945, à Cabourg, quatre hommes s'introduisent chez une restauratrice, l'entraînent au bal public où elle est giflée par une femme qui lui crache au visage. Elle est conduite chez un coiffeur qui commence à lui couper les cheveux, jusqu'à ce qu'interviennent des gendarmes. La tendance se remarque dans l'Est, qui n'avait guère connu de tontes lors de sa libération aux caractéristiques militaires très particulières. En Moselle, des jeunes filles, appartenant à des familles réputées germanophiles, sont tondues par des jeunes gens. Leurs pères sont molestés au passage. À Mulhouse, un soir, à la sortie des cinémas, des groupes de jeunes gens et de militaires commencent à faire la chasse aux femmes suspectées d'avoir entretenu des rapports avec des Allemands. Elles sont tondues et, parfois gravement malmenées. La police intervient. Pendant ce temps, un homme accusé d'avoir été nazi, libéré de son internement comme père de dix enfants, est enlevé à son domicile et assassiné. Jusqu'où auraient pu aller les tontes interrompues par les forces de l'ordre ? Elles semblent devenir le pendant d'exécutions. Le 2 juin, le centre d'internement du concours hippique à côté de Vichy est attaqué lorsqu'on apprend qu'il va être vidé. Quatre femmes sont tondues et un homme est lynché puis pendu. À Cahors, à la fin de ce même mois, se déroule le procès d'un agent de la Gestapo qu'on estime responsable de l'arrestation d'un millier de personnes dans la région de Figeac. Dès le verdict de mort prononcé, la foule, venue exprès de Figeac, réclame qu'il soit conduit dans leur ville pour son exécution. Le préfet acquiesce, espérant calmer les esprits. Ayant reçu satisfaction, les manifestants restent indécis jusqu'au moment où, selon le préfet, des déportés suggèrent de tondre des femmes qui ont été internées pour relations sexuelles avec des Allemands, mais libérées depuis, faute d'autres griefs. Elles vont servir explicitement de dérivatifs à la foule en manque de sensations fortes, au grand soulagement des autorités.

> Les trois femmes, après avoir été préalablement rasées et marquées au crayon de la croix gammée, ont été promenées sur un camion dans les principales artères de la ville et montrées, dans cet état, à l'ensemble de la population qui a trouvé, dans cette exhibition, un dérivatif à sa surexcitation, née du désir d'exécuter

> elle-même la sentence des juges à l'issue du procès Leroy. Pendant que la foule était occupée par ce spectacle, Leroy a été reconduit la maison d'arrêt de Cahors (rapport du préfet du Lot au ministre de l'Intérieur, 27 juin 1945).

À l'occasion des rapatriements massifs du printemps 1945, les tontes reprennent leur double fonction de châtiment et de défoulement. La colère et la douleur sont ravivées au constat de l'état de certains rapatriés. En outre, des rapatriés, en particulier parmi les déportés politiques, se sentent fondés à exercer une vengeance ou une justice. Les travailleuses volontaires qui transitent par les gares où s'assemblent ceux qui espèrent l'incertain retour d'un proche, sont particulièrement exposées aux bouffées de vengeance.

> Notamment les femmes sont presque chaque nuit l'objet de violences au moment de leur arrivée à la gare. Leur arrestation immédiate est le seul moyen de les soustraire à ces sévices exercés aussi bien par les rapatriés que par les assistants civils (rapport du préfet du Tarn-et-Garonne, mai 1945).

La prudence est de mise, comme pour cette jeune femme retournée en juin 1945 dans son village près de Tours :

> Jusqu'ici, je n'ai pas encore sorti *sic*. Il faut pourtant que j'aille à la mairie pour mes cartes d'alimentation. Je n'ai pas envie de me faire couper les cheveux (lettre jointe au dossier d'une travailleuse volontaire traduite en chambre civique le 6 juillet 1945).

Faute de ces proies toutes désignées, on se rabat sur des pistes refroidies : femmes libérées après un internement, acquittées en cour de justice ou en chambre civique.

Tout en se plaçant dorénavant dans une interdiction de principe des tontes, les pouvoirs publics continuent à les considérer comme une soupape de sécurité qui constitue un moindre mal. Elles restent instrumentalisées et ce d'autant plus que leur résurgence du printemps 1945 paraît valider a posteriori l'interprétation qui fait dorénavant des tontes de l'été 1944 un mouvement spontané, un « débordement » n'engageant la responsabilité ni des résistants ni des nouvelles autorités. Une image se fige, dont la hideur même empêchera longtemps que l'on s'y attarde.

VI

L'internement, entre moindre mal et abus

Depuis la guerre,
les Français s'arrêtent individuellement entre eux,
par l'intermédiaire de la police.
(Alfred Fabre-Luce, *l'Enfermé*, 1945).

Le XXe siècle est parfois considéré comme le « siècle des camps ». Réfugiés, personnes déplacées, indésirables, suspects, prisonniers de guerre, délinquants, détenus politiques, déportés, forçats, c'est par dizaine de millions que se comptent ceux qui ont eu le malheur de séjourner dans des camps de toutes natures : transit, hébergement, concentration, représailles, internement, extermination, travail forcé, rééducation… La France de l'épuration n'échappe certes pas au phénomène de l'internement massif. Les arrestations désordonnées, les centres de détention improvisés sont au cœur des premières semaines de l'épuration, avant que ne leur succèdent les procédures administratives et les camps d'internement. On estime que plus de 100 000 personnes furent, en cumul, internées entre la Libération et mars 1946, date de la fermeture du dernier camp.

Est-on à l'époque choqué de cet état vertigineux qui, de surcroît, se prolonge dix mois après la capitulation allemande ? Nullement. D'abord parce que l'internement est devenu une banalité : 600 000 internés se sont depuis 1939 retrouvés dans quelque 200 camps répartis sur l'ensemble du territoire français. Ensuite parce que l'internement, justifié en termes légaux comme mesure de sûreté, est en fait tenu dans la population pour une précaution normale, mais aussi une punition bien méritée voire l'anticipation d'un châtiment judiciaire. Dans de telles circonstances, la guerre se prolonge-t-elle, l'arbitraire règne-t-il en maître, ou est-on sur la voie de la restauration de l'État de droit ?

Encore une urgence

La nécessité d'arrestations d'ennemis avérés ou potentiels est une évidence pour tous ceux qui préparent la Libération dans la clandestinité. Les comités départementaux de libération établissent des listes, même si aucune ordonnance n'a été prise à Alger en ce sens. Aux premières heures, le mouvement se met spontanément en branle, quitte à bousculer toutes les prévisions. « Il fallait faire vite, écrit en septembre 1944 le nouveau préfet de l'Hérault, aussi a-t-on improvisé et les groupes de résistants, les FFI, la police, chacun pour son compte, ont arrêté ou libéré suivant leur tendance et leurs vues strictement personnelles. » Dès les premières heures de la Libération, les arrestations constituent un réflexe courant qui en fait l'une des manifestations les plus évidentes et les plus fréquentes de l'épuration spontanée. De même que l'on essaie de participer aux combats, de faire prisonniers des Allemands, on court sus aux traîtres, aux collaborateurs, aux agents de l'ennemi pour les empêcher de nuire. La conviction qu'il s'agit d'une mesure de sûreté dictée par la guerre est sincère.

> Dès la libération, nos populations berrichonnes ont compris qu'elles se devraient, avec les comités de libération, de participer aux opérations de nettoyage qui s'imposaient. Les arrestations de miliciens, de membres de la Gestapo et du parti de Doriot furent des mesures de salut public (*la Marseillaise berrichonne*, 4 septembre 1944).

Ce n'est d'ailleurs pas une crainte dénuée de fondement. On en a la preuve quand la Libération se fait chaotique. Dans l'Indre, qui s'est crue libérée le 20 août, la traversée du département par les troupes allemandes se repliant vers l'Est amène dix jours plus tard une réoccupation partielle. Les collaborationnistes reprennent alors le haut du pavé avec d'autant plus de violence qu'ils ont constaté ce qui les attendait. Au hasard d'opérations très locales, partout en France, se produisent des catastrophes, avec l'intervention de Français ralliés aux Allemands : otages exécutés, blessés achevés, résistants ou maquisards martyrisés. On voit par exemple un ancien de la LVF, arrêté par les FFI le 27 août dans une commune de la banlieue parisienne, s'enfuir en profitant de l'arrivée inopinée d'un détachement allemand. Il renseigne ses libérateurs et, mieux encore, se lance à leurs côtés aux trousses des FFI. Deux d'entre eux sont fusillés, il achève lui-même un blessé lors de la poursuite.

Pas toujours très enthousiasmés par les formes prises par l'épuration spontanée, les soldats alliés et français participent au contraire à plein aux arrestations d'individus jugés menaçants ou dangereux. On ne doit prendre de risque ni sur le front, ni sur ses arrières.

> Les nombreuses arrestations opérées tant par les Services militaires que civils ont eu la plus heureuse répercussion. Les patriotes trouvent que trop de « collaborateurs » sont encore en liberté, et collaborent aussi intimement avec les Alliés qu'ils le faisaient naguère avec les Allemands. Mais ils comprennent néanmoins que les services compétents doivent parer au plus pressé et que toute défaillance sera châtiée à son heure. En résumé, état d'esprit excellent, et confiance totale dans une victoire totale et prochaine [...] Les éléments britanniques font preuve d'un dynamisme remarquable dans la recherche des agents (service de sécurité militaire, synthèse pour la période du 20 juillet au 20 août 1944).

Les militaires sont effectivement secondés par la population et les FFI, à la fois désireux de prouver leur zèle et avides d'utiliser la force et la légitimité de la troupe. En témoigne le journal de marche d'un détachement de la 2e DB opérant dans l'Orne au mois d'août 1944 :

> Le 16, arrivée 19 h 30, contact avec les autorités locales : le maire, les chefs de la résistance...
>
> Le 17, réunion chez le procureur de la république (chef résistance, capitaine de gendarmerie, président du tribunal, lieutenant Poncioni [sûreté aux armées], capitaine de Chompre). Le procureur remet certains renseignements sur personnes de Mortagne et d'ailleurs. La liste des personnes arrêtées m'explique, approuvé par les autres, la mentalité locale (délation, lettres anonymes, vengeance, peur des gens en place).
>
> Après réunion, commençons par interroger : a) les gens qui semblent avoir été arrêtés à tort ; b) les femmes rasées ayant eu des relations avec les Allemands ; c) interrogatoire des personnes considérées comme suspectes. A) et b) relâchés peu à peu pour ne pas créer un mouvement d'excitation populaire. Procédons aux arrestations du Hand Book [manuel d'instructions]. Visites pendant toute la journée de gens qui viennent raconter des histoires à dormir debout. La plupart n'ont aucun intérêt. Affichage à la mairie de demandes de renseignements sérieux sur les suspects.
>
> Le 18.8, interrogatoire de suspects par la SA [sûreté aux armées]. Déposition des témoins [...] Visite du capitaine de Chompre à la mairie et au tribunal pour prier les autorités de calmer l'esprit des populations et de les inciter au calme et à ne pas venir faire des dénonciations ridicules [...] renseignements sur le comte de G., officier LVF ayant combattu en Russie. Fait procéder à son arrestation et

> le fait écrouer après son interrogatoire. Le procureur de Mortagne m'apporte de nombreux renseignements sur divers suspects, entre autres Mme D.
>
> Le 19.8, envoie une équipe arrêter Mme D. et son garde L. suspects. L'équipe rentre sans personne, les deux sont partis. Perquisition au château de la G. Lemaire, personnage important de la Gestapo est arrêté (Log Book de Mortagne, 19 août 1944).

En Alsace, c'est la sécurité militaire qui assume la plupart des arrestations, par souci de neutraliser les éléments suspects et les étrangers particulièrement nombreux. Ils sont simplement appuyés par les FFI. La région reste dans la zone des combats jusqu'en avril 1945.

Les nouveaux journaux se félicitent de cette activité des résistants, se moquant de la passivité des magistrats « moins occupés que la police des FFI » qui, elle, semble pourvoir à tout (*France libre*, 30 août 1944). Dans l'esprit de la population civile comme des résistants, l'arrestation est en outre le prélude à un châtiment. On s'assure de la personne de ceux que la rumeur publique a déjà condamnés. C'est pourquoi des individus qui ne constituent pas a priori une menace militaire sont tout aussi bien appréhendés : des trafiquants de marché noir, des commerçants trop âpres au gain, des maîtresses de soldats allemands, des prostituées, des délateurs, des maréchalistes à la langue trop bien pendue... Le zèle résistant qui n'a pas pu être mis au service du combat s'exerce par un accaparement de cette forme de la violence publique, au détriment des forces de l'ordre.

Les arrestations s'accompagnent, parfois hâtivement, d'un interrogatoire qui est moins une investigation qu'une proclamation de la faute. Le commissaire de police du Vésinet raconte ainsi les interrogatoires auxquels il a été admis à participer comme simple témoin aux premiers jours de la Libération. Il procure une photo instantanée de l'épuration de proximité dans une commune de banlieue. Malgré la désapprobation « professionnelle » que l'on sent poindre dans son compte-rendu, il participe à l'état d'esprit général car il a déjà son opinion sur certains des accusés.

> 24 août 1944. Henri B. soupçonné d'avoir dénoncé comme juif un voisin avec lequel il s'était brouillé. Charles R. collaborateur notoire détesté dans le pays pour son attitude et ses propos pro-allemands. Mlle L. avait pour « ami » ou amant un milicien.
>
> 26 août 1944. Marcel D. était jardinier chez les Allemands, recevait des Allemands, a menacé un voisin de le dénoncer. Marie D., femme du précédent, interprète chez les Allemands, amie de ces derniers qu'elle recevait.

27 août 1944. Marcel S. présumé avoir dénoncé un Français à Saint-Cloud, doit être remis en liberté. Antoine et Marie B. auraient fait de la propagande pro-allemande. Marie et Ketty G. recevaient des Allemands à domicile, femme et fille surtout inculpées. Marcel, Ketty, Marguerite et Paule R. idem. Henri U. sujet d'origine autrichienne, déchu de la nationalité allemande, aucune charge à mon avis. Simon S., Belge ayant porté l'uniforme allemand, serait incarcéré par erreur et serait en fait patriote.

28 août 1944. Roger M. fabriquait des cercueils pour les Allemands, très lié avec des officiers allemands. Pierre G. serait membre de la Milice.

31 août 1944. André et Joseph A. auraient hébergé un Allemand récemment. Bernard C. a été président pendant quelques mois en 1942 de la section locale du RNP. Georges L. secrétaire de police, aurait été très « dur » avec les réfractaires et les communistes. Raymond S., secrétaire de mairie, collaborateur d'idées mais non de faits, a écrit une lettre au Dr Friedrich. Célina B., arrêtée par le service d'épuration de Saint-Germain, et Mlle de F., protégée par la Gestapo, auraient tiré sur des « terroristes ». Vincent P. serait membre de la Milice. Jean B. propagande pro-allemande, est en outre susceptible d'être inculpé de vol, abus de confiance et peut-être de détournement de mineurs. Yvonne S., maîtresse du précédent (rapport du commissaire de police du Vésinet au commissaire principal à Argenteuil, 12 septembre 1944).

C'est ainsi qu'au fur et à mesure de la Libération, l'internement prend son premier visage : arrestations massives et désordonnées commandées par tout le monde et exécutées par n'importe qui ; regroupement dans des centres improvisés, des camps hérités de Vichy, des prisons, des casernes ; règne de l'arbitraire tempéré du souci démocratique de ne pas faire « comme Vichy » et d'impératifs matériels.

N'était-il pas naturel que nous internions provisoirement, en attendant les décisions du Gouvernement provisoire de la République française, les fonctionnaires les plus responsables de Vichy ? Qui aurait admis que nous laissions libres MM. Jacquemard [préfet], Daumain [maire de Chateauroux] et Rey [commissaire de police] ? Qu'on se rassure : nous n'imiterons pas le régime Pétain-Laval. Nous ne voulons pas la male mort à ces fonctionnaires qui n'ont pas compris leur devoir, à ceux qui ne nous ont jamais aidés [...] Ils seront gardés dans des camps. Assurément pas ceux que nous avons connus sous la IIIe République, à Argelès par exemple, où les malheureux Espagnols mouraient littéralement de faim. Nous ne voulons pas une réédition des camps de répression SS d'Allemagne où souffrirent des centaines de milliers d'êtres humains, du camp de Drancy où furent martyrisés les Juifs, des camps de concentration de Vichy où 300 000 Français furent martyrisés parce que patriotes. Les accusés seront nourris normalement. Ils auront tout le loisir de préparer leur défense. Nous

sommes bien loin des méthodes nazies et vichyssoises (*la Marseillaise du Berry*, 26 août 1944).

Dans de telles conditions, il est difficile d'établir un bilan, mais il est évident que ces arrestations ont frappé plusieurs dizaines de milliers personnes (et non un million, comme le soutiendront les critiques de l'épuration, pour faire bonne mesure). Certaines seront libérées au bout de quelques heures ou quelques jours. D'autres commencent là une détention plus ou moins durable, sous des statuts divers. À Paris, il y aurait 4 000 arrestations durant la première semaine de la Libération, entre 2 000 et 3 000 la suivante. Dans les Alpes-Maritimes, plus de 2 000 arrestations se produisent entre le 28 août et le 15 septembre. Il y en a 500 de plus huit jours plus tard. Dans le Puy-de-Dôme, 1 800 personnes arrêtées sont recensées, dont 78 % dans les deux premiers mois après la Libération. Un tiers d'entre elles sont relâchées dans un délai inférieur à quelques semaines. Dans l'Yonne, département où combattent de nombreux maquis, on compte 2 000 arrestations à la Libération. Dans l'Orne, 800 personnes sont arrêtées entre le 25 août 1944 et le 31 mai 1945. Dans la Sarthe voisine, elles sont un millier. 1 300 personnes sont arrêtées dans les Côtes-d'Armor, dont un millier sont internées. En Seine-et-Oise, elles sont 2 500 entre août 1944 et août 1945. À la même date, on atteint un cumul d'environ 5 000 arrestations dans le Nord et le Pas-de-Calais, presque 2 000 en Seine-Maritime, 6 000 dans le Bas-Rhin.

On peut considérer que ces arrestations massives ont à la fois généré des injustices scandaleuses, voire des drames, et, en même temps, mis à l'abri d'une opération armée ou de la vindicte populaire des « collabos » ayant particulièrement suscité la haine ou la rancune. Les nouveaux pouvoirs publics annoncent par voie de presse les arrestations importantes, voire font publier des listes. Cette publicité doit manifester la promptitude et l'efficacité de l'épuration à l'œuvre, qui rendrait superflue la prolongation des initiatives privées. Dans le même ordre d'idées, les émissions françaises de la BBC présentent les arrestations et les internements qui se produisent en Normandie après le débarquement comme des réussites. Depuis la zone des combats, Maurice Schumann, porte-parole de la France combattante, raconte ainsi que des FFI sont intervenus pour faire incarcérer un délateur que des patriotes non FFI voulaient écharper. Il cite le même type d'anecdote à propos d'un traître : cette fois, c'est le président du CDL qui s'interpose pour faire régner la légalité. « C'est parce qu'elle savait que justice serait faite que la Résistance a pu et a voulu empêcher la vengeance » (17 juillet 1944). D'autres reportages insistent sur le fait que les internements n'ont lieu qu'après enquête scrupuleuse ou décrivent les excellentes conditions de détention dans les camps.

Arrestations spontanées, internements légalisés

Mesure administrative, temporaire, sans caractère judiciaire, l'internement administratif est en principe encadré par des textes juridiques. Une ordonnance du 4 octobre 1944 définit l'internement des individus dangereux pour la Défense nationale ou la sécurité publique. Sont aussi utilisés deux textes hérités des précédents régimes : le décret-loi du 12 novembre 1938 concernant les étrangers jugés indésirables sur le territoire français et la loi du 2 mars 1943 qui s'en prend aux proxénètes. Enfin, aucun texte ne donne le droit d'interner les trafiquants de marché noir, pourtant nombreux à être incarcérés. Ce n'est qu'en mai 1945 que le ministre de l'Intérieur justifie cette pratique en élargissant les catégories dangereuses pour la Défense nationale ou la sécurité publique à des individus dont les comportements « sont de nature à émouvoir l'opinion et à compromettre la paix sociale et l'ordre public ».

Toutefois, les arrestations et les internements n'ont pas tous été pratiqués, loin s'en faut, dans le cadre de la législation et il aura au contraire fallu beaucoup se démener pour pouvoir la mettre en œuvre, fût-ce imparfaitement.

Le droit d'interner est supposé être détenu par les préfets. Encore faut-il qu'il y ait des préfets. Et l'on sait que les arrestations ont commencé avant la mise en place des nouvelles autorités. Encore faut-il, ensuite, qu'on leur obéisse. Et il leur faudra parfois des semaines ou des mois pour s'imposer. Encore faut-il, enfin, qu'eux-mêmes parviennent à s'en tenir à la loi, confrontés à la fois à l'héritage des premières semaines de la Libération et à la violence des émotions populaires qui se succèdent jusqu'en 1945.

> Le comité local de Libération vient d'être informé que des détenus politiques arrêtés sur son initiative venaient d'être remis en liberté. La population de Versailles doit savoir que le comité versaillais n'est aucunement à l'origine des mesures d'élargissement qui viennent d'être prises. En conséquence, le comité décline toute responsabilité sur les conséquences d'actes qu'il ne lui appartient pas de juger. Il demande à la population de Versailles de conserver son calme car un pays ne peut se relever que la discipline et notre grande cité versaillaise se doit de montrer l'exemple. Patience Versaillais ! (avis à la population, vers octobre 1944).

D'ailleurs, des préfets, des commissaires de la République même, ont eux aussi intégré l'idée de l'internement comme sanction. Certes pour protéger de la colère populaire des personnes particulièrement déconsidérées, mais aussi pour se saisir de ceux qui, faute de charges lourdes ou précises, pourraient échapper à la justice. C'est, pour reprendre les termes de Michel Debré, commissaire de la République pour la région d'Angers, une procédure « arbitraire mais nécessaire ».

Ce que rapportent les témoins impose l'idée que les arrestations sont opérées par beaucoup de personnes ou de groupes qui s'arrogent plus ou moins une autorité de facto, en dehors des préfets. Sur 2 200 personnes arrêtées en Seine-et-Oise entre le 25 août et le 25 octobre 1944, seules 320 (14 %) ont fait l'objet d'un arrêté d'internement administratif en bonne et due forme. À Marseille, un magistrat recense près d'une dizaine d'organisations ayant procédé à des arrestations depuis la Libération : FFI, FTP, Milices patriotiques, Mouvements unis de résistance (MUR), DGSS de l'armée régulière, sécurité militaire des FFI, commission centrale de sécurité siégeant à la préfecture et plusieurs services de police dont la Surveillance du territoire. Dans un département beaucoup plus petit, le Maine-et-Loire, l'émiettement est le même avec des arrestations opérées par des FFI, quatre différents services de police, la gendarmerie et les Américains. Sur 170 arrestations effectuées la première semaine de la Libération, seules onze l'ont été sur l'ordre du nouveau préfet. Les archives montrent en outre que les détentions et les libérations échappent aussi au monopole de la force en principe détenu par l'État. En considérant par exemple le registre d'écrou de la prison de Poissy, dans la grande banlieue parisienne, en août et septembre 1944, on constate qu'arrestations, libérations et transferts sont exécutés et décidés par une vingtaine de personnes ou d'instances différentes : comités locaux de libération ou d'épuration, officiers FFI, commandants des Milices patriotiques... Les ordres du préfet ne concernent qu'à peine 20 % des détenus. Dans la prison de Fresnes, en septembre 1944, on trouve des internés qui sont notés dans les documents comme « détenus pour le compte de » Messieurs X. ou Y., et à propos desquels aucune décision ne doit être prise sans en référer à ceux qui les ont arrêtés. Aux Baumettes, à Marseille, même constat encore en janvier 1945 en consultant les registres : des « ordres d'écrou » sont signés par des policiers de la brigade de surveillance du territoire, par la Sûreté, par la sécurité militaire. Mieux encore, des inculpés bénéficiant d'ordonnances de mise en liberté décernés par des magistrats sont maintenus derrière les verrous. Or, ce sont là des prisons, c'est-à-dire des lieux qui, s'ils n'ont pas vocation à recevoir des internés, sont tout de même des lieux identifiés, dotés de personnel professionnel et de procédures administratives. Cela laisse imaginer la pagaille et l'arbitraire régnant dans les centres improvisés où tous les internés ne sont pas même enregistrés. De l'aveu même du ministre de l'Intérieur, la situation est, à l'automne 1944, profondément insatisfaisante. Tous les lieux de détention regorgent de cas mineurs, voire insignifiants, tandis que les vrais coupables sont en fuite ou mal identifiés (circulaire aux préfets, 3 novembre 1944). Quatre mois plus tard, les commissaires régionaux de la République qui répondent à une demande d'information du ministre de la Justice répercutent un état de fait toujours en contradiction avec la loi et les instructions : « plus de 400 personnes sont encore incarcérées sans mandat de justice régulière dans les établissements pénitentiaires dépendant de mon département », « il demeure des individus écroués sur ordre d'autorités qui n'avaient aucune qualité à le faire » (réponses à la circulaire du garde des Sceaux aux commissaires de la République, 5 mars 1945). Enfin les autorités sont parfois submergées d'une masse telle qu'elle s'annule elle-même. Ainsi, à Roanne, le comité de libération voit les listes d'arrestations qu'il avait soigneusement préparées balayées par la furie des initiatives personnelles. Tandis que l'on arrête à tour de bras, les principaux suspects passent au travers des mailles du filet. Il faut en outre libérer aussitôt des centaines de personnes pour faire la place à d'autres. De même, dans les Pyrénées-Orientales, alors que la liste dressée par le CDL prévoit 300 arrestations, elles sont déjà plus de 1 000 deux semaines après la Libération.

Les ordres, pourtant, se succèdent afin d'obtenir une rapide régulation. Ainsi, à Paris, dès le 28 août, le chef régional FFI exige que chaque arrestation soit accompagnée d'un court rapport en précisant le motif, le lieu et la date. Dans les jours qui suivent est rappelée la nécessité d'ordres écrits comme de l'examen préalable des dénonciations. Le 3 septembre, le nouveau préfet de police rappelle que le monopole des arrestations appartient à la force publique, les FFI ne peuvent procéder qu'en cas de flagrant délit ou face à « des individus poursuivis par la clameur publique ». Une nouvelle intervention de l'état-major FFI enjoint de transférer tous les détenus à la prison de Fresnes d'ici au 13 septembre. Des notes de service du 2e bureau de l'état-major FFI, datées d'octobre 1944, redisent l'obligation d'avoir un ordre signé pour procéder à des arrestations et demandent le recensement des personnes encore détenues. Mi-novembre, le rappel se fait comminatoire : « aucune personne du service ne devra procéder à une arrestation », aucun détenu ne peut être extrait des camps d'internement sans autorisation du préfet de police. L'empilement des instructions, leur rappel fréquent montrent assez que la situation est loin d'être sous contrôle. À Nice, où l'on a vu que les arrestations précoces sont pléthoriques, le CDL en est réduit à essayer d'identifier les détenus :

> Il est rappelé que les groupements *ou particuliers* ayant procédé à des arrestations doivent, de toute urgence, en remettre la liste à la commission d'épuration du CDL. Dans chaque commune, la liste des personnes arrêtées sera remise entre les mains du commissaire de police ou de la gendarmerie (*Combat*, édition locale, 10 septembre 1944).

Dans tous les départements, au fur et à mesure de « l'éloignement des combats », les nouveaux préfets prescrivent que « l'on revienne en ce qui concerne les arrestations à des procédures régulières » (le préfet de Seine-et-Oise au directeur régional de la police, 5 septembre 1944). La police et la gendarmerie peinent d'autant plus à conserver le monopole des arrestations, qu'elles sont elles-mêmes touchées par l'épuration. Ce surcroît de travail coïncide avec une baisse des effectifs et une certaine expectative commandée par la prudence (voir chapitre 7).

Par ailleurs, lors de la prise d'arrêtés d'internement administratif en bonne et due forme, transparaît un manque de nuances qui trahit le volume d'affaires traitées à la hâte. On est dans la régularisation plutôt que dans la réflexion. Ainsi, on peut estimer qu'un tiers des internements sont décrétés pour six mois, un tiers pour un an et un quart jusqu'à la fin des hostilités. Seul le résidu bénéficie d'une modulation des durées qui peut impliquer un souci d'adaptation au cas par cas. La rareté des assignations à résidence, pourtant beaucoup plus commodes et moins coûteuses, souligne par ailleurs le rôle démonstratif et protecteur de l'internement.

> Concernant Mme G. Clotilde, fruitière à Maisons-Laffitte, j'ai le regret de vous faire savoir que le comité de libération de Maisons-Laffitte est unanime à ce que l'internement de cette personne soit maintenu. La mise en liberté, même en résidence surveillée, de cette femme serait très mal interprétée dans le quartier (le président du comité local de libération au préfet de Seine-et-Oise, 6 janvier 1945).

Dénonciateurs dénoncés

L'idée très peu flatteuse que nous nous faisons de cette période nous suggère qu'elle marqua un pic dans les délations. La lecture des archives révèle certes un nombre élevé de dénonciations. Mais, dans l'immense majorité des cas, elles ne sont pas anonymes, mais très clairement signées et identifiées. Les nouvelles autorités ont rapidement prévenu que ces seules dénonciations précises seraient prises en compte. Les dénonciateurs se trouvent d'ailleurs fondés dans leur démarche, soit qu'ils s'estiment victimes de celui qu'ils dénoncent, soit qu'ils pensent agir pour des motifs civiques et moraux irréprochables. Dans cette masse, les cas de dénonciation de relations sexuelles avec les Allemands ou d'appartenance à des partis politiques sont peu fréquents. Ce sont les frictions quotidiennes qui émergent largement : différents à propos de requis du STO, fréquentation des Allemands par exemple pour chasser ensemble, vente aux Allemands de produits contingentés, aide pour trouver des hommes pour les corvées imposées par l'occupant, abattage clandestin, abus de pouvoir de maires, propos favorables à Pétain ou hostiles aux Alliés, enfin, participation à la désignation d'otages et… dénonciations.

Le rôle mythique des concierges informateurs et délateurs transparaît, dans les grandes villes.

> Monsieur le commandant,
>
> Un de mes locataires a entendu le petit garçon A… Jacques dire en passant à sa mère : papa est rentré, à plusieurs reprises. Mais je ne l'ai pas encore vu à son domicile. Je vous dis que ce petit est à l'école maternelle rue des Lyonnais. Si vous le questionnez, l'enfant parlera.
>
> Recevez, M. le commandant, mes respectueuses salutations.
>
> La concierge (note manuscrite, septembre 1944).

Mais le concierge est, sur ce terrain, bien souvent supplanté par les voisins, méfiants, voire paranoïaques. À croire que certains vivent véritablement dans un nid d'espions. Ou plutôt que sévit un prurit de dénonciation.

> Suspects : 5 square de Clignancourt, Paris, 10e.
>
> Concierge : Bulgare naturalisé français, à voir.
>
> Rez-de-chaussée : femme russe, très probablement blanche [i.e. hostile aux communistes], gigolo étranger ayant tenu des propos défaitistes dans un abri.
>
> 4e étage gauche : M. et Mme S. ayant fait un marché noir scandaleux.
>
> 2e étage gauche : un monsieur se disant « commissaire » mais sans précision, qui est installé dans l'appartement de Juifs arrêtés.
>
> 5e gauche : Italien fasciste et famille fasciste.
>
> 5e droite : D., industriel du Nord, ayant reçu continuellement des Allemands en uniforme, réceptions opulentes. Sa fille serait fiancée à un officier allemand. Le fils arbore le brassard FFI.
>
> 6e droite : le locataire travaille à la Banque franco-japonaise ; sympathies japonaises très marquées.
>
> Les renseignements sont fournis par un professeur agrégé d'Allemand habitant la maison dont on peut garantir la bonne foi (2e bureau de l'état-major FFI, 19 septembre 1944).

Les instances nouvelles, à commencer par les comités de libération, demandent à tous de contribuer au recensement des traîtres et aux enquêtes : c'est un devoir pour les « braves gens », les « bons Français ». Le Front national de la justice propose un affichage de listes d'internés au dossier vide qu'on libérerait si aucune dénonciation n'était portée contre eux dans les quinze jours. On voit même le juge d'instruction chargé de l'affaire de Sacha Guitry faire appel aux délateurs par voie de presse pour remplir son dossier. En même temps, on met en garde contre les dénonciations erronées qui font perdre du temps à la justice et font encourir des sanctions à ceux qui les pratiquent. Bientôt, on décide de ne pas tenir compte des dénonciations anonymes. Si des raisons morales sont alors mises en avant (« cette façon de procéder a provoqué trop de ravages pendant l'occupation allemande pour que nous ne mettions pas tout en œuvre afin de neutraliser ce poison particulièrement virulent dans notre région », écrit par exemple le préfet de l'Orne au président du CDL en mars 1945), il est évident qu'il s'agit aussi d'économiser des enquêtes inutiles.

Ces individus

Un autre sujet de controverse s'impose immédiatement, concernant surtout les arrestations les plus précoces : celui des mauvais traitements, voire des tortures, infligés à des internés, des exactions qui ont accompagné les arrestations, des exécutions survenues dans les lieux de détention. Ce débat recoupe en partie celui des exécutions extrajudiciaires, à ceci près qu'on a pu estimer qu'une part non négligeable de celles-ci avait pu survenir dans le feu ou le prolongement des combats. Il en va tout autrement quand il s'agit d'abattre froidement un adversaire réduit à la captivité.

Aujourd'hui encore, la réalité et l'ampleur des sévices sont difficiles à démêler dans la mesure où toutes les parties ont pu mentir et que l'autorité étatique a pu ne pas être neutre, prise entre l'impératif de faire respecter le droit et l'inopportunité d'accréditer la thèse d'une épuration « sauvage ». Le commissaire de la République de Limoges, Jean Chaintron, s'exclame ainsi à la radio :

> Des « bobards » circulent sur de prétendues arrestations arbitraires, sur des actes dictatoriaux ou anarchiques de Comités de libération ou d'unités FFI ; ce sont là des calomnies et des épouvantails avec lesquels on pratique la guerre des nerfs. Si des faits isolés ont pu se produire, ils ne peuvent qu'être l'œuvre d'agents provocateurs, d'irresponsables, d'aventuriers politiques, réprouvés par tous les partis de la Résistance (10 octobre 1944).

À de très rares exceptions près, les documents ne gardent pas trace des exactions. À moins de les lire entre les lignes comme ce cahier de rapport du détachement FFI du fort de Limeil-Brévannes, à la date du 9 septembre 1944 :

> 1 heure ¼, tentative d'évasion de quatre miliciens [suivent les noms]. Ces hommes ont été exécutés car les hommes avaient reçu pour consigne de tirer sur

tout prisonnier qui tenterait de s'évader (cité dans un rapport du commissaire des Renseignements généraux de Juvisy, 15 septembre 1944).

Restent donc les témoignages et il y a alors au moins quatre façons de révéler des mauvais traitements. La plus évidente, c'est que les victimes en parlent, voire portent plainte. Leur crédibilité pose problème pour deux raisons. Soit leur intérêt à se poser en victimes pour échapper à des sanctions. Soit leur propre passé de violence qui n'attire ni la confiance, ni la compassion. Ainsi, minimisant les sévices exercés par les Milices patriotiques du XIVe arrondissement, le responsable insiste sur la personnalité même du plaignant « personnage qui n'est pas des plus intéressants » et « a agi comme un collaborateur notoire du Gouvernement de Vichy ». Pourtant, il reconnaît avoir renvoyé un sous-lieutenant « à la suite de ces événements que nous regrettons d'ailleurs vivement » (rapport du commandant des Milices patriotiques du XIVe arrondissement au président de la commission militaire du comité parisien de libération).

Un exemple spectaculaire d'instrumentalisation d'éventuels mauvais traitements apparaît dans le dossier d'Amédée Bussière, préfet de police de Paris de 1942 à 1944. Au nombre des accusations les plus graves portées contre lui figurent les tortures infligées à des résistants – en particulier communistes – par des policiers placés sous ses ordres. « Il paraît difficile d'admettre, résume le commissaire du gouvernement dans son réquisitoire introductif, qu'il ait ignoré les procédés de torture pratiqués par ses subordonnés » (22 juillet 1949). Sexagénaire à la santé chancelante mais compatible avec la détention, il bénéficie d'une incarcération en infirmerie. C'est là qu'il trouve l'idée de collecter les témoignages de codétenus qui affirment avoir été brutalisés à la Libération par des FFI ou des... policiers. Son avocat en dresse une liste et la communique au magistrat instructeur avec la volonté d'établir un parallèle entre ces violences, annulant en quelque sorte les responsabilités de son client.

En dépit des séquelles des traumatismes subis, la preuve n'est pas toujours facile à apporter si la victime des sévices porte plainte. Ainsi, dans le cabinet d'un juge d'instruction marseillais, un inculpé revient sur ses déclarations. Il se justifie en racontant les tortures par lesquelles des aveux lui ont été arrachés à la sécurité militaire FFI :

> On m'a frappé à coups de matraque en caoutchouc et à coups de poing et à coups de pied dans les côtes, dans le ventre. On m'a déshabillé, on m'avait mis dans une baignoire d'eau froide et on m'y a plongé la tête, on m'a fait des applications de courant électrique dans les parties, la verge, l'anus, derrière la tête. D. m'a cisaillé les doigts avec une pince. Il m'a fait mettre à genou sur une barre de fer dans laquelle on faisait passer du courant [...] Les coups que j'ai reçus

expliquent les divergences existant entre mes déclarations d'aujourd'hui et le procès-verbal du 9 décembre 1944.

L'examen médical demandé par le magistrat quatre mois après les faits s'avère peu concluant. Il est à peine plus net dans le cas d'un détenu de cette même sécurité militaire, comparaissant un mois seulement après les tortures qu'il dénonce, et qui sont grosso modo les mêmes (ce qui en soi, ne prouve rien, les détenus ayant toutes possibilités de communiquer entre eux) : cal de fracture à une côte et perte de trois dents. Toutefois, un troisième détenu comparaît devant le même magistrat, détenu passé à tabac peu auparavant : « Nous juge d'instruction constatons que B. a l'œil gauche violemment congestionné, cerné de violet et une plaque d'ecchymoses sur le côté gauche du visage ». Le rapport médical aussitôt prescrit se fait plus précis : « Cet homme a été littéralement roué de coups, il est truffé d'ecchymoses et, en particulier, aux membres inférieurs, de plaies contuses superficielles ». Le juge d'instruction acquiert la certitude que les arrestations, voire les détentions s'accompagnent de violences, mais sans pouvoir en déterminer la nature exacte. Les FFI incriminés font l'objet de poursuites devant la justice militaire.

Il faut reconnaître que tout le monde trouve ces brutalités plutôt normales, quand il s'agit de collaborationnistes avérés, mêlés eux-mêmes à la répression. Darnand a été frappé et injurié durant les premiers jours de son transfert à Nice. Marcel Bucard, chef du parti franciste, mouchard qui a couvert les crimes de droit commun de ses hommes, se fait botter les fesses au cri de « Bucard au pouvoir », puis on le laisse au milieu de ses vomissures (c'est tout de même un grand invalide de guerre). Ces deux hommes ne portent même pas plainte. Au contraire, d'autres exagèrent le traumatisme subi car ni leur condition sociale ni leur âge ne les y ont préparés, tel l'ancien ministre de l'Éducation Jérôme Carcopino frappé au visage en arrivant au vélodrome d'hiver. Ces hommes expriment leur peur de la foule, de la colère populaire traduite par des cris, des insultes, des railleries, des bousculades. La norme de violence admise après quatre années d'occupation et dans l'élan des combats de la Libération est exorbitante à nos yeux. Lorsque les anciens dirigeants du camp d'internement de la forêt du Tronçais (Allier) sont traduits devant le tribunal militaire de Lyon pour complicités d'assassinats et attentats à la pudeur sur vingt-six détenus (dont quatre sont morts), le président les interpelle en détaillant les tortures, pendaisons par les pieds, flagellations, pendaisons par nerf de bœuf, actes de sadisme et de perversion : « il s'agit d'un régime dépassant les normes humaines ». La réponse fuse, émanant du groupe « Police du maquis » (des policiers ayant rejoint le maquis en 1944) : ils n'ont fait qu'appliquer les normes en usage dans la police. Et ils sont relaxés…

Très souvent, les mauvais traitements sont rapportés par un tiers, lui-même détenu ou proche d'un détenu, qui y a assisté ou en a entendu parler. C'est le cas le plus fréquent, c'est même un poncif de la littérature des épurés, qu'il s'agisse de livres de souvenirs ou de pamphlets militants. Là, encore, la crédibilité du témoignage est fragilisée par une volonté démonstrative de condamner l'épuration par tous les moyens. Cette veine sera poursuivie et développée, dès la fin de 1944 et durant des décennies, par tous les nostalgiques de Vichy et de la collaboration, avides de justifier leurs crimes par ceux dont ils auraient été victimes. Robert Brasillach l'illustre à merveille dans une lettre clandestine à sa sœur, datée du 1er novembre 1944, qui reflète le discours dont internés et détenus s'échauffaient entre eux :

> Moi, on ne m'a rien fait d'illégal, mais j'ai *vu* assez de gens qui ont été martyrisés, frappés, les dents cassées, brûlés par des cigarettes, sans compter les histoires de femmes, pour savoir à quoi m'en tenir. Et les 300 000 personnes arrêtées en France, et la délation, organisée comme elle ne l'a jamais été par la Gestapo, et tout le reste.

Ce genre de propos sera enjolivé et systématisé dans les années suivantes par le groupe des contempteurs de l'épuration qui n'auront de cesse de nier leur culpabilité pour, au contraire, se poser en victimes :

> Les comités départementaux de libération ont fait procéder au cours des années 1944 et 1945 à un million d'arrestations et de détentions arbitraires, soit le dixième de la population active [...] Ces arrestations et ces détentions illégales ont été, le plus souvent, accompagnées de crimes et de délits contre les personnes et contre les biens (*Défense de l'Occident*, janvier-février 1957).

Ce sont les morceaux de bravoure de la légende noire de l'épuration qui se délectent du récit circonstancié de sévices réels ou imaginaires et contribuent surtout à opacifier le débat.

Moins sujets à caution apparaissent les témoignages, les rapports, les alertes émanant de personnes neutres : médecins, infirmières, assistantes sociales, aumôniers, membres d'associations caritatives. Par leur publicité et leur valeur de principe, ce sont ces interventions qui vont alimenter le débat sur les sévices. Depuis la fin de la IIIe République existe une inspection générale des camps à laquelle ont l'habitude de s'adresser les services d'assistance aux internés. Malgré le désordre considérable de la Libération, la Croix-Rouge, les quakers, l'Entraide française continuent à se tourner vars elle. Les séances de travail en commun ne s'instaurent qu'en octobre 1944. Mais, en attendant, le gouvernement autorise l'entrée des associations dans les camps et diligente les premières inspections sanitaires, du moins dans les centres identifiés et en tenant compte des difficultés à se rendre en province. Le 31 octobre, un arrêté institue dans chaque région une commission de contrôle, présidée par un magistrat. À la fin du mois de novembre 1944, le Dr Bernard Duhamel, de la Croix-Rouge, dresse une liste de centres d'internement visités : cent deux dans cinquante-huit départements, pour un total de 21 600 internés. Une vingtaine de ces camps reçoivent une appréciation très négative, généralement pour des raisons matérielles. On relève toutefois des mentions sur les violences :

> Quimperlé, prison, effectif 50, nourriture assez bien, traitements : brutalité.
>
> Aillicourt, Pas-de-Calais, camp, effectif 500, direction bien, garde assurée par les FFI, mal, brutalité, promiscuité.
>
> Abbeville, effectif 140 les internés sont dans une situation déplorable (lettre du Dr Duhamel à l'inspecteur général des camps d'internement, Paris, 30 novembre 1944).

Dans la Région parisienne, la Croix-Rouge se met dès la Libération à la recherche des centres clandestins, où les risques sont les plus élevés. Par le bouche-à-oreille, les enquêteurs de la Croix-Rouge les repèrent puis ils s'y rendent et essaient de voir les prisonniers. Ils avertissent éventuellement la police.

La réponse faite à une visite du Dr Duhamel dans la villa Saïd (ancienne maison de Pierre Laval à Paris transformée en centre de détention par les FFI du XVIe arrondissement) montre que la hiérarchie des FFI rejette par principe l'idée des mauvais traitements, par respect de la loi peut-être, mais aussi parce que la Résistance a été un combat pour des valeurs en même temps qu'une entreprise patriotique. « Je tiens à vous signaler que tous les individus ont été traités avec humanité. Nous n'avons pas l'habitude d'employer les méthodes de la Gestapo avec les prisonniers ». Pourtant, ces « individus » ne sont pas pleinement considérés comme des êtres humains.

> Il s'agit du fameux Lopotska, ignoble simulateur qui aurait donné 150 Juifs à la Gestapo. Cet homme n'a jamais eu à subir de sévices. Lopotska était un détenu répugnant qu'on dut menacer de mettre sous la douche, comme il refusait catégoriquement d'effectuer des soins de propreté corporelle (réponse à la note du médecin-lieutenant Duhamel, inspecteur sanitaire des camps d'internés civils, communiqué par le commandant du BSDI, 7 octobre 1944).

En termes clairs, ils n'ont pas volé ce qui leur arrive. Dans la Sarthe, un autre membre de la sécurité militaire FFI se plaint au même moment que les suspects traités par son service ne soient pas aussitôt sanctionnés. « Il est regrettable que des individus de cette accabie [*sic*] ne subissent pas le châtiment que la sinistre

Gestapo nous réservait en cas d'arrestation » (rapport du lieutenant Leclerc sur l'activité de la sécurité militaire au Mans, 20 octobre 1944).

Enfin, il peut y avoir constat de violences injustifiées par une autorité supérieure ou extérieure au groupe qui pratique des mauvais traitements. C'est là que l'intervention est à la fois la plus efficace (le groupe est sanctionné, dissous ou dispersé) et la plus discrète puisque le tout se règle en interne plutôt que devant la justice. On se borne parfois à appliquer les règles élémentaires du droit :

> Équipe Bomont.
>
> J'ai le regret de vous informer que des rapports contre vous ont été remis à la police judiciaire concernant l'activité de certains d'entre vous. Ces rapports sont particulièrement ennuyeux pour vous, pour ne pas dire plus.
>
> D'autre part, le colonel Brunetière [dirigeant le 2e bureau de l'état-major FFI à Paris] en a eu connaissance. De ce fait, l'équipe Bomont ne fait plus partie de la maison. Vous allez rendre immédiatement vos armes et vos cartes d'identité. Le tout sera remis à Chapirot pour être placé dans le coffre-fort de façon à ce que vous puissiez en prendre possession dès que vous serez réintégrés, si les résultats de l'enquête le permettent (Rapport du commandant Bertot, 28 septembre 1944).

La réaction peut aussi être d'édicter des règles et une organisation qui évitent que de tels faits se reproduisent, comme dans ce rapport d'un jeune officier du 2e bureau FFI de Paris, dont on remarque qu'il ne met absolument pas en doute les affirmations des victimes :

> Six personnes arrêtées à Yerres ont été amenées à l'état-major et nous avons dû les relâcher car aucun dossier ne les accompagnait. Ces personnes se sont toutes plaintes d'avoir été maltraitées : les femmes tondues et tous battus sans motif apparent. Je pense qu'il serait indispensable d'envoyer une circulaire à tous les secteurs FFI : pas d'arrestation sans flagrant délit, faire suivre toutes les possessions des prisonniers, ne jamais les maltraiter, demander des ordres et rendre compte à l'état-major (rapport de l'aspirant Montrois du 2e bureau au commandant du 2e bureau, 14 septembre 1944).

Ces réactions prouvent, contrairement à ce que prétend la légende noire, l'épuration n'a jamais été une opération planifiée avec l'aval des autorités pour éliminer des adversaires.

> À la base de l'épuration ? Trois éléments : un désir passionnel de vengeance, une volonté réfléchie d'usurpation, une intention préméditée de subversion. Ces trois éléments correspondent aux trois clientèles politiques fondamentales de la Résistance, les juifs, les politiciens et les communistes [...] Le moyen de l'épuration fut la terreur, le but de l'épuration fut la liquidation des adversaires,

> la philosophie de l'épuration fut la proclamation de la suprématie de l'idéologie sur la patrie (Maurice Bardèche, *Défense de l'Occident*, janvier-février 1957).

Mais il est vrai qu'il est tentant pour la hiérarchie de nier les faits dérangeants et pour les inspecteurs d'éviter de les voir. Le compte-rendu de la visite effectuée par ce même officier du 2e bureau quelques jours à l'Institut dentaire, révèle la difficulté pour les résistants à admettre qu'ils puissent faillir :

> Au cours de la mission que j'ai remplie hier 4 septembre sur ordre du colonel Rol-Tanguy à l'institut dentaire, j'ai pu constater ce qui suit :
>
> 1° les arrestations et perquisitions effectuées par ce secteur FFI sont justifiées dans le fond et 120 détenus sont actuellement dans les locaux de l'Institut.
>
> 2° le capitaine commandant le centre a fait faire des interrogatoires par ses hommes et a constitué des dossiers détaillés, en quoi, selon les ordres de l'état-major, il semble avoir outrepassé ses droits.
>
> 3° deux exécutions ont été faites au moment de l'Insurrection nationale.
>
> 4° j'ai examiné 20 dossiers au hasard qui prouvent les arrestations justifiées dans 19 cas ; j'ai fait mettre la 20e personne en liberté provisoire.
>
> 5° il ressort que ce centre n'a jamais demandé d'instruction à l'état-major comme il aurait dû le faire et a trop agi de sa propre autorité.
>
> 6° j'ai soumis à la signature du colonel Rol un ordre adressé à ce centre le mettant en demeure de n'effectuer d'arrestation ou perquisition que dûment mandaté par l'état-major et de se mettre en rapport avec l'état-major pour toutes questions de cet ordre (le lieutenant Montrois au commandant du 2e bureau, 5 septembre 1944).

De même dans les centres que s'est arrogé le MNPDGD, la commission de contrôle militaire du 3e bureau de l'état-major FFI reste très prudente :

> Elle s'est rendue rue Beaubourg, puis à l'Étoile pour enquêter sur le Mouvement national de Prisonniers et Déportés. Une dizaine de détenus sont rue Beaubourg et auraient été maltraités. Il a été impossible de toucher le colonel Patrice [Roger Patrice Pelat] du même mouvement, qui commande des Unités dites FFI, mais sans recevoir d'ordres de personne.

Pourtant quand les rumeurs se font trop insistantes et les résultats des contrôles trop probants, les nouveaux pouvoirs publics réagissent. Dans l'Allier, le président du CDL et le préfet rappellent plusieurs fois le commandant du camp de la forêt du Tronçais à l'ordre. Il est finalement fermé au mois d'octobre 1944.

Il serait donc naïf de penser que les brimades, les tortures n'ont pas existé et relèvent uniquement de la légende haineuse et provocatrice entretenue par les thuriféraires de Pétain et Hitler. Les scènes publiques de violence, les lynchages prouvent que le pire pouvait survenir a fortiori à l'abri des regards. Certains centres plus ou moins clandestins ont une réputation si établie que les pouvoirs publics eux-mêmes la tiennent pour acquise. C'est ainsi qu'au fil d'un rapport sur l'exécution d'un homme à l'Institut dentaire de Paris, le procureur écrit tout bonnement « les exécutions effectuées pendant la période insurrectionnelle par les occupants de l'Institut dentaire... » (lettre au procureur général près la cour d'appel de Paris, 7 août 1945).

Les témoignages émanant de résistants, les enquêtes de police et les procédures judiciaires attestent de la réalité de ces faits, mais ne permettent pas de les quantifier. L'existence de ces sévices n'a rien d'étonnant dans un contexte de sortie de guerre et de transition dans l'organisation des pouvoirs publics. Leur fin devait forcément accompagner le rétablissement de l'État de droit et les nouvelles autorités ont rappelé les règles élémentaires en la matière et les ont fait appliquer avec un certain succès. Dans une certaine mesure, ces violences ont perduré moins longtemps que les attentats et même que les exécutions. Reste la question des sanctions rares et faibles exercées à l'encontre des personnes qui se sont laissées aller à des voies de fait, pour ne rien dire des tortionnaires, voire des meurtriers. Le petit nombre d'enquêtes, le manque d'empressement à les faire aboutir, l'absence ou la bénignité des condamnations pénales rappellent certes que la Résistance ne voulait pas voir publier trop souvent ses manquements ou ses fautes, non seulement parce qu'ils entachaient son œuvre mais aussi la décrédibilisaient comme source du nouveau pouvoir. Ils montrent aussi le degré de tolérance à l'égard de la violence d'une société brutalisée par deux guerres, une Occupation et des vagues successives d'exclusion et de répression.

Le corps défendant

L'immense majorité des récits de personnes arrêtées à la Libération utilise le thème de la surprise pour étayer l'évidence de l'injustice qui leur est faite. Ils ne s'attendaient pas à être arrêtés. Mieux encore, ils ignorent pourquoi ils sont arrêtés. Que l'intéressé soit célèbre ou inconnu, notable ou modeste, la défense immédiate comme rétrospective s'articule sur ces thèmes comme gages de bonne foi. Y compris contre des évidences. Prenons un cas célèbre entre tous, celui de Sacha Guitry. L'homme de théâtre a été pris à partie dans des journaux clandestins et même dans la presse américaine à plusieurs reprises depuis 1940, pour sa participation jugée scandaleuse à la vie de la scène et des salons depuis que les Allemands décident de tout à Paris. En juillet 1944, un grand ami insiste pour qu'il prépare sa défense. Guitry s'exécute, quoiqu'à contrecœur. Il est donc intenable d'affirmer que Guitry ne s'attend pas à être arrêté, même s'il n'y croit pas. Le 23 août, quelques jeunes FFI viennent effectivement l'appréhender à son domicile et le conduisent à pied à la mairie du VIIe arrondissement, épisode rendu fameux par les photos, étonnamment décontractées, prises par Henri Cartier-Bresson, et par le récit comique qu'en a fait lui-même le principal protagoniste. Commence alors un internement qui, de centre provisoire (la préfecture de police, le Vél'd'Hiv, Drancy) en prison (Fresnes), va durer deux mois. Dans ses mémoires, de défense comme dans le livre qu'il tire de cette mésaventure en 1949, Guitry ne cesse de proclamer l'incompréhensible injustice qui lui est faite et de l'attester par une anecdote pour lui significative :

> Je me penche et je lis, à l'envers, un mot qui bouleverse. Je déchiffre d'abord : « Motif de l'arrestation », deux points – puis : é, r, o, n, g, i !
>
> É, r, o, n, g, i, à l'endroit, cela fait bien : ignoré – n'est-ce-pas ?
>
> Ils ignorent le motif de mon arrestation !
>
> Cet aveu les condamne à me garder en prison !
>
> Et, même, de l'y garder jusqu'à ce qu'ils aient trouvé – à défaut du motif de mon arrestation – un prétexte quelconque et valable – à leurs yeux – de m'y laisser moisir ! (*Soixante Jours de prison*, 1949).

Ce qui est frappant, c'est que, sans avoir l'esprit d'à-propos ni la verve narrative de Guitry, la majorité des internés recourent strictement aux mêmes arguments : ils ne comprennent pas ce qu'ils ont fait pour être sanctionnés, leur arrestation est une surprise. Cette réaction est affichée du plus haut dignitaire au plus modeste lampiste. Le préfet de la Seine prétend tomber des nues en voyant un groupe de résistants non seulement venir s'assurer de sa personne mais substituer une nouvelle autorité à celle du maréchal. La famille de l'ancien garde des Sceaux Raphaël Alibert a toutes les peines du monde à le convaincre de se cacher alors qu'il est en train de pavoiser son balcon. François Lehideux, ancien secrétaire d'État, le prend de haut avec ceux qui déclarent vouloir l'arrêter et tourne les talons. Paul Berliet, le fils du puissant industriel lyonnais accusé de collaboration économique, ne devine pas non plus pourquoi tous les membres de sa famille, directeurs à l'usine, sont appréhendés :

> Ce que l'on nous reprochait, on ne le savait pas. Nous avons été victimes d'un complot organisé et motivé par une espérance révolutionnaire dont le succès devait s'étendre à l'industrie nationale (*le Progrès*, 22 mars 2009).

De même, un coiffeur, de son propre aveu pétainiste et membre du parti franciste, ne voit pas pour autant ce qu'on lui reproche :

> Je suis à la maison d'arrêt d'Argentan depuis quatre semaines et je me demande pour quelle raison. J'ai été arrêté sur une plainte calomnieuse [...] J'ai lutté contre le marché noir, contre l'abus de toute sorte, voilà pourquoi aujourd'hui, quelques brebis galeuses essayent de se venger [...] Pour avoir cru lutter pour mon Pays, même si je me suis trompé, puisque j'étais sincère, je ne méritais pas ce déshonneur (Lettre au préfet de l'Orne, 23 septembre 1944).

Tout au plus croit-on comprendre qu'on est victime de calomnies, de vengeances. Ou d'un complot.

> Pour avoir reproché à d'aucuns de se livrer au « marché noir » au détriment des Français et, d'autre part, avoir reproché à la Jeunesse de se méconduire, un individu peu recommandable qui n'a jamais obtenu sa carte de combattant, et qui fut maintes fois condamné, un civil dressa contre moi un dossier de calomnies, mensonges, etc. [...] Beaucoup d'injustices me dégoûtent, et je vous dirais que je ne suis pas ici dans mon milieu (lettre du curé de Missy-sur-Aisne au préfet, 15 janvier 1945).

Chez beaucoup, ce sentiment d'injustice, non seulement instrumentalisé pour la défense, mais sincèrement éprouvé, nourrit une pugnacité qui se mêle de colère. Comme l'écrit une internée dans une lettre clandestine, en évoquant une codétenue, « on avait interné sa maman quelques jours auparavant *pour des futilités, comme nous le sommes toutes* ». Et de développer :

> Ils ont peur de nous libérer, ils savent bien que nous ne sommes pas coupables, et aussi que nous savons qui nous a accusés. Et comme c'est toujours par vengeance, aidés des chefs de la résistance ou de ces derniers tout seuls, comme c'est mon cas (lettre clandestine d'une internée de la citadelle de Laon à son mari, 1er février 1945).

Dans de telles conditions, puisqu'on n'a rien à se reprocher, le dossier ne peut être que vide et la libération prochaine, pour peu que l'on se donne la peine d'éclaircir un peu les choses. Parmi les internés du centre de Noéfort (Seine-et-Marne), plus d'un tiers déclare « ignorer le motif de leur arrestation ». Le connaître serait déjà le reconnaître.

Des commissions pour tout et partout

La quantité d'arrestations des premiers temps, la proportion élevée d'internés sur lesquels on ne dispose d'aucun dossier valable, le risque de voir de grands coupables se dissimuler dans la masse anonyme des petits délinquants, le souci de se débarrasser du surplus des internés par erreur ou sans intérêt ont amené très vite la création spontanée d'instances plus ou moins formelles de triage ou de criblage.

Il y a environ 250 arrestations. Sont-elles toutes justifiées ? La commission juridique du CDL statuera. La commission juridique ? Ce sont les hommes de la prison de Limoges, ce sont Morève, Jallet, Julien, adjoints à notre commission d'épuration. Ce sont des hommes intègres, connus dans notre département. Ils sont absolument incapables d'une idée de revanche personnelle. Ils ont souffert, ils ont été torturés [...]. Ils sont cependant calmes, lucides et pleins de sang-froid.

Cette commission juridique aura la charge de rendre à la liberté les gens qui ont commis des fautes bénignes. Quelques jours de réflexion ne leur auront pas fait de mal (*la Marseillaise du Berry*, 26 août 1944).

Elles se développent d'abord dans les lieux mêmes d'internement, à l'initiative des résistants locaux qui les constituent. Elles statuent avec une certaine sévérité, ce qui est logique puisque ce sont à peu près les mêmes qui décident des arrestations en général et qui en examinent en détail l'opportunité. Au camp de la Noé (Haute-Garonne), la commission formée par deux policiers, deux représentants de la CGT, un du PC et un de l'état-major FFI, maintient 775 internements et prononce 244 libérations. Au fort de Charenton, en banlieue parisienne, le bureau de sécurité militaire FFI tient séance tous les jours et allège le fardeau représenté par les internés inutiles. Il libère 10 % des internés, en place un petit tiers en résidence surveillée et décide d'en transmettre un quart à l'autorité judiciaire. La lecture des procès-verbaux montre qu'ont été ramassées toutes sortes de délinquants qui n'ont qu'un rapport assez lointain avec la collaboration :

Transfert Drancy, disposition préfecture de police, souteneur, a appartenu au groupement Costantini, interdit de séjour.

Engagement dans Légion étrangère.

Centre de triage École militaire Tchécoslovaquie.

Tribunal militaire, complicité abus de confiance.

Transfert Drancy, trafic d'or, disposition de préfecture de police, brigade financière.

Étranger douteux, disposition préfecture de police.

Transfert Drancy, inculpé de vol par les Américains.

Transfert Drancy, suspicion d'espionnage, arrêté par les Américains.

Libéré résidence surveillée contrôle économique marché noir.

En un mois, la commission de triage de Fresnes statue sur le sort de 1 200 détenus, avec des moyens de fortune. Elle libère un quart des internés.

Dans les départements, les CDL et les préfets s'efforcent de mettre de l'ordre en gérant à la fois les arrestations et les libérations. Le préfet de la Sarthe examine dans la deuxième quinzaine de septembre 368 procès-verbaux d'arrestations. Il ordonne l'internement dans la moitié des cas et demande un avis du CDL dans un tiers des cas. Dans l'Orne, la commission d'épuration du CDL qui commence à siéger les 25 août 1944 se montre d'emblée mesurée et nuancée, demandant des compléments d'enquête, recommandant des durées d'internement assez courtes, se prononçant en faveur de nombreuses libérations et résidences surveillées.

Pour systématiser et unifier ce travail artisanal, le ministère de l'Intérieur institue le 4 octobre 1944 des commissions de vérification des internements administratifs (CVIA) départementales. Les préfets doivent rendre des comptes mensuels afin que le tri avance au plus vite.

Les remises en liberté auraient représenté 50 % des cas en moyenne nationale. L'efficacité et la sévérité des commissions dépendent de la masse qu'elles ont à traiter, des conditions originelles des arrestations et des éventuels criblages préalables. On trouve respectivement 40 %, 45 % et 52 % dans l'Hérault, la Lozère et les Pyrénées-Orientales. Mais 62 % de libérations en Seine-et-Oise, 68 % dans l'Oise, tandis que dans la Seine, les libérations tournent autour du tiers seulement, parce qu'il y a eu déjà beaucoup de travail de tri, que Paris compte bien des affaires graves mais aussi beaucoup d'internés étrangers (en particulier allemands). Les CVIA sont donc d'abord des instances de libération, qui ont été amenées à constater la vacuité de beaucoup de dossiers comme le manque de dangerosité de la plupart des internés. Il faut en outre noter que cette honnêteté dans les libérations montre bien, là encore, que l'épuration n'est pas une entreprise inique d'élimination des adversaires. Elle fonctionne aussi selon des modalités de conscience et de justesse, à défaut de pouvoir toujours s'appuyer sur le droit et la justice.

Pour pouvoir statuer, la CVIA a en effet besoin au moins d'un minimum de données. On a vu que dans les conditions dans lesquelles ont été opérées beaucoup d'arrestations et eu égard à la modestie de nombreux cas, beaucoup de dossiers sont à l'origine, voire demeurent plusieurs mois, inexistants ou à peu près. À la prison de Fresnes, centre d'internement provisoire avant de retrouver ses fonctions pénitentiaires, seuls 150 des 1 000 cas examinés par la commission de triage entre le 16 septembre et le 3 octobre 1944, ont un dossier. En février 1945 encore, le commandant d'un centre de séjour surveillé à Versailles relève encore 10 % de dossiers manquants pour des internés arrêtés en août, septembre ou octobre 1944. D'autres n'ont même par de motif d'internement.

Une perquisition révélant une carte d'adhésion à un parti collaborationniste, un début d'enquête laissant prévoir une délation, du marché noir, un départ en Allemagne comme travailleur volontaire, le port d'un uniforme allemand ou de la Milice peuvent servir à décider d'une transmission à la justice, à charge à celle-ci de débrouiller la véracité et la gravité des faits. Faute de moyens d'investigation suffisant, l'interné peut avoir intérêt à remplir lui-même son dossier de lettres explicatives, d'attestations, de témoignages en sa faveur. À ce jeu, les puissants se débrouillent évidemment mieux que les faibles, les isolés, les illettrés. Quoiqu'il arrive que la simplicité paie.

> Je renonce à l'assistance d'un conseil et je m'en remets à la décision de la commission. Je lui demande seulement de vouloir bien tenir compte dans la mesure qu'elle appréciera de ce que, si j'ai commis une faute que je regrette amèrement et si j'ai eu des faiblesses en consentant à des relations intimes avec un Allemand, je n'ai jamais eu de sympathie pour l'ennemi et que j'ai, autant que j'ai pu, aidé à le combattre en participant à la Résistance, en aidant des réfractaires et en portant secours à des personnes recherchées par la Gestapo. J'espère à ce point de vue que les témoignages de MM. ... ont été joints au dossier (lettre de Renée B. au président de la CVIA, Mortagne, 3 mars 1945).

Les internés, pour la plupart, attendent avec hâte et enthousiasme leur comparution devant la commission, quitte à réclamer quand ils ont été oubliés ou estiment avoir assez patienté.

> À la suite d'un oubli préjudiciable, contrairement à tous mes codétenus, je n'ai pas été interrogé hier mercredi 27 par votre commission. Avec toutes mes excuses, je me permettrais, M. le président, de solliciter de votre haute bienveillance la réparation de cet oubli. À toutes fins utiles, je vous signale que depuis plus d'un mois de détention, je n'ai pas encore été interrogé, n'ayant pas la plus petite peccadille à me reprocher et ayant hâte de reprendre mes cours, j'ai à cœur d'être entendu puisqu'après cet interrogatoire et même une enquête de civisme dans mon quartier, je suis sûr d'être reconnu innocent et immédiatement élargi (lettre de Jean-François F. au président de la commission de triage de Fresnes, 28 septembre 1944).

Tous ne sont pas aussi convaincus, comme cet entrepreneur accusé d'avoir fait des affaires avec l'armée allemande et qui rejette par avance la décision de la commission : « en raison des dispositions actuelles, les accusés ne peuvent se défendre lors du jugement de triage basé sur un dossier commencé arbitrairement par des citoyens non assermentés » (lettre de Paul W. au préfet de Seine-et-Oise, 26 janvier 1945). La confiance qu'ont d'autres internés en leur innocence peut les inciter à renoncer à l'assistance d'un avocat (dans un cas sur deux au moins), ce qu'ils n'auront pas toujours à regretter, les commissions se montrant, à défaut d'être constantes dans l'effort et rapides, assez bienveillantes. Et assez lucides.

> Considérant qu'il ne résulte pas du dossier que l'intéressée ait été la cause de l'arrestation de son mari [prisonnier de guerre évadé] par les Allemands, considérant qu'il résulte d'une notice de la préfecture de police que le mari de l'intéressée est un individu de moralité douteuse, ivrogne et brutal, et que l'intéressée a bien quatre enfants à sa charge, que dans ces conditions, on ne saurait la considérer comme dangereuse pour la défense nationale ou la sécurité publique, la commission recommande l'annulation de l'arrêté d'internement administratif (CVIA de la Seine, 24 mai 1945).

En plus de décider des libérations, les commissions opèrent un classement entre les différentes catégories d'internés. Ce qui peut déboucher sur la transmission des dossiers à la justice militaire ou à la cour de justice (plus rarement, aux juridictions de droit commun) permet aussi de découvrir quelle idée se font les membres des commissions de la trahison. Ainsi, en Seine-et-Oise, un bilan établi en février 1945 sur les 200 premiers dossiers établit un panorama de la collaboration à châtier : 55 % sont définis comme appartenant à un parti collaborationniste ou à la Milice, un quart relève du motif de « collaboration » sans autre précision, 10 % concernent des dénonciations (y compris menaces et présomptions). La collaboration économique occupe une place très minime, de même que la propagande ou les propos pro-allemands. Les relations sexuelles avec l'occupant n'apparaissent pas en tant que telles. Dans ce cas, c'est une vision très politique et très conforme à la législation en vigueur qui se dégage. Dans le Tarn-et-Garonne, toutefois, la collaboration économique est bien présente avec beaucoup de marché noir ainsi que des affaires de travaux ou de fournitures à l'armée allemande.

Partout, les commissions tracent dans leur bilan un paysage constant des motifs d'internement avec une prééminence d'anciens membres de partis collaborationnistes, de la Milice ou de la LVF (surtout en milieu urbain), une très large part de délateurs, un important résidu classé sous le terme vague de « collaboration » et qui renvoie souvent à des propos, à une attitude plus qu'à des actes. Selon les départements – très agricoles ou non –, la part du marché noir varie sensiblement, frappant plutôt des trafics de proximité plutôt que des affaires à grande échelle. On y ajoutera des abattages clandestins, des entorses à la législation sur les prix, mais aussi des vols au détriment des armées alliées, pourtant dictés davantage par la cupidité que par une volonté de nuire à l'effort de guerre. Dans les départements frontaliers apparaissent aussi des coupables de contrebande. La capitulation allemande, avec le retour des collaborationnistes qui s'étaient réfugiés en Allemagne, augmente encore la proportion des politiques et des combattants, parfois accompagnés de leurs familles. Certains camps, dans le Nord et l'Est, reçoivent plus particulièrement ces rapatriés où se mêlent figures de la collaboration, Waffen SS français et pauvres suiveurs. Malgré leur désintérêt pour les travailleurs volontaires en Allemagne, les pouvoirs publics choisissent assez souvent de les interner par souci de l'ordre public quand ils reviennent dans leur région d'origine.

Les commissions recommandent donc un fort pourcentage de mises en liberté (couramment entre un quart et presque deux tiers des avis). La quantité de mises en liberté suscitées par le travail des commissions, le passage du temps et le simple bon sens produisent un effet déroutant. Elle semble invalider la légitimité des arrestations, voire mettre en cause l'épuration elle-même. Aussi les préfets sont-ils pris entre la nécessité pressante de fournir des bilans de cas examinés par les CVIA et les demandes du ministre de l'Intérieur de justifier telle libération ou tel chiffre de mise en liberté (la commission de sûreté du ministère, précisément chargée de désigner les personnes à interner, conteste le plus souvent la mise en liberté des célébrités). En même temps, les libérations attirent parfois l'attention sur leurs bénéficiaires d'une façon qui peut aller jusqu'à mettre leur vie en péril (voir chapitre 9).

> Enfin je vous donne de mes nouvelles qui ne sont pas trop mauvaises en ce moment, mais jais eut bien du souci car aussitôt arrivée nos chers amis voulais que je retourne d'où je venais. Ils mont dis qu'il ne fallait pas que je me figure quitte à si bon compte et on parlais ferme de me tué. Maintenant ça a lair de ce calmer un peut mais il faut que jaille signé tous les jours. Vous parlé d'une corvée. J'attend mon non lieu ou ma comparution devant la cour de justice [...] Jais oublié de vous dire que les gens de Paray dise que l'ais vendu 4 comuniste pour 1 100 et que je suis colaboratrice mais heureusement tout cela il faut le prouver et bien d'autre chose encore quil serait trop long de vous énuméré (lettre de Louise P. à une ancienne co-internée, 3 décembre 1944).

Il arrive que les préfets, soumis à l'indignation des CDL ou aux tensions locales, annulent des mises en liberté, réinternent des libérés et même internent des acquittés des chambres civiques ou des cours de justice. Ces va-et-vient suggèrent une impression d'anarchie et d'incompétence, plutôt préjudiciable à l'opinion que la population peut se faire de l'épuration.

Dès les premiers jours de la Libération, les nouveaux pouvoirs publics font publier dans la presse locale le nom des personnes arrêtées et internées. Ces actes sont alors les premières et, éventuellement, les seules manifestations d'une épuration à l'œuvre. Le processus est ultérieurement répété avec la publication du nom des internés dont le dossier est transmis à la justice.

La proportion des transmissions à la justice est difficile à évaluer. Peut-être de l'ordre d'un quart ou d'un tiers, si l'on ne tient compte que des internements maintenus au-delà de quelques mois. Beaucoup plus faible en regard de l'ensemble des arrestations, fussent-elles éphémères. La transmission à la justice implique l'existence d'un dossier, voire d'un début d'enquête. Elle est systématique en direction des chambres civiques dans les cas d'appartenance à des organisations collaborationnistes désignées par l'ordonnance sur l'indignité nationale. Vers les cours de justice, elle est supposée renvoyer à des affaires plus lourdes, à commencer par les dénonciations. On comprend à la lecture de certains actes d'accusation que les tribunaux sont incités à tenir compte dans leurs verdicts des temps d'internement déjà subis. Symétriquement, les CVIA s'appuient sur les relaxes ou les verdicts cléments pour accorder des libérations ou raccourcir les durées initiales d'internement. Ces ajustements inquiètent parfois : on se demande si les internés libérés ne pourraient pas se targuer de leur élargissement pour déposer des plaintes pour dénonciation calomnieuse. Enfin, les libérations, surtout accompagnées d'astreintes à résidence inconsidérées, posent de graves problèmes de sécurité publique. Couramment, des internés libérés revenant à leur domicile sont menacés, molestés, voire assassinés (voir chapitre 9).

Des camps

Dans un premier temps, les centres de détention sont de trois types. Ils utilisent naturellement des prisons ou des camps d'internement déjà existants, français ou allemands. Ils sont improvisés dans des bâtiments civils ou militaires de quelque importance : casernes, forts, maisons privées, administrations, établissements scolaires, locaux délaissés par des organisations liées à Vichy ou à la collaboration. Totalement inadéquats, souvent nécessaires pour d'autres tâches, ils ne fonctionnent que quelques semaines. Ils ont été, pour leurs internés, des lieux de vie pénibles et inquiétants. A priori plus fonctionnelles, les prisons ne sont en fait guère mieux, à ceci près qu'elles procurent la routine toujours rassurante d'une administration rodée. Pour le reste, scandaleusement négligées par la IIIe République dans l'indifférence générale, dégradées encore sous l'Occupation par la misère et la négligence, éventuellement abîmées par les bombardements alliés, elles offrent des conditions de vie à peine meilleures : hygiène limitée, organisation hoquetante, promiscuité étouffante. Le summum est atteint par le dépôt de la préfecture de police de Paris, qui est alors – et est toujours au XXIe siècle – hors d'âge et infect. Là encore, l'internement est limité à quelques semaines ou mois, pour faire place aux inculpés et aux condamnés des cours de justice. L'épuration place ses pas dans ceux des autorités précédentes en investissant pour plus longtemps des camps d'internement où les suspects succèdent sans solution de continuité aux détenus fraîchement libérés. Des lieux aussi emblématiques de l'horreur nazie que le vélodrome d'hiver ou Drancy (plus de 6 000 internés en octobre 1944) deviennent de hauts lieux de l'internement à la Libération. Trois jours après la libération de Strasbourg, le camp du Struthof, seul camp de concentration allemand en France, est reconverti. Il compte à partir de janvier 1945 2 500 internés allemands et civils français, de même que le camp de représailles de Schirmeck où les nouveaux internés endossent les uniformes laissés sur place par les anciens. Pendant que le camp du Struthof est ainsi transformé en centre dépendant du ministère de l'Intérieur, s'y déroulent les recherches médico-légales visant à établir le sort subi par les déportés des années précédentes, ainsi que les premières commémorations en l'honneur des victimes. Des monuments provisoires sont érigés à la mémoire du général Frère, chef de l'Organisation de résistance de l'armée, et des membres du réseau de renseignements Alliance exécutés sur place. Les Français, dans leur ensemble, ne sont pas choqués par ce télescopage. Ils le trouvent souvent normal, à l'image de ce jeune médecin, chargé du service médical du camp d'Écrouves, qui écrit en introduction de sa thèse :

> Par un juste retour des choses d'ici-bas, les mêmes camps virent, après le départ des troupes allemandes, leur population remplacée du jour au lendemain par ceux-là même qui avaient entretenu avec l'occupant des relations par trop compromettantes, ceux qui méritèrent le nom si péjoratif de « collaborateurs », et par des ressortissants allemands des deux sexes.

Au contraire, certains internés en profitent pour tirer des parallèles éhontés dont le propos est politique. Ainsi, un député rallié à Marcel Déat, interné à Drancy écrit-il : « au total, nous étions tout juste un peu plus mal que les Juifs qui nous avaient précédés » (René Château dit Jean-Pierre Abel, *l'Âge de Caïn*, 1947). La métaphore sera filée avec enthousiasme par l'abbé Desgranges qui comparera bientôt l'indignité nationale à l'étoile jaune. Pour considérer la première, évidemment, comme pire que la seconde.

Plus couramment, ce sont les camps créés par la IIIe République ou par Vichy qui sont repeuplés. Ils se présentent sur un modèle assez similaire. Sur un terrain vaste, mais ingrat jusqu'à l'hostilité, des baraquements de bois, mal isolés, pauvrement équipés, trop petits. Autour, un bâtiment administratif malcommode, des magasins mal tenus, une infirmerie de fortune, des cuisines approximatives, des sanitaires insuffisants.

L'alimentation de tout ce monde est évidemment le problème le plus épineux dans une France toujours en guerre et plus que jamais aux prises avec d'immenses pénuries. Il n'y a évidemment pas de miracle : les repas constitués à base de soupes de légumes et de pain, épisodiquement enrichis d'un morceau de viande ou de graisse, fournissent des rations insuffisantes, carencées en vitamines, protéines, lipides et sucres, et trop riches en fibres pour ne pas provoquer des diarrhées en série. Les centres de séjour surveillé ne reçoivent pas la totalité de leurs rations pour ce qui concerne les matières grasses et les viandes.

> Matin : bouillon de légumes chaud ; midi : soupe de légumes, légumes ; soir : soupe de légumes, légumes. Une fois par semaine, il est servi un repas de viande (125 g) ; 400 g de pain par jour. Par mois : 300 g de matières grasses, 500 g de sucre, 250 g de pâtes, 360 g de fromage. Aucune ration de café n'est prévue, le vin n'est pas autorisé (centre de séjour surveillé de Rouillé, Vienne, rapport pour le mois de janvier 1945).

> À 7 h 30 une tisane d'ersatz de thé ; à 11 h 30 une soupe de légumes, fromage maigre ; à 19 heures une soupe de légumes ; pain 350 g par jour distribué le matin pour la journée. Les légumes entrant dans la composition de la soupe sont : pommes de terre, carottes, poireaux, betteraves rouges. Une fois par semaine la soupe est remplacée par un plat de haricots. Une fois par semaine, en principe le dimanche au repas de 11 h 30, les internés reçoivent en plus de la soupe 100 g de viande avec os. Cette viande est préparée en ragoût ou bouilli (centre de séjour surveillé de la Chauvinerie à Poitiers, 12 mai 1945).

Force est donc d'introduire au plus vite les colis, à raison de 10 kg par mois. Ils permettent de compléter et diversifier la base fournie par le camp qui correspond, au mieux, aux deux tiers de l'apport calorique journalier. Grâce à eux, la plupart des internés ne sont pas frappés de maladies de carence, ni sujets à une morbidité par trop exacerbée, à la différence des civils allemands internés en France et coupés de toute aide extérieure. Quant à la vermine et aux parasites, ils ne font bien sûr pas de différence entre nationalités.

Une vie quotidienne s'installe, plus ou moins aisée selon l'attitude du directeur et de la garde. Deux inspecteurs de police en visite au camp de Sées, dans l'Orne, en donnent l'emploi du temps en décembre 1944 :

> 7 h 30 réveil. Les détenus prennent leur bol de café, ceux qui ne daignent pas se lever sont immédiatement servis au lit.
>
> 8 h 30 lavabos.
>
> 9 h 30 promenade à l'intérieur des barbelés.

> 11 heures déjeuner (400 g de pain, potage à volonté, charcuterie le jeudi et 180 g de viande le dimanche). Dessert, fromage deux fois par semaine et pommes une fois.
>
> De 12 heures à 17 heures, corvées et récréations en chambre.
>
> 17 heures dîner.
>
> De 18 heures à 21 heures cours d'anglais au réfectoire en présence des gendarmes.
>
> 21 heures extinction des feux.

Cette routine, forcément ennuyeuse et terriblement vide, peut être ponctuée d'occupations inventées par les internés eux-mêmes ou tolérées. Le travail est en principe encouragé. Mais encore faut-il avoir une idée et le moyen de la mettre en œuvre.

> Les femmes sont généralement hostiles aux FFI. J'arrive à obtenir de la laine (par l'intermédiaire des services sociaux de l'armée) que je voudrais leur faire tricoter. Bien peu acceptent de le faire si on leur dit que les tricots sont pour les FFI. Est-ce parce que les FFI ont arrêté un certain nombre d'entre elles ou parce qu'elles leur doivent d'avoir les cheveux tondus ? (le directeur du centre de séjour surveillé de Bourg-sous-la-Roche, Vendée, au ministre de l'Intérieur, 1er février 1945).

Le travail est de toute façon limité par l'obligation de s'exercer à l'intérieur du camp : sciage du bois, corvées de latrines, nettoyage des dortoirs et escaliers, épluchage des légumes, corvée de paille pour le couchage, aide au service d'enlèvement des ordures, fonctionnement des douches. Le désœuvrement sévit très largement.

> Je ne m'ennuie pas trop [...] dimanche dernier, nous avons assisté à une pièce de théâtre ici par des camarades internés. Cette semaine, je suis allé deux fois en ville avec d'autres collègues volontairement pour démonter des baraques, pour nous faire du feu [...] hier soir, dans la chambrée, nous avons chanté jusqu'à minuit (lettre clandestine interceptée d'un interné de la citadelle de Laon, 16 janvier 1945).

Les internés ont droit à des visites, plus ou moins sévèrement réglementées. Ils peuvent envoyer des cartes postales ouvertes, de sept lignes, se bornant à donner des nouvelles factuelles. Elles sont soumises à la censure.

> Qu'il s'agisse d'arrivée ou de départ, toutes les lettres sont lues et aucune missive ne doit être donnée de la main à la main lors de la visite autorisée, si la lettre en question n'a pas été censurée. Il est rendu compte au directeur du centre ou à son adjoint de toute lettre présentant des passages douteux ou faisant des

> allusions contre le Gouvernement actuel (centre de séjour surveillé d'Auxerre, 5 mars 1945).

Les colis sont contrôlés, moins pour rechercher la lime à ongles mythique, que les denrées interdites ou contingentées. Sont en principe confisqués les gâteaux, le lait (généralement concentré), les produits américains. L'inspection réalisée en octobre 1944 par un brigadier de gendarmerie permet aujourd'hui de se faire une idée du contenu de ces colis, composés au gré de l'inspiration et des moyens des proches des internés.

> 1 kg de pommes, sucre, tabac, chocolat, viande et légumes, confiture, 2 kg de pain, savonnette.
>
> Pommes de terre, 1 kg de pain, saucisson, pâté, 1 kg de pommes.
>
> 2 kg de pain, 2 paquets de cigarettes, un jambonneau, un bocal de haricots.

Les colis tiennent évidemment une grande place dans la correspondance des internés :

> Je viens de recevoir mon colis et je t'en remercie, mon cher aimé, mais je voudrais qu'il soit un peu plus important si c'est possible [...] Heureusement que j'ai eu ce fameux paquet, ainsi que ma mère le sien ! J'en étais réduite aux tartines de moutarde ! Ce n'est pas que cela me dérange car j'adore cela, mais ce n'est pas très nourrissant et j'ai maintenant une faim de loup et je vais me jeter sur le rôti de veau. Pendant que j'y pense, rappelle donc à Lucie que j'aime le fromage, elle n'en met jamais et je mange celui de ma mère (lettre non datée de Régine Richardot à Sacha Guitry,).

La balance est difficile à tenir entre des conditions de vie décentes (toujours le souci de se démarquer de Vichy et des Allemands) et l'incompréhension de la population prompte à croire les internés trop choyés, trop bien nourris alors que les pénuries sont terribles. Au fond, le fait même d'avoir un toit sur la tête, fût-il celui d'une baraque ou d'une caserne, peut paraître un privilège quand deux millions de sinistrés vivent dans la plus grande précarité, en particulier dans les villes en ruines de l'Ouest. En toute occasion, la population s'indigne de tout ce qui peut paraître un traitement trop confortable. Il sera impossible de l'intéresser à la situation faite aux femmes et aux enfants internés. Les femmes enceintes ne sont pas systématiquement libérées pour être par exemple placées en résidence surveillée et certaines, qui ne sont pas de grandes criminelles, accouchent en camp ou en prison. La presse diffuse des reportages qui montrent des internés privilégiés et parasites, c'est-à-dire ce qu'ils étaient déjà sous l'Occupation. On remarquera l'insistance sur tout ce qui a trait à la nourriture et qui focalise, évidemment, indignation et jalousie.

Les 5 000 internés de Drancy ont du pain (300 g par jour), il faut leur donner du travail.

Une bibliothèque bien achalandée, les cuisines avec leurs dix grandes marmites [...] de pommes de terre [...] et une infirmerie avec ses petits lits blancs bien nets [...]. Le réveil est sonné à 7 h 30 par les chefs d'escalier qui apportent le café. À midi, une épaisse soupe aux légumes est servie. Le soir, un potage et des légumes. Le dimanche, la viande figure au menu. Chaque repas comporte une ration de pain de 300 grammes, ration forte, afin de suppléer à la modestie du menu (*France libre*, 17 novembre 1944).

Les attaques de la presse communiste sont moins subtiles encore, insistant sur les colis et le marché noir. Elles relaient les campagnes du Front national qui parle de « traitement bénin », ce qui montre à quel point l'internement est considéré, par glissement, comme un châtiment et non comme une solution provisoire.

Il paraît que, au camp de Charenton, la plupart des places de confiance (courrier, colis, etc.) sont entre les mains des détenus anciens membres des brigades spéciales [qui traquaient les communistes sous l'Occupation]. Que le poids des colis n'est pas réglementé et que certains détenus reçoivent des langoustines entières *sic*. Que le marché noir règne en maître et que les gardiens savent se montrer fort complaisants, moyennant rémunération suffisante (*la Défense*, organe du Secours populaire français, 13 avril 1945).

La corruption des gardes n'est pas un fantasme. Les rapports d'inspection signalent des facilités pour se déplacer, recevoir du courrier, des visites, pour ne rien dire du marché noir. Les inspecteurs essaient de connaître les tarifs. Au camp de Mérignac près de Bordeaux, les prix semblent cassés : un paquet de cigarettes se négocie 120 francs, un litre de vin 100 francs, un kilo de pain 75 (respectivement environ 14, 11 et 9 euros). Tandis qu'à Sées, les denrées se paient au prix fort : 500 francs pour des cigarettes, 1 000 francs pour un pain de trois livres. Qui croire ? Peut-être cette internée du fort de Charenton qui demande un peu d'argent à son amant :

J'ai trouvé ici quelqu'un qui me fait passer de temps en temps du vin rouge. Il n'y a pas longtemps mais nous avons déjà eu trois bouteilles. Prix très marché noir, mais c'est tellement agréable de boire autre chose que de l'eau ! Si je reste encore ici six mois, je finirai par m'organiser une petite vie presque agréable (lettre de Régine Richardot à Sacha Guitry, 26 février 1945).

Les gardes, pas toujours très expérimentés, assurent sans conviction un travail peu valorisant. Ils sont facilement impressionnés par la morgue ou l'ascendant de notables ou de fortes personnalités. S'ils ont déjà été gardes sous Vichy, la succession des internés au fil des changements de régime leur inspire une certaine circonspection, mère de prudence. Enfin, la présence de trafiquants aux fortunes importantes renforce les tentations.

L'autre grande crainte, mise en scène par les communistes, est de voir les camps se transformer en nids de conspirateurs. L'administration demande donc que l'on mette à part les miliciens, soldats de la LVF et membres des partis collaborationnistes, pour éviter la contagion de leur prosélytisme. Mais le résultat paradoxal est aussi de leur donner l'occasion de reformer et d'entretenir leur solidarité. Les tempéraments étant toutefois ce qu'ils sont, ce sont encore les plus activistes qui, depuis les camps ou les prisons, rêvent de revanche et tirent des plans sur la comète. La masse des internés se contente de s'inquiéter de son propre sort, se moquant bien de la nouvelle République, du sort de Pétain et plus encore de celui du Reich de mille ans. Les mouvements de colère doivent souvent plus au caractère qu'à la politique :

> Ils veulent nous faire crever, ces individus. Quelle haine et quel mépris on a pour ces gens. Le Directeur est un gros porc, il n'y a pas d'autre mot pour le qualifier. Il faut l'entendre nous parler, j'ai toujours envie de lui cracher à la figure (lettre clandestine interceptée d'une internée de la citadelle de Laon à son mari, 31 septembre 1945).

Deux forts moments d'émoi collectif se distinguent toutefois. D'abord, l'offensive allemande dans les Ardennes autour de la Noël 1944 fait souffler parmi les détenus, en particulier les plus politisés, le fol espoir d'un retour triomphal de l'occupant. Plus largement, la capitulation allemande et la fin des hostilités en Europe, le 8 mai 1945, font croire à tous les internés que leur mise en liberté est imminente. Il n'en sera rien et l'inertie administrative va son train pendant des mois encore.

Il est impossible de savoir combien de personnes ont été arrêtées et internées durant les premières semaines de la Libération. Pour la suite, si l'on peut se fier aux chiffres difficilement collectés par l'administration centrale (qu'il faudrait peut-être majorer de 20 % pour les premiers mois), il y aurait eu 37 000 et 41 500 internés en novembre et décembre 1944 ; ce nombre aurait lentement décru jusqu'en avril 1945 (31 500) pour remonter avec la capitulation allemande et le retour de Français restés ou réfugiés en Allemagne : 32 200 en mai, plus de 36 000 en juillet et août. Les chiffres baissent rapidement à partir d'octobre et, en décembre 1945, les internés seraient 13 300. Au fur et à mesure, la proportion d'étrangers s'élève parmi les internés : l'ennemi intérieur le cède peu à peu à l'ennemi extérieur et à l'indésirable. Au 30 août, une circulaire du ministère de l'Intérieur demande de préparer la suppression de l'internement administratif. Une loi du 10 mai 1946 fixe la date légale de la fin des hostilités qui marque la fin des internements et c'est ce même mois qu'est libéré le dernier interné. Pour être exact, il y avait au 15 mai 1946, 1 062 internés (des trafiquants de marché noir et des nomades), le reste était des étrangers, dont une majorité de civils allemands non encore rapatriés. C'est dans le courant du mois de mars que s'était effectué l'infléchissement décisif avec la quasi-disparition des internés suspects de collaboration. Le processus judiciaire et la fin de la guerre avaient achevé de rendre leur surveillance nécessaire.

Quand ferment les derniers camps où étaient internés des suspects de collaboration, ce n'est pas tout à fait une page qui se tourne. Si les épurés sont nombreux à avoir recouvré la liberté, ils sont aussi nombreux dans les prisons ou dans les centres de séjour surveillés encore une fois reconvertis en centres de détention, pénitentiaire cette fois. La période de l'épuration n'a fait, en matière d'internement administratif, que décliner ce qui, pourtant exorbitant en droit, était devenu, depuis 1939, une réponse routinière au traitement des ennemis de l'intérieur. L'extinction de l'internement administratif a été retardée par rapport à « la fin des hostilités », pour reprendre l'expression qui était supposée fixer le terme des internements les plus sévères.

Il est indéniable que l'internement a constitué un pis-aller, qui a eu des avantages en termes d'ordre public et, peut-être, de sécurité. Il a anticipé des sanctions pénales. Il leur a aussi servi de substituts tant il est vrai que les chambres civiques comme les instances chargées de gérer l'application des peines ont tenu compte des temps d'internement subis pour mesurer leurs décisions (voir chapitres 10 et 11). Mais il s'est aussi appliqué de façon indue dans un nombre important de personnes, surtout à l'été et à l'automne 1944, période où les risques de violences dans les lieux de détention étaient les plus élevés.

VII

L'épuration économique et professionnelle a-t-elle eu lieu ?

Ne rougissez-vous point de déshonorer votre condition
par les commerces que vous faites ?
De sacrifier gloire et réputation
au désir insatiable d'entasser écu sur écu ?
(Molière, *l'Avare*, II, 2)

S'il est possible, l'épuration économique a encore plus mauvaise réputation que l'épuration politique. C'est une banalité de dire qu'elle n'a pas eu lieu, que ce sont les mêmes entrepreneurs enrichis à bâtir le mur de l'Atlantique qui ont augmenté leur fortune en participant à la Reconstruction, et que les petits, pour une fois, n'ont pas payé davantage que les gros, symbolisés qu'ils sont par le triomphe immodeste du BOF ou du paysan adonné au marché noir. Pourtant, on peut se souvenir de l'époque où des journaux étaient expropriés, où les houillères, les usines Renault étaient nationalisées, et pas seulement au nom de la rationalité économique.

En fait, l'épuration économique, tout comme l'épuration professionnelle, d'ailleurs, au sein des entreprises et des administrations, a bien eu lieu. Mais avec des méthodes et des résultats qui les ont rendues illisibles, voire invisibles. Quand le lecteur actuel se confronte, dans les archives, à l'empilement des instances aux intitulés longs et confus, à la lenteur et à l'enchevêtrement des procédures, à la sécheresse et à l'illogisme des sanctions, à la chicane d'un interminable contentieux, il comprend sans tarder pourquoi le citoyen français des années 1940 a été aussi profondément déçu. La manière a masqué le résultat, au point de l'ensevelir.

Ces individus sont de mauvais Français

Aussi étonnant que cela paraisse, l'épuration économique est d'abord une épuration sauvage à proprement parler. C'est-à-dire une épuration spontanée, de proximité et qui ne s'embarrasse d'aucune légalité. Dans les derniers temps de l'Occupation et aux premières heures de la Libération, la Résistance a appelé au châtiment des trafiquants du marché noir ou des commerçants enrichis au moins autant qu'à celui des traîtres. D'ailleurs, les traîtres à proprement parler, réputés être payés pour leur vile besogne, sont aussi perçus comme des profiteurs. La Collaboration est une affaire d'argent : le journaliste collaborationniste, l'agent de la Gestapo qui trafique pour le compte des occupants ou pour le sien, la femme approvisionnée par son amant allemand, le délateur de maquisards n'ont pas commis seulement un crime politique aux yeux de leurs concitoyens. Ils ont touché de l'argent pour cela. Et c'est pourquoi, à l'heure du règlement des *comptes*, ils doivent *payer*.

> Ce qui fut reproché aux collaborateurs, ce ne fut pas tant d'avoir pactisé avec l'ennemi que d'avoir vécu grassement, libres de leurs mouvements, alors que la masse des Français se contentait de salaires bloqués et de maigre nourriture (rapport du préfet de la Sarthe, 14 mars 1946).

Des « amendes » sont décidées à un échelon extrêmement local. Alain Poher, futur président du Sénat de la Ve République et président de la République par intérim en 1969, pour l'heure membre d'un comité local de libération, convoque ses concitoyens d'Ablon réputés collaborationnistes ou trafiquants pour leur infliger des amendes de 1 000 ou 2 000 francs, destinées à la caisse de bienfaisance des FFI ou à celle des écoles. De façon à peine plus formelle, le tribunal d'épuration de Coutras, en Gironde, prononce de nombreuses amendes. On compte soixante-douze assujettis pour un montant de trois millions de francs pour le seul numéraire. Une bonne part des amendes est acquittée en nature : « cent kilos de pommes de terre, quatre volailles et quatre barriques de vin », « une vache et huit barriques de vin », « deux barriques de vin et deux sacs de pommes de terre »... Le produit est attribué aux quatre cinquièmes au bataillon FTP et pour les 20 % restants à la Milice patriotique. Le réflexe est partout le même :

> Le lieutenant Alexandre expose les difficultés financières que rencontre le mouvement des FFI dans son secteur. Il m'indique que, pour les résoudre, il

> a fait « casquer » les collaborateurs au besoin sous la menace de la force. C'est ainsi qu'il s'est procuré des sommes s'élevant parfois à plusieurs centaines de milliers de francs (note pour le directeur régional de la police, Versailles, 30 août 1944).

Les Milices patriotiques sont maintenues pour lutter certes contre la Cinquième Colonne, mais aussi contre le marché noir. Elles effectuent de spectaculaires saisies. Ainsi, à Bourges, dans la première quinzaine de janvier 1945, elles confisquent 500 kg de viande et 80 paquets de cigarettes qu'elles se font fort de redistribuer aux plus nécessiteux. Dans les Pyrénées-Orientales, le CDL exige de fortes contributions des collaborateurs économiques, versées au comité de reconstruction du village de Velmanya (pillé et incendié par des Allemands et des miliciens le 1er août 1944 au cours d'un accrochage avec des FTP), ou pour l'aide aux familles de déportés ou de disparus. Les amendes punitives sont donc aussi présentées comme des compensations pour les victimes.

Des violences sont exercées comme punitions immédiates – et bien méritées, estime-t-on – de l'enrichissement, de la collaboration économique, non seulement à l'été 1944, mais tout au long de 1945 quand l'épuration donne l'impression d'être inefficace et lente. Elles empruntent des formes absolument similaires à celles de l'épuration « politique » et participent au même titre à l'expression du malaise social. Dans ces conditions, on retrouve à l'encontre de ces collaborateurs attentats et exécutions. Ainsi, tandis que, juste avant la Libération, une grève commence à l'appel de la Résistance dans une grosse manufacture d'allumettes de l'Oise, le sous-directeur est abattu de deux balles dans la tête sur le chemin de l'usine. Des affiches apposées dans les jours suivants annoncent qu'il a été tué comme traître. Le rapport de police précise :

> Quelques ouvriers, plus exaltés que leurs camarades, [...] ont tué Monsieur M., sous-directeur de la manufacture, à qui ils reprochaient de se montrer hautain et distant avec ses employés. Mais il semble que le motif principal est que Monsieur M. avait des idées collaborationnistes (le commissaire des RG à l'intendant régional au Maintien de l'ordre, 31 juillet 1944).

Dès lors que d'aucuns estiment qu'un commerçant enrichi ou un trafiquant notoire a échappé à de justes sanctions, l'attentat s'impose comme avertissement ou châtiment. Cette justice directe paraît d'autant plus justifiée que les bruits courent qui assurent que les « gros » achètent libérations, non-lieux ou acquittements.

> Ces deux personnages qui ont été internés un certain temps à la suite de leurs agissements durant l'occupation, reprennent leurs affaires et semblent narguer les habitants du pays. Ceux-ci sont d'ailleurs étonnés de ce retour et s'inquiètent

> de connaître s'il y a eu des sanctions de prison contre ces trafiquants [...] Faute d'être informée, l'opinion publique est portée à croire à de louches tractations et rend responsables les comités de libération d'une non-répression qu'elle suppose systématique (lettre du comité de Libération du canton de La Suze au comité départemental de Libération de la Sarthe, 19 mars 1945).

Un droguiste lyonnais a été arrêté dès la Libération par des FFI. Il avait la réputation d'avoir trafiqué avec l'ennemi. Mais, faute de preuves, il est relâché. Finalement, en mars 1945, il est inculpé par la cour de justice et incarcéré. Pendant ce temps, une explosion dévaste son magasin. En juillet, il bénéficie d'une libération conditionnelle. Cinq mois plus tard, il est tué par balle devant sa boutique. Dans la Drôme, une bombe placée dans une épicerie fait un mort et deux blessés en mars 1945 : le propriétaire, dit-on, « se serait vanté d'être le roi du marché noir ». D'après le rapport de synthèse de la gendarmerie pour la période allant du 15 avril au 15 mai 1945 un quart des attentats « au moyen d'explosifs ou par mitraillade » ont été dirigés contre des commerçants, des trafiquants ou des personnes ayant réalisé des profits illicites. Les violences se traduisent aussi par des attaques de fermes, des pillages, des rackets exercés sous couvert de punir le marché noir.

Des chefs d'entreprises, des commerçants sont arrêtés spontanément, en dehors des procédures légales. Les critères économiques comptent autant que les questions politiques dans les petites communes, même si elles peuvent être étroitement imbriquées. À Arpajon, un bourg au sud de Paris, le comité de Libération se donne pour première tâche d'appréhender un industriel, deux tanneurs, un journaliste membre du PPF et un marchand de légumes en gros. On constate à Roanne que beaucoup d'affaires soumises au comité d'épuration concernent des Italiens, souvent des commerçants, accusés d'appartenir au parti fasciste et dépeints comme « collaborateurs et anti-français ». La première personne emprisonnée lors de la Libération d'Angoulême est un industriel, arrêté par un groupe FFI. Il sera jugé dès le 16 octobre par le tribunal militaire permanent et condamné à mort.

L'internement, comme sous Vichy, demeure une sanction du marché noir et devient la punition de l'enrichissement. C'est un réflexe naturel parmi les « pratiquants » d'arrestations spontanées et de la part des comités de Libération ou d'épuration, facilité par les hésitations des nouveaux pouvoirs publics. Il faudra toute l'insistance du ministère de l'Intérieur pour faire comprendre que l'internement administratif visant les individus dangereux pour la défense nationale et la sécurité publique, n'est pas le moyen commode et rapide de punir les trafiquants, les cultivateurs qui ne livrent pas leurs produits, les responsables d'abattages clandestins ou même les organisateurs de bals non autorisés. Si l'on considère au hasard les dossiers des internés administratifs dans les Ardennes dont les noms commencent par les lettres comprises entre A et H, on trouve un quart de motifs économiques, généralement aggravés de collusion avec l'ennemi, tels que des abattages clandestins, du trafic de devises et d'or ou du marché noir (éventuellement transfrontalier). Les dénonciations font une place très large à ces motifs économiques, tant en ville qu'à la campagne.

> J'ai entendu par des voisins de Monsieur J., cultivateur aux Belles-Frayères, dire que celui-ci avait livré 37 têtes de bétail à l'usine de Malpaire pour les Allemands et 100 litres d'alcool pour la somme de 60 000 francs qu'il aurait livré à l'hôtel B. H. aux Meillières s'est livré à un commerce intense avec les Allemands à Malpaire, savoir blé, beurre, volailles. Il possédait un moulin à farine. Les cultivateurs des environs lui apportaient le blé qu'une fois moulu il livrait aux Allemands. C. Joseph, cultivateur à Château-Bonnet, a fait un grand commerce avec les Allemands, beurre, œufs, volailles. Le jour de la libération, les Allemands étant partis de Malpaire, C. est allé livrer des bêtes aux Allemands à La Flèche et ceci le jour de leur départ. La rumeur publique accuse D. marchand de beurre et œufs d'avoir fourni de ces denrées aux Allemands, je ne puis le préciser. Je puis préciser ceci, que Monsieur et Madame S. cultivateurs aux Malpaires livraient du beurre, œufs, volailles et autres produits de la ferme. Si je le déclare, ce n'est que mes clients qui me l'ont raconté. Je puis vous dire que B., hôtelier au bourg de Bailleul, rassemblait la marchandise dans sa remise de la part des cultivateurs. Cette marchandise était remise aux Allemands qui venaient la chercher eux-mêmes par camion. B. recevait chez lui des femmes de mauvaise vie qui faisait la noce avec les Allemands.

Le châtiment de ceux qui ont profité de l'occupation en termes financiers fait l'unanimité. « Seuls ceux qui se sont enrichis ou sont arrêtés pour dénonciation ne suscitent aucune pitié », notent les Renseignements généraux en octobre 1944.

Le personnel indigné

Dans beaucoup d'entreprises, si petites soient-elles, des comités d'épuration (ou tribunaux d'honneur, comités de libération, comités patriotiques...) se constituent à l'initiative de syndicalistes ou de résistants. Ils sont très souvent présents dans des entreprises qui ont contribué à l'effort de guerre allemand, c'est-à-dire plutôt des industries telles que les mines, la métallurgie, les constructions mécaniques, l'aéronautique, la chimie, les travaux publics et, dans une moindre mesure, les industries agroalimentaires. Dans de telles entreprises se trouvait souvent au moins un contrôleur allemand, qui tirait partie du maintien des directions et des encadrements français pour exercer l'autorité et renforcer les rendements.

> Les méthodes de commandement des compagnies minières, leur système de police, ont formé comme un réseau préétabli pour servir une politique d'intensification de la production. Les ingénieurs aigris, déformés socialement, les porions brutaux ont employé pour exécuter les ordres de production des procédés qui les ont rendus odieux à la masse des travailleurs (rapport du commissaire de la République à Lille, septembre 1944).

Mais on peut avoir la surprise de trouver des comités dans des secteurs modestes et sans intérêt stratégique. Dans des agglomérations où la Libération se déroule dans un climat insurrectionnel, leur prolifération, y compris dans les magasins, les banques, les services publics, donne, selon les points de vue, l'impression d'un mouvement concerté ou d'un élan irrésistible. « L'insurrection nationale, lit-on par exemple dans *la Voix du midi*, journal communiste de Toulouse, c'est la création de comités de libération dans les usines, les chantiers, les bureaux, les magasins, les villages, les bourgs, les quartiers ». Certains comités locaux de Libération encouragent ou suscitent la formation de comités patriotiques ou d'épuration dans les entreprises. À Montluçon, le jour même de la Libération, le CDL convoque tous les directeurs et chefs de service des grandes entreprises. Dix-huit d'entre eux sont internés, emprisonnés ou assignés à résidence, quatre seulement sont maintenus. À Saint-Denis, en banlieue parisienne, la commission civile d'épuration installée à la mairie mène en octobre et novembre 1944 une campagne systématique de création de comités dans toutes les usines de la ville. Dès le 4 septembre, le commissaire de la République à Lyon instaure des tribunaux d'honneur professionnels. Ils sont chargés de poursuivre les partisans de la collaboration, ceux qui ont collaboré par esprit de lucre, les responsables de hausses injustifiées des prix, ceux qui ont constitué des stocks pour susciter des hausses de prix et les trafiquants du marché noir. Comme leur nom ne l'indique pas, ils doivent mener des enquêtes et donner un avis de sanction motivé au préfet ou, pour les cas graves, transmettre les dossiers à la justice.

Il arrive que ces comités d'épuration prononcent directement des sanctions : rétrogradations, renvois, réquisitions, éventuellement arrestations. Ainsi, dans une usine de Conflans-Sainte-Honorine, le comité exige le licenciement de vingt ouvriers réputés collaborateurs. Seize d'entre eux quittent immédiatement le travail. L'existence seule du comité, voire la perspective même de la Libération suffisent d'ailleurs à persuader certains salariés ou cadres de ne pas se représenter sur le lieu de travail. « J'ai dû abandonner mon poste, explique le directeur technique d'une grosse entreprise du bâtiment, parce que les ouvriers m'ont signifié qu'ils ne pouvaient plus avoir confiance en moi sous le prétexte que je les avais fait travailler pour les Allemands ». Les salariés font pression par des grèves ou des occupations.

> Les ouvriers des mines de fer de Ferrière-aux-Étangs menacent de se mettre en grève car le conducteur de travaux n'est pas encore arrêté alors qu'il a trafiqué avec les Allemands. Ils veulent manifester contre lui à l'occasion de la Ste Barbe. Devant cette menace contre l'ordre public, j'ai jugé bon de faire interner ce conducteur au centre de Sées (note au directeur des RG, Orne, 2 décembre 1944).

Le dirigeant communiste Jacques Duclos a, dès un discours du 2 septembre, justifié et théorisé ces pratiques :

> Les ouvriers sont fondés à refuser de travailler avec des patrons, des directeurs ou des agents de maîtrise qui pendant l'occupation boche se sont conduits en agents de l'ennemi ou qui se sont associés activement à la politique des gouvernements de collaboration.

D'autres fois, le comité procède lui-même à des arrestations. On trouve trace d'aveux arrachés sous la menace, dans les locaux mêmes de l'entreprise.

> Étant employé à la SAGEM pour satisfaire aux obligations du STO, j'assistais le 21 août 1944 à l'arrestation de la femme D. Marie-Louise par un groupe d'ouvriers de cet établissement. Amenée au poste de garde, en présence de MM. Chapelat, Mabille, Vincent et Monin, et sur la demande de ce dernier, elle avoua être responsable de la déportation de plusieurs ouvriers. Mise en demeure d'en dresser la liste, elle refusa ; je sortis alors de ma poche un revolver et l'en menaçais, mais s'étant ressaisie, elle déclara qu'elle préférait être tuée plutôt que d'écrire la déclaration demandée (déposition de Maurice Rochu, Roanne, 17 mars 1946).

Des rétractations s'ensuivent, telles celle de ce cadre de Félix Potin qui déclare avoir été contraint de signer une déclaration dans lequel il reconnaissait avoir détruit des documents prouvant que l'entreprise finançait la LVF et le RNP.

Enfin, les comités ou les salariés se contentent parfois, faute de moyens ou par souci de la légalité, de demander des enquêtes aux autorités, enquêtes pour lesquelles ils se font fort de constituer des dossiers, transmis aux comités de libération, aux mairies, aux groupements FFI, aux syndicats, bref à toutes les instances susceptibles de détenir un pouvoir de sanction. La lettre remise dès le 30 août 1944 aux FFI du XVIIe arrondissement par le personnel d'une petite entreprise parisienne illustre parfaitement le malaise profond qui a pu s'établir entre personnel et direction sous un régime autoritaire et en temps de pénurie. Elle montre aussi comment cette confrontation sociale cherche à s'exprimer en termes politiques, en termes de trahison.

Nous nous faisons un devoir de vous signaler que pendant toute la durée de l'Occupation, le Patron de la Maison M..., rue Dulong à Paris 17e s'est conduit comme un vrai salopard, un mauvais Français et un antisocialiste envers son malheureux personnel. D'abord, il subventionnait le PPF du traître Doriot, puis au cours de ces dernières années, il recevait de toutes parts des denrées de toutes sortes qu'il demandait pour son personnel, mais qu'il ne donnait jamais, gardant tout pour lui. Une bonne perquisition s'impose dans toute cette Maison, et il serait heureux qu'il soit distribué au personnel tout ce qu'il devait avoir et qu'il n'a jamais eu. Nous comptons sur vous pour réparer cette injustice et redresser ce mauvais Français.

Merci et vive la France !

Le personnel indigné.

Dans d'autres cas, ce sont les autorités provisoires qui réclament ces dossiers, composés le plus souvent de lettres, de pétitions et de rapports.

Au sein des entreprises, l'épuration vise d'abord l'encadrement et les dirigeants. Par exemple, à Saint-Denis, parmi les soixante et une personnes dénoncées au sein du secteur de la métallurgie, 77 % appartiennent à l'encadrement. Seuls quatre ouvriers sont dénoncés et encore trois d'entre eux appartiennent-ils au PPF. La collaboration est assimilée à la mise en œuvre d'un pouvoir autoritaire, appuyé sur un chantage au STO, voire sur des dénonciations. Les griefs exprimés portent essentiellement sur la dégradation des conditions de vie et de travail à l'intérieur de l'entreprise. En cela, cette épuration est une vraie épuration de proximité. Fondés sur l'expérience immédiate, les motifs d'accusation se retrouvent d'une entreprise à l'autre, ce qui montre à la fois ce que fut la vie quotidienne de tous les travailleurs sous l'Occupation, et quel peut être le poids des conditions et du discours régnant à la Libération. Ces accusations se regroupent ainsi sous quelques rubriques : tout ce qui relève d'une attitude ou de propos antinationaux, favorables à Vichy, à la collaboration ou aux Allemands ; une participation active et consciente à l'effort de guerre ; l'acquisition d'avantages matériels ou de passe-droits. Ce sont les griefs qui vont se retrouver également traités par les comités régionaux interprofessionnels d'épuration, ce qui n'est pas surprenant dans la mesure où l'efflorescence des comités d'épuration de fait a préparé et conditionné le travail des comités officiels. Et, peut-être, celui de la justice.

Le prétoire vide

En dépit d'une demande sociale si manifeste, les pouvoirs publics, pour soulager l'engorgement de la justice, ont choisi d'exercer contre la collaboration économique des sanctions surtout financières. En donnant une telle ampleur au travail des comités de confiscation des profits illicites, ils ont préféré une logique d'épuration fiscale à des poursuites judiciaires. Pour faire simple, on peut dire que les procès contre les propriétaires ou dirigeants d'entreprises grandes ou petites sont restés rares. En outre, les motifs d'inculpation ont souvent débordé le cadre économique (commerce avec l'ennemi, aide à l'ennemi) et fait apparaître des motifs politiques.

Il existait pourtant une forte demande d'épuration, qui a été attisée par la presse, en particulier communiste. La Libération de Paris n'est même pas accomplie que la campagne est déjà lancée contre Renault, érigé en parangon de la collaboration économique. « Justice contre les traîtres et les profiteurs de la trahison. Les dirigeants des usines Renault devront payer » (*l'Humanité*, 22 août 1944). La confiscation des biens des trusts est, à la fin de l'Occupation, l'un des principaux mots d'ordre économiques du PC, répété à travers tout le pays (et approuvé dans les autres secteurs de la Résistance) : « le coup droit qui a frappé les Aciéries du Nord doit frapper tous les trusts » (*la Marseillaise*, 12 septembre 1944). Le communiste André Marty explique :

> La saisie des biens des traîtres était la première mesure à prendre. Elle aurait suffi à changer complètement l'orientation de notre participation ministérielle puisque ces traîtres constituaient la grande majorité des potentats de la banque et de la grande industrie (*l'Affaire Marty*, 1972).

À l'heure de la souveraineté sans partage, des CDL décident des mises sous séquestre des biens des collaborateurs au nombre desquels industriels et commerçants. À Nice, le CDL propose quinze séquestres. À Marseille, ce sont autant d'entreprises contrôlées par les communistes au nom de comités de gestion adossés à l'épuration. Le 5 septembre, lors de la première réunion de CDL de la zone Sud à Vizille, une motion des sections économiques précise :

> La classe ouvrière a repris le travail après l'engagement que nous avons pris de [...] continuer l'épuration contre un ordre capitaliste que nous sommes en train d'abattre.

Un mois plus tard, l'assemblée des CDL de la zone Sud réclame que l'on fasse passer les biens des trusts sous les contrôles des comités de gestion. Tout problème financier serait évacué puisqu'on n'a certes pas besoin d'indemniser des traîtres. On vante l'efficacité dont ont fait preuve les comités de salariés pour remettre en marche des usines d'armement qui avaient – évidemment – travaillé pour le compte des Allemands et on réclame que le principe en soit étendu.

> À Toulouse, grâce à un comité de gestion où participent les techniciens, les ouvriers et le CDL, les escadrilles FFI ont reçu leurs premiers avions fabriqués

dans nos usines. À Montluçon, la population entière, en accord avec le comité départemental de la Libération, a épuré les usines des directeurs collaborateurs. Des directions nouvelles ont été mises place, des comités de gestion institués. Deux jours après la Libération, les usines tournaient et sortaient du matériel de guerre pour les FFI (*l'Humanité*, 26 septembre 1944).

Or, l'action des CDL est relayée par les commissaires de la République qui font bloquer des comptes et placer des entreprises sous séquestre. Le commissaire de la République de Lyon, Yves Farge, agit contre Marius Berliet, propriétaire des usines qui portent son nom, après l'avoir fait arrêter la veille : Lyon est à peine libérée.

Enfin, le conseil des ministres paraît suivre le mouvement. Le 26 septembre, après que Louis Renault et son directeur général ont été inculpés de commerce avec l'ennemi et écroués, les usines sont réquisitionnées et dotées d'un administrateur provisoire. Quelques jours plus tard, les usines d'aviation Caudron, Latécoère et Amiot sont placées sous séquestre. Sous l'Occupation, l'industrie aéronautique française a tourné à 90 % pour l'effort de guerre allemand. Viendront aussi les houillères, objet de douloureux affrontements sociaux en même temps que pivot du redémarrage économique du pays.

La réalité judiciaire va s'avérer beaucoup moins révolutionnaire que ces débuts fracassants. Certes, après la mort de Louis Renault, ses biens sont confisqués sur décision gouvernementale et l'entreprise est nationalisée dès le 23 décembre 1944. D'ailleurs, l'épuration judiciaire a débuté pour Renault dès le 4 septembre avec la nomination d'experts-comptables par le tribunal de la Seine, c'est-à-dire avant même que n'existent les juridictions d'épuration. La cour de justice de la Seine traite ensuite du cas de vingt et une entreprises automobiles, à des titres divers car la direction n'est pas forcément en cause. Les procédures vont durer jusque vers 1949, parce qu'elles sont très lourdes et très complexes, avec des perquisitions, des scellés, des saisies et surtout des expertises comptables allant au-delà du seul examen des comptes pour recomposer la teneur de l'activité sous l'Occupation grâce à l'évolution du chiffre d'affaires, de la part des commandes allemandes, du poids de la contrainte ou de la recherche spontanée du profit dans les relations avec les Allemands, la nature des relations sociales dans l'entreprise mais aussi, en contrepartie, les faits de Résistance. Or, ces instructions d'une ampleur inusitée se terminent souvent par des classements et des non-lieux.

Les grands patrons de l'industrie sont en fait rares à finir dans le box des accusés. Et dans les procès de collaboration économique, les mêmes scénarios se répètent. Tout d'abord, le grief proprement économique centré sur la recherche de commandes allemandes et le désir d'enrichissement est difficile à établir et contesté par la défense au nom de l'impossibilité de refuser les commandes allemandes, faute de voir l'entreprise réquisitionnée, démontée, et le personnel réduit au chômage ou au STO. Au nom aussi de faits de Résistance plus ou moins avérés et estimés compensatoires. Ainsi, au procès des industriels de la chaussure, qui se sont transformés en équipementiers de la Wehrmacht, le principal accusé avance que, s'il avait refusé, tous ses salariés auraient perdu leur emploi, ce qui aurait anéanti toute la région. De même, au procès d'un gros industriel de Châtellerault, nombreux sont les témoins à décharge parmi les élus locaux et les salariés, par crainte de voir s'effondrer l'économie locale en cas de disparition des usines.

De ce fait, pour qu'une procédure puisse aboutir, il faut qu'elle comprenne aussi un fort volet politique. L'accusé est incriminé pour ses opinions sur Vichy ou la collaboration, pour sa croyance en une victoire allemande, pour des relations avec l'occupant trop chaleureuses ou policées. La façon dont était géré le personnel compte : autoritarisme, surveillance coercitive, pression pour l'augmentation des rendements, absence d'efforts pour adoucir les conditions de vie des ouvriers rendues précaires par les restrictions. Ainsi, le directeur de la manufacture d'armes de Châtellerault est-il décrit au moment de son procès comme le « symbole d'une intelligence au service d'une caste, au service du fascisme, agissant en apprenti dictateur, lançant des ordres du jour hitlérophiles, envoyant des hommes dans les bagnes nazis, exigeant toujours plus pour les boches maudits et, tout cela, sous la protection des baïonnettes allemandes » (*le Patriote*, 7 janvier 1945). Au contraire, les dirigeants d'une petite entreprise créée dans le Calvados pour ravitailler les troupes allemandes et, en particulier, apporter des vitamines aux sous-mariniers et pilotes de chasse, sont-ils bien considérés parce qu'ils se sont montrés généreux envers leurs employés et leurs concitoyens en matière de ravitaillement et de protection contre le STO. Ce qui est manifestement une aide à l'effort militaire ennemi ne sera, de ce fait, sanctionné que financièrement.

La prépondérance du politique et du social sur l'économique est manifestée de façon éclatante par les inculpations et sentences ayant trait aux usines Berliet. En 1939, Marius Berliet avait été évincé de sa propre usine pour avoir refusé de fabriquer des obus. Il y rentre le 19 juin 1940, aux côtés de la Wehrmacht qui occupe brièvement l'usine. Tout en développant des productions civiles (il dispose en particulier d'un quasi-monopole sur la fabrication des camions à gazogène), il répond à des commandes militaires allemandes (camions porte-char), conclut un jumelage avec l'usine Büssing-NAG de Brunswick et envoie en Allemagne des « requis du travail » avant même l'instauration du STO, en les choisissant parmi les « agitateurs ». Et tout cela dès février 1941, alors que son établissement se trouve en zone libre. Au juge d'instruction qui lui demande :

> N'estimez-vous pas qu'il était profitable d'occuper votre personnel tant bien que mal au prix de sacrifices pécuniaires, plutôt que d'insister pour continuer des fabrications rémunératrices mais qui profiteraient à l'ennemi ?

Il répond :

> Ce sont là des subtilités que je n'ai pas vues. D'ailleurs, nous n'étions plus en guerre puisqu'il y avait un armistice. J'ai vu la chose uniquement en chef d'industrie.

En mars 1944, un conseil de famille refuse de choisir le sabotage concerté des chaînes de production travaillant pour la Wehrmacht comme moyen de préserver l'usine des bombardements alliés. Un bombardement dévastateur se produit en mai.

Les bénéfices de guerre sont estimés à 1 400 millions de francs (environ 243 millions d'euros).

Le 8 juin 1946, la cour de justice du Rhône condamne Marius Berliet à deux ans de prison, ses fils Paul, chef de fabrication, et Jean, chef du personnel, à cinq ans. En décembre 1948, Paul Berliet est gracié, le conseil d'État annule en juillet 1949 la réquisition prononcée à la Libération par le commissaire de la République. L'entreprise revient à ses héritiers naturels, et Paul Berliet en devient le PDG.

Cependant, la discipline au sein de l'usine avait été confiée pendant la guerre à des gardes dirigés par un dénommé Cointe, devenu milicien en 1944. Les gardes sont chargés de la surveillance des saboteurs, des « meneurs » et des résistants, contre lesquels ils sévissent, y compris par des dénonciations aux autorités françaises puis allemandes. En octobre 1942, ils ont livré à la police trois ouvriers qui distribuaient des tracts pour faire stopper les ateliers quelques heures. Ils sont internés jusqu'en 1943, date à laquelle l'un est envoyé aux Chantiers de la jeunesse, le deuxième astreint à résidence tandis que le dernier est déporté. En 1946, Cointe est condamné à mort par la cour de justice du Rhône et exécuté. Ce n'est pas le collaborateur économique qui est ici puni, mais l'auxiliaire de la répression allemande, sans que lui soit concédée l'excuse d'avoir été un subordonné.

En justice, le traitement de la collaboration économique est souvent décevant. Sont concernées trop de juridictions : les cours de justice, les chambres civiques et même les tribunaux militaires (soit avant la mise en place des cours de justice, soit après leur disparition). Des cas spectaculaires et hautement médiatisés comme celui du « chiffonnier milliardaire » Joanovici, trafiquant avec les Allemands à un degré quasi-industriel, achèvent d'accréditer dans l'opinion la certitude d'une justice qui s'acharne sur les « lampistes » et épargne les « gros », surtout quand ils peuvent payer... Joanovici ne comparaît devant la cour de justice de la Seine qu'en juillet 1949. Il ploie sous les inculpations les plus graves : appartenance à la Gestapo française, espionnage, collaboration économique et trafic, infraction à la législation des douanes, fraude fiscale, complicité de meurtre, corruption. Il est condamné à cinq ans de prison, 600 000 francs d'amende (17 000 euros) et une confiscation de ses biens à hauteur de 50 millions (un million d'euros). Il a fait valoir ses « services rendus à la Résistance », pour avoir financé le mouvement de Résistance de la police, Honneur et patrie... Cet exemple, caricatural jusqu'à la bouffonnerie, n'est pourtant que la version particulièrement voyante d'un mode de défense courant et efficace, qui a valu plus d'un classement ou d'un « relèvement » de peine.

Devant les cours de justice, la collaboration économique ne représente souvent qu'entre 5 et 10 % des inculpations ; devant les chambres civiques un quart. La déperdition est considérable entre les comités d'épuration et les prétoires. Dans la région de Bordeaux, par exemple, on compte 150 entreprises placées sous administration provisoire à la Libération, 125 dossiers sont traités par le comité d'épuration dans les entreprises et le comité de confiscation des profits illicites instruit près de 2 000 citations. En face de ces chiffres, l'inculpation de collaboration économique est identifiée dans 6 dossiers du tribunal militaire, 26 de la cour de justice de Gironde et une trentaine pour la chambre civique.

Un nombre considérable d'affaires économiques ont été classées sans suite ou ont fait l'objet de non-lieux. Encore les affaires qui parviennent devant les prétoires ne sont-elles souvent que les résultats limités d'une collaboration ordinaire née de l'opportunisme et de l'avidité développés au contact direct et quotidien de l'occupant. En clair, les bouchers, charcutiers, hôteliers, restaurateurs, cafetiers... sont plus nombreux que les industriels ou les gros négociants à comparaître. On peut estimer que le commerce sur une grande échelle ne représente guère qu'une affaire sur vingt, laissant la part belle aux petits trafics (35 %) et surtout au travail volontaire (60 %). Encore ces cas s'entremêlent-ils souvent des débordements « politiques », des dénonciations, de toutes les défaillances d'une collaboration de promiscuité. La majorité des peines prononcées est modérée : emprisonnements, amendes, indignités nationales, confiscations partielles des biens, interdictions professionnelles. L'étude précise des interdictions professionnelles révèle d'ailleurs qu'elles frappent surtout le secteur privé, les domaines les plus touchés étant les commerçants (un tiers des condamnations) et les écrivains et journalistes de tous ordres (plus du quart des condamnations). C'est un résultat pour le moins paradoxal en regard de l'exposé des motifs de l'ordonnance du 26 août 1944 qui imaginait, par ces interdictions professionnelles, le moyen d'« éloigner des postes de commandement et d'influence ceux des Français qui ont méconnu l'idéal et l'intérêt de la France... » On rappellera enfin que les chambres civiques, qui statuent bien plus que les cours de justice sur les affaires de collaboration économique, se distinguent surtout par leur forte proportion d'acquittements (voir chapitre 11).

Les pouvoirs publics ont fait le choix d'orienter en priorité les dossiers des commerçants, des agriculteurs ou des négociations vers « l'épuration financière ». Les cours de justice, non plus au fond que les chambres civiques, n'ont été le lieu effectif de la punition de la collaboration économique. Pourtant, ce rôle en apparence secondaire se révèle crucial pour deux raisons. La première raison est démonstrative : ne donnant guère lieu à des procès publics, la collaboration économique paraît restée impunie. La seconde raison est structurelle et lourde de conséquences réelles. En effet, les non-lieux et les classements ont eu une influence prépondérante sur les autres instances officielles d'épuration. Lorsque des instructions étaient en cours, les commissions de confiscation et les comités d'épuration dans les entreprises en ont attendu les résultats avant de statuer et ont ensuite tenu compte de ces résultats pour motiver leurs propres décisions. Il n'est pas rare que les attendus reprennent tout simplement les motifs de non-lieux et de classements. On ne peut exclure qu'il y ait pu y avoir un avantage paradoxal à être traduit en justice : à condition de bénéficier d'une mesure favorable, elle jouait alors à décharge devant toutes les autres instances.

Ces autres instances concernent essentiellement la confiscation des profits illicites (dans tous les sens du terme) et l'épuration professionnelle.

Punir les spoliations antisémites

Sous les effets conjugués des lois de Vichy et des diktats allemands, l'aryanisation, c'est-à-dire l'accaparement des entreprises et des biens possédés en France par des Juifs, a été sous l'Occupation une entreprise considérable. Au moins 50 000 procédures d'aryanisation furent ouvertes pour une population d'environ 350 000 Juifs, tous âges confondus. Cette ampleur traduit une volonté systématique qui correspond bien à une marginalisation économique et sociale prélude à l'internement et à la mise à mort. Il faut en outre ajouter au « vol légal » de l'aryanisation les pillages pratiqués par les autorités allemandes et, dans une moindre mesure, par la Milice ou d'autres organisations collaborationnistes. C'est dans ce double sens que l'épuration aurait à traiter des spoliations. En bonne logique, il faudrait punir ceux qui avaient édicté et fait appliquer les lois françaises d'aryanisation, ceux qui avaient aidé aux pillages allemands et ceux qui avaient profité des ventes forcées ou des pillages. Cette logique de châtiment entre toutefois en concurrence avec une logique au moins aussi urgente et légitime : celle des restitutions. C'est elle que vont organiser, non sans ratés, les ordonnances prises entre 1945 et 1949.

En zone Sud, il y eut de 7 000 à 8 000 procédures d'aryanisation. À la Libération, l'Union des juifs pour la Résistance et l'entraide occupe les locaux du CGQJ et commence à travailler sur les spoliations. Les commissaires régionaux de la République prennent des arrêtés annulant les spoliations et nomment des responsables chargés de la garde des archives et de l'organisation des restitutions. Les procédures sont expéditives, fondées sur le blocage des comptes de tous les administrateurs provisoires de biens aryanisés et la mise sous séquestres des biens vendus.

En zone Nord, où les dossiers sont de très loin les plus nombreux, les propriétaires spoliés ne sont souvent pas là pour réclamer leur dû. Le gouvernement provisoire n'avait mesuré ni l'ampleur ni la spécificité des spoliations. L'ordonnance du 9 août 1944 sur le rétablissement de la légalité républicaine a annulé la loi du 22 juillet 1941 sur l'aryanisation des biens des Juifs absents ou disparus, en même temps qu'elle annulait tous les actes législatifs ou réglementaires de Vichy qui « établissent ou appliquent une discrimination quelconque fondée sur la qualité de Juif ». Mais, sur cette seule base, les spoliés qui veulent récupérer leurs propriétés se heurtent à un vide juridique qui oblige à légiférer plus précisément. Les ordonnances se succèdent à partir d'octobre 1944 pour débrouiller le scandale juridique et financier engendré par l'aryanisation, la vente des biens spoliés, l'occupation des logements, et augmenté par la déportation et l'extermination qui laissent en suspens des milliers de litiges.

Dans un premier temps, les spoliés ou leur ayants droit sont réduits à leur seule initiative pour obtenir réparation des dommages, sans soutien public. Mais le gouvernement et l'Assemblée consultative finissent par trancher le débat entre juristes au profit des victimes : résultant de toute façon d'une contrainte, les acquisitions de biens juifs placés sous administration provisoire équivalent à des vols avec recel. Les acheteurs doivent restituer les entreprises, ainsi que les bénéfices réalisés. Les affaires sont confiées aux tribunaux civils, en référé pour hâter le mouvement. Dans la Seine, qui représenterait à elle seule 30 000 aryanisations, 10 000 restitutions sont traitées en justice. Un service public de restitution est créé en janvier 1945 pour aider les spoliés. Le service porte systématiquement plainte contre les administrateurs n'ayant pas rendu leurs comptes (soit 2 000 sur 8 000).

La sanction de la participation à la spoliation des Juifs de France comme composante de l'exclusion, s'opère donc de façon rigoureuse, mais dans des termes essentiellement financiers. La réparation au sens moral n'est pas envisagée. Ni la justice ni les comités d'épuration spécialisés – alors qu'ils sont si proliférants – ne s'intéressent à la recension des profiteurs des spoliations motivées par la convoitise, non plus qu'au mobile antisémite qui a pu y présider. Le fait que certains secteurs – la banque, le cuir – aient profité des principes de l'aryanisation pour mener une politique protectionniste et intéressée n'aggrave pas l'épuration professionnelle.

Les restitutions s'opérant assez efficacement, les acquéreurs de biens juifs, tendent à estimer la cause perdue par avance. Ils ne se donnent généralement pas la peine de se présenter aux audiences civiles. Ce résultat final n'a pas empêché, dans les premiers temps de la Libération, des tentatives d'organisation des administrateurs provisoires, qui font mine d'avoir été strictement des auxiliaires de l'administration des Finances :

> Non seulement dès le 28 août [1944] nous prenions les directives des personnalités compétentes du Commissariat général aux Questions juives, mais encore nous nous tenions en contact avec la préfecture de police, la direction de la Sûreté nationale, les ministères de la Justice, des Finances, de l'Économie nationale, de l'Intérieur pour hâter la solution des nombreux problèmes posés depuis l'heureuse libération de Paris.
>
> Nos fonctions nous ont normalement conduits à être les auxiliaires de l'administration des Finances, et nous sommes appelés à collaborer avec les organismes officiels chargés de résoudre les nombreux problèmes résultant de la législation d'exception relative aux biens juifs (association des administrateurs provisoires de France, 5 octobre 1944).

Il se crée des associations d'acheteurs de commerces ou d'entreprises juives, qui se montrent très revendicatifs et ne s'embarrassent pas de précautions, allant jusqu'à préconiser l'épuration des Juifs :

> Les commerçants français acquéreurs de biens israélites ne spéculaient pas sur la victoire de l'Allemagne. Ils étaient pour la plupart veuves de guerre, femmes de prisonniers, prisonniers libérés et évadés, anciens combattants, sinistrés, évacués d'Alsace-Lorraine.
>
> On accuse les acquéreurs d'avoir acheté parfois à trop bon marché ; la faute en incombait à l'Israélite qui avait fait des déclarations fiscales inférieures à la réalité [...] En achetant ces commerces, les acquéreurs ont évité leur disparition et conservé un patrimoine précieux pour l'économie nationale. Ils ont apporté une aide incontestable aux finances françaises. Ne parlons que pour mémoire de l'évasion des capitaux que les Israélites étrangers pratiquaient volontiers.

> Profitant de l'hospitalité légendaire de notre pays, les Israélites provoquaient l'immigration de leurs coreligionnaires et exploitaient l'irrégularité de leur séjour. La grande majorité des salariés redoutent le retour des Israélites qui les ont exploités et rendent hommage à l'esprit social de leur employeur français.
>
> Avant d'aborder le problème des industriels et des commerçants israélites, il conviendrait enfin de s'assurer que l'épuration a été faite parmi eux. Nombreux sont ceux qui ont offert leurs services aux Allemands dès l'arrivée de ceux-ci. La connaissance de la langue en fit alors les premiers collaborateurs, d'abord interprètes puis pourvoyeurs de matériel et de marchandises (association nationale et intercorporative du commerce, de l'industrie et de l'artisanat, 1945).

Se regroupent également des locataires « de bonne foi », qui ne veulent pas se voir évincer de l'appartement où ils se sont installés à la faveur de l'arrestation ou de la fuite des habitants juifs. Dans le contexte pénible de la pénurie de logements qui sévit après-guerre, il y a de quoi susciter des sympathies, quitte à raviver un sentiment antisémite qui n'est pas enfoui bien profondément.

> Si les persécutions allemandes et vichyssoises contre les Juifs ont toujours paru odieuses, il ne faut pas croire que la population française soit prête à dresser aux Juifs des arcs de triomphe pour leur retour (réponses des résistants métropolitains à un questionnaire du commissariat national à l'Intérieur d'Alger, mars 1944).
>
> Des manifestations sont organisées, en particulier à Paris, aux cris de « Mort aux Juifs ! Les Juifs au four crématoire ! La France aux Français ! » (l'*Ordre*, 22 mai 1945).
>
> Le 19 avril à Paris, dans le IVe arrondissement, 250 à 300 personnes ont manifesté aux cris de « la France aux Français ». Une bagarre s'est produite avec les Juifs du quartier. Il s'agissait d'une manifestation de protestation contre l'expulsion d'une personne occupant le logement d'un Israélite revenu à Paris (direction de la gendarmerie, synthèse pour la période du 15 avril au 15 mai 1945).

Toutes ces organisations corporatives s'essaient à un lobbying sans équivalent dans aucun des autres milieux qui ont tâté des bénéfices de la protection allemande. Les manifestations les plus bruyantes attirent l'attention de la police et plus encore de la presse, qui a vite fait de confondre vénalité et Cinquième Colonne. Mais profiteurs et pilleurs ne fournissent assurément pas les gros bataillons des justiciables de l'épuration. Il faut s'être compromis d'autre manière pour avoir des comptes à rendre. Ainsi ce commissaire gérant pour la liquidation de deux magasins juifs d'ameublement comparaît-il en chambre civique parce qu'il a dénoncé à la kommandantur des voisins qui lui avaient expédié un petit cercueil. On en profite pour lui infliger l'indignité nationale à vie (alors que la dénonciation a été sans conséquence) et la confiscation d'une somme correspondant au salaire qu'il a touché pour sa besogne. Restent toutefois exemptés de confiscation les meubles accumulés dans ses remises, mentionnés par un rapport de police. Comme devait écrire le peintre Gérard Garouste, en évoquant ses crises de délire, « je suis le fils d'un salopard. Mon père était un marchand de meubles qui récupéra les biens des Juifs déportés » (*l'Intranquille*, 2009).

Confiscation

Pour juguler la colère des Français contre l'État incapable de sévir contre les mercantis, nouveaux riches et profiteurs de guerre, une législation avait été improvisée après la Première Guerre mondiale instituant une contribution sur les bénéfices exceptionnels. Avec un succès très relatif. Tirant les leçons du passé, les pouvoirs publics imaginent après la Libération une confiscation des profits illicites. Ces profits illicites peuvent être de deux natures. Soit ils résultent d'opérations avec l'ennemi et s'assimilent à de la collaboration. Soit ils résultent d'une violation de la réglementation en vigueur après le début de la guerre, qu'il s'agisse de hausse des prix, de change entre monnaies, de ravitaillement ou, bien sûr, de marché noir. La notion de profits illicites ne dépend nullement du montant des profits. C'est leur origine qui compte. Si un entrepreneur a travaillé avec les Allemands sous la contrainte, le profit qu'il a pu tirer de ce travail lui sera confisqué. La contrainte le dispensera seulement de tout ou partie de l'amende. L'amende, en effet, représente à la fois l'équivalent des pénalités d'un redressement fiscal ordinaire et la sanction de profits considérés comme immoraux parce que recherchés. Prise entre logique fiscale et châtiment, la confiscation des profits illicites n'en représente pas moins un pan considérable de l'épuration économique. Quel que soit l'angle sous lequel on la considère – montant des sommes concernées, nombre d'entreprises ou de personnes touchées, durée des procédures – elle constitue un des modes de sanction parmi les plus larges et les plus pénalisants.

La confiscation est organisée par deux ordonnances du 18 octobre 1944 et du 6 janvier 1945. Ces textes établissent la dimension morale et accusatrice de la procédure. Est visé le rétablissement de « la plus élémentaire justice fiscale » pour répartir entre les Français les charges de la reconstruction du pays et réprimer des abus « scandaleux » (exposé des motifs de l'ordonnance du 6 janvier 1945). Depuis 1943, ce projet est préparé tant à Alger que par la Résistance. Il figure parmi les priorités – encore une – du CNR. Il est présenté comme le moyen d'un assainissement certes moral et économique, mais aussi financier puisqu'il permettra de réduire l'ingouvernable masse monétaire générée par l'indemnité d'occupation payée par la France aux Allemands qui l'ont dépensée à pleines mains en contribuant à faire exploser le marché noir. Dans ces conditions, la confiscation des profits illicites peut aussi faire figure de moyen d'équilibrer les ressources de l'État sans alourdir les impôts et sans détériorer encore les conditions de vie. Aussi l'opinion est-elle particulièrement sensible à la perspective de fortes sanctions financières.

L'idée est aussi de prendre de vitesse la dangereuse exaspération qui monte dans l'opinion publique contre les profiteurs des commandes allemandes et des pénuries généralisées. Déjà les maquis avaient infligé prélèvements et réquisitions à ceux qui passaient pour des trafiquants. La Libération a lâché la bride, on l'a vu, aux amendes et confiscations illégales en tout genre. Les CDL les ordonnent avec alacrité, en se fondant sur les informations collectées par les comités locaux et sur la rumeur publique, plutôt que sur les renseignements fournis par l'administration du Contrôle économique, réputée vichyssoise. À Bordeaux, le commissaire de la République a créé sa propre commission de taxation des bénéfices illicites en temps de guerre. L'agitation contre les patrons enrichis par les commandes allemandes est animée avec vigueur par le Parti communiste et les syndicats.

Annoncés dès la fin du mois de septembre 1944, les comités de confiscation des profits illicites (CCPI) voient le jour à raison d'un par département aussitôt la première ordonnance prise. Ils sont à l'œuvre à la fin de l'année, composés de membres des CDL et de représentants des administrations concernées (en particulier le fisc). Dotés d'importants pouvoirs, ils décident des comparutions (appelées citations) et des sanctions. Dans la France des années 1940, ils vont surtout avoir affaire à de petits entrepreneurs, à des indépendants, bref à une multitude de petites affaires, même si les sommes en jeu ne sont pas négligeables. Cet état de fait contredit d'emblée la volonté des pouvoirs publics de frapper vite et de façon emblématique, volonté exposée par le ministre des Finances à ses chefs de service en décembre 1944 :

> Il faut que la répression soit rapide et, bien entendu, qu'elle commence par les cas les plus importants : qu'on ne perde pas de temps avec les petites affaires. Ce qu'il me faut, c'est tout de suite [...] un certain nombre de personnages typiques dont il faut débarrasser la Nation.

Les CCPI sont chapeautés par un comité supérieur de confiscations des profits illicites (CSCPI) siégeant au ministère des Finances qui reçoit les requêtes et dispose d'un vrai pouvoir juridictionnel.

Le travail des comités de confiscation concernant le marché noir passionne bien sûr le public. Car le marché noir, qui a été un accommodement providentiel, un scandale de proximité et un fléau national éprouvé par tous, continue d'être tout cela à la fois.

Sous l'Occupation, le marché noir pouvait se faire au bénéfice des Allemands, soit sur une échelle artisanale, soit avec une grande ampleur doublée d'une organisation systématisée dans des bureaux d'achat. Ce marché « brun » au moyen duquel chaque service allemand utilisait l'argent de l'indemnité d'occupation pour se ravitailler copieusement en marchandises de toutes sortes, se combinait avec des activités de mouchardage et de répression, utilisant des fournisseurs, des rabatteurs, des intermédiaires et des auxiliaires français soumis au chantage ou appâtés par les gains ainsi autorisés. Mettant en jeu des sommes considérables, ces opérations faisaient la fortune de trafiquants comme Joseph Joanovici ou de la fameuse bande de la rue Lauriston, dite de la Gestapo française. La confiscation ne sera pas seule en cause ici, relayée, voire supplantée par les cours de justice. À côté de cette mise en coupe réglée prospérait un petit commerce illicite de proximité, servant aussi bien des clients allemands que français en denrées et produits contingentés. Bien que l'on soit donc dans des registres très différents de marché noir, l'opinion ne veut pas toujours faire la différence. Sa rancœur est réelle à l'égard des Français qui ont ravitaillé les Allemands, moins peut-être parce que nourrir l'ennemi était une trahison patriotique, que parce que c'était toujours ça de moins pour les Français.

> Je précise que tous ces individus sont de mauvais Français qui, pour l'argent, n'ont pas hésité à s'abaisser devant les Allemands en leur livrant des marchandises au détriment de la population civile. La population du bourg de Bailleul, dont je suis l'interprète, réclame une punition sévère pour eux (déclaration d'Eugène B., maréchal mécanicien, à l'agent du contrôle économique du Mans, 5 mars 1945).

Cette réaction viscérale est illustrée par la lettre de dénonciation rédigée en octobre 1944 par une mère de famille dont l'un des fils se meurt d'anémie. Elle s'en prend à la fermière qui, pendant quatre ans, n'a cessé de lésiner sur la quantité de lait qu'elle acceptait de lui vendre – au noir –, tandis qu'elle servait copieusement les Allemands.

> J'ai été tout un hiver comme cela, enlevant le lait des deux petits pour le donner à la petite sœur de six mois qui n'avait pas assez, elle. J'ai vu le petit de deux ans déjeuner avec de la chicorée et de l'orge grillée, lui à qui le docteur avait recommandé la suralimentation et qui s'en va aujourd'hui d'une grande anémie. J'ai demandé encore à Mme K. si elle ne pouvait pas pendant quelques jours seulement me mettre un quart de lait en plus. Ça n'a pas été possible car elle n'en avait pas une goutte de disponible, *seulement il y en avait bien assez pour les boches,*

> car tous les matins, en allant chercher mes trois quarts de lait, *j'assistais au dégustage d'un grand bol de lait par un boche* qui passait avec un camion et s'arrêtait. C'est une mère affolée qui demande justice et qui signe.

La difficulté à confisquer les profits du marché noir tient au fait qu'il a été extrêmement répandu mais parfois peu visible. Sous l'Occupation, le directeur du Contrôle économique, faute de pouvoir sévir contre les affairistes qui agissaient sous protection allemande, a fait collecter des renseignements contre les principaux, en les tenant prêts pour le moment où les Français retrouveraient leur liberté d'action. À la Libération, il peut ainsi signaler aux CCPI 111 000 personnes dont la moitié sont effectivement citées à comparaître. Ces cas représenteront un tiers de toutes les citations devant les CCPI. Pour le reste du marché noir, les comités se procurent des informations de toutes parts grâce aux dépôts de liquide supérieurs à 100 000 francs, aux améliorations spectaculaires du train de vie, aux achats importants, à la rumeur publique. Toutefois, en l'absence – logique – de comptabilité, le montant du chiffre d'affaires des bénéficiaires du marché noir est bien compliqué à évaluer.

Les CCPI tiennent aussi compte des différences dans les pratiques. Ils réservent leur indulgence au marché noir « entre Français », dit aussi marché gris ou marché de subsistance. Concernant surtout les aliments et les produits de première nécessité, il fournissait d'indispensables compléments à la ration officielle. Cette indulgence est d'autant plus grande si les transactions se sont faites, d'une manière ou d'une autre, au détriment de l'occupant. « C'est toujours ça que les Prussiens n'auront pas ». L'ordonnance du 18 octobre 1944 prévoit d'excuser toutes les contraventions à la réglementation pour peu qu'elles aient joué contre les Allemands ou en faveur de la Résistance. Ce qui permet évidemment aux plus malins de faire absoudre d'importants trafics en regard des services rendus. Le marché noir sera en définitive moins sanctionné que la collaboration économique.

En matière de collaboration économique des entreprises, les comités de confiscation des profits illicites cherchent à agir encore plus rapidement. Par exemple, les comptabilités incomplètes ou douteuses sont taxées d'office. En dépit du fait que tous les profits réalisés grâce à des contrats allemands doivent être confisqués, les CCPI s'efforcent de discriminer le motif des actes pour calculer les amendes. Ceux qui ont obéi à une logique de survie ne doivent pas être châtiés au même titre que ceux qui n'ont obéi qu'à l'appât du gain. Dans ce contexte, la présentation des mémoires de défense donne bien sûr lieu à un écœurant déballage de justifications hypocrites et de revendications de résistance.

Le Comptoir cotonnier colonial qui, depuis le Maroc, a exporté des matières premières vers l'Allemagne entre l'été 1940 et novembre 1942, a réalisé 127 millions de francs de chiffres d'affaire, dont 98 millions provenant des commandes allemandes. Le CCPI du Rhône lui confisque 4,6 millions de francs et lui inflige une amende de 2 millions. Chatam et Giler, négociants en fruits et légumes de Strasbourg et Metz ont multiplié leur chiffre d'affaires par cent entre 1940 et 1945 en exportant leurs produits vers l'Allemagne. On leur confisque 19 millions de francs et le montant de l'amende est de 200 000 francs. Au contraire, le directeur de la Société métropolitaine de construction a déménagé son entreprise de la banlieue parisienne à Montpellier en 1941 pour échapper à l'Occupation. Il a été rattrapé par les commandes allemandes une fois la zone libre envahie. En 1943 et 1944, 70 % du chiffre d'affaires ont été réalisés pour des travaux allemands. Le CCPI de l'Hérault accorde à l'entreprise la double excuse du risque de réquisition et de la nécessité de survie. « Il n'est pas possible de relever à l'échelon de l'entreprise la preuve matérielle de la contrainte physique, mais l'équité veut qu'on apprécie l'activité d'une entreprise notamment dans le cadre de la profession et de son cadre géographique ». La direction négocie une confiscation de 915 000 francs et une amende de 200 000 francs, pour un chiffre d'affaires de 20 millions de francs.

Selon les secteurs demeure en outre le souci de ne pas couler des entreprises qu'on estime « utiles à l'économie du pays ». C'est ainsi que dans un département aussi fortement sinistré que le Calvados, en dépit du consensus initial sur la nécessité de punir les entreprises du BTP qui ont participé à la construction du Mur de l'Atlantique, on s'entend finalement pour escamoter l'épuration économique qui aurait pu empêcher ces entreprises de s'atteler immédiatement à la Reconstruction.

En édictant les ordonnances instaurant les confiscations, les pouvoirs publics n'ont pas imaginé le nombre de citations qu'il faudrait traiter, non plus que le montant vertigineux des sommes en jeu. En mai 1946, par exemple, on en est à 160 000 citations, dont 30 000 pour le seul département de la Seine (5 200 dans le Nord, 4 500 dans le Rhône, entre 2 000 et 3 000 en Seine-et-Marne, Isère, Gironde, Côtes-du-Nord, Pas-de-Calais, Loire-Inférieure, Bouches-du-Rhône, Finistère). Face à cette avalanche, les CCPI ne disposent que de moyens matériels limités, ce qui les oblige à restreindre leurs investigations aux cas les plus scandaleux. En février 1947, la décision est prise officiellement de ne plus poursuivre que dans les cas où les confiscations sont supposées dépasser 100 000 francs en province, 500 000 dans la région parisienne (respectivement 5 000 et 25 000 euros). Les plus petites affaires sont dirigées vers le fisc. D'autre part, pour des questions de crédibilité et d'efficacité, l'Assemblée nationale fixe un délai pour en finir avec les procédures.

En mars 1948, le montant des confiscations prononcées atteint 55 milliards de francs (1,8 milliard d'euros) et 66 milliards pour les amendes (2,1 milliards d'euros). Les confiscations ont été payées à hauteur d'un peu plus de 40 %, les amendes d'un peu plus de 7 %. Les sommes en jeu sont telles que des délais de paiement ont été généralement consentis, sous peine de condamner les entreprises concernées à la disparition. Un cinquième des décisions a donné lieu à des recours soit devant le comité supérieur des profits illicites, soit devant le conseil d'État, ce qui retarde d'autant les recouvrements puisque le contentieux va se prolonger jusqu'en 1958. Le CSPI se prononce d'autant plus pour des aménagements ou des allégements que certains comités départementaux, sous la pression de CDL emmenés par des communistes et d'une opinion publique avide de leçons exemplaires, a décidé de sanctions trop lourdes pour pouvoir être payées, ce qui les rend inopérantes.

Tandis que les travaux de calcul des CCPI s'achèvent vers mars 1948, les recouvrements sont encore très majoritairement en cours. Sous l'effet de la ténacité de l'administration fiscale qui routinise la répression en l'intégrant au cours ordinaire de ces redressements, le recouvrement se prolonge en fait jusqu'au début des années 1960. Si les résultats ainsi acquis sont sans doute justes, ils sont une fois encore invisibles. En février 1949, une affiche d'inspiration communiste placardée à Nîmes pour protester contre les hausses d'impôts et la dévaluation de la monnaie, proclame, de façon extravagante, à propos des profits illicites : « Il reste à récupérer plus de cent milliards ». La discrétion des sanctions assoit l'idée qu'il y a eu des arrangements. Un habitant de Béziers écrit ainsi : « On a bien infligé quelques amendes, assez fortes pour quelques-unes, mais ils s'en foutent joyeusement car les bénéfices fantastiques réalisés pendant l'Occupation leur permettent de lâcher trois ou quatre millions sans sourciller et beaucoup parlent de licencier du personnel » (interception postale, décembre 1944).

L'invention de l'épuration professionnelle

Comme on l'a dit, l'épuration professionnelle a figuré aussi au nombre des réflexes spontanés ou des priorités des pouvoirs issus de la Résistance.

Ce principe d'une épuration au sein des professions (y compris pour des motifs extraprofessionnels) est repris par l'ordonnance du 16 octobre 1944 « sur l'épuration professionnelle dans les entreprises », modifiée par l'ordonnance du 29 mars 1945. Elles donnent la possibilité de frapper tous ceux qui participant à la vie de l'entreprise, à quelque titre que ce soit, ont « favorisé les entreprises de l'ennemi ou contrarié l'effort de guerre de la France ou de ses alliés ». Elle ne punit donc pas seulement la collaboration économique, ni le seul patronat, ni les entreprises en tant que personnes morales. La notion même d'entreprise est entendue au sens le plus large puisque sont pris en considération aussi bien les artisans, les chauffeurs de taxis, les boutiques, les restaurants, les galeries, les théâtres... N'y échappent guère que les fonctionnaires, les professions libérales et la presse (tous soumis à des mesures propres), ainsi que les cultivateurs. Des faits advenus en dehors du lieu de travail peuvent parfaitement être pris en compte. En admettant qu'un salarié ait appartenu à un parti collaborationniste, qu'une salariée ait eu un amant allemand hors de l'entreprise, qu'un salarié ait dénoncé un membre de sa famille ou un voisin, et que ces actes aient été sans conséquence dans son travail, cette restriction n'empêche pas qu'ils soient punissables sur le terrain professionnel. Cette jurisprudence s'applique, en dépit des directives de l'autorité centrale de s'occuper en priorité des entreprises créées depuis 1940 pour travailler pour les Allemands, des entreprises ayant refusé des commandes françaises pour satisfaire des commandes allemandes et des entreprises ayant sollicité des interventions allemandes pour échapper à la réglementation française. La charge de l'instruction et de la proposition de sanctions revient à des comités régionaux interprofessionnels d'épuration (CRIE) qui doivent adopter, en attendant les résultats judiciaires des cours de justice ou des chambres civiques, des mesures rapides pour éviter que « la reprise de l'activité économique du pays risque de se trouver entravée par la présence dans les entreprises d'éléments malsains et indésirables » (exposé des motifs de l'ordonnance du 16 octobre 1944). Effectivement figurent parfois au nombre des griefs des accusations de sabotage de la Reconstruction. Ainsi cette lettre de dénonciation d'un employé d'une compagnie d'assurance licencié en novembre 1944, qui accuse l'équipe de direction de manœuvres politiques :

> Tous les Gaullistes connus sont naturellement compris dans la charrette des indésirables. On a préféré garder les employés bochisants, bien sûr ! Son intention caractérisée est de faire échec à l'œuvre de redressement du Pays entreprise par le général de Gaulle qui a l'appui de tous les vrais Français. Alors que des soldats héroïques font à chaque minute le sacrifice de leur vie pour assurer la rénovation de la France, il serait scandaleux de laisser manœuvrer à l'intérieur de mauvais Français qui ne poursuivent qu'un seul but : le sabotage de la rénovation du pays (lettre de « Marcel P..., combattant 1917-1918, résistant de la première heure, membre de Ceux de la Libération, à l'intention de la CGT », 23 novembre 1944).

Or, les CRIE vont en fait tenir, qui plus est avec lenteur, un rôle marginal, qui fait que nombre de procédures judiciaires aboutissent avant qu'ils n'aient statué et les confinent à un rôle d'acquiescement. D'autant plus qu'à l'origine, on a vu que l'épuration s'est effectuée en urgence au sein des entreprises, ne laissant aux CRIE que les cas secondaires ou qu'une fonction d'enregistrement des sanctions de fait, afin d'éviter que les licenciements réalisés à la Libération sous la pression résistante ou syndicale ne soient remis en cause devant les prud'hommes. Les CRIE peuvent d'autant moins résister aux épurations concurrentes qu'ils ne disposent que de moyens matériels réduits et que leurs membres représentant des salariés ou des patrons manquent de temps à leur consacrer. Institués en octobre 1944, mis en place en décembre 1944 au plus tôt, les CRIE et l'instance nationale supérieure, la commission nationale d'épuration professionnelle (CNIE) en charge des affaires dépassant le cadre régional, ne traitent l'essentiel des affaires qu'entre 1946 et 1949, c'est-à-dire à un moment où l'opinion, déjà persuadée que l'épuration est manquée, ne s'intéresse plus à leurs travaux. À la date du 15 octobre 1945, par exemple, le comité régional de Limoges n'a encore prononcé que 59 sanctions, dont près d'un quart contre des garagistes ! En considérant de tels résultats, qui pourrait prendre l'épuration professionnelle au sérieux ?

Enfin, les CRIE peuvent être saisis par toute personne motivée. Cette saisine non systématique, qui traduit aussi bien le malaise d'une entreprise ou des affrontements de personnes que l'évidence d'une collaboration économique, rend la répartition des dossiers inégale entre les secteurs professionnels et les régions, accentuant l'impression de bizarrerie et d'injustice que peut créer la lecture du relevé des sanctions. Grâce à une demande d'information lancée par le ministère de la Production industrielle au printemps 1946, on voit apparaître des disparités considérables. Le CRIE d'Alsace a déjà statué sur 1 881 dossiers, la Moselle, à elle seule et pour la seule sidérurgie, sur 1 041, tandis que la Meurthe-et-Moselle voisine en est à 84. Le Languedoc-Roussillon a traité 426 affaires, la région lyonnaise en a réglé 231 et 103 sont en instance, celle de Clermont-Ferrand n'a eu à connaître que de 145 affaires et celle de Dijon de 136. Les différences dans l'ampleur et la célérité de l'épuration professionnelle sont encore accrues par les déséquilibres entre secteur. Dans le Languedoc-Roussillon, 78 % des dossiers traités concernent des entrepreneurs ou des artisans du BTP ; à Lyon, chauffeurs de taxi et imprimeurs sont surreprésentés. En région parisienne, le personnel de l'aéronautique (90 000 salariés pour toute la France) est frappé en nombre, tandis qu'il apparaît à une échelle extrêmement modeste à Dijon ou Clermont-Ferrand. La sidérurgie ou le BTP passent au crible de l'épuration. Le personnel des mines, secteur crucial, est à peu près épargné, en dépit du nombre important de dossiers déposés. Dans le Nord-Pas-de-Calais, il y eut 3 000 plaintes, déposées surtout contre l'encadrement ; 800 furent retenues et 42 sanctions proposées (2 licenciements, 18 suspensions, 11 déplacements d'office et 11 rétrogradations). Maurice Thorez lui-même pèse de tout son poids pour amener les mineurs à mettre fin à l'épuration et à accepter le retour des porions et des ingénieurs « blanchis » par le CRIE, au nom de la bataille de la production. « On peut épurer pendant 107 ans, on ne peut pas pendant des mois avoir des porions qui sont payés en restant chez eux et en entretenant l'agitation. »

Une épuration impressionniste

Or, la répartition des sanctions et des acquittements comme les motifs d'inculpation ne sont pas plus cohérents.

Dépourvus de moyens, les CRIE ne peuvent tenir un vrai rôle de commissions d'enquête. Les dossiers, remplis selon la compétence des plaignants et l'activité déployée par les accusés, ne sont souvent ni très épais, ni très pertinents. Devant certaines sections professionnelles, les griefs sont formulés au conditionnel, comme pour souligner qu'ils sont fondés sur des on-dit. Constitués surtout de témoignages, à défaut en général de pièces de gestion ou de comptabilité, de correspondances contemporaines des faits, de notes de service, pour ne rien dire d'éventuelles archives allemandes, ces dossiers traduisent souvent un déséquilibre en faveur de l'accusé quand ce dernier est vraiment décidé à se défendre. Dans la mesure où les CRIE ne font que proposer des sanctions et que la décision finale relève du commissaire de la République (ou du préfet), la vacuité des dossiers donne toutefois une prime à leur avis, l'appréciation étant plus intuitive que fondée.

À titre d'exemple, intéressons-nous à quelques dossiers précis, à commencer par celui du personnel des entreprises d'aéronautique de l'arrondissement de Versailles. 92 salariés passent devant le comité d'épuration : 71 sont licenciés, 3 relaxés, les autres reçoivent un blâme, une mise à pied temporaire ou sont déplacés d'office. Un certain nombre d'accusés sont en fuite ou ne se présentent pas devant le comité, ayant eu le temps de déménager et d'aller travailler ailleurs. Si l'on considère quelques cas de salariés ayant comparu, les avis donnés par le comité ne paraissent pas toujours compréhensibles. Ainsi pour sept salariés sanctionnés d'une même usine, on trouve :

> Ingénieur, pression sur le personnel pour partir travailler en Allemagne, apologie du régime hitlérien, surproduction intensive. Blâme avec affichage sur le lieu de travail.

Contremaître, aurait menacé les employés de les envoyer en Allemagne. Blâme avec affichage.

Employé d'approvisionnement, aurait fait de la propagande pour le travail en Allemagne, restait à son bureau pendant les alertes. Licenciement avec indemnités.

Gardien, aurait fait un rapport à ses chefs après avoir vu des ouvriers distribuer des tracts. Déplacement d'office.

Gardien, a signalé trois ouvrières qui bavardaient au lieu de travailler, a pris part à une enquête sur la grève du 11 novembre 1943. Licenciement sans indemnité.

Contremaître, aurait poussé à la production et aurait entravé une grève. Licenciement sans indemnité et interdiction de détenir un poste de commandement dans la profession.

Gardien, a interdit aux ouvriers l'accès aux portes de sortie quand des avions passaient au-dessus de l'usine. Déplacement d'office.

En examinant à présent le cas des dix-neuf femmes de ce groupe passées devant le CRIE, on trouve huit d'entre elles sanctionnées pour le seul motif de relations avec des Allemands. Ce motif apparaît avec d'autres (délation, propos favorables à l'Allemagne) dans sept autres dossiers. La sanction est dans tous ces cas le licenciement sans indemnité. Dans tous les milieux professionnels et dans toutes les régions, ce type d'incrimination revient avec régularité, ce qui est d'autant plus surprenant que la motivation des sanctions est théoriquement « d'avoir favorisé les desseins de l'ennemi par son attitude ». Or, si l'on peut admettre à la rigueur qu'une ouvrière dans une industrie participant à l'effort de guerre du Reich puisse représenter un danger en bavardant inconsidérément avec son petit ami allemand, au risque de dénoncer des collègues qui sabotent la production, on voit mal en quoi des vendeuses des Galeries Lafayette ou l'employée d'une pharmacie mettent en péril la sécurité nationale par leur vie amoureuse.

Le libellé des incriminations révèle aussi que c'est un comportement au moins autant que des faits positifs, comportement supporté à grand-peine sous l'Occupation, qui rend dorénavant insupportable la présence de tel collègue ou de tel supérieur : « aurait écrit à la Kommandantur pour se désolidariser de la grève du 2 mai 1944 », « a travaillé pendant la minute de silence pour les marins français morts à Toulon », « a utilisé les cars allemands pour venir à Paris », « faisait de la propagande en faveur des méthodes allemandes, aurait fait un stage de comptabilité en Allemagne et à son retour aurait vanté la perfection de leur système », « inconduite notoire avec les Allemands, espionne et moucharde ».

Une majorité de plaintes sont portées à l'encontre des directions et des cadres, toutes régions et tous secteurs confondus, traduisant le fossé creusé par les conditions de vie et de travail des années d'Occupation. Aussi les motifs qui reviennent le plus souvent concernent-ils soit le fait de pousser à la production, soit une attitude antisociale. Une chef-comptable adjointe incriminée pour ce dernier motif répond devant le CRIE : « ces faits sont exagérés, j'étais bien obligée de maintenir une certaine discipline pour obliger les employés au travail ». Dans les entreprises travaillant pour le compte du Reich, le strict contrôle du rendement, la recherche de l'efficacité et leur corollaire de lutte contre les sabotages et les grèves ont placé l'encadrement devant un choix épineux. On constate par ailleurs que les personnels affectés dans les usines à la surveillance et à la discipline sont aussi frappés par les mesures d'épuration, surtout qu'ils ont pu être tentés de faire du zèle. Direction et maîtrise ne peuvent surmonter les griefs qui se manifestent à leur encontre à la Libération qu'en établissant la preuve d'actes de résistance tels que la dissimulation de stocks, les incitations au freinage de la production, les retards de livraison, la fabrication délibérée de pièces défectueuses, la protection de la main-d'œuvre contre le STO, la fourniture d'informations, de matériels ou d'argent à des résistants. C'est à peu de choses près toute la panoplie déployée par la direction de Peugeot qui, il est vrai, n'a pas souhaité laisser aux ouvriers les monopoles du patriotisme. Jean-Pierre Peugeot peut ainsi déclarer devant le personnel en septembre 1945 :

> Du côté de la Direction, il s'agissait de conserver à la France le contrôle des usines qui étaient menacées d'une prise de possession par une direction allemande. Il fallait ensuite finasser pour pouvoir, d'une part continuer à donner du travail et, d'autre part, faire vivre durant ces quatre années d'occupation le personnel des usines. Nous devions obtenir des Allemands des attributions de matières premières et en même temps nous arranger pour que ces matières ne soient pas transformées en armes, mais rentrent le plus possible dans nos fabrications d'avant-guerre.

Effectivement, la direction de Peugeot n'est pas inquiétée à la Libération. L'épuration professionnelle touche néanmoins 84 salariés dans ses usines, dont une bonne cinquantaine de travailleurs volontaires pour l'Allemagne. La direction d'Ugine adopte la même ligne de défense, soulignant sa participation au sabotage de la production, les négociations salariales consenties avec les anciennes centrales syndicales en principe interdites et surtout sa fourniture de renseignements et plus encore de camions à des résistants, y compris pour transporter des armes. En dépit de manifestations éclatantes de maréchalisme et de liens personnels avec Pétain et son cabinet, elle bénéficie d'une décision favorable le 16 juin 1947, au grand dam d'une fraction du personnel :

> P. a été un collaborationniste intelligent qui a su renier ses meilleurs complices pour faire risette à la Résistance lorsqu'il sentit la partie perdue pour les boches. Toute la direction du trust Ugine était très liée aux traîtres de Vichy et réagissait durement contre ceux qui, dans les usines, n'affichaient pas assez d'admiration pour Pétain (Le trust Ugine, note pour la presse, Lyon, 15 octobre 1944).

Le fait que l'épuration professionnelle se soit d'abord intéressée au patronat et à l'encadrement n'a pas provoqué leur renouvellement. En effet, être accusé n'a pas toujours signifié être sanctionné. Loin s'en faut. Les CRIE prononcent des relaxes dans des proportions qui vont du quart en Alsace aux trois quarts en Auvergne. S'y ajoutent les classements qui sont la conséquence des décisions de justice intervenant en amont, ou de constat d'incompétence. Sans doute logiques en termes de droit, ces décisions ne peuvent toutefois que choquer. Les deux négociants en fruits et légumes originaires de Strasbourg et Metz dont on a mentionné les bénéfices faramineux qui avaient provoqué des confiscations et des amendes conséquentes ne reçoivent de la commission nationale d'épuration professionnelle qu'un blâme simple en juillet 1950. La concurrence des instances épuratrices peut ravaler les CRIE à un rôle symbolique qui les décrédibilise d'autant plus qu'ils passent à tort aux yeux des Français pour les vecteurs de l'épuration économique.

Les conditions de constitution des plaintes expliquent aussi une part de ces relaxes car les dossiers sont parfois vides ou mal composés. Le comité d'épuration des usines Félix Potin a saisi la CRIE de la région parisienne d'une plainte contre la propriétaire, deux administrateurs, deux ingénieurs et un vendeur (ce dernier, accusé de dénonciation, est un cas à part). Le motif global contre la direction est politique : Jeannine Potin était pétainiste, l'entreprise versait de l'argent au RNP et à la LVF, elle n'a rien fait pour freiner le STO. Le dossier établi par la « Garde patriotique Félix Potin » contient en fait une série de plaintes des employés sur l'enrichissement, la bonne vie et l'implication dans le marché noir des dirigeants. Ce sont moins les magasins Félix Potin qui sont au cœur de l'affaire que ses usines agroalimentaires de la région parisienne. Et on peut imaginer la tension existant, en période de pénuries, entre direction et personnel, dans des unités produisant confitures, chocolat, café, conserves de viande et charcuteries. Dépourvue de moyens d'investigation propres, la commission nationale d'épuration ne tire rien de ces témoignages. Au contraire, elle prend en compte la défense des accusés qui réfutent le financement du RNP, avancent que les versements à la LVF étaient obligatoires et expliquent le ton des notes internes par le simple effet du « goût du jour ». La cour de justice de la Seine ayant par ailleurs estimé la part allemande du chiffre d'affaires à 2 % et classé l'affaire, la CNIE fait de même.

Enfin, parce que l'épuration professionnelle a été conçue comme une mesure préventive rapide, ses instances ne peuvent plus être saisies après le 30 juin 1946. Des affaires, qui ne sont pas passibles de sanctions juridiques mais mériteraient une sanction professionnelle, ne peuvent finalement être traitées parce que la justice a trop tardé à avertir les CRIE.

Au nombre des variations dans la sévérité et l'ampleur des sanctions professionnelles, il faudrait inclure le travail volontaire en Allemagne ou pour le compte des Allemands. L'appréciation est laissée à chaque comité régional. En Seine-et-Oise ou en Franche-Comté, tous les travailleurs volontaires sont licenciés sans indemnité tandis qu'à Lyon, l'indulgence est de mise. Ces différences témoignent de l'existence de points de vue divergents sur la nature du travail volontaire considéré ou non comme une véritable collaboration.

Travailler n'est pas collaborer

Le travail volontaire en Allemagne, voulu par l'occupant et encouragé par le gouvernement français à des titres divers dès la fin de 1940, est bien un crime au regard de la loi. L'ordonnance du 26 décembre 1944 prévoit que le fait d'avoir « sciemment apporté en France ou à l'étranger une aide directe ou indirecte à l'Allemagne » est punissable.

C'est bien ainsi que le comprennent les Français qui, en particulier d'avril à juin 1945, s'en prennent aux travailleurs volontaires rentrant d'Allemagne. Le 24 mai, une jeune fille revient dans son village de Seine-Maritime. Aussitôt remarquée, elle est prise à partie, tondue et promenée par les rues un casque allemand dans les mains. Le 31 mai, un Polonais est assailli à sa descente du train dans le bassin houiller de l'Aveyron. Roué de coups, déshabillé, tondu pour lui laisser sur le crâne le dessin d'une croix gammée, il est ensuite traîné à la gendarmerie. « La population du bassin houiller se propose de réserver le même accueil à tous les rapatriés volontaires. » Ce même jour, à l'autre bout de la France, en Lorraine, une douzaine de femmes, volontaires revenant d'Allemagne, sont emmenées de vive force dans un café rebaptisé « bureau de tonte ». Pour tous, l'endroit critique est la gare où, en ce printemps de rapatriement, la foule s'amasse jour après jour pour attendre le retour des prisonniers de guerre, STO et déportés, dans une atmosphère électrique d'angoisse et d'indignation. Sur ce fond de détresse, les travailleurs volontaires, qui n'avaient déjà pas bonne presse sous l'Occupation, font tout simplement figure de vivantes insultes.

La propagande qui a servi à les recruter, jouant à la fois sur l'idée d'une solidarité avec la guerre allemande et sur les avantages matériels dont bénéficieraient les travailleurs volontaires, avait tout pour exaspérer les Français. « Je travaille en Allemagne et mes économies vont à ma famille en France », « Par votre travail, vous assurerez à votre famille et à vous-même un meilleur avenir dans l'Europe qui se crée », « Ils donnent leur sang, donnez votre travail pour sauver l'Europe du bolchevisme ». C'était afficher un peu trop crûment le prix de la trahison. Les Français sont persuadés que les travailleurs volontaires ont en Allemagne la bonne vie, loin des restrictions françaises, et amassent un confortable pécule. Les vantardises des volontaires en permission ou revenus ne font que les enfoncer, alors que leurs plaintes font ricaner. Le propos malheureux que ce métallurgiste en permission tient au café pour couper court aux reproches de ses commensaux se retournera contre lui en 1945 : « les Français sont des imbéciles de ne pas aller plus nombreux travailler en Allemagne. Ils peuvent bien crever de faim » (témoignage à la Sûreté nationale, Caen, 16 janvier 1945).

Qui plus est, le travail volontaire n'est souvent qu'une étape dans un parcours stigmatisant : la fréquentation des Allemands (en particulier pour les jeunes femmes), des propos favorables aux Allemands, l'adhésion à un groupe collaborationniste, des démêlés avec la justice ou avec sa famille, une position sociale précaire. « Lorsque je me suis embauchée pour l'Allemagne, explique une ouvrière agricole (avec les mots du gendarme qui rédige le procès-verbal), je n'avais pas de raison impérieuse de le faire. Mais j'étais continuellement en but aux sarcasmes et vexations de toutes sortes de la part de la population qui m'accusait de me livrer à la prostitution » (procès-verbal de gendarmerie, Trévières, 31 août 1945). Ou un jeune homme de l'Aisne décidément perdu : le 14 mai 1943, il signe son engagement dans la LVF ; le 15, il se ravise et s'engage comme travailleur volontaire. Rapatrié trois mois plus tard, il s'engage à nouveau en février 1944 et est de nouveau rapatrié.

Comme on ne prête qu'aux riches, ces travailleurs sont fréquemment accusés d'être des dénonciateurs et de s'être placés sous protection allemande au détriment de leurs compatriotes. Ce degré primaire de la collaboration économique, par la mise de sa force de travail au service de l'effort de guerre ennemi, prend ainsi une teinte politique. D'autant plus que certains travailleurs volontaires rentrés en France avant l'été 1944 ont cru bon de s'engager dans un parti collaborationniste à titre de police d'assurance.

Or, si l'on s'en tient aux chiffres, ces travailleurs volontaires forment le plus gros contingent des collaborateurs : 260 000. Faut-il tous les châtier ? Une circulaire du ministère de la Justice répond à la question dès le 7 juin 1945 :

> Les travailleurs volontaires en Allemagne [...] pourraient théoriquement être tous poursuivis au titre du travail pour le compte de l'ennemi. Il convient donc de définir les hypothèses les plus graves et les plus caractérisées pour les soumettre seules à des poursuites. Il semble que deux critères permettent de les définir : il faut qu'il s'agisse d'un départ vraiment volontaire et d'autre part, que le travailleur ait donné à sa décision une signification politique, ceci afin d'écarter de la répression ceux qui ont seulement été poussés à partir en Allemagne pour des motifs économiques.

Si l'on sait qu'au total, ce sont 132 800 individus qui ont été jugés par les cours de justice et les chambres civiques, on constate qu'à défaut d'une soigneuse discrimination entre les travailleurs volontaires, leur inculpation aurait impliqué plus que le doublement des affaires judiciaires dans le cadre de l'épuration. La plupart ne sont même pas poursuivis ou bénéficient de non-lieu. Si le départ a été motivé par une détresse personnelle, comme une maltraitance familiale ou, plus souvent, une nécessité économique, l'indulgence complète est de rigueur.

> J'ai quitté cette place car je ne gagnais pas suffisamment pour vivre. Ayant demandé une augmentation à mon directeur, celui-ci me fit la réponse suivante : Allez en Allemagne, vous gagnerez davantage. J'ai cherché du travail, mais en vain. J'ai alors décidé de contracter un engagement pour aller comme volontaire en Allemagne (déposition de Maurice A., gendarmerie d'Ouistreham, 29 juin 1945).

Beaucoup d'affaires témoignent d'une véritable déshérence et d'une incapacité à envisager les conséquences de ses actes. Comment, alors, les concevoir comme crimes, si ce n'est en se trouvant confronté brutalement à la réprobation de son voisinage ?

> Excusez la liberté que je prends en l'adressant au « Chef suprême de notre armée », mais je tiens à vous signaler en personne
>
> 1° [...] j'ai eu beaucoup de menaces faites par mes voisins me reprochant d'avoir côtoyer les Allemands, mais les trois quarts des gens travaillaient plus ou moins ouvertement avec cette dite troupe. Et travailler n'est pas collaborer ! Cela n'est pas la faute à une femme si le pays souffrait de restrictions. Qui se plaignent à l'occupant ! [...] Et je reconnais avoir eu tort de quitter la France mais il fallait manger et pour cela travailler.
>
> J'étais la cuisinière. Jusqu'en septembre où en entrant je n'ai pas voulu en aucun cas travailler en Allemagne pour les Allemands et encore moins en usine. Là j'ai été versée dans un restaurant réquisitionné pour des Français transformés et des Russes et Civils travailleurs Français dont là je suis restée 8 mois jusqu'au rapatriement de ces derniers [...] Mais les vrais Volontaires à mon point de vue, est celui ou celle qui a quitter son Emploi en Usine pour aller travailler en Usine allemande pour fabriquer des munitions ou des V1 pour bombarder sa Patrie et

> ses alliés surtout quand le commissaire à eu fini m'a dit vous avez peu à votre actif que beaucoup de bavardages et de vengeances.
>
> Monsieur le Général, je vous demande de vouloir prendre mon appel en considération à fin de faire cesser toutes menaces et insultes et tant qu'encore Française dont le Père à payer de son sang pour sa Patrie en 1918.
>
> [...] Maintenant c'est mon tour à être rapatriée. Là en rentrant je m'aperçois que je suis une indésirable car les menaces ont été transformées en pétition collective. Là en arrivant le commissaire m'ayant convoquée, m'ayant fait le dossier de rigueur, et envoyée à Versailles, ces gens continuent à me menacer. C'est tout de même honteux de ce voir piétiner de la sorte par les trois quarts sont trafiquants du marché noir. Je ne leur dit rien. Je crois que la Sûreté Militaire est assez grande de juger les gens au retour car les indésirables Dieu sait on les retrouve car moi aussi j'ai été dénoncer pour sabotages des troupes occupantes par le Chef de la Milice et si je n'avais pas de référence, je devais être arrêter. Le cri est de travailler et manger (lettre de Simone B. au général de Gaulle, Montgeron, 4 juillet 1945).

Moins de 3 % des cas aboutissent devant des juridictions et ils se soldent majoritairement par des acquittements. Encore l'accusation ne porte-t-elle généralement pas sur le seul travail volontaire qui apparaît alors comme un signe parmi d'autres d'une approbation de la collaboration. C'est typiquement le cas de L..., parti en mars 1943 et revenu en France quelques mois plus tard, pour raison de santé. Il est accusé d'être alors entré au parti franciste (ce qu'il nie) et d'avoir dénoncé des réfractaires au STO (ce qui ne sera pas prouvé). Il est finalement renvoyé devant une chambre civique pour avoir apporté une aide à l'Allemagne par son travail volontaire et en se livrant à de la propagande. La chambre civique est bien souvent la juridiction devant laquelle sont traduits les travailleurs volontaires. Devant la chambre civique d'Alençon, par exemple, ils représentent 6 % des condamnations à des peines d'indignité nationale, ce qui les place loin derrière l'appartenance à des partis collaborationnistes – ce qui est logique –, mais loin aussi derrière la « débauche avec les Allemands » – ce qui l'est moins –, et à égalité avec les trafics en tous genres.

Chassés de l'administration

Dans la longue liste des priorités de l'épuration figure en principe l'épuration de l'administration. Effectivement, surviennent dans les premières heures ou les premiers jours de la Libération des suspensions, voire des révocations, qui sont présentées comme des mesures conservatoires. « Ceux qui n'ont pas été les résistants d'hier, lorsque le devoir le leur commandait, peuvent être des résistants de demain contre l'intérêt majeur de la Nation » (lettre du président du

CDL au préfet de l'Orne, 8 décembre 1944). Le 28 juin 1944, le gouvernement provisoire a pris une ordonnance qui prévoit des sanctions disciplinaires et des mesures de sécurité contre tous les fonctionnaires qui, par leurs actes, leurs écrits, leur attitude professionnelle, ont « favorisé les entreprises de toutes natures de l'ennemi, contrarié l'effort de guerre de la France et de ses Alliés, notamment par des dénonciations, porté atteinte aux institutions constitutionnelles ou aux libertés publiques fondamentales, tiré ou tenté de tirer un bénéfice matériel direct » des circonstances exceptionnelles. Ces mesures sanctionnent un comportement, éventuellement plus que des faits définis, alors que le pouvoir disciplinaire ordinaire sanctionne une faute professionnelle. Des textes précisent ensuite l'organisation de cette épuration : des commissions d'épuration départementales par administration émettent un avis après étude des dossiers, enquête, recueil de témoignages et comparution des intéressés. Dans chaque ministère, une commission centrale prononce les sanctions dans un souci de cohérence sur tout le territoire (ordonnance du 25 octobre 1945). Ces commissions, dont les avis sont décisifs, peuvent presque être assimilées à des juridictions. L'épuration de la plus haute administration est faite directement au niveau ministériel. Les fonctionnaires des collectivités locales sont soumis aux décisions des préfets et sous-préfets (ordonnance du 11 décembre 1944).

Au plan national, on estime qu'entre 22 000 et 28 000 fonctionnaires et employés des entreprises nationales ont subi une sanction, ce qui représente environ 1,5 % des personnels. Ces sanctions impliquent dans la moitié des cas une éviction définitive par révocation, licenciement (pour les contractuels) ou mise à la retraite. Les autres sanctions vont du blâme à la rétrogradation en passant par la mutation. En chiffres absolus, les services qui comptent le plus d'épurés sont l'Intérieur, la SNCF, l'Éducation nationale, les PTT et, plus loin, les Finances, les Transports et travaux publics. En chiffres ramenés au pourcentage d'épurés par rapport aux effectifs, l'Intérieur reste en tête, suivi de l'Information, des Anciens Combattants et des Colonies. Ces classements dégagent trois types d'administration « à risques » face à l'épuration : celles qui furent engagées dans le processus répressif, celles qui avaient un rôle politique actif, celles où les relations humaines furent les plus tendues.

Au niveau local, l'épuration administrative produit des résultats semblables. Les révocations représentent à peu près la moitié du total des sanctions. La police fournit les gros contingents des sanctionnés, suivis des PTT, de l'enseignement. Les autres administrations sont représentées de façon plus dispersée. L'administration préfectorale, objet de suspensions conservatoires rapides, n'est pas la plus touchée, en dépit de son rôle central. Du moins pour les échelons les moins élevés puisqu'on estime que presque tous les préfets de Vichy ont été soit révoqués (dans 60 % des cas), soit provisoirement écartés. Il y a relativement peu de disparités entre les régions, à l'exception de l'Alsace-Lorraine annexée qui subit une épuration administrative jusqu'à dix fois plus sévère que partout ailleurs. L'exemple de la SNCF permet d'en comprendre le mécanisme. Tous les employés des chemins de fer, intégrés dans la Reichsbahn, ont dû prêter un serment d'allégeance (tout comme les fonctionnaires) : « Je suis décidé à me mettre au service actif du Führer et de la grande Allemagne national-socialiste dans mon travail et dans mes autres activités ». Ils furent obligatoirement affiliés au Front allemand du travail (la cotisation étant prélevée sur le salaire) et participèrent aux manifestations organisées par le Parti. Ils étaient soumis à des pressions pour les faire adhérer aux diverses organisations nazies, les cadres y étant même contraints. Enfin, les cheminots alsaciens-lorrains subirent des mutations en Allemagne ou l'incorporation dans l'armée. Dans de telles conditions, tous offrent, au regard des critères de la France intérieure, un profil détestable. Avec 2 000 punis, ils représentent à eux seuls 40 % de tous les cheminots français sanctionnés.

Ces résultats posent aussi la question des critères de l'épuration. Afin de ne pas remettre en cause le principe de l'obéissance des fonctionnaires, une ordonnance du 23 novembre 1944 a précisé qu'« il n'y a ni crime ni délit à la charge des auteurs et complices lorsque les faits n'ont comporté de leur part que la stricte exécution – exclusive de toute initiative personnelle – d'ordres ou d'instructions reçus sans aucun dépassement de ceux-ci ou l'unique accomplissement d'obligations professionnelles, sans participation volontaire à un acte antinational ». C'est donc sur l'appréciation de la façon dont a été accompli le travail que repose la sanction, et non pas sur son contenu.

Les griefs le plus souvent évoqués devant les commissions d'épuration sont l'excès de zèle, la dureté, la trop grande complaisance envers les Allemands, les promotions indues. La manifestation d'opinions favorables à Pétain, au gouvernement de Vichy, à la politique de collaboration, aux Allemands représente un bon quart des motifs de sanctions. Cette adhésion a pu aller jusqu'à un engagement dans un parti ou un groupement collaborationniste, un départ volontaire en Allemagne, des dénonciations. Dans ces cas, les dossiers peuvent être transmis à la justice. On voit par exemple dans l'Orne un agent des impôts condamné à un an de prison, mille francs d'amende et l'indignité nationale pour avoir tenu des « propos ayant une influence fâcheuse auprès de la population ». Évidemment, une telle condamnation implique un renvoi de la fonction publique. Enfin, la comparution de certains fonctionnaires devant les commissions d'épuration a plus à faire avec les dysfonctionnements de la gestion du personnel qu'avec des motifs politiques ou patriotiques. L'épuration peut être une occasion de se débarrasser d'agents incompétents, en particulier alcooliques. La commission d'épuration propose la révocation d'un chef de bureau de la préfecture d'Angers adhérent au RNP en précisant qu'il est corrompu et que « de notoriété publique, il s'adonne constamment à la boisson », et conclut : « sa moralité ne mérite aucune indulgence ». L'épuration sert aussi à exposer, et parfois régler, des conflits entre le personnel et l'encadrement, dénoncé comme « antisocial », « compromis » ou « autoritaire ». Ainsi les cadres sont-ils plutôt plus nombreux à être mis en cause, pour des motifs parfois bénins, mais ils bénéficient d'une plus grande indulgence.

Dans la fonction publique, l'épuration apparaît donc comme peu sévère et répondant surtout à des critères internes. De l'extérieur, l'opinion a, une fois encore, l'impression que l'épuration administrative n'a pas eu lieu. Elle n'attache d'intérêt qu'aux cas qu'elle connaît, c'est-à-dire à des catégories ou des personnes qui ont été directement et continûment en contact avec le public. On assiste, dans certains villages, à une véritable guerre d'entre-dénonciations entre le maire et l'instituteur. La demoiselle du guichet qui flirtait avec un Allemand est beaucoup plus dans la mire que le receveur des PTT maréchaliste. Beaucoup de Français en veulent aux membres des administrations qui ont eu à faire dans la gestion des pénuries, des réquisitions ou des contrôles économiques. Or, les administrations du Ravitaillement, des Finances, de l'Agriculture ne sont pas, loin s'en faut, les plus touchées par l'épuration. Au contraire même, les techniciens sont plus facilement maintenus en place (y compris les intendants au ravitaillement par exemple), par souci d'efficacité. D'où une plainte, modérée mais continue, qui constate que la situation du pays ne peut pas s'améliorer, si ce sont toujours les mêmes fonctionnaires qui l'administrent.

> Trop de faiblesses passées, trop de compromissions quotidiennes durant trop d'années les condamnaient à faire bloc contre la Résistance avec les pires éléments. Chacun avait intérêt à trouver assis à côté de lui, utile repoussoir, bouc émissaire si besoin était, un collègue plus compromis (Jacques Debû-Bridel, *Histoire du marché noir*, 1947).

À son tour, l'épuration administrative pose donc la question de l'équilibre à trouver entre les aspirations contradictoires qu'elle porte en elle : la nécessité du châtiment des agents défaillants, la préservation de l'efficacité d'une administration chargée de maintenir le pays à flot puis de le reconstruire, le désir de renouveler la substance même de cette fonction publique qui mène la France.

> Une révolution est avant tout un changement d'hommes, écrit par exemple le président du CDL de l'Orne en décembre 1944. On invoque pour maintenir en place des fonctionnaires ou des hommes qui ont été des collaborateurs, leurs connaissances et leur technicité. Est-ce bien une raison ? Des chefs énergiques, actifs et décidés à prendre leurs responsabilités peuvent avantageusement les remplacer. Intelligents et dévoués, ils se tireront d'affaire pour le plus grand bien de tous.

Les nouveaux pouvoirs publics ont fait le choix non de la table rase mais d'une épuration limitée et donc rapide, car le rétablissement de l'ordre public est la première des urgences. C'est particulièrement flagrant à l'examen de l'épuration des administrations qui sont elles-mêmes chargées de l'épuration et de l'ordre public : la magistrature et la police.

La femme de César

La magistrature a été, sous Vichy, non seulement l'instrument de la répression, mais encore le vecteur qui a banalisé les lois d'exception. Or, c'est sur elle que doit reposer le volet judiciaire du châtiment des traîtres. Elle se devrait donc d'être irréprochable. À ceci près que le « renouvellement » si prisé est hors de portée si l'on veut que la machine judiciaire se mette rapidement à l'œuvre. Dans la clandestinité, le CGE a annoncé qu'on se contenterait « momentanément et modestement de mettre à l'écart ceux qui pendant l'Occupation se seront rendus indignes de leur fonction » (circulaire, février 1944). Effectivement, malgré les velléités du premier secrétaire général provisoire à la Justice, le communiste Marcel Willard (« ils ont à répondre devant le pays et devant leur corps des souffrances qui sont dues à leur défaut de courage civique et professionnel »), sur 3 000 magistrats en poste, 400 sont sanctionnés, dont 230 par révocation ou mise à la retraite. Le fait d'avoir été magistrat sous Vichy, le fait même d'avoir jugé et condamné des résistants ne sont pas des griefs suffisants. Par exemple, on n'instaure pas de sanction systématique contre les membres des sections spéciales. Ce sont le zèle professionnel et l'enthousiasme politique qui sont punis en priorité. Le procureur près la cour d'appel de Montpellier est interné dès le premier jour de la Libération de la ville. On lui reproche « sa sévérité excessive envers certains patriotes, un zèle excessif envers le Gouvernement de Vichy et des appels spontanés contre des décisions frappant des patriotes ». Il sera renvoyé devant la chambre civique en 1945.

Cette épuration modérée va faire le bonheur de bien des avocats des justiciables des cours de justice qui s'en prendront à la légitimité de la magistrature en général, voire, plus précisément, du président ou de l'avocat général qu'ils auront en face d'eux. Ils vont d'ailleurs arriver à installer avec un certain succès l'idée d'une magistrature aux ordres qui retournent sa robe pour condamner sans état d'âme n'importe quel prévenu politique qu'on lui propose. D'autant plus que ces magistrats verront aussi comparaître devant eux les policiers mêmes qui ont alimenté les tribunaux de Vichy.

La police saisie par l'épuration

La police a constitué sous l'Occupation l'un des piliers de la souveraineté française auxquels s'est accroché Vichy. Elle a été fortement sollicitée, en particulier dans la répression contre les opposants politiques et dans la traque contre les Juifs et les réfractaires. Les résistants n'ont pu que constater les dégâts provoqués dans leurs rangs par les policiers qui ont apporté une aide décisive à l'occupant. Ils ont, depuis 1942, multiplié à leur encontre les avertissements, puis ont esquissé un noyautage encore timide en créant, au sein même des forces de l'ordre, des organisations de résistance. Désireuse de retrouver une légitimité, la police opère en général au moment de la Libération un spectaculaire retournement. À Paris, par exemple, les réseaux jouent de la crainte des policiers d'être désarmés par des Allemands rendus paranoïaques par la multiplication des incidents, pour entraîner une bonne partie de la préfecture de police dans une grève générale préparatrice de l'insurrection. L'absence de participation à cette grève sera d'ailleurs retenue comme grief lors de l'épuration. Durant les combats de la Libération de Paris, cent cinquante policiers sont tués, un millier blessés. Au travers de la France, la situation est contrastée. La police peut être désarmée par les résistants (comme à Marseille) ou s'intégrer plus ou moins dans les FFI pour faire le coup de feu contre les Allemands. Il s'agit de se refaire une virginité patriotique non seulement pour se maintenir, mais même pour revendiquer, à en croire le rapport d'un sous-brigadier de la banlieue sud de Paris en date du 5 septembre 1944 :

> L'état moral du personnel est excellent. Après quatre ans de contrainte morale, d'appréhension, tout le monde respire ouvertement. La libération de notre sol a été un facteur décisif pour donner du mordant à tout le monde. Il se manifeste une ferme volonté de travailler au redressement du pays. Chacun espère retrouver des chefs compréhensifs, énergiques et sortant autant que possible du sein policier et non choisis arbitrairement parmi les gens n'y connaissant rien mais chaudement recommandés.

Ces policiers semblent méconnaître que ce qui va les sauver n'est point tant leur volontarisme que le besoin crucial qu'a le nouveau pouvoir de disposer de forces de l'ordre aguerries face aux doutes des Alliés, à la criminalité favorisée par le désordre exceptionnel, aux arrestations nécessaires à l'épuration et à la pression des communistes avec leurs Milices patriotiques en armes. Bien que la police soit évidemment au premier rang dans le collimateur de l'épuration, il est hors de question de l'épurer entièrement, ni de la refonder.

En se fondant sur l'ordonnance du 27 juin 1944 et sur l'excuse absolutoire fournie à tous les fonctionnaires qui ont agi exclusivement sur ordre (ordonnance du 28 novembre 1944), le ministère de l'Intérieur finit par fixer sept motifs d'épuration professionnelle : sentiments collaborationnistes manifestes, propagande, attitude antinationale, zèle, appartenance à un groupe collaborationniste, hostilité marquée à la Résistance, avancement ou récompenses liés aux circonstances de l'Occupation. Il rappelle en outre qu'il s'agit de se tenir aux bornes de l'épuration administrative, sachant que l'épuration judiciaire est en marche pour les cas plus graves et que ses décisions l'emporteront. En septembre ou octobre, les commissions d'épuration départementales sont à l'œuvre pour transmettre leurs avis au ministère. Mais elles ont en fait été devancées par les comités plus ou moins formels des différents services ou commissariats. En effet, tandis qu'elle est contestée, concurrencée, en même temps qu'accablée d'enquêtes et de tâches de maintien de l'ordre public, la police se plonge dans une vigoureuse auto épuration entre collègues.

Cette auto épuration, nul ne la lui demande. Les groupes résistants, les comités locaux de libération, les FFI ont entrepris eux-mêmes d'interner et d'arrêter les policiers qui leur sont suspects. On remarque que, souvent, les registres d'écrou, les listes de personnes arrêtées s'ouvrent par des noms de policiers, plutôt commissaires et inspecteurs. De même, les nouveaux commissaires de la République ou préfets procèdent à des suspensions ou à des mises en disponibilité préventives. Cependant, dans chaque unité, l'heure est aux dénonciations et pétitions mutuelles. Là encore, ce ne sont pas toujours les accusations patriotiques qui sont au cœur des affaires entre collègues, mais plutôt la difficulté à travailler ensemble en des temps d'exceptionnelle complexité. Beaucoup de policiers du rang reprochent à leur encadrement et aux gradés une attitude générale et non des faits précis contre des résistants ou des réfractaires, par exemple.

> Officier de paix au commissariat de Neuilly-Plaisance : n'a jamais su remplir de façon effective son rôle de chef, ni payer de sa personne quand cela était nécessaire. Son déplacement est demandé à l'unanimité de son personnel, dont il n'a jamais cherché à se rapprocher et dont il n'a de ce fait su gagner la sympathie. L'attitude de l'intéressé au point de vue national a toujours été correcte et rien ne peut lui être reproché à ce sujet.

> Commissaire à Livry-Gargan : Par son attitude générale et son langage grossier, il n'a jamais su attirer la confiance de ses hommes qui ne voyaient en lui qu'un agent d'exécution passif du gouvernement de Vichy dont il nous a vanté les mérites au cours d'une réunion du personnel. Depuis son entrée en fonction à Livry-Gargan, M. M. trouvant que le personnel avait assez de repos a interdit la récupération des jours fériés.
>
> Brigadier au commissariat de Livry-Gargan : a toujours décliné toute responsabilité, la faisant retomber intégralement sur ses subordonnés et de ce fait n'a jamais su attirer la confiance de ses hommes. A toujours profité de la présence du public pour semoncer vertement et hautement les gardiens
>
> Brigadier au commissariat de Villeneuve-Saint-Georges : d'un caractère sournois, sans aucune qualité de commandement, il s'est fait détester par la majorité du personnel en tenue. Sa conduite est médiocre et il s'adonne fréquemment à la boisson. Il n'a rien fait pour hâter la Libération. En conséquence, je demande sa rétrogradation avec mutation.
>
> Brigadier au commissariat d'Aulnay-sous-Bois : pour tripotages avec les nommés G. et P. trafiquants du marché noir, a eu une liaison avec une femme de prisonnier dont un enfant est issu, s'est fait recommander par MM. Bousquet et Cathala. A toujours été très dur avec la population, a dressé des rapports de contravention malgré la dureté des temps, a pris part activement à la chasse aux STO, a arrêté et désarmé les résistants et ne les a relâchés que sur la demande pressante de ses collègues présents. Ne rend aucun service dans l'emploi qu'il occupe.

Au sein même de l'institution, les communistes encouragent les dénonciations et les plaintes et entretiennent l'agitation, comme ils le font à l'extérieur. Par l'entremise du Front national de la police, ils ne cessent de réclamer une épuration qui, affirment-ils, ne se fait pas. Ils tiennent des réunions publiques devant des centaines de policiers heureux de se dédouaner, et diffusent des tracts assassins.

> Ceux qui par lâcheté ou par veulerie ont aveuglément suivi « Vichy » redressent la tête. Ces « résistants » de 24 heures, opportunistes sans vergogne, prétendent avoir encore le droit à leur commandement et même celui de nous insulter, nous qui avons tout sacrifié à la Libération de la Patrie. Assez... Où est l'épuration promise ? Que font nos chefs ? Veulent-ils perdre définitivement notre confiance ?
>
> Nous exigeons la révision des avancements scandaleux donnés par les hommes de Vichy. N'est-ce pas Messieurs les juteux et autres sous-officiers de l'ex-Mobile et vous les commis épiciers ou les gâteux de la Réserve à vocation tardive, qui vous prélassez aujourd'hui dans notre pelote de beurre. Où sont vos titres ?

Seriez-vous officiers ou commandants si vous n'aviez juré de... suivre ? ou si vous étiez restés dans vos armes respectives ?

Incapables, foutez le camp avant d'avoir notre pied dans le c... (« Policiers de Seine-et-Oise et de Seine-et-Marne ! », vers fin septembre 1944).

Les accusations lancées par les communistes contre la nature même de la police impliqueraient un renouvellement complet de ses personnels : « Il faut avouer que, depuis 1940, et même un peu avant, le recrutement de la police s'est surtout fait parmi les ligues fascistes et les salopards de toutes sortes. Il faut donc épurer ! » (allocution du président du CDL lors d'une réunion du FN de la police à Versailles, 19 octobre 1944).

En même temps, les communistes occupent une place centrale dans les commissions régulières d'épuration où ils règlent leurs comptes avec la répression qui s'abattit sur eux (y compris celle antérieure à juin 1940) et s'efforcent de prendre, à la place des épurés, les postes décisifs. Toute cette agitation produit des effets massifs. On constate par exemple qu'en Bretagne, 95 % des fonctionnaires de police font l'objet d'une procédure d'épuration (pour finalement 6 % de sanctions). À la préfecture de police de Paris, en 157 séances échelonnées du 8 septembre 1944 au 14 novembre 1945, la commission d'épuration examine 4 000 dossiers (soit un sixième des effectifs totaux). Un millier de ses policiers sont internés ou détenus, 700 sont suspendus par un même arrêté du 5 octobre 1944.

Un malaise effervescent s'installe dans la police, prise entre sa propre émulation épuratoire et la paralysie qui en découle forcément. C'est ainsi que, le 2 octobre 1944, le nouveau directeur régional de la police à Versailles demande qu'on lui laisse le temps d'épurer en vertu des textes légaux et qu'on lui donne des instructions quant au Front national de la police :

Si certains policiers, entrés dans la résistance par pur patriotisme ont repris leur travail normalement, d'autres n'y ont vu qu'un tremplin pour satisfaire leur ambition personnelle et pour trouver des situations plus lucratives. On réclame à cors et à cris l'épuration totale et immédiate, certains éléments des Compagnies de réserve (ex-GMR) parlent de pétition pour obtenir le renvoi, pour le moins, de la plupart de leurs chefs, et des réunions s'organisent, une propagande s'intensifie pour me contraindre à prendre des mesures brutales qui n'auraient d'autre but que de décapiter l'organisation de ces services de police et par là même de les empêcher d'assurer, dans l'ordre et la discipline, l'exécution des lois et ordonnances et de maintenir l'ordre public. Nous sommes écrasés de travail. Les enquêtes en cours se chiffrent par centaines, la situation de milliers de détenus politiques est encore à examiner, les meurtres se multiplient, de nombreuses questions posées par la Libération sont à résoudre (le directeur régional de la police au ministre de l'Intérieur, Versailles, 2 octobre 1944).

Ce sont pourtant bien les commissions d'épuration qui abattent le gros du travail, formées de policiers résistants (ce qui fait la part belle aux communistes) et de représentants de l'administration. Les enquêtes sont menées par d'autres policiers, ce qui n'est une garantie d'impartialité ni dans un sens ni dans l'autre. À la préfecture de police de Paris, où les services ont rivalisé dans la traque aux communistes, les comparutions se déroulent dans une tension presque intenable au rythme des confrontations entre policiers et témoins à charge, les accusant souvent de sévices et de complicité avec les Allemands.

L'épuration a présenté à la préfecture de police un caractère inconnu dans les autres administrations. À l'instigation de ces mêmes représentants des mouvements *intérieurs* de la Résistance qui formaient la commission d'épuration, certains gardiens de la paix, désignés comme « responsables » de la Résistance, s'étaient mis à arrêter massivement leurs chefs et collègues, sur la foi des plus vagues suspicions. Lorsqu'un de ces malheureux était tiré de son lieu de détention pour comparaître devant une commission, celle-ci, si inconsistantes que fussent les charges relevées, ne pouvait prendre une mesure d'absolution sans risquer de désavouer ses propres affidés (recours en grâce du 12 juin 1949 devant le conseil d'État du sous-brigadier du commissariat de Boulogne-Billancourt Jules, G. révoqué le 16 février 1945, 12 juin 1949).

Toujours et partout, la ligne de défense est la même : les policiers minimisent leur rôle dans les faits évoqués, se retranchent derrière l'obéissance aux ordres et leur comportement professionnel et patriotique irréprochable.

Commissaire de police à Sèvres : depuis 1936 je suis dans l'administration, je sais faire la discrimination entre un individu arrêté pour droit commun ou pour toutes infractions politiques. Pendant toute l'occupation allemande, je n'ai personnellement jamais arrêté de délinquants politiques. Je ne crois pas que les communistes qui ont été arrêtés à Sèvres aient eu à se plaindre de moi… Je précise qu'en tant que secrétaire, j'interrogeais tous les individus arrêtés. Aucun d'eux n'a été touché en ma présence. Tous les fonctionnaires du commissariat de Sèvres se sont conduits en bons patriotes. Je suis suffisamment connu à Sèvres tant par le personnel que par la population pour mon attitude sous l'occupation. Je suis fonctionnaire et j'ai toujours exécuté les ordres que l'on me donnait. Toutefois, pendant l'occupation, j'ai dû, comme bon nombre de mes collègues, saboter certaines instructions. D'ailleurs, pour vous édifier sur mon activité au cours de l'occupation ennemie, je vous dépose la copie du rapport que j'ai été appelé à fournir à mon groupement de résistance. J'ai toujours été un bon républicain et je me considère comme tel (procès-verbal d'audition de Marcel C., commissaire à Meudon, 22 janvier 1945).

> Brigadier de police, ancien GMR : depuis mon entrée dans la police, en 1937, j'ai toujours considéré que l'ordre devait être respecté ; pour cette raison, j'ai toujours exécuté fidèlement les ordres qui m'ont été donnés, sans aucune arrière-pensée, en faisant confiance aux chefs qui me les transmettaient (police nationale, procès-verbal d'audition de Marcel B.).

On estime qu'un policier sur cinq environ a fait l'objet d'une sanction administrative, ce qui est sans commune mesure avec le reste de l'épuration administrative. Les effectifs du ministère de l'Intérieur représentent d'ailleurs plus du tiers de tous les épurés administratifs, et ce sont à 90 % des policiers. À l'échelon des départements, la prééminence des policiers se retrouve. Dans la moitié des cas, environ, ils sont révoqués ou mis à la retraite. Pour le reste, ils subissent généralement une rétrogradation et un déplacement d'office. Les sanctions se répartissent grossièrement en trois tiers entre l'encadrement, les gradés et les gardiens et auxiliaires, ce qui montre assez logiquement que l'épuration touche plutôt la hiérarchie que la base. Somme toute, cette épuration est donc sévère.

Elle est aussi rapide. Les pouvoirs publics ne peuvent se permettre une police déstabilisée et en sous-effectifs. L'épuration se fait donc à marches forcées. Non seulement la formation des commissions d'épuration est précoce, mais elles travaillent sans relâche. En outre, le ministère de l'Intérieur fait distribuer les notices individuelles que tout policier doit remplir avant le 5 janvier 1945 et demande qu'elles soient récupérées pour analyse au plus tard le 15 ! Les directions régionales et les préfets répercutent la volonté ministérielle de ne pas laisser le processus se ralentir, quitte à le couper dans son élan. Ce même 5 janvier, ils informent les personnels que les commissions d'épuration ne recevront plus aucune nouvelle plainte, arguant du fait qu'en quatre mois, il y a eu tout le temps nécessaire... À la vue des soubresauts qui déchirent les anciens GMR qui, sous Vichy, formaient les pelotons d'exécution et participaient à l'attaque des maquis, un secrétaire général pour la police s'exclame en janvier 1945 :

> Cette manière d'opérer est la négation de l'autorité. La constitution des commissions d'épuration est nécessaire pour statuer sur les plaintes qui lui sont soumises, mais elles ne peuvent pas siéger indéfiniment et s'appuyer, pour les alimenter, sur des comités d'épuration constitués dans chaque circonscription ou service. Ceci est cause du malaise général qui règne actuellement dans tous les services de police en raison de l'incertitude et de la crainte dans lesquelles vivent les fonctionnaires de police et particulièrement les gradés (le secrétaire général pour la police au directeur de la sécurité publique à Paris, Versailles, 26 janvier 1945).

Par télégramme, le préfet de Seine-et-Oise annonce que l'épuration de la police d'État est achevée dans son département au 15 mars 1945. C'est-à-dire à une date où elle commence à peine dans bien d'autres milieux professionnels.

Guerre froide et contentieux

Rapide et copieuse, cette épuration n'est pas pour autant bien faite. À preuve le lourd et long contentieux qu'elle génère. La commission d'épuration de la préfecture de police de Paris n'a pas encore fini de travailler que les premiers recours sont présentés au Conseil d'État. Ils vont perdurer pendant presque deux décennies, en jouant de la précipitation et de la méconnaissance de la légalité dont la commission a fait preuve. L'annulation de ces décisions entraîne même des réintégrations rétroactives dont on imagine la perturbation qu'elles peuvent entraîner. En même temps, le ministère de l'Intérieur adopte une attitude pratiquement schizophrène. En 1947, le ministre rappelle que l'épuration est une histoire close, qu'il s'agisse des plaintes ou des recours.

> J'ai eu l'occasion de déclarer à différentes reprises que les travaux d'épuration en ce qui concerne les fonctionnaires de la Sûreté nationale et des Polices régionales d'État étaient terminés. Il faut que les fonctionnaires placés sous vos ordres soient persuadés que la menace d'instabilité qui amenait une perturbation dans l'accomplissement de leur travail n'existait plus et que les sanctions prononcées au titre de l'ordonnance du 27 juin 1944 avaient acquis l'autorité de la chose jugée et ne pouvaient être dorénavant révisées. J'ai rappelé que l'ouverture de dossiers nouveaux d'épuration devait être strictement réglementée [...] Mes services ont malgré tout continué à recevoir des recours gracieux aussi bien que des plaintes. J'ai prescrit de ne plus accepter l'examen des recours gracieux et de terminer l'étude des dossiers en cours (circulaire du ministre de l'Intérieur, 11 juillet 1947).

Cependant, son administration distribue les recours gracieux. La loi d'amnistie du 16 août 1947 bénéficie à plusieurs centaines de fonctionnaires sanctionnés légèrement. Le préfet de police de Paris participe lui-même au mouvement de remise en cause de sanctions. 1947 est l'année de création d'une commission de révision. Dès cette première année, elle prend un tiers de décisions favorables sur les trois cents cas réexaminés. À la préfecture en particulier, les circonstances politiques de la Libération ont conduit à une épuration bâclée et incontrôlée, menée par des épurateurs à majorité communiste, soucieux de punir les auteurs de la répression exercée à leur endroit depuis le pacte germano-soviétique d'août 1939. Le renvoi des ministres communistes du gouvernement en mai 1947, l'entrée dans la guerre froide amènent aussitôt l'administration à reconsidérer la situation de policiers épurés avec plus de mansuétude.

Plus généralement, le ministère de l'Intérieur pratique à grande échelle une atténuation des sanctions, soit pour rétablir une équité jugée par trop malmenée, soit pour couper court au risque de contentieux administratif. La moitié des révocations sans pension prises à l'encontre de membres du corps préfectoral sont en quelques années transformées en révocations avec pension ou mises à la retraite. Ceci n'empêche pas le développement du contentieux administratif, qui est la négation même du principe d'une épuration vive et nette. A posteriori, le Conseil d'État endosse un rôle crucial quant aux résultats définitifs de l'épuration administrative et professionnelle. Comme les délais de recours ont été exceptionnellement rallongés et que le traitement des affaires est particulièrement lent, l'épuration semble n'en plus finir. Après un pic entre 1947 et 1950 environ, elle survit ainsi dans les arrêtés du Conseil d'État jusqu'en 1970. Dans les années 1940, le Conseil annule 60 % des décisions, 70 à 80 % dans les années 1950.

Or, ce rôle de correcteur, le Conseil d'État l'assume en banalisant l'épuration traitée comme un litige administratif ordinaire. Il réduit la liste des postes à proprement parler politiques et allonge celle des excuses absolutoires, entendues au sens large et favorable aux requérants : contrainte, résistance, ignorance. Il fait la part belle aux attestations de personnalités et d'anciens résistants, si vagues ou si postérieures aux faits soient-elles.

On peut prendre l'exemple d'André Lavagne, conseiller d'État, chef du cabinet civil du maréchal Pétain entre juillet 1941 et avril 1943. C'est le 24 octobre 1944 que la commission d'épuration du Conseil d'État lui demande de présenter son cas. Il le fait le 10 novembre, en détaillant son attitude toujours germanophobe et soucieuse de protéger les intérêts de la France et des Français. Tout en insistant sur le fait qu'il a accepté ce poste par esprit de sacrifice, il professe un attachement intact à Pétain et à sa politique.

> Rester auprès du Maréchal ne me paraissait pas, et ne me paraît toujours pas incompatible avec le patriotisme. On le connaîtra mieux plus tard, mais dès maintenant, on devrait pouvoir le comprendre (mémoire à l'intention de la commission d'épuration pour le Conseil d'État, 10 novembre 1944).

Le 20 novembre, la commission propose de le révoquer. Un mois plus tard, le conseil des ministres ramène la sanction à une mise en disponibilité de trois ans sans traitement. « S'il n'est pas douteux qu'il a exercé dans cette fonction une action modératrice, il ne s'en est pas moins associé à la politique de l'autorité de fait se disant Gouvernement de l'État français » (arrêté du ministre de la Justice, 4 mai 1945). Au bout de ces trois années au jour près, Lavagne réintègre le Conseil d'État, très bien accueilli par ses pairs, reconnaît-il. En 1954, il réactive un recours en annulation auprès du Conseil, qu'il avait introduit en 1946. Il n'a rien à y gagner, si ce n'est, précise-t-il, qu'il se fait « une question morale » de ne pas accepter une sanction « si irrégulière et injuste ». En mars 1957, il obtient gain de cause non point seulement sur la forme mais sur le fond.

> Considérant que si les fonctions occupées par le sieur Lavagne sont, par leur nature, de celles dont le seul exercice suffit à justifier, à l'encontre de leurs titulaires, une mesure d'épuration, il résulte de l'ensemble des pièces du dossier que, durant toute la période où il a rempli ces fonctions, qu'il n'avait d'ailleurs pas sollicitées, et dont il n'a retiré aucun avantage de carrière et dont il a été évincé sur l'injonction des autorités allemandes, l'intéressé n'a cessé de les mettre au service de la résistance aux entreprises de l'ennemi (arrêt du Conseil d'État, 1er mars 1957).

Le Conseil d'État de 1957 lui décerne ainsi une manière de brevet de résistance détaillé et désavoue le Conseil d'État de 1944 qui avait souhaité sa révocation.

Esprit de corps

Les professions libérales n'échappent pas non plus à l'épuration qui se joue même à deux niveaux : institutionnel concernant les Ordres professionnels souvent créés par Vichy, individuel d'autre part. Là encore, l'épuration peut intervenir pour des motifs politiques (et impliquer la justice), pour des motifs économiques (ce qui engage la législation contre les profits illicites) et éventuellement pour des motifs professionnels à proprement parler.

C'est l'épuration des institutions qui commence, et de loin, en premier. Le conseil national de l'Ordre des médecins est dissous le 27 août et le conseil supérieur de l'Ordre des architectes le 1er septembre 1944. Tous deux ont été institués par le gouvernement de Vichy, en 1940, « auprès des pouvoirs publics ». À cet égard, ils ont participé de façon officielle à l'épuration de leurs professions respectives entre 1940 et 1944. Dans le cadre de la loi du 16 novembre 1940 sur l'exclusion des médecins « nés de père étranger » et du second statut de Juifs, l'Ordre des médecins a décidé des interdictions et des autorisations d'exercer. Quant à l'Ordre des architectes, il a éliminé la moitié des architectes d'avant-guerre en refusant d'inscrire les étrangers, les Juifs, les francs-maçons, les opposants politiques et les autodidactes.

Dans le cadre de l'épuration individuelle, c'est d'abord l'administration qui agit. Les Secrétaires généraux suspendent ou révoquent ceux qui détiennent des postes publics. Dans le domaine médical, les dirigeants des grandes institutions (Assistance publique, Secours national, Croix-Rouge) sont visés les premiers. Cela apparaît nettement dans la liste d'arrestations soumises par le Secrétariat général à la Santé à la commission de sécurité nationale en octobre 1944. Elle ne compte que onze noms, pour la plupart administrateurs et non médecins praticiens. Une épuration s'organise néanmoins dans les hôpitaux. Par exemple, elle est à l'œuvre parmi les chirurgiens des hôpitaux de Paris dès septembre 1944. De même, les Beaux-Arts revoient la liste des architectes agréés pour les chantiers publics. Les académies, les sociétés professionnelles s'épurent elles aussi. Mais, hormis à la tête des grandes administrations, c'est la continuité qui l'emporte à l'issue de ces épurations. Le conseil provisoire des architectes comme la commission d'épuration qu'il institue le 18 septembre 1944 revendiquent la modération contre les délations et les accusations. Ils travaillent à maintenir les situations acquises et à juguler le bouillonnement dans les quelques conseils régionaux aux prises avec l'effervescence de la Libération (Toulouse ou Marseille). L'Ordre des médecins, pris entre le péché originel qui entache sa naissance, et la légitimité qu'il a acquise en défendant assez bravement l'indépendance et le secret professionnel sous l'Occupation, privilégie les valeurs sûres. Dans ses nouvelles instances régionales et nationales, il fait non seulement place aux membres de l'élite traditionnelle mais aussi à d'anciens membres de l'Ordre sous Vichy, dont il endosse certaines revendications, à commencer par les restrictions au droit d'exercice des étrangers en France. Il affiche son autosatisfaction jusque dans la presse communiste :

> Très rapidement, beaucoup de médecins parmi ses membres [du conseil de l'Ordre] n'acceptèrent pas le rôle pour lequel ils avaient été choisis et ainsi s'organisa la résistance au sein même d'un organisme qui avait été conçu pour être entièrement soumis à son créateur (*le Médecin français*, 25 décembre 1944).

Cette autosatisfaction est le mantra dans bien des milieux. Pour preuve, cette affligeante protestation de loyauté des notaires :

> D'une façon générale, notre milieu de notaires, qui a beaucoup souffert, notamment en Seine-et-Oise, de l'Occupation, a toujours eu un sens aigu de ses devoirs envers le Pays. Il a résisté avec la seule arme qui lui restait, l'influence très nette sur la clientèle, venant souvent chercher chez son notaire des conseils, même extraprofessionnels, et nous avons tous contrecarré la propagande ennemie et celle, plus écœurante, faite par une poignée de traîtres ou d'imbéciles, par une contre propagande auprès de notre clientèle qui, bien que discrète, a été souvent très efficace. Je n'ai pas besoin de vous dire combien le Gouvernement peut toujours compter sur notre propre dévouement (lettre du président de la chambre des notaires au préfet de Seine-et-Oise, 26 janvier 1945).

En dépit de ces belles protestations de loyauté, les notaires, parfois eux-mêmes en délicatesse avec l'épuration ne feront pas grand-chose pour permettre l'application des confiscations prononcées par les chambres civiques.

Ces comportements se retrouvent dans la plupart des barreaux. Certes, ils sont contraints de radier les personnalités les plus compromises, en particulier des hommes politiques entrés au gouvernement ou dans les partis collaborationnistes. Sont exclus aussi les avocats en fuite ou arrêtés, mais sans que la décision porte sur le fond : on se contente de constater qu'ils ne peuvent reprendre leur travail. Pour le reste, les barreaux proclament que les cas graves étant déjà déférés à la justice, point n'est besoin pour eux d'intervenir. Certains même se dérobent. Le bâtonnier de Grenoble dit au procureur général avoir examiné la situation de ses confrères et en avoir conclu qu'aucun d'entre eux ne semblait devoir faire l'objet d'une sanction. D'ailleurs, chacun célèbre une attitude irréprochable, incarnée par les victimes de la répression que l'on trouve forcément parmi les avocats.

> Le barreau d'Aix ne comporte qu'une cinquantaine de membres. Nous connaissons la conduite de chacun de nos confrères et par suite, l'appréciation est facile. Je puis affirmer en toute sérénité qu'aucun confrère n'a commis depuis le 16 juin 1940 un acte de nature à entacher notre honneur professionnel [...] En admettant même que, durant la période d'occupation, toutes les conversations tenues au Palais n'aient pas été empreintes d'une parfaite orthodoxie, l'exemple donné par plusieurs d'entre nous, au premier rang desquels figure Me Juvénal [socialiste, responsable de la Résistance dans le département], artisan de la Libération, suffit à dissiper tous les malentendus (rapport de Me Saint-Ferreol, octobre 1944).

Jouissant du privilège de s'épurer eux-mêmes, les barreaux n'en abusent certes pas. À Lyon par exemple, le tribunal d'honneur des professions judiciaires ne transmet que deux affaires au conseil de l'Ordre. C'est pour les stimuler qu'après une première circulaire du 20 octobre 1944 invitant les barreaux à s'appliquer l'ordonnance sur l'épuration administrative du 27 juin 1944, le garde des Sceaux publie une ordonnance réglementant l'épuration des avocats, le 6 décembre 1944. Mais les conseils de l'Ordre sont toujours ceux de Vichy et ne seront pour la plupart renouvelés qu'à l'été 1945. Ils se gardent donc de toute initiative, ce qui contraint le ministre de la Justice à presser les procureurs généraux d'attiser leur zèle épuratoire.

L'épuration politique concerne par exemple en tout quatre avocats devant le barreau de Lyon : un membre du Conseil national de Vichy, député ayant voté les pleins pouvoirs à Pétain le 10 juillet 1940, condamné à huit ans d'indignité nationale ; le vice-président du groupe Collaboration, condamné à dix ans d'indignité nationale ; un avocat devenu responsable départemental puis régional de la Propagande, condamné à dix ans d'indignité nationale et encore interné lorsque la décision est prise. Dans ces trois cas, le conseil de l'Ordre s'est contenté d'une épuration passive qui entérine des décisions de justice puisque l'indignité nationale s'assortit de toute façon d'interdictions professionnelles, voire d'interdictions de résidence. Le dernier cas concerne un avocat accusé d'avoir dénoncé sous l'Occupation un auditeur de la BBC. La personne dénoncée avait été jugée en correctionnelle et condamné à deux mois de prison. L'avocat concerné est suspendu pour trois ans par le conseil de l'Ordre. À Grenoble, l'épuration est tout aussi limitée : un avocat titulaire de la francisque est estimé vierge de toute compromission politique parce qu'il avait été décoré pour ses activités sociales. Le conseil de l'Ordre ne traite en outre que la question des avocats stagiaires entrés dans l'administration à la faveur des postes ouverts par Vichy. Le premier ne comparaît qu'en décembre 1944 et un seul en fait est radié : il avait été condamné à trois ans de prison et à l'indignité nationale par une cour de justice pour avoir appartenu à une officine de renseignements.

Les seuls avocats épurés avec quelque entrain sont ceux qui se sont mis à pratiquer le conseil juridique au profit des Allemands ou ont abusé des circonstances de l'Occupation pour s'enrichir, voire escroquer des clients. Ce n'est qu'à partir du début de 1945 que des plaintes sont déposées devant les conseils de l'Ordre pour signaler les avocats qui ont pratiqué la corruption passive ou active, ont trempé dans les trafics allemands, ont profité de la déportation de clients juifs pour accaparer leurs biens, ont vendu de prétendues interventions auprès de gens haut placés… On se trouve là en présence de la répression disciplinaire d'une collaboration économique, voire d'entorses criantes à la déontologie ou à l'honnêteté qui laissent de côté la question de la participation des avocats à la machine judiciaire vichyssoise et allemande. De même, l'empressement déployé par certains barreaux pour éliminer les confrères juifs n'est pas abordé. Il est évident que les avocats, occupés dans leur ensemble à défendre des justiciables de l'épuration, tant devant des tribunaux que des comités, déploient trop souvent l'éventail des critiques contre les principes et les modalités de l'épuration, utilisent trop souvent la réfutation de sa légitimité, pour s'y consacrer eux-mêmes. Les barreaux usent plutôt de la liberté de parole retrouvée pour approuver les délibérations du barreau de Paris, multipliées entre octobre 1944 et octobre 1945, qui critiquent les mécanismes juridiques de l'épuration et contestent la partialité des cours de justice.

Encore l'épuration des barreaux est-elle assez précoce, par nécessité. Pour d'autres professions, elle n'est institutionnalisée qu'en septembre 1945. À ce moment, l'épuration judiciaire et économique est déjà à l'œuvre, ce qui soit simplifie la donne en permettant aux comités d'épuration de simplement entériner les décisions ainsi prises, soit la complique en suscitant des débats sur le fait de savoir s'il convient ou non d'aggraver les décisions de justice par des sanctions professionnelles. Ainsi la position des conseils régionaux de l'ordre des architectes varie-t-elle suffisamment pour permettre à un architecte radié dans une circonscription à cause d'une indignité nationale, d'aller se faire inscrire dans une autre. De fait, en dépit de la tentation de certains d'éliminer du champ des marchés juteux de la Reconstruction quelques concurrents, l'épuration à l'encontre des architectes reste très modérée.

Très modérée aussi l'épuration dans le corps médical, qui ne touche que quelques dizaines d'individus sur 25 000 praticiens. Les sanctions sont plutôt sévères, avec 40 % d'exclusions professionnelles avec interdiction de détenir un poste public pour une durée d'un à trois ans et même des exclusions définitives. Le reste est toutefois constitué de sanctions très légères, d'un à six mois. L'étude des cas suggère que ce ne sont pas des comportements professionnels déviants qui ont été punis. Ce sont plutôt des gestes ou des engagements ayant trait à la collaboration : le bon accueil fait dans un service hospitalier à des visiteurs allemands, des propos publics prédisant une victoire allemande, la célébration de la science allemande, l'adhésion à un mouvement collaborationniste, une attitude active pour contrecarrer des fraudeurs « médicaux » au STO. L'appartenance aux instances dirigeantes de l'Ordre n'est nullement répréhensible, non plus d'ailleurs que le pétainisme, même enthousiaste. Sinon, il n'y aurait probablement plus guère eu de médecins en état d'exercer en France pendant quelques mois... En effet, les médecins ont accueilli avec bonheur l'avènement du nouveau régime en 1940, régime qui a semblé les choyer tout particulièrement en leur accordant les mesures protectionnistes dont ils rêvaient depuis des années. Les réalités cruelles des pénuries et de l'autoritarisme se sont chargées de les faire déchanter et l'on peut dire que les médecins ont grosso modo tous suivi la même évolution entre 1940 et 1944 : pétainisme, déception, hostilité aux Allemands puis au gouvernement, opposition par de petits ou de grands gestes. Aussi le corps médical n'éprouve-t-il à la Libération ni le besoin de se ressouder ni celui de se justifier au regard de l'opinion.

> Dans chaque région, les traîtres sont connus et se comptent sur les doigts de la main [...] Mais parlons franc : dans cette liste noire, il ne faut pas ranger les médecins qui, n'ayant jamais collaboré avec les Allemands, ont eu simplement

> foi en une mystique qu'ils croyaient purement française. Ils sont prêts actuellement à rejoindre les résistants ; ceux-ci doivent être prêts à les accueillir (*la Gazette médicale de France*, numéro spécial Libération).

L'attitude des instances épuratrices elles-mêmes est étonnamment modérée, pour ne pas dire très réticente à épurer. On peut lire dans le journal d'un médecin membre d'un comité d'épuration de fréquentes remarques telles qu'« il est certain que l'épuration perd du terrain. Tant mieux ! », « encore un échec pour la sévérité de l'épuration ». Dans les hôpitaux, la mansuétude des commissions d'épuration de médecins répond au zèle des premiers comités de Libération : pas question de se laisser dicter sa loi par le petit personnel. Cette attitude est soutenue par les communistes qui se font, en matière médicale, les chantres de l'unanimisme résistant pour ne pas gâcher l'écho favorable – et inespéré – qu'ils y ont tout récemment trouvé. Leur journal, *le Médecin français*, lu par la presque totalité des praticiens, évite soigneusement le sujet, sous peine de se couper de cette mine de notables influents. Ce silence prudent produit un violent contraste avec les campagnes enflammées qui agitent alors toute la presse d'obédience communiste à propos de l'épuration en général et de celles des lettres et des arts en particulier.

Le rideau rouge

Dès le 16 août 1944, le secrétaire général provisoire à l'Information qui attend que l'insurrection lui permette de prendre les rênes de son ministère, établit une liste de personnes qui doivent faire l'objet d'arrestations immédiates. Elle compte quarante-sept noms. Le ministère de l'Information doit chapeauter les secteurs éminemment sensibles de la propagande, de la censure et de la presse qui ont été le lieu de tous les scandales. Pourtant, sur la liste ne figurent qu'un ministre de Vichy (Abel Bonnard, qui fut à l'Éducation nationale) et une demi-douzaine de fonctionnaires (dont aucun du secrétariat à l'Information de Vichy). On y trouve au contraire des propagandistes de la collaboration, huit journalistes (plus « l'équipe de *Je suis partout* »), et surtout une dizaine d'écrivains (dont Chardonne, Montherlant, Morand) ainsi qu'une bonne douzaine de gens du spectacle dont la cantatrice Germaine Lubin, le compositeur Alfred Cortot, les acteurs Pierre Fresnay, Elvire Popesco et Arletty, le peintre Othon Friesz, la couturière Coco Chanel et Sacha Guitry. Tandis que l'Information et la Justice établissent et échangent des listes, d'autres sont mises au point par les comités de locaux de libération, les FFI ou la Sécurité militaire. Des vedettes parmi les plus connues des années 1940 vont effectivement faire l'objet de rapides arrestations ou de recherches. On accorde une surprenante importance à leur sort :

« le maintien en liberté d'un grand nombre d'artistes ou journalistes ayant avili leur profession est susceptible de porter atteinte au premier chef au moral de la population », lit-on par exemple dans un rapport de la Sécurité militaire du 14 septembre 1944.

À cause de leur influence – véritable ou fantasmée – sur l'opinion, les entreprises de l'information et de la culture sont soumises de la part des nouveaux pouvoirs publics à un étroit contrôle. L'épuration n'échappe pas à cette règle et se développe dans des registres indissociables, professionnel, économique et politique. Ces milieux effervescents se caractérisent aussi par la génération spontanée d'instances épuratrices superposées et concurrentes.

Grâce au souvenir des déboires de telle ou telle célébrité à la Libération, grâce à l'idée bien ancrée selon laquelle les écrivains et les journalistes ont payé plus que tout autre un lourd tribut à l'épuration, on peut avoir le sentiment que le châtiment des traîtres a obtenu dans ce domaine des résultats éclatants. Mais si cette épuration avait été une épuration ordinaire, au bruit fait par ses acteurs et ses spectateurs près ?

Ce qui frappe le plus, peut-être, en considérant l'épuration dans le cinéma, le théâtre, la radio ou l'édition, c'est la prolifération des comités d'épuration. Les célébrités sont dans le viseur des instances locales ordinaires. On trouve trace des comparutions ou lettres de justification de tel ou telle dans les archives de la sécurité militaire ou, à Paris, des comités d'épuration d'arrondissement. Mais s'y ajoute, bien sûr, une épuration spécifique. Pour le théâtre, le music-hall, le cirque, les concerts, l'opéra, la danse, un délégué aux Spectacles, l'auteur dramatique et ancien administrateur de la Comédie-Française Édouard Bourdet, a été désigné dans la clandestinité. Il institue dès la Libération une carte professionnelle provisoire. Elle s'appuie sur une attestation délivrée par les syndicats pour certifier que le bénéficiaire ne s'est rendu coupable d'aucun fait de collaboration. Les directeurs de salles de spectacle, au vu d'incidents et des animosités régnant entre professionnels, décident toutefois de ne pas rouvrir avant que l'épuration ne soit achevée. L'épuration apparaît dès lors comme une urgence non seulement morale mais aussi pratique. Pierre Dux, administrateur provisoire de la Comédie-Française déclare le 5 septembre : « La reprise des spectacles dans la maison de Molière est subordonnée au rétablissement du courant électrique et à une épuration ». Le théâtre, c'est l'épuration plus l'électricité…

Bourdet se hâte de créer cinq commissions correspondant aux différents groupes professionnels. Cependant se sont déjà constitués spontanément une foule de comités d'épuration et il semble qu'il n'y ait pas de catégorie de techniciens ou d'artistes qui n'ait le sien. Ce pullulement témoigne de la violence des affrontements et d'une méfiance endémique. Le ministre de l'Éducation nationale chargé de la tutelle s'efforce de définir les fautes (participation à des œuvres de propagande, offres de service à l'occupant, dénonciations, persécutions, appartenance aux organisations collaborationnistes), des circonstances atténuantes (contrainte, actes ultérieurs de résistance) et les sanctions (interdictions temporaire ou permanente d'exercer la profession). Bourdet tente de réunifier l'ensemble au sein d'une commission composée de représentants de toutes les branches et issus de la Résistance. Elle cherche à travailler en coopération avec la commission de contrôle du syndicat des artistes qui dispose de sources d'information sur les agissements passés des uns et des autres. Le 13 octobre 1944, une ordonnance valide ce principe de réunion dans une commission gouvernementale d'épuration du spectacle. Mais les théâtres nationaux gardent leurs propres comités internes, relevant de l'épuration administrative, devant lesquels finissent par comparaître tous les personnels. Puis le gouvernement se ravise et, par une nouvelle ordonnance du 17 février 1945, ramène le spectacle dans le giron de l'épuration professionnelle ordinaire, avec sa gradation plus clémente de sanctions. Sans pour autant la confier entièrement aux CRIE ou à la CNIE (dont relèvent les directeurs de théâtre) et en formant un comité national d'épuration des professions d'artiste dramatique et lyrique et musicien exécutant. En six mois, ces professions ont donc connu au moins une dizaine d'autorités d'épuration plus ou moins légales et plus ou moins sévères. De vives tensions s'y sont produites, non seulement sur des querelles d'efficacité ou de légitimité, mais aussi parce que certaines professions s'estiment plus durement frappées que d'autres.

> Mon mari, André B., par suite d'Épuration (on ne sait du reste laquelle), a été renvoyé de l'Opéra-Comique en 1945, après que ses appointements furent suspendus et qu'à partir d'octobre 1944, il ne fut plus affiché. Jusqu'à présent, ce théâtre, dont il était pensionnaire depuis huit ans, lui reste obstinément fermé, alors que d'autres artistes ont été réintégrés.
>
> Cette exclusion porte un très gros préjudice à sa carrière. Les calomnies continuent à circuler, empoisonnant notre existence morale et matérielle, et entraînent la privation du bénéfice de la caisse de retraite des théâtres lyriques nationaux.
>
> D'autre part, comme tous ceux qui prêtèrent leur concours à Radio Paris pendant l'Occupation, mon mari fut suspendu par la Radiodiffusion française jusqu'en 1951, mais réintégré en 1948. Il n'y a du reste pas retrouvé la situation qu'il y avait avant la guerre (lettre d'Alycia B. à Georges Albertini, 22 septembre 1951).

En effet, les médias sont multiples. Un acteur peut aussi être auteur dramatique, travailler pour le théâtre et le cinéma, ou un interprète être aussi compositeur. On imagine l'enchaînement des comparutions. D'aucuns s'enferrent dans ce désordre que d'autres utilisent au contraire pour gagner du temps. La comédienne Alice Cocea, soupçonnée d'avoir été favorisée par Otto Abetz pour reprendre la direction du théâtre des Ambassadeurs après le départ du dramaturge juif Henry Berstein, joue sur tous les registres, profitant de la relaxe prononcée en sa faveur par le comité d'épuration du cinéma, pour faire rapporter l'arrêté préfectoral qui l'astreignait à résidence, puis faire valoir ces décisions pour obtenir une relaxe devant le comité d'épuration des artistes dramatiques.

Sur les ondes

Dans une mesure à peine moindre, cet empilement se retrouve pour la radio ou le cinéma. La commission centrale de l'épuration de la radiodiffusion française pratique le criblage de tous les personnels, à l'exception notable des propriétaires de station ou des artistes qui se sont produits sur les ondes. Malgré leur inquiétude devant le manque de professionnels qualifiés, les nouveaux pouvoirs publics ont insisté pour une sévère épuration politique : « aucun collaborateur ne sera admis devant le micro s'il a parlé devant le micro de Vichy. Cette règle ne supporte aucune exception » (secrétariat général provisoire à l'Information, « Cahier bleu »). L'épuration se déploie pour la radio dans deux directions. Tout d'abord, il s'agit de substituer une radiodiffusion nationale à la multitude des stations privées réputées liées aux trusts, mercantiles et mensongères. À cet égard, l'épuration doit être l'occasion d'une refondation. D'autre part seront éliminés les journalistes radio collaborationnistes, assimilés absolument à leurs confrères de la presse écrite, avec la circonstance aggravante de leur audience, la radio étant alors un média en plein essor. On a vu que l'élimination de Philippe Henriot était apparue comme une nécessité à la fin de l'Occupation. D'autres chroniqueurs célèbres sont alors en ligne de mire, malgré leur fuite, dont Jean Hérold-Paquis, qui assurait les « commentaires » militaires sur Radio Paris. Lorsque son procès se déroule enfin, après la capitulation allemande, le président l'interpelle :

- On peut dire sans exagération après l'étude de ces volumineux dossiers que vous êtes le prototype du collaborateur, c'est-à-dire du traître.

- Collaborateur sans argent, M. le président.

- C'est encore plus grave.

Le président lui reprochant d'avoir touché en 1944 30 000 francs par mois (soit 25 fois le salaire moyen d'un ouvrier), Paquis se défend : « J'ai touché en deux mois ce que Maurice Chevalier a touché le 8 novembre 1942 pour une émission d'une demi-heure ». Objet de rumeurs et d'accusations, Chevalier a été dédouané par un parti communiste intéressé. Comme pour les journalistes, les prestations à la radio des artistes sont jugées particulièrement blâmables à cause de l'ampleur de leur diffusion. Lorsque l'actrice Charlotte Lysès est acquittée par la chambre civique en avril 1945, 2 500 personnes signent une pétition réclamant l'ouverture d'une nouvelle information en vertu de ses prestations sur Radio Paris. Parmi les signataires figurent l'ancien porte-parole de la France libre à la BBC ainsi qu'une partie de l'équipe des « Français parlent aux Français » qui, réputés savoir de quoi ils parlent en matière de propagande radiophonique, semblent désigner ainsi une adversaire. Le directeur de l'Opéra-Comique nommé par Vichy en 1943, le ténor Lucien Muratore, est acquitté en chambre civique pour sa gestion de la salle, mais reçoit un blâme moral pour avoir chanté sur Radio Paris une douzaine de fois. Pendant l'audience, il a précisément insisté sur ce point : « Je m'excuse beaucoup, je comprends maintenant que j'ai eu tort ». Le comédien Roger Le Vigan, ami de Céline, réfugié avec lui à Sigmaringen, speaker sur Radio Patrie depuis l'Allemagne, est vivement pris à partie durant son procès pour son interprétation de *Balandar* sur les ondes de Radio Paris. Ce personnage de Français moyen qui injuriait les Alliés après les bombardements semble constituer les crimes d'atteinte au moral de la nation en temps de guerre et d'aide indirecte à l'ennemi. Alors que l'avocat général avait requis cinq ans de prison, l'acteur est finalement condamné par le jury à dix ans de travaux forcés et à l'indignité nationale à vie.

Les salles obscures

Le cinéma paraît devoir être sévèrement épuré, pour les accords économiques conclus avec les producteurs allemands qui ont contribué à sa prospère vitalité, comme pour le rôle de propagandiste qu'il a pu assumer. La Continental Films, maison de production allemande implantée en France depuis octobre 1940, a été la pierre angulaire de la pénétration du cinéma français (13 % de la production).

Au sein du comité de libération du cinéma français, une commission d'épuration est bien vite constituée. Elle obtient la caution du sous-secrétaire d'État à l'Information, qui est communiste. Elle publie le 4 septembre une liste d'une petite dizaine de réalisateurs tels que Henri-Georges Clouzot, Marcel Carné ou Henri Decoin, interdits de tournage. Le 15, une deuxième liste désigne des techniciens qui ont travaillé pour les Allemands, pour les Italiens dans les studios de Nice ou pour des organisations collaborationnistes. Alors que, dans la clandestinité, les nouveaux pouvoirs publics avaient plutôt insisté sur l'élimination des diffuseurs (distributeurs et propriétaires de salles) inféodés à la collaboration, la profession elle-même s'en prend plutôt aux créateurs et aux techniciens. Toutefois, avant même qu'elle ne révèle les premiers résultats de ses investigations, la légitimité de la commission a été mise en cause par les socialistes et les gaullistes qui pointent du doigt les dirigeants communistes du comité de libération qui ont travaillé pour la Continental ou ont été en contact avec Vichy et les autorités d'occupation. Ils seront eux-mêmes obligés de se justifier devant le comité d'épuration... Les tendances rivales s'accusent mutuellement d'avoir pillé les archives de la Continental pour manipuler l'épuration. Le dirigeant du syndicat CGT du théâtre est lui aussi en butte aux critiques pour avoir participé, avec bien d'autres, aux réceptions de l'ambassade d'Allemagne, dont le titulaire chassait ses trophées dans les milieux de la culture et du spectacle. Ce paradoxe illustre à quel point est ambiguë la situation de professionnels qui ont profité, entre 1940 et 1944, de l'« âge d'or » du cinéma français et, plus largement, de l'attrait des divertissements en temps de crise et de pénurie. Sous couvert de justice, les jalousies personnelles ou professionnelles, les oppositions politiques ainsi que les querelles syndicales sont à l'œuvre. L'instance d'épuration du comité de libération du cinéma est concurrencée par la commission d'épuration du syndicat des techniciens qui adresse un formulaire en quinze points à tous les professionnels de Paris et les convoque devant une commission de filtrage, au rythme d'un toutes les dix minutes les jours de séance ! Si le technicien semble irréprochable, on lui remet un certificat préalable à la carte professionnelle et syndicale qui permet seule de travailler. Sinon, il passe devant une commission plénière qui peut émettre un avis de suspension. Le syndicat compte au nombre des punissables « ceux qui ont agi de façon antisyndicale et antisociale ». On n'a qu'un aperçu de l'ampleur de l'épuration qui s'annonce si l'on ignore qu'existent vingt-deux organisations syndicales dans le cinéma, toutes professions confondues.

Le 16 octobre 1944, les professionnels du cinéma (à l'exception des artistes) sont finalement soumis aux comités régionaux interprofessionnels et non pas à une épuration corporative. Les CRIE et la CNIE statuent sur les dossiers constitués par le comité de libération. Il en transmet 5 000. 1 087 sont traités, dont la moitié font l'objet d'une sanction. L'épuration y ressemble donc à celle qui peut intervenir dans n'importe quelle autre entreprise. Le directeur d'un laboratoire où étaient traitées les pellicules, accusé d'avoir été milicien et d'avoir souhaité la victoire allemande, est licencié sans indemnité et interdit d'exercice de sa profession. Une de ses ouvrières se voit infliger un blâme pour avoir été une admiratrice du régime hitlérien et avoir participé au montage de films de propagande. Là encore, les employeurs courent plus de risques d'être poursuivis et condamnés que les simples salariés. Jugeant aussi des « créateurs » comme les scénaristes et les réalisateurs, les épurateurs professionnels tiennent compte de la notoriété et du pouvoir d'influence pour accentuer les sanctions. Surtout, l'adhésion à l'idéologie de Vichy et plus encore au nazisme est assimilée à une trahison et plus sévèrement punie que le profit opportuniste. Il est plus grave d'avoir dénoncé un résistant (assimilé à un combattant) qu'un Juif, d'avoir participé à une œuvre de propagande française qu'à un film distrayant produit par la Continental si c'était « seulement pour l'argent ». Ces critères peuvent paraître aujourd'hui déconcertants, mais il convient d'en tenir compte pour comprendre l'échelle des sanctions et la répartition des relaxes.

Au sommet de la trahison se trouvent donc les réalisateurs, producteurs et scénaristes qui ont participé à des films de propagande explicite (*Forces occultes, Patriotisme et Résistance, la Révolution nationale, la Guerre allemande, Jeunesse en marche, La terre qui renaît, Filles de France*...). Soixante-treize d'entre eux sont traduits devant les cours de justice - sans compter les chambres civiques – non seulement pour commerce avec l'ennemi mais aussi pour aide à la propagande ennemie. Dans ces affaires, l'aspect politique l'emporte sur le côté économique, les juridictions estimant, avec raison, que les résultats financiers de ces films ont été faibles. Les sentences suivent une progression de cinq ans d'indignité nationale à des condamnations à mort pour les plus engagés politiquement : Jean Marquès-Rivière et Paul Riche (de son vrai nom Jean Mamy), scénariste et réalisateur du « grand film » sur la franc-maçonnerie, *Forces occultes*, condamnés à mort, le premier, par contumace, pour l'abondance de sa production antimaçonnique, antisémite et collaborationniste sous l'Occupation et son activité policière au sein du Service des sociétés secrètes de Vichy, le second pour dénonciation de résistants. Il sera, en mars 1949, le dernier fusillé de l'épuration. Il est évident que, dans de telles affaires, les productions cinématographiques ne sont que des charges en plus et non des éléments décisifs.

De même, tout ce qui touche aux actualités cinématographiques est hautement sensible parce qu'elles ont été un évident vecteur de propagande, absolument contrôlé par les Allemands. Le speaker de ces actualités, brièvement rédacteur en chef, est condamné par la cour de justice à deux ans de prison, après avoir admis que les commentaires « tendancieux » qu'il lisait étaient directement inspirés par un contrôleur allemand. Il s'est excusé en mettant en avant la nécessité de gagner sa vie (10 000 francs par mois, soit environ 2 600 euros) et sa crainte d'être envoyé en Allemagne s'il était au chômage. Dans le même temps, les sociétés Pathé et Gaumont, qui participaient pour le quart du capital de France Actualités, non seulement ne sont pas sanctionnées, mais encore produisent le nouveau journal cinéma à partir de décembre 1945.

L'Art et sa manière

De façon peut-être inadéquate, l'épuration dans le spectacle rassemble donc des personnes aux statuts et aux préoccupations bien différents : techniciens, administratifs, commerciaux, artistes de notoriétés très variables. À l'égard des personnalités, elle est plutôt clémente, en dépit de la publicité de leurs faits de collaborations : fréquentation plus ou moins assidue des occupants, voyages « d'information » en Allemagne, productions s'apparentant à de la propagande, prestations dans des spectacles destinés aux Allemands ou financés par eux. « Les photographies en disent plus long que les mots », écrivait le *Pariser Zeitung* pour commenter les reportages où l'on voyait vedettes, artistes et mondains se presser aux réceptions de l'ambassade ou de l'Institut allemand. Il ne croit pas si bien dire. Les artistes bénéficient toutefois du doute qui fait que peu de créations artistiques sont à proprement parler politiques. L'alibi culturel masque à plaisir les faiblesses d'amour-propre ou les intérêts d'une ambition forcenée.

Ce sont donc des comportements sociaux peu adéquats, pas assez patriotiques ou pas assez moraux qui sont fustigés et – modérément – punis. Les listes de suspects dressés par la Sécurité militaire au moment de la Libération fournissent des motifs dont l'imprécision et, même, les caractères de commérages ou de pures opinions personnelles laissent souvent entrevoir l'expression d'un malaise, d'une rancœur diffuse : « ayant fait toutes les platitudes possibles aux Allemands », « se promenait dans une voiture avec des officiers en grand uniforme », « mangeait régulièrement avec eux aux Champs-Élysées », « dernier des dégoûtants ». On insiste lourdement sur les liaisons des actrices ou des chanteuses avec des officiers allemands et la réputation d'homosexualité des milieux artistiques fait peser les mêmes soupçons sur de nombreux hommes : « Durant l'Occupation, Monsieur B... a observé une attitude très correcte. Néanmoins, certaines personnes assurent qu'en 1940, il eut pour les Allemands l'engouement de certains pédérastes extasiés devant leur force mâle mais que par la suite il se montra beaucoup plus réservé » (direction des RG, rapport au sujet de Monsieur B. C., 13 août 1945). On reproche à ces privilégiés d'avoir continué à être des privilégiés au plus noir des années sombres. Même si cela est vrai, même si cela est choquant, le crime ou le délit ne sont pas forcément constitués. Les différents dossiers concernant Sacha Guitry (qui finira par bénéficier d'un classement) montrent moins d'intérêt pour les six pièces, vingt-neuf articles, dix-neuf émissions de radio, quatre films du temps de l'Occupation, qu'une focalisation sur sa fréquentation des Allemands et, plus encore, sur les avantages matériels dont il aurait bénéficié : attribution d'essence accompagnant un permis de circuler, livraisons de lait… « Il s'est vautré aux pieds de l'envahisseur, il a banqueté avec les tortionnaires, il a ramassé des millions pendant l'Occupation » (*l'Humanité*, 15 novembre 1944). Guitry se défend en présentant les sollicitations allemandes dont il a fait l'objet comme des hommages à la culture française qu'il symbolise…

Les accommodements sont excusés le plus souvent par des confrères compatissants, au nom de l'innocence fondamentale de l'artiste adonné à son œuvre.

> J'apprends que M. Florent Schmitt [...] a en ce moment quelques difficultés. Il a été, en effet, imprudent pendant l'Occupation [participant à un voyage en Allemagne et membre du groupe Collaboration]. Mais il ne songeait qu'à la musique et il regrette aujourd'hui amèrement son imprudence [...] Florent Schmitt n'a rien fait de très grave et nous ne pouvons pas oublier que c'est un de nos meilleurs musiciens à l'heure actuelle (lettre de Georges Duhamel au préfet de Seine-et-Oise, 17 septembre 1945).

En juin 1946, le modeste comité d'épuration des artistes peintres, dessinateurs, sculpteurs et graveurs publie la liste de ses sanctions. Elles peuvent être sévères, dans la mesure de la loi, puisque des interdictions d'exposer, vendre ou publier dans les journaux sont prises pour deux ans, c'est-à-dire le maximum, dans 40 % des cas. Mais elles sont modulées selon les profils : elles prennent effet immédiatement et non à titre rétrospectif pour les dessinateurs de presse et un graveur. Ils se trouvent donc privés de gagne-pain pendant deux ans. Pour les sculpteurs, condamnés à la même peine, les interdictions courent depuis le 1er septembre 1944 ou le 1er janvier 1945, ce qui en réduit la portée à trois ou sept mois, alors que l'on peut considérer qu'un sculpteur travaille sur un délai de toute façon plus long qu'un dessinateur de presse. Les peintres et les décorateurs sont condamnés pour des temps d'un mois à un an, démarrant tous du 1er septembre 1944. Les sanctions sont donc symboliques. On peut comprendre cette hiérarchie dans la mesure où des dessins de presse ont des chances fréquentes et évidentes d'être plus explicitement politiques que des toiles, des sculptures ou des décors. Ils sont vus par un plus grand nombre de personnes. L'identité des artistes sanctionnés permet d'ailleurs de confirmer que ce n'est pas le contenu des œuvres qui a valu des sanctions à ceux qui ont été le plus légèrement punis, mais des actes qui se sont déroulés en marge de la création comme un voyage en Allemagne sous la houlette de la Propagandastaffel. Devant leur propre comité d'épuration, les acteurs qui avaient fait de même quelques mois plus tard sont encore plus légèrement sanctionnés, ce qui tendrait à confirmer que la profession pense elle-même que les actes politiques des acteurs (et peut-être plus encore des actrices) sont sans portée parce que sans conscience. Une jeune actrice de renom écope de la même peine que ces voyageurs inconsidérés : six mois de suspension, mais pour avoir posé en maillot de bain aux côtés d'un officier allemand. Enfin, ce désordre est porté à son comble par la volonté du comité d'épuration de ne pas troubler la bonne exécution des spectacles ou des contrats en cours. Aussi les artistes qui sont à l'affiche bénéficient-ils de sursis ou d'aménagements de peine, ce qui revient parfois à leur interdire de travailler... quand ils sont en vacances. Ce système accorde une prime aux plus sollicités, qui sont les plus célèbres. Aussi, si l'on considère que le public suit avec curiosité les péripéties de la vie des vedettes, y compris de leur « épuration » à une date où il se désintéresse déjà de l'épuration en général, on se doute que la répartition aléatoire des sanctions n'a pas contribué à nourrir une bonne opinion sur la réalité du « châtiment des traîtres ».

En dehors de l'intérêt suscité par l'étalage du cas des vedettes, l'épuration des anonymes ressemble à s'y méprendre à l'épuration professionnelle ordinaire, avec son cortège d'opportunisme, d'abus médiocres et de sanctions bénignes : retraite d'office pour avoir fréquenté l'Institut allemand ou des cercles mondains un peu trop fortement teintés de collaboration ; suspension de trois mois pour avoir lu des textes tendancieux lors de manifestations hostiles aux Alliés ou favorables à la collaboration, mais aussi pour s'être plaint des dangers représentés par les bombardements alliés. Les pouvoirs publics sont d'avis de faire preuve d'indulgence pour la piétaille, puisque les célébrités, pourtant moins excusables, voient leur cas régler avec bienveillance. Comme partout ailleurs, cette justice est décevante parce que dépourvue de moyen d'enquête, aléatoire et lente. Elle l'est d'autant plus que, dans ce domaine, l'épuration devait signifier réellement pureté et renouveau, avec la volonté intense de participer au redressement français. En septembre 1944, l'auteur dramatique Armand Salacrou, nouveau directeur du théâtre de l'Odéon a déclaré :

> L'épuration n'est pas un châtiment, mais une précaution indispensable. Lorsqu'un explorateur prépare une expédition, il ne s'entoure ni de faibles ni de lâches. Pour le voyage de résurrection que la France doit accomplir, il nous faut des hommes forts [...] il est nécessaire que nous nous retrouvions entre hommes qui ont le goût de la liberté et qui n'ont jamais participé à l'horreur nazie (*les Lettres françaises*, 16 septembre 1944).

La croisade condamnant le spectacle frelaté d'avant-guerre au profit d'une version populaire mais exigeante, disparaît bientôt avec les dernières illusions sur l'épuration comme table rase et même comme équité. Déjà résigné, un critique de cinéma écrit en juillet 1945 à propos du film *Boule de suif* tiré de Maupassant : « tel qu'il est, ce film nous venge et nous console un peu – oh ! un peu seulement, bien sûr – de l'épuration manquée ». Dans ces milieux relativement restreints, l'épuration provoque donc un sentiment d'insatisfaction et de partialité qui s'oublie d'autant moins aisément que les communistes le provoquent et l'exhaussent pour se tailler une influence de choix.

Il faut que les lâches se taisent

Prenant la défense de Le Vigan lors de son procès devant la cour de justice, Louis Jouvet s'est exclamé : « Ce qui est vrai, c'est que le comédien n'a pas de bon sens, ni de sens politique. » Il est approuvé par l'avocat général qui disserte sur le « paradoxe du comédien », prêt à jouer n'importe quoi, quelles que soient ses propres opinions. Cette excuse du comédien, marionnette d'un créateur ventriloque n'a pas été suivie par le jury d'ailleurs. Et tout un pan de la profession, attaché à l'épuration, rejette ces facilités méprisantes. « Car, enfin, cette indulgence est si anormale qu'elle en devient blessante, lit-on dans un tract anonyme d'inspiration communiste. Le comédien est-il un outil verbal, une machine parlante qui émet des mots dont il ignore le sens ? » (lettre du club Saint-Just, 6 janvier 1945). Les acteurs ou les chanteurs peuvent être tenus pour des amuseurs dont les opinions et les propos sont de peu d'importance. Il en va tout autrement des écrivains réputés, en France, être revêtus d'un éminent magistère moral. Dès le début de l'Occupation, les noms de ceux qui se signalaient par leur adhésion à la Révolution nationale ou à la personne de Pétain, par leur admiration pour la fulgurance de la victoire allemande, ont été relevés. L'accueil enthousiaste fait à la Collaboration, le soutien grandiloquent à la lutte de la civilisation « européenne » contre la barbarie bolchevique n'ont fait qu'envenimer les choses. La presse clandestine se déchaîne contre ces traîtres qui s'affichent. On assiste à des chahuts contre des pièces de théâtre, ou à des boycotts comme celui organisé en mai 1944 à Paris contre les représentations d'*Antigone* de Jean Anouilh auquel sont reprochées ses relations avec les Allemands. Les affiches du spectacle sont lacérées et les commerçants qui les gardent en devanture reçoivent des menaces de mort.

Articles et livres font figure de symboles de la trahison, par leur contenu comme par les autorisations que nécessitait toute parution en régime de censure et de contingentement de papier. Publier s'apparente déjà à une compromission. Pour ne rien dire des citations que l'on peut égrener jusqu'à plus soif au palmarès de l'aveuglement, de l'aplatissement ou de l'ignominie. Ce qui signale le plus aisément le crime, précisément, c'est sa publicité, sa durée, sa satisfaction de lui-même. Là où de lentes investigations doivent débrouiller, bien souvent, le degré de responsabilité de tel fonctionnaire ou industriel, les dossiers contre les écrivains ne sont pas difficiles à constituer.

Le comité national des écrivains (CNE) qui s'est créé dans la clandestinité, s'inscrit dans une démarche active d'épuration corporative en publiant, dès le début du mois de septembre, ses propres listes d'auteurs coupables, aux côtés desquels ses membres s'engagent à ne pas publier, afin de les ostraciser. Bâties à la hâte et en vertu de considérations qui n'ont pas toujours strictement à voir avec la répression des faits de collaboration, pleine d'erreurs, d'injustices et de repentirs, ces listes ont à la fois un impact formidable en tant que caisses de résonance et d'objets de débats très vifs entre intellectuels, et une faible importance en termes de résultats pratiques. Alors que fait d'emblée rage une polémique véhémente sur la responsabilité de l'écrivain, polémique qui sévit entre les premiers concernés, cette épuration présente en effet les mêmes ingrédients que les autres épurations professionnelles : la superposition d'instances plus ou moins valides et une somme modeste de sanctions, laissant de côté bien des personnalités de premier plan.

À côté de la commission d'épuration du CNE – qui ne dispose que d'un pouvoir moral, malgré son prestige –, on trouve effectivement des comités d'épuration dans chaque association d'écrivains, dans l'édition, ainsi que dans la presse. De nouveau, l'épuration prolifère, sans être pour autant plus efficace, ni même plus pertinente, les sociétés de gens de lettres étant écartelées entre l'obligation de chasser les indignes et la tentation de sauvegarder leur réputation. Les questionnaires adressés par la Société des gens de lettres, la Société des auteurs et compositeurs dramatiques ou la SACEM à ses membres sont confondants de naïveté, de bêtise ou de duplicité, selon le point de vue que l'on adopte.

> Avez-vous fait des dénonciations ?
>
> Avez-vous fait jouer pendant l'Occupation des pièces susceptibles de servir l'idéologie fasciste et hitlérienne ? de desservir la cause de la Résistance ?
>
> Avez-vous été partisan de la collaboration a) avant 1942 b) après 1942 ?
>
> Même si vous n'avez pas effectivement aidé la propagande ennemie et si, par l'écrit, la parole, le fait ou le geste, vous n'avez pas été un collaborateur agissant, jugez-vous, en votre âme et conscience, que vous n'avez pas failli à votre devoir d'intellectuel français chargé d'une mission de confiance auprès de la masse, et que votre attitude, votre comportement, dans le privé comme dans le public, a été conforme à la dignité patriotique qu'il convenait de garder, après une défaite

> humiliante, pendant une occupation matériellement et moralement odieuse et face à un adversaire qui, désireux d'avilir notre pays en ayant l'air de l'appeler à la collaboration, affamait notre peuple, étouffait notre pensée, notre culture et notre liberté, torturait nos compatriotes, fusillait nos otages et se conduisait en ennemi mortel de notre génie et de notre civilisation ?

On n'imagine pas quiconque répondant par l'affirmative, à moins d'être doté d'un sens de l'humour dévastateur ou d'être atteint de manie suicidaire. Ainsi que l'écrit un journaliste au président de la Société des auteurs et compositeurs dramatiques :

> Comme je sais à n'en pouvoir douter que tu as oublié d'être naïf, je suis bien forcé de croire que ce questionnaire n'a été élaboré que pour permettre, par son outrance même, aux gens qui avaient quelque chose à se reprocher de se défiler. Car, enfin, je croirai à son existence le jour où tu m'auras montré le héros qui aura répondu oui aux questions formulées dans les deux premières pages.

Pourtant, ce président, Marcel Pagnol, répond lui-même « oui » à la dernière question et se fustige ainsi pour avoir gardé une voiture jusqu'en 1941 et publié un livre à Paris la même année. Il est d'ailleurs inquiété par le comité d'épuration du cinéma, entre autres pour avoir inséré le discours de Pétain du 17 juin 1940 dans *la Fille du puisatier*, réalisé en 1941. En outre, l'aspect d'auto-dénonciation et d'inquisition de ces questionnaires n'est pas exceptionnel à l'époque dans la pratique de l'épuration professionnelle. Inusités en matière de justice où l'on ne demande pas à un inculpé de s'accuser, non plus qu'on ne lui interdit aucun moyen de se défendre, ils témoignent de l'inexpérience des épurateurs et des excès contre-productifs dans lesquels les plonge leur idéal de pureté morale. En effet, dans un milieu radicalement différent du milieu littéraire, celui des gardes des communications, les questions posées par le tribunal d'honneur sont au moins aussi surprenantes et introduisent, en plus du délit de mauvaise conscience, la suggestion d'instruire à charge contre soi-même :

> Avez-vous participé depuis 1940 à des actions contre le maquis ? Où ? Quand ? De quelle façon se sont déroulées les opérations ?
>
> Avez-vous arrêté des Français pour menées antinationales ? Où ? Quand ? Que sont-ils devenus ?
>
> Avez-vous eu des relations avec la Milice ? Avez-vous participé à des relations avec elle ?
>
> Avez-vous rejoint le maquis ? Sinon, quelles sont les raisons qui vous ont fait rester ?

« J'ai eu peur », répondra tout bonnement le garde René A. pour se justifier de n'avoir pas gagné le maquis...

L'exception ou l'ordinaire ?

À dire vrai, si des écrivains figurent bien parmi les premiers condamnés à mort des cours de justice, c'est pour leur travail de journaliste ou pour leur engagement en faveur de la collaboration bien plus que pour leurs livres. Paul Chack, auteur à succès de romans d'aventure, est condamné à mort comme président du Comité d'action antibolchevique, du Front révolutionnaire national et du Cercle aryen, comme propagandiste effréné et signataire d'appels à la délation. Henri Béraud subit le même verdict (mais sera gracié), non point pour ses romans, mais pour ses articles antisémites, anti-gaullistes et anti-anglais de *Gringoire* et pour ses 600 000 francs d'appointements. Maurras reçoit une condamnation à vie à cause de ses articles de l'*Action française*, y compris ses dénonciations et ses appels à saisir des otages dans la famille des résistants. C'est aussi l'homme politique qui est jugé, comme inspirateur de la Révolution nationale de Vichy et pour son influence sur une bonne part de ceux qui ont sombré dans la collaboration. Enfin, l'exécution de Brasillach ne se rapporte nullement à ses romans mais à ses articles de *Je suis partout*, émaillés d'appels au meurtre et de déclarations d'amour à l'Allemagne nazie. Dans *les Lettres françaises*, Claude Morgan a été catégorique : « L'emprise qu'un Maurras, qu'un Brasillach exercent encore malgré leurs crimes sur une faible partie de notre jeunesse ne disparaîtra qu'avec leur mort ». Le talent qu'on leur accorde en excuse se retourne contre eux : le châtiment est à la mesure de la plume. Ces premières exécutions répondent en quelque sorte aux questions posées sur la responsabilité de l'écrivain. « Qui veut la justice est toujours le bourreau de quelqu'un », commente Claude Morgan qui précise : « nous sommes le bourreau de Brasillach, de Cousteau, de Rebatet ». Force est pourtant de constater que les grands noms de la littérature échappent aux cours de justice et même aux chambres civiques.

L'épuration des écrivains devient une épuration professionnelle comme les autres par l'ordonnance du 30 mai 1945. Les interdictions de publier (deux ans maximum, cinq ans en cas de condamnation par une cour de justice) sont conçues comme des stigmatisations publiques et des sanctions financières. Les plaintes sont habituellement déposées auprès du comité d'épuration des gens de lettres par les ministres ou les sociétés professionnelles, mais des dénonciations peuvent être suivies d'enquêtes. Les suspects ont la possibilité de se défendre en se présentant en personne ou grâce à un mémoire. Témoins et avocats peuvent participer aux séances. Le travail commence en octobre 1945 sur près de 600 dossiers. Les premières décisions ne sont rendues publiques (par l'intermédiaire du *Journal officiel*) qu'en mars 1946. Comme partout ailleurs, les procédures s'enlisent, au rythme des démissions des membres du comité, et cette lenteur rend les résultats invisibles et peu convaincants. Les derniers tombent en juin 1949.

Ce sont finalement 172 dossiers qui sont ouverts dont une grosse moitié fait l'objet d'une décision. Au terme des procédures, le bilan est difficile à établir, faute de cohérence entre les décisions. On aura l'impression que les plus fautifs auront échappé au châtiment en jouant de leur talent, de leurs relations et des solidarités corporatives. Henri de Montherlant, par exemple, se voit infliger une interdiction rétrospective d'un an qui devient, de ce fait, platonique. Paul Morand est relaxé pour n'avoir produit que des écrits purement littéraires. On tenait moins compte des errements politiques des étoiles que de ceux des besogneux de la littérature. Ce constat se répète pour les poursuites judiciaires où à l'exception des cas spectaculaires de Brasillach et Béraud, le talent ou la notoriété ont joué comme bouclier plutôt que comme facteur aggravant.

Oublier la liste Otto

Indissociablement mêlé au sort des auteurs se trouve celui des éditeurs soumis eux aussi à divers comités d'épuration syndicaux ou professionnels. En 1940, tenaillés par la crainte de la concurrence et le désir de leurs auteurs de continuer à travailler, les éditeurs ont rouvert leurs maisons à Paris, au contact direct de l'occupant. Contact d'autant plus direct que la censure et les attributions de papier (surtout à partir de 1942) ont limité leur marge de manœuvre. Ils ont anticipé certaines contraintes, d'ailleurs, en signant avec la Propagandastaffel une convention de censure des livres qui pouvaient « nuire au prestige ou aux intérêts allemands ». Cette confection plus ou moins spontanée de la célèbre « liste Otto » frappant les auteurs juifs ou antinazis, puis ceux soupçonnés de sympathies pour le gaullisme, le communisme, la Résistance ou les Alliés, a été le prix à payer pour continuer à travailler. Autant dire que s'il fallait punir tous ceux qui ont eu des contacts avec les Allemands entre 1940 et 1944, il n'y aurait plus d'éditeurs sur la place de Paris. Cela apparaît clairement dans la composition du comité d'épuration de l'édition qui comprend bel et bien des auteurs et des éditeurs qui ont continué à publier sous l'Occupation. Quant aux maisons d'édition, elles disparaissent en tant que telles des listes du CNE, composé d'écrivains qui veulent continuer à publier.

Sans légalité ni moyen, le comité d'épuration de l'édition n'obtient guère de résultats. Le vrai travail est accompli par le syndicat de l'édition qui prononce des exclusions, et par la justice qui statue sur les collaborations économique et politique. Finalement, en février 1945, une commission consultative d'épuration de l'édition est officiellement chargée de préparer les dossiers pour la CNIE : l'édition rejoint à son tour le giron de l'épuration professionnelle ordinaire en s'intéressant aux patrons, aux cadres et aux employés.

Quelques éditeurs sont traduits en justice. Bernard Grasset, pour l'édition de livres prônant la collaboration (Chardonne, Brinon, Doriot, Bonnard), mais aussi pour ses propres écrits (livres et articles dans le *Pariser Zeitung*) et ses relations suivies avec des Allemands, est poursuivi personnellement comme l'est sa société. Exclu du syndicat des éditeurs, interné, placé en liberté surveillée, condamné en juin 1948 à l'indignité nationale et à la confiscation de ses biens. Il continue à travailler et se démène pour obtenir une transformation de la confiscation en amende puis une relaxe. Robert Denoël et sa maison sont également poursuivis, pour quelques déclarations intempestives et pour avoir publié Céline, chantre vitupérant d'un antisémitisme exterminateur, et *les Décombres* de Lucien Rebatet, l'un des best-sellers de l'Occupation où le journaliste de *Je suis partout* ensevelissait d'ordures la IIIe République puis Vichy. Denoël est assassiné dans des circonstances jamais élucidées, tenant probablement à la convoitise déclenchée par les biens qu'il avait confiés à des proches, dans l'espoir de les soustraire à une confiscation. Il n'a que le temps de faire personnellement l'objet d'un classement. Après sa mort, ce classement bénéficie à la maison Denoël. On excuse le prêt de deux millions d'un éditeur allemand, consenti en novembre 1940 : Denoël avait sollicité en vain les pouvoirs publics français et a remboursé par anticipation. La liste des livres incriminés est ramenée à onze titres pour les cent treize publiés entre 1940 et 1944. Sur les onze, on retire quatre réimpressions de Céline, quatre livres antisémites (« ce sont surtout des pamphlets de politique intérieure », comprendre qu'on a tout à fait le droit d'être antisémite si on l'est pour des motifs français...). Restent trois ouvrages : un recueil de discours de Hitler, un pamphlet anti-anglais (dont l'auteur a entre-temps été acquitté par la cour de justice) et les fameuses *Décombres*. « Trois ouvrages sur cent treize, c'est une proportion infime, se félicite l'avocat général. Denoël, pour continuer ses publications littéraires, a dû subir la contrainte des Allemands ».

Il en faut plus pour être condamné, comme Jacques Bernard, le directeur du Mercure de France, sanctionné de cinq ans de travaux forcés, reconnu coupable d'avoir publié des ouvrages de propagande allemande (« ouvrages sans valeur littéraire rédigés par des auteurs inconnus au lieu d'avoir gardé sa provision de papier pour les ouvrages d'une valeur réelle »), d'avoir revendiqué ses relations allemandes pour menacer ceux qui critiquaient ses choix éditoriaux, d'avoir cherché à prendre le contrôle de la maison à la faveur de ses accointances avec la Propagandastaffel. Dans son dossier figurent de nombreuses lettres professionnelles ou privées dans lesquelles il revendique à cor et à cri ses convictions déjà anciennes dans le sens du nazisme. Présentant ses prochaines parutions, il écrit ainsi en 1941 : « Nous n'avons pas attendu les recommandations instantes de la Propagande ou de l'Institut allemand. Voilà notre production actuelle sortie ou en cours de fabrication. Qui dit mieux ? »

Lors d'un procès qui a opposé Grasset à Montherlant, le procureur a précisé que « l'éditeur d'un ouvrage est mille fois plus coupable que son auteur pour la raison qu'un texte ne saurait être malfaisant que s'il est imprimé et répandu ». Dans les faits, les diffuseurs sont pourtant moins pénalisés que les créateurs, soutenus qu'ils sont par leurs auteurs estampillés résistants qui ne souhaitent pas payer les pots cassés pour quelques confrères indésirables. C'est un assaut, efficace, de soutiens et d'attestations qui garantit la pérennité de la plupart des maisons d'édition, souvent ni plus ni moins coupables que leurs concurrents inquiétés ou condamnés. Cette distorsion apparaît avec la même constance pour la presse.

Issus de la Résistance contre trusts

Depuis l'armistice, la presse a été un secteur étroitement contrôlé par le secrétariat à l'Information de Vichy pour ne rien dire de l'occupant qui censure, encadre, subventionne, voire possède les journaux. On a dit à quel point elle est d'emblée apparue comme l'étendard même de la trahison, ajoutant cet étalage de compromission à sa réputation d'avant-guerre d'être irresponsable, corrompue et inféodée à des groupes financiers. Dans la clandestinité, journaux et journalistes ont été parmi les principales cibles des appels à la vengeance. On ne s'étonnera donc pas que des projets radicaux aient été rédigés pour instaurer « la liberté et la sincérité de la presse contre les forces anti-françaises et les accaparements mercantiles insoucieux de l'intérêt national », en même temps que pour prévoir des châtiments (« projet d'organisation de la presse présenté au conseil national de la Résistance par le parti communiste français », 18 mai 1944). C'est une remise à plat qui s'annonce : les journaux fautifs seront supprimés, leur matériel et le personnel technique seront réquisitionnés en faveur des titres « issus de la Résistance ». Leurs propriétaires, administrateurs, directeurs, rédacteurs en chef, frappés d'indignité nationale, seront exclus à vie de la profession. Tous ceux qui auront participé à la rédaction ou à la fabrication feront l'objet d'une enquête et seront passibles de sanctions professionnelles, en plus des condamnations pénales encourues. « Cette épuration professionnelle doit être large et sévère ;

elle sera le point de départ du rétablissement en France d'une presse digne de sa mission » (secrétariat général provisoire à l'Information, « Cahier bleu »). Le secrétariat général provisoire à l'Information prévoit l'interdiction de 573 journaux. Si l'on y ajoute les 662 titres qui ont disparu depuis 1939, c'est bien un renouvellement de fond en comble de la presse qui s'annonce, renouvellement que les périodiques clandestins s'estiment aptes à assumer dès la Libération.

Le CFLN prend à Alger une ordonnance (22 juin 1944) qui va en ce sens. Une circulaire, diffusée pendant la période de la Libération, prescrit aux CDL de suspendre et placer sous séquestre tous les journaux présentant un caractère politique, dont les titres ne peuvent plus être utilisés. Les nouveaux organes, « issus de la Résistance » comme on dit alors, récupèrent et utilisent ces installations pour se lancer, en vertu de l'idée selon laquelle la diffusion d'une information libérée ne souffre aucun retard. On escompte ainsi rénover sur-le-champ la presse dans chaque département et détruire les positions de force héritées du passé. Les radicaux-socialistes, qui déclarent avoir disposé avant-guerre de la plus abondante presse en province, s'estiment par exemple spoliés à la Libération, puisque leur rôle dans la presse nouvelle – reflet de la Résistance – est insignifiant.

Tenant compte des premiers résultats, une nouvelle ordonnance (30 septembre 1944) confirme l'interdiction de tous les journaux nés pendant l'Occupation, ainsi que des titres antérieurs qui ont continué à paraître après l'armistice en zone occupée ou après le 30 novembre 1942 en zone libre. Les périodiques appartenant à des personnes traduites en justice son suspendus jusqu'au verdict. L'ordonnance détermine des délais qui vont s'avérer trop courts, la masse des affaires à traiter excédant, comme toujours, les moyens de ce traitement. En février 1945, les interdictions de parution sont donc prorogées, tandis que l'interdiction d'utiliser les titres de journaux collaborationnistes est rendue définitive, parce que s'y attache « le souvenir de l'opprobre et de la trahison ». 900 journaux et périodiques sont touchés et 649 entreprises de presse font l'objet d'un séquestre judiciaire. En mai 1945, une ordonnance, encore, ajoute aux poursuites contre les propriétaires de journaux celles contre les journaux eux-mêmes en tant que sociétés. Et ce sont tous les journaux ayant paru après l'armistice qui s'y trouvent astreints. Dans ces conditions, il s'agit d'une longue et vaste opération judiciaire, rendue plus complexe par la nécessité de différencier les parts des différents propriétaires selon qu'ils ont été ou non jugés coupables.

Comme tous les autres secteurs d'activité, la presse se trouve soumise à une épuration professionnelle proprement dite, et à des procédures judiciaires visant à établir intelligence avec l'ennemi et/ou collaboration économique. Lors du procès, en octobre 1944, d'Albert Lejeune, patron de plusieurs quotidiens du Sud-Est ainsi que du populaire journal sportif *l'Auto*, l'accusation insiste sur ses relations privilégiées avec l'ambassade allemande et la Propagandastaffel comme sur ses profits considérables. Estimant les accointances politiques les plus compromettantes, Lejeune se défend en arguant de sa cupidité. Il est néanmoins condamné à mort et exécuté.

Pourtant, les journaux et surtout leurs propriétaires sont beaucoup plus épargnés que ne le laissait prévoir l'accumulation des ordonnances répressives. Le taux d'acquittements et de non-lieux pour les journaux poursuivis en tant qu'entreprises dépasse les trois quarts. Les grâces réduisent les confiscations. L'ordonnance de mai 1945, en soumettant tous les journaux à examen, offre la possibilité à un journal acquitté ou relaxé de recouvrer ses biens et de recommencer à paraître au changement de nom près. Jean Prouvost, industriel et patron de presse florissant, brièvement haut-commissaire à l'Information de Vichy, et son quotidien *Paris Soir* bénéficient de l'appréciation positive portée sur l'aide matérielle conséquente que Prouvost a apportée à la Résistance. L'affaire est classée en janvier 1946. Sur quarante-quatre journaux poursuivis à Lyon (centre d'édition de première importance en zone Sud pendant la guerre), seize sont condamnés, dont un quart verra finalement annulées dissolution et confiscation.

Tandis que la nouvelle presse peine à s'imposer et périclite, il peut suffire à des professionnels aguerris d'un peu de ténacité pour ramasser la mise. Ainsi, le directeur du *Granvillais*, dont le titre est interdit, garde l'utilisation de son imprimerie placée sous séquestre et occupe ainsi une place déterminante dans la fabrication de ses deux remplaçants successifs. *Le Renouveau* puis *l'Essor de la Manche* échouent à satisfaire un lectorat majoritairement rural et conservateur. Après classement de son affaire le directeur du *Granvillais*, fort de son savoir-faire, relance avec succès, en 1948, un nouvel hebdomadaire *le Républicain de la Manche*. Le compte des journaux vendus en province confirme la préférence des lecteurs pour des journaux locaux, peu politisés qui représentent souvent près de la moitié des ventes, tandis que le reste se disperse sur une pluralité de titres régionaux ou nationaux. Malgré la prolifération des titres liés à des partis ou à des organisations de Résistance, les Français penchent par habitude et par goût pour des journaux d'informations générales, qui font une bonne place aux faits divers, aux sports, aux nouvelles des vedettes et à la vie locale. Il ne faut pas plus de quelques années pour voir *Défense de la France*, pur produit d'un mouvement de Résistance, devenir sous le titre de *France-Soir* un grand quotidien populaire très éloigné des ambitions de ses créateurs de 1941.

Les résistants constatent dès la fin des années 1940 qu'ils sont en train de se faire damer le pion par des professionnels plus expérimentés. La loi de dévolution, que ses opposants appellent « loi de cambriolage des imprimeries » (Pierre Boutang, *la Dernière Lanterne*, 2e semestre 1945), a beau exproprier les anciens journaux à l'exception de ceux qui ne sont pas politiques ou bénéficient d'autorisation de reparution, les réalités économiques vont plus vite que l'enracinement des nouveaux journaux. Les propriétaires de journaux expropriés s'organisent en outre dans une association qui s'exprime dans une virulente revue, *Réalisme*, violemment hostile à aux résistants et à de Gaulle, auxquels elle dénie le privilège de la Résistance pour le transférer à Pétain. Non sans quelque succès, puisque *Réalisme* atteint des tirages d'une centaine de milliers d'exemplaires.

Mur de papier et Mur de l'Atlantique

En comparaison, les pénalités infligées aux journalistes paraissent beaucoup plus sévères. L'assainissement passe d'abord par une épuration professionnelle dont est chargée la commission nationale de la carte d'identité de journaliste (ordonnance du 2 mars 1945). Elle préside à l'attribution de cartes de presse qui exclut tous ceux dont on peut estimer le « patriotisme défaillant » ou qui n'ont pas « su conserver une attitude suffisamment indépendante à l'égard de l'ennemi ». La profession se trouve ainsi très largement renouvelée, faisant la part belle aux hommes qui avaient travaillé dans la presse clandestine. Du moins pour un temps.

Précoces et entourés de publicité, les procès de journalistes semblent se solder par de lourdes condamnations. Alors qu'une partie des hommes politiques ou miliciens est en fuite, il n'est pas trop difficile de se saisir de journalistes de plus ou moins grand renom, eu égard à leur nombre et à leur visibilité. Les listes de personnes à arrêter soumises par le secrétariat général puis le ministère de l'Information à l'approbation de la commission de sûreté nationale du ministère de l'Intérieur impressionnent par leur précocité et leur longueur. Là où des secteurs a priori sensibles comme la Sécurité militaire ou le Ravitaillement demandent 129 et 59 arrestations, où l'Intérieur, premier concerné, en soumet 464, l'Information propose plus de 500 noms. Encore faut-il y ajouter près de 200 journalistes ou dirigeants de presse suggérés par d'autres instances, à commencer par l'Intérieur. Le ministère de la Santé inclut par exemple une journaliste dans sa liste, sous prétexte qu'elle est mariée à un médecin et fait soutenir sa cause par un rapporteur : « elle ne relève à aucun titre de la Santé publique, mais néanmoins le ministre attire notre attention sur le fait qu'elle est une journaliste connue, collaboratrice, qui a écrit dans de nombreux journaux collaborateurs » (procès-verbal de la commission de sûreté nationale, réunion du 21 octobre 1944). On peut avoir l'impression que les journalistes sont véritablement les boucs émissaires de l'épuration. Dès le mois d'octobre, c'est-à-dire juste après la création des cours de justice, les procès de journalistes commencent devant la cour de justice de la Seine, qui traite de la plupart des plus célèbres. Une trentaine de ces journalistes sont déférés et, en cinq mois, cinq sont condamnés à mort. La première condamnation, celle de Georges Suarez n'émeut pas.

> La condamnation à mort que la Cour rapporte après une demi-heure de délibération ne causera aucune surprise. Elle soulève les applaudissements de l'auditoire. Elle était contenue depuis quatre ans dans la condamnation tacite que tous les Français prononçaient du fond de leur cœur contre les traîtres à la patrie (*France libre*, 24 octobre 1944).

C'est l'apparence constance de la sévérité qui finit par impressionner les intellectuels résistants : ils débattent vigoureusement entre eux de la responsabilité de l'écrivain et de la liberté d'expression. Les verdicts, qui se voulaient exemplaires, suscitent des comparaisons qui tendent à établir que les intellectuels sont frappés bien plus lourdement que d'autres catégories de collaborateurs, pourtant plus méprisables, à commencer par les collaborateurs économiques. Il est vrai qu'à l'exception de Louis Renault, mort en prison, ou de Marius Berliet, incarcéré à Lyon avec ses fils, la collaboration économique n'a pas pour l'heure de grands noms d'inculpés à mettre en regard de ceux de célébrités telles que Robert Brasillach ou Henri Béraud. L'avocat de Brasillach, en janvier 1945, fait mine de s'inquiéter de savoir quel sort attend les marchands de canons si un écrivain est passible de mort. Ce sont ces premiers mois qui créent le sentiment d'injustice. Le cas des journalistes jugés en 1945 ou 1946, à leur retour d'Allemagne, paraîtra moins frappant au milieu des condamnations tombant sur les anciens miliciens ou Waffen SS français et c'est toujours à une comparaison avec les industriels ou les trafiquants que l'on reviendra. « Si la République n'a pas besoin de savants, elle n'a jamais trop de voleurs » (Pierre Boutang, *la Dernière Lanterne*, février 1947).

Ce thème se développe sous la plume des premiers intéressés, d'autant plus aisément que, privés de tribune régulière, les plumitifs de la collaboration utilisent leurs compétences professionnelles pour défendre leur cause dans des livres, des périodiques plus ou moins autorisés, ou des documents privés abondants et redondants. Ils s'organisent dans une Union des intellectuels indépendants (comprendre « épurés » ou menacés de l'être), qui se veut porte-parole des vaincus de la Libération des martyrs de l'épuration. L'Union connaît un indéniable succès. Elle compte en son sein pas moins de dix-huit académiciens français, d'anciens ministres ou parlementaires, des avocats, des officiers, des fonctionnaires et, bien sûr, un fort contingent de journalistes. Elle se démène, organisant colloques, rencontres littéraires, dédicaces, commémorations, toutes activités teintées autant de politique que de mondanité. Les porte-voix du calvaire des intellectuels ne sont pas sans toucher leurs confrères de la presse « issue de la Résistance », sensibles à ces arguments corporatifs. Dans un quotidien, on déplore par exemple en janvier 1947 la condamnation à seulement cinq ans de prison du gérant d'un Soldatenheim, qui détournait des produits français pour les vendre à l'occupant. Le commentaire allusif est clair pour tous les lecteurs : « Ah ! S'il eût été journaliste... » Dans un beau texte sur l'amnistie, Étiemble reconnaît la déception de voir les intellectuels tellement punis quand les « économiques » le sont si peu :

> Je ne suis par de ceux qui pleurent Brasillach [...] Qui pourtant ne regretterait pas que le journaliste et que le romancier aient en lui payé pour tous les banquiers et quelques archevêques ? Quand on avait lieu d'espérer qu'il paierait avec les autres, la vie de Brasillach me semblait de peu de prix ; du moment qu'il paie pour les autres, eh bien non ! (*Évidences*, juin-juillet 1952).

Dans ce débat se dégage à partir de 1946 la comparaison avec les constructeurs du Mur de l'Atlantique, réputés sauvés des sanctions par la corruption et par leur utilité pour la reconstruction du pays. Tandis que ces profiteurs de l'Occupation et de la guerre s'en sortent indemnes et même enrichis, les malheureux journalistes et écrivains, qui n'ont rien fait que noircir du papier, paient le prix fort. Céline se défend ainsi :

> Ah ! si j'avais fabriqué cent cinquante millions de mur atlantique ! Mais je n'ai fait que perdre les quatre sous et jusqu'à mes moyens d'existence ! Alors un tel idiot doit expier la mort... Ma condamnation à mort sera un petit sucre aux chacals propre à les distraire par exemple pendant une journée, le temps d'innocenter dix constructeurs du Mur.

Le propos est relayé par les contempteurs de l'épuration : « des journalistes sont en prison pour avoir célébré à raison d'un franc la ligne le Mur de l'Atlantique. Mais les entrepreneurs qui ont gagné des millions en le construisant se promènent sur les boulevards » (Jean Galtier-Boissière). Il a été répandu, en fait, par ses critiques issus de la Résistance :

> L'épuration mène la vie dure aux écrivains. Les ingénieurs, les entrepreneurs et maçons qui ont bâti le Mur de l'Atlantique se promènent parmi nous bien

> tranquillement. Ils s'emploient à bâtir de nouveaux murs. Ils bâtissent les murs des nouvelles prisons où l'on enferme les journalistes qui ont eu le tort d'écrire que le Mur de l'Atlantique était bien bâti (Jean Paulhan, *De la paille et du grain*, 1948).

Il est pris en considération par ceux-là mêmes qui croient dans la responsabilité exemplaire de l'écrivain :

> On a reproché à l'épuration d'avoir plus durement frappé ceux qui parlaient avec approbation du Mur de l'Atlantique que ceux qui le construisaient. Je trouve parfaitement injuste qu'on ait excusé la collaboration économique, mais non qu'on ait sévi contre les propagandistes de Hitler (Simone de Beauvoir, *la Force des choses*, 1963).

Ah ! ces entrepreneurs aux mains sales qui « se promènent » tandis que les poètes sont aux fers… Le premier qui a eu cette idée du « Mur de l'Atlantique », un journaliste du *Canard enchaîné*, le pacifiste Alexandre Breffort, admirateur de Céline, est un génie méconnu de la publicité, qui a fait mouche pour des décennies.

Les mots portent quand ils font si bien image. Quand ils confirment l'accablante déception suscitée par l'épuration. Pourquoi l'épuration économique échapperait-elle à cette impression de ratage et d'injustice ? Tandis que les procès des journalistes ont été menés tambour battant, les procédures économiques et professionnelles se traînent en longueur, à grand renfort d'ajournements et de procédures tatillonnes, jusqu'à devenir invisibles. Les sanctions existent, on ne le sait guère. Et si on les découvre, c'est parfois au moment où elles sont modérées, remises, annulées. Car ces épurations génèrent un lourd et long contentieux judiciaire et administratif. Enfin, la comparaison entre les sanctions fait sans cesse ressortir incohérences et abus, sans que jamais ne soit portée à la connaissance du public une synthèse à peu près sensée ou objective qui donnerait à connaître l'ampleur du travail accompli. L'épuration économique paraît être un échec patent, jalonné de scandales. Ses résultats réels sont ignorés.

VIII

Punir, rénover, saisir. L'épuration politique

Malheur à vous, docteurs de la loi et pharisiens hypocrites,
qui êtes semblables à des sépulcres blanchis
qui, en dehors paraissent beaux,
mais qui en dedans sont pleins d'ossements de cadavres
et de toute sorte de pourriture
(Matthieu 23, 27)

Les lois d'épuration et les condamnations données à l'issue des procès ont pour effet d'entraîner l'exclusion des sanctionnés, y compris hors du champ politique. Par ailleurs, il existe une épuration institutionnelle qui a voulu assainir la politique. Elle prend une tournure de type administratif dans les partis politiques, les syndicats, les assemblées électives de tout niveau, culminant dans l'inéligibilité infligée aux parlementaires qui, le 10 juillet 1940, à Vichy, votèrent les pleins pouvoirs au maréchal Pétain. Tout ce processus répond bien sûr à une logique de punition, mais il met aussi en œuvre une formidable aspiration au renouvellement.

Les sépulcres blanchis

On a vu que Vichy avait délibérément accablé la IIIe République et les parlementaires pour en faire les responsables de la défaite et, plus généralement, de l'effondrement du pays. L'écho avait été d'autant plus large qu'une grande majorité des Français s'étaient déjà détournés d'un régime et d'un système politique qui paraissaient épuisés par leurs erreurs. Le terme de sépulcres blanchis, qui désignait alors couramment les partis politiques – et par extension les hommes politiques –, se comprenait comme une injure qui traduisait le mépris plus que l'ironie. Dans tous les secteurs de l'opinion, l'avis était partagé que la faillite des partis les avait voués à la disparition, au soulagement général. Si Vichy se montrait particulièrement véhément et répressif, par intérêt bien compris, la France libre, sans en faire une obsession, tenait pour entendue la nécessité de tourner cette page. C'était moins une doctrine que l'état d'esprit de ses troupes, à l'unisson avec celui des métropolitains.

> Il faut comprendre une fois pour toutes que les Français [...] ne désirent plus voir participer au pouvoir des hommes ayant joué un rôle actif dans la politique d'avant 1940, quelle que soit leur nuance (cette remarque étant valable aussi bien pour Louis Marin que pour Cot, par exemple) (lettre du commandant Fontaine, chef des services civils, au journal *France*, août 1941).

Les résistants étaient au diapason, même parmi ceux qui avaient milité avant-guerre dans des formations politiques. Des socialistes, par exemple, s'étaient éloignés de leur parti pour s'engager dans des mouvements de Résistance, dégoûtés par la décomposition de la SFIO qui autorisait les dérives collaborationnistes et les tentations vichystes. En puisant dans la presse clandestine, on pourrait multiplier les constats du naufrage des partis et de leurs principales figures qui entraînaient, de l'avis général, leur disqualification définitive.

> Les anciens partis sont morts. Leurs formules vieillies ont fait faillite. De l'extrême droite à l'extrême gauche, aucun de ces partis n'a su donner à la France l'unité, la vitalité et l'idéal qui lui ont tant manqué dans la tourmente (*Libérer et Fédérer*, 14 juillet 1942).

Dans ces conditions, il était évident que la lutte en cours ne servirait pas à « retrouver de tels vestiges », mais bien plutôt à s'en débarrasser en même temps que des traîtres de Vichy (*Libération*, mars 1942). Aussi la reconstruction de certains partis dans la clandestinité et leur représentation dans le Conseil national de la Résistance et surtout dans l'Assemblée consultative provisoire d'Alger – par nécessité de démontrer à l'étranger la régularité de la Résistance – apparurent aux résistants comme un abus grossier et une usurpation difficile à supporter. Ils se raccrochaient à l'espoir que la dynamique résistante balaierait, la Libération venue, les sépulcres blanchis qui prétendraient hanter les allées du pouvoir. Ils aspiraient à une République et à une démocratie rénovées à l'opposé exact de ce qu'avait été le régime des partis de la IIIe et l'autoritarisme à la traîne de l'occupant de l'État français. Ils comptaient être les artisans de cette refondation radicale et pure.

Effectivement, aux premières heures de la libération, les journaux de la Résistance qui commencent à paraître au grand jour ne font pas mystère des ambitions de leurs équipes et annoncent le programme avec une parfaite netteté.

> Il ne reste rien de la République déchue.
>
> Républicains, certes nous le sommes d'esprit et de cœur.
>
> Mais nous ne pouvons oublier que la République des camarades s'est traînée dans tous les scandales avant de laisser la Patrie désarmée devant l'ennemi et que les hommes qui prétendraient la ressusciter aujourd'hui sont ceux-là mêmes qui ont avoué leur impuissance et abdiqué devant le fascisme en capitulant devant l'étranger.
>
> [...] La Troisième République est morte. Pas un d'entre nous ne voudrait la ressusciter. Celle que nous bâtirons demain sera propre et forte, humaine et fraternelle, image de la France vivante que nous voulons construire.
>
> [...] La Résistance prend le pouvoir (*France libre*, 22 août 1944).

Jury d'honneur, jury d'erreur

Lors de la Libération de Paris, lorsque de Gaulle s'adressa depuis l'hôtel de ville à la foule parcourue d'un enthousiasme indescriptible, les représentants du CNR lui soufflèrent – en vain – de proclamer la République, dans la plus pure tradition révolutionnaire. Ç'aurait été, espérait-on, le plus sûr moyen de se débarrasser définitivement de la République troisième du nom, dont les résistants ne voulaient plus.

Néanmoins, si satisfaits que certains eussent été d'entériner ainsi la disparition de la IIIe République opérée par Vichy, ils n'étaient pas pour autant disposés à féliciter ceux qui avaient contribué à son enterrement, le 10 juillet 1940.

> Nous ne voulons plus revoir ceux qui, en juillet 1940, ont trahi la République et, abandonnant leur pouvoir à un maréchal sans honneur, ont déclaré eux-mêmes qu'ils étaient des incapables (*Défense de la France*, 22 août 1944).

Car, en votant les pleins pouvoirs à Pétain, ils avaient ouvert la voie en même temps au régime de l'arbitraire, de la proscription et de la collaboration. Sous l'Occupation même, les parlementaires qui avaient voté « oui » passaient en général pour des renégats ou des lâches, qui devraient rendre des comptes.

Comme on disait à la fin de la Première Guerre mondiale, tous les mérites dateraient du 10 juillet.

La France libre, qui avait très tôt condamné le principe même du vote du 10 juillet (le pouvoir constituant ne peut se déléguer, a fortiori pas sous la pression de l'ennemi), ne s'était d'abord pas attardée à la responsabilité des parlementaires en la matière. Dans sa déclaration organique du 16 novembre 1940, de Gaulle avait insisté sur l'état « de désarroi et de panique » des parlementaires. Il avait décrit avec vigueur et acuité cet instant où l'on avait su « profiter de la détresse d'un Parlement, chassé et dispersé par des armées en marche, pour le convoquer, tout à coup, dans un chef-lieu de canton, afin de l'y contraindre par intimidation à porter la main sur les lois fondamentales de la République ». Les élus qui avaient voté oui auraient donc été les instruments du coup d'État plutôt que ses acteurs, les victimes d'une situation exorbitante doublée d'une manœuvre.

En mai 1942, lors d'une conférence de presse, sa description des événements du 10 juillet devint moins favorable aux parlementaires, parce qu'elle était replacée dans une vision globale de la faillite des partis et du régime de la IIIe République :

> Beaucoup d'hommes qui paraissent encore à l'étranger représenter réellement une fraction importante du peuple français, en réalité ne la représentent plus, parce que, dans sa douleur, le peuple français, croyez-moi, a fait une révolution [...] L'opinion générale des Français, et la mienne, c'est que l'ancien Parlement ne la représentera plus, car cet ancien Parlement a lui-même abdiqué dans la fameuse Assemblée de Vichy qui a remis au Maréchal Pétain le droit de faire une nouvelle Constitution.

Finalement, c'est la création de l'Assemblée consultative provisoire(ACP) à Alger durant l'automne 1943 qui posa en termes pratiques la question du sort à réserver aux parlementaires qui avaient voté les pleins pouvoirs à Pétain et se trouvaient dorénavant en situation d'appartenir à l'assemblée qui devait appuyer une légitimité concurrente. L'ACP accueillait 20 % d'anciens parlementaires dont on décida d'exclure tous ceux qui avaient voté oui, sauf à être blanchis par leurs collègues. Alors que l'on avait admis le principe d'une réhabilitation moyennant un engagement résistant concret, la sévérité fut de mise, même à l'encontre d'hommes qui avaient, depuis, pris des risques véritables. Ne furent repêchés que ceux qui appartenaient à des familles politiques qu'on estimait représentatives mais qui étaient à peu près absentes de la Résistance. En clair, on n'eut pas d'autre choix que de « sauver » certains parlementaires de la droite modérée. Les résistants se montrèrent d'autant plus pointilleux que la mise à l'écart de parlementaires réputés insuffisamment républicains dégageait la voie – croyait-on – à une nouvelle élite issue de la Résistance.

> Dumont a proposé un texte rendant inéligible tous les parlementaires ayant voté oui [...] Je trouve le texte assez sévère [...] alors que nous accueillons les hauts fonctionnaires qui ont été pétainistes jusqu'en 1942... Dumont place alors la question autrement : si les anciens parlementaires peuvent se présenter, ils seront en fait tous réélus, ce qui sera un désastre. La vérité est que nous voulons chasser les anciens parlementaires y compris, pour dire toute notre pensée, ceux qui ont voté non. Mais on ne voit pas comment on pourrait proclamer la déchéance de ceux-ci, alors coinçons au moins ceux qui ont voté oui... (Journal de Léo Hamon, 8 mai 1944).

Les réalités du fonctionnement de l'ACP où, forts de leur expérience, les anciens parlementaires prirent la main, montrèrent aux résistants que la concurrence n'était pas éteinte. Ce constat, joint aux informations qui provenaient de France, contribua peut-être à élargir le consensus sur l'inéligibilité des parlementaires défaillants. Il traduisait une inquiétude fondamentale des résistants, quand à un retour des politiciens.

> La France en révolution ne cherche pas seulement une doctrine nouvelle. Elle veut aussi des hommes nouveaux. Elle sait qu'une doctrine qui n'est pas soutenue, portée, incarnée par des hommes jeunes et neufs est une doctrine morte.
>
> Des hommes risquent d'entraver cet élan : tous ceux qui, dans le passé, jouaient un rôle et spécialement un rôle politique et qui voudraient bien rentrer en scène, redevenir importants.
>
> Nous ne parlons pas de ceux qui, sans faire partie d'aucune organisation ont, à leur poste, tenu tête à l'ennemi, ni à ceux que la Résistance est allée chercher pour leur expérience et leur clairvoyance.
>
> [...] Le peuple de France ne veut plus de chefs postiches que le travail rude offense, qui ont peur de se blesser les mains, qui se détournent du danger, mais qui ne dédaignent nullement d'utiliser le travail rude, les blessures et les dangers des autres. Le peuple a reconnu ses chefs naturels, non pas ceux qui dans la paix quémandaient ses suffrages, mais ceux qui, dans la guerre, au milieu du péril, se sont levés pour prendre la tête, qui ont fait leurs preuves sous l'occupation allemande (*Défense de la France*, 15 décembre 1943).

Le but de la mesure d'inéligibilité envisagée est double. D'une part, punir ceux qui n'ont pas su assumer leurs hautes responsabilités d'élus de la nation, par lâcheté, par opportunisme ou par idéologie, et qui ont travaillé pour Vichy. Mais aussi faire le tri des républicains sincères, renforcer la démocratie et consolider la légitimité du pouvoir naissant en établissant l'indignité de Vichy. Les critères sont établis en fonction de dates politiques : le 10 juillet plutôt que le 17 juin 1940, jour de la demande d'armistice ; avril 1942, moment du retour de Laval au pouvoir, plutôt que novembre 1942, date de l'occupation complète de la France.

La mise en œuvre de cette mesure est d'abord confiée aux préfets, après avis des comités départementaux de Libération (CDL), par une ordonnance du 21 avril 1944. Seront déclarés inéligibles les parlementaires ayant voté oui le 10 juillet, ceux qui ont conservé des fonctions confiées par le gouvernement de Vichy après avril 1942. « Pourront être relevés par le préfet, après enquête, [...] les Français qui se sont réhabilités par leur participation directe et active à la résistance, participation constatée par décision du CDL ». Toutefois, ce traitement décentralisé révèle bientôt des défauts : des interprétations très diverses du texte, des inégalités locales dans l'indulgence ou la sévérité, une tentation trop humaine pour les membres des CDL appelés à donner leur avis d'éliminer à moindre frais des concurrents.

Le 6 avril 1945, une deuxième ordonnance institue une procédure nationale en créant un jury d'honneur, composé de trois membres désignés par le conseil d'État, le CNR et l'Ordre de la Libération. Le jury n'est appelé à statuer que si le parlementaire incriminé se présente à une élection (les premières ont lieu les 29 avril et 13 mai). Une nouvelle ordonnance (13 septembre 1945) donnera au jury la possibilité de s'auto-saisir dans tous les cas.

Le jury statue sur dossier, comprenant une enquête, les avis des préfets et des CDL (347 avis défavorables sur 440 donnés), et un mémoire de défense présenté le parlementaire (certains s'en abstiendront par principe ou par lassitude). Il n'y a pas d'audition. Les appels sont possibles, mais devant le même jury.

C'est toute la procédure qui, dans son principe et ses modalités, va subir une contestation multiforme essentiellement de la part de ses « justiciables ». La composition du jury est critiquée à mots couverts. Il comprend, au terme d'âpres discussions, trois résistants : René Cassin, vice-président du conseil d'État ; Maxime Blocq-Mascart, désigné par le CNR ; André Postel-Vinay pour l'Ordre de la Libération. Sur le papier, un équilibre idéal entre la France libre, les mouvements de résistance métropolitains et les réseaux de renseignements. Dans les faits, des positions tranchées qui rendent l'accord difficile entre les trois jurés. Cassin, l'un des premiers compagnons du général de Gaulle à Londres, a été à l'origine de la première condamnation argumentée en termes juridiques du vote du 10 juillet. Blocq-Mascart, bien que non communiste, est tenu par l'emprise communiste sur le bureau du CNR qu'il représente. Il est en outre un partisan convaincu de la nécessité de renouveler fondamentalement le personnel politique. Postel-Vinay, qui a siégé à l'ACP, semble le plus accessible à l'indulgence. Ceux qu'ils sont chargés de juger tendent à leur dénier toute représentativité, toute légitimité, toute crédibilité même. Le rôle qu'ils assument, que d'aucuns ressentent comme le pouvoir insupportable de trancher de leur moralité, les désigne à une haine mal contenue.

> Le Jury d'honneur qui a usurpé sa souveraineté ne lui dit rien qui vaille. Ce n'est pas qu'il sous-estime les deux Juifs et le Révérend Père Carme qui le composent. Pour rien au monde, il ne troublerait les délicates cérémonies de la Circoncision, chères aux deux premiers, ni l'office de nuit auquel s'adonne le troisième avec une si édifiante ferveur. En retour, il leur demande respectueusement, mais avec fermeté, de s'occuper de ce qui les regarde (abbé Jean Desgranges, *les Crimes masqués du « résistantialisme »*, 1948).

Sur le fond, la protestation ne manque pas d'arguments juridiques. Le texte des ordonnances est en effet rétroactif. Il contredit en outre la loi constitutionnelle de 1875 – qui n'est pas formellement abrogée – selon laquelle aucun parlementaire ne peut être poursuivi sur ses opinions et ses votes dans l'exercice de ses fonctions. Enfin, il ignore tout à fait le principe de la souveraineté nationale en vertu duquel ce serait légitimement au suffrage populaire de trancher en réélisant ou non les élus jugés défaillants.

> Quelle que soit la déférence que nous ayons, *a priori*, pour ses membres, nous ne pensons pas que ce jury d'honneur soit qualifié pour juger nos actes politiques. Représentants des populations de Meurthe-et-Moselle, nous avons agi en vertu du mandat qu'elles nous avaient confié et nous estimons que, seules, elles peuvent apprécier la position que nous avons prise en leur nom (lettre de Jean Quenette et François Valentin au commissaire de la République de Nancy, 12 octobre 1945).

À ces raisons de droit, le jury réplique roidement que les parlementaires fautifs sont mal venus de faire du juridisme et de donner des leçons de démocratie puisqu'en votant la révision constitutionnelle, ils ont eux-mêmes contrevenu à la loi constitutionnelle de 1884 qui précise que « la forme républicaine du gouvernement ne peut faire l'objet d'une proposition de révision ». Par leur vote, ils ont accouché un régime autoritaire, non démocratique, qui a violé les lois et les principes de la République. Il est trop facile de se réclamer aujourd'hui de ce qu'hier ils ont aboli.

Le travail consistant à mettre en œuvre le texte des ordonnances implique de la part du jury une interprétation de ce qu'est « une participation directe et active à la résistance ». Des décisions prises, il apparaît clairement que ni une opposition à Vichy, ni une neutralité bienveillante envers la résistance, ni même une aide individuelle prodiguée à des résistants ne suffisent. Il faut une participation positive, dès avant novembre 1942, qui ait conduit à risquer sa vie. Une vision militaire domine : il vaut mieux avoir fait le coup de feu qu'avoir diffusé des journaux clandestins, fabriqué des faux papiers ou même caché des clandestins, des réfractaires.

Mais, alors que le jury s'efforce de définir des critères précis (date d'entrée en résistance, contenu de l'activité, position globale durant les années d'occupation…), les paramètres subjectifs jouent à plein. D'abord, parce qu'il tient compte des avis des CDL et des préfets, y compris sur la réputation des parlementaires avant et pendant la guerre. Ensuite parce que joue le poids des réalités locales. À cet égard, le jury accède aux demandes des préfets d'Alsace et de Moselle inquiets de voir leurs départements tout à fait privés de leurs élus. Ils font valoir l'idée selon laquelle les parlementaires d'Alsace-Lorraine ont voté oui à Vichy purement afin de ne pas faire figure de sécessionnistes et que leur vote ne peut leur être compté à charge. Leur cas paraît sur place tout à fait secondaire en regard de ceux qui se sont vraiment compromis dans la collaboration. Ainsi, à l'approche des élections, on se préoccupe bien davantage de savoir si les anciens membres du parti nazi vont être déclarés inéligibles, que de l'éventuelle éligibilité des parlementaires d'avant-guerre. On redoute même des incidents graves dans les bureaux de vote quand les plus compromis voudront exercer leur droit de vote.

Enfin parce que les considérations politiques se conjuguent pour rendre la réhabilitation beaucoup plus difficile aux hommes de gauche qu'aux hommes de droite. En effet, sous peine d'éradiquer l'assise traditionnelle des partis de droite, il a fallu sauver des parlementaires qui en étaient issus en ne se montrant guère exigeants sur leur engagement dans une résistance armée et sur leur façon de risquer leur vie. Une simple comparaison suffit à faire comprendre ces différences de traitement. Prenons deux hommes de droite, promis à quelque notoriété.

Antoine Pinay, sénateur-maire de Saint-Chamond, a voté oui le 10 juillet 1940 et a été nommé, l'année suivante, conseiller national. Placé un temps en résidence surveillé à la Libération, il se fait réélire conseiller général en septembre 1945. Il est alors déclaré inéligible par le jury d'honneur. Sur appel, le jury le réhabilite néanmoins un mois plus tard.

René Coty, sénateur du Havre a voté oui le 10 juillet. Toutefois, il a refusé d'être désigné comme maire en 1941, puis comme conseiller départemental en 1943. Il est relevé de l'inéligibilité en septembre 1945 : « a publiquement, en diverses occasions, manifesté son opposition politique à l'usurpateur ; cette opposition a été constante depuis 1940. Il a participé et organisé chez lui des réunions clandestines de résistants, notamment en présence de représentants de la France libre ».

Considérons à l'autre bout de l'échiquier politique Sulpice Dewez, élu député communiste du Nord en 1936. Après la signature du pacte germano-soviétique en septembre 1939, il a quitté le PC. Il a voté oui le 10 juillet. Ensuite, il est devenu un résistant dans l'acception la plus authentique du terme, ce qui lui a valu d'être déporté. À son retour des camps, la réhabilitation lui est refusée par le jury : « si l'intéressé a manifesté son opposition à l'ennemi et à l'usurpateur, notamment par la distribution de tracts et journaux clandestins, ces faits ne constituent cependant pas une participation personnelle suffisante à la lutte ». Et d'ajouter : « il n'est pas établi que son arrestation de juillet 1944 ait eu un lien quelconque avec une action de résistance »... La pression du PCF contre ceux qu'elle traite de « renégats » et assimile à des hitlériens est tristement efficace.

Les deux premiers auront par la suite la carrière nationale que l'on sait, le troisième disparaît de l'avant-scène.

Encore toute la droite ne bénéficie-t-elle pas de ce sauvetage. Le PSF fait figure de famille politique à ensevelir. Charles Vallin a par exemple accompli à Vichy un parcours très compromettant : favorable aux pleins pouvoirs, cheville ouvrière des liens entre son parti et le gouvernement, membre du conseil de justice politique qui a proclamé la culpabilité des accusés de Riom avant même le procès. Néanmoins, il a rallié la France libre avec éclat en 1942, confessant ses erreurs et appelant à le suivre. Il a servi dans les FFL. Il n'est pas relevé de son inéligibilité. Non plus que les autres députés PSF Jean Ybarnégaray, éphémère ministre de la Famille, interné en Allemagne ; Fernand Robbe, qui a sabordé son journal, refusé toutes les offres de Vichy, hébergé des résistants ; Eugène Pebellier, qui a fourni pourtant de précieux renseignements aux Alliés. Aucun parlementaire PSF n'a voté « contre » à Vichy, aucun n'est estimé digne d'être réhabilité. C'est une hécatombe sans égale. Les anciens élus PSF sortent du champ politique, ce qui correspond, on le verra, à une volonté des pouvoirs publics et de l'ensemble des autres partis d'évincer définitivement cette formation gênante.

En dehors de cette différence entre droite et gauche, le bilan des décisions du jury d'honneur montre que les seconds rôles sont beaucoup moins pénalisés que les personnalités de premier plan. On retrouve là une constante de l'épuration politique qui se fonde sur une éthique de la responsabilité mesurée à la notoriété. D'autre part, les actes non contraints et visibles comptent lourdement : prendre des positions publiques spontanées, publier des motions de soutien, d'allégeance, de reconnaissance à Pétain, apporter un témoignage non sollicité au tribunal de Riom, accueillir des visites officielles, s'afficher avec les Allemands, faire des affaires, tout cela ne se pardonne pas.

Bruyantes victimes

Sont finalement déclarés inéligibles 321 des 569 parlementaires ayant voté oui le 10 juillet, ce qui représente un tiers de ceux qui siégeaient en 1939. Si l'on ajoute que, lors des élections d'octobre 1945, la nouvelle Assemblée constituante n'accueille que 121 anciens parlementaires, on voit que les dispositions légales et l'avis des électeurs se conjuguent pour renouveler le paysage politique. En ce sens, l'épuration est massive et peut satisfaire : la question de sa justesse ne se pose guère. La presse, réduite à deux ou quatre pages par la pénurie de papier, ne s'attarde guère au sort des anciens parlementaires. L'opinion suit le mouvement sans indulgence et sans nuance :

> Un changement dans les mœurs parlementaires est indispensable. Ce n'est pas en renvoyant au parlement ceux qui ont trahi la dignité de leur fonction que l'esprit de la France se rénovera (rapport du commandant de la compagnie de gendarmerie de l'Orne sur l'état d'esprit de la population, 10 février 1945).

À tout prendre, la sanction peut en outre paraître bénigne. Elle sonne comme une condamnation purement morale : ne pas être éligible est un état qui laisse indifférent l'immense majorité des Français. À ceci près que l'inéligibilité signifie pour une partie des punis la fin d'une carrière qui a été, souvent depuis des décennies, leur vie même. On ne pouvait guère frapper plus durement des professionnels de la politique. De la rédaction de leurs mémoires de défense, de leurs appels en révision naît un éventail argumentaire qui cherche à justifier le vote du 10 juillet et l'attitude ultérieure. Pour ceux qui échouent, il alimente ensuite une longue vindicte, fondatrice d'un certain type de contestation de l'épuration.

Très peu se retirent volontairement de la vie politique. Dans le souci d'assumer leur décision et l'essence de leur fonction, rares sont ceux qui reconnaissent s'être trompés. « Le 10 juillet, je me suis trompé, le 11 juillet, j'ai été trompé », déclare par exemple Paul Antier à Londres. Et effectivement, beaucoup préfèrent dire qu'ils ont été trompés par les manœuvres de Laval et la soif de pouvoir de Pétain. Enfin, toute une part des condamnés définitifs rejettent complètement les décisions du jury et les ordonnances mêmes comme des iniquités, des atteintes à la démocratie et aux principes républicains. Ils se proclament victimes du sectarisme et de la tentation autoritaire du pouvoir issu de la Résistance, comme ils l'avaient été de Vichy. « Le général de Gaulle chaussa les bottes du Maréchal pour continuer la lutte antiparlementaire engagée à Vichy » (lettre aux adhérents de l'association des représentants du peuple de la IIIe République, janvier 1947). Il est difficile, en effet, de s'assumer comme « traîtres », « faillis » ou même « incapables », selon les adjectifs souvent accolés à l'évocation du vote du 10 juillet. Sur ce terrain politique, les épurés se posent plus souvent qu'à leur tour en victimes : victimes d'engagements politiques légitimes et désintéressés ; victimes de la vindicte des nouveaux venus de la Résistance avides de s'attribuer les places et de rendre légale leur rébellion. Cette impossibilité à se reconnaître comme traîtres stigmatisés, tant sur le plan personnel que social et pour d'évidentes raisons de défense, les conduit à une attitude particulièrement offensive nourrissant les premières contestations organisées de l'épuration.

C'est pour cela qu'est créée l'association des représentants du peuple de la IIIe République qui réclame la restitution des éligibilités. Ses membres interprètent leur exclusion du combat électoral comme un moyen pitoyable pour les résistants de s'arroger le monopole des fonctions électives (« châtier les traîtres et jouer des coudes ») et pour le parti communiste, en particulier, d'éradiquer les élites pour préparer l'avènement de la dictature soviétique en France. Face à leur éviction, ils ne proclament pas seulement leur innocence, mais se posent comme ceux qui étaient menaçants justement parce qu'ils possédaient une expérience et une compétence supérieures à ces arrivistes jaillis de la Résistance, c'est-à-dire de nulle part :

> Nul ne saurait nous dénier le droit de demander à ceux qui ont pris toutes les places grâce à la « divine surprise » de la Libération, ce qu'ils ont fait des finances, de l'économie, des richesses, des lois et des mœurs que nous leur avions laissées (discours de Paul Faure au banquet des « mille », Versailles, 14 mars 1948).

Au fil d'un discours très violent et revanchard, les parlementaires déchus tendent à confondre leur cause avec celle de tous les épurés et à finir, par ce biais, par se solidariser avec Vichy, dont ils étaient parfois assez loin entre 1940 et 1944.

> Après les hommes politiques, on s'en est pris aux fonctionnaires, aux officiers, aux chefs d'entreprise qu'on soupçonnait de tiédeur envers le régime nouveau. Sous couleur d'épuration, on les a déférés à des comités composés de partisans. Après une parodie d'enquête et de justice, on les a révoqués ou mis à la retraite d'office, et ainsi on a décapité nos administrations, notre armée, notre marine, nos entreprises privées en les privant d'hommes d'expérience, honnêtes, animés pour la plupart d'une haute conscience professionnelle (discours de Lucien Lamoureux au banquet des « mille », Versailles, 14 mars 1948).

C'est la grande convergence des victimes autoproclamées, puis des « bons Français » dont ne sont exclus que les agents stipendiés des Allemands et « ceux qui, sous le couvert de la Résistance, ont volé, pillé, assassiné, et dont les exploits constituent la plus sombre page, peut-être, de l'histoire connue de notre pays » (discours de Paul Faure au banquet des « mille », Versailles, 14 mars 1948).

Créatures politiques presque exclusivement, ils essaient de replacer ce combat sur un terrain politique, supposé outrepasser leur situation personnelle.

Les résistants noyés dans la légalité ?

En même temps qu'elle règle le sort des parlementaires impliqués dans le vote du 10 juillet 1940, l'ordonnance du 21 avril 1944 traite des assemblées locales et de leurs élus. Vichy avait remodelé à sa convenance les conseils municipaux et remplacé les conseils généraux élus par des conseils départementaux nommés. Le nouveau gouvernement prévoit de maintenir ou de rétablir les conseils municipaux élus avant le 1er septembre 1939, de dissoudre les délégations municipales nommées par Vichy et celles « qui ont directement servi les desseins de l'ennemi et de l'usurpateur ». Les conseils épurés seront complétés par le préfet sur avis du CDL, en respectant la majorité exprimée lors des dernières élections. Par une circulaire du 7 septembre 1944, le ministre de l'Intérieur précise que seront écartés ceux qui ont adopté une attitude « restée trop passive » et que les compléments aux conseils épurés seront fournis par « des personnalités que la résistance a révélées ».

Le comité parisien de Libération, qui fait office de CDL et de matrice des nouveaux conseil municipal et conseil général applique donc pour son propre compte les directives ministérielles : « Seront naturellement écartés les conseillers qui, nommés ou maintenus par Vichy, se seront compromis dans la politique de collaboration, de même que les tièdes qui seront restés dans l'expectative sans s'engager dans la Résistance, ainsi que les ralliés de la dernière minute » (BMO, 7 septembre 1944). Un débat s'engage entre les membres du CPL ainsi qu'avec les comités de libération d'arrondissement. Celui du XIXe demande par exemple que tous les anciens élus municipaux soient écartés puisque tous les anciens partis politiques ont failli, position que rejettent bien sûr au premier chef les élus communistes parisiens. Au terme de délicates tractations dans lesquelles le gouvernement est partie prenante, seuls quatre anciens élus sont conservés sur 67 non-communistes. Le chiffre des représentants des modérés et des démocrates populaires est divisé par deux, celui des socialistes reste stable, celui des communistes est multiplié par 2,5. C'est à ce prix qu'on estime avoir à la fois tenu compte des dernières élections municipales d'avant-guerre et des changements provoqués par la guerre, l'Occupation et la Résistance.

Sur l'ensemble du territoire, les révocations interviennent plus en vertu de considérations générales (collaborateur notoire, partisan de Pétain, de Vichy, zèle, comportement arbitraire, manque de compréhension) que pour des actes précis. Le contentieux local joue à plein et les nouvelles autorités politiques en tiennent compte.

> Le nommé M. René, propriétaire à Tinchebray, ex-maire de cette localité, ex-conseiller général et ex-conseiller départemental, a eu, pendant l'occupation, une attitude pro-vichyssoise. Il appartenait même au groupe « Collaboration » [...] M. avait refusé à Madame L. un certificat de moralité destiné à son mari interné par les Allemands comme communiste. Ce fait est connu de la population et on estime que la délivrance d'un certificat aurait pu éviter la mort à L., survenue dans un camp allemand. L'opinion se montre très excitée et certains appréhendent un « règlement de compte » (rapport du service des RG d'Alençon, 14 juin 1945).

Dans les départements, phénomène encore accentué par l'éloignement du pouvoir central, les épurations et les dosages peuvent être aussi difficiles. Dans l'ancienne zone Nord, le tri s'opère durant l'automne, dans un calme ponctué d'incidents locaux. En Seine-Inférieure ou en Meurthe-et-Moselle, 1 % seulement des municipalités est entièrement remanié, dans le Pas-de-Calais 30 %. Entre les deux, la Marne ou la Seine-et-Oise sont à 8 %. Dans ce dernier département, on remarque tout de même qu'en outre, 78 % des conseils municipaux ont dû être complétés après élimination d'un ou plusieurs de leurs membres. Les services préfectoraux relèvent une entrée significative de communistes et de socialistes dans ces assemblées, représentant leurs partis ou affiliés à des mouvements de résistance. De façon emblématique, le nouveau maire de Versailles est un socialiste, remplaçant Gaston Henri-Haye, un ami personnel de Pétain, à la tête d'une municipalité entièrement nouvelle.

Dans l'ancienne zone Sud, les nouvelles autorités locales ignorent souvent l'ordonnance du 21 avril 1944, au profit d'instructions du CNR, datée du 11 avril, qui, dédaignant le rétablissement des municipalités d'avant-guerre, coïncident mieux avec les aspirations des résistants. Les CDL sont à la recherche d'un renouvellement complet, pour ne rien dire des comités locaux de libération qui tendent à se substituer tout bonnement aux municipalités.

> Le comité départemental de Libération du Vaucluse, considérant que les manœuvres actuelles en vue de déconsidérer l'œuvre de la Résistance, et qui ont pour but de remettre en place les conseils municipaux et conseils généraux

> sont inadmissibles et en contradiction avec les travaux même du comité de Libération,
>
> Estimant que la période révolutionnaire ne permet pas l'application de la légalité de la IIIe République qui a failli à sa tâche le 20 juin 1940 *sic* par sa carence au moment de la création de l'État français par Pétain,
>
> Proteste contre l'ordonnance du 21 avril 1944 [...] S'oppose fermement à l'application de cette ordonnance dans le département de Vaucluse. En appelle au conseil national de la Résistance pour la sauvegarde du principe de la Résistance et de la création des comités de Libération départementaux (ordre du jour du 20 septembre 1944).

Réunis à Vizille au début de septembre, des CDL de la zone Sud ont, dans un contexte enfiévré, décidé de défier l'autorité des préfets en ne suivant pas l'ordonnance, déclarée « contraire aux sentiments de la démocratie résistante ». Des délégations succèdent aux conseils municipaux dans des proportions qui oscillent entre 60 et 80 %. Aussi le préfet du Vaucluse peut-il constater, de façon caractéristique :

> La plupart des conseils municipaux sont formés d'hommes nouveaux. Bien que beaucoup de conseils municipaux de 1935 puissent se réclamer d'opinions politiques favorables à la Résistance, l'ordonnance du 21 avril 1944 n'a jamais été appliquée.

À Pertuis, par exemple, l'ancien député-maire SFIO, qui s'est abstenu à Vichy le 10 juillet 1940, a participé à la Résistance, a été interné par Vichy, est rétabli dans ses fonctions par le préfet, mais refusé par les nouveaux conseillers municipaux qui l'estiment insuffisamment engagé et pas du tout « nouveau ».

Pourtant, cette emprise des hommes nouveaux, des résistants, des partis de gauche reste largement un leurre. Les CLL qui prolifèrent se heurtent aux municipalités provisoires issues des CLL clandestins. Ainsi, à Carpentras coexistent une municipalité provisoire installée à la Libération, le CLL formé dans la clandestinité et un autre CLL regroupant les organisations de résistance auquel le premier a refusé de s'élargir... Dans beaucoup de petites communes, cette épuration de grande proximité exacerbe les réactions alors que les enjeux politiques sont généralement limités. Les passions politiques se conjuguent aux ambitions individuelles et aux querelles personnelles pour compliquer des situations qu'enveniment à plaisir en sous-main les anciennes municipalités d'avant-guerre qui se posent en arbitres et jouent de leur légitimité.

> Pendant les quatre années où j'ai connu les rancœurs des contacts forcés avec les Allemands, des anxiétés et même des inquiétudes personnelles, personne

> ne m'a proposé de prendre ma place. Ce n'est que lorsqu'il n'y avait plus de danger que le Comité local, formé peu de jours avant et sans d'ailleurs que j'en ai eu quelque avis, m'a chassé de la mairie, oubliant les services rendus et les risques courus. Je ne cesserai de protester contre cet acte illégal, si éloigné de la forme républicaine (lettre du maire de Taverny au préfet de Seine-et-Oise, 27 novembre 1944).

Surtout, les comités de Libération comme les nouvelles municipalités craignent d'être balayés aux élections à venir. Ils se sentent d'autant plus décalés par rapport à la population qu'ils ne reflètent pas la vraie physionomie politique locale. Consulté par le préfet, le maire de Meulan, dans la grande banlieue parisienne, précise par exemple :

> La majorité de Monsieur B. existe toujours, elle n'a pas diminué. Cette majorité raisonnable et modérée est désireuse d'ordre, elle réprouve tous les éléments qui ont amené déjà du désordre et qui le créent à nouveau (lettre au préfet de Seine-et-Oise, 22 décembre 1944).

Ne pouvant avouer leur peur de se voir évincés pour leur non-représentativité, les résistants préfèrent parler d'un retour des adversaires de la Résistance, et des vichystes plus ou moins camouflés. Les comités de Libération demandent à pouvoir épurer les listes électorales et à trier les candidatures en prononçant des inéligibilités provisoires au cas où les chambres civiques ne travailleraient pas assez vite (voir chapitre 11).

Le 3 novembre 1944, une nouvelle ordonnance précise le caractère transitoire de l'épuration des conseils généraux et les modalités de leur remplacement provisoire. Plus lointains, oubliés après des années de non-activité, les conseils généraux intéressent d'autant moins qu'ils sont en sommeil et que les nouvelles élections ne vont plus tarder. À la différence des conseils municipaux si proches, ils sont pour l'heure indifférents à la population. Cet effacement surprend si l'on sait qu'à Alger, en 1943-1944, un débat avait fait rage pour savoir si, à la Libération, la transition des pouvoirs serait assurée conformément à la loi Tréveneuc (1872) qui prévoyait de confier légalité et autorité aux conseils généraux au fur et à mesure de la libération des territoires occupés.

Dans ces conditions, l'épuration exercée par le préfet et les CDL se fait selon des critères modestes : pour les conseillers généraux, une attitude correcte envers la population, réservée à l'égard des Allemands et de Vichy suffit à être sauvés.

En avril 1945, l'ordonnance créant le jury d'honneur pour les parlementaires lui confie aussi la tâche de se prononcer sur les élus de tous niveaux qui ont accepté des fonctions de Vichy et les ont conservées après avril 1942. Or, beaucoup de maires ont été désignés par Vichy, beaucoup de conseillers généraux ont été nommés automatiquement conseillers départementaux. Le jury d'honneur, peu empressé à statuer sur l'éligibilité de ces bataillons de fantassins, se montre plutôt indulgent à leur égard. En Seine-et-Oise, par exemple, sur les 41 conseillers généraux d'avant-guerre, seuls six sont déchus dont quatre sont déjà des parlementaires déclarés inéligibles pour leur vote positif du 10 juillet 1940 et les fonctions qu'ils ont occupées à Vichy. C'est à chaque parti politique d'aller plus avant, en vertu de l'avenir qu'il s'imagine.

Vivre ou survivre

Les partis politiques sont confrontés à la nécessité de s'épurer par souci de crédibilité, de rénovation et/ou d'efficacité. Pas tous, cependant, et pas toujours dans les mêmes proportions. En effet, tous les partis collaborationnistes, qu'ils soient nés avant ou après la défaite, sont frappés d'interdictions et de condamnations, et voués à la disparition. Ils vont être épurés et non s'épurer, et chercher plutôt, à terme, d'hypothétiques possibilités de renaissance.

Les démarches des autres partis politiques mêlent une volonté spontanée, parfois très précoce, de s'épurer soi-même, et l'obligation de se conformer à la nouvelle législation avec son cortège de condamnations infamantes, d'indignités nationales et d'inéligibilités. Dans ces conditions, chaque parti autorisé est contraint à la Libération de prendre des mesures ou, à défaut, de proclamer soit sa volonté épuratrice soit, plus simplement, son éclatante pureté.

Il existe six partis qui ont appartenu en titre au Conseil de la Résistance et sont représentés à l'Assemblée consultative. Ils sont réputés résistants, donc irréprochables. Ce qui les contraint, s'ils ne l'ont déjà fait, à se débarrasser des éléments indésirables, qui seront dépeints comme traîtres et minoritaires.

Enfin, demeurent quelques partis que l'on estime plus ou moins compromis avec Vichy et qui ne sont pas estampillés résistants, sans être d'emblée condamnés à disparaître. Pour eux, l'épuration se pose, en terme de survie, comme une question à double tranchant. Soit ils s'épurent, acceptant de reconnaître qu'ils comptent des fautifs, et ils se privent de toute légitimité ; soit ils nient avoir besoin de s'épurer et ils ne participent pas au mouvement général de rénovation. C'est le dilemme dans lequel se trouvent enfermés, par exemple, des adhérents du PSF ou de l'Action française. Cette dernière, sans figurer dans la liste des proscrits, passe pour la matrice même de Vichy et ses principaux leaders sont condamnés en cours de justice. Il s'agit moins pour elle de s'épurer qu'au contraire d'essayer de survivre et de se justifier.

La « réconciliation » tourne court

À la Libération, le PSF est placé dans une situation politique et juridique à peu près inextricable. Dès l'été 1940, le colonel de La Rocque a prôné la discipline derrière Pétain, en même temps que la réserve absolue envers son gouvernement et ses ministres. Tout en étant ostracisé par Vichy, le parti s'est fait voler ses thèmes et ses slogans. Son leader a été marginalisé, tandis que certains de ses dirigeants et de ses militants ont occupé des postes importants, en particulier à la Légion française des combattants. Les autorités allemandes ont interdit et dissous le parti, avant de procéder à des arrestations à l'encontre des leaders du PSF, à commencer par La Rocque, interné en Allemagne jusqu'en mai 1945. Au début de cette année, le conseil des ministres a confirmé que le PSF demeure dissous en vertu de la loi du 10 janvier 1936, prohibant les ligues et leurs reconstitutions, et des décisions de justice intervenues avant-guerre, oubliant commodément que les décrets d'application n'ont pas été pris, ni les décisions de justice confirmées.

Le PSF fait des tentatives pour reprendre le cours de son existence. Le 24 août 1944, à Paris, l'un de ses dirigeants provisoires produit une première circulaire où il appelle à l'unité et au pardon réciproque.

> Nous n'excluons de cette union que les traîtres, ceux qui, sous couleur de collaboration, ont délibérément travaillé contre l'unité de patrie, et les trafiquants [...] Nous réclamons pour eux un châtiment sans mansuétude mais par des voies légales et selon la procédure régulière.

Le thème est repris sur ce mode mineur par une deuxième circulaire en septembre : « Veillez au châtiment des traîtres, protégez les innocents ». La réconciliation devient le motif central, au point de donner son nom au nouveau parti, créé en juillet 1945, pour doubler le PSF de plus en plus évidemment voué à disparaître : le Parti républicain et social de la réconciliation française. Le problème est le choix de ce mot de « réconciliation », qui est en train de devenir l'antonyme d'épuration. Il est mis en avant jusqu'à la nausée par tous les contempteurs de l'épuration, au nom de la nécessité de redresser la France et de contenir le communisme. La « réconciliation » fait malencontreusement verser le PSF dans le camp des professeurs de chicane et de vertu outragée, aux côtés de cette droite vaincue dont La Rocque n'a eu de cesse de se démarquer.

S'il n'est donc guère question d'épuration au sein d'un PSF occupé à survivre et à vanter la pérennité de sa doctrine, des dissidents, sans oser prononcer le mot, ont établi une manœuvre de contournement en fondant leurs propres structures qui se rejoindront dans l'éphémère Union patriotique républicaine.

Il s'agit pour l'essentiel d'anciens du PSF ralliés pendant la guerre au général de Gaulle, ou appartenant au mouvement de résistance de zone occupée Ceux de la Libération. Tout en proclamant une affection intacte pour La Rocque, ils dénigrent son attitude peu productive de l'Occupation et se posent en sauveurs des idées du PSF.

> Il m'est douloureux d'avoir à rompre politiquement avec le colonel de La Rocque [...] Mais au-dessus de l'amitié, au-dessus du parti, même s'il est une famille, il y a le pays. Et le pays ne peut admettre, quand il s'agit de lui, qu'on poursuive une mauvaise route lorsqu'il se trouve à une heure grave de son histoire. Or, qui, à moins d'être aveugle, contestera que le colonel ait, depuis quatre années, conduit obstinément son parti à l'abîme dans lequel il se trouve aujourd'hui ? [...] N'est-ce point mentir à soi-même et tromper les autres que de recommander encore de suivre celui qui, pendant trois ans, dans des discours et des articles, a taxé de Gaulle de « général félon », vanté les mérites de Darlan, insulté la Nation anglaise et surtout – ce qui aurait sans doute provoqué l'arrestation du colonel [à la Libération] – recommandé la déportation [pour le STO]. Je dis que lorsqu'on a proclamé, conseillé, écrit tout cela, on ne peut plus parler au peuple de France. Je dis que c'est une duperie de faire croire aux adhérents du PSF que leur organisation pourra encore jouer quelque rôle, que *le Petit Journal* paraîtra un jour prochain, alors que son titre même sera supprimé [...] Nous avons honte de constater aujourd'hui que, seul de tous les partis, ce PSF pour lequel nous nous sommes tant donnés, n'est point représenté au comité de Libération [CNR], qu'il n'aura pas de délégué à l'Assemblée provisoire. Et nous ne savons que trop qu'il n'aura pas d'élus (lettre de démission d'Edmond Barrachin au professeur Pierre Lépine, président provisoire du PSF, 27 septembre 1944).

Même si les ministres de l'Intérieur et de la Justice reconnaissent qu'on ne peut inculper La Rocque d'atteinte à la sûreté de l'État et le déférer en cour de justice, ils ne désespèrent pas d'aboutir à sa traduction en chambre civique pour ses articles publiés entre 1940 et 1943. La Rocque est interné puis astreint à résidence avec un soin particulier. L'organe de presse du parti, *le Petit Journal*, est déféré en cour de justice. Le souci d'évincer le PSF du champ politique s'appuie sur la conviction qu'il s'agit d'un parti séditieux, attaché à abattre la République et la démocratie. Tandis que l'internement de La Rocque et les tentatives de reprise d'activité du PSF rencontrent peu d'écho dans l'opinion, les préventions demeurent vives à leur encontre dans le milieu politique. Les PSF sont, en tant que tels, les absents des comités locaux de libération. Et leur attitude est sévèrement pesée au moment d'épurer les assemblées politiques, comme le montre l'exemple de deux élus PSF de Seine-et-Oise.

Il s'agit tout d'abord de François Fourcault de Pavant, député de Versailles, maire par intérim de la ville pendant une partie de la guerre. Estimé pour l'aide active qu'il a apportée aux réfractaires au STO et à la population (sa femme est déportée pour avoir secouru des Juifs en 1942), malgré sa réputation de « gaulliste », il a voté « oui » le 10 juillet 1940 et accepté sa nomination comme conseiller départemental en 1943. Déclaré inéligible par le jury d'honneur parlementaire, il est en outre déchu de son mandat de son conseiller général. Privé de soutien, il ne demande même pas à être relevé de son inéligibilité.

Autre cas, celui de Fernand Robbe, député de Maisons-Laffite, qui a voté lui aussi les pleins pouvoirs. Après un engagement mesuré mais réel aux côtés de résistants, il a refusé, en 1943, d'entrer au conseil départemental de Vichy. Le CDL donne à son propos un avis négatif à l'unanimité moins deux voix.

> Le rapporteur, qui appartenait au Parti communiste, lequel était très mal disposé contre M. Robbe, lui a reproché d'avoir, en acceptant de déposer devant le juge d'instruction au procès de Riom [contre Guy La Chambre, ministre de l'Air de 1938 à 1940], favorisé l'opération politique tentée par le gouvernement de Vichy (lettre manuscrite du préfet de Seine-et-Oise au ministre de l'Intérieur, vers février 1945).

Robbe est déchu de ses mandats et frappé d'inéligibilité, alors même qu'il faisait partie des contestataires du PSF, fondateurs du parti dissident.

Dans la région de Nantes, on assiste avec le cas du général Audibert à un lâchage similaire. Responsable local du PSF, il a fait partager, en 1940, son enthousiasme maréchaliste aux lecteurs du *Phare de la Loire*. Pourtant, membre du mouvement de résistance Libération-Nord, il a été nommé en 1943 chef régional de l'Armée secrète. Arrêté par les Allemands, déporté, il est salué triomphalement à son retour de Buchenwald en avril 1945. Mais quand il se présente aux élections, il est abandonné par ses compagnons de clandestinité, qui trouvent dorénavant son passé trop encombrant. En un an, c'en est fait de sa carrière politique.

Le chœur des vierges

Membres à part entière du CNR, présents à l'Assemblée consultative, le parti radical et les deux partis de droite que sont la Fédération républicaine et l'Alliance démocratique disposent pourtant à la Libération d'un capital de sympathie d'une extrême modestie. Le premier est identifié à la IIIe République dans ce qu'elle a eu de pire et passe, à ce titre, pour le premier responsable de l'effondrement de 1940. Les deux autres, loin d'être exonérés en la matière, pour avoir fourni une partie non négligeable du personnel parlementaire et ministériel jusqu'aux dernières heures de la débâcle, comptent de plus en leur sein des personnalités de premier plan de Vichy, dont certains parangons de la collaboration. Dans tout un pan de l'opinion, l'idée de châtier les responsables de la défaite, y compris les hommes de gouvernement de la IIIe, n'a pas disparu avec Vichy et l'Occupation. Associés au camp des perdants, ces partis sont menacés dans leur survie par la dynamique d'une gauche conquérante et la mystique du renouveau. Au temps de la clandestinité, les résistants ont honni les partis anciens dont ils ont douloureusement toléré la réintroduction tactique dans les institutions communes. Ils pourraient bien, cette fois, tout faire pour les éliminer, avec l'approbation des électeurs. Dans de telles conditions, l'épuration interne est à la fois un passage obligé, référence à l'air du temps, et une opération faisant courir le risque d'une hémorragie mortelle.

Comme l'a fait remarquer avec humour mais justesse le résistant Léo Hamon, « tout le monde voulant être à gauche, il faut bien trouver quelqu'un pour être de droite, alors on veut imposer ce rôle d'autorité à quelqu'un qui n'y tient pas » (journal, 23 avril 1943). À commencer par l'Alliance démocratique qui voudrait garder sa lointaine étiquette historique de centre gauche, semblant ne pas comprendre qu'elle est seule à se voir sous ce jour dans le contexte de l'après-guerre. « Nous ne voulons plus voir les droites de gauche, la demi-droite ni les mous du milieu » (*Défense de la France*, 22 août 1944).

Parti déclinant dans les années 1930, il s'est divisé en 1938 quand Pierre-Étienne Flandin a adressé à Hitler un télégramme de félicitations après les accords de Munich. Il a achevé de se discréditer par la présence de ses deux leaders à la tête du gouvernement au moment de la défaite (Paul Reynaud), puis sous Vichy (Pierre-Étienne Flandin, auquel s'ajoutent les ministres Joseph-Barthélémy ou Émile Mireaux).

L'Alliance est déchirée à la Libération entre les deux fractions opposées depuis Munich. La majorité affecte une position légitimiste en posant à l'union derrière Flandin, emprisonné et inculpé d'intelligence avec l'ennemi. La minorité des démissionnaires de 1938, emmenée par Reynaud et Louis Jacquinot, qui s'était rallié à de Gaulle, se prétend la véritable Alliance, celle qui groupe des résistants, et s'arroge le monopole des désignations à l'Assemblée consultative au nom du parti. Ce groupe est le seul, lors des scrutins à accéder aux médias pour parler au nom du parti. Mais il ne contrôle pas l'appareil, encore financé par ses bailleurs de fonds traditionnels, mais sans militants et privé de dirigeants locaux, surtout sous l'effet de l'épuration au sens large. En outre, le représentant de l'Alliance démocratique au CNR, Joseph Laniel s'éloigne de l'Alliance pour rejoindre le nouveau parti de droite, le PRL. Dans ces conditions, l'épuration interne se réduit à un service symbolique. S'en remettant pour le reste aux procédures de justice en cours, elle se limite à cinq exclusions des cas les plus voyants, dont Georges

Prade, ancien conseiller municipal parisien, journaliste mondain, compagnon de Luchaire aux *Nouveaux Temps* et à la Corporation de la presse, deux symboles de la soumission à l'occupant.

Vivotant au gré d'alliances électorales inconsistantes, laminée par les scrutins (un seul élu aux élections à l'Assemblée constituante d'octobre 1945), l'Alliance démocratique « canal historique » s'enferme en outre dans un combat mortifère pour la réhabilitation de ceux qui ont servi Vichy et décline le panégyrique de Flandin après son acquittement-surprise de juillet 1946 devant la Haute Cour.

> Tant de clairvoyance, tant de services rendus désignaient le Président Flandin pour un rôle important dans la conduite des affaires publiques. Et c'est sans doute ce qui lui a valu d'être brutalement écarté par des adversaires et des rivaux.
>
> Ce verdict a provoqué la colère du parti communiste. C'est donc qu'il a marqué – espérons-le – un premier tournant dans l'histoire politique de l'après-guerre. Le procès Flandin a ainsi dépassé la personne même du Président. C'est un nouveau service qu'il a rendu à son Pays, en faisant reculer le mensonge et la haine devant la vérité historique en marche (Alliance démocratique, *Après le verdict de Versailles*).

Mais l'obsession d'avoir eu raison, loin de transformer l'Alliance en refuge des inquiets, achève de la reléguer dans un passé dont les électeurs ne veulent plus entendre parler.

La Fédération républicaine choisit pour sa part un bruyant discours résistant de façade, masquant des divergences qui ne sont, toutefois, pas pires que celles qui déchiraient depuis des années un parti qui n'était qu'une entente électorale entre personnalités de droite. Jouant sans vergogne sur les mots, la Fédération républicaine de la Seine proclame ainsi : « La Fédération républicaine a, depuis toujours, été le plus grand parti de la Résistance à l'éternel danger allemand ». Et de faire référence à sa politique de l'entre-deux-guerres. Car, pour le reste…

À Vichy, après un vote massif pour les pleins pouvoirs le 10 juillet, l'équipe dirigeante autour de Louis Marin s'est tenue dans une réserve prudente alimentée par la certitude d'une victoire finale des Alliés. Absente en tant que parti du nouveau régime, la Fédération y est pourtant représentée au plus haut niveau par certains de ses élus : François Valentin directeur de la Légion des combattants, Xavier Vallat secrétaire d'État aux Anciens Combattants puis commissaire général aux Questions juives, Philippe Henriot, enfin, secrétaire d'État à l'Information. Tandis que l'ancien député devenait la voix honnie de la Collaboration, la Fédération entrait au CNR en tant que principale force de la droite parlementaire avant-guerre. Elle dispose donc à la Libération d'une place institutionnelle et elle tente aussitôt de se reconstituer. Elle constate alors qu'elle n'a plus d'adhérents, que ces fédérations se sont évanouies, qu'elle n'a plus d'argent et qu'elle ne compte aucun leader nouveau, son représentant au CNR, Jacques Debû-Bridel étant dorénavant une figure de proue du Front national communiste dont il dirige même le quotidien. Reste le mantra consistant à faire du vieux dirigeant Louis Marin un vieux sage, propos assez peu dans l'air du temps.

À quoi bon s'épurer alors, si ce n'est pour faire comme tout le monde ? Sur 22 parlementaires ayant voté oui le 10 juillet 1940, la Fédération ne trouve que 7 cas critiques. Elle applique à ses 33 conseillers départementaux, ses 4 conseillers nationaux nommés par le gouvernement de l'État français, ses 15 responsables ayant occupé des fonctions à Vichy, des sanctions graduées : exclusions définitives ou temporaires, interdiction de détenir des responsabilités dans les fédérations… quand elles existent encore. De toute façon, ce que l'inéligibilité ou la mise sur la touche ne font pas, les électeurs s'en chargent en oubliant la Fédération républicaine. Elle n'obtient en octobre 1945 qu'une douzaine d'élus aux attaches très distendues avec le parti, proprement saigné par la concurrence du MRP. Le coup de grâce lui est porté par la création du PRL en décembre 1945. La Fédération se survit à peine jusqu'en 1948 et son décès passe inaperçu.

Un parti « radicalement » résistant

Là où l'Alliance démocratique et la Fédération républicaine succombent, le Parti radical et radical-socialiste espère faire mieux que survivre. Non content de sa place au CNR, de sa présence à l'Assemblée consultative ou au Comité français de la libération nationale, il entend se poser en victime principale de Vichy et en « parti de résistance ». S'il est vrai que le nouveau régime, en 1940, en a fait l'un des principaux accusés de l'effondrement national, la majorité des résistants comme de l'opinion publique ne sont pas loin de partager cet avis et de refuser le retour aux affaires de ses « sépulcres blanchis » incarnant toutes les tares du parlementarisme. Pour le parti radical, l'épuration va donc constituer un délicat dosage entre les différentes facettes d'une indispensable opération de communication.

Car, quoi qu'on en pense, avoir traîné dans toutes les allées du pouvoir de la IIIe République, avoir marchandé sa participation au gouvernement au gré de tous les renversements d'alliance, avoir participé au Front populaire, l'avoir renié, avoir signé les accords de Munich, avoir déclaré la guerre, tout cela n'est pas passible de châtiment. Ce qui peut valoir épuration, c'est uniquement d'avoir appuyé l'armistice, d'avoir accordé les pleins pouvoirs à Pétain, de s'être fait donner des fonctions par le gouvernement de Vichy, d'avoir protesté de son adhésion, de sa fidélité et, bien sûr, d'avoir aidé l'occupant. Dès juin 1944, des radicaux ont tenu à Alger un petit congrès où a été proclamée la volonté de chasser « tous ceux qui ont pactisé, de près ou de loin, avec les ennemis de la patrie ou de la République ».

Six mois plus tard, en métropole, un nouveau petit congrès découvre avec soulagement, lors de l'intervention de son secrétaire général, que ce travail sera bien vite accompli.

> Les propositions d'exclusion visant les parlementaires ont été établies par leurs pairs, membres de l'Assemblée consultative et ayant voté « contre » à Vichy. Elles ont été soumises au bureau du Parti. Elles sont dès maintenant soumises à l'examen de la commission d'épuration qui a été nommée ce matin. Elle aura à examiner 53 dossiers.

La commission prononcera par la suite 34 exclusions. Si l'on veut bien se souvenir que, sur 257 parlementaires radicaux, 171 votèrent oui le 10 juillet, force est de constater qu'ils ont été particulièrement performants dans la réhabilitation. On ne s'en étonnera pas à la lecture des explications fournies à la tribune du congrès, selon lesquelles le oui du 10 juillet n'aurait été qu'un bref moment d'égarement.

> Dès le 15 juillet, au lendemain des premiers actes constitutionnels où le maréchal Pétain, reniant son solennel engagement, se déclarait chef de l'État français, votre bureau se réunissait [...] Tout en s'engageant à faire tout ce qui serait en son pouvoir pour coopérer au redressement de la France, il prévoyait une organisation clandestine, en jetait les bases, déterminait les principes de l'action qu'il devait engager : fidélité à l'alliance anglaise, lutte contre l'envahisseur et ses complices de l'intérieur. Je souligne l'importance de ces décisions, car elles démontrent que si le drame de la défaite, la souffrance de l'armistice, la confusion des sentiments où furent alors plongés tant de Français avaient un instant voilé la notion claire et quasi instinctive de l'intérêt national qui fut de tout temps la caractéristique de notre Parti, l'hésitation ne fut pas de longue durée. Dès juillet, le Parti radical avait choisi sa voie. Il devenait un parti de résistance, il décidait à ce moment, préfigurant une épuration qu'il n'a ensuite jamais cessé de s'appliquer, de s'amputer de ceux des siens qui restaient associés à la politique de Vichy.

Qui dit mieux ? Pas grand monde, assurément. Le parti radical, en toute modestie, a littéralement résisté l'arme au poing...

> Notre Parti n'a pas attendu d'être sollicité, mais il s'est au contraire offert pour se jeter corps et âme dans l'action, sous la forme la plus grave et la plus dangereuse. Cette action, il l'a menée en soldat, rien qu'en soldat, sans qu'une arrière-pensée de politique ou d'intérêt vînt l'effleurer [...] Il me faudrait des heures pour vous

> dire la liste de ceux de nos militants qui ont payé de leur vie leur dévouement à la Patrie, ou qui ont été déportés. Je n'insiste pas ; nous n'avons pas l'habitude d'étaler nos misères et surtout de tirer profit de nos martyrs [...] Comment a-t-on pu prétendre que le Parti radical n'était pas un parti de résistance ? Nul parti n'a été plus décapité, plus massacré que le nôtre.

Au fond, cette épuration n'est qu'une manifestation de plus de la sourcilleuse intransigeance d'un Parti radical qui, trompé le 10 juillet, n'a depuis lors plus jamais pêché.

> À l'heure où nous sommes, aucun individu, aucun groupe d'individus, encore moins un parti politique, n'a le droit de revendiquer l'honneur de s'occuper des affaires publiques s'il n'a traversé les sombres années que nous venons de vivre sans qu'une tache soit venue ternir sa qualité de Français, de patriote, de républicain. La tenue de ce congrès signifie avant tout que notre Parti revendique cet honneur. Il estime que son attitude, ses actes, le rôle qu'il a joué ont été tels qu'il reste plus que jamais qualifié pour offrir ses services à la France (rapport moral de Pierre Mazé au petit congrès de décembre 1944).

D'où vient alors que les radicaux se plaignent, au moment des campagnes électorales, d'être privés de porte-voix par l'interdiction de la plupart de leurs journaux ? Et pourquoi les électeurs se montrent-ils si ingrats et incompréhensifs en imposant aux radicaux une succession de désastres électoraux : un tiers des municipalités perdues en avril-mai 1945, 25 parlementaires élus, moins de 6 % des voix en octobre ?

Pour ces trois partis, la problématique se retrouve à l'identique : leur survie n'est due qu'à leur participation au CNR et à l'ACP, et à la présence, presque à titre individuel, de certains de leurs membres dans les organismes issus de la Résistance. Cette place institutionnelle, qui leur a permis d'avoir accès à la presse, d'avoir des représentants dans les comités de libération ou à l'Assemblée consultative les a brièvement maintenus sous respirateur artificiel avant que la réalité politique ne s'impose. « La marée, en se retirant, découvre donc soudain d'un bout à l'autre le corps bouleversé de la France. » Ces partis, déjà usés avant-guerre, sont achevés par les séquelles de la guerre et par leur incapacité à se rénover, à se rajeunir, à attirer de nouvelles troupes. Ils échouent à prendre leur place dans le mouvement de renouvellement qui irrigue alors le corps politique comme une obsession et une obligation. Ils traitent l'aspiration au renouveau comme un ornement du discours politique convenu, dont ils usent de façon presque caricaturale :

> Chaque parti a le devoir de confronter son programme avec la situation nouvelle du pays qu'il prétend à gouverner. La doctrine de la Fédération Républicaine

> sort victorieuse de l'épreuve. Les événements ont manifesté de façon éclatante l'excellence de ses principes [...] Mais elle est un parti vivant qui ne demeure pas à l'écart du mouvement d'idées qui entraîne la nation au sortir d'une longue période de silence et d'oppression [...] La Fédération ne s'enferme pas dans des formules. Face aux problèmes nouveaux, elle ne s'obstine pas à des solutions [...] Loin d'être figée dans un passé dont elle reconnaît la grandeur, les services et les agréments, elle sait regarder le monde avec des yeux neufs (Fédération républicaine de France, Commentaires sur quelques points de notre programme, 15 août 1945).

Partisans très timorés, voire adversaires de l'épuration en général, ils prennent l'épuration pour une corvée dont il faut se débarrasser à petit bruit, sous peine d'être stigmatisé, sans s'apercevoir que les Français y voient très largement un puissant et revigorant appel d'air.

Tu quoque...

Compliquée est aussi la position du Parti démocrate populaire (PDP). Certes, il relève de la mouvance démocrate-chrétienne qui a donné certaines des figures les plus précoces et les plus fameuses de la Résistance. À la Libération, il occupe une place de choix, avec trois ministres, quatre représentants à l'Assemblée consultative, des membres nombreux dans les CDL et les comités locaux de libération. La nomination de Georges Bidault à la présidence du CNR en 1943 a représenté une reconnaissance et une consécration inouïes. En même temps, le PDP est trop faible pour assumer le rôle qui pourrait lui être promis, éclipsé par les « démocrates-chrétiens » issus de la Résistance, majoritairement d'accord pour créer un nouveau parti qui dépasse le vieux PDP d'avant-guerre.

Une partie du PDP a pêché à Vichy. Seuls deux parlementaires du parti ont voté non le 10 juillet, un troisième était absent. Le discours de la Révolution nationale, l'apparente série de concessions faites à l'Église catholique, l'idéologie corporatiste ont entraîné des membres du PDP à accepter des fonctions officielles. La presse sympathisante a fait assaut de loyauté à l'égard du Maréchal et de son gouvernement. Aussi le PDP institue-t-il une commission d'épuration chargée de statuer sur le cas des parlementaires ayant accordé les pleins pouvoirs et des membres du parti revêtus de fonctions officielles. Conformément à ce qui se retrouve partout, elle désigne des acquittés qui se sont « rachetés », des « démissionnaires d'office » irrécupérables, et se divise sur les cas plus ambigus de ceux qui justifient leur maintien dans les instances de Vichy par des bonnes raisons d'action sociale ou patriotique. Un débat intense anime en coulisses les instances dirigeantes. À côté des résistants qui jugent avec d'autant plus d'alacrité qu'ils ne comptent déjà plus avec le PDP, les tenants de la survie du parti s'inquiètent des dégâts que pourrait causer l'élimination d'élus bien assis. La rivalité avec les autres partis politiques et la concurrence communiste impliquent, selon certains, qu'on ne s'embarrasse pas du luxe d'une épuration tatillonne quand il faut surtout s'occuper de sauver les élections à venir. Ainsi un responsable breton du PDP écrit-il à la direction à propos d'un député inéligible :

> Nous faisons vraiment preuve d'une sévérité outrée à l'égard de nos meilleurs amis, alors que d'autres partis mettent à l'honneur comme des modèles de patriotisme des hommes combien moins qualifiés. M. Pezet n'a pas poussé ses soldats à la révolte en présence de l'ennemi durant la dernière guerre ; il n'a jamais promis que « nos balles seraient pour nos propres généraux » ; il n'a pas encouragé l'insurrection du Rif ; il n'a pas saboté la défense nationale de septembre 1939 à juin 1940, et n'a pas attendu pour servir la France qu'une puissance étrangère lui en donnât l'autorisation [...] La chose presse d'autant plus que l'Assemblée consultative se forme, et que d'autres préparent les élections municipales (lettre du 1er novembre 1944).

Quant aux « exclus », comme toujours, ils s'estiment injustement bafoués et font mine de ne pas y accorder d'importance, tant leur passé et leur présent parlent pour eux.

> [Je n']ai jamais adhéré au parti démocrate populaire, pas plus qu'à aucun autre, mon goût pour l'indépendance ayant toujours été farouche : mais, tout de même, pendant près d'un demi-siècle, j'ai défendu et fait acclamer dans d'innombrables réunions contradictoires, les doctrines sociales chrétiennes sur lesquelles est fondé le MRP (abbé Desgranges, *les Crimes masqués du « résistantialisme »*, 1948).

Symptomatique est le fait que le PDP est alors moins préoccupé de son épuration que de son devenir, déchiré qu'il est par l'obligation où l'a plongé le nouveau parti démocrate-chrétien, le MRP, de se rallier ou de se reconstruire par ses propres moyens, bien limités. Aux élections municipales d'avril-mai 1945, le PDP présente ses candidats dans une quinzaine de départements, pour profiter de situations locales encourageantes. Il subit un échec rendu plus cuisant encore par le premier éclat de l'ascension fulgurante du MRP, qui va en faire à terme le premier parti de France, surclassant ce que le PDP n'aurait jamais pu envisager même dans ses rêves plus fous.

En même temps qu'il crée sa commission d'épuration, le PDP a présenté à son premier conseil national un « rapport sur l'activité du parti dans la Résistance », considéré à bon droit comme gratifiant et prometteur. Mais le MRP se situe sur un autre terrain qu'une enchère aux mérites patriotiques. Certes, il se proclame « le continuateur authentique de la Résistance », mais aussi un parti d'hommes nouveaux et épris de rénovation. Sa position à l'égard du PDP est profondément ambiguë puisqu'il en est à la fois le fossoyeur et l'héritier, les fondateurs du MRP appartenant souvent à la génération de militants, voire de responsables du Parti démocrate populaire arrivée dans les années 1930 et persuadée qu'il était temps de changer. C'est moins le démérite ou l'épuration qui ont conduit au désarroi puis au dépérissement du PDP, qu'une intense soif de renouveau.

La vieille maison

Les journées de juillet 1940 à Vichy ont exhibé et exacerbé les déchirements de la SFIO. Elles ont révélé le discrédit où était tombé le parti sous les effets de la défaite, des divisions et des compromissions. Le vote du 10 juillet est d'emblée considéré, parmi les socialistes, comme un élément de clivage déterminant : sur les 168 parlementaires socialistes, 90 ont voté oui, 36 non, 6 se sont abstenus, les 36 derniers étaient absents, volontairement ou non.

Dès le mois de septembre, en zone occupée, un petit groupe de socialistes, emmené par Amédée Dunois, a condamné les camarades qui ont voté les pleins pouvoirs, avec une sévérité peu commune à l'époque :

> [Ils] ont livré au maréchal Pétain, réactionnaire et fasciste avoué, et à la clique tarée de M. Laval, les destinées de la France. Ces élus se sont mis par leur vote non seulement hors du socialisme, mais hors de la démocratie elle-même.

En mai 1941, les socialistes qui reconstruisent à petits pas le parti en zone libre, sous le nom de comité d'action socialiste (CAS), décident de se débarrasser de tous les parlementaires ayant voté oui le 10 juillet, ne prévoyant de réhabilitations qu'à la demande de la base. Il met sa décision en œuvre, sans s'attarder à son aspect purement symbolique. Il lui faut affirmer, sous peine de voir sombrer ce qui reste de la SFIO, que ces votes sont des défaillances individuelles, contraires à la vraie tradition socialiste. En juillet 1943, le comité exécutif du CAS rappelle la condamnation des élus qui « ont, le 10 juillet, à Vichy, trahi à la fois la République et la France ». Il accepte un sursis pour les parlementaires qui « dès après leur défaillance se sont rachetés par leurs actes ». Quatre parlementaires sont ainsi réintégrés sous l'Occupation, tandis que d'autres, malgré une action résistante réelle, demeurent sur la touche jusqu'à preuve du contraire. Les simples militants semblent peu convaincus par cette rigueur : les plus intransigeants ont déjà choisi de quitter un parti qui les a déçus. Peu avant la Libération, le parti socialiste met donc en garde ce qui reste de son appareil départemental :

> Plusieurs secrétaires régionaux, tout en condamnant en bloc les élus infidèles, tentent d'obtenir le rachat de ceux de leur département. Le comité exécutif croit devoir attirer l'attention de tous les secrétaires départementaux sur le fait extrê-

mement grave que cela représenterait pour notre organisation, celle-ci devant être absolument pure. Pour cela, elle doit demeurer sévère.

Pour symboliques qu'elles soient, ces mesures ne laissent pas indifférents certains des élus socialistes incriminés. Au fur et à mesure que le parti socialiste clandestin prend de l'ampleur, les exclusions qu'il prononce deviennent plus redoutables. Les parlementaires visés commencent à argumenter leur défense dans des campagnes également clandestines. Ils se présentent comme des pacifistes résolus qui ont eu raison de refuser l'entrée en guerre. Tandis qu'ils se désolidarisent de Vichy, ils revendiquent une indépendance absolue par rapport à toutes les puissances étrangères, l'Allemagne bien sûr, mais aussi l'Union soviétique et les Alliés anglo-saxons dont ils dénoncent l'emprise sur ceux qu'ils nomment non des résistants mais des terroristes pratiquant « on ne sait quelle frénésie de représailles, de pillage, de meurtre et de destruction qu'on s'efforce de propager par tous les moyens » (Un groupe d'élus socialistes, « Un point d'histoire », début 1944).

Dans ce contexte, on ne s'étonnera pas que, bien que les socialistes aient très largement irrigué la Résistance à titre individuel, le vieux parti soit si discrédité par son assimilation aux erreurs de la IIIe République et aux errements de la gauche à Vichy, qu'il lui faille batailler pour reconquérir droit de cité. Dès le premier congrès, en novembre 1944, se pose une grave question d'identité : la SFIO peut-elle garder son nom devenu presque stigmatisant ? En 1941, les socialistes, au temps où ils n'étaient qu'une minorité de clandestins, ont choisi le nom modeste de comité d'action socialiste. La Libération approchant, ils utilisent plus souvent le nom plus général de Parti socialiste, désignant toujours sous le vocable de « SFIO » les partisans de Paul Faure, numéro un de l'appareil du parti depuis 1920, qui avaient pris la main en juillet 1940. Faure a marqué ses distances vis-à-vis de Blum et des gouvernements de Front populaire, au nom du pacifisme et de l'anticommunisme. Désigné au Conseil national en 1941 avec huit autres parlementaires socialistes, il a effectivement noué des relations épisodiques avec Vichy, jusqu'à appuyer la tentative de Laval, en août 1944, pour convoquer l'Assemblée nationale. Il a marqué avec cette dernière initiative moins son adhésion à Vichy que sa volonté de faire barrage à la victoire du socialisme résistant. Entre prudence et compromission, cette tendance incarne tout ce que les socialistes émergeant de la Résistance souhaitent faire oublier. Ce n'est qu'après bien des hésitations qu'est conservé le nom de SFIO, par patriotisme de parti, mais avec droit d'inventaire.

Aux yeux des responsables du parti clandestin, l'épuration est une des conditions de la survie de la SFIO. Ils ajoutent donc à la liste des exclus : les élus demeurés en poste après le 25 juin 1940 sans l'autorisation explicite du parti ; ceux ayant montré par leurs actes ou écrits leur adhésion à Vichy, voire leur ralliement à l'occupant ; ceux qui ont explicitement refusé leur aide au parti clandestin et n'ont pas appartenu à une organisation de résistance ; ceux qui se sont livrés au marché noir et, pour finir, « tout citoyen [...] susceptible par sa présence de porter atteinte au prestige du Parti ». L'épuration des cadres est stricte, proportionnée aux responsabilités exercées avant-guerre. Le recrutement doit aussi être sélectif. Il convient d'assurer la présence socialiste dans les CDL et les comités locaux de libération en trouvant des jeunes de bon niveau pour s'imposer face aux autres membres qui jouent de leur dynamisme et de leur légitimité, y compris des socialistes issus des mouvements qu'ils ont choisis pour s'engager en Résistance, de préférence au vieux parti sclérosé et déconfit.

Le congrès du 25 novembre 1944 entérine les décisions d'épuration prises dans la clandestinité. La commission des parlementaires prononce 84 exclusions (la moitié des parlementaires SFIO, dont 12 anciens ministres) et 12 réintégrations sous condition, avec suspension du droit de se présenter aux élections pendant la durée d'une législature. 21 parlementaires sont réintégrés dont un seul avait voté oui (Raymond Gernez, réhabilité pour services exceptionnels) et 20 n'étaient pas à Vichy le 10 juillet et se sont engagés dans l'action clandestine. L'épuration de la moitié des instances dirigeantes illustre l'échec du vieux parti.

L'accès au congrès est refusé aux paul-fauristes qui revendiquent, depuis la Libération le droit de présenter leurs arguments. Ils croient certainement jouir d'appuis suffisamment pour conserver leur place dans le parti.

> Je ne me considère ni comme un coupable ni comme un traître, les lignes qui suivent ne sont ni un plaidoyer ni une défense. Elles constituent tout simplement un exposé qui eût utilement rempli les trois rituelles journées du congrès que, s'il eût été animé de l'esprit républicain, le parti socialiste SFIO reconstitué eût dû tenir dès la libération, au sujet de ce vote.
>
> [...] Vous dépouillez, sans nous entendre, nos casiers judiciaires, nous sommes en droit d'exiger que vous nous montriez les vôtres. Nous attendons avec sérénité la comparaison (Maurice Voirin, député des Ardennes, « Le scrutin du 10 juillet 1940 », 20 septembre 1944).

Les exclus diffusent alors un bulletin, *Le Vieux Parti socialiste SFIO*, qui fustige les sécessionnistes et usurpateurs issus de la Résistance. Le député du Cher, Jean Castagnez, édite une brochure pour justifier son vote du 10 juillet, *Précisions oubliées*, qui devient une manière de best-seller dans les milieux frappés par l'épuration :

> Quelques membres du Parti Socialiste estiment que, le 10 juillet 1940, j'aurais dû voter « contre » sur le projet de révision constitutionnelle soumis à l'Assemblée nationale. [...] j'ai la liberté, le droit et le devoir de vous demander, bien en face, comme on le fait entre amis qui s'estiment, de vous rappeler la situation de juillet 1940 ainsi que vos propres sentiments à l'époque et de penser entr'autres et surtout aux millions de prisonniers supplémentaires qui auraient supporté immédiatement les conséquences de la rupture d'un armistice signé depuis 18 jours. Et je vous pose nettement la question suivante : Comment auriez-vous voté les 9 et 10 juillet 1940, si vous aviez été à ma place ?

La confusion dessert d'autant plus la SFIO renaissante que les paul-fauristes restent majoritaires et dynamiques dans certaines fédérations. Mais ce sont eux qui quittent finalement la « vieille maison » en créant, en août 1945, un Parti socialiste démocratique regroupant autour de Paul Faure les deux tiers des parlementaires exclus. Une haine recuite les oppose désormais aux socialistes et au parti.

> Et cette fameuse amnistie ? En sortira-t-il quelque chose ? Je suis profondément choqué de l'attitude de nos anciens camarades SFIO. Qu'est devenu le parti de Jaurès où l'on s'enflammait si bien pour tous les opprimés ? Les rares éléments éprouvant encore un peu de générosité n'osent se révolter contre la clique juive qui domine. Ce n'est pas beau ! Et c'est profondément décourageant pour d'anciens hommes de gauche comme nous de constater qu'il faut aller à droite pour trouver des hommes de cœur (lettre de Marcel D. à Georges Albertini, 4 septembre 1950).

Croyant régénérer son image, la SFIO fait donc publiquement son épuration, se fustigeant bien plus qu'elle ne promeut ses héros et ses morts. La sévérité qu'elle s'applique – qui n'a d'équivalent dans aucun parti politique et dans bien peu d'autres institutions – donne à penser qu'elle est plus coupable que bien des instances qui n'ont tout simplement pas son souci de transparence. Mais il lui semble ne pas pouvoir retrouver son identité socialiste sans une profonde rénovation et la possibilité de s'assumer fièrement. Situation paradoxale et presque inextricable, à suivre les propos de Léon Blum rentrant à peine de sa captivité en Allemagne :

> Il faut à la fois que nous donnions l'impression de la continuité et l'impression de renouvellement ; il faut que nous montrions que nous sommes toujours le Parti socialiste, le même Parti socialiste, et que nous sommes en même temps un Parti socialiste renouvelé, rajeuni, transformé (conférence des secrétaires fédéraux de la SFIO, 20 mai 1945).

Au prix de cette épuration rude et transparente, la SFIO se trouve fondée à participer pleinement à l'exercice du pouvoir. Ce qui ne va pas sans bataille avec les résistants qui, sans omettre que ces socialistes ont été des camarades dans le combat clandestin, n'en oublient pas pour autant qu'ils représentent un vieux parti dont ils ne veulent plus.

> Écarter systématiquement ceux qui ont une expérience certaine de la conduite des hommes et de l'administration des choses, qui se sont retrempés au creuset de la lutte clandestine, dont on connaît clairement la pensée et le programme exprimés dans de grands partis et qui fourniront – qui fournissent déjà ! – aux yeux de l'étranger l'aval indispensable au nouveau régime, serait aussi nuire à cette unité.
>
> [...] Les nouveaux fourniront aux anciens la caution « résistante » indispensable. Les anciens apporteront aux nouveaux, et plus encore au pays, la caution républicaine dont, quoi qu'ils en pensent, certains ont toujours besoin (Daniel Mayer, *le Populaire*, 4 septembre 1944).

Effectivement, à la tête du parti apparaît toute une nouvelle génération, puisée dans le vivier socialiste, mais passée dans son immense majorité par la Résistance. Aux élections d'octobre 1945, 100 des 135 parlementaires socialistes sont nouveaux. Des critères d'épurations fondés sur une très haute opinion des responsabilités des élus ont amené un renouvellement profond. Il contraste avec l'indulgence de mise envers les militants de base qu'une passivité teintée de bienveillance suffit à dédouaner de ne pas s'être engagés dans la clandestinité. Chaque section agit à sa convenance, en fonction des contraintes locales.

La question des exclus éminents continue à empoisonner la vie du parti encore une décennie. Quoique d'accord sur les principes, les responsables départementaux réclament des dérogations pour leurs anciens élus qui auraient de vraies chances de réélection. Des fédérations contournent ou feignent d'ignorer les interdictions, et font pression sur la direction nationale pour obtenir gain de cause en faisant valoir les opportunités de terrain et les comparaisons avec les partis rivaux qui font évidemment ressortir la sévérité socialiste. En 1950, la direction accepte de réintégrer douze exclus de 1944.

Un communiste : un parti ; deux communistes : une épuration

Le « parti des 75 000 fusillés », l'avant-garde infaillible du peuple patriote et clairvoyant, l'expression évidente de l'avenir radieux doit-il s'épurer ? La question se pose-t-elle seulement ?

En principe, rien ne devrait moins le déconcerter que le principe d'une épuration car, en un peu plus de vingt années d'existence, il n'en est pas à sa première épuration interne, loin s'en faut. Il a sévi dès 1922 contre son aile droitière et en 1929 contre les « éléments opportunistes » pour se muer en véritable parti révolutionnaire. Avec la contagion stalinienne des années 1930, le PCF a connu des purges visant à régler des comptes au sein de l'équipe dirigeante. Lors de leur proscription, en 1931, Barbé et Celor sont dénoncés comme traîtres et indicateurs de police. Avec Jacques Doriot, exclu en 1934 après avoir espéré devenir secrétaire général du Parti, la lutte est sans merci. Les récalcitrants, les démissionnaires après le pacte germano-soviétique deviennent des renégats haïssables, des mouchards méprisables, à commencer par les élus communistes qui annoncent leur départ. C'est le cas de 26 parlementaires (sur 77). Sur les 14 qui forment l'Union populaire française, 8 votent oui le 10 juillet à Vichy, 3 non et 3 sont absents. On a vu que, sous l'Occupation, ceux qui ont rompu deviennent des cibles privilégiées des attentats perpétrés par les groupes communistes, qu'ils aient ou non versé dans la collaboration. On estime à plus de 200 les décisions prises de « liquider les traîtres ». Pendant la Libération, les règlements de comptes se poursuivent contre les anciens communistes : le député maire d'Alès est arrêté et fusillé le 22 août ; les maires de Malakoff et Draveil en banlieue parisienne connaissent le même sort, ainsi que des dirigeants syndicaux. Après la Libération, les règlements de compte continuent. Le Parti s'en prend aux parlementaires qui l'ont abandonné en 1939, même s'ils ont été de courageux résistants. Il ensevelit sous les injures Jules Fourrier et Sulpice Dewez, rentrant tous deux de déportation.

> Le Bureau fédéral de la Haute Garonne du Parti communiste français dénonce devant tous les patriotes le nommé Sulpice Dewez, ex-député du Nord, agent provocateur de l'ennemi, traître dès 1939, organisateur de l'officine du POPF. Chaque militant se fera un devoir de considérer comme il convient ce renégat, complice des ennemis du Peuple et des assassins des meilleurs patriotes (*la Voix du Midi*, 11 juillet 1945).

En même temps, la Libération est pour le PCF une période faste où ses idées et son modèle ont le vent en poupe jusqu'à faire figure d'horizon indépassable dans des milieux qui excèdent de très loin son implantation d'avant-guerre. Il n'a pas besoin d'aspirer au renouvellement, il est le renouvellement. Non seulement parce que le communisme est l'avenir de l'homme, mais plus prosaïquement parce que ses nouveaux adhérents, qui se comptent par centaines de milliers, apportent d'autant plus de sang neuf qu'étrangers au parti d'avant-guerre, ils en ignorent les mœurs et les contraintes. Alors qu'il vit un triomphe et affirme avoir en tout et toujours eu raison, le Parti n'a aucun motif – ni aucun intérêt – de s'épurer. Ce serait presque ridicule. Les branches pourries ont été coupées dans le creuset brûlant du combat : c'étaient évidemment les agents d'un complot ourdi de longue main. Personne ne s'avise de croire que d'anciens communistes ayant versé dans la collaboration, Doriot, Marion, Chasseigne, Gitton, Barthélemy... aient eu encore quoi que ce soit en commun avec le Parti. Le spectacle de leur déchéance, de leur trahison a englouti les derniers vestiges de leur passé. Le PCF est ainsi d'autant plus à l'aise pour exiger l'épuration sans faille qu'il est irréprochable. La vertu même contre le vice.

Derrière ces rayonnantes certitudes se profilent pourtant un autre type de problème : non pas l'épuration telle qu'on l'entend dans les autres partis, mais la mise à l'écart de ceux qui ont eu raison trop tôt ou ont pris trop d'indépendance. En effet, le contexte exorbitant de la guerre a permis à des militants de jouer de leur autonomie : c'est Charles Tillon lançant en juin 1940 un appel à la résistance, alors que le PC en est à dénoncer la guerre impérialiste ; c'est Georges Guingouin refusant d'investir Limoges parce qu'il juge l'opération prématurée d'un point de vue militaire... Ce dernier, bien qu'élu maire de Limoges en mai 1945 n'est pas proposé pour intégrer le comité central en juin. Il subit même une violente attaque de la direction six mois plus tard lors du congrès des élus municipaux communistes. Battu aux élections de 1947, il est relevé de ses fonctions officielles puis exclu en 1952 à l'issue d'une campagne venimeuse. En 1950, 27 résistants, parfois aussi anciens des Brigades internationales, sont marginalisés par leur non-réélection au comité central. En 1952 éclate l'affaire Marty-Tillon, respectivement numéros 3 et 6 du Parti, brutalement accusés d'avoir, pendant la guerre, privilégié les communistes de métropole et les FTP contre la direction. Ils sont même dénoncés par la suite pour avoir entretenu des liens douteux avec la police. Tous ces militants – et d'autres moins fameux – sont gênants pour leur passé trop glorieux. Leur aptitude à prendre des initiatives apparaît comme un risque ingérable. Leur exclusion à grand fracas de haine s'apparente aux purges qui ne produisent alors dans les démocraties populaires. Le parti se renforce en s'épurant, selon une logique stalinienne qui n'a avec *l'épuration* que le mot en commun.

De la Charte à l'épuration

À l'heure où, dans l'élan de la Libération, les nouveaux adhérents affluent par centaines de milliers, l'épuration est rendue nécessaire dans les syndicats par la compromission éclatante de certains responsables, mais aussi par les ambiguïtés créées par l'instauration de la Charte du travail.

Dans l'immédiat avant-guerre, la CGT, comprenant communistes, non communistes et anticommunistes, s'est déchirée à l'occasion des accords de Munich et, plus encore, de la conclusion du pacte germano-soviétique. Dès la défaite et l'accession au pouvoir de Pétain, des figures du syndicalisme, venus de l'anticommunisme, se rangent aux côtés de Vichy ou de la Collaboration. René Belin, devient ministre du Travail (juillet 1940-avril 1942). Il entraîne dans son sillage des représentants de son ancienne tendance au sein de la CGT (*Syndicats*). À Paris, des syndicalistes entreprennent de publier une presse ouvriériste inféodée à l'occupant. *La France au travail*, prévue pour « ratisser » largement à gauche ne dépare pas dans l'ignominie de la presse collaborationniste. *L'Atelier*, tribune du syndicalisme autorisé en zone occupée, compte dans ses rangs des responsables de la CGT qui ne sont pas tous de second ordre.

En novembre 1940, toutes les centrales syndicales, de salariés, d'indépendants ou d'employeurs sont dissoutes, ne laissant subsister que l'échelon professionnel local. René Belin prend en charge une laborieuse refonte du monde du travail. Le 4 octobre 1941, la Charte du travail, mélange de syndicalisme et de corporatisme, voit le jour, instaurant des comités mixtes sociaux au sein desquels se trouveront réunis tous les membres d'une même profession. L'heure des syndicats uniques travailleurs-patrons a sonné, mais la mise en place est d'une infinie lenteur. Le monde syndical se divise entre partisans et opposants à la Charte, sans compter les syndicalistes qui hésitent sur l'opportunité d'une politique de présence, même hostile, pour préserver la défense des salariés mis à mal par les pénuries, l'inflation, les exigences de rendement en vigueur dans les entreprises travaillant pour l'occupant, et les menaces du STO.

Le cadre légal de l'épuration syndicale est fourni par une ordonnance du 27 juillet 1944, annulant la Charte du travail et fixant la reconstitution des organisations syndicales. À côté des mesures pratiques tendant à la renaissance des centrales, les articles 3 et 4 prévoient l'exclusion de certains militants. L'article 3 édicte une interdiction définitive d'appartenir au bureau ou aux organismes directeurs de tout syndicat à l'encontre des personnes frappées par une mesure d'épuration administrative ou par une condamnation dans le cadre de la répression des faits de collaboration. L'article 4 introduit une interdiction temporaire concernant ceux qui ont notoirement servi l'ennemi, coopéré avec Vichy, favorisé le STO ou la production en faveur de l'ennemi, attenté aux libertés syndicales. Leur cas sera tranché devant les assemblées syndicales régulièrement convoquées.

Pour mettre en œuvre la reconstitution des centrales syndicales, l'ordonnance prévoit des commissions de reconstitution : une dans chaque département et une commission nationale qui se voient chargées d'appliquer les consignes d'épuration. Elles sont formées à l'automne 1944, sur la base de cinq membres provenant de la CGT et de deux issus de la CFTC, les deux confédérations légitimées par leur appartenance au Conseil national de la Résistance. Les autres syndicats ne sont même pas mentionnés dans l'ordonnance, à commencer par la confédération générale du patronat français, la CGC, les autonomes ou la confédération des syndicats professionnels français (SPF), issue du PSF. Pourtant, les commissions sont habilitées à statuer aussi sur leurs adhérents.

Le travail des commissions de reconstitution

Avant même que le travail ne débute en commission, la CGT et la CFTC adoptent des directives qui listent cinq degrés de sanctions allant de l'exclusion temporaire jusqu'à décision des assemblées syndicales, à l'exclusion du syndicat avec transmission du dossier aux autorités judiciaires, en passant par l'interdiction à terme ou à vie d'occuper des fonctions dirigeantes ou d'appartenir à un syndicat. La préoccupation essentielle est de se débarrasser des figures emblématiques de Vichy et de la Collaboration, en même temps que d'officialiser certaines mesures d'exclusion prises en interne par les syndicats. En effet, leurs statuts leur permettent de pratiquer l'épuration dans leurs rangs, de façon plus ou moins explicite. Ainsi, des unions départementales de la CGT ont décidé, lors de leur première réunion, que leur nouveau bureau ne serait composé que de militants ayant travaillé dans l'illégalité. Ou bien, on s'abstient tout bonnement de convoquer les indésirables aux congrès.

Les premières décisions prises par la commission nationale de reconstitution témoignent de la volonté de stigmatiser les personnalités compromises. De sa séance du 18 octobre à celles du mois de décembre 1944, elle prononce des exclusions à vie contre René Belin, Georges Dumoulin, responsable de premier plan de la fédération des mines et de la CGT dans le Nord, devenu l'emblème de la collaboration dans le milieu syndical, des collaborateurs de Belin et Déat, des animateurs d'organisations nées de la collaboration, des rédacteurs des journaux syndicaux autorisés, des intellectuels. Il ne s'agit souvent que de couronner d'autres procédures en cours ou abouties. Par la suite, la commission tend à passer en revue les cas individuels plus secondaires. Elle sert aussi d'instance d'appel aux commissions départementales. Revêtue d'un large pouvoir de saisie, d'enquête et d'audition, la commission se limite toutefois aux actions soutenues par une organisation syndicale et s'en tient strictement au domaine syndical. Ainsi, elle prononce une relaxe dans le cas du secrétaire d'une fédération nommé maire par Vichy ou s'estime incompétente pour un secrétaire d'union départementale devenu contrôleur de la main-d'œuvre au sein de l'administration. Elle établit une échelle de culpabilité.

> Le degré de culpabilité est apprécié suivant l'expérience syndicale et sociale des militants, compte tenu par ailleurs de l'importance de leurs responsabilités de dirigeants dans les organisations professionnelles (lettre du président de la commission nationale de reconstitution des organisations syndicales de travailleurs au président de la commission nationale de reconstitution des organisations syndicales d'employeurs, 19 janvier 1945).

Les archives de la commission, portant sur un peu plus de 400 dossiers traités entre octobre 1944 et mars 1946, restituent la chronologie et la teneur de cette épuration. Les sanctions ont d'abord été lourdes, avec près de la moitié d'exclusions à vie quand il s'agissait des cas les plus emblématiques, les premiers traités. À partir du début de 1945, la sévérité diminue nettement : une sanction sur cinq est désormais prononcée à vie, tandis que 40 % sont égales ou inférieures à cinq ans. Tout au long de la période, le taux de relaxe oscille entre 40 % et 50 %.

Les résultats fluctuent aussi en fonction de la provenance syndicale des inculpés. À peine quelques dizaines de membres de la CFTC sont frappés, en dépit d'une participation non négligeable à la Charte du travail, car ils sont activement défendus par les représentants de leur centrale, particulièrement solidaires. L'épuration est plus rude au sein de la CGT, déchirée depuis les années 1930 entre tendances antagonistes. Les épurés y représentent une part non négligeable de l'appareil confédéral, parmi les anciens de Syndicats, les communistes ayant rompu avec le Parti après le pacte germano-soviétique et, dans une moindre mesure, de vieux syndicalistes révolutionnaires ou pacifistes. Enfin, la CGC et la SPF sont proportionnellement plus touchées, à la fois pour des affinités évidentes avec l'idéologie véhiculée par la Charte du travail, et faute de défenseurs au sein des commissions.

On remarque enfin qu'en tant qu'instance d'appel, la commission nationale se montre sans indulgence. Elle maintient, voire aggrave les sanctions prononcées par les commissions départementales dans près des trois quarts des cas qui lui sont soumis (moins de cent). Cette raideur s'explique peut-être par la mansuétude des commissions départementales qui semblent avoir traité assez peu de dossiers et prononcé de nombreuses relaxes. Dans un département aussi peuplé et industrialisé que la Seine-et-Oise, la commission départementale a ouvert seulement 190 dossiers qui se sont conclus à 77 % par des relaxes, soit pour faiblesse des charges, soit en tenant compte de la bonne foi de l'inculpé. Il n'y a eu que 44 sanctions prononcées, dont 15 à vie. Dans des départements plus petits, le nombre d'épurés peut être inférieur à la dizaine.

L'épuration des syndicats de salariés connaît d'ailleurs bien d'autres limites que sa propre indulgence. Tout d'abord, la gamme des sanctions infligées s'avère en partie illégale. En effet, l'ordonnance du 27 juillet 1944 n'a jamais prévu un tel éventail, mais simplement soit d'avaliser des décisions de justice, soit de suspendre *temporairement* les personnes dont le cas serait tranché en assemblées plénières. Aussi le conseil d'État rend-il des arrêts cassant des décisions des commissions. Prises de vitesse par l'épuration spontanée, les commissions le sont tout autant par les réélections survenant légalement avant les sanctions. Surtout, trois problèmes plus graves se posent à peine le travail commencé : comment juger les syndicalistes qui se sont engagés dans la Charte du travail pour continuer à défendre les travailleurs ? L'épuration peut-elle vraiment empêcher la survivance des idées corporatistes, assimilées à Vichy et au fascisme ? L'épuration est-elle équitable ou détournée de son but légitime pour satisfaire des projets politiques ?

Jusqu'où aller trop loin ?

En dissolvant les confédérations syndicales, Vichy n'avait pas supprimé les syndicats locaux. Des syndicalistes estimèrent alors qu'il était indispensable de continuer à les faire fonctionner pour limiter l'impact de l'inexorable détérioration des conditions de travail et de vie qui sévissait depuis le début de l'Occupation. « J'ai collaboré si vous voulez, déclare ainsi un responsable de la fédération des dockers, mais j'ai obtenu tout de même des avantages. » Comme toujours avec Vichy, la coopération devint de plus en plus risquée jusqu'à verser, parfois, dans la compromission quand il fallut se décider à participer ou non à la gestion du STO et des productions de guerre. Jusqu'en 1943 prévalait une politique d'accommodement mêlant bon an mal an l'entrisme dans les instances légales et le travail clandestin. Au moment de statuer sur certains cas, il s'agit pour les commissions de démêler si le syndicaliste légaliste est allé trop loin dans son adhésion au nouveau régime. Beaucoup se défendent non seulement en justifiant leur position de principe (occuper les places pour évincer les collaborationnistes et représenter vraiment l'intérêt des travailleurs), mais encore en détaillant leurs actions de résistance, souvent réelles. Dès le mois de novembre 1944, le président de la commission nationale s'efforce de poser une doctrine sur la question de la participation aux organisations syndicales créées par Vichy :

> Le principe qui doit guider notre comportement est de se montrer extrêmement sévères, irréductibles à l'égard de tous ceux qui, notoirement, ont apporté leur appui à la Charte, qui ont entraîné leurs camarades dans la voie de la collaboration, aussi bien avec les Allemands qu'avec Vichy [...]. Mais, pour les militants de second plan, qui ne possédaient pas l'expérience nécessaire et qui ont vu dans la Charte uniquement l'occasion d'améliorer les salaires et les conditions

> de vie, la question est différente. Il y a ceux qui doivent être blanchis complètement, parce qu'ils ont agi conformément aux directives de leurs organisations syndicales et démissionné quand ces organismes leur en donnaient l'ordre. Ces camarades ne sont pas coupables.

En outre, la sanction de ces militants n'empêche nullement, après la Libération, la création de nouveaux syndicats inspirés par la Charte du travail. L'ordonnance sur la *reconstitution* n'a rien prévu sur une *constitution*. D'anciens partisans de la Charte commencent à former des syndicats indépendants. D'ailleurs, le rythme de création est presque aussi soutenu que celui des reconstitutions. Malgré de pressantes demandes de la commission nationale au ministère du Travail, ce n'est que le 25 février 1946 qu'une nouvelle loi vient corriger les manques de l'ordonnance de 1944. Ceci n'arrête pas le regroupement des éléments syndicalistes émanant de l'ancienne tendance *Syndicats*, des communistes ayant rompu avec le PC en 1939 ou du tout nouveau parti gaulliste.

Les contestataires de l'épuration syndicale s'estiment en effet en droit de se défendre face à une opération de basse politique. Leurs protestations et la postérité de ces protestations invitent à se poser la question de savoir si les communistes ont utilisé l'épuration pour se débarrasser de rivaux, pour s'inféoder des hésitants et pour s'assurer ainsi le contrôle exclusif de la CGT.

Il y a, à tout prendre, deux façons de considérer le bilan de l'épuration au sein de la CGT. En constatant les coupes qu'elle a créées parmi les dirigeants, on peut à bon droit estimer qu'elles reflètent tout bonnement la situation de la fin des années 1930 et ses conséquences sous l'Occupation : la violence des affrontements d'avant-guerre a fait basculer toute une partie des anticommunistes du côté de la Charte du travail, voire de la Collaboration. Ce qui rend leur élimination évidente à l'heure de rendre des comptes. D'ailleurs, les plus nombreux à être frappés sont bien des membres des cabinets de Vichy, de la presse collaborationniste, des organisations créées ou autorisées par les Allemands en zone occupée, des partis tels que le RNP ou le PPF, des syndicalistes désignés dans le conseil national ou les conseils départementaux. Cette épuration est donc cohérente dans son principe.

D'un autre côté, les résultats montrent bel et bien que l'épuration a éliminé de la CGT et du champ syndical des personnalités de renom qui se seraient opposées de toutes leurs forces aux progrès communistes. Est-ce le fruit d'un plan concerté ?

Pour être honnête, on est plutôt surpris par la faible place faite au sujet de l'épuration syndicale au sein même des syndicats. Le discours et la presse des syndicats, dans leur diversité même, sont dominés logiquement par la question des salaires, du ravitaillement, de la nécessité de produire dans des conditions justes. L'épuration est abordée de façon très générale, soit en rappelant l'impératif du châtiment des traîtres, soit en insistant sur la taxation des profits, l'épuration dans les entreprises, les nationalisations. Se fondant sur une identification à la Résistance et sur un rejet de toute la responsabilité de la participation à l'effort de guerre allemand sur Vichy et le patronat, les confédérations syndicales n'ont aucun intérêt à s'étendre sur l'éventuelle compromission de leurs membres. Il s'agit bien plutôt d'aller de l'avant pour accueillir les nouveaux adhérents qui arrivent en nombre, et prendre rang dans la nouvelle donne sociale. L'hebdomadaire *Résistance ouvrière*, qui compte dans son comité de rédaction deux des sept membres de la commission nationale de reconstitution, ne fait par exemple presque aucune place aux travaux de la commission, si ce n'est un article assez vague sur la suppression des organismes issus de la Charte. Le comité confédéral national de la CGT de mars 1945 n'a rien à ajouter aux propos de Benoît Frachon, secrétaire général communiste de la CGT, qui expédie dans son rapport « la condamnation rapide et l'expulsion de nos rangs de la poignée de traîtres et de collaborateurs ». Plus subtilement, d'aucuns murmurent que l'épuration a été volontairement bâclée dans certains secteurs sensibles. Un péché originel plane sur le syndicat du Livre car les ouvriers des imprimeries des journaux ont été blanchis à la hâte à cause de leur savoir-faire technique indispensable à la presse issue de la Résistance. De même, dans la fédération des cheminots, l'épuration aurait été contenue par la nécessité de remettre au plus vite la SNCF en état de marche. On évoque au contraire l'impossibilité dans certains secteurs professionnels de trouver du travail si l'on n'appartient pas à la CGT.

Pourtant, il est évident que l'épuration s'avère discutable, ou du moins ambiguë, sur certains cas individuels. Prenons l'exemple d'André Girard, né en 1910, ouvrier aux usines Peugeot de Sochaux. Entré à la CGT au moment des grèves de 1936, il est devenu délégué d'atelier, puis, dès le mois de novembre, secrétaire du syndicat des métaux de Sochaux et membre de la commission administrative de l'union départementale du Doubs. Lui-même socialiste, il est très contesté par les syndicalistes communistes et anarchistes qui le poussent à la démission en avril 1938. Il réintègre son usine où il travaille toute la guerre, échappant au STO. En 1941, le préfet du Doubs le propose pour remplacer l'un des conseillers prud'homaux révoqués parce que communistes, mais son nom n'est finalement pas retenu. Il passe pour favorable à la Charte du travail pour avoir assisté à des réunions sur le sujet au sein des usines Peugeot. En janvier 1945, il est exclu du syndicat des métaux de Sochaux et, par conséquent de la CGT, sans que les motifs lui soient donnés. La discussion restera toujours ouverte : a-t-il donné trop de gages à Vichy ou cet ex-confédéré, non communiste, qui avait fait la preuve de son talent et de son leadership, a-t-il été écarté au cas où il aurait pu prendre la tête d'une tendance hostile aux communistes ?

L'épuration comme instrument politique ?

Avec la montée en puissance des communistes dans la CGT et la cristallisation d'une opposition interne à partir de 1947, le thème de la manipulation de l'épuration devient un argument décisif de la confrontation. La tendance non communiste contestataire (Force ouvrière, les vieux syndicalistes de tendance anarchiste, des pacifistes...) affiche son inquiétude devant la disparition de l'indépendance syndicale noyée dans la politique d'alignement de la CGT sur les décisions du gouvernement, dans lequel figurent des ministres communistes. La commission nationale d'épuration est dépeinte comme une instance inféodée à l'État :

> S'il est un fait éclatant de collaboration bourgeoise, de collaboration gouvernementale, c'est bien cette commission d'épuration syndicale, fondée par le gouvernement d'Alger, que Jayat a accepté de présider. Même dans ce cas, dans ce cas surtout, nous ne devrions pas permettre au gouvernement de mettre le nez dans nos querelles entre courants ouvriers [...] Les syndicats n'avaient pas alors à prêter la main au gouvernement dans sa comédie d'épuration. Les différends qui avaient divisé les militants, c'était à l'intérieur du mouvement ouvrier qu'ils devaient être débattus et tranchés (Pierre Monatte, « Le carnet du sauvage », *la Révolution prolétarienne*, février 1948).

Ce reproche est d'autant plus étonnant que, de toutes les commissions de reconstitution des syndicats, celle des travailleurs est précisément la seule à n'avoir pas compté de représentant de l'État et avoir fonctionné de façon absolument autonome. C'est en fait le principe même de l'appartenance des centrales syndicales à la Résistance qui est rejeté comme une trahison de la spécificité du combat ouvrier et une adhésion lamentable au chauvinisme.

> De toutes parts, on a mêlé le syndicalisme à la Résistance [...] On a laissé croire que les intérêts de la classe ouvrière se confondaient avec les intérêts de la France bien pensante et bourgeoise. Le plus grand des méfaits de la guerre dernière a été de supprimer l'esprit internationaliste (article d'un représentant du syndicat des instituteurs de la Loire dans *la Révolution prolétarienne*, mars 1948).

La commission nationale, et en particulier son président Lucien Jayat, sont vilipendés et injuriés comme instruments et complices de la « scandaleuse politique d'épuration dirigée que les staliniens ont imposée à l'organisation syndicale » (Roger Hagnauer, *la Révolution prolétarienne*, avril 1948). Cette accusation est développée et systématisée avec la création de la CGT-FO après la scission de décembre 1947. Le 9 juin 1949, le comité confédéral national de Force ouvrière adopte une motion appelant à la révision des sanctions par une nouvelle commission, eu égard aux manipulations honteuses auxquelles a donné lieu l'épuration :

> Considérant qu'il est de notoriété publique les hommes du parti stalinien se sont notamment servis des commissions d'épuration syndicale pour écarter des organisations ceux qui pouvaient constituer des obstacles à leur politique de colonisation ;
>
> Considérant que des hommes de bonne foi pouvaient normalement avoir confiance en l'honnêteté intellectuelle d'hommes tels que le sieur Lucien Jayat, alors que les derniers événements ont montré de celui-ci n'était qu'un partisan et paraissait avoir reçu la récompense de sa servilité par sa désignation à un poste de secrétaire confédéral, désignation incompatible avec ses qualités personnelles et les services rendus à la classe ouvrière ;
>
> Considérant que des militants syndicalistes ont été sanctionnés après une instruction sommaire et sans avoir été entendus ;
>
> Considérant qu'il appartient au mouvement syndical libre, et à lui seul, de juger avec un maximum de garanties de justice ceux qui auraient commis des actes contraires à l'intérêt ouvrier ;
>
> Considérant qu'une nouvelle étude des sanctions prises après 1944 s'impose d'autant plus qu'il est avéré qu'il a suffi à ceux dont la conscience n'était pas tranquille d'adhérer au parti communiste pour ne pas être inquiétés.

Ce texte sera sans grand effet pratique, à quelques réintégrations près, mais il contribue à ancrer dans les esprits l'idée d'une épuration abusive et politicienne au sein des syndicats de travailleurs, idée qu'infirment en partie les archives de la commission nationale, mais que pourraient confirmer les décisions moins formelles prises par les instances locales.

L'épuration telle qu'on en parle

Quels que soient les nombreux reproches faits à la commission nationale de reconstitution des organisations syndicales de travailleurs sur sa manière d'enquêter à charge, de négliger les faits de résistance de certains « gêneurs », de délibérer à huis clos, elle a eu le mérite de statuer assez clairement, de motiver ses décisions et de conserver les traces écrites de son travail. On ne peut pas en dire autant, loin s'en faut, des autres organisations syndicales, en particulier patronales, qui n'ont eu d'autre préoccupation que de se poser en victimes de

Vichy et de se reconstituer au plus vite. Les syndicats médicaux, par exemple, assimilés à des syndicats patronaux, mais relevant de leur propre ordonnance du 15 décembre 1944, se hâtent de se reformer par peur de la concurrence des organismes issus de la Résistance médicale regroupés dans l'Union des médecins français, et de l'Ordre des médecins, dissous dans sa forme vichyssoise mais aussitôt ressuscité sous le nom de Conseil supérieur des médecins. Les syndicats locaux réapparaissent et la Confédération des syndicats médicaux français est autorisée à renaître le 25 mars 1945, ce qui lui semble une attente insupportablement longue :

> Fâcheusement, inadmissiblement, les oppositions plus ou moins camouflées à la reconstitution de nos syndicats continuent. Les fameuses commissions dites de reconstitution ont su, dans de nombreux cas, faire traîner les choses (Paul Cibrie, « Mort et résurrection des syndicats médicaux », *le Médecin de France*, juillet-août 1945).

Il est d'autant moins question d'épuration que le moment n'est certes pas de donner des verges pour se faire battre. D'ailleurs, la profession dans son ensemble, estimant n'avoir point démérité – au contraire – n'a nullement soif de renouvellement.

On remarque que, contrairement aux commissions de reconstitution des syndicats de travailleurs, celles des médecins, comme des employeurs au sens large comprennent des représentants de l'État, qu'il s'agisse de magistrats ou de fonctionnaires du ministère du Travail ou de la Production. Placés sur la sellette par l'air du temps qui est à l'incrimination du patronat complice de Vichy ou des Allemands et des trusts en général, pour reprendre la terminologie de l'époque, les syndicats d'employeurs sont pris entre des manifestations ostentatoires de bonne volonté épuratrice et le désir d'une continuité qui permette de reprendre rang au plus vite dans le concert social. Les termes des défenses ne surprennent pas :

> Un dilemme se posait : ou nous désintéresser des organismes nés de la Charte du travail et courir le risque de voir nos professions tomber sous la coupe d'individus dont l'obéissance au gouvernement de Vichy était notoire, ou continuant notre politique de résistance occulte, conserver aux leviers de commande les hommes qui avaient librement été désignés par les élections régulières avant l'occupation (lettre du président de la chambre professionnelle départementale du comité d'organisation de l'industrie hôtelière au préfet de Seine-et-Oise, 15 décembre 1944).

La confédération générale des petites et moyennes entreprises (CGPME), créée durant l'hiver 1944-1945, mêle dans ses instances dirigeantes des industriels résistants (Pierre Lefaurichon, l'un des fondateurs de l'OCM) et des membres du comité d'études des PME institué en 1943 par Jean Bichelonne, secrétaire d'État collaborationniste à la Production industrielle, à commencer par son délégué général et principal animateur, Léon Gingembre. Dès ses premières publications, la CGPME adopte un ton revendicatif pour poser les petites entreprises en victimes de l'économie dirigée de Vichy et les valoriser face aux « trusts ». En juin 1945, elle compte déjà 3 000 syndicats adhérents. Ce n'est qu'en juin 1946 qu'apparaît le conseil national du patronat français (CNPF), à l'instigation des pouvoirs publics désireux d'avoir un interlocuteur. Il fonctionne alors comme un groupe de pression se consacrant à la défense plutôt statique d'un patronat patrimonial et, dans sa formule associative, est dominé par les grandes fédérations industrielles. Il est présidé par Georges Villiers, industriel, maire de Lyon nommé par Vichy, mais aussi déporté pour avoir organisé des sabotages des industries travaillant pour le compte des Allemands. Derrière cette nouvelle façade, l'épuration syndicale n'a pas eu besoin de se déployer. Elle n'a été qu'un discours de circonstance, murmuré le temps de laisser passer l'orage.

C'était un temps déraisonnable

Au crible de ces différentes épurations, le personnel politique ne peut qu'être renouvelé, contrairement à d'autres élites. Si l'on y ajoute la désaffection des Français pour l'ancienne République et les partis qui y étaient associés et le rebrassage des situations et des opinions induit par les années de guerre, on ne s'étonne pas des résultats des élections d'après-guerre.

Les élections municipales d'avril-mai 1945 (premières élections depuis neuf ans) sont disputées comme rarement. Le nombre de listes, la multiplicité des débats, le taux de participation et le premier vote des femmes rencontrent l'empressement civique des Français, soutenu par des journaux foisonnants et volontaristes, et une radio engagée. Lors du référendum du 21 octobre 1945, les électeurs rejettent à la quasi-unanimité l'hypothèse d'un rétablissement de la IIIe République, définitivement associée aux avanies de la défaite.

À lire la presse ou même les proclamations électorales de l'époque, on pourrait effectivement penser que tout à chacun aspire à voir balayer les héritages du passé, voire croire qu'une révolution s'annonce. Une fois la droite évaporée, la gauche parée de toutes les vertus de la Résistance n'a que la révolution à la bouche, sans que l'on sache très bien de laquelle on parle. Si l'on n'a pu considérer que Mai 68 a été le temps de toutes les utopies politiques, même les plus folles, les résistants ne sont certes pas en reste en 1944-1945, dans l'ivresse de la liberté retrouvée. On lit par exemple dans le programme des Ardents, un petit groupe résistant provenant plutôt de la droite, une proposition tendant à installer dans les écoles une nouvelle matière : la révolte. « On instituerait un cours spécial sur les soulèvements nationaux pour l'indépendance à travers les siècles. » Le devoir de résistance, dans tous les sens du terme...

C'est un leitmotiv partout décliné sur la révolution, la rénovation, les hommes nouveaux, les idées neuves. La Libération n'est pas seulement territoriale, mais politique, économique, sociale. L'épuration doit d'abord servir à ça : rendre possible le neuf en faisant place nette.

> Honneur à nos camarades déjà tombés dans le combat. Jurons de les venger par l'impitoyable châtiment des traîtres et de donner un sens à leur sacrifice en construisant une France nouvelle (*Le Parisien libéré*, 26 août 1944).

C'est particulièrement vrai sur le terrain politique où les résistants se sentent fondés à revendiquer le monopole du pouvoir, sous peine de trahir leur vocation. Quoi qu'en aient dit leurs adversaires, il y a souvent là moins hâte à se servir, qu'à servir avec la conviction sincère – bien que déconcertante – de la supériorité morale et pratique du résistant sur toute autre personne.

> Le Mouvement de la Libération nationale a tenu dimanche sa première réunion publique à Paris.
>
> « En face des prétendus sages et des sceptiques, ce sont les résistants qui ont eu raison » (Pascal Copeau).
>
> « Les fausses élites qui ont subi ou accepté la capitulation ou la collaboration, sous le masque de la technicité, veulent garder l'État. Elles ne le garderont pas. Il faut faire une politique de réformes. Il faut que la résistance s'y emploie. S'il n'en était pas ainsi, les réformes n'aboutiraient pas car il est impossible à des cadres pourris de se purifier eux-mêmes » (Emmanuel d'Astier).
>
> Pour terminer cette réunion, Antoine Avinin, directeur politique du *Franc-Tireur* fait applaudir les revendications unanimes de la Résistance et, en particulier, la nécessité d'une épuration rapide et de sanctions immédiates. En conclusion des discours, une résolution est adoptée par acclamation, qui réclame l'arrestation de tous les ministres de la capitulation et de la collaboration sans exception, l'épuration de tous les corps de l'État, la rénovation de l'armée française et des mesures de nationalisation des grandes entreprises d'intérêt national (*Combat*, 19 septembre 1944).

Pourtant, les résultats électoraux traduisent une réalité complexe. Certes, le paysage politique est remanié par l'avènement de nouveaux partis, la promotion remarquable d'autres, la disparition ou l'atonie des derniers. Certes, on note la présence parmi les élus d'hommes nouveaux, plus jeunes, issus de la Résistance, et dans une bien moindre mesure de femmes. Certes, le renouvellement est ample dans les villes. Mais qu'en est-il dans les bourgs ruraux ou les villages qui abritent encore 47 % de la population ? Les comités de Libération sont bien souvent balayés aux élections municipales. Lors du scrutin législatif d'octobre 1945, les habitués de l'analyse électorale distinguent la persistance du paysage politique dominé par le critère de l'appartenance religieuse.

Où est le parti de la Résistance ? Où sont les partis issus de la Résistance ? Même si, dans les professions de foi, beaucoup de formations se présentent comme résistantes, les mouvements clandestins ne se sont pas transformés en forces politiques. Certains d'entre eux se défendaient de vouloir devenir des partis. Non pas par modestie, mais pour être bien davantage :

> *Libération-Soir* est l'organe de ce grand mouvement qui n'est pas et ne sera pas un parti politique, mais dont l'ambition est d'être à la fois l'animateur et le ciment de ce vaste rassemblement des partis épurés, renouvelés ou forgés par la Résistance – cette loi qui nous tient parce qu'elle est la voix même de la Nation – et qui demain permettra seule d'assurer, par un effort constructif unanime, cette grande renaissance française, condition même de l'avenir de notre pays (*Libération-Soir*, 12 septembre 1944).

D'autres auraient bien voulu, mais n'y sont pas parvenus. Ils sont court-circuités par la vie politique qui, à l'Assemblée consultative élargie, se reconstitue autour des réflexes habituels. Dès janvier 1945, le MLN (qui regroupait bon nombre des grands mouvements de résistance) et le Front national dominé par les communistes se déchirent sur l'éventualité d'une fusion. Ils se rejettent mutuellement la responsabilité d'un échec qui sonne le glas des œcuménismes de la Résistance. Le MLN éclate et ses adhérents se dispersent sur tout le spectre politique. Le Front national finit en appendice du Parti communiste, au milieu d'une ribambelle d'autres organisations satellites. Les partis nés de la Résistance – à l'exception notable du MRP qui s'appuie sur des mouvances chrétiennes déjà bien organisées avant-guerre – sont des groupuscules voués à ne vivre que de la valeur personnelle de leurs rares élus. L'UDSR, Union démocratique et socialiste de la Résistance, qui ambitionnait selon ses statuts d'être un parti de masses, ne comptera jamais que 15 000 adhérents et deux dizaines de parlementaires au mieux. Passé à la postérité comme groupe charnière voué au rôle d'appoint parlementaire et de gestionnaire gouvernemental, il s'était voulu la fédération des mouvements de Résistance, le lieu de la rénovation politique, la matrice du socialisme libéral non marxiste. Or, le travaillisme, la « troisième voie » entre capitalisme et communisme restent à l'état d'ébauches, vertement combattues par les communistes en position de force :

> Les révolutionnaristes de 1945 ont ramassé toutes les vieilles peaux du socialisme et ils s'en font un déguisement qu'ils appellent socialisme humaniste ou libéral, travailliste ou occidental (Pierre Hervé, *La Libération trahie*, 1945).

De même, le PC et la CGT s'emploient à combattre l'essor du MRP, devenu par ses premiers succès électoraux un rival dangereux, y compris en contribuant à ressusciter les partis traditionnels.

D'anciens résistants, nombreux, s'imposent dans tous les rouages de l'État – faisant dire à leurs ennemis qu'ils constituent « une nouvelle aristocratie pillarde » – . Mais quelles sont leurs organisations, leurs idées ? Le renouvellement peut-il être purement personnel, quelle que soit son ampleur ?

Dès la fin de 1945, des voix s'élèvent parmi les anciens chefs des mouvements métropolitains pour constater l'échec politique de la Résistance. La restauration de l'État s'est faite au prix d'une relégation des instances nées dans la Résistance. La restauration de la démocratie semble s'opérer au détriment des mouvements de Résistance. Les responsables de cette désillusion sont pour tous identiques : le général de Gaulle et son entourage qui n'ont pas compris l'aspiration du pays à une démocratie rénovée, le sabotage sournois des vichystes mal repentis, l'intransigeance communiste et, toujours, les anciens partis politiques habiles et gloutons. L'expression de la colère des résistants est souvent violente et vise à rejeter la faute sur autrui. Mais, à leur grand désarroi, force leur est aussi de reconnaître une rapide désaffection des Français à leur égard. Les premiers sondages réalisés en France révèlent que, dès avril 1945, à peine plus de 10 % des électeurs souhaitent que la Résistance fonde un nouveau parti.

> Quelle n'a pas été notre surprise de constater que l'opinion publique demeurait réticente devant nous. Et cette réticence, depuis bientôt dix mois que nous sommes libres, n'a fait que s'accroître. [Nos concitoyens] ne nous croient pas capables, ayant sauvé le pays, de le gouverner [...] Le Parti communiste et le Parti socialiste sont seuls tolérés par le nouveau conformisme (Pierre Bénouville, *l'Avenir de la Résistance*, 1945).

Que sont les rêves de renouvellement et de pureté devenus ? L'épuration paraît en pratique avoir échoué sur ce terrain partisan sur lequel elle semblait, en principe, si consensuelle. Le bouleversement des cultures et des paysages politiques ne semble pas pouvoir surgir des sacrifices et des rêves.

IX

Justices privées, vengeances publiques : les morts de l'après-libération

Oui, je suis de ceux-là qu'inspire le Vengeur,
Il m'a marqué le front de sa lèvre irritée,
Sous la pâleur d'Abel, hélas ! ensanglantée,
J'ai parfois de Caïn l'implacable rougeur !
(Gérard de Nerval, *Antéros*, les Chimères).

Depuis quelques semaines, dans quelques régions et dans quelques départements, des « collaborateurs » ou prétendus tels sont fréquemment assassinés. Les attaques de prison se multiplient. Des prisonniers en instance de jugement, des condamnés ayant formé un recours en grâce sont illégalement exécutés, soit dans les prisons, soit au cours de transferts d'une ville à l'autre.

Les premières lignes de cette circulaire du ministre de l'Intérieur datée du 3 janvier 1945 dressent un tableau plutôt inquiétant et inattendu de la France quatre mois après la Libération de la capitale et de la plupart des départements. Sous les termes administratifs se devinent des violences qui évoquent un pays en révolution, le terrorisme, les lynchages. Les mois passent, les nouvelles instances judiciaires se mettent à fonctionner. Le ton des rapports officiels reste pourtant le même. « Des attaques à main armée, des attentats par explosifs et quelques exécutions sommaires augmentent dans des proportions sensibles le nombre des crimes dans la plupart des départements », écrit le directeur de la gendarmerie nationale plus d'un mois après la capitulation allemande. En août 1945, le ministre de l'Intérieur adresse un nouveau rappel à l'ordre aux commissaires de la République pour « attirer leur attention sur la gravité de la situation ». Il leur demande de sévir avec énergie contre les attentats et d'obtenir des partis politiques et des mouvements de résistance un désaveu des agressions à main armée...

Les chiffres collectés a posteriori coïncident avec les rapports administratifs. Parmi les quelque 9 000 exécutions extrajudiciaires, environ 20 % ont eu lieu après la Libération. Cela représente autour de 1 800 morts sur une période comprise entre un an et dix-huit mois, soit entre 100 et 150 morts par mois. Un chiffre d'autant plus impressionnant qu'il faut y ajouter toutes les actions dans lesquelles les victimes désignées ont été blessées ou ont été manquées, et les attentats qui n'ont fait que des dégâts matériels.

Si l'on n'est pas surpris de constater que la période de la Libération a été celle de violences plus ou moins contrôlées, on a davantage oublié leur abondante prolongation. D'où de nombreuses questions : pourquoi se sont-elles produites ? quand ? de quels types de violences s'agit-il ? comment se sont-elles arrêtées ? ces événements doivent-ils changer notre regard sur la nature de l'épuration et sur l'état de la France dans l'immédiat après-guerre ?

Ils sont partout

Lorsqu'on sait ce que furent la progression des armées alliées à travers la France et le dénouement de la guerre en Europe, il peut être difficile de se représenter qu'après la liesse inouïe de la Libération, les Français n'ont pas recouvré aussitôt la sérénité. Traumatisés par le brutal effondrement de 1940, les peurs et les misères de l'Occupation, effrayés par les violences des derniers mois, ils ne retrouvent pas leur équilibre aussitôt les Allemands chassés de leur proximité immédiate. Après tout, rien ne leur prouve que la guerre soit d'ores et déjà gagnée et qu'elle ne réserve pas encore de cruelles surprises. À cet état d'esprit inquiet contribuent aussi bien des causes objectives que des psychoses tenaces.

La drôle de guerre, qui n'est pas si loin, avait été marquée par les campagnes contre l'espionnage et les ennemis de l'intérieur, la fameuse Cinquième Colonne, incarnée à la fois par les communistes et par les partisans de l'Allemagne nazie. Si les premiers sont dorénavant dans le « bon camp », les seconds semblent avoir fait amplement la preuve de leur trahison depuis 1940, jusqu'à se substituer parfois à l'occupant dans la répression. À l'été 1944, les opérations militaires ont ravivé en France la hantise de l'espion. Les troupes alliées, à commencer par la Sécurité militaire française, ont débarqué en étant équipées de *handbooks*, listes par région de Français suspects qui pouvaient représenter une menace militaire immédiate : agents des polices ou des services de renseignements allemands, membres des partis collaborationnistes, de la LVF ou de la Milice, entrepreneurs travaillant pour l'organisation Todt, policiers ou particuliers s'étant distingués dans la chasse aux réfractaires, mais aussi radio amateurs, devenus dans l'imaginaire les emblèmes de l'espionnage. À ces personnes repérées avec plus ou moins de précision par les organisations de Résistance s'ajoutent dès les premiers jours du Débarquement des agents recrutés presque à l'improviste par les Allemands ou les partis collaborationnistes, et chargés de s'infiltrer en Normandie derrière les lignes alliées pour identifier les unités et leurs emplacements. Ces deux catégories de suspects constituent pour les Alliés une préoccupation sérieuse. Ils n'en négligent nullement le repérage et la mise hors d'état de nuire. Si pour la première, ils se contentent souvent d'arrestations préventives, la seconde peut faire l'objet d'exécutions immédiates. Les rapports de la Sécurité militaire française qui évoquent l'interception de ces agents montrent que, même s'il s'agit souvent de jeunes gens à la dérive et bien incapables d'efficacité, ils sont généralement issus, fût-ce par des chemins tortueux, du monde la collaboration. Le traître prend ici bel et bien le visage de l'ennemi infiltré qui cherche à se rendre invisible. Contrairement à l'image donnée a posteriori par les soldats alliés affirmant avoir déploré les exactions commises par les résistants ou civils français à la Libération, ils ne manifestent sur le moment aucune indulgence pour les éventuels agents de l'ennemi camouflés en civils. Recensant par exemple les arrestations effectuées en Normandie en juillet 1944, le service de sécurité militaire français constate avec plaisir que « les éléments britanniques font preuve d'un dynamisme remarquable dans la recherche des agents ».

Par la suite, les services de sécurité ou de contre-espionnage continuent à considérer les collaborationnistes comme autant d'agents potentiels de l'ennemi, prêts non seulement à prendre les armes, mais à se fondre dans le paysage français avec des missions de renseignement, de sabotage ou de terrorisme. Leurs documents de travail signalent en particulier les lieux de repli des collaborationnistes, tant à l'Est de la France qu'en Allemagne, comme des viviers de soldats de l'ombre. Sont recherchées les formations secrètes qui auraient été laissées à dessein en France pour attaquer les armées alliées sur leurs arrières. Jusqu'à la capitulation allemande et même au-delà, Alliés et Français se montrent obsédés par les écoles de radio, de saboteurs et de « maquisards noirs » qui formeraient en Allemagne des agents prêts à être parachutés en France. La quête d'informations, les interrogatoires de collaborationnistes se focalisent souvent sur cette question. Le 1er avril 1945, par exemple, le *handbook* actualisé par la sécurité militaire française fournit entre autre les noms des « Waffen SS français ayant suivi un stage d'instruction des SS à Cernay, d'agents du SRA [service de renseignements allemand] susceptibles d'être restés derrière les lignes ou de les franchir pour travailler au profit des Allemands, des membres de la Jeunesse hitlérienne envoyés en France ou devant traverser les lignes dans la région de Haguenau avec une mission CE [contre-espionnage] courant janvier 1945 ». On n'en est pas à châtier la collaboration économique ou politique, mais à traquer les agents de l'ennemi au sens littéral du terme.

A posteriori, on s'aperçoit que les risques ont été largement surestimés par la sécurité militaire. Les craintes ont surtout été alimentées par des rumeurs. On ne s'étonnera donc pas qu'elles aient transpiré dans le public et même effectué des allers-retours par lesquels elles s'auto-entretenaient. Des événements aussi fameux que les coups de feu qui, le 26 août 1944, ont retenti le long du parcours du général de Gaulle dans Paris, puis sur le parvis de Notre-Dame, ne peuvent avoir manqué d'attiser la psychose des tireurs embusqués, c'est-à-dire des ennemis, français ou allemands, restés sur place. Par ailleurs, les aléas des combats qui, on l'a vu, ont parfois ramené les troupes allemandes dans des villes ou des villages que l'on croyait libérés, ont donné à la Libération un air de précarité. L'incertitude est évidemment renforcée et entretenue par des faits majeurs tels que l'existence des poches, lieux de concentration de troupes allemandes qui s'accrochent dans des places fortes. À Lorient, Royan, Saint-Nazaire, Dunkerque, La Rochelle, à la Pointe de Grave, sur les îles de Ré ou d'Oléron, sont tout de même présents jusqu'au 8 mai 1945 plusieurs dizaines milliers de soldats ennemis. À la frontière italienne, quelques villages demeurent occupés par les Allemands et les nouvelles qui parviennent font état d'exactions et de déportations. Un raid semble en outre toujours possible.

> Le coup de main effectué récemment à Granville par les Allemands [depuis Guernesey toujours occupée] a été la cause d'une certaine stupeur, d'une certaine déception aussi parmi la population. On s'étonne du peu de surveillance effectuée sur les côtes et les autorités responsables font l'objet de vives critiques (Rapport du chef d'escadron commandant la compagnie de gendarmerie de l'Orne sur l'état d'esprit de la population, 12 mars 1945).

L'Alsace n'est libérée qu'en mars 1945, en dépit de l'entrée précoce dans Strasbourg. Les armées françaises et alliées passent le Rhin et portent enfin le combat sur le sol allemand. Mais peut-être plus que tout, l'offensive allemande des Ardennes, du 16 décembre 1944 au 30 janvier 1945, sème l'effroi sur tout le territoire.

> L'inquiétude est surtout vive dans le département des Ardennes où le bruit du canon qui s'entend nettement suscite un sentiment de peur. La crainte se lit dans les yeux des gens, même chez les plus lucides et les plus courageux. Avertis par l'expérience, les Ardennes tournent leur regard vers la trouée de Sedan et certaines personnes de cette région meurtrie plusieurs fois en trente ans, se demandent s'il ne faut pas prendre les indispensables précautions pendant qu'il est temps (rapport des Renseignements généraux, Saint-Quentin, 27 décembre 1944).

Un court bombardement sur Paris durant l'hiver, les tirs de V1 ou V2 sur l'Angleterre font craindre jusqu'à la dernière extrémité un affreux retournement de situation.

Dans diverses régions, plus ou moins proches des fronts, des bruits se répandent qui ont trait soit à l'activité d'une Cinquième Colonne, soit à l'existence de maquis blancs ou noirs, c'est-à-dire de partisans du Reich cachés dans les forêts, soit au parachutage d'agents ennemis. Dans ce tableau empreint de suspicions, d'affabulations, voire d'hystérie, les collaborationnistes qui auraient été « oubliés » par l'épuration et les étrangers « suspects » tiennent évidemment une place de choix. Sans compter que les camps d'internement passent eux-mêmes pour des repères de comploteurs.

La Cinquième Colonne

Dans le Tarn, à l'automne 1944, des FTP affirment que des miliciens sont repliés dans les bois et les attaquent de façon sporadique. Ils arrêtent des personnes qu'ils accusent de ravitailler ces nouveaux maquisards. Dans le Tarn-et-Garonne voisin, ainsi d'ailleurs que dans l'Ain, des parachutages nocturnes d'hommes en civil sont signalés. Comment et pourquoi de telles nouvelles se répandent-elles ? On peut par exemple en suivre le cheminement dans les Alpes-Maritimes.

Le 20 décembre, un couple âgé est agressé à Vence. Trois hommes s'emparent d'argent et de bijoux. On affirme avoir reconnu parmi eux un militaire allemand qui était en garnison à Cagnes-sur-Mer quelques mois plus tôt. Aussitôt, on suppose qu'il vient d'être parachuté. Le commissaire de police de Vence signale que des signaux lumineux ont été aperçus qui accréditent l'hypothèse de parachutages. Les recherches ne débouchent sur rien. Une semaine plus tard, l'officier commandant un poste de guet dans le Var annonce avoir repéré des atterrissages de planeurs à l'est de Cannes. Le commandement américain s'inquiète de parachutages qui auraient eu lieu au Cannet, tandis que d'autres sont vus vers La Turbie. Gendarmes et policiers dépêchés sur place ne trouvent rien. Le préfet, après avoir vainement sollicité l'autorité militaire, envoie le commissaire de police de Vence inspecter avec quelques gendarmes les environs.

« Il ressort du rapport qui m'a été adressé à la suite de cette enquête que des parachutages ont dû effectivement avoir lieu dans cette région » (rapport du préfet, 16 décembre 1944). L'affaire tourne pourtant court.

Dans les Bouches-du-Rhône, confronté aux mêmes alertes, le préfet réagit tout autrement. Depuis quelques jours, des bruits, relayés par des télégrammes, font état de tirs de fusées et d'évasions de prisonniers de guerre allemands ou de détenus pour faits de collaboration un peu partout dans le département. C'est dans ce contexte que, dans la nuit du 26 au 27 décembre, le commandant de gendarmerie de La Ciotat fait réveiller les membres de la délégation municipale et du comité local de libération pour les avertir qu'un parachutage vient d'avoir lieu entre La Ciotat et Cassis. Des barrages routiers sont mis en place et seize suspects sont arrêtés préventivement. Le préfet se rend sur place, fait libérer les prisonniers et rappelle aux intéressés qu'ils n'ont pas l'autorité pour prendre ce genre de mesures. Dans son rapport, le préfet parle d'émotion et de nervosité, tout en tenant pour acquis que les parachutages n'ont pas eu lieu (rapport du préfet, 10 janvier 1945).

Autre affaire symptomatique de l'époque, dans une toute autre région, celle qui agite un bourg de la Sarthe, Bessé-sur-Braye, en décembre 1944. Trois mois plus tôt, cinq hommes suspectés de sympathies collaborationnistes y ont été arrêtés. Relâchés presque aussitôt, ils ont repris leur vie, sans apparemment ni faire amende honorable, ni même faire preuve de discrétion. Leurs propos volontiers provocateurs sur les destructions provoquées par les Alliés et sur la dureté des temps créent une certaine effervescence dans la population.

> Madame P., 32 ans, ménagère : M. B. est employé et relève les compteurs. Deux fois, je lui ai fait remarquer des erreurs dans ses relevés de compteur. Il y a environ un mois, B. est venu relever le compteur. Je lui ai dit : cette fois, ne vous trompez pas. Il m'a répondu : attention ma petite dame, vous parlez un peu trop, d'ici quelque temps, il vous arrivera quelque chose et sans tarder. Je lui ai dit : Monsieur, cela m'est égal, je parle en bonne Française et je n'ai pas peur puis il a ajouté par trois fois : vous verrez, en insistant. Précédemment, lors d'un relevé de compteur, j'avais demandé à B. s'il y aurait toujours des restrictions au point de vue consommation électrique. Il m'a dit : ce n'est pas avec toutes ces destructions (en parlant des Alliés) que ça marchera mieux, au contraire. Il a ajouté : vous les vouliez, maintenant, vous voyez ce qu'ils font.

On raconte dans le pays qu'ils se réunissent régulièrement la nuit dans des caves où ils discutent avec animation. Pourquoi ? L'explication se répand : ils préparent sérieusement une rébellion collaborationniste.

R. Gaston, 49 ans, premier adjoint et membre du comité cantonal de libération de Bessé-sur-Braye : Madame G. m'a dit que B. aurait tenu les propos suivants à son mari : « Nous attendons des armes pour délivrer les 150 000 arrêtés de Paris ». J'ai appris également que M. M. aurait dit à M. P. que les Allemands seraient à Paris pour le 1er janvier 1945...

R. Georges, 32 ans, ancien chef local des FFI de Bessé : Tous les individus arrêtés au cours des événements du mois d'août 1944 sont considérés comme des hommes suspects et en conséquence méritent d'attirer l'attention de la police sur leurs agissements d'ordre collaborationniste. Il est de notoriété publique les nommés L., B., M., B. et H. tiennent des réunions clandestines, la nuit, dans différents endroits, cherchant à dépister les recherches de la police.

P. Henri, 32 ans : Il y a une quinzaine de jours, je conversais avec M. R., maréchal-ferrant à Bessé. Il m'a dit que M. M. lui aurait affirmé que les Allemands seraient de nouveau à Paris pour le 1er janvier 1945. M. M. a la réputation d'être un collaborateur obstiné...

G. Raymond, 33 ans, charretier : Il y a environ deux mois je me trouvais en compagnie de M. M., cantonnier, près de la cave à B. Ce dernier m'a parlé des événements actuels. Il a dit que c'était honteux de se trouver dans une situation comme la nôtre et que dès qu'il aurait des armes, les 7 000 camarades enfermés dans les prisons de Paris seraient délivrés (gendarmerie nationale, procès-verbal constatant des renseignements [affaire B. et consorts], 8 décembre 1944).

Forte de ces témoignages concordants, la gendarmerie commence une surveillance discrète et va même jusqu'à placer un micro dans une cave voisine de celle des conspirateurs présumés. Mais voilà qu'avertis eux aussi par la rumeur publique, les FFI du Mans (distant de 50 km) envoient un détachement dirigé par un capitaine qui se fait fort de mener des perquisitions et d'étouffer le complot dans l'œuf. Les gendarmes se plaignent que ce commando peu discret a gâché la surveillance et stoppé net les conspirateurs qu'on ne peut plus prendre sur le fait. L'enquête tourne court.

Y avait-il ou non une affaire ? S'agissait-il d'autre chose que des rodomontades de fortes têtes, amplifiées par des dissensions personnelles et un état d'esprit inquiet ? La rumeur se propage et prend corps à proportion de son apparente cohérence avec la personnalité des suspects et avec l'atmosphère générale. Elle est prise au sérieux par de multiples autorités policières ou militaires. Le fait qu'aucun résultat ne suive contribue-t-il à rassurer ou, au contraire, donne-t-il à penser que l'on n'est pas défendu, que le travail d'enquête et de répression n'est pas fait, voire qu'il y a quelque part une volonté obscure de ne pas le faire ? La liberté persistante de suspects de proximité suggère-t-elle qu'ils ont été incriminés pour rien et que la répression se concentre avec efficacité sur les vrais cas graves, ou, au contraire, que l'épuration est négligente, mal faite, voire sabotée ? Les réponses varient probablement au cas par cas, mais ce serait sûrement présumer de la rationalité des opinions publiques que de penser que ce sont toujours les options les plus encourageantes qui l'emportent.

Les rumeurs sont partout, incessantes. Elles peuvent surgir à tout moment et être relayées par les instances nouvelles, avides de montrer leur détermination et leur zèle. Ainsi des FFI bordelais sont-ils persuadés qu'un commando est en train de s'organiser pour tenter de délivrer Adrien Marquet, maire de la ville et ministre de l'Intérieur pendant deux mois au début du régime de Vichy. Mais qui diantre risquerait un coup de main armé contre le fort de Hâ pour cet homme ?

Le grand malentendu des cours de justice

Cette persistance et, même, cette recrudescence, de la psychose de la Cinquième Colonne se manifestant à partir de l'automne 1944 coïncide avec les premières déceptions nées de l'épuration. On a l'impression que ce ne sont pas vraiment les bonnes personnes qui sont arrêtées et détenues : certaines paraissent un menu fretin dont l'arrestation témoignerait surtout de désordre et d'incompétence ; d'autres semblent échapper inexplicablement à de justes sanctions, impression renforcée par le refuge en Allemagne de collaborationnistes, à commencer par les plus notoires. En parcourant la presse tant locale que nationale, on constate que quelques semaines à peine après la Libération, l'épuration non seulement est présentée comme une déception mais déjà comme un échec. Il est évident que les appels au châtiment public et fulgurant qui ont fait florès dans les derniers temps de l'Occupation ont rencontré un écho significatif et persuadé les Français, contre toute évidence matérielle, que cette prompte justice était possible.

Les cours de justice, créées en octobre 1944, sont à peine à l'œuvre qu'elles déçoivent déjà. Leur mise en place a suscité les plus vives réserves. On semblait regretter les formes expéditives des cours martiales. Deux cas de figure opposés cristallisent les mécontentements, avec d'autant plus de force que les cours de justice installées dans chaque département et même décentralisées en sections dans des chefs-lieux, sont une vraie justice de proximité. La presse locale, réduite à la portion congrue en papier, renforce l'effet de loupe en se focalisant sur ces actualités.

Dans le premier cas, désireuse de ne point tarder à donner ses premières audiences publiques pour ne pas frustrer l'opinion, la cour de justice inscrit les affaires les plus rapides à traiter. On imagine la stupeur voire l'indignation en découvrant, lors des premiers procès tant attendus, des accusés sans importance, des dossiers sans intérêt. Comment peut réagir le public de la cour de justice de Versailles, le 3 novembre 1944, en prenant connaissance des premières affaires inscrites au rôle ? À Versailles, qui est la ville de la LVF, du groupe Collaboration, dont le maire était un proche de Pétain, qui est la préfecture d'un département où les communistes ont été frappés par la répression... Première appelée, une femme de vingt ans, qui a dénoncé aux Allemands un homme détenteur d'un revolver. Le motif de cette délation : des avances repoussées, sans que l'on sache par qui, chacun des protagonistes affirmant avoir été importuné par l'autre. Bilan : deux ans de prison. Affaire suivante : une femme de 32 ans qui, en 1943, a dénoncé une voisine qui cachait deux soldats hollandais déserteurs de la Wehrmacht. Elle explique son geste par le projet de sa voisine, assez volage, d'abandonner son enfant pour s'enfuir avec les soldats. Elle est condamnée à trois ans de prison avec sursis, peine remarquable puisque le sursis n'est pas prévu par la législation régissant les cours de justice. À chaque fois, la cour a dû répondre aux mêmes questions solennelles dictées par la loi, dont la disproportion et l'inadéquation avec ce qui se déroule dans le prétoire ont de quoi laisser songeur :

> Est-elle coupable d'avoir [...] postérieurement au 16 juin 1940, sur le territoire français en temps de guerre, entretenu sans autorisation du Gouvernement, des relations avec les sujets ou les agents de l'Allemagne et les puissances de l'Axe, puissances ennemies ?
>
> L'action [...] a-t-elle été commise par l'accusée avec l'intention de favoriser les entreprises de toute nature des puissances étrangères sus-désignées, contre la France ou l'une quelconque des Nations alliées en guerre avec les puissances de l'Axe ?

Le public et les jurés versaillais ne sont pas les seuls à se demander quelle comédie se joue en leur présence. Le procureur de Nice avoue un véritable dysfonctionnement :

> Le plus grand nombre des inculpations ne concernent que des faits de peu d'importance relevés à l'encontre de prévenus de conditions diverses, mais le plus souvent modestes [...] Dans ces sortes d'affaires, le jury se montre généralement indulgent et va parfois jusqu'à l'absolution. Il estime que ces faits sont à peine dignes de la Cour de justice, et qu'il a trop souvent à en connaître. Il a maintes fois affirmé son sentiment en accordant le bénéfice de la loi de sursis, malgré l'interdiction légale qui leur en a été faite (extraits d'un rapport du commissaire du gouvernement près la cour de justice de Nice, cité dans le rapport préfectoral du 17 février 1945).

Le bilan des premières semaines de la cour de justice des Alpes-Maritimes apparaît en effet en demi-teintes, et même surprenant, après les grands discours sur le châtiment des traîtres et la rénovation du pays. En quatre mois, elle a commencé par classer sans suite ou accorder un non-lieu à 40 % des dossiers traités. Ensuite, les audiences ont débouché sur un quart d'acquittements auxquels s'ajoutent 15 % d'amendes ou de sursis. Dans le même temps, dix condamnations à mort ont été prononcées, dont six ont été commuées.

La mise au travail des cours de justice correspond à une recentralisation de l'exercice du droit de grâce. Au temps des cours improvisées, le droit de grâce avait paru oublié. Au temps des cours martiales légales et des tribunaux militaires, il était exercé par les autorités départementales avec une certaine parcimonie. Avec la volonté mise en œuvre par le général de Gaulle de rétablir l'État dans toutes ses prérogatives, le droit de grâce redevient régalien. Chaque condamnation à mort peut être suivie, selon les souhaits du condamné, d'une demande de grâce au chef du gouvernement provisoire dont l'instruction demande un délai. On verra que l'octroi de grâces va déchaîner dans tout le pays des incidents majeurs qui provoqueront une véritable crise de l'autorité de l'État. Il suffit de se représenter pour l'heure l'impression ressentie par beaucoup de voir la justice de l'épuration dispenser allègrement acquittements et grâces, bref une scandaleuse indulgence. Ainsi, les cours de justice, qui croient donner satisfaction à l'opinion en inscrivant au plus vite des affaires majeures, encourent le risque de voir les condamnations à mort commuées, voire, plus prosaïquement, rejetées en cassation. Contre toute attente, la justice « extraordinaire » remet en effet ses pas dans les pas de la tradition juridique. Avec d'autant plus d'aisance qu'il est probable qu'en hâtant le mouvement et en prononçant des peines de mort dans des dossiers instruits de façon peut-être incomplète, des cours de justice se soient exposées à des corrections.

Dans les Hautes-Alpes, dont la cour de justice a fait montre d'une rigueur propre à combler les tenants de l'épuration, l'intervention des autorités supérieures crée une effervescence dont les conséquences, on le verra, seront tragiques.

> La cour de justice de Gap s'est montrée d'une sévérité exemplaire à la grande satisfaction de l'opinion publique de ce département qui a beaucoup souffert puisqu'il compte autant de déportés politiques que de prisonniers de guerre, et que le nombre des patriotes ou des résistants fusillés après décision des cours martiales allemandes, ou massacrés au moment du départ de l'ennemi, avoisine la centaine.
>
> Cinq condamnations à mort ont été prononcées :

B. Fernande, dénonciatrice et collaboratrice de la Gestapo, dont la peine fut commuée en 20 ans de travaux forcés,

C. Henriette, intelligence avec l'ennemi et dénonciation, peine de mort commuée en travaux forcés à perpétuité,

C. épouse F., même accusation peine de mort commuée en 20 ans de travaux forcés,

M. Yvonne, épouse M., même accusation, peine de mort commuée en 20 ans de travaux forcés,

M., mêmes accusations, jugement de condamnation à mort cassé par la chambre de Grenoble.

Ces commutations et cassations successives, intervenues à intervalles presque réguliers, ont profondément irrité l'opinion publique en général et plus particulièrement les résistants des Hautes-Alpes. Ils ont cru voir dans ces décisions la volonté systématique de contrecarrer l'œuvre de répression poursuivie par la cour de justice [...] Les habitants des Hautes-Alpes ne craignent pas de dire qu'il existe à Grenoble des magistrats, d'esprit vichyssois, qui s'ingénient à prendre des décisions contraires à la volonté de la cour de justice et qui, se faisant, non seulement cherchent à troubler l'union des résistants et du gouvernement, mais encore, à prendre quelques utiles précautions pour le cas où la situation politique actuelle viendrait à s'inverser.

[...] Ce sont les jurés eux-mêmes qui commencent de manifester leur réprobation à l'égard des décisions très indulgentes et qui estiment qu'ayant pris de lourdes responsabilités, il est vraiment inutile de maintenir une position qui n'est pas sans risques puisque, tout compte fait, le résultat n'est pas atteint. On s'attend à une sorte de grève des jurés de la cour de justice et il a fallu rappeler à l'ordre plusieurs fois certains d'entre eux qui, après des commutations de peines ou des cassations de jugement, refusaient de participer à une répression qui s'avérait superflue.

Ces jurés, qui s'estiment trahis, mais aussi les magistrats de la cour de justice et les avocats qui plaident devant elle reçoivent des lettres de menace et sont pris à partie par des FFI qui exigent la formation d'un tribunal populaire. La justice légale peut-elle continuer à fonctionner ?

Au fond, les cours de justice, créées pour rendre l'épuration rapide, efficace et irréprochable, suscitent une frustration profonde, génératrice de troubles à l'ordre public. Mais comment les attentes immenses nées dans l'oppression auraient-elles pu être heureusement comblées ? Comment aurait-il pu en être autrement dans un contexte militaire et politique bouleversé ?

Le calendrier

C'est dans cette ambiance que se produisent d'octobre 1944 à la fin de 1945 des attentats, des attaques de prison et des exécutions après enlèvement qui revêtent parfois la forme de lynchages. À y regarder de près, le flot de ces violences n'est ni continu ni linéaire. Il connaît deux points culminants. L'un à la fin de décembre 1944 coïncide avec les déceptions nées des premiers jugements des cours de justice et avec l'inquiétante offensive allemande dans les Ardennes. L'idée d'une manière d'attaque concertée, est exprimée par exemple dans le journal des FFI de Rodez :

> Lundi 18 [décembre] on tire sur la sentinelle de la caserne Rauch.
>
> Mercredi 20 une bombe éclate dans la caserne même, blessant un soldat, détruisant une partie importante du bâtiment.
>
> Ainsi, les deux offensives boches sont simultanées. On attaque à Aix-la-Chapelle, à Colmar. Au même instant, on porte la terreur à l'intérieur même du pays.
>
> Quel patriote ne sent croître sa fureur ? Quel patriote ne désire une riposte sur les deux fronts ? (commandant Charles, « Colère du peuple », *Résistance*, semaine du 1er au 7 janvier 1945).

L'autre temps fort, entre avril et juin 1945, correspond au retour d'Allemagne à la fois des déportés et prisonniers, et des collaborationnistes qui s'étaient enfuis à l'été 1944. On tend à l'expliquer par l'action des rapatriés, désireux de prendre part à l'épuration. Y aurait aussi joué un rôle la révélation des crimes nazis, en particulier contre les déportés, par la presse, les actualités cinématographiques et les témoignages directs, qui auraient ravivé le désir de châtiment. Le besoin de châtiment serait tombé sur les cibles disponibles, à défaut des Allemands dont on commence alors à dire qu'ils vont être ménagés au nom des impératifs de la politique internationale. Il faut ajouter à ce tableau les prémices du procès Pétain, supposé se tenir par contumace. L'acte d'accusation, daté d'avril 1945, se caractérise par une insistance presque obsessionnelle sur le complot qui aurait, de longue main, conduit Pétain au pouvoir dans le but d'asservir la France à l'Allemagne. Dans le même temps paraissent plusieurs livres qui traitent de la « Cinquième Colonne » dans les milieux politiques ou la presse. C'est le 22 avril que le maréchal rentre en France – événement en soi assez sensationnel – et que l'on comprend que le procès, retardé, aura lieu en présence de l'accusé.

Dans la première période, on s'en prend à des suspects relâchés, acquittés et qui ont retrouvé la liberté, ou à des condamnés qui ont échappé à la mort et qu'on n'hésite pas à aller chercher au tribunal, en prison, à l'hôpital. Il y a souvent un facteur déclenchant précis : décision de justice jugée scandaleuse, rumeurs sur une réforme ou des libérations, suspicion d'attaque collaborationniste, crainte d'une menace des Allemands ou de leurs affidés. La vindicte populaire s'abat sur des victimes choisies. Dans le second temps, une atmosphère générale de défiance à l'égard de l'épuration judiciaire et l'opportunité représentée par l'arrivée de tel ou tel ex-fugitif de retour d'Allemagne provoquent une bouffée de violence qui se cherche un exutoire. Les victimes peuvent être de circonstances. Entre ces deux sommets, les attentats par explosifs ou armes à feu, contre les biens ou les personnes constituent une sorte de toile de fond dont on imagine mal aujourd'hui l'intensité et la quasi-banalité. Sur le territoire français circulent, dans des quantités inusitées, des armes, des munitions, des explosifs. Des dépôts laissés par les Allemands se trouvent disséminés et pas toujours sécurisés. Les risques d'accidents se multiplient, qui selon le contexte pourront être pris pour des attentats ou des actions de commandos. Parallèlement, des particuliers, des formations plus ou moins régulières issues de la Résistance détiennent des armes et des explosifs. La foule peut être armée ou s'armer. La situation est exorbitante, comme le constate un ancien de la France libre envoyé en mission en Languedoc après une série d'attaques de prisons et d'exécutions sommaires :

> Les manifestants de 1944 n'ont plus rien de commun avec ceux des années d'avant-guerre. Par nos soins, ils ont reçu des armes ; par nos soins, ils en ont appris le maniement. C'est donc une foule largement pourvue de mitraillettes, de sacs de grenades et d'explosifs qui s'amassa devant la maison d'arrêt avec l'intention manifeste de s'emparer de Farger et des autres condamnés à mort et de les exécuter (rapport de Claude Serreulles pour le ministre de l'Intérieur, 7 janvier 1945).

La main armée

Relatant des scènes de lynchage qui se sont déroulées à Cusset, le 2 juin 1945, le préfet de l'Allier s'explique :

> Il existe dans l'opinion publique une minorité qui est bien décidée à créer des incidents, si ses désirs d'épuration et de vengeance ne sont pas satisfaits. Cette minorité, composée d'hommes et de femmes jeunes pour la plupart, a la sympathie d'une fraction importante de la population. Il ne semble pas que l'opinion politique des intéressés soit une des raisons qui les font agir. Parmi les manifestants avec qui j'ai discuté, certains d'entre eux que j'ai connus dans la clandestinité, sont d'opinions politiques différentes. Pendant la manifestation, aucun des cris poussés ne relevait d'un mot d'ordre politique.

Pourtant, la même semaine, un double lynchage a lieu dans une autre commune du département, au soir même d'un meeting local du Front national.

Est-ce une coïncidence ? On constate en fait une attitude ambiguë du Parti communiste et de ses satellites. En septembre, André Marty a encouragé les sympathisants : « L'épuration faites-la vous-mêmes camarades. Si vous ne la faites pas, personne ne la fera ». Le déploiement de l'arsenal législatif n'a pas modifié cette position, car le Parti est engagé dans un bras de fer avec le pouvoir où l'épuration est devenue un levier politique.

Après l'« amalgame » des FFI dans l'armée et la dissolution des commandements particuliers des FTP, le PCF n'en poursuit pas moins ses objectifs de création d'une armée « nouvelle » dans laquelle il s'assurerait une présence déterminante. Si l'armée se trouve ainsi au centre d'un conflit politique crucial à l'automne 1944, la police n'est pas négligée pour autant. À la faveur de la Libération ont été développées les Milices patriotiques (MP) qui constituent une police parallèle. Elles sont particulièrement présentes en régions parisienne, lyonnaise et marseillaise, ainsi que dans une bonne partie de l'Aquitaine et du Midi toulousain, et regroupent des dizaines de milliers de membres. Sur tout le territoire est engagée une campagne pour leur légalisation, qui assurerait leur droit de perquisition, d'arrestation et de détention d'armes. Dans le ressort du commissaire de la République pour la région de Marseille, elles ont été institutionnalisées dès la fin août dans les Forces républicaines de sécurité (FRS). Le 8 octobre, l'assemblée des CDL de la zone Sud a proposé un projet de statut de Milices. Cette revendication s'inscrit dans le projet des CDL d'empêcher l'éviction de la Résistance en tant qu'acteur politique et d'instaurer une démocratie directe à tous les sens du terme.

Le 28 octobre, le général de Gaulle décide de désarmer les Milices patriotiques, ce qui revient à les supprimer. Le PC se lance alors dans une bataille pour leur maintien qui joue sur tous les registres. Celui consistant à prouver leur utilité en soulignant la menace suscitée par les reviviscences du nazisme et de la collaboration est évidemment essentiel.

> Alors que Paris n'est pas encore débarrassé des bandits hitlériens camouflés, des miliciens et de tous leurs suppôts, alors que l'assassinat et les provocations rôdent dans l'ombre, on veut supprimer ces citoyens-soldats, seule force efficace du maintien de l'ordre (*l'Humanité*, 1er novembre 1944).

De faux attentats sont organisés dans l'Hérault ou l'Aveyron pour faciliter la campagne en faveur des MP. Un simulacre d'enlèvement du maire de Maubeuge et d'un responsable des FTP du Nord se déroule le 19 octobre. À Beauvais, entre le 4 et le 6 décembre, des explosions demeurées inexpliquées se produisent au palais de justice, au commissariat, dans les baraquements des Milices patriotiques et à la préfecture. Les agents de l'ennemi sont-ils actifs jusque dans l'Oise, à 60 km de Paris ? Selon le modèle révolutionnaire de l'An II, on peut espérer une radicalisation politique découlant d'un lien établi entre la guerre à outrance et la levée en masse, sur le front et à l'intérieur du pays. Ce qui implique d'avoir des ennemis intérieurs, la fameuse Cinquième Colonne, dont la presse communiste fait alors son cheval de bataille. Les dirigeants du Parti placent systématiquement au centre de leur thématique le complot qui explique tout : les pénuries comme l'insécurité. En exigeant l'épuration à grands cris, les communistes et leurs alliés peuvent même envisager une désorganisation de l'appareil d'État qui représenterait une opportunité à saisir. En même temps, cette stratégie est à court terme puisque s'annoncent les élections (elles commencent effectivement le 29 avril 1945), auxquelles le PC entend bien prendre une part décisive. D'ailleurs, dans la région de Limoges, où le commissaire régional est le communiste Jean Chaintron, on ne relève pas d'attaque spectaculaire, de lynchage et les attentats sont limités. Chaintron manifeste continûment sa fermeté républicaine. « Dans la République française reconquise, déclare-t-il le 29 janvier, nul arbitraire ne peut régner, mais la justice dans la légalité. » Le 2 août, il s'en prend aux « auteurs des attentats qui, à travers la France, opèrent sous le couvert d'épuration ou de quelques autres «bonnes raisons» », assimilés à « des ennemis de la cause du peuple ». Il découple Résistance et attentats :

> Ils ternissent la mémoire de nos héros tombés dans le maquis et discréditent la Résistance. Ils sèment le trouble pour empêcher la renaissance de notre pays (*Discours prononcé à la radio par M. le préfet Chaintron*, 1945).

C'est durant la période de la campagne électorale et des élections municipales, placées sous le signe de l'union de la Résistance « adaptée » aux circonstances locales, que s'inscrit la deuxième vague de violences publiques. Au soir du premier tour, les comités de libération sont balayés, le PCF domine à gauche et inaugure une tactique à géométrie variable en stigmatisant tout ce qui est « à droite », c'est-à-dire « fasciste ». Le Parti et ses satellites prennent la tête d'un mouvement radical pour le châtiment immédiat et sévère des vichyssois et collaborationnistes revenant d'Allemagne. Ils encouragent les revendications et la colère des prisonniers de guerre, des STO et, plus encore, des déportés politiques rentrant eux aussi au pays. Les incidents se cristallisent dans les gares, points de convergence des rapatriés de tous les camps et de la population venue guetter le retour de ses « absents ».

Le prix de la liberté

Aux violences guerrières de l'été 1944 succèdent à partir d'octobre 1944 des exactions qui contreviennent explicitement à la nouvelle législation. Elles mêlent des opérations de justice clandestines avec des lynchages publics qui frappent l'opinion et forcent le pouvoir à réagir. Variées dans leurs formes, elles n'en partagent pas moins des motifs de justice et de moralité hautement revendiqués et un fort sentiment de légitimité. Elles se revendiquent en outre comme prolongeant l'action de la Résistance.

On peut distinguer à l'automne et au début de l'hiver 1944, trois figures récurrentes de cette violence. Les plus spectaculaires sont les attaques de prison ou la mise à mal des cours de justice. Mais aussi fréquents sont les règlements de compte exercés contre des personnes libérées rapidement après avoir été inquiétées à la Libération.

Le 9 décembre 1944, à Courbépine, dans l'Eure, on trouve au bord d'un chemin le corps d'un marchand de bestiaux et cafetier du bourg, une balle dans la tête. Sa femme et lui avaient été arrêtés à la Libération par des FFI, mais remis en liberté le 11 septembre. Pourtant, la Résistance locale, qui le tenait pour un trafiquant engagé au service l'ennemi, l'avait condamné à mort à la fin de juillet 1944, pour avoir dénoncé un réfractaire au STO. Sur le cadavre a été laissé un carton où l'on peut lire : « Si la justice n'est pas faite, les patriotes la feront ».

Cette sentence illustre au mot près une revendication très prégnante de l'époque. Elle s'exerce en particulier à l'encontre de ceux qui semblent échapper miraculeusement à tout châtiment. Certains des premiers libérés des centres d'internement, fussent-ils placés en résidence surveillée, deviennent des cibles privilégiées. C'est ainsi que le 21 décembre est retrouvé le corps d'un ancien cheminot syndicaliste et socialiste qui avait été sous l'Occupation un dirigeant local du COSI, les « œuvres sociales » des collaborationnistes. Interné par mesure administrative au camp de Gurs pour 18 mois, il avait été placé la veille en résidence surveillée. Les exécuteurs ne se donnent pas toujours beaucoup de mal pour se cacher. Le Dr Lapitzki est un Russe qui a été deux fois arrêté puis relâché à La Bourboule. Le 27 décembre, le chef local des Milices patriotiques lui fixe un rendez-vous, l'emmène en voiture dans un bosquet. Avec un complice, il l'abat de deux balles. Ils repartent pour chercher de quoi l'enterrer. À leur retour, il a disparu. Ayant survécu à ses blessures, le médecin a trouvé refuge chez un gardien de la paix qui a averti le commissariat. Le commissaire prévient alors les exécuteurs qui se rendent aussitôt chez le policier, se font remettre Lapitzki et l'achèvent.

Ce sont parfois de véritables vagues, évidemment concertées, qui tendent à une épuration en quantité. Ainsi, le 10 novembre, à Thonon, l'ancien maire de Revoz et un ancien milicien sont abattus à l'hôpital (la seconde victime était encore en traitement après un attentat duquel il avait réchappé un an plus tôt...). Le même jour est tué à son domicile un ancien SOL, arrêté un temps par la commission locale d'épuration et relâché parce qu'insignifiant. Le 12, c'est le tour d'un marchand de bois, puis le 13, d'un industriel et d'un négociant. Tout de même, ces opérations éminemment démonstratives, demeurent clandestines, sur le modèle de ce qui se pratiquait sous l'Occupation en matière d'attentats. C'est la suite réactualisée d'un combat clandestin qu'on estime inachevé. Des FFI, des résistants sont, on le devine, à la pointe de ces actions. Dans un bois près d'Auch gît le corps de l'Italien Constante Belloti, exécuté de deux balles dans la tête et portant la pancarte « Pour avoir entretenu des relations constantes avec les troupes d'occupation ». On avait vu trois jours plus tôt huit hommes l'enlever, qui portaient des armes et des uniformes kaki.

Les dossiers de police ou de justice qui concernent de telles affaires laissent percevoir la mollesse des forces de l'ordre. Moins par peur sans doute, que parce que ces initiatives rencontrent une forme de consensus. Les autorités locales elles-mêmes paraissent peu sûres de la marche à suivre et tendent à croire la légalité dominée par de hautes exigences politiques qui les dépassent.

> Il ne fait pas de doute, écrit un juge d'instruction du Gers à propos d'une série d'enlèvements et d'assassinats attribués à la « police FFI » d'Agen, que la police est dans l'impossibilité d'agir, il y a là une question de force : si la police de Sûreté est appuyée par la force armée – et c'est pourquoi j'ai fait allusion plus haut au général Collet – elle prendra ses responsabilités et découvrira les coupables ; ce serait un jeu d'enfant. Mais il s'agit de savoir si le moment est propice ou s'il vaut mieux attendre et ces considérations me dépassent (rapport du juge d'instruction de Condom au procureur général d'Agen, 28 novembre 1944).

Lorsqu'un attentat se produit, l'enquête ne s'attache à établir que le curriculum de la victime afin d'expliquer pourquoi elle a été visée. Ces explications servent apparemment de justifications puisque, bien souvent, les investigations ne vont guère plus loin. Sur le moment, les victimes ou leurs familles ne réclament guère justice. Aussi est-il rare de trouver des récits tels que ceux de cet ancien secrétaire local du PPF, travailleur volontaire en Allemagne et propagandiste acharné de la collaboration, qui est autorisé, après un internement, à venir prendre du linge dans son domicile placé sous séquestre. Il raconte la suite dans une lettre adressée au général de Gaulle le 27 octobre 1945 :

> Je m'apprêtais à reprendre mon train à la gare de Sannois quand je fus brusquement attaqué par trois ou quatre individus dont une femme qui s'acharnèrent sur moi à coups de poing et de pied et me laissèrent pour mort sur le quai de la gare. Malgré mes nombreuses blessures et une abondante perte de sang, je repris mon train [...] Points de suture au visage, et piqûre antitétanique ainsi qu'une radiographie du visage, une fracture du nez ayant été jugée possible [...] La rancune populaire continue à s'acharner injustement contre moi au point de rendre impossible le retour à mon domicile et ne croyez-vous pas qu'il serait possible de poursuivre mes agresseurs en dommages et intérêts ? J'ai jugé utile de vous donner le récit de mon aventure qui vous permettra de stigmatiser l'état d'esprit d'un certain public d'une moralité plus que douteuse qui fait planer sur le pays des ferments continuels de désordre aussi graves qu'injustifiés.

Qu'en est-il des opérations pratiquement publiques qui surviennent à la même période ?

La justice de tous les périls

Le 17 novembre 1944 s'ouvre à Clermont-Ferrand le procès de Georges Mathieu qui, après avoir dénoncé des camarades de Résistance, a pris part à leurs arrestations et à leurs interrogatoires. Certains ont été fusillés, d'autres déportés, dont on ignore le sort. Il s'agit d'une des premières audiences de la cour de justice du Puy-de-Dôme. La salle est tellement bondée qu'un banc s'effondre et que des stores sont arrachés. Laissons la parole à un spectateur.

> Une foule nombreuse, composée en grande partie d'étudiants et de familles de déportés se pressait dans la première chambre du Palais de Justice de Clermont-Ferrand lorsque Mathieu apparut [...] Dès son entrée, la foule se mit à hurler et voulut l'écharper ; des gendarmes durent protéger Mathieu [...] Le réquisitoire fut prononcé par le commissaire [du gouvernement] Chaudoye, qui conclut à la peine de mort, en déclarant que ce châtiment était trop faible pour Mathieu. Des bravos et des applaudissements nourris soulignèrent cette conclusion [...] Le jury se retira pour délibérer et revint en ayant répondu oui aux 99 questions : Mathieu était condamné à mort. Le verdict fut accueilli par les applaudissements et les cris de joie de la salle.

De telles scènes n'ont rien d'exceptionnel, non plus que les pressions directes d'un public éminemment concerné. Ainsi, le jour où la cour de justice de Bayonne juge un interprète de la Gestapo, une dizaine de FTP s'installent dans la salle en manifestant la volonté d'exécuter eux-mêmes l'accusé si un verdict de mort n'est pas rendu.

Pourtant, la justice a ses formes et son rythme. Les sentences de mort ne sont pas exécutées aussitôt que prononcées : il faut respecter la légalité des recours en grâce. Les cours de justice peuvent également acquitter (dans des cas certes anodins ou ambigus) ou demander un supplément d'information. Ces délais, ces décisions peuvent être intolérables à la foule avide d'une vengeance qu'elle tient pour la justice. Éclate alors une violence meurtrière comme après l'audience du 9 janvier 1945 à la cour de justice de Gap. Ce jour-là comparaît Jeanne Devineau, accusée d'avoir guidé une colonne allemande vers un village qui abritait des réfractaires. Quatorze jeunes gens ont été arrêtés et déportés. On ne sait s'ils ont survécu. Après avoir entendu l'accusée et ses avocats, le président de la cour ordonne une expertise psychiatrique. Alors que les gendarmes tentent de faire sortir l'accusée du tribunal, elle est enlevée, manifestement par des gens du village où elle avait commis ses méfaits. Elle est malmenée à mort. En une semaine, trois condamnés à mort de la cour de Gap ont été graciés, un quatrième a bénéficié d'une cassation. Cette remise de procès a été de trop : « on parle beaucoup de provocation [...] la majeure partie de la population considérant que cet enlèvement a eu pour but d'exécuter la Demoiselle Devineau approuve ce geste » (rapport du procureur général de Gap au garde des Sceaux, 9 janvier 1945).

Lorsque l'ancien chef départemental du PPF dans le Gers est gracié, il est enlevé pendant son transfert vers la maison d'arrêt d'Agen. Son corps est retrouvé dans la cathédrale d'Auch, la tête criblée de balles. Chambéry est, le 4 décembre, le théâtre d'une rafale d'enlèvements suivis d'exécutions : deux à l'hôpital, frappant le trésorier départemental de la Milice, condamné aux travaux forcés à perpétuité, et un bâtonnier inculpé d'intelligence avec l'ennemi ; le troisième concernant le chef départemental de la Milice, enlevé lors du trajet entre son lieu de détention et le cabinet du juge d'instruction. Le moment des transferts des condamnés graciés ou mêmes des accusés dont la foule veut garder le contrôle physique, devient des plus risqués. Ce temps d'extrême tension est à l'origine d'une des plus fameuses affaires d'exécutions sommaires de l'après-Libération, l'affaire de Maubeuge.

Cette affaire commence le 18 octobre 1944, quand les gendarmes essaient de transporter vingt hommes de la caserne Joyeuse à Maubeuge, qui sert de centre d'internement administratif, à la maison d'arrêt d'Avesnes. Désormais inculpés, ces internés changent de statut et doivent passer sous la responsabilité de l'administration pénitentiaire. La foule, accourue en nombre, ne voit qu'une chose : le départ hors de Maubeuge d'inculpés de leur ville, dont certains sont considérés comme les figures locales de la collaboration. Les détenus sont malmenés et l'on n'a d'autre solution que de les reconduire à la caserne. Après avoir vainement essayé de transférer ces détenus à la maison d'arrêt de Loos pour qu'ils puissent être jugés par le tribunal militaire de Lille, les autorités militaires suggèrent la constitution sur place d'une cour martiale légale. La caserne est encerclée par une dizaine de milliers de personnes, dont certaines sont armées. La cour siège le 20 octobre, de 14 à 20 heures, devant un public nombreux. Elle prononce cinq condamnations à mort et renvoie le dernier des inculpés choisis par le comité local d'épuration pour un supplément d'information. La foule exige l'exécution immédiate, mais le commissaire du gouvernement fait dépendre la légalité de la cour martiale du maintien du droit des condamnés à demander leur grâce. Des résistants calment la foule en affirmant que les grâces seront forcément rejetées.

Dans les jours suivants, les incidents sont incessants en ville, sur fond de psychose de la Cinquième Colonne. Des « délégations ouvrières » viennent à plusieurs reprises vérifier que les condamnés sont toujours présents à la caserne. On menace d'abattre tous les autres internés, si les condamnés étaient transférés ou graciés.

Coup de théâtre, le 25 octobre : trois des condamnés sont graciés par le général de Gaulle. Le commissaire de la République de Lille vient en personne à Maubeuge, le lendemain, pour prévenir les autorités locales qui manifestent, plus encore que leur inquiétude, leur profond désaccord. Conduit à faire des concessions aux résistants locaux, le commissaire de la République accepte que deux officiers FFI se joignent à la gendarmerie pour assurer le transfert à Loos des graciés. Une fois dans la caserne, avec l'aide d'un complice, les FFI exécutent deux des graciés dans le couloir des cellules et ne remettent aux gendarmes que le troisième. Puis, le chef du commando FFI fait carrément diffuser une proclamation à la population de Maubeuge :

> Restant fidèle à mes camarades de combat torturés, fusillés ou déportés en Allemagne, j'ai pris la responsabilité d'ordonner l'exécution immédiate des deux chefs Jacquet et Pinguet. Je n'ai fait qu'accomplir un devoir légué par des martyrs.
>
> Justice est faite. Je vous demande de rester calmes.
>
> Tous unis pour une France propre.
>
> Les inculpés ont fait des aveux complets au cours de l'information.

Le retentissement de ces exécutions est énorme en bien des domaines. Elles paraissent démontrer qu'on peut se passer de la justice légale et que le rétablissement de l'État n'est qu'un vœu pieux. La foule peut obtenir beaucoup et garder la conviction d'avoir le (bon) droit pour elle. Il n'est pas de lieu où la justice populaire ne puisse étendre son bras vengeur. Les semaines suivantes vont se charger de le prouver abondamment.

L'assaut

Le 5 décembre 1944, en fin de soirée, un membre du cabinet du ministre de l'Intérieur est appelé d'urgence pour prendre une communication téléphonique du commissaire de la République de Lyon. La foule vient d'enfoncer les portes de la prison Saint-Paul pour vérifier que l'ancien préfet régional et l'intendant de police de Vichy sont toujours là. Accourus, le commissaire de la République, le préfet, le commandant de la place militaire et un ancien ministre très respecté ont dû faire rempart de leurs corps pour protéger les deux prisonniers, déjà couverts de sang. On a entrepris des négociations et la foule s'est retirée après que trois anciens officiers du maquis du Vercors ont assuré prendre personnellement la direction de la prison, pour donner toutes garanties contre une possible évasion. Il y a sept blessés parmi les FFI qui gardaient l'établissement. (Détail qui resta ignoré – heureusement – du public : d'anciens camelots du roi crurent bon, le mois suivant, de former un petit peloton pour surveiller les abords de la prison et le trajet du fourgon cellulaire pendant le procès de leur maître, Charles Maurras.)

Emblèmes de la puissance de l'État, les prisons deviennent au début de l'hiver 1944-1945 les cibles privilégiées d'une épuration directe à la violence paroxystique, où se côtoient résistants et manifestants, sous les yeux impuissants voire consentants d'autorités locales débordées. La multiplication d'attaques de prison aux conséquences mortelles débouche sur la mise en péril du processus d'épuration judiciaire et de l'autorité de l'État.

En s'en tenant à l'hiver 1944-1945, on recense six attaques de prison ayant entraîné des morts : Digne (28 novembre), Béziers (20 décembre 1944-2 janvier 1945), Bourges (22 décembre 1944), Rodez (22 décembre 1944-2 janvier 1945), Alès (28 décembre 1944), Gap (4-8 février 1945). En dépit de causes et de péripéties diverses, ces événements ont évidemment des points communs nombreux et significatifs sur lesquels on peut insister.

L'affaire de Digne commence au prétexte d'une explosion accidentelle à la caserne du Pertuis. Elle est aussitôt interprétée comme un attentat de la Cinquième Colonne, nécessitant des représailles. Des hommes du premier régiment bas-alpin (de composition FFI) se rendent au camp de Saint-Vincent-les-Forts et à la prison de Digne. Trois hommes et une femme sont abattus. Les deux internés n'avaient pas encore été jugés. Parmi les prisonniers, l'un, l'ancien chef départemental de la Milice, n'avait été condamné qu'à quinze ans de travaux forcés ; l'autre, une femme coupable de nombreuses dénonciations, était condamnée à mort depuis un mois et attendait une éventuelle grâce. Le même jour, des lettres de menaces sont expédiées aux magistrats et avocats de la cour de justice. Des FFI affichent leur volonté d'instituer un tribunal populaire qui prononcera enfin des sentences justes et efficaces. Le travail de la cour de justice est suspendu jusqu'au 4 décembre, les avocats ayant fait valoir un droit de retrait.

À Béziers, les attaques prennent une ampleur plus frappante encore. Entre le 20 décembre 1944 et le 2 janvier 1945, la prison est prise d'assaut à trois reprises, un commando s'introduit à l'hôpital, un autre au camp d'internement des Arènes, et ce sont dix détenus ou condamnés qui sont exécutés par des groupes armés. Le palais de justice est attaqué et des armes à feu volées au greffe. Le 7 puis le 23 janvier se produisent de nouvelles attaques manquées contre la maison d'arrêt ; des coups de feu sont échangés. Le phénomène se répète à Rodez. Après une tentative manquée dans la nuit du 22 décembre, où des soldats ont attaqué la prison pour abattre un milicien et un Waffen SS français, l'attaque recommence dans la nuit du 3 janvier. Les soldats se retirent après avoir blessé le SS qu'ils croient mort. Ces attaques ont été précédées de coups de feu sur une sentinelle le 18 décembre et l'explosion d'une bombe à la caserne. Une campagne intense dans la presse locale a suivi, présentant ces incidents comme le début d'une offensive de la Cinquième Colonne. Dans le même temps, à Alès, une émeute éclate à la nouvelle de la grâce accordée à l'ancien maire, objet d'une exécration unanime.

> Les femmes – mères, sœurs et épouses des récentes victimes – étaient parmi les plus enragés. Elles prirent à partie les diverses personnalités, les rendant responsables de complicité dans la grâce accordée à Farger. Des menaces de mort leur furent adressées, y compris au maire communiste d'Alès, très populaire pourtant (rapport de Claude Serreulles, chargé de mission, au ministre de l'Intérieur, 7 janvier 1945).

Faute de pouvoir s'emparer de l'intéressé, la foule se porte au fort Vauban, force l'entrée et contraint le piquet de sécurité FFI à se transformer en peloton d'exécution qui fusille quatre détenus. L'ancien maire est abattu lors d'une malencontreuse tentative pour le transférer à la prison de Montpellier. Pour être complet, il faut préciser que ces événements surviennent une semaine après la découverte au fond d'un puits de quarante cadavres de victimes que leurs familles croyaient encore vivantes et déportées en Allemagne.

Ces attaques survenues dans le Languedoc-Roussillon s'inscrivent dans une vague d'attentats qui secouent toute la région, sur fond de satisfaction de l'opinion et de tolérance des pouvoirs publics. La différence objective de l'activité des cours de justice entre département ne semble pas jouer : alors que l'Aveyron connaît une activité judiciaire très modeste (93 affaires jugées en tout), qui pourrait expliquer le besoin de compensation extérieure au prétoire, le Gard est au contraire un département où le nombre d'affaires est très élevé (1 496). Le Gard a même deux sections de cour de justice, dont l'une, précisément à Alès. On remarque aussi que malgré le mécontentement suscité par la suspension des travaux de la cour de justice de Montpellier, entre mi-décembre 1944 et fin janvier 1945, il y a moins de manifestations violentes dans l'Hérault.

Relativement plus isolée paraît être l'attaque de la prison de Bourges, qui répond pourtant au même schéma. Le 22 décembre, à l'annonce de la grâce de deux condamnés à mort, un groupe armé se les fait remettre et les abat d'une rafale de mitraillette à 50 mètres de la prison. Les exécutions sont suivies d'une manifestation contre le droit de grâce.

L'affaire de Gap, enfin, qui coûte la vie à 12 condamnés ou détenus, se déroule selon un processus similaire, mais se singularise par sa date tardive : les premiers jours de février 1945, c'est-à-dire après que les pouvoirs publics ont engagé une lutte multiforme contre ces violences.

Ils se retirèrent afin de ne pas être témoins des exécutions

En cette aube du 11 novembre 1944, il y a, cour Mirabeau à Aix-en-Provence, un corps pendu à un réverbère. Il s'agit d'un nommé Derouet, membre sous l'Occupation de la brigade de recherche des réfractaires au STO. En fuite depuis la Libération, il vient d'être retrouvé à Carpentras. Des hommes en armes s'opposent à ce qu'on le décroche et exigent que le cortège officiel participant aux cérémonies de commémoration de l'armistice de 1918, défile devant le cadavre. Le préfet ne peut obtenir des forces de l'ordre qu'elles aillent dépendre le corps. On lui concède un service d'ordre censé empêcher les passants de trop s'approcher. Car, après négociations avec les divers organismes de la Résistance, il a été entendu que le corps ne sera enlevé qu'à 18 heures (il le sera dans les faits une heure et demie plus tard).

> Toute la journée, un nombre imposant de personnes circula et ne parut point être trop ému de cette exhibition. Il s'agissait en effet d'un individu peu recommandable (rapport du procureur général d'Aix au ministre de la Justice, 12 novembre 1944).

Cette scène déconcertante n'est pas atypique. Durant l'hiver 1944, l'opinion apprécie globalement les représailles contre les figures locales de la répression, de la collaboration et du marché noir. Elle accepte même l'atmosphère de violence plus ou moins publique qui en découle. Il arrive même qu'elle y prenne part. Les forces de l'ordre se montrent passives, en tout cas fort peu désireuses de prendre un quelconque risque pour sauver la peau d'un collaborateur. Comme l'écrit pudiquement le préfet du Vaucluse :

> Je dois signaler la situation délicate où je me trouverais si quelque mouvement populaire se produisait, du fait que la prison d'Avignon n'est gardée que par des FRS [forme officialisée des Milices patriotiques dans le Sud-Est] qui, je le crains fort, seraient assez disposés à livrer les prisonniers si on les leur réclamait (rapport au ministre de l'Intérieur, 13 janvier 1945).

Les pouvoirs publics locaux semblent assister, impuissants, voire complices, à des actes qui bafouent l'État de droit, l'autorité de l'État, l'ordre public et, pour tout dire, la dignité humaine. Ils consentent à ces exhibitions, alors que les exécutions capitales légales ne sont plus publiques en France depuis 1939. Ils semblent au plus s'efforcer de sauvegarder les apparences.

Lors de l'attaque de la prison d'Alès, par exemple, « voyant qu'il était trop tard pour arrêter les émeutiers, le sous-préfet, le maire et les diverses personnalités se retirèrent afin de ne pas être les témoins des exécutions qui allaient suivre » (rapport de Claude Serreulles, chargé de mission, au ministre de l'Intérieur, 7 janvier 1945). Pourquoi tous ces Ponce Pilate détournent-ils les yeux au moment de la mise à mort ? Les concessions s'avèrent d'ailleurs inutiles : les autorités de Maubeuge ont inventé une cour martiale, avec l'aval du commissaire régional de la République et du commandement militaire de Lille, pour en arriver à deux condamnés graciés abattus d'une balle dans la tête dans le couloir de la prison.

Ces attitudes incohérentes et inefficaces se trouvent sans doute expliquées dans l'exclamation d'Yves Farge, commissaire de la République à Lyon, qui vient de s'interposer physiquement pour sauver la vie de deux hauts-fonctionnaires de Vichy : « voilà le résultat des atermoiements de la justice ». Les rapports qui suivent immanquablement ces événements sont pleins de justifications.

> Parmi les personnes exécutées sommairement, commente le commissaire de la République de Marseille après les 12 morts de Gap, se trouvaient des condamnés à des peines légères, mais – et c'est aussi l'avis de M. le procureur de la République – très souvent la cour de justice n'a sous les yeux que des dossiers incomplets, faute de témoignages suffisamment précis. Ils admettent en conséquence que la cour de justice n'ait pas pu prononcer de peines plus sévères, mais ils savaient aussi, affirment-ils, que ces individus étaient très gravement coupables et *le sort qui leur a été infligé n'est pas immérité* (rapport au ministre de l'Intérieur, 8 février 1945).

Justifications certes de fonctionnaires d'autorité défaillants, mais assumées souvent par des hommes qui approuvent ce qu'ils considèrent comme des gestes émanant des milieux résistants dont ils sont eux-mêmes issus.

À la lecture de premiers comptes-rendus, le ministre de l'Intérieur se persuade que les autorités n'ont que trop tendance à céder à l'émeute et diligente plusieurs enquêtes en envoyant sur place des chargés de mission. Leur première tâche sera de déterminer qui a commis les exécutions, mais aussi qui les a décidées.

Un devoir à l'égard des camarades assassinés

Quand il s'agit d'exécutions publiques, il faudrait être aveugle pour ne pas voir qui tient les armes et qui s'en sert. Même lors des attaques nocturnes, les membres des commandos ne sont presque jamais masqués. Ils portent leurs uniformes aux insignes bien visibles, présentent des cartes de police militaire à leur nom. Mieux encore, des officiers assument ces gestes ou, du moins, leur responsabilité. Devant le maire de Barcelonnette, l'un d'entre eux reconnaît que ce sont ses hommes qui ont attaqué le camp d'internement :

> Nos gars ne peuvent admettre la lenteur de la justice, car combien de leurs camarades furent fusillés après d'ignobles tortures. Cela, ils ne peuvent l'oublier. Leur réaction n'a été que le fruit d'une longue suite de crimes dont nos FFI furent les victimes [...] Nous ne devons pas oublier que la lutte clandestine des maquisards fut à la fois militaire et politique (rapport du chef de bataillon Félix de la demi-brigade bas-alpine, 1er bataillon, au chef d'escadron commandant le groupement Ubaye, 2 décembre 1944).

On a vu à Maubeuge l'un des exécuteurs diffuser un communiqué. De même à Rodez, après l'échec du premier assaut contre la prison, un commandant FFI publie sous son nom de guerre un article explicite :

> On a prétendu que je n'étais pas étranger à l'affaire. Je réponds donc : je ne regrette qu'une chose, c'est d'être arrivé trop tôt, deux minutes exactement, pour empêcher que justice se fasse. Je regrette que les maquisards n'aient point accompli jusqu'au bout leur action et ajouté à Vanucci les Fau, les Verdier, que les juges n'ont pas encore jugés ou qu'ils n'ont pas condamnés [...] Qu'importe que ceux qui n'ont pas lutté ne nous comprennent pas, nous lancent encore leur soi-disant « légalité » à la face. Pour nous, la légalité, la vraie, est celle que veut édifier la jeunesse de France (commandant Charles, *Résistance*, hebdomadaire des FFI de Rodez, 1er-7 janvier 1945).

Il sera, après la deuxième attaque réussie de la prison, poursuivi pour incitation au meurtre.

La responsabilité des formations militaires FFI cantonnées localement est partout mise en avant et expliquée : les résistants engagés dans l'armée continuent le combat où qu'ils se trouvent ; en outre, s'ils doivent monter au front, ils se font fort de se débarrasser auparavant d'éventuels éléments de la Cinquième

Colonne et de faire régner la justice. « Ces soldats ne voulaient pas partir en laissant au milicien Vanucci une chance de vie alors qu'eux allaient risquer la mort » (rapport du lieutenant-colonel Vernet, 4 janvier 1945). Il est assez difficile pour les autorités de les désavouer frontalement, d'autant que la population ne les condamne pas et qu'une partie d'entre elle est même disposée à leur prêter son concours.

Toutefois, les apparences peuvent être trompeuses, comme le rappelle le ministre de la Guerre à son collègue de l'Intérieur qui lui réclame des enquêtes : « toutes les infractions commises par des personnes inconnues ne doivent pas être a priori imputées aux FFI » (lettre du 7 février 1945). On l'a vu, les sous-entendus politiques affleurent sans cesse, révélant les divisions de la Résistance sur ces formes de justice directe.

> Mon opinion personnelle, écrit le maire de Barcelonnette, qui est celle de la plupart de mes camarades, est qu'on peut dire sans doute que les fautifs sont des communistes, mais non pas les FFI, et qu'enfin les coupables sont les chefs et non des jeunes gens impulsifs et mal commandés qui ont l'excuse de leur inexpérience.
>
> Pour conclure, la Résistance, la vraie, celle qui a combattu pour la libération de notre vallée de juin à octobre, se désolidarise totalement de ces actes d'indiscipline et de justice sommaire et fait au contraire entière confiance au général de Gaulle et au gouvernement provisoire de la République pour mener à bien une épuration difficile dans l'ordre et la justice (rapport sur les événements du 29 novembre 1944, 9 décembre 1944).

Une enquête de la Sûreté militaire en région parisienne, datant du tout début de novembre 1944, suggère la façon dont ces opérations peuvent être amenées, à condition de trouver un terrain favorable.

> Un individu d'origine polonaise, sous-officier d'une formation des FFI stationnée au fort d'Ivry actuellement en congé à Mouroux à quelques kilomètres de Coulommiers se livrait auprès des jeunes soldats à une vive campagne de dénigrement systématique de leur chef et des autorités locales. Il leur représente que le commandant Cheutin et la plupart des officiers du bataillon, le comité local de libération, etc., manquaient d'énergie, que l'épuration n'était pas assez active, que des collaborateurs arrêtés avaient été relâchés, que d'autres étaient toujours en liberté et narguaient impunément les patriotes, etc. Ces menées avaient commencé à porter leurs fruits. Un groupe de jeunes militaires se serait laissé gagner par cette habile propagande. D'après certains bavardages dans les cafés de la ville, ils auraient projeté un coup de force contre la caserne et contre la maison d'arrêt. Il s'agissait de s'emparer du commandant et de ses adjoints d'une part, de prendre les armes en dépôt à la caserne et ensuite de se rendre à

> la prison pour y fusiller éventuellement des détenus politiques. Mais ce complot fut éventé à temps (BSM, note au sujet de l'agitation de FFI extrémistes).

Le fauteur de troubles est interpellé à la permanence locale des Forces unies de la jeunesse patriotique (communistes).

Des représentants des Mouvements unis de Résistance du Languedoc-Roussillon – région la plus touchée par les attaques de prison – viennent à Paris se plaindre que leur commissaire de la République multiplie les concessions aux communistes pour se refaire une virginité résistante. Le CDL de Vendée veut apporter au gouvernement un ferme soutien pour en finir :

> Presque chaque jour, des journaux portent des titres comme ceux-ci : « Deux traîtres ont payé leurs crimes », « Un collaborationniste notoire abattu », « Exécution sommaire de quatre collaborationnistes ». Il s'agit de détenus tués sans jugement, d'hommes abattus à leur domicile par des groupes d'hommes armés. Jamais il n'est question d'aucune sanction, ni même d'aucune poursuite contre les auteurs. Leur action est même parfois présentée de manière laudative.
>
> Cette impunité, plus : cette apologie de l'assassinat constituent un grave désordre, révoltent l'honnêteté foncière de la population vendéenne et discréditent la Résistance.
>
> Le CDL de Vendée demande avec insistance que les auteurs de pareils abus soient soigneusement recherchés et exemplairement punis ; que la publicité de leur châtiment soit imposée à tous les journaux ; qu'enfin les organes qui font une publicité laudative à ces assassinats politiques soient frappés de sanctions sévères (vœu du 17 janvier 1945 transmis par le commissaire de la République de Poitiers).

Tous ces résistants qui veulent renouer avec la légalité et l'ordre public ont-ils bien placé leur confiance ?

Précautions, circulaires, rappels à l'ordre

Le gouvernement réagit tardivement. Faute de véritable interlocuteur politique sur le sujet (qui reconnaîtrait commanditer des exécutions ?), les ministres concernés disposent de deux registres. L'un est administratif : il consiste à prendre des mesures de précaution pour garantir les prisons, protéger les graciés et obtenir des fonctionnaires de l'État, civils ou militaires, qu'ils assument leurs responsabilités. L'autre volet est judiciaire : il s'agit de poursuivre et de condamner les auteurs de ces attaques. Il présente sans doute autant d'inconvénients que d'avantages. Nous y reviendrons.

Le gouvernement est d'abord pris de court par les attaques de prison et les lynchages, comme il l'est d'ailleurs par la prolifération des attentats. Les réactions se font au coup par coup : demandes d'enquête, consignes manquant de consistance aux commissaires de la République, avertissements discrets au Parti communiste.

> Vous avertirez le Parti communiste que le chef du gouvernement considère l'organisation de manifestations publiques de protestations contre l'usage qu'il fait de son droit de grâce comme une atteinte à l'autorité dont il est investi par la confiance de la Résistance et de la Nation, mais vous n'interdirez pas cette manifestation (télégramme chiffré du ministre de l'Intérieur au préfet du Cher, 28 décembre 1944).

Tout en félicitant les préfets qui prennent sur eux de faire déplacer les unités FFI trop remuantes, le ministre de l'Intérieur ne parvient pas à élaborer avec son collègue de la Guerre une action concertée pour guérir ou prévenir les violences. Mais après la vague d'incidents spectaculaires de la dernière décade du mois de décembre 1944, il est impossible de rester sans plan d'ensemble. Le 30 décembre, le général de Gaulle adresse aux ministres de l'Intérieur, de la Justice et de la Guerre une note qui exige la prise de précaution avant les annonces de grâces. Le 3 janvier, le ministre de la Justice, chargé de l'administration pénitentiaire, diffuse une longue circulaire visant à empêcher de nouvelles attaques de prison. C'est d'abord une pétition de principe :

> Le Gouvernement est résolu à défendre l'autorité de l'État et, en particulier, celle du chef du Gouvernement, qui exerce en toute conscience et indépendance son droit de grâce [...] Dans la France libérée, où la légalité républicaine est rétablie, force doit rester à la loi.

C'est ensuite un rappel à l'ordre comminatoire contre « les autorités civiles, les autorités militaires qui ont manqué d'initiative et d'énergie, qui n'ont pas su ou pas voulu prévoir les événements ». C'est enfin une mise en garde pour les gardiens de prison, les forces de l'ordre et les fonctionnaires d'autorité :

> S'ils se laissent maîtriser ou désarmer sans résistance, ils seront punis et, le cas échéant, révoqués.
>
> Les auteurs des attentats ou attaques ne doivent pas demeurer aussi constamment « inconnus », alors que tout le monde les connaît.

Les préfets répondent en détaillant les mesures matérielles de sécurité adoptées : augmentation des gardes, substitution de gendarmes aux FFI, interdiction d'ouvrir les portes après 19 heures sans vérification... Mais peu d'entre eux se prononcent sur le fond : les gardes sont-ils prêts à risquer leur vie pour défendre les condamnés, quel est l'état d'esprit de la population, les membres des unités FFI encasernées continueront-ils à utiliser leurs armes et leur impunité pour faire justice ?

S'y ajoutent des mesures visant à protéger spécifiquement les condamnés à mort graciés. Les avis de grâce sont transmis par la chancellerie au commissaire de la République, sous forme de télégrammes chiffrés par des membres du cabinet du ministre. Le commissaire de la République doit alors avertir personnellement le préfet qui fait déplacer le détenu gracié le plus discrètement et le plus vite possible. Ce n'est qu'une fois le condamné en sécurité que la mesure de grâce est rendue publique. En cas de fuite de l'information, les participants à la courte chaîne de transmission de l'information sont évidemment responsables. Cette nouvelle gestion des grâces ajoute à l'indignation de ceux qui en contestent le principe même. D'abord insidieuses, les critiques du Parti communiste deviennent explicites à l'encontre du Général.

> Nous voyons une véritable épidémie de clémence s'abattre sur les collaborateurs. [...] Nous demandons respectueusement depuis quand le droit est-il accordé au président du Conseil de juger si l'accusé est coupable ou non (*la Défense*, 20 avril 1945).

> Encore un ! Le général de Gaulle, de plus en plus magnanime, gracie, gracie...

> Moerkerque, le milicien, Moerkerque de la Gestapo, qui fit arrêter nos camarades de Moreuil dont plusieurs ont payé de leur vie ses honteuses dénonciations, Moerkerque l'infâme, condamné par la cour de justice d'Amiens vient de recevoir la grâce. Il ne paiera pas de sa tête ses crimes honteux, il vivra, telle est la décision du général de Gaulle (*le Travailleur de la Somme*, 10 novembre 1945).

D'ailleurs, en décembre 1945, le Parti fera proposer un amendement visant à ôter l'exercice du droit de grâce au chef du gouvernement. Or, ces protestations ont d'autant plus d'importance que de Gaulle considère le droit de grâce comme un signe éclatant du rétablissement de l'autorité de l'État.

En outre, le 8 janvier, le ministre de l'Intérieur fournit un rapport d'ensemble. Implicitement, il accuse le général de Gaulle d'être en partie responsable des débordements, par son usage trop généreux du droit de grâce. (Effectivement, le général de Gaulle commue 70 % des peines de mort qui lui sont soumises.) Le préfet du Gard fait remarquer à sa hiérarchie qu'il vaudrait mieux abolir carrément la peine de mort, plutôt que de ne pas l'appliquer (lettre au commissaire de la République de Montpellier, 23 février 1945).

Le ministre de l'Information s'enquiert à son tour d'un bilan chiffré des attaques et des exécutions sommaires. On comprend qu'il souhaite pouvoir répondre à toutes les questions, et parer les plus embarrassantes. Il s'alarme des répercussions dans l'opinion française et internationale que peuvent avoir ces nouvelles. Il demande donc une protestation solennelle à ses collègues. Sans l'obtenir.

> Aucun membre du Gouvernement n'a jusqu'ici publiquement condamné ces sortes d'attentats. Je crois qu'il serait nécessaire que le ministre de l'Intérieur précise que le nombre de ces attentats est beaucoup moins grand que beaucoup de gens mal informés ou mal intentionnés se plaisent à le dire ; que le Gouvernement les condamne solennellement et a déjà pris des mesures contre les coupables (lettre du ministre de l'Information au ministre de l'Intérieur, 16 janvier 1945).

À une tentative de ferme endiguement par l'action administrative, le gouvernement joint pourtant un silence têtu visant à ne pas faire de publicité à des événements à la fois gênants et apparemment contagieux. Dans ses *Mémoires*, le général de Gaulle traite du sujet en quelques lignes, ramassant tous les faits dans une même chronologie et les présentant comme le résultat de défaillances administratives. Les implications politiques ou sociales ne sont pas évoquées. Pas plus que le déclencheur représenté par les grâces accordées par le Général. Tout au plus devine-t-on sa volonté, par ces grâces, d'équilibrer la sévérité des décisions de justice entre juridictions. Le récit est donc elliptique, par rapport à l'enjeu que l'on perçoit dans les documents échangés par le général de Gaulle et ses ministres dans les tout derniers jours de décembre et les tout premiers de janvier.

> Pendant l'hiver, les cours formées pour juger les faits de collaboration firent activement leur office. Certes, la rigueur des condamnations se trouva être assez variable suivant la composition des jurys. L'ambiance locale se fit sentir. Parfois, les audiences furent troublées par des manifestations de foule. Il y eut même, en plusieurs régions, des émeutes pour arracher aux tribunaux des condamnations à mort. Ce fut le cas par exemple à Nîmes, à Maubeuge, à Bourges, à Annecy, à Alès, à Rodez. Même, une vingtaine de malheureux prévenus furent ici ou là massacrés. Le gouvernement dut, à plusieurs reprises, réprimer ces explosions. J'eus à appeler à la vigilance et à la fermeté les ministres de l'Intérieur et de la Justice, à imposer des sanctions contre des fonctionnaires coupables de mollesse dans le maintien de l'ordre, à exiger l'inculpation des gens qui l'avaient troublé (*Mémoires de guerre*, t. 3, 1959).

Aurait-il suffi d'ordonner pour être obéi ? L'administration fonctionne avec peine, les communications sont difficiles. L'accord sur la nature et l'ampleur du châtiment n'est pas trouvé, ni au sein de l'opinion, ni même au sein de l'appareil d'État. Comment le ministre de l'Intérieur peut-il exiger une protection acharnée des condamnés, quand lui-même pense que les grâces sont trop nombreuses ? Les résultats de cette politique sont effectivement mitigés. Certes, les attaques de prison diminuent ou échouent, mais elles ne disparaissent pas. C'est en février que se produisent à Gap, à Dijon et, dans une moindre mesure, à Pau, des incidents de même nature que ceux de décembre-janvier. Le 15 février, l'ancien commissaire de police, chef de la section des affaires politiques de la PJ à Dijon, qui a porté à la Résistance des coups décisifs, est lynché et pendu alors que son procès allait être ajourné par la cour de justice. Le 22 février, un homme condamné par la cour de justice de Pau à 20 ans de travaux forcés est blessé par balle entre le palais de justice et la maison d'arrêt. C'est le camp d'internement qui est attaqué à Gap par une vingtaine d'hommes en armes, le 4 février. Douze détenus, dont huit déjà jugés par la cour de justice, sont enlevés. Un appel anonyme avertit le lendemain que les corps pourront être repêchés dans la Durance. Les victimes sont des miliciens et un PPF. Parmi les huit déjà jugés ne figure aucun condamné à mort. Les sentences prononcées à leur encontre allaient de huit mois de prison à vingt ans de travaux forcés, ce qui montre que le commando s'est saisi de qui il pouvait, plutôt que de cibles bien identifiées. Pourtant, le commissaire de la République de Marseille tient le raisonnement contraire dans le rapport qu'il adresse au gouvernement. Comme on disait des exécutés sous la Révolution, après les émeutes meurtrières, « ils furent coupables avant d'être victimes ».

> Parmi les personnes exécutées sommairement se trouvaient des condamnés à des peines légères, mais très souvent, la cour de justice n'a sous les yeux que des dossiers incomplets, faute de témoignages suffisamment précis [...] la cour de justice n'a pas pu prononcer de peines plus sévères, mais ils savaient aussi, affirment-ils, que ces individus étaient très gravement coupables et le sort qui leur a été infligé n'est pas immérité (le commissaire de la République de Marseille au ministre de l'Intérieur, 8 février 1945).

Ces justifications qui viennent en contradiction avec la politique affichée par le gouvernement, montrent l'extrême fragilité du consensus sur l'épuration, même au niveau le plus élevé de l'administration. Cependant, ces mêmes autorités qui trouvent des excuses aux exécuteurs, s'emploient à les stopper. Une seconde tentative d'attaque échoue dans la nuit du 7 au 8 février, les FRS ayant répliqué au cours d'une fusillade nourrie. On voit à Quimper se répéter en mars ce même manque de spontanéité dans la réaction des gardes. Le 5 mars, un commando de cinq hommes s'introduit dans le centre de séjour surveillé Saint-Charles et abat un ancien inspecteur de police détenu. Quelques heures plus tard, il se heurte à l'opposition du gardien-chef de la maison d'arrêt dans sa tentative pour entrer y exécuter l'ex-chef départemental de la Milice.

Les initiatives prises sur le terrain militaire restent tardives et timides. Il faut déjà bien du courage pour s'y risquer.

> Au mois d'octobre, à la suite d'exactions opérées par des soldats du bataillon FTP de l'Aveyron, deux arrestations avaient été opérées à Dijon sur les ordres du préfet. Une colonne motorisée de ce bataillon, sous la menace de ses mitrailleuses, s'est fait remettre par le directeur de la prison les deux délinquants. Le jour même, après une conférence tenue avec le général Chouteau, commandant de la VIIIe région et en présence des chefs militaires responsables du bataillon de l'Aveyron qui se déclaraient incapables de se faire obéir par leurs hommes, je suis allé trouver le général de Lattre de Tassigny qui, à ma demande, a fait enlever cette unité indisciplinée de la région de Dijon, pour l'encadrer dans les Vosges entre des formations solides de l'armée d'Afrique.
>
> Plus récemment, dans le courant de décembre, à la suite de l'exécution à Mâcon d'un prétendu collaborateur par un lieutenant FTP, le préfet de Saône-et-Loire a fait procéder à l'arrestation du coupable qui, le soir même, était délivré par ses hommes. Dans la nuit, après de très dures explications, le meurtrier était à nouveau appréhendé et il se trouve actuellement en prison à Dijon en attendant de passer devant le tribunal militaire. J'ajoute que, d'accord avec le général Chouteau, j'ai fait transférer sans encombre le bataillon FTP de Mâcon dans le Haut-Jura (le commissaire de la République de Bourgogne et de Franche-Comté au ministre de l'Intérieur, 10 janvier 1945).

Qui plus est, les attentats individuels persistent, sans que l'on note aucune accalmie. Enfin, l'explosion de violence du printemps 1945 adopte des formes renouvelées, ce qui n'est nullement synonyme d'amélioration. Elle reste tributaire bien plus de la conjoncture que de l'action gouvernementale.

Le calme règne…

Au printemps 1945, la guerre touche à sa fin. Les derniers soubresauts de l'hydre nazie sont accompagnés par le retour en France d'une part des rapatriés, d'autre part des travailleurs volontaires et des collaborateurs qui s'étaient réfugiés en Allemagne à l'été 1944. Les premières catégories représentent les victimes de l'Allemagne nazie : prisonniers de guerre, requis du STO (qu'on appelle alors aussi déportés), déportés politiques, déportés raciaux. L'angoisse générée par le sort de ces « absents » dont on est sans nouvelle depuis au moins huit mois, parfois beaucoup plus, le spectacle traumatisant des survivants des camps de concentration ou d'extermination, relayé par les actualités cinématographiques, les journaux et la radio, réactivent, on l'a vu, le désir de faire payer.

> Le monde horrifié a peine à croire les récits reproduits par la presse ou diffusés par la radio. Et pourtant, d'indiscutables témoignages sont là qui ne laissent

> aucun doute sur l'épouvantable traitement infligé par les nazis à leurs victimes. La photographie que nous publions ci-dessus représente l'amoncellement de cadavres d'une maigreur squelettique découvert par les Alliés au camp de Belsen [...] Nous avons longuement hésité avant de publier ce lamentable document mais ces horreurs doivent être connues pour ne jamais être oubliées (*le Courrier de l'Ouest*, 30 avril 1945).

> Le passage dans notre ville de déportés politiques en provenance du camp de Buchenwald a sensiblement influé sur l'état d'esprit de la foule. Alors que, depuis quelque temps, elle paraissait se désintéresser de la répression de la collaboration, [elle] aspire à nouveau à ce qu'une justice impitoyable s'abatte sur les coupables (rapport des RG, Mézières, 13 mai 1945).

Le retour des grandes figures de la collaboration politique, hommes de gouvernement ou de partis, suscite une certaine effervescence, car on espère qu'il compensera une épuration jusqu'ici décevante, parce qu'anecdotique. La présence de Pétain cristallise les passions et les revendications, entretenues par une campagne de presse et de pétitions des communistes et de leurs satellites. Le terme le plus souvent repris est celui du « traitement de faveur », dont jouirait l'ancien chef de l'État, en comparaison au sort qui fut celui des internés de Vichy et qui est encore celui des rapatriés rentrant difficilement, et des travailleurs soumis aux pénuries. La commission de justice du CNR proteste contre « le protocole observé à l'égard de l'accusé Pétain » qui, en dépit de son âge, représente « un défi à la conscience publique à l'heure où commencent à rentrer en France (et dans quel état !) les déportés survivants qu'il avait sciemment livrés à leurs bourreaux » (lettre du président de la commission au garde des Sceaux, 30 avril 1945). Quoiqu'évidemment instrumentalisée à des fins politiques, cette campagne touche de nombreux Français dont les proches ont eu à souffrir de la connivence entre Vichy et les Allemands. En témoigne la lettre envoyée au ministre de la Justice par un petit entrepreneur de la Sarthe, membre de la résistance locale, du comité de libération, mais aussi mari d'une femme déportée :

> C'est avec une profonde stupeur que j'ai appris par la presse que vous aviez mis à la disposition du traître Pétain, le plus grand criminel de tous les temps, des voitures de première classe pour assurer son retour en France. Auriez-vous déjà oublié, monsieur le ministre, dans quelles conditions épouvantables ont été déportés en Allemagne nos camarades, hommes et femmes (70 à 80 par wagon à bestiaux, et ce pendant 15 jours, avec une maigre pitance, quelques litres d'eau ainsi qu'une tinette au coin du wagon) [...] que ces hommes et ces femmes étaient les plus purs représentants de la résistance et du patriotisme français ? [...] Comme nous sommes loin des promesses solennelles faites à la BBC sous l'occupation boche ! (lettre de F. D., Juigné, 30 avril 1945).

Jusqu'à ce moment, les attentats, généralement par explosifs, n'ont jamais cessé et témoignent des frustrations générales. Ainsi les commerçants et certains producteurs sont-ils particulièrement visés, pour cause de marché noir, de hausses abusives des prix, d'enrichissement. En Haute-Loire, des engins explosifs font des dégâts matériels dans une scierie. Sont arrêtés un maçon et un lieutenant FFI en permission, qui s'expliquent :

> Les victimes de ces attentats ne leur étaient nullement suspectes au point de vue national, puisqu'elles avaient rendu des services appréciables à la Résistance ; ils avaient voulu, prétendaient-ils, protester contre les bénéfices élevés que ces victimes retiraient de l'exercice de leur profession.

La volonté de punir, de corriger ce que les pouvoirs publics laissent passer devient endémique. C'est une accusation générale de laxisme, telle qu'on la lit dans un journal breton, l'*Aube nouvelle*, du 23 juin qui ne condamne pas vraiment les attentats : « Deux explosions : qu'attendent les pouvoirs publics pour prendre des sanctions valables contre les collaborateurs et les trafiquants de marché noir ? Ceci aurait pour effet de mettre fin à cela ». Un rapport de la police judiciaire souligne le refus de la population d'aider les enquêtes visant à démasquer les auteurs d'attentats :

> Les gens sont très exaltés, ils s'indignent que les pouvoirs publics se montrent indulgents quant à l'épuration, et de ce fait, les tiennent pour responsables des nombreux attentats perpétrés dans la région (rapport de la police judiciaire, Vannes, 26 avril 1945).

Le recensement des attentats dans les archives publiques montre leur prolifération sur tout le territoire au moins jusqu'au cœur de l'été. À Éguzon, dans la Creuse, deux garçons de 17 ans brisent les vitres chez la mère d'un milicien en fuite et chez un ingénieur arrêté trois jours en septembre 1944. Ils voulaient « donner une leçon à des personnes notoirement connues comme collaboratrices, parce qu'ils étaient dégoûtés de voir que l'épuration ne se faisait pas à Éguzon ». Dans le Gers, un tracteur est piégé : l'explosion fait deux morts et un blessé grave. Étaient visés un cultivateur assigné à résidence et un milicien anciennement interné. Ces attentats parfois mortels, le plus souvent suivis de simples dégâts matériels, deviennent une manière de routine, qui fait écrire dans son rapport mensuel de juin 1945 au lieutenant-colonel commandant la légion de gendarmerie de l'Ille-et-Villaine :

> Le calme règne sur l'ensemble du territoire. [...] La sécurité publique n'est pas compromise. Les divers attentats signalés ont en général pour victimes des indi-

vidus suspectés de collaboration, contre lesquels aucune action en justice n'a encore été intentée ou contre des personnes libérées des camps d'internement.

Effectivement, le calme règne en Ille-et-Villaine : seulement 35 attentats par explosifs ou armes automatiques ont eu lieu en mai dans son ressort... Mais, puisqu'il s'agit de collabos... Ces violences paraissent un substitut légitime à l'épuration lente ou défaillante, non seulement aux yeux de l'opinion, mais encore aux yeux des autorités locales. La police ou la gendarmerie se contentent souvent, en guise d'enquêtes, d'identifier les raisons qu'on avait de s'en prendre aux victimes. Dans les rapports, les auteurs d'attentats ne sont pas dépeints comme des terroristes ou des criminels. Les pouvoirs publics subissent. À Grenoble, où il y a eu 25 attentats par explosif entre mai et août 1945, le rapport de police explique que la population pense que les forces de l'ordre ne font rien parce qu'elles approuvent.

Le phénomène de violences est vertigineux partout en France, à en croire la synthèse mensuelle de la gendarmerie nationale pour la période du 15 avril au 15 mai 1945. Après avoir attesté que les questions principales sont le coût de la vie et les difficultés du ravitaillement, l'officier supérieur auteur de cette synthèse en vient au catalogue des violences politiques par région : sévices contre des libérés de camps d'internement en Alsace ; lynchages à Provins de quatre personnes que l'on estimait condamnées par la justice de l'épuration à des peines trop légères ; manifestation d'une centaine de personnes à Saumur pour se faire remettre un homme inculpé du meurtre d'un résistant ; lynchage de deux femmes dans le Cher, lors d'une reconstitution ; manifestation à Saintes pour s'emparer d'un ex-inspecteur de police dont l'affaire venait d'être renvoyée par la cour de justice ; bénéficiaire d'un non-lieu en cour de justice abattu à coups de fusil de chasse dans les Deux-Sèvres ; prisonniers de guerre allemands malmenés à Bayonne ; travailleuses volontaires rentrant d'Allemagne molestées dans les Vosges ; deux jeunes filles tondues et leur père brutalisé en Moselle ; ex-Waffen SS abattu par un commando au commissariat de Vienne, dans l'Isère ; un milicien et un dénonciateur fraîchement arrêtés enlevés à la sécurité militaire d'Annemasse et massacrés par la foule ; découverte dans la Sarthe du cadavre d'un membre du PPF acquitté récemment par la cour de justice ; l'ancien maire de Villefrancoeur, dans le Loir-et-Cher, tué d'une balle ; une femme récemment condamnée à 15 ans d'indignité nationale assassinée à son domicile dans le Cher ; explosion mortelle de la maison d'un médecin réputé collaborationniste en Haute-Vienne ; maire de Saint-Pierre d'Oléron abattu d'une rafale de mitraillette après l'entrée des troupes françaises dans la ville enfin libérée par la capitulation allemande ; meurtre d'un juge de paix à la retraite soupçonné d'avoir fait déporter des communistes, dans les Côtes-du-Nord ; le père d'un milicien tué par balle en Haute-Savoie ; la femme et la mère d'un milicien abattues dans le Lot-et-Garonne ; un couple assassiné chez lui par un ancien déporté dans le Doubs ; un milicien tué à bout portant en Dordogne pendant une identification. Ayant détaillé la vingtaine d'affaires les plus graves, généralement mortelles, le rapport recense 346 « attentats au moyen d'explosifs ou par mitraillade » en un mois. Pour janvier, la même synthèse en signalait 413. Le pays est bien en proie à une violence terroriste endémique, sans que cela soit dit officiellement. Le 6 août encore, le ministre de l'Intérieur s'applique à rappeler aux commissaires de la République et préfets la gravité de la situation qui réclame une plus grande énergie dans la lutte contre les attentats, en s'appuyant sur une condamnation de principe affirmée par tous contre les agressions. Ce panorama montre des continuités avec les violences de l'été 1944 et de l'hiver 1944-1945, mais aussi des spécificités propres à un pays libéré depuis bientôt un an et qui est supposé retrouver la paix. Quelle typologie peut-on repérer ?

Coupables et victimes mis en présence

La caractéristique la plus curieuse de ces mois de 1945 est peut-être la mise en présence physique des victimes – ou de ceux qui se considèrent comme tels – et des coupables – ou de ceux qui sont considérés comme tels – comme à l'été 1944. Après la Libération, les coupables ont en quelque sorte été retirés de l'espace public soit par leur fuite, soit par leur arrestation suivie de détention ou d'internement. La confrontation publique se trouvait restreinte aux audiences judiciaires, d'où les affrontements autour des palais de justice et des prisons. Deux phénomènes convergents bouleversent ce statu quo. Tout d'abord la mise en liberté, pour des raisons diverses, de personnes arrêtées à la Libération et qui, bien souvent, regagnent leur lieu de résidence habituel où elles sont connues. Ces réapparitions sont vécues comme des provocations, génératrices de grande excitation. D'autre part, le retour en France des personnes qui se trouvaient en Allemagne de leur plein gré. Les circonstances de la défaite allemande le font coïncider avec le rapatriement de ceux qui se trouvaient en Allemagne contre leur gré et au prix de grandes souffrances. Or, cette coïncidence temporelle se double d'une coïncidence physique symbolisée par la présence dans les gares à la fois des fuyards, des rapatriés et des familles anxieuses. La confrontation va être explosive.

Avec le travail des commissions de vérification des internements administratifs, le passage du temps, la fin des hostilités, les libérations d'internés sont de plus en plus nombreuses. Elles s'accompagnent souvent d'une astreinte à résidence que des préfets bien peu clairvoyants fixent au domicile d'origine. S'ajoutent à ces libérés les premiers acquittés ou faiblement condamnés des cours de justice et plus encore des chambres civiques. Les peines d'indignité nationale, par exemple, ne sont pas considérées dans le public comme de vrais châtiments. Parfois, un préfet méfiant fait, contre toute justice, réinterner le libéré, lui sauvant peut-être la vie. Généralement, la vie reprend tout simplement son cours. De toutes ces situations découle le constat que, sept ou huit mois après la Libération, ceux qu'on appelait les collaborateurs notoires, des personnalités honnies par leur voisinage, créent le scandale par leur retour dans la société. Enfin, un petit nombre de coupables bénéficient de mesures de justice établissant leur irresponsabilité pénale, ils sont éventuellement hospitalisés, mais aussi rendus à la liberté.

L'excuse de la folie, déjà difficile à admettre en temps ordinaire, est en l'occurrence inaudible. C'est ainsi qu'un détenu est tué de deux balles dans la nuque, à Belfort, durant son transfert entre l'hôpital et l'asile d'aliénés, par un commando. Déjà, en 1943, cet homme accusé de nombreuses dénonciations a fait l'objet d'une tentative de meurtre. Inculpé à la Libération, il est pris à partie par la foule lors de son arrivée à la cour de justice. Là, le public estime qu'il simule la folie devant le tribunal. Le scandale est à son comble lorsque les juges demandent de surseoir pour un examen psychiatrique. On connaît la conclusion de l'affaire. Le cas n'est pas unique : un groupe armé s'introduit à l'hôpital psychiatrique de Lannemezan, dans les Hautes-Pyrénées, pour tuer un homme acquitté peu avant par la cour de justice pour irresponsabilité.

Les remises en liberté peuvent se solder assez couramment par des attentats : un ancien interprète de la kommandantur de Corbeil tué par balle par la fenêtre de sa cuisine après son acquittement ; un droguiste lyonnais abattu devant son magasin après une mise en liberté provisoire ; un restaurateur tué par une grenade qui venait de quitter un centre de séjour surveillé...

Il existe aussi des mises à mort publiques, collectives, qui expriment de façon paroxystique l'incompréhension et l'indignation de la population. On a évoqué certaines de ces affaires, au travers de la synthèse mensuelle de la gendarmerie. Elles sont assez banales, malgré leur horreur. On peut en relater trois qui sont caractéristiques. Un interné administratif originaire de Paray-le-Monial, en Saône-et-Loire, est libéré le 26 mai 1945. Le soir même, à Digoin, il est blessé par balle et hospitalisé. Alsacien, comptable dans une entreprise locale, beau-père d'une femme travaillant à la kommandantur, il est, dans le voisinage, accusé de graves délations. Le lendemain, décision médicale est prise de le transporter dans un hôpital plus grand pour y être opéré. Le trajet de l'ambulance passe par Paray-le-Monial. Dans le bourg, la voiture est interceptée par un commando armé qui ameute les passants. Le blessé est frappé à coups de pied et de poing. On l'entraîne jusqu'à son domicile, qui est fouillé. Puis, après une rapide confrontation à ses accusateurs, il est tué en public d'une balle dans la tête.

À Aigueperse, dans le Puy-de-Dôme se produit une mise à mort plus sauvage encore. Une femme, considérée comme une indicatrice de la Gestapo, a été arrêtée à la Libération. La cour de justice instruit sur ces accusations, mais ne trouve aucun élément de preuve, si ce n'est des sentiments pro-allemands. Elle est déférée devant le tribunal correctionnel pour propos de nature à exercer une influence fâcheuse sur le moral de la population et condamnée à six mois de prison. Ayant accompli huit mois de préventive, elle est libérée à l'issue de l'audience. Loin de chercher à se faire oublier, elle rentre chez elle et s'en prend à ceux qui l'ont dénoncée. Une bombe est posée devant son domicile dans la nuit du 7 au 8 juin. Le lendemain, alors qu'elle sort, elle est frappée par plusieurs personnes sur la place. La nuit suivante, des manifestants se retrouvent devant chez elle et finissent pas forcer sa porte. Rouée de coups, elle succombe. Probablement à titre d'exemple, son corps est alors accroché au pont de chemin de fer.

Une scène similaire s'est déroulée le même jour dans l'Allier voisin. Pendant l'occupation, la famille G., de Hauterive, s'est aliénée l'ensemble de ses concitoyens par une attitude jugée provocante, voire menaçante. Le fils, devenu chauffeur à la Gestapo de Vichy, a trempé dans des opérations contre des réfractaires et des résistants. Les parents, qui vivaient avec leur fils, ont profité des avantages matériels procurés par ce travail et ne se privaient pas de se targuer de ces relations auprès du voisinage. Tandis que le fils prend la fuite, les parents sont internés en septembre 1944, puis, faute de plus amples griefs, libérés le 7 mai 1945. Ils s'installent chez leur fille, à Hauterive, et entreprennent de faire lever les scellés sur leur maison. Ceci obtenu, ils portent plainte en constatant la disparition d'une partie de leur mobilier. C'est l'étincelle. Le soir même doit se tenir une réunion du Front national. Des jeunes en profitent pour organiser une manifestation : plus de 200 personnes se massent devant le domicile de la fille G. La porte est forcée, les époux G. sont traînés dehors et conduits en ville sous les coups. Les esprits s'échauffent et la situation achève de dégénérer : les deux anciens internés sont pendus.

Les faits se recoupent : des personnes libérées à l'attitude sinon provocante du moins revendicative, une absence apparente de sanctions aux yeux de concitoyens scandalisés, des esprits échauffés par la certitude que la justice doit être rétablie, des intimidations qui dégénèrent, un concours de foule qui s'emporte, une mort ignominieuse.

Dans le cas des époux G. s'ajoute une pente naturelle à reporter sur les proches la vindicte qu'on ne peut exercer sur un coupable absent. Ce type de vengeance collatérale n'est pas exceptionnel. Comme l'explique un serrurier de Cholet qui a lancé deux engins incendiaires sur la maison d'un collaborateur en fuite :

> Ayant été arrêté par la Gestapo, il ne pouvait admettre que les biens de B. n'aient pas encore été saisis et vendus ; il ne pouvait traiter que des collaborateurs soient traités avec de pareils égards et, décidé à réveiller les pouvoirs publics, il s'était résolu à employer les grands moyens.

Les pouvoirs publics l'entendent assez bien, d'ailleurs, qui se mettent à prescrire la protection des familles des condamnés à mort graciés.

Les gares

Dans les gares se produisent, on l'a dit, d'autres rencontres fortuites qui peuvent finir en confrontations tragiques. Il faut se représenter l'ambiance très particulière des semaines qui commencent en avril 1945, avec l'avancée des différentes armées alliées sur le territoire du Reich. Depuis la Libération, les liens ténus qui pouvaient exister avec certaines catégories de personnes retenues en Allemagne sont brisés. Quant aux déportés, on ignore absolument ce qu'il est advenu d'eux : la nuit et le brouillard sont complets. En France, les pouvoirs publics, la presse et les associations s'efforcent d'entretenir le souvenir de ceux qui l'on nomme les absents. C'est avec appréhension qu'a été préparé le futur rapatriement d'une population disparate dont on évalue difficilement l'état sanitaire et le nombre : 900 000 prisonniers de guerre, 600 000 STO, un nombre indéterminé de plusieurs dizaines de milliers de déportés politiques et raciaux, 300 000 travailleurs volontaires (mais dont certains sont rentrés avant l'été 1944), quelques dizaines de milliers de collaborationnistes en comptant aussi bien les Waffen SS français que les femmes et enfants repliés avec la Milice ou les partis collaborationnistes.

Comme souvent, les choses ne se déroulent pas comme elles avaient été prévues. Les rapatriements prennent une forme plus spontanée, plus hasardeuse et plus soudaine qu'on ne l'avait imaginé. Les centres d'accueil des frontières sont délaissés, Paris est submergé, nombreux sont les rapatriés qui circulent par leurs propres moyens sur le territoire, à côté de convois organisés. Tandis que l'on s'efforce d'arrêter les miliciens ou collaborationnistes camouflés en STO, les travailleurs volontaires se mêlent aux prisonniers de guerre et aux déportés.

Les hasards des arrivées donnent l'idée que les travailleurs volontaires, voire les collaborationnistes, rentrent avant les déportés, comme s'il n'y avait aucune priorité au mérite ou à la souffrance. L'afflux irrégulier mais intense des rapatriés (300 000 en avril, 900 000 en mai, 275 000 en juin) gêne les pouvoirs publics dans leur mission de contrôle. Les communiqués de presse annonçant des rapatriements sont vagues, parfois erronés : on ne sait pas bien qui l'on vient attendre. Dans les centres d'accueil, dans les gares, des Français se massent, patientent et reviennent jour après jour dans l'espoir de retrouver leur « absent » et voient défiler le cortège disparate des rapatriés de toutes natures. Dans ce creuset d'émotions intenses, la présence d'une personne identifiée comme collaborationniste peut mettre le feu aux poudres.

> À chaque arrivée de train, la population s'applique à les repérer parmi les prisonniers, déportés et requis et lorsqu'elle en découvre un, elle le hue et pousse des cris « à mort ! au poteau ! » ; bien souvent, la police doit intervenir pour le protéger (rapport du commandant de gendarmerie sur l'état d'esprit de la population, Maine-et-Loire, 14 juin 1945).

En Aveyron, des travailleurs volontaires sont pris à partie à plusieurs reprises dans les gares. Le 31 mai, Alexandre H., d'origine polonaise, est assailli à sa descente du train par une foule d'environ trois cents personnes – comptant des déportés et des prisonniers de guerre – qui le frappe, le déshabille, et le tond en ne lui laissant qu'une croix gammée au front. Il est ensuite abandonné aux gendarmes. Le 4 juin, à Rodez, un autre est molesté à la gare. La population du bassin houiller, dit-on, se propose de réserver le même genre d'accueil à tous les travailleurs volontaires. Ils ne sont pas les seuls : on se souvient que ces semaines sont aussi celles de la recrudescence des tontes, exercées en guise de substituts de violences plus graves. Le préfet du Tarn-et-Garonne s'est ainsi vu contraint – parmi bien d'autres – de prendre des mesures spéciales de police « pour les travailleurs volontaires rentrant d'Allemagne, notamment les femmes qui sont, presque chaque nuit, l'objet de violences au moment de leur arrivée à la gare. Leur arrestation immédiate est le seul moyen de les soustraire à ces sévices exercés aussi bien par les rapatriés que par les assistants civils ». À ceci près que les émeutiers échauffés n'hésitent pas à se porter au commissariat pour s'emparer de l'objet de leur vindicte. Le 8 mai, jour de la victoire, 1 500 personnes ont convergé à la gare d'Annemasse pour attendre l'arrivée d'un train de déportés et de prisonniers de guerre. Dans la fureur de l'instant, elles se tournent vers le bureau de sécurité militaire installé sur place et s'emparent de deux suspects qui viennent d'être interceptés : un milicien et un délateur. Les deux hommes sont massacrés sur place. Le service d'ordre doit s'employer à calmer la foule, dans la crainte de nouvelles mises à mort.

On doit ajouter qu'avec une déconcertante inconscience, les autorités continuent durant cette période à faire circuler des trains de prisonniers de guerre allemands et même de condamnés des cours de justice en partance pour des centres de détention. Ils sont évidemment conspués, malmenés si l'occasion s'en présente et les trains sont bombardés de pierres.

Des déportés en pointe

On a vu que les rapatriés eux-mêmes sont plus ou moins mêlés à ces incidents. Leur état d'esprit a son importance. C'est pour eux aussi un temps de bonheur et d'angoisse inouïs : comment vont-ils être accueillis, qui vont-ils retrouver, quelle place leur sera faite ? Beaucoup de frustrations et d'incompréhensions se manifestent à la découverte de cette France nouvelle pour eux. Dans cet ensemble disparate, les déportés politiques tiennent en principe le haut du pavé : ils sont l'incarnation de cette Résistance sacrificielle à laquelle le pays souhaite s'identifier. Il est évident, dès avant leur retour, qu'ils seront en droit de demander des comptes :

> L'épuration semble insuffisante surtout dans les milieux qui comptent un déporté ou un fusillé. On affirme que lorsqu'ils reviendront de captivité, il y aura sûrement une nouvelle épuration à faire (rapport des Renseignements généraux de la Marne, mars 1945).

Les associations d'anciens déportés constituées à l'été 1945 inscrivent souvent dans leurs statuts leur participation à la recherche et au châtiment des bourreaux *et de leurs complices*. Ils ne se présentent pas seulement comme des victimes, mais comme des combattants, qui restent fidèles à leur engagement dans la Résistance. Pour avoir participé à la Résistance, ils partagent ses aspirations à la rénovation qui passe par l'épuration qu'ils ont contribué à imaginer au temps de la clandestinité. Or, ce qu'ils en découvrent, la façon dont on leur en parle paraît peu convaincante. Ils réclament à leur tour une justice plus efficace.

> Ceux qui reviennent des geôles ou des camps de concentration d'Allemagne sont bien obligés de voir que la France n'a pas su se laver, qu'elle n'a pas su se débarrasser des responsables de sa honte (lettre ouverte du colonel Manhès [résistant déporté, proche du Parti communiste] au président de la Haute Cour, *la Défense*, 3 août 1945).

Leur colère peut être d'autant plus grande que, s'ils sont légitimes, ils sont en fait peu nombreux et pas toujours en capacité physique de prendre part aux débats et aux revendications. D'ailleurs, on ne les a pas attendus pour organiser la vie publique : la révision des listes électorales a été achevée avant la capitulation allemande, les élections municipales se déroulent en plein rapatriement. En même temps, les Français ne peuvent manquer d'éprouver à leur égard une manière de culpabilité devant le sort insoutenable dont leurs corps portent les traces. Réclamer la justice est donc aussi, pour les déportés, une manière de revendiquer une place plus importante dans la société.

Autre milieu traversé de colères et de rancœurs : celui des requis du STO, par toujours bien considérés en regard des réfractaires, assimilés à de courageux clandestins. À la différence des prisonniers de guerre, retenus depuis cinq ans loin du pays, ils ont connu directement les avanies de l'Occupation. Ils s'estiment trahis, « vendus » au sens propre du terme par Vichy et par tous ceux qui ont recensé, encadré, dénoncé ou traqué les hommes des classes d'âge concernées. Ce sont des hommes jeunes qui, par leur activisme, entendent se démarquer d'éclatante façon des travailleurs volontaires. Remuants et nombreux, ils n'hésitent pas à prendre part aux manifestations. À noter qu'en 1945, on parle couramment d'eux sous l'appellation de « déportés », comprendre de déportés du travail, ce qui entretient une confusion certaine avec les déportés politiques et raciaux.

Des personnes ou des groupes peuvent être tentés de se faire justice eux-mêmes à leur retour. Le 2 mai, à Bart dans le Doubs, un couple est abattu à son domicile par un déporté qui les accuse de l'avoir dénoncé. Le 11 juin, dans le Puy-de-Dôme est retrouvé le corps d'un ancien requis du STO qui se serait mal comporté en Allemagne vis-à-vis de ses camarades. Le 7 juin a été arrêté à Annecy un membre de l'Armée secrète que d'anciens compagnons rentrant de déportation accusent d'avoir remis un dépôt d'armes et signalé l'emplacement d'un maquis. Trois semaines plus tard, il est abattu sur le trajet entre la maison d'arrêt et le cabinet du juge d'instruction.

Mais les vengeances peuvent aussi être publiques et ne pas se porter sur les individus directement responsables, mais sur une manière de coupables génériques. Le 28 mai, à Conflans-Jarny (Meurthe-et-Moselle), 200 personnes font irruption dans le commissariat et extirpent des cellules une famille de quatre Italiens rentrant d'Allemagne où ils s'étaient réfugiés en septembre 1944. Brutalisés, traînés, piétinés, ils survivent à ce traitement. Ce même jour se déroulait les obsèques d'un déporté politique rapatrié deux semaines plus tôt.

La flambée de violences du printemps 1945 ne se contente pas de coïncider avec le retour des captifs de toutes natures. Elle leur doit une impulsion décisive, ne serait-ce que dans l'organisation de manifestation ou de mouvements d'indignation. Ainsi, à Thouarcé dans le Maine-et-Loire, un cortège mené par des prisonniers de guerre et des requis du STO arrache les drapeaux, brise les devantures, les portes et fenêtres, puis saccage les magasins de deux commerçantes récemment libérées d'un camp d'internement. Dans l'Ain, où se trouvaient d'importants maquis, l'agitation est très vive au printemps de 1945. Après des manifestations répétées devant la maison d'arrêt de Nantua, une vingtaine de détenus à risques sont transférés à Bourg. Le 25 mai, un ancien SOL, condamné en mars par la chambre civique à une peine d'indignité nationale, est retrouvé mort.

Mais c'est à Cusset, juste à côté de Vichy, qui vont se produire les événements les plus spectaculaires, durant cette première semaine de juin qui a déjà vu dans le Puy-de-Dôme voisin survenir les lynchages de Hauterive et Aigueperse.

Le 2 juin, en début d'après-midi, sans que rien ne l'ait laissé prévoir aux autorités, des gens se rassemblent devant la prison, armés, portant des haches, des échelles, des masses. Donc, rien n'est improvisé. Les portes sont forcées. On s'empare de Georges Gouverneur, connu comme milicien et dénonciateur de résistants. Sous les coups, il est traîné jusqu'à la place de la mairie où il est pendu à un réverbère. La corde casse. Quelques représentants de l'autorité accourus à la hâte obtiennent alors qu'il soit ramené en cellule. Mais, à la suite de ce revirement, la foule revenue dans la prison, s'en prend à Poinsot, un policier des Renseignements généraux que l'on accuse d'avoir arrêté et torturé des résistants. Il est dénudé et battu. Toutefois les manifestants respectent le mot d'ordre selon lequel il ne faut pas qu'il meure pour pouvoir livrer le nom de ses complices. Il est abandonné et la foule se porte cette fois à l'hôpital où se trouve Pierre Senati, ancien gardien au château des Brosses, qui servait de prison et de centre d'interrogatoire à la Milice à Vichy. Il est pendu par les pieds et meurt devant la foule assemblée. Le préfet, assistant à la scène, soutient que la pendaison a été effectuée sous la direction de trois ou quatre déportés politiques récemment revenus.

Malgré la présence des autorités, on se saisit à nouveau de Gouverneur pour le pendre à la place de Senati. Arrivé à l'instant, le commissaire de la République de Clermont-Ferrand – qui est l'ancien chef des Mouvements unis de Résistance en Auvergne Henry Ingrand – obtient de faire dépendre Gouverneur pour le ramener encore une fois à la prison. Il promet que Poinsot ne sera pas transféré en dehors de Cusset. Vers 19 h 30, les 500 personnes qui se trouvaient encore rassemblées se dispersent. Mais, dans la nuit, une demi-douzaine d'hommes s'introduisent dans la prison et, avec le consentement des gardiens, brutalisent Gouverneur et Poinsot sous prétexte de les interroger.

Dans le récit qu'il rédige immédiatement, le commissaire de la République ne prononce aucune condamnation à l'encontre ni de ces faits, ni de leurs auteurs. Il les dépeint comme une conséquence logique de la situation et n'incrimine que le gouvernement.

> Le Gouvernement se trompe, je n'hésite pas à le signaler, en donnant à la charité le pas sur la justice ; en sous-estimant la rancœur que son indulgence mal interprétée fait naître dans l'âme populaire [policiers et gendarmes] épousent le point de vue de la foule et sont par conséquent peu décidés à faire barrage contre ses envahissements [...] En somme, après environ dix mois d'efforts [...], la situation est à peine différente de ce qu'elle était à la fin du mois d'août dernier lorsque les seuls titres que pouvait me valoir mon activité antérieure dans la Résistance constituaient la force authentique sur laquelle je pouvais m'appuyer (le commissaire de la République de Clermont-Ferrand au ministre de l'Intérieur, 3 juin 1945).

Ces exécutions ont été en partie filmées. Les images insoutenables de la longue agonie de Pierre Senati et de la participation de la foule donnent de l'épuration une représentation atypique mais bouleversante. Ce paroxysme horrifiant rend compte de la menace de basculement sous laquelle le processus légal et judiciaire a fonctionné. Ces images d'archives sont visibles dans un film documentaire, accompagnées entre autres du témoignage de l'un des exécuteurs, qui exprime encore la conviction de la nécessité qu'il y avait à faire soi-même justice, face aux autorités défaillantes (Daniel Scheidermann et Christelle Ploquin, *Jour de pendaison au village*, 2005).

Ce long après-midi de folie collective connaît une réplique tragique trois jours plus tard à quelques kilomètres. Se faisant fort d'empêcher le renouvellement de ces événements, les autorités décident de faire transférer dans le Puy-de-Dôme les internés du centre dit du concours hippique à Vichy. Un attroupement d'une quarantaine de personnes, parmi lesquelles on remarque des prisonniers et déportés rapatriés, se forme devant le portail. Dans la soirée, il est grossi par une foule ayant entendu dire que les transferts sont en cours. L'entrée est forcée. Les manifestants pénètrent sans difficulté dans le camp où ils s'emparent de quatre femmes et les tondent. Puis, ils s'en prennent à un autre milicien du château des Brosses. On le tient en laisse par une écharpe liée à son cou. Il est harcelé et frappé avant d'être pendu par les pieds à un arbre.

Après ces explosions, les violences se poursuivent de façon sporadique jusqu'en 1946. On signale un capitaine de corvette, notoirement maréchaliste et anglophobe, poignardé dans son jardin à Toulon en janvier 1946 ou, en octobre, l'ancien chef départemental du PPF pour les Alpes-Maritimes assassiné à l'hôpital de Nice où il était soigné suite à une première tentative pour l'abattre après que sa condamnation à mort avait été commuée. Le 4 avril, à Berenchies, dans le Nord, un ancien déporté à Dachau tire cinq balles dans les jambes de Henri D. que la cour de justice de Lille vient d'acquitter et revendique son geste comme une protestation contre la justice.

Dans de telles conditions, quelle justice faire aux justiciers ?

Comment le général vichyssois Pulcinelli a condamné les trois officiers de Maubeuge, héros de la Résistance

Au mois de septembre 1945, l'ancien garde des Sceaux François de Menthon, devenu procureur au tribunal de Nuremberg, remet à son successeur une note véhémente où il s'étonne de l'impunité des « divers crimes et attentats de nature politique » qui ont eu lieu dans l'Isère. Il cite l'exemple du meurtre d'un milicien qui a eu lieu dans un commissariat et précise que « les assassins sont connus dans tout le département ». On a déjà évoqué l'extrême circonspection des forces de l'ordre dans leurs enquêtes. La justice est-elle également décidée à éviter de poursuivre ? On pourrait le penser en lisant, dans les archives du cabinet du ministre de la Justice, les interrogations sur la manière de poursuivre les prévenus dans les affaires d'attentats non mortels : « Je me demande si dans beaucoup de ces affaires, il n'est pas préférable de correctionnaliser et de ne retenir que la détention d'armes. Il est vrai que le tribunal correctionnel se déclarerait peut-être incompétent ». Dans des cas d'attentats à l'explosif contre des magasins, on propose de retenir le délit de bris de clôture... Et c'est ainsi que fonctionne la justice. Dans l'Isère, le tribunal correctionnel condamne à deux mois de prison un homme qui a déposé une bombe contre la maison d'un Italien du Touvet. La cour a choisi de retenir l'incrimination de détention d'explosifs, et non de destruction d'édifice par attentat, passible de peines beaucoup plus lourdes. Encore mécontente-t-il une partie de la population, comité local d'épuration en tête, qui réclamait la clémence pour un homme à l'excellente réputation « au point de vue national ».

Les ministres concernés se renvoient les responsabilités. Le garde des Sceaux reproche à son collègue de l'Intérieur la désinvolte complaisance de la police. Le ministre de l'Intérieur réplique en demandant d'efficaces poursuites judiciaires contre les auteurs d'attentats, dans « les délais les plus courts afin de rendre confiance à la population, dont la sécurité se trouve gravement compromise ». Des lettres sont échangées entre la Justice, l'Intérieur et la Guerre, où chacun essaie de se décharger sur les autres. Encore ce débat ne débute-t-il qu'à l'automne 1945, c'est-à-dire après le plus gros des violences.

Les ordonnances du 6 juillet 1943 et 5 décembre 1944 prévoient la révision des sanctions judiciaires prises contre des actes commis en vue de la libération. En cas d'abus présumés, la justice militaire est compétente (les FFI étant considérés comme partie intégrante de l'armée française depuis une ordonnance du 9 juin 1944). Elle tranche en fait essentiellement sur l'authenticité du projet militaire et sur la responsabilité de la chaîne de commandement. Ainsi peut-on lire, après une plainte pour tonte :

> Le fait de couper les cheveux d'une femme contre son gré constitue une violence au sens de l'article 311 du Code pénal. Est donc coupable de ce délit le chef de section FFI qui a fait raser la tête d'une femme en raison de l'attitude scandaleuse qu'elle aurait eue au cours de l'occupation allemande, alors qu'il est établi que cette femme s'est comportée comme une bonne Française dont la conduite ne peut susciter de critique à quelque point de vue que l'on se place. Par contre, aucun délit ne peut être reconnu contre celui qui a été l'auteur matériel de la coupe de cheveux car, l'autorité FFI étant incorporée à l'armée régulière, il a agi sur ordre d'une autorité légitime et, dans ces conditions, conformément à l'article 327 du Code pénal, l'acte de violence commis ne constitue pas un délit.

Le général commandant la IXe région militaire (Poitiers) résume l'exécution par un groupe de FFI, à la fin du mois de juin 1944, d'une demi-douzaine de personnes ayant avoué avoir renseigné la Milice :

> Après interrogatoire et enquête qui durèrent quatre ou cinq jours, il leur fut donné lecture de la sentence de mort pour avoir dénoncé le maquis Lépine, ce à quoi aucun des condamnés ne répliqua. [...] Dans ces conditions, il ne m'apparaît pas qu'il y ait lieu à l'ouverture d'une information contre qui que ce soit (lettre au ministre de la Guerre, 15 mai 1945).

Les cas qui sont soumis aux tribunaux militaires sont encore peu nombreux après la Libération. Ces tribunaux sont d'ailleurs suffisamment accaparés par l'épuration pour ne pas s'appesantir sur ce travail supplémentaire. Par exemple, le tribunal militaire de la région d'Angers condamne en tout huit résistants ou assimilés pour assassinat, coups et blessures, pillage et extorsion.

Dans le même temps, les familles des victimes d'exécutions se tiennent dans une grande réserve, dictée non seulement par la crainte, mais aussi par le souci de se faire oublier. En témoigne l'attitude de la famille du colonel D., qui fut l'un des plus fameux exécutés dans le département de l'Orne peu de temps avant le débarquement. Elle déclare ne pas vouloir de poursuites, pour deux raisons. Elle croit dans la bonne foi des exécuteurs, dans leur projet patriotique, dont elle estime simplement qu'il a pu ne pas être très bien orienté. La famille redoute en outre qu'une information judiciaire « déshonore la mémoire du colonel dont le patriotisme avait été constant, mais qui avait pu commettre des imprudences de langage » (lettre du procureur général près la cour d'appel d'Angers au garde des Sceaux, 20 novembre 1945). Bref, tout cela est présenté comme un vaste malentendu patriotique, ce qui arrange grandement le procureur général inquiet de l'éventuel mécontentement des milieux résistants locaux. Enfin, les familles se bornent souvent à chercher à faire établir le décès dans les règles afin de faciliter leurs démarches administratives, sans rien demander sur le fond.

En dehors de quelques excès retentissants qui font l'unanimité contre eux, le prétexte maquisard ayant par exemple viré au banditisme (le « maquis » Lecoz dans le Val de Loire), le consensus est très grand en faveur des prévenus résistants. Les communistes soutiennent avec une particulière véhémence la cause des résistants accusés, individuellement et en général, en proclamant une unicité légitime de la Résistance. Les prévenus sont souvent laissés en liberté provisoire en raison de leur « très belle conduite pendant la période de la Résistance ». S'ils sont inculpés et incarcérés, ils bénéficient fréquemment du soutien des milieux résistants locaux et de la population qui ne comprend pas qu'on poursuive des résistants quand, à son avis, tant de collaborateurs s'en tirent à bon compte. À Dinan, en juin 1945, cinq jeunes gens sont arrêtés après avoir commis une dizaine d'attentats. Des rapatriés prennent la tête d'une manifestation qui réunit près de la moitié des habitants de la ville. La prison est assaillie, les cinq prévenus libérés et portés en triomphe jusqu'au monument aux morts où les manifestants se séparent après avoir chanté *la Marseillaise*. Quelques jours plus tard, les cinq garçons se constituent prisonniers et bénéficient aussitôt d'une liberté provisoire. Les préfets se montrent très attentifs à toutes ces situations qui risquent de choquer ou de soulever l'opinion.

Indulgence et précautions ne sont pas réservées à des attentats matériels de peu de gravité. Les attaques de prison, les exécutions illicites, les lynchages suscitent des réactions comparables dans l'opinion et l'administration. On peut rappeler qu'en décembre 1944, deux inculpés ont été tirés de la prison de Bourges et abattus à la mitraillette. Le lieutenant FTP responsable est arrêté. Aussitôt, les comités locaux de libération demandent sa libération car « ce geste qui exprime très exactement l'esprit de la population et son étonnement de voir gracier de tels individus [les deux exécutés] doit être interprété comme issu de la volonté du peuple français désireux de voir aboutir rapidement l'épuration du pays » (le comité de libération de Vierzon au commissaire de la République d'Orléans, 16 janvier 1945). Dès le mois de janvier 1945, le lieutenant est acquitté par le tribunal militaire d'Orléans.

Les poursuites judiciaires, pour ne rien dire d'éventuelles condamnations, sont insupportables et presque incompréhensibles tant les gestes qui les entraînent paraissent légitimes, dans le droit-fil du combat résistant. Évoquant l'exécution publique d'une délatrice et d'un milicien à Issoudun en août 1944, le président du CDL de l'Indre produit une justification qui s'inscrit évidemment dans un raisonnement de guerre :

> Dans les instructions qui nous venaient de Lyon, nous avons reçu maintes circulaires « Mesures à prendre à la Libération ». Certaines étaient très précises : « dès que possible, mise hors d'état de nuire des collaborateurs ; garder ceux que nous pouvons et exécuter les plus dangereux ». Nous avons répercuté ces instructions sur les CLL (témoignage, 1973).

En ne supprimant pas des condamnés qui sont non seulement des coupables, mais aussi des adversaires, l'État est perçu comme doublement défaillant : défaillant à châtier justement les collaborateurs, ce qui a obligé les résistants voire le peuple à se substituer à lui ; défaillant lorsqu'il poursuit des justiciers qui ont pour eux le droit moral, la sécurité nationale et l'accord général. On se souvient ainsi qu'en juin 1945, plusieurs personnes, détenues ou non, ont été lynchées dans l'Allier. Police et justice se mettent évidemment en branle avec d'autant plus de vitesse qu'il s'agit à tout prendre de flagrants délits (y compris filmés). Ceci suscite la colère des milieux résistants :

> Il paraît qu'on inquiète des personnes ayant pris ou moins pris part aux exécutions de collaborateurs. Là, l'enquête est rondement menée et la Justice agit. Mais quand il s'agit d'épurer et de condamner ceux qui furent des traîtres à des degrés divers, cela va beaucoup moins vite, ça prend même une petite allure ralentie. Mais, surtout, que l'on ne touche ni aux déportés, ni aux prisonniers, ni à leurs familles... (*le Patriote*, 13 juin 1945).

La justice cherche à appliquer la loi, se montrant en particulier réticente sur les mises en liberté provisoire des inculpés. Mais le préfet ne cesse de mettre son ministre en garde en insistant sur la mobilisation des anciens résistants, des associations de rapatriés, des élus locaux, forts de l'approbation de la population.

> Une campagne de presse a déjà été menée [...] Ce fait ne sera pas isolé et, à l'approche des élections, les partis politiques ne se feront pas faute d'exploiter dans leurs réunions la conclusion actuelle de cette affaire [...] Si les positions électorales n'ont pas encore été nettement prises sur le plan particulier, les critiques ne manquent pas dans le département sur la manière dont l'épuration a été

menée, et cette question est l'un des thèmes généraux des réunions politiques (le préfet de l'Allier au ministre de l'Intérieur, 27 mars 1946).

Il arrive bien sûr que l'affaire dépasse la simple résonance locale, pour devenir une véritable cause nationale, pour peu que les enjeux politiques prennent le dessus. Le Parti communiste s'inscrit alors en pointe, relayé en particulier par le Secours populaire français qui se fait le porte-voix de la cause de la Résistance opprimée par l'institution judiciaire. Dans l'affaire de Maubeuge, si caractéristique, les trois exécuteurs sont poursuivis devant le tribunal militaire de Paris – l'affaire est donc délocalisée. Les deux premiers pour homicide volontaire avec préméditation, le troisième pour complicité d'assassinat. L'officier FFI le plus gradé est condamné à sept ans de réclusion les deux autres à cinq ans. S'y ajoutent pour tous la dégradation militaire et dix ans d'interdiction de séjour. Un comité pour la libération des officiers de Maubeuge est aussitôt créé par Joe Nordmann, chef de cabinet de Marcel Willard, secrétaire général – communiste – à la Justice de la Libération, et de Madeleine Jacob, chroniqueuse judiciaire redoutée, spécialiste de l'épuration à *Franc-Tireur*. Le comité est soutenu par des groupes et des personnalités de la Résistance (l'OCM, Maurice Schumann, Robert Lecourt), mais surtout par des personnalités communistes ou apparentées, y compris les dirigeants du Parti, et toute la kyrielle des associations et mouvements proches du PC. Les membres du Comité proclament un déni de justice, véritable retour du vichysme triomphant contre l'esprit de la Résistance. Toutefois, le général de Gaulle refuse de céder sur le principe :

> Le Général est parfaitement au courant de toute l'affaire. Il a la plus grande estime pour les accusés dont il connaît très bien la situation actuelle et précise. Il reconnaît aussi que, sans l'acte de P., des désordres plus graves auraient pu avoir lieu. Cependant, pour des raisons de principe, le général entend maintenir la peine, tout en se réservant le droit de gracier ces trois officiers dans un délai très bref, six mois ou un an, peut-être même moins, et d'autant plus vite si aucun désordre n'est provoqué à ce sujet (lettre du cabinet militaire du général de Gaulle, 2 février 1945).

Sensationnelles mais peu nombreuses et souvent rapidement conclues, ces procédures se multiplient relativement dans les années suivantes, en dépit de la loi d'amnistie du 16 avril 1946. Elles se prolongent jusque dans les années 1950, par l'ouverture ou la relance d'enquêtes, ainsi que par l'intervention de la Cour de cassation qui annule des validations d'exécutions prononcées en 1944-1945 par des tribunaux militaires. Sont ainsi ravivés, sur un mode traumatique, les déchirements de l'Occupation et les désillusions de l'épuration. Ils sont exploités par tous les camps en présence. La mouvance épurée en pleine recherche de réhabilitation y voit le procès général de l'épuration, évidemment sanglante et injuste, voire de l'action même de la Résistance. Les communistes y discernent une entreprise de révisionnisme vichyste et réactionnaire, voire une opération montée contre eux, en tant que plus pure incarnation de la Résistance. Bien des résistants s'affligent de voir leur combat dénaturé et réduit à se justifier. Les responsables politiques sont embarrassés des séquelles d'un affrontement civil qui n'en finit pas.

Le général de Gaulle signifia sa volonté que « parmi les Français, devant les Alliés, au milieu des ennemis défaits apparaisse entière, responsable, indépendante, l'autorité de l'État ». On sait que la France recouvra effectivement sa souveraineté et évita la guerre civile. Elle n'évita toutefois pas la prolifération endémique de violences illégales, sous les yeux consternés ou consentants des autorités. Des observateurs américains mal disposés en profitèrent d'ailleurs pour dénoncer la terreur qui sévissait en France, offrant un renfort inespéré à tous ceux qui faisaient mine de voir dans l'épuration une entreprise strictement partisane et injustifiée.

L'agitation revendicative des comités locaux de Libération et des instances issues de la Résistance, souvent attisée par les communistes, la crainte d'un désordre endémique, le gonflement des chiffres des exécutions ont pu faire craindre – y compris rétrospectivement – une poussée révolutionnaire débouchant sur une prise de pouvoir communiste. Pourtant, à y regarder de plus près, les flambées de violence de l'hiver 1944 et du printemps 1945 n'ont pas été le résultat d'une habile manœuvre communiste, mais de la collision brutale des événements de guerre, d'une application hésitante au niveau local de la politique gouvernementale, elle-même pas toujours très assurée, et du désarroi de la population. C'est de l'évolution de cette dernière que devait provenir la solution, plutôt que d'une réaction efficace du gouvernement. En effet, malgré la fermeté de la position de principe de De Gaulle – en particulier sur son exercice souverain du droit de grâce –, et de sa politique de présence dans la restauration de l'État, le gouvernement et l'administration continuaient à agir au coup par coup, souvent en retard sur l'événement et en recherche d'équilibres introuvables entre autorité et justice. La caution résistante apportée aux violences était d'autant plus efficace que les attentats ou les exécutions paraissaient inscrits dans la logique du combat, de la mise hors d'état de nuire d'ennemis, et non pas seulement du châtiment de coupables. Les sanctions contre les « justiciers » produisirent un effet doublement négatif : elles créèrent un profond malaise, mais n'arrêtèrent pas les violences. Il fallut que ce soit l'opinion qui, lassée des violences des cinq années écoulées, finisse par marquer sa désaffection vis-à-vis des justiciers amateurs pour que se raréfient puis cessent les attaques, les lynchages et, surtout, les attentats, tellement plus faciles à perpétrer. Cette désaffection ne fut toutefois pas l'aboutissement d'une réflexion civique ou morale, d'un ralliement à l'État de droit et au fonctionnement régulier de la justice, mais le signe d'un abandon et d'un désintérêt pour l'épuration, jugée dans son ensemble comme irrémédiablement ratée. Les groupes les plus mobilisés, tels que les rapatriés, lâchèrent eux aussi en tendant à se renfermer sur eux-mêmes ou sur leurs revendications matérielles. La fin de la guerre fut suivie d'une irrépressible volonté de passer à autre chose. Quand les jugements des cours de justice paraissaient insuffisants ou mal venus, seuls ceux qui étaient directement concernés trouvaient encore la force de s'indigner. Les autres, la majorité estimaient dorénavant que tout cela n'avait que trop durer et qu'on pouvait tourner la page. La réduction du nombre d'affaires amena la concentration des cours de justice restantes dans quelques ressorts de cour d'appel, ce qui rendit l'épuration de plus en plus lointaine. La presse se fit plus discrète. Et l'on tomba d'accord pour dire que l'échec était consommé.

X

Cours de justice : la trahison jugée

Délibérez pour rendre votre verdict, ordonna le roi aux jurés.
Pas encore, pas encore ! protesta le lapin.
Il y a beaucoup à faire avant d'en arriver là.
(Lewis Carrol, *Alice au pays des merveilles*, **chapitre XI)**

L'œuvre des cours de justice constitue l'une des manifestations les plus éclatantes de l'épuration, entendue au sens large et non plus seulement comme sanction disciplinaire. Elle est au centre de ce qu'il faut appeler, de façon plus adéquate, la répression judiciaire des faits de collaboration. Elle s'attache explicitement à juger la trahison. Elle engage de façon publique et solennelle l'image du nouveau régime. Au total, les greffes des cours de justice auront reçu 310 000 dossiers et auront jugé presque 58 000 affaires.

Les pouvoirs publics issus du comité français de la Libération nationale d'Alger et de la Résistance doivent concilier une attente passionnée de justice (et pour être franc, plutôt d'une justice « à bout portant ») avec le respect du droit. Afin d'éviter les controverses sur la rétroactivité des lois d'épuration, le choix se porte sur l'utilisation du Code pénal, révisé en 1939, qui a donné à la trahison, à l'intelligence avec l'ennemi, aux actes de nature à nuire à la Défense nationale et à l'atteinte à la sûreté de l'État, le statut de crimes de droit commun. A été ainsi réintroduite la peine de mort supprimée en 1848 pour les crimes politiques. Il n'empêche que le Code pénal n'a pas prévu la situation née de l'Occupation. L'application de la loi s'assortira donc de directives d'interprétation pour la rendre opératoire à l'encontre de la collaboration, ce qui contredit dans les faits l'affirmation publique de la fidélité républicaine au droit commun. « Que ce texte soit qualifié " d'interprétatif " au lieu de " rétroactif ", la situation est la même : on réprime des faits qui n'étaient pas punissables lorsqu'ils ont été commis » (note du comité général d'études, 5 septembre 1943).

L'ordonnance du 26 juin 1944 prévoit donc la répression des faits de collaboration sur la base des articles 75 à 86 du Code pénal, mais en instituant une juridiction spécialisée, une juridiction d'exception : les cours de justice. Cette justice civile nouvelle a été préférée à la solution des tribunaux militaires, estimés, eu égard aux circonstances, insuffisamment prestigieux et légitimes. C'est la Nation tout entière qui va se faire justice. Aussi les cours de justice s'inspirent-elles des cours d'assises avec une instruction à charge et à décharge confiée à un magistrat professionnel, une audience publique et contradictoire, un commissaire du gouvernement assumant le rôle du procureur (avec une nette tendance à empiéter sur celui du juge d'instruction), une application des règles ordinaires de la défense (présence de l'avocat, secret de sa communication avec l'inculpé, droit de l'accusé d'employer tous les moyens pour se défendre, déclaration finale laissée à l'accusé...), cour constituée d'un président qui est un magistrat professionnel et de quatre jurés populaires tirés au sort. Comme pour les assises à cette époque, l'appel est impossible. Quant au pourvoi en cassation, il est réduit, de façon floue, à la violation des « droits essentiels de la défense » et possible dans un délai de vingt-quatre heures seulement.

À la hâte

La mise en place des cours de justice, codifiée par l'ordonnance du 14 septembre 1944, se heurte dès son annonce aux réticences marquées de l'opinion et des milieux résistants, comme aux indignations des opposants à l'épuration.

Jusqu'à cette date, la tâche a consisté pour les commissaires de la République et les préfets à contenir l'épuration spontanée en proposant des formes de justice rapides, sévères, consensuelles et le plus légales possible. Ils ont organisé des cours martiales, pour contrebattre les tribunaux improvisés, puis se sont efforcés de faire intervenir la justice militaire régulière. La perspective de devoir mettre en péril l'équilibre précaire acquis à l'issue des semaines troublées de la Libération suscite des craintes très vives dans certains départements, en particulier de l'ancienne zone Sud.

> L'opinion s'émeut. On parle couramment, et jusque dans les milieux officiels, de sabotage de la répression [...] Dans cette région passionnée, nous avons dû et nous devons encore faire de constants efforts de persuasion pour faire respecter

> les procédures légales [...] Les délais, s'ils se prolongeaient, permettraient à nos détracteurs, qui sont nombreux, subtils et non pas inorganisés, de nous accuser, avec quelque apparence de raison, de commettre un abus de confiance à l'égard de ceux dont nous détenons le pouvoir (le commissaire de la République de la région de Marseille au garde des Sceaux, 2 novembre 1944).

Les responsables de la justice militaire dominée pour l'heure par les FFI redoublent de prétextes pour refuser de remettre les dossiers, pour ne rien dire des inculpés eux-mêmes. Ils exigent de figurer dans les jurys des cours de justice, voire que le commissaire du gouvernement soit un FFI.

Préfets et commissaires de la République doivent pourtant relayer avec conviction les instructions gouvernementales et paraître enchantés de l'avènement des cours de justice. D'ailleurs, dans les cours d'appel, on est à la tâche pour les créer, talonné par le ministère. Dès le 17 octobre, le voici qui demande déjà des comptes par télégramme : quand la cour de justice du département a-t-elle commencé à fonctionner, combien d'affaires a-t-elle jugé, combien de condamnations à mort a-t-elle prononcé, combien ont-elles été exécutées ?

La nouvelle presse se fait l'écho des inquiétudes de la population et du manque de confiance des milieux résistants. Les objections sont multiples. Elles tiennent d'abord à l'impression que du temps va être perdu quand il va falloir reprendre les procédures. Or, qui dit perte de temps fait aussitôt soupçonner des manœuvres en coulisse pour étouffer certaines affaires.

> Le peuple n'est pas dupe de ces manœuvres. Il faut que justice soit faite en cour martiale, il faut que le peuple puisse juger ses assassins. Cette épuration qui avait, semble-t-il, si bien commencé, ne doit pas être suspendue (tract des Jeunesses communistes, Gers, 23 septembre 1944).

Loin d'être sensibles au privilège accordé aux CDL d'établir les listes de jurés potentiels parmi des Français qui n'ont « pas cessé de faire la preuve de sentiments nationaux », bien des résistants expriment surtout leur défiance à l'encontre d'une magistrature qu'ils estiment, sinon inféodée à Vichy, du moins peu consciente des ardentes obligations de l'épuration. Ils les imaginent déjà routiniser la justice, affadir le grand dessein de la rénovation, pour ne rien dire des risques de voir déployer une trop grande indulgence à l'égard d'un certain type d'inculpés.

Il revient donc tant aux magistrats qu'aux représentants de l'État, bien décidés à se mêler des affaires du troisième pouvoir, d'apporter bien vite la preuve des vertus épuratrices et républicaines des cours de justice. Il faudra d'ailleurs du temps pour que certains préfets se départissent de l'habitude de convoquer les magistrats pour leur conseiller des réquisitions, leur réclamer des explications et les traiter comme des chefs de service de leur administration.

Pour l'heure, deux impératifs sont donnés aux cours de justice : frapper vite et frapper fort. La justice doit être démonstrative. Tandis que ses services procèdent à la hâte à l'épuration des magistrats, le garde des Sceaux dispense des instructions qui, non seulement recommandent toutes les facilités qui peuvent presser les instructions et les comparutions, mais encore fixent des échéances proprement fabuleuses au travail des cours de justice. Une circulaire du 25 octobre fixe à cinq mois le délai imparti à l'achèvement de cette « tâche de salut public ». Le garde des Sceaux préconise cinq séances par semaine d'audiences publiques, alors qu'y compris dans les ressorts de bonne taille, il s'avère déjà difficile de tenir dix ou onze séances par mois. On conseille de réduire au strict nécessaire les protections offertes à la défense durant l'instruction, tout comme les voies de recours. Les inspecteurs des services judiciaires en tournée dans les cours d'appel répètent aux juges d'instruction d'agir vite sans se laisser gagner par la routine. Il leur est conseillé de régler une affaire par jour. Il est recommandé aux commissaires du gouvernement de s'en tenir à une conception plutôt accusatrice et généralement expéditive.

> Je crois devoir souligner tout spécialement l'intérêt qui s'attache en cette matière à la promptitude de l'action de la Justice. Les informations devront être menées avec toute la célérité désirable. Le délai d'un mois imparti par l'article 22 de l'ordonnance susvisée doit être scrupuleusement observé et même abrégé toutes les fois qu'il sera possible, et la procédure de prolongation prévue par ce texte ne devra être engagée qu'à titre tout à fait exceptionnel, à l'occasion d'affaires d'une particulière complexité. L'accusé renvoyé devant la cour de justice devra être jugé aussi rapidement que possible (circulaire du 7 octobre 1944).

Le 8 février 1945, le ministre de la Justice préconise le terme du travail des cours de justice pour la fin mars. Il rappelle donc à l'ordre les juges d'instruction, décidément considérés comme les empêcheurs de juger promptement.

> Je demande aux juges d'instruction particulièrement un important effort. Je leur rappelle, à ce point de vue, que je les ai déjà invités à supprimer dans leurs dossiers tout formalisme inutile. Je pense aussi que lorsque l'affaire dont ils sont saisis est de très minime importance, les commissaires du gouvernement peuvent tenir compte notamment de la durée de la détention préventive jusqu'ici subie et considérer que cette mesure déjà rigoureuse, jointe à la flétrissure résultant d'une condamnation pour indignité, peut être suffisante. De telles affaires pourront donc être déférées aux chambres civiques.

Ces exhortations, qui paraissent aujourd'hui totalement irréalistes, trouvent une part de leur justification dans cette conviction formée au temps de l'Occupation qu'il suffirait de constater des crimes flagrants. Les magistrats eux-mêmes ne se sont pas départis de ce sentiment commun à tant de citoyens. Le commissaire du gouvernement, lors du procès du chef franciste Marcel Bucard, s'exclame ainsi :

> Bucard, de Brinon, Déat, Doriot, Laval, Paquis, visages sinistres épanouis au milieu des uniformes allemands, visages de poteaux d'exécution. Combien de fois, en vous voyant photographiés plastronnant sur les journaux allemands de langue française n'avons-nous pas frissonné de rage et serré les poings ! Noms tellement éclatants, tellement ruisselants de trahison et de déshonneur que dans la clandestinité, nous estimions qu'il n'était pas besoin de procès pour que justice soit faite. Un décret de mise hors la loi, une comparution devant un tribunal pour constatation d'identité et le poteau tout de suite [...] Un procès pour vous, Bucard, il semble que c'était tout de même beaucoup d'honneur.

Durant les premières semaines, le rythme des comparutions est effréné. On voit couramment des audiences se tenir deux ou trois semaines après le début des interrogatoires, les exposés des commissaires du gouvernement datés de dix jours avant l'ouverture des débats. Magistrats et, par contrecoup, avocats travaillent à marche forcée. Au rythme des internements, des enquêtes, du travail des commissions de triage, les affaires affluent vers les cours de justice. Toutes les instances transmettent les dossiers par dizaines puis centaines de milliers. À plein régime, la cour de justice de la Seine traitera cinquante cas par jour. Dans le Gers, la cour de justice qui siégera du 23 novembre 1944 au 30 novembre 1945, tiendra 98 séances, soit un véritable marathon judiciaire.

Dès lors, les délais s'allongent. Il pouvait se passer moins de trois mois entre l'arrestation et la condamnation à la fin de 1944. Mais des suspects arrêtés en septembre 1944 ne seront parfois jugés qu'en septembre 1946, dans des affaires bénignes. Les instructions commencent à traîner pendant des mois au rythme des actes de procédure et des disponibilités d'emploi du temps, ou se réduisent à la mise en accusation jusqu'à ce qu'un juge décide de s'en débarrasser et boucle le tout en quelques semaines. Bien des accusés seront amenés à supplier qu'on s'occupe enfin d'eux.

> Mon mari âgé de 70 ans et moi tuberculeuse suite des soins donnés à mon mari de la guerre quatorze, je vient vous demander s'il serait possible de jugé mon garçon car, ici, nous en avons grand besoin, n'ayant que la retraite des vieux travailleurs (lettre au commissaire du gouvernement de la mère de Pierre K., 27 ans, engagé dans la LVF, 6 février 1946).

Insuccès

C'est à la fin d'octobre, voire seulement au mois de novembre que, dans bien des départements, les cours de justice commencent à tenir leurs premières audiences. Elles vont devoir apporter la preuve de leur sévérité et de leurs compétences. La barre est haute. En annonçant la création des cours, les journaux nationaux ont fait miroiter aux lecteurs les perspectives spectaculaires de prochains procès : Bony et sa bande de gestapistes français, les assassins de Georges Mandel, Louis Renault…

Pour tenir une audience, encore faut-il avoir des affaires à juger. Et, d'ailleurs, les débuts sont marqués par la faible fréquence des audiences, faute de dossiers bouclés. Il faut garder à l'esprit qu'au niveau local il existe des figures emblématiques de la collaboration qui focalisent les haines autant sinon plus que Laval ou Darnand. Ce sont eux que l'on s'attend à voir traduits en justice et condamnés à mort, et non des comparses. Deux solutions s'offrent aux magistrats du parquet pour donner du mouvement aux cours. Soit ils présentent des affaires retentissantes pour frapper fort d'emblée. Ce qui implique de disposer de telles affaires, qu'elles soient suffisamment simples pour ne pas nécessiter une instruction fouillée, et que les prévenus ne soient pas en fuite, car commencer par des contumaces ruinerait l'effet recherché. Cet exercice n'est pas également facile à mettre en œuvre dans tous les départements. Il entraîne en général la comparution d'agents ou de complices des polices allemandes ou, à défaut, de journalistes de quelque renom ou de délateurs dont les dénonciations eurent des conséquences vraiment graves.

Dans les Bouches-du-Rhône, cette logique conduit à faire comparaître en premier une large proportion d'étrangers (souvent des Italiens) qui ont continué au service de la Gestapo une carrière commencée dans le grand banditisme. Si les condamnations très lourdes qui en ressortent satisfont le public, elles biaisent la logique de l'épuration judiciaire, qui consiste d'abord à punir la trahison de la patrie et non pas la cupidité et le sadisme. Même dérive dans les Alpes-Maritimes, occupées par l'armée italienne, et où les immigrés italiens sont nombreux : les Italiens représenteront un quart des accusés.

Si l'on est parvenu à ouvrir de façon spectaculaire, il n'est – heureusement – pas évident de se maintenir au même niveau d'intensité. La cour de justice de Lyon, par exemple, ouvre ses travaux avec l'ancien intendant de police René Cussonac. Il correspond à l'enjeu car il est dépeint comme un persécuteur des résistants, des réfractaires et des Juifs, inféodé à la Milice et aux Allemands. Il est condamné à mort à la satisfaction générale. Mais la tension retombe aussitôt puisque les affaires suivantes concernent des engagements sans conséquence dans la Milice ou des délations secondaires. Un des accusés est même acquitté. Les magistrats avertissent leur hiérarchie d'un rapide assèchement des dossiers susceptibles d'être déférés, car la police n'arrive pas à assurer les enquêtes. La cour de justice de la Nièvre tient sa première audience le 30 novembre 1944. Un engagé dans la LVF est condamné aux travaux forcés à perpétuité. Un Italien et sa femme, accusés de dénonciations à la Gestapo, sont condamnés l'un à mort, l'autre à vingt ans de réclusion. Huit jours plus tard, la deuxième audience voit la comparution de plusieurs dénonciatrices, certaines condamnées à mort, d'autres à cinq ans de prison. Le 13 décembre, c'est le tour de deux délateurs qui reçoivent deux ans de prison. Enfin, le jour de Noël, un maquisard de 18 ans, qui avait livré ses camarades aux Allemands, est condamné à mort.

En considérant un département parmi d'autres tel que la Sarthe, on décompte a posteriori 462 personnes jugées sur lesquelles dix furent condamnées à mort en leur présence et trois aux travaux forcés à perpétuité. Si l'on tient compte de la durée de fonctionnement de la cour (quinze mois), la probabilité pour que toutes ces affaires lourdes aient été susceptibles d'être présentées dès les premières audiences est infime. Au contraire, il est logique en termes statistiques de trouver des affaires ayant mérité une peine de quelques années de prison, cette sentence étant intervenue dans près d'un cas sur deux. On se doute qu'au Mans, comme dans bien des préfectures de taille moyenne ou petite, les débuts de la cour de justice ne furent ni très dramatiques, ni très convaincants. On ne saurait oublier que les « tribunaux populaires », les cours martiales, bref toutes les juridictions extraordinaires qui s'étaient mises à fonctionner plus ou moins légalement pendant la Libération, s'étaient déjà arrogé le droit de juger et de condamner les coupables les plus notoires dès avant l'institution des cours de justice. C'était autant de moins laissé à la justice régulière pour faire impression. En Charente, par exemple, la cour de justice est installée le 24 octobre. Entre la libération d'Angoulême, le 31 août, et cette date, il y a déjà eu dix-neuf condamnations à mort par les cours martiales et les tribunaux militaires, dont quatorze ont été exécutése.

L'autre solution, plus commode mais peu concluante, consiste à commencer le travail à tout prix, fût-ce en se contentant de cas mineurs, voire sans intérêt. On sait que c'est ce qui se produit dans des grands départements tels que la Seine-et-Oise ou les Alpes-Maritimes (chapitre 9). Et l'on imagine sans peine l'étonnement ou la colère du public venu en nombre assister aux débuts de la justice dans ses œuvres et entendant prononcer la condamnation à deux ans de prison contre la dénonciatrice d'un amant encombrant ou d'une belle-sœur acariâtre. Dans le Loir-et-Cher, les verdicts prononcés par la cour de justice de Blois sont jugés trop cléments, dès la première audience du 13 novembre. Quand, le 28 novembre, le commissaire du gouvernement requiert sa première peine de mort, il est applaudi par la salle. Un magistrat en inspection dans l'Ouest constate :

> Les premières audiences de la cour de justice de Poitiers ont été décevantes. Quelques dossiers mal préparés ont abouti à des acquittements. Seules quelques peines de travaux forcés ont été prononcées et une certaine déception se ferait jour parmi la population. Il y aurait lieu d'insister à nouveau auprès des chefs de cours pour qu'ils veillent eux-mêmes attentivement au fonctionnement de cette cour de justice (20 novembre 1944).

L'impression d'incompétence des cours est accentuée par la hâte mise à amener les affaires en audience. Des disjonctions d'affaires en dernière minute, des incidents de procédure, des instructions conduites à marche forcée, de fait incomplètes et qui se poursuivent devant la cour, donnent à voir le désordre de la confrontation des versions contradictoires et suscitent des coups de théâtre, tels que renvois, demandes d'expertise ou, pire encore, acquittements surprises qui tous scandalisent l'auditoire. L'ancien préfet régional de Lyon, Alexandre Angeli, inculpé le 11 octobre 1944, passe en jugement le 29 novembre. Quand il a demandé que soient retrouvés les documents qui témoignaient de la défiance des Allemands à son égard, le juge d'instruction lui a répondu que l'intérêt supérieur était d'en rabattre sur les règles ordinaires de l'instruction afin d'aller vite. Mais, lors de l'audience, les faiblesses du dossier éclatent et la condamnation à mort est acquise pour des motifs apparemment secondaires, tandis que le fond du dossier n'est abordé que par allusions. Comme la presse le prévoit aussitôt, le verdict est cassé pour défaut d'instruction et absence de témoins essentiels. Entre-temps surviennent les incidents dramatiques de la prison de Lyon durant lesquels les plus hauts fonctionnaires du département ont dû faire un rempart de leurs corps aux prisonniers, y compris Angeli (chapitre 9).

Durant leurs premières semaines de fonctionnement, les cours de justice offrent donc un bilan mitigé et, de surcroît, presque divergent d'un département à l'autre. Ainsi, les chiffres arrêtés au 3 décembre dans trois départements voisins donnent-ils : à Nîmes, dix audiences pour cent deux jugements, dont quatorze acquittements et dix-huit condamnations à mort ; à Mende, deux audiences pour huit jugements dont cinq acquittements et trois peines de prison ; à Privas, quatre audiences pour vingt-sept jugements, dont six condamnations à mort et aucun acquittement.

Ces ratés ont deux conséquences. Tout d'abord, ils alimentent la frustration et la peur d'une partie de l'opinion. Ces sentiments susciteront l'envie de se faire justice soi-même et seront directement à l'origine d'attentats ou de lynchages (chapitre 9). Ensuite, ils installent l'idée que les verdicts ont été tout particulièrement sévères au début du travail des cours de justice, même à l'encontre d'inculpés peu compromis. Cet argument sera systématiquement utilisé par les condamnés quémandant des remises de peine. Nous y reviendrons.

Instruction : la forme et le fond

Un premier tri est effectué parmi les plaintes et les cas signalés. Sur environ 310 000 dossiers, 140 000 sont classés avant information. Ils peuvent être immédiatement reversés en chambre civique (chapitre 11). Ils peuvent être aussi classés par force majeure. Soit les faits ne sont pas établis, relevant par exemple de la rumeur. Soit – et c'est le plus fréquent –, il n'y a aucun moyen d'en identifier le ou les auteurs.

Même accélérée et simplifiée, une instruction accompagne chaque dossier. Des juges d'instruction professionnels appliquent les méthodes habituelles : comparution du prévenu, interrogatoires plus ou moins nombreux, dépositions des témoins à charge ou décharge, attestations, lettres de sollicitation, enquêtes, recherches de documents ou de preuves matérielles, éventuelles expertises financières, médicales. Ces démarches s'accompagnent de l'appareil ordinaire des pièces de forme : commissions rogatoires, procès-verbaux, mandats d'amener, citations à comparaître... Le dossier est aussi un dossier administratif assez lourd, qui demande l'intervention d'un greffier, de policiers ou de gendarmes, éventuellement d'autres magistrats. Le ou les avocats assistent aux comparutions, envoient des pièces supplémentaires. Des contraintes matérielles apparaissent, aggravées par les pénuries, les défaillances des moyens de communication et la surcharge de travail des avocats, des magistrats et des policiers aux prises avec l'épuration. Dans ce contexte compliqué, les archives révèlent aujourd'hui des dossiers correctement tenus, qui témoignent des à-coups du travail judiciaire (rien pendant des semaines, puis des comparutions et des commissions rogatoires en rafale), la part belle faite aux plus interventionnistes (ce qui tend à donner une prime aux accusés très actifs ou dotés d'avocats relativement disponibles), un effort réel pour ne pas bâcler les cas mineurs.

Dans leur grande majorité, les inculpés sont détenus. Cette détention préventive permet au juge de s'assurer de la personne de l'accusé. En même temps, elle présente deux inconvénients dus à l'encombrement inouï des prisons entre 1944 et 1947. En dehors de toute considération humanitaire éventuelle, cet encombrement oblige à ne pas trop laisser courir les délais, sous peine de voir le système pénitentiaire imploser. D'autre part, il génère un inévitable relâchement des conditions d'incarcération qui permet souvent à des coïnculpés de se concerter, par écrit ou de vive voix. C'est ainsi que Marcel Bucard, chef du parti franciste, dicte à ses acolytes ses recommandations en vue de leurs prochaines confrontations :

> Voici le questionnaire que je pense remettre à mon juge en ce qui te concerne et le projet de réponses que je te suggère. Naturellement, tu es libre de les modifier. Dis-moi alors sur quel point tu désires faire porter la rectification. Il faut, de toute façon, que cela cadre parfaitement avec les réponses que tu auras à faire à l'instruction. Si cela va, copie ledit questionnaire ! Apprends par cœur les réponses à réciter sans embarras et détruis mon « original ». De tout cœur, merci ! (lettre saisie transmise par le directeur des prisons de Fresnes au juge d'instruction, 10 octobre 1945).

Quant au courrier clandestin avec l'extérieur, il prolifère grâce à la complaisance des avocats, des aumôniers et du personnel pénitentiaire. Souvent limité à des considérations matérielles ou à des effusions, il peut être un moyen de peser sur l'instruction, comme dans le cas de cet inspecteur des Renseignements généraux qui s'est adonné à l'arrestation zélée de Juifs et à l'extorsion de fonds. En l'absence de ses victimes, encore déportées, il demande à sa femme de soudoyer les rares témoins à charge en utilisant le reliquat de 18 000 francs (2 000 euros) de ses prévarications.

Si, sur le fond des incriminations, le travail est inédit, la démarche reste similaire au travail des assises. Le magistrat instruit plus facilement à charge qu'à décharge, se défie par principe de l'accusé, mais va aussi où le mène la facilité. L'inculpé, plus ou moins bien secondé par son avocat, se défend par la négation, la contestation ou la réinterprétation des faits. Le crédit accordé par commodité aux témoins donne une importance fondamentale aux dépositions. Il n'est pas toujours possible, par exemple, d'établir autrement que par le témoignage des délations ou des engagements au service des Allemands.

Le caractère extraordinaire des inculpations peut en effet rendre difficile l'apport des preuves matérielles. Aussi les pièces simples et évidentes font-elles le bonheur des magistrats et plutôt le malheur des accusés. Prenons quelques exemples. Le journaliste qui n'a cessé depuis 1940 de publier des articles louant la collaboration ou le maréchal Pétain, vantant les merveilles du Reich, honnissant les gaullistes traîtres ou vouant au poteau les terroristes communistes, a bâti contre lui-même son dossier à charge, exactement comme l'avaient prédit les résistants dans la clandestinité. Moyennant une paire de ciseaux, du papier et une machine à écrire, l'accusation est toute faite.

« Je n'ai pas l'intention de puiser largement dans tout ce que vous avez écrit durant ces quatre années d'occupation », lance le commissaire du gouvernement au procès de Georges Suarez, avant de faire exactement le contraire. « Nous devinons tout ce que vous avez pu dire et écrire pendant si longtemps, nous connaissons le pathos, le charabia " antijudéo-maçonno-ploutocrato-marxiste " que vous avez diffusé en France et en Allemagne ». Et de consacrer la meilleure part de son réquisitoire à un florilège de citations accablantes. Même démarche pour le chroniqueur de Radio Paris, Jean Hérold-Paquis : il n'y a dans ce procès aucun témoin à charge, prévient le procureur. Ils sont avantageusement remplacés par le texte des articles et des conférences de l'accusé, ainsi que par l'enregistrement de ses éditoriaux radiophoniques. Tous les réquisitoires contre les journalistes et les écrivains consisteront essentiellement à restituer les mots des accusés dans toute leur horreur ou leur complaisance. Les procureurs s'interrogent à haute voix sur les bénéfices qu'en avaient tirés leurs auteurs et insistent sur l'influence et l'exemplarité de tels écrits, d'autant plus lourdes que le signataire en est renommé ou talentueux. Ainsi sont démontrées l'aide à l'ennemi et la trahison.

L'engagé dans la LVF ou la Milice qui a laissé derrière lui son acte d'engagement, des photos où il parade en uniforme et des lettres dans lesquelles il exhale ses opinions, voire détaille orgueilleusement ses activités criminelles (de telles lettres existent, aussi insensé que cela puisse paraître) fait évidemment un accusé idéal.

> Un dernier adieu de Paris. Voici l'Arc de triomphe où nous planterons bientôt définitivement le drapeau à croix gammée. Heil Hitler (carte postale à sa maîtresse de Pierre K., 23 ans, engagé dans la LVF).

> À 8 heures du soir samedi, tous en armes et en camion, nous sommes partis à la chasse au maquis à 80 km d'ici. J'aurais voulu que tu sois là pour voir la joie de tous d'aller au baroud contre les terros [terroristes]. Nous avons eu la chance de faire des prisonniers sans faire couler de sang. Pour un coup de main, c'est une belle réussite [...] Le grand chef de la police allemand du secteur a tenu à nous adresser lui-même ses félicitations (lettre de D., milicien, 24 juillet 1944).

Des lettres de dénonciation, signées, sont retrouvées dans les kommandanturs.

> Je vous écris pour vous faire savoir. Ce n'est pas par méchanceté que je fais ça, mais pour que ça soit juste. Il y a un nommé Monsieur Pierre B., rue des Coutures à Groslay. Il ne travaille pas. Il ne vit que par le marché noir. Il voyage beaucoup. Il vend du lard 800 francs le kilo. Il ne prend pas sa carte d'alimentation pour ne pas partir travailler avec les Boches. C'est un communiste rouge. Je

vous l'écris comme il l'a dit. Mais vous pouvez me croire car j'en suis sûre qu'il vit comme cela. Il pourrait bien être comme les autres hommes, faire son devoir. Je pense que je vous rends service. Renseignez-vous, il y en a d'autres. Ils se font passer malades et ce n'est pas vrai. Ce n'est pas vrai pour des crises d'épilepzie [*sic*], c'est avec des Docteurs français qu'ils font cela. Ils prennent des médicaments. Alors, cela fait du tort à ceux qui y sont vraiment. Si je pouvais parler... Mais j'ai toujours peur que l'on croit que c'est par méchanceté que je préviens. Maintenant, mon cher ami, comme je ne vois plus rien à vous dire. Recevez, Monsieur, mes sincères amitiés.

Mlle Odette L. rue du Bel Air à Groslay (lettre du 27 mai 1944, retrouvée à la kommandantur d'Enghien).

Déjà plus malaisés à débrouiller seront les cas d'un haut-fonctionnaire dont les papiers administratifs dévoilent à la fois ses compromissions et ses réticences vis-à-vis de l'occupant, d'un inspecteur de police qui a pourchassé les Juifs tout en ménageant les résistants, ou d'un entrepreneur dont la comptabilité contredit les affirmations sur le caractère contraint de sa production destinée à l'Allemagne.

Les juges d'instruction, et parfois la cour elle-même, devant le comportement des accusés ou à la demande des avocats, prescrivent des expertises psychiatriques. Les cas où l'irresponsabilité est telle qu'elle interdit la comparution demeurent exceptionnels. Mais les cours de justice tiennent compte des observations médicales à titre de circonstances atténuantes. Un garçon de 20 ans, qui a dénoncé son maquis, est revenu avec la troupe allemande et a assisté à la liquidation (six fusillés immédiatement) échappe ainsi à la peine de mort. Le médecin a estimé que son déficit intellectuel l'empêchait de résister à toute pression physique comme mentale.

Au terme de l'instruction intervient la décision : non-lieu ou comparution. Contrairement aux usages du droit français, c'est au commissaire du gouvernement qu'est dévolu ce pouvoir. Les classements après information concernent plus de 43 000 affaires, soit les trois quarts du nombre de celles qui vont être effectivement jugées. Ce taux de classement élevé donne à penser que les magistrats ont eu à cœur d'éviter le prononcé de trop nombreux acquittements ou de peines infimes qui, eux, avaient le démérite d'être publics et de risquer de discréditer le travail des cours.

La cour

La cour se compose d'un président et d'un jury de quatre personnes (à 90 % des hommes). Ils doivent répondre aux questions formelles sur la culpabilité et décider d'éventuelles circonstances atténuantes. En fonction de ces réponses, ils choisissent la sentence en s'inspirant des réquisitions du commissaire du gouvernement.

Le président et le commissaire du gouvernement sont des magistrats professionnels, ce qui n'est pas sans poser problème. La magistrature, en effet, s'était dans son ensemble ralliée aisément et durablement au régime de Vichy. Pis encore, certains juges n'avaient pas marchandé leurs efforts dans la répression des opposants et des résistants. La cour de justice de la Seine sera même appelée à juger le président, les assesseurs et les procureurs qui avaient siégé dans la première section spéciale. Et c'est à ce même corps que l'on demande à présent de châtier les traîtres. Entre-temps, il a fallu faire passer une épuration professionnelle convaincante, rapide, mais réaliste. En six mois, 169 magistrats sont exclus et 108 autres sanctionnés (sur près de 4 000) par le garde des Sceaux après avis de la commission d'épuration du ministère de la Justice, et grâce aux informations locales qui remontent vers Paris. Une réponse du président de la cour d'appel de Marseille à la demande de renseignements du ministère révèle les motifs de sanctions :

> Président Nice : farouchement antisémite, affligeait aux Juifs des peines particulièrement graves, partisan de la collaboration.
>
> Juge tribunal civil de Marseille : fait des conférences pour le comité de propagande de la Légion [des combattants]
>
> Procureur Marseille : pas assez de force de caractère pour assumer ce poste délicat, bien que n'ayant pas adhéré à l'idéologie de Vichy. A envoyé un substitut assister à l'exécution d'un condamné par cour martiale, alors qu'aucun jugement écrit. Appuie les pressions sur un juge d'instruction qui instruit contre un important escroc bénéficiant d'appuis au gouvernement. Fait suivre inconsidérément des délations de maquis dans d'autres régions.
>
> Président d'une chambre correctionnelle Marseille : profite des audiences pour proclamer son admiration pour Pétain et Vichy. Conditionne ses jugements.
>
> Substitut Marseille, chargé des procédures contre les résistants : rigidité, intransigeance, absence de compréhension, refuse des mises en liberté, ce qui favorise les condamnations.
>
> Procureur à Digne : poursuit avec acharnement des affaires d'écoute de la BBC. Participe avec gendarmerie à la recherche de maquis.
>
> Substitut à Nice : en juin 1944, muté au cabinet de Darnand pour examiner les dossiers susceptibles d'être traduits en cour martiale.

> Procureur général Aix : appartient aux Amis de la Légion, mais couvre la dissimulation de pièces accablant des patriotes par ses subordonnés.
>
> Vice-président Toulon : sévérité excessive contre propos antinationaux, outrage chef de l'État, écoute BBC, non-déclaration de race juive ; assiste à des conférences de la Milice.
>
> Conseiller Aix : membre de la délégation municipale de Marseille nommée par Vichy en 1940. Démissionne en novembre 1942.

Sont au contraire rétablis dans leurs droits tous ceux qui avaient été évincés pour des motifs politiques ou raciaux. Au plus fort de leur activité, les cours de justice auront besoin d'un millier de magistrats, toutes fonctions confondues : l'épuration ne peut se permettre de fouiller trop profond. Aussi, les avocats des justiciables font un usage fréquent et offensif de la situation. Isorni s'en fait une spécialité et d'autres confrères avec lui.

> Votre institution, le Ministère public, sonne aujourd'hui les fanfares de la Résistance. C'est bien. Mais vous avez été, pendant quatre ans, le parquet de la collaboration. Que vous le vouliez ou non, vous êtes solidaire de ce Ministère public qui, pendant quatre ans, a poursuivi et fait condamner les Juifs, qui a poursuivi et fait condamner les réfractaires, qui a poursuivi et fait condamner les communistes ! (plaidoirie de Jacques Isorni au procès Brasillach, 19 janvier 1945).

Ces répétitions permettent aux magistrats de rôder de leur côté leurs répliques.

> En tout cas, je tiens à vous dire qu'en ce qui nous concerne, le sacrifice d'un Parodi, le sacrifice de cet avocat général qui a craché son sang dans la baignoire immonde de la Gestapo, le sacrifice de dizaines d'autres, la Résistance obstinée de centaines d'autres travaillant obscurément à leur poste, nous ont placé trop haut pour que la magistrature, fière d'un patriotisme qui n'a pas fléchi, ait perdu le droit de déléguer un représentant face à vous pour demander votre châtiment (réquisitoire au procès Brasillach).

Les condamnés, bien sûr, se retranchent derrière le réconfort de ces magistrats supposés parjures qui ont trahi la cause maréchaliste à laquelle ils avaient prêté serment et ont cru se racheter en coopérant au mensonge de l'épuration.

La nature du jury

L'autre composante de la cour, le jury, part aussi avec un sérieux handicap, que ne vont pas manquer d'exploiter les critiques de l'épuration aussi bien que les avocats. Dès lors que les cours de justice s'inspirent du modèle des assises, la justice doit être rendue au nom du peuple français. C'est même l'une des principales vertus de ces juridictions spéciales, en comparaison des tribunaux militaires. Cette mise en avant des jurés est aussi une réplique au mépris affiché par Vichy à l'égard des jurys, comme de toute autre forme de démocratie représentative.

Pour une cour d'assises, avant-guerre, les jurés n'étaient déjà pas simplement tirés au sort sur les listes électorales. Ils devaient jouir de tous leurs droits politiques et civils, savoir lire et écrire en français, avoir plus de 23 ans. Les listes de jurés potentiels étaient établies par une commission comprenant des magistrats et des représentants des municipalités et des conseils généraux. De telles conditions ne suffisent pas aux yeux des résistants. Au moment où les cours de justice commencent à fonctionner, les listes électorales n'ont pas encore été expurgées des condamnés ou des suspects de collaboration. Et même en ôtant les indignes, resteraient encore tous ceux qui, sans avoir rien fait contre la Résistance, n'ont rien fait non plus pour elle. L'attentisme ou l'égoïsme peuvent difficilement faire figure de critères moraux pour juger ceux qui ont failli contre la patrie. On a donc préféré aux citoyens ordinaires ceux qui ont fait « la preuve de leurs sentiments nationaux », à charge pour les CDL de les recenser. C'est sur les listes départementales ainsi établies par deux délégués des CDL et un magistrat que seront tirés au sort les jurés à chaque nouvelle session de cour de justice. Sans être à tout coup des résistants, les jurés potentiels sont donc au moins des sympathisants démonstratifs, des victimes de l'occupant ou de Vichy, voire des membres de la famille de résistants, par exemple déportés ou exécutés. Ainsi peut être un peu augmenté le nombre de femmes, très restreint, qui figurent sur ces listes. Les listes répondent en outre à un dosage politique, supposé représentatif de la composition des CDL, dans un esprit démocratique.

De ces choix découlent deux critiques majeures. Tout d'abord, ce système reviendrait à faire juger les personnes accusées de collaboration ni plus ni moins que par leurs adversaires, voire par leurs victimes. Cette réserve sera balayée par l'avocat général au procès de Marcel Bucard par un argument à peine moins inquiétant : « Ce ne sont pas des adversaires politiques jugeant d'autres adversaires politiques, mais des patriotes jugeant des traîtres ». On ajoutera que Vichy a eu la primeur de ce style de jury « choisi » puisque le conseil de justice politique amené à donner son avis sur le sort à réserver aux responsables de la défaite de 1940 avait été soigneusement composé d'hommes directement intéressés au sujet : prisonniers de guerre, mutilés des deux guerres, combattants en tout cas. Ce tri n'empêcha d'ailleurs pas trois sur sept des membres du conseil de s'opposer à l'inculpation de Reynaud et Mandel et même, de mettre leurs collègues en garde. « Ces messieurs vous feront ce que vous leur aurez fait. » D'où il découle qu'on ne fait jamais assez fond sur l'indépendance des hommes de conviction...

D'autre part, eu égard au rapport de forces existant entre les composantes de la Résistance, les jurés seraient dominés en nombre et en discipline par des communistes acharnés à préparer la Révolution par l'élimination des opposants. Des avocats – ainsi que des magistrats peu adeptes de l'épuration – prétendent que les jurés reçoivent des consignes préalables. Ces plaintes sont relayées, en termes policés, par les conseils de l'ordre des avocats, qui multiplient les réclamations et motions. Toute cette agitation est mal perçue dans les milieux résistants, où elle passe pour un abus des libertés démocratiques, voire une reviviscence du fascisme.

Parce que les délibérations sont secrètes et parce qu'il est impossible de reconstituer des milliers de jurys pour les comparer aux verdicts qu'ils ont prononcés, ces critiques sont difficiles à réfuter ou à confirmer. Le taux global d'acquittement de 15 % apporte toutefois un premier élément de réponse. Il montre que les condamnations ne sont pas systématiques, en dépit du sérieux écrémage préalable des classements et des non-lieux. Les jurés de cour de justice – tout comme ceux, d'ailleurs, des chambres civiques – tiennent compte de ce qu'ils entendent pour moduler leurs sentences. L'étude du détail des verdicts confirme la finesse de ces ajustements.

Prenons le cas des procès tenus devant la cour de justice de Versailles. On trouve des verdicts étonnants comme : quinze jours de prison et confiscation de 300 000 francs ; vingt-quatre heures de prison et indignité nationale à vie ; 100 francs d'amende et vingt ans d'indignité. Les peines de prison inférieures à trois ans constituent la majorité des verdicts. Dans les Alpes-Maritimes, après quatre mois d'exercice, la cour de justice a déjà prononcé 10 % de peines de prison avec sursis, sursis qui n'est pas prévu dans les ordonnances sur la répression judiciaire. Dans ce département où la Libération, pourtant, n'a pas été paisible, le commissaire du gouvernement juge les jurés dans leur ensemble de « sentiment révolutionnaire faible » :

> D'une façon générale, les jurés ne paraissent pas suffisamment imbus de la mission exceptionnelle qui leur est confiée. Les faits sont appréciés dans le climat des affaires ordinaires du temps de paix, avec une tendance à l'oubli des accusations qui leur ont donné naissance [...] Le plus grand nombre des inculpations ne concerne que des faits de peu d'importance relevés à l'encontre de prévenus de conditions diverses, mais le plus souvent modestes [...] Dans ces sortes d'affaires, le jury se montre généralement indulgent et va parfois jusqu'à l'absolution. Il estime que ces faits sont à peine dignes de la Cour de justice, et qu'il a trop souvent à en connaître.

On peut aussi se poser la question des différences de réaction entre les jurés selon leur sexe. La réponse est très difficile, dans la mesure où l'on ne dispose guère de variables d'appréciation. Essayons néanmoins une première esquisse à la faveur du hasard de la constitution d'un jury, à Versailles, le 9 novembre 1944. Ce jury compte trois femmes pour un seul homme. La cour de justice de Seine-et-Oise n'en est qu'à sa troisième séance. Ce jour-là sont évoquées trois affaires, qui vont obliger à travailler vite. Comparaissent d'abord un homme et sa maîtresse accusés de délation. Employé chez un entraîneur de chevaux de course à Maisons-Laffitte, François V., 43 ans, a été renvoyé après un vol. Il a alors dénoncé son patron pour détention d'armes. L'entraîneur, arrêté puis jugé par les Allemands, a été fusillé deux mois plus tard. Deux de ses lads ont été déportés pour complicité. François V. est condamné aux travaux forcés à perpétuité. Lucienne B., qui avait dactylographié la lettre de dénonciation, à dix ans de réclusion.

L'affaire suivante concerne Anne T., âgée de 32 ans. Femme de ménage à la kommandantur de Poissy, elle servait éventuellement d'interprète, ayant passé une partie de sa jeunesse en Allemagne. Elle aurait eu des amants allemands. Après une dispute, elle a dénoncé sa belle-sœur à la police française. Suite à l'intervention du commissaire, le tout est demeuré sans suite. Elle est condamnée à deux ans de prison.

Enfin comparaît Alphonse B.-T., 47 ans, comptable à l'asile de Ville Évrard. Il avait pris l'habitude de dénoncer comme communistes ceux de ses collègues qui faisaient circuler des tracts. Sa réputation d'indicateur était telle que le directeur de l'asile s'était vu contraint de l'affecter aux archives pour réduire ses contacts avec le reste du personnel. Il écrivit alors à Jean Hérold-Paquis, chroniqueur militaire à Radio Paris, véritable porte-voix des Allemands en France, pour se plaindre que l'administration de l'Assistance publique était noyautée par les communistes, plainte que le journaliste répercuta. Le 24 juillet 1944, Alphonse B.-T. fut manqué par un tireur sur son lieu de travail. Il se plaça alors sous la protection de la Milice qui lui remit une arme. Le 20 août, convoqué par le comité de libération de l'asile, il blessa d'un coup de feu l'employé venu le chercher, puis attira l'attention d'un convoi allemand en criant au terrorisme. Le blessé fut achevé d'une rafale de mitraillette. Parti avec les Allemands, Alphonse B.-T. revint le lendemain, accompagné de deux soldats en armes, et menaça tous ses collègues présents de représailles. Il est condamné aux travaux forcés à perpétuité.

Que peut-on déduire de cette journée d'audience à la cour de justice, si ce n'est la lourdeur du travail et de la responsabilité imparties au jury ? La première et la troisième affaire auraient pu valoir la mort aux accusés, dans la mesure où elles ont entraîné la mort de Français qui peuvent être considérés comme résistants. Or, ils sont épargnés. Le premier peut-être eu égard à ses intentions qui n'étaient probablement pas de provoquer la mort. Le dernier en vertu d'un rapport d'expertise psychiatrique estimant l'accusé de médiocre intelligence, mais responsable de ses actes. Ces verdicts sont indulgents en comparaison de ceux qui sont prononcés au même moment un peu partout en France. Dans la seconde affaire, le verdict est conforme à la moyenne. La coïnculpée du premier dossier, complice de dénonciation, est plutôt sévèrement frappée.

Ces verdicts sont-ils « féminins » ? Les femmes sont-elles plus accessibles à la pitié, plus indulgentes ? Hésitent-elles davantage à donner la mort ? De quelle légitimité se sentent-elles revêtues pour juger et punir, elles qui viennent à peine d'acquérir le droit de vote et ne l'ont pas encore exercé ? Comment le commissaire du gouvernement et les avocats, pour lesquels un jury féminin était une innovation absolue, ont-ils cherché à tirer avantage de la situation ?

Il est impossible de répondre comme il est impossible d'estimer la part des autres paramètres : le talent respectif des accusateurs et des défenseurs, l'état d'esprit local, les effets de cette justice à marche forcée... En effet, la cour de justice de Seine-et-Oise n'a à cette date prononcé encore aucune peine de mort et les verdicts de travaux forcés à perpétuité donnés ce jour sont les plus sévères depuis l'ouverture des travaux.

L'enquête exceptionnelle réalisée par Alice Kaplan sur les jurés du procès de Robert Brasillach nous apprend que cette figure de la collaboration fut jugée et condamnée par quatre jurés issus de groupes locaux de résistants de la banlieue parisienne, techniciens, cadres ou petits chefs d'entreprise. Un seul des jurés était communiste, de fraîche date mais ambitieux. La veille de l'audience consacrée à Brasillach, ce même jury condamna à la seule indignité nationale une prostituée qui avait dénoncé à la police allemande un client qui l'avait dépouillée. Il acquitta un dessinateur accusé par sa concierge d'avoir dénoncé deux prisonniers de guerre évadés. On peut en déduire que ce jury n'était ni insensible aux nuances, ni venu pour « faire du chiffre ». Quant à leurs sentiments à l'orée du procès d'une figure aussi connue que Brasillach, on ne peut douter qu'ils étaient dominés au moins par la curiosité et l'hostilité, sans que l'on n'ait besoin de leur donner pour cela des instructions.

Dans ces conditions, il n'est pas crédible de soutenir que, sur tous les dossiers, les jurés entrent en séance avec des instructions préalables. Tout au plus peut-on dire que dans certaines affaires très graves ou très polémiques, les jurés se sont probablement forgés à l'avance une opinion et qu'on a pu leur faire sentir qu'ils sont les dépositaires de la confiance des résistants ou des « bons Français ». Comment n'y seraient-ils pas au moins aussi sensibles qu'à des injonctions ou à des menaces ? De toute façon, leur indépendance est protégée par le secret des délibérations et l'usage coutumier de la formule « à la majorité des voix, la cour… », même en cas d'unanimité, qui réserve la confidentialité de chaque vote. En effet, à lire la presse, il apparaît qu'un certain nombre d'affaires sont pour ainsi dire jugées d'avance. La connaissance, même vague, qu'en a le public suffit à faire estimer généralement que la condamnation à mort est entendue. Ces affaires ne se différencient pas des grandes affaires criminelles qui paraissent périodiquement devant les assises et pour lesquelles chacun a son opinion et, pour parler net, s'attend évidemment à un verdict de mort.

Et il est vrai que parfois, le parti pris des jurés, soutenus par la salle, éclate contre toute décence. Ils injurient ou menacent l'inculpé. Ils se laissent entraîner vers une départition simpliste du bien et du mal, et dans une logique de sacrifice qui donne une place sans doute exagérée aux peines lourdes et démonstratives.

La loi du 14 décembre 1945 modifie les règles d'établissement des listes de jurés potentiels. Les deux délégués des CDL sont remplacés par deux délégués des conseils généraux, mesure supposée plus démocratique et logique dans la mesure où le rôle des CDL était de toute façon temporaire. Le choix, néanmoins, doit toujours se faire parmi les Français qui ont fait « preuve de sentiments nationaux ». Certains ministres, comme le ministre de la Justice en fonction Pierre-Henri Teitgen, ont été sensibles aux critiques à l'encontre de la composition politique des jurys :

> Ces jurés étant tous résistants ont été, au moins dans la moitié des départements français, sous l'empire des éléments les plus extrémistes et les plus violents. On a mis des gens qui étaient souvent passionnés.

Quels que soient les constats ou les convictions, la question reste ouverte. Car on ne saura jamais en détail qui, en son âme et conscience, a voté pour quelle sentence et en vertu de quelle raison.

Face à son jury

Dans la salle d'audience, il n'y a d'autre ressource pour l'accusé que d'examiner le visage et le comportement des jurés réduits au silence. Et de peser le pour et le contre avec ses craintes, ses espoirs et ses préjugés. Car les jurés, pénétrés de l'exemplarité de leur tâche, s'efforcent de garder un visage impassible.

> Les deux qui s'installent à la droite du président ne sont manifestement pas communistes : l'un a même une bonne tête paysanne ; il a dû être collaborationniste jusqu'en 1942 ! Les deux autres sont plus fermés : le premier a la tête

classique du stalinien à œillères. Durant le procès, il ne s'ouvrira qu'à deux ou trois reprises, et son hostilité me semble invincible. Le second, haut en couleurs, est parfois hilare, parfois glacial. Il finira tout de même par se dégeler et, en fin de procès, il sera gagné. Quant au juré suppléant, il ne cessera de me donner des marques d'approbation (journal de Georges Albertini, « impressions d'audience », 24 décembre 1944).

Ce même jury qu'Albertini estime avoir gagné par son éloquence et par la justesse de sa cause, obtenant cinq ans de travaux forcés *seulement*, condamne à mort avant lui Paul Chack et après lui Henri Béraud. La comparaison et la chance ont aussi leur place dans les verdicts.

L'idée fixe de ces jurys communistes ou dominés par les communistes pousse nombre d'avocats à aborder le sujet de la répression contre les communistes comme un point crucial. Ce parti pris a pu les entraîner sur un terrain glissant, peut-être pour rien, si les jurés auxquels ils s'adressent ne sont justement pas communistes. Les justiciables, eux aussi, aiment à penser qu'ils sont jugés et condamnés uniquement par des communistes. En quelque sorte « sur les ordres de Moscou », pour reprendre l'expression de Pierre-Antoine Cousteau, journaliste à *Je suis partout*, condamné à mort. Cette interprétation leur donne la certitude que la lutte politique continue : ils n'ont pas trahi la patrie, ils n'ont pas failli contre l'honneur et l'humanité, ils sont juste en train de perdre une manche dans le combat sans cesse recommencé contre le bolchevisme. N'étant pas condamnés par des Français tels qu'ils les admettent, ils sont donc innocents.

Les juridictions d'exception qui ont à connaître de nos cas sont aux mains des dirigeants communistes ou d'hommes qui leur sont dévoués [...] C'est le communiste Villard [Willard, secrétaire général à la Justice lors de la Libération de Paris] qui a mis en place le procureur général Vassart, son second Boissarie, la plupart des juges d'instruction, dont une grande partie ne cachait pas leur appartenance au parti communiste [...] Pour sanctionner les dossiers ainsi instruits, un jury de 2 000 titulaires, dont 1 400 communistes ou d'obédience communiste, a été institué [...] Les gens qui, comme moi, ont combattu le parti communiste sont livrés pieds et poings liés à leurs adversaires politiques qui rendent bien souvent des jugements scandaleux (lettre du début de 1948 au président du comité pour la défense des droits de l'homme de Maurice Levillain, ancien conseiller municipal socialiste de Paris, accusé d'avoir remis des informations politiques aux Allemands, condamné aux travaux forcés à perpétuité).

Dans certains départements industriels, la composition des jurys fait assez logiquement place aux catégories populaires et aux ouvriers. Ceci ne peut accréditer l'idée de la dominante communiste qu'à condition de faire l'amalgame entre classe ouvrière et communisme. Dans la Seine, qui regroupe alors Paris et quatre-vingts communes de banlieue, le repoussoir des banlieues rouges est tout de même compensé par la présence forte de la bourgeoisie et des classes moyennes. La composition professionnelle des jurys de la cour de justice de la Seine pour la période qui va de décembre 1944 à mai 1945 est ainsi très variée : ouvriers et employés certes, mais aussi petits fonctionnaires, artisans, commerçants, ainsi que des enseignants, des ingénieurs, quelques rentiers et retraités.

Dans les départements ruraux, même en tenant compte de la distorsion du prisme résistant, on a du mal à croire que la majorité des jurés soient communistes. Dans la Sarthe, département agricole où existent quelques grandes usines autour du Mans, les listes de jurés révèlent la variété des professions et des statuts sociaux. Sur les trente-sept noms présentés pour la première session de la cour en 1944, on compte six cultivateurs, six chefs d'entreprise, cinq artisans, cinq instituteurs et professeurs. Les ouvriers, au nombre de deux, ne sont pas plus nombreux que les rentiers, les commerçants, les cadres ou les professions libérales. Il y a même un prêtre. Sur la liste destinée à la deuxième session, les professions citées renvoient à l'éparpillement social de ce département composite, en dépit du filtre de la Résistance : agent d'assurances, marchand de chevaux, propriétaire, maire, professeur, chef de gare, pâtissier, instituteur, ingénieur, cultivateur, cordonnier, industriel, boucher, coiffeur, employé de chemin de fer, employé des PTT, journaliste... Au procès de Charles Maurras, devant la cour de justice de Lyon, les professions des jurés sont : industriel, dessinateur, employé de commerce, ouvrier typographe. Et tout ce qu'on peut dire d'autre à leur sujet, c'est qu'ils n'ont pas condamné l'accusé à mort, en dépit des réquisitions.

Dans des régions où les communistes sont rares, les contempteurs de la composition des jurys adaptent d'ailleurs leurs critiques en dénonçant, pour les mêmes motifs, la prédominance des socialistes et des « déportés » au titre du STO.

Implantés dans la société, les jurés sont donc des Français qui partagent les inquiétudes, les doutes et les espoirs de la plupart de leurs contemporains. Ils travaillent certes sous la pression des comités de Libération, des conseils municipaux ou généraux, des partis, des associations, des mouvements de résistance qui votent des motions pour exprimer leur avis sur les affaires en cours. Ils sont sensibles à l'ambiance générale qui règne autour d'eux, y compris le rapport de forces politique. À cet égard, les différences entre les taux d'acquittement entre les départements signalent très probablement l'impact, voire l'emprise, de l'état d'esprit local. Dans les Pyrénées-Orientales, le taux d'acquittement est inférieur à 3 %. En Gironde, il est de 16 %.

Point n'est donc besoin d'avoir reçu en cachette des instructions pour connaître l'opinion de telle tendance ou de telle institution. Les jurés ont aussi leurs convictions et leurs émotions. Celles des gens ordinaires. Quant à être neutres, ils seraient bien les seuls à l'être en France, après cinq ou six années d'événements inouïs et traumatisants. C'est évidemment leur demander l'impossible. Mieux vaut compter sur leur bonne volonté.

Les jurés des cours de justice sont des acteurs réels du processus judiciaire. Ils sont conscients de la charge qui leur incombe. Leurs pouvoirs sont sans doute plus grands que dans une cour d'assises : ils sont physiquement proches du président, ils interviennent pendant l'audience en faisant poser des questions. Pendant la lecture de l'interminable déclaration de Maurras lors de son procès, le président ne cesse de conférer à voix basse avec les membres du jury. Surtout, les jurés se sentent revêtus d'une légitimité qui les autorise à se manifester en dehors de la cour par l'envoi de pétitions, voire par des grèves qui traduisent leur désaccord. Ils n'hésitent pas à s'affranchir des contraintes de la loi, y compris en prononçant des peines de prison insignifiantes ou des sursis.

En janvier 1945, une pétition de jurés de la Seine demande au garde des Sceaux que les plaidoiries soient limitées à quinze minutes. Si l'on essaie de ne pas considérer cette requête seulement comme une scandaleuse manifestation de partialité, on peut en déduire deux choses. Tout d'abord que les jurés ne sont pas dupes de l'apparat judiciaire. Ils comprennent en quoi les interventions fréquentes des avocats au long de l'audience anticipent les plaidoiries finales. Au moment où elles sont prononcées, ils en ont deviné la teneur. Elles ne peuvent plus renverser la tendance. Ils ne sont apparemment pas très sensibles aux appels lancés à leur humanité, à leur conscience, à leur probité, qui sont autant de tentatives d'intimidation ou d'apitoiement.

> J'espère, que dis-je, je sais, que je plaide devant des hommes qui ne sont pas seulement des éléments d'une tribu à caractère révolutionnaire [*sic*], mais devant des hommes dignes de ce nom et qui ne peuvent pas ne pas savoir que, pour juger, il ne faut rien décider avant que la dernière parole soit tombée au nom de l'accusé (plaidoirie de l'un des avocats de Charles, cour de justice de Lyon, 27 Maurras 1945).

D'autre part, certaines plaidoiries sont vraiment très longues (on s'en rend compte à la lecture des sténographies) et incommodent probablement les jurés qui savent quelle lourde tâche les attend encore. Il est évident qu'ils se sont forgés leur conviction durant les débats – voire avant, effectivement – et que le morceau de bravoure du défenseur leur paraît au mieux comme un rituel superflu, au pire comme une façon de se mettre en valeur ou une provocation.

L'audience

Les audiences respectent les formes ordinaires de la justice. Mais elles se caractérisent surtout par une brièveté qui a de quoi surprendre. L'après-midi consacré au procès de Robert Brasillach ou du préfet régional de Poitiers fait déjà figure d'exception. Grâce à son entêtement phénoménal et à son habitude des prétoires, Charles Maurras parvient à garder la parole sept heures d'affilée, ce qui contribuera à faire durer son procès trois jours. En dépit des dépositions des témoins, du réquisitoire, de la plaidoirie, le tout peut couramment se jouer en une heure ou deux. Et les affaires s'enchaînent dans l'après-midi. Aussi beaucoup de condamnés ont-ils gardé un souvenir presque confus de leur rapide procès.

> Aujourd'hui, je comparais devant le tribunal comme une infâme canaille. Le président ne fait ressortir que ce qui me porte préjudice, je fais l'imbécile. Dans la salle, on rit. L'avocat fait une belle plaidoirie où il fait ressortir le bien que je faisais en pourchassant les trafiquants du marché noir [...] Toute la salle est pour moi, le président menace de faire évacuer la salle. Je ne puis résister plus longtemps, je pleure (notes journalières de Pierre F., milicien, condamné en octobre 1944 par la cour de justice d'Avignon à dix ans de travaux forcés).

Durent plus longtemps les procès groupés où comparaissent simultanément un grand nombre d'accusés. Trente par exemple au procès du service de police anticommuniste à Paris. Soixante-dix au procès du bureau de l'Abwehr (services de renseignement de l'armée allemande) à Dijon. Sont aussi plus longs les procès économiques qui donnent lieu de toutes parts à des exposés détaillés.

Le procès se déroule en cinq temps. (À titre indicatif sont indiqués les horaires du procès Brasillach, commencé à 13 heures, le 19 janvier 1945. Ce rythme, qui paraît aujourd'hui, très soutenu est pourtant posé en comparaison de la moyenne des procès ordinaires.)

Tout d'abord vient l'acte d'accusation. Le greffier lit l'exposé des faits, qui donne, outre les éléments recueillis par l'instruction, l'opinion du parquet sur l'affaire et une sorte de portrait moral en creux de l'accusé. Le choix des termes, la qualification juridique des faits indiquent la gravité de l'affaire.

Au terme de cette lecture interviennent parfois les dépôts de conclusions par le ou les avocats qui essaient de faire valoir des vices de forme : contestation de la présence conjointe de tel autre accusé, contestation d'un point de l'instruction, contestation de la légitimité du président ou du commissaire du gouvernement qui se seraient compromis avec Vichy, contestation de la légitimité de la cour de justice elle-même dans son principe.

> Le « gouvernement » de la « libération » n'était même pas légal, les juridictions qu'il mit sur pied, illégales dans leur principe, redoublèrent d'illégalité par leurs

> mœurs et leurs procédés, le choix systématique et réglementaire de jurés parmi les ennemis de l'accusé, la suspension partielle ou totale des droits de la défense (Jean-Louis Lagor, *le Temps de l'imposture*, 1947).

Que les arguments juridiques soient fondés ou non, c'est le moment des incidents, provocations délibérées ou tentatives cohérentes pour obtenir un renvoi, une expertise, un complément d'information. L'avocat en profite pour caser quelques attaques et quelques aperçus de sa tactique de défense. Le commissaire du gouvernement réplique. L'échange peut être venimeux et prolongé. Président et jurés se retirent alors pour délibérer. La responsabilité du président est énorme : il est seul capable de trancher de la validité juridique des arguments présentés. Si lui n'est pas convaincu par l'avocat, il y a peu de chances que les jurés le soient. La délibération, courte, se termine en général par un rejet des objections.

Vient alors l'interrogatoire qui va mettre l'accusé à contribution plus que toute autre séquence du procès (13 h 45). Il a l'occasion d'endosser un rôle actif qui peut faire ou non pencher la balance en sa faveur, au gré de son habileté, de la sympathie qu'il inspire, de la sincérité qu'il dégage. S'il a la présence d'esprit nécessaire, l'accusé fait feu de tout bois pour s'expliquer et se justifier. Certains ont de grands mots, d'autres pinaillent, se font tout petits ou se renient de leur mieux.

> Le président : Avez-vous oublié, par exemple, votre article sur les SS, à qui vous adressiez « un salut à bras tendu », article que vous terminez par ces mots : « Mort aux Juifs ! Vive notre Révolution ! » ?
>
> Lucien Rebatet : C'est la plus énorme idiotie que j'ai jamais écrite.
>
> Le commissaire du gouvernement : J'appelle cela un appel au meurtre.
>
> Lucien Rebatet : Que voulez-vous ? On nous demandait des articles. On insistait. J'ai envoyé des insanités (cour de justice de la Seine, 22 novembre 1946).

Le président met en exergue certains points de l'instruction et demande à l'accusé de fournir des explications ou des corrections. Il peut le faire avec bienveillance, agacement, hostilité, dans les limites conventionnelles de la politesse et de l'apparence de l'impartialité. À lui revient toujours le dernier mot de ces échanges. Dans la majorité des cas dans lesquels l'accusé est démuni ou accablé, il dirige tout simplement l'interrogatoire, ce qui n'empêche ni les digressions, ni les impasses. Certains journalistes ou hommes politiques se montrent plus efficaces et plus pugnaces, jusqu'à se faire de la salle d'audience une tribune ou à parvenir à escamoter des questions embarrassantes. Tout faible que soit le fond, la forme permet encore de marquer des points. Le commissaire du gouvernement s'efforce alors de voler au secours d'un président égaré ou impressionné.

L'autre moment crucial est constitué par le réquisitoire qui a une forte chance d'imprimer aux débats leur forme définitive (15 h 45). Dans les affaires à sensation, le commissaire du gouvernement fait assaut d'éloquence. Il use à loisir des métaphores, des associations, des comparaisons qui accablent l'accusé et aggravent sa culpabilité. Mais il n'a pas besoin, bien souvent, de forcer son talent pour caractériser des délations méprisables, des violences criminelles ou un amour immodéré de l'argent. Alors, il ne s'attarde pas : résumé sans nuance des faits, appréciation de leur gravité, peinture méprisante ou terrible de l'accusé, énoncé des peines requises.

La plaidoirie succède au réquisitoire, donnant à l'avocat une chance de corriger une impression par trop lamentable (17 h 20). Il cherche des excuses, il minimise, il apitoie. Il évoque le passé d'ancien combattant, la famille éplorée, les talents ou le passé vertueux ou les sauvetages opérés par l'accusé. Il lui fait un manteau de la jeunesse, du grand âge, de la maladie, de la stupidité même. Il enveloppe de sa propre résistance ou des avanies qu'il a subies, les infamies de son client. Il s'adapte au jury ou croit le faire, pour le peu qu'il en sait. Ou il essaie d'épater la salle, de marquer des points pour lui-même.

Le dernier mot est laissé à l'accusé, qui ne sait pas toujours qu'en faire et proteste de son innocence ou se tait. Plus rarement, il fait amende honorable :

> Si j'ai commis des erreurs de jugement et des écarts de langage, tant à l'égard de nos Alliés qu'à l'égard de celui qui est aujourd'hui le chef respecté de la Nation [de Gaulle], je les regrette amèrement, mais vous savez quel est le sentiment qui me les a inspirés : ce n'est pas un sentiment bas, ce n'est pas un sentiment vil, mais un sentiment passionnément français (déclaration de Stéphane Lauzanne, rédacteur en chef du *Matin*, cour de justice de la Seine, 30 octobre 1944).

Les questions sont posées, qui reprennent les termes de la loi et sont, de ce fait, plus ou moins appropriées à l'affaire jugée (18 h 30).

> ...accusé ici présent, est-il coupable d'avoir, sur le territoire national, au cours des années [1940, 1941, 1942, 1943, 1944], en tout cas depuis le 16 juin 1940, jusqu'à la date de la Libération, en temps de guerre, étant français, entretenu des intelligences avec l'Allemagne ou avec ses agents, en vue de favoriser les entreprises de toute nature de cette puissance étrangère contre la France ou l'une quelconque des nations alliées en guerre contre les puissances de l'Axe ?
>
> L'action ci-dessus spécifiée sous la question n° 1 a-t-elle été commise avec l'intention de favoriser les entreprises de toute nature de l'Allemagne, puissance ennemie de la France ou de l'une quelconque des nations alliées en guerre contre les puissances de l'Axe ?

L'audience est alors suspendue pour la durée, généralement brève (de 15 à 50 minutes) de la délibération. Le président et les jurés se retirent (18 h 35). Ils débattent, sans doute peu. On aborde la question des circonstances atténuantes. Le temps est occupé par la rédaction formelle des réponses et du verdict. La cloche sonne. On fait rentrer l'accusé. La cour revient siéger.

Le procès se clôt par le verdict (19 heures). Le président lit les réponses aux questions posées : oui ou non à la majorité. Il précise s'il y a ou pas de circonstances atténuantes. L'annonce du verdict est précédée et suivie d'une formulation juridique fixe qui rappelle le déroulement du procès, les articles de loi concernés et les peines accessoires (dégradation nationale, confiscation, amende, frais aux dépens). Le verdict tombe, condamnation plus ou moins lourde, acquittement...

Le public tente parfois de peser sur les débats, en dépit de l'interdiction de manifester. Souvent il est très hostile à l'accusé. Mais parfois, il est malcontent des magistrats et se réjouit de les voir en difficulté. Il s'insurge, il s'amuse, il se scandalise, tour à tour badaud, voyeur et citoyen.

> Un public nombreux a tenu à assister à la cour de justice à la condamnation des collaborateurs les plus en vue pendant l'Occupation. Jamais la salle n'a dû être évacuée. L'opinion publique a, en général, accepté les verdicts de la cour de justice (rapport du préfet de la Sarthe au ministre de l'Intérieur, 14 mars 1946).

Ont aussi un succès remarquable les procès, très spectaculaires, des équipes de tortionnaires ou d'espions les plus fameux. On hésite ici entre l'abjection et le grand guignol, ce qui offre à la presse des morceaux de bravoure sous couvert d'indignation.

Le public dispose à l'énoncé du verdict d'une plus grande latitude pour exprimer sa satisfaction ou son indignation. Le condamné réagit à son tour. Il blêmit, il pleure, il se fige, il est soulagé, incrédule, abattu. Il lance quelques mots étouffés par le brouhaha. Il serre la main de son avocat, sa famille s'approche pour l'embrasser. Policiers ou gendarmes l'entraînent. Il quitte le tribunal par une porte discrète et remonte dans le fourgon cellulaire qui l'a amené. Son sort est joué. Un nouvel accusé lui succède dans le box.

Les arguments de défense

À condition d'avoir assez de sang-froid et d'intelligence, l'accusé, plus ou moins bien servi par son avocat, dispose au procès d'une vraie chance de se défendre. S'il y a quelque chose à défendre...

Des accusés tentent de se placer sur le terrain politique et avancent n'être poursuivis que pour leurs opinions. Au journaliste Henri Béraud, le commissaire du gouvernement rétorque alors : « Ce dont vous avez à répondre est un crime de droit commun ».

Si le procès est politique, on peut d'autant plus logiquement réfuter la légitimité de la cour, dans le principe de son existence comme dans son droit de juger telle ou telle personne. On accuse le monarchiste Maurras d'avoir, dans ses articles, réclamé des otages pris parmi les gaullistes, d'avoir applaudi la création de la Milice, d'avoir dénoncé la « conspiration » des démocrates-chrétiens dans les bureaux desquels la Gestapo a fait par la suite une descente, d'avoir nommé et situé un banquier juif abattu peu après par des miliciens. Il réplique :

> Je tiens à vous dire, Monsieur l'avocat de la République, que la violence n'est pas du tout dans mes paroles, comme il y paraît : elle est dans la situation. La violence, c'est que vous soyez à la place où vous êtes et que je n'y sois pas.

Des accusés et leurs défenseurs recourent aussi à une manière de logique du pire. Tous les crimes seraient absous en insinuant que le camp adverse en a également commis. Ainsi l'avocat de Rotté, qui dirigea les Renseignements généraux à Paris et eut sous ses ordres les brigades spéciales, excuse-t-il les tortures infligées aux communistes et aux résistants, par les sévices qui auraient été exercés après la Libération. Au procès du service de police anticommuniste, les accusés, policiers professionnels, arguent de leur bonne foi : ils n'ont pas torturé leurs prisonniers, ils n'ont fait que les frapper, ce qui était tout à fait régulier...

Ces années représentent pour les avocats une période de travail intense, fructueux et, pour certains, source de grand prestige. En même temps, le surmenage guette et, dans l'afflux des clients, les dossiers ne sont pas toujours préparés ni suivis avec rigueur et exactitude. « Les bavards débordés de bonnes affaires ne savent plus que demander des provisions et ignorer les dossiers » (José Germain, *Mes catastrophes*, 1948).

Nombre de plaideurs choisissent la minimisation des faits, la multiplication des excuses, l'apitoiement pas toujours de bon goût. On en appelle à la commisération du jury et de la cour.

> Je joue franc jeu. Je ne plaide pas innocent, je ne plaide pas coupable. Je plaide « lampiste » [...] le type même du Français moyen qui s'est trompé, et qui s'est lourdement trompé, je le reconnais (plaidoirie de Me Garçon Maurice au procès de Baldi *et alii*, vente aux bureaux d'achat allemands, 11-14 décembre 1946).

On sait bien qu'il n'y a parfois rien de défendable. « La charge de la défense me revient, déclare Me Floriot en commençant sa plaidoirie pour Jean Luchaire, et je n'ai pas le droit de rejeter un seul argument ». Faisant feu de tout bois, dans une longue et très pragmatique plaidoirie, il évite soigneusement les attaques politiques. Ce n'est pas une raison pour ne pas imaginer quelque excuse plus ou moins convaincante. Quitte à humilier son client, ce dont un bon avocat n'a cure, dans son souci d'obtenir un résultat.

> Est-ce qu'un homme qui aurait vraiment eu l'intention d'aider les Allemands – à moins qu'il ne soit un parfait imbécile – aurait pris place dans la Milice quand tout était perdu ? (plaidoirie de Me Philonenko au procès de Fernand L., entré dans la Milice en avril 1944).

La trajectoire des accusés qui ont été des militants est relue au bénéfice de la cour. La collaboration est présentée dans la continuité des choix idéologiques antérieurs. Parce qu'ils ont été constants, ces choix auraient été légitimes et échapperaient à toute logique criminelle. C'est par exemple le point de vue avancé par Robert Brasillach quant à son antisémitisme dont il entend faire reconnaître au tribunal la bonne foi :

> J'ai fait de l'action antisémite avant la guerre, à un moment où la France avait un président du conseil juif [Léon Blum en 1936-1937]. Ce que j'ai fait avant la guerre, je l'ai continué pendant l'Occupation, je dois dire avec beaucoup moins de force. J'ai beaucoup moins parlé de la question juive pendant l'Occupation qu'avant l'Occupation [...] Je crois que la question juive, c'est un problème qui se pose indépendamment de toute question d'Occupation. Je n'ai jamais approuvé que l'on séparât par exemple les femmes des enfants ; je n'ai jamais approuvé les mesures violentes qui ont pu être prises par les Allemands contre les Juifs. Cela n'empêche pas que mes idées antisémites restaient les mêmes, que je pensais que la question juive était un problème actuel, dans un État moderne et dans un État occidental.

Le désintéressement est mis en avant dans le registre d'une volonté permanente de « servir ». « Vous savez parfaitement que je me disculperai aisément, explique ainsi Georges Albertini, proche collaborateur de Déat au RNP. La politique que j'ai faite ne m'a ni enrichi ni profité » (lettre à son avocat, 27 septembre 1944).

Les polémiques peuvent aussi être de rigueur, ainsi que de véritables stratégies de rupture. Durant l'instruction et en audience, les avocats sont libres de leurs propos et de leur attitude, dans les limites de la loi, des règles de l'ordre et, si possible, de l'intérêt de leur client. En effet, si la provocation est d'un usage flatteur et peut procurer de la notoriété, elle n'est pas très rentable en termes de résultats. En clair, il vaut mieux la réserver aux cas de toute façon désespérés. Lors du procès du commissaire David des Brigades spéciales, Me Louis Guitard, après avoir malmené les témoins, se livre à une relecture en règle des volte-face antimilitaristes, défaitistes ou au contraire favorables aux attentats du PCF depuis

1920. Ses citations péremptoires indiquent clairement la source policière de ses informations, celle de la Brigade spéciale elle-même : l'avocat continue à utiliser à la barre les arguments anticommunistes qui ont servi à la répression menée, entre autres, par son client. Cette stratégie périlleuse suscite au moins autant l'incompréhension que l'indignation des journalistes présents. « Gardez-vous de vos amis. Si d'aventure David avait eu une chance quelconque de s'en sortir, les interventions maladroites de son conseil l'auraient à elles seules expédiées tout droit à Montrouge [pour y être fusillé] » (*le Parisien libéré*, 14 avril 1945). Son client ayant effectivement été condamné à mort au milieu des applaudissements, Guitard est arrêté durant trois semaines et inculpé pour complot contre la sûreté de l'État : on lui reproche de s'être approprié et d'avoir révélé des documents auxquels il n'aurait pas dû avoir accès. Après avoir bénéficié d'un non-lieu, l'avocat amorce une carrière politique

De même, Jacques Isorni a eu l'intelligence de se faire de ses échecs fameux, appuyés sur sa personnalité romantique et séduisante, un tremplin de gloire. Aussitôt après l'exécution de Brasillach, il a supervisé la publication de la sténographie du procès.

> Je signai mon contrat, le premier. Ce fut une joie. J'allais être publié en librairie, voir à la devanture un livre avec mon nom d'auteur. Cette joie était naïve, peut-être indécente à propos d'un livre de cette nature. Mais c'était ainsi : j'étais content (*Mémoires*, t. 1, 1984).

Son registre pathétique puis sa fougue lors du procès Pétain finissent d'en faire une personnalité connue. Vient alors le moment pour lui de défendre un cas moins attrayant, à défaut d'être plus facile. Il plaide en novembre 1945 pour Marguerite Hugues, qui a dénoncé à la Milice l'un des assassins de Philippe Henriot, pour se créer l'occasion de s'emparer, à l'issue d'une manœuvre compliquée, d'un magot. On cherche, il est vrai, la collaboration dans cette affaire sordide, pourtant jugée en cour de justice. Isorni ne se démonte pas et, reprenant les recettes qui ont fait sa notoriété, sinon ses succès, il s'attaque à la cour. Il la traite de tribunal révolutionnaire ignorant des lois, estime que sa cliente, en dénonçant un tueur, n'a fait qu'obéir aux ordres du maréchal Pétain auquel les magistrats qui prétendent la juger aujourd'hui ont eux-mêmes prêté serment avant de le trahir. Il réclame un acquittement. On lui répond par une condamnation à mort. Graciée, Marguerite Hugues aura assez de ses longues années de détention pour pleurer sur son avocat qui, après s'être fait une nouvelle estrade de son affaire, l'a complètement délaissée pour la cause maréchaliste.

Enfin, le jugement de la postérité peut passer pour un suprême recours. « C'est moi seul que l'Histoire jugera », avait prévenu le maréchal Pétain après

Montoire. On voit le résultat. Autant ne pas répéter de telles erreurs en s'abstenant des actes définitifs.

> Votre accusation si facile à soutenir aujourd'hui, alors que vous êtes porté par l'opinion tout entière, cette accusation, contrairement à ce que vous pensez, ne résistera pas au recul du temps, à l'apaisement des passions (plaidoirie de Me Felici au procès de Jean Hérold-Paquis, cour de justice de la Seine).

L'absence de partie civile

Dans beaucoup des affaires qui sont jugées en cours de justice, il y a des victimes. Victimes des dénonciateurs, des policiers qui arrêtaient et « interrogeaient » les résistants ou les Juifs, des informateurs ou tortionnaires de la Gestapo, des miliciens qui traquaient et abattaient les maquisards ou les civils qui les aidaient. Ces victimes sont directes, identifiées, et pas seulement symboliques. Elles figurent dans le dossier, sont évoquées à l'audience, sont parfois présentes pour témoigner. Elles peuvent s'avérer très vindicatives et aspirer à la loi du talion, comme le secrétaire de la Fédération nationale des déportés et internés de la Résistance qui sollicite du garde des Sceaux l'autorisation d'assister à l'exécution d'un agent de la Gestapo ayant sévi à Marseille :

> Dunker-Delage m'a battu à la Gestapo, à tel point que j'ai perdu l'usage de mon bras droit, d'une oreille ; c'est toujours à lui que je dois une fracture de ma colonne vertébrale [...] Puis-je espérer, Monsieur le Ministre, que vous qui avez été déporté à Buchenwald, voudrez bien comprendre un sentiment de justice et faire en sorte que le dénommé Dunker-Delage soit assez rapidement fusillé. Il me serait en plus très agréable d'assister à cette exécution pour bien dire à mes camarades que je l'ai vu mourir et qu'il ne s'agit pas d'une fantaisie auxquelles nous commençons à être accoutumés dans notre doux pays de France (lettre du 19 janvier 1948).

Ou encore ce témoin au procès d'un infiltré qui a repéré, arrêté et malmené plusieurs résistants :

> On l'a manqué de cinq minutes, une fois. Je demande qu'on l'acquitte et qu'on nous le prête ! (déposition à la cour de justice de Lyon, procès Mensburger et Le Berquier, 26 mai 1948).

Pourtant, en cour de justice, il n'y a pas de partie civile. Parce que le châtiment des traîtres est pensé comme une affaire d'État, et non comme la réparation d'intérêts particuliers spoliés, ces intérêts seraient-ils la vie, l'intégrité physique ou la liberté de quelqu'un. Le rapport explicatif sur l'ordonnance exerçant l'épuration est catégorique :

> Il a paru indispensable de laisser à la seule partie publique, à l'exclusion de toute partie privée, la poursuite de la répression. Le débat se détachera ainsi du cadre de l'intérêt particulier, pour demeurer sur le plan du seul intérêt du pays, et n'en sera que plus élevé.

Ceci n'empêche par les procureurs de faire parler les morts.

> Je sais bien que personne ne lirait aujourd'hui une ligne de ce factum à Oradour-sur-Glane sans que les morts ne jaillissent de leurs tombes (réquisitoire au procès de Brasillach, à propos de son article « Naissance d'un sentiment »).

Oui, faire parler les morts plutôt que les vivants.

> Vous avez entendu dix témoins qui ont manifesté leur reconnaissance à Angeli pour les avoir sauvés. Mais, Messieurs, tous les déportés en Allemagne – combien sont-ils de milliers ? – , tous les Juifs envoyés de l'autre côté du Rhin et qui sont morts, est-ce que j'ai pu les faire défiler devant vous ? (réquisitoire au procès d'Alexandre Angeli, préfet régional de Lyon, 29 novembre 1944).

Comme si l'exclusion des parties civiles ne suffisait pas, des témoins à charge, même personnellement concernés, sont parfois traités pendant les audiences avec une condescendance qui se pare d'un discours convenu. Passe encore que les avocats soient agressifs : c'est de bonne guerre de discréditer ou déstabiliser un témoin à charge pour affaiblir la portée de son témoignage. La partie est facile s'il est lui-même inculpé dans une autre affaire (ce n'est pas exceptionnel). On trouve aussi des arguments faciles s'il s'agit d'un fonctionnaire : n'a-t-il pas lui-même servi Vichy ? Certains avocats ne prennent pas plus de gants avec les résistants ou les persécutés.

> Son défenseur, faisant chorus avec lui, pose avec une suffisance qui serait insolente si elle n'était pas maladroite, des questions aux témoins, afin de faire la preuve qu'ils étaient inhumainement et sadiquement torturés parce qu'ils étaient francs-tireurs partisans et faisaient de la propagande communiste (*Front national*, 13 avril 1945, à propos de Me Louis Guitard, avocat du commissaire David, des brigades spéciales).

À défaut de trouver la faille, l'avocat essaie la mauvaise foi, comme au procès d'Henri Béraud :

> Amiral Muselier [un des premiers officiers supérieurs ralliés à de Gaulle] : Vous avez sali ma famille et moi-même, vous avez sali mes marins [...] C'est dans notre sang que nous avons lavé la honte de votre trahison.
>
> Me Albert Naud : Êtes-vous sûr de parler sans haine, comme doit le faire tout témoin ?

Amiral Muselier : Je parle au nom [...] de tous ceux qui ont souffert de la propagande de Béraud et des autres et j'adjure la cour de se montrer d'une sévérité exemplaire.

Les magistrats eux-mêmes adoptent à l'égard des témoins une attitude formaliste. Ils ne sont pas vraiment aidés dans leur déposition. On les presse, on leur demande d'abréger, d'en venir au fait. L'heure qui tourne est primordiale et comme dans *Alice au pays des merveilles*, elle emporte avec elle le respect et l'écoute pour des gens qui sont parfois en train d'évoquer les heures les plus humiliantes ou les plus effrayantes de leur vie. Toute déposition au fil de la parole prend rapidement un tour confus et un intérêt secondaire. Or, par respect de l'oralité des débats, il est interdit aux témoins de lire un texte préparé. Le commissaire du gouvernement réprimande un témoin au procès du commissaire David, qui consulte ses notes pour raconter son arrestation et les brutalités subies. « Le respect de la loi avant tout. » Ce manque d'égards revêt d'autant plus d'importance que la victime est seule : elle ne peut être ni assistée ni représentée par un avocat.

Le commissaire du gouvernement, le président enveloppent pourtant d'hommages équivoques la présentation des résistants ou des victimes. Ils ne les ménagent pas forcément pour autant. Toujours au procès du commissaire David, un résistant vient raconter la longue séance de torture subie à la préfecture de police : coups de nerfs de bœuf, coups de poing. Hurlant de douleur, en sang, il a fait plusieurs syncopes. Pressé par le président, il admet qu'il était trop mal pour savoir avec certitude qui lui a fait quoi et à quel moment...

Dans certaines affaires, la confusion est portée à son comble par la présence de témoins qui sont eux-mêmes des accusés – et pas des moindres – au titre d'autres dossiers. « Ces témoins, qui venaient à l'audience pour charger les inculpés, en vinrent parfois à se charger entre eux. C'était une atmosphère de drame et de confusion », racontera une jeune femme condamnée à mort en 1948, comme agent de l'Abwehr. Inculpés et témoins s'empoignent, tandis que les avocats se font une joie de discréditer la justice.

En définitive, le témoin à charge est souvent lésé. Il n'a pas l'occasion de s'exprimer correctement, la cour ne lui montre pas de considération, il n'est pas reconnu comme victime, ou du bout des lèvres. Les victimes réelles, contrairement aux victimes comme entité abstraite et symbolique, ne sont ni très visibles ni très légitimes. Elles ne sont pas dispensées du soupçon : de simulation, de lâcheté, de recherche de bénéfice. En dépit de la révérence officielle aux résistants, ceux-ci restent des rebelles légèrement suspects. Les communistes, les Juifs étaient il y a peu des parias et peut-être la hâtive épuration de la magistrature n'a-t-elle pas suffi à abolir ces sentiments. En outre, le procès n'est pas supposé posséder une quelconque fonction thérapeutique qui permettrait à la victime de se « reconstruire » ou à sa famille de « faire son deuil ». La finalité de la répression de faits de collaboration rejoint celle de justice pénale qui est une réparation de l'ordre social et non une compensation individuelle.

Les travaux récents ont montré que les victimes ont besoin de temps pour se manifester. Elles éprouvent souvent des difficultés de tous ordres à exposer leurs souffrances juste après les faits. La hâte avec laquelle on entend châtier les traîtres – et se débarrasser de ce fait de l'épuration – se retourne contre les victimes qui n'auront pas toujours le temps, l'énergie ou le désir de se faire connaître. Démunies dans leur solitude, elles essaient parfois de se faire entendre collectivement, mais pas toujours avec succès. Des déchirements surviennent même au sein de leurs associations. La société amicale des victimes de la Gestapo en Vendée disparaît ainsi au bout de moins de six mois d'existence quand l'un de ses fondateurs témoigne à décharge dans un procès où deux autres membres témoignaient à charge en tant que victime de dénonciations.

Juger les tortionnaires

Les articles 75 à 87 du Code pénal qui servent à punir la collaboration limitent le champ des incriminations aux diverses catégories de la trahison. Il faut y faire entrer bon an mal an la dénonciation et les persécutions raciales comme la traque des résistants.

On se rappelle que, dans le cadre de l'épuration administrative, l'ordonnance du 27 juin 1944 a prévu en faveur des fonctionnaires une excuse absolutoire : on n'est pas sanctionné si l'on n'a fait qu'obéir strictement aux ordres. Les cours de justice se conforment à ces dispositions. Ne sont punissables que le zèle et les bénéfices personnels. Dans les cas, nombreux, de policiers qui ont pris part à la traque et à l'arrestation de résistants, les poursuites impliquent un zèle généralement qualifié d'excessif, des brutalités avérées, des avantages manifestes en termes de primes ou d'avancement, et plus que tout, mais fort rare, une volonté explicite d'aider les Allemands. Typique est à cet égard la condamnation aux travaux forcés à perpétuité du sous-brigadier Léon G. qui a « dans l'exercice de ses fonctions de policier fait preuve d'un zèle excessif contre les patriotes réfractaires et les communistes en procédant avec brutalité à l'arrestation ou à l'interrogatoire de réfractaires et de patriotes dont plusieurs ont été déportés en Allemagne et deux fusillés par les Allemands ». Le commissaire du gouvernement a ajouté une circonstance aggravante : « individu brutal et buveur, il a agi pour obtenir de l'avancement plus que par conviction politique ».

De même est condamné à mort Agenor B. inspecteur à la célèbre BS2, section des RG de la préfecture de police de Paris spécialisée dans la traque des communistes. Il a procédé à quatre-vingt-trois arrestations d'auteurs d'attentats ou de sabotages, qui ont abouti à cinq exécutions, vingt-huit déportations et vingt-trois emprisonnements. Pour obtenir des aveux, il a recouru à des violences sur les détenus. Son activité lui a valu des gratifications en argent ainsi qu'une distinction honorifique.

> Il a agi en toute indépendance, sans contrainte de ses chefs. Il a traqué les patriotes, sciemment, comme un agent de la Gestapo allemande, et cela jusqu'à la veille de la Libération. Il n'a pas cherché à se racheter. Il n'a pas eu une parole de regret (avis du commissaire du gouvernement lors de la demande de grâce, août 1945).

Voilà des condamnations qu'aujourd'hui nous pouvons trouver logiques. Néanmoins, d'autres décisions de justice nous paraissent difficiles à comprendre, voire à admettre. Considérons Henri M., autre inspecteur de la BS2. L'enquête a établi qu'il a dix-neuf arrestations de « patriotes » à son actif, dont dix ont été fusillés, trois déportés et l'un est porté disparu. L'un des rares survivants a porté plainte contre lui pour coups et blessures. La commission d'épuration de la préfecture de police, dont on a vu la sévérité, l'a toutefois maintenu en fonction. Suivant la décision administrative, le commissaire du gouvernement classe l'affaire « en l'absence de certitude que M. ait fait preuve de zèle ou qu'il ait porté des coups ou commis des indélicatesses. M. a exécuté des ordres. Il n'a pas pris d'initiative personnelle. Il n'a pas agi seul. Quand il a pu étouffer des affaires, il l'a fait ». Le magistrat semble ici respecter la jurisprudence : le résultat compterait moins que la manière.

Face à cette déconcertante jurisprudence, les sévices et les violences exercées par des Français non fonctionnaires, qu'ils soient miliciens ou supplétifs des polices allemandes sont considérés au contraire avec une sévérité constante, d'autant plus facilement que le pas du meurtre a souvent été franchi.

> Les affaires qui me sont soumises, note le président Vincent Auriol après avoir lu des dossiers de grâce, sont tout simplement affreuses. Ce sont d'abominables crimes de droit commun, commis par des gens qui ont été payés par l'ennemi pour dénoncer, arrêter, torturer et fusiller des Français [...] Ici, la limite de l'humain est impossible à franchir (*Journal*, 13 mars 1947).

Dans de tels procès, le travail s'assimile à celui d'une cour d'assises. Il n'y a pas de motivations complexes à débrouiller et de circonstances atténuantes à peser. Ce ne sont pas des hommes qui sont jugés, avec leur passé, leur engagement, leurs intentions, mais bien des délits ou des crimes. Certains parcours donnent le vertige : Pierre B., dès ses 21 ans, se marie et sa famille lui coupe les vivres. Craignant d'être envoyé en Allemagne au titre du STO, il trouve un travail à la base sous-marine allemande de Bordeaux. Un interprète allemand lui suggère de gagner plus en intégrant le service allemand de « réquisitions des biens juifs ». Il y fait la connaissance d'un inspecteur du commissariat général aux Questions juives qui l'embauche. « Mon travail consistait à contrôler les Israélites et à dépister les " non-déclarants ". » Cinq mois plus tard, le voilà à la Milice : tous les autres inspecteurs en sont. Il travaille au service de renseignement, traquant et arrêtant les résistants.

Ou encore Jacques d'Ar. d'Ab., un rentier auquel l'inflation a porté un rude coup. Il monte une affaire de récupération de cuirs et peaux avec un bureau d'achat allemand. Le commerce ne suffit pas et il se met à travailler pour le SD. Arrêté en zone libre, il est inculpé par la justice française d'atteinte à la sûreté de l'État. En clair, Vichy le tient pour un espion. Avec l'aide allemande, il s'évade et regagne la zone occupée où il reprend ses activités. Tellement en marge de la légalité qu'il est arrêté, à Paris cette fois, en janvier 1943. Il est libéré sur intervention de Bony et Laffont. Arrêté encore une fois en août, il se met à l'abri, sur les conseils de Laffont, en entrant dans l'Abwehr où il est chargé de la détection des opérateurs radio de la Résistance.

Henri Laffont, Pierre Bony et leur bande de malfrats ont, de notoriété publique, pillé, arrêté, torturé et assassiné sous les auspices des services de sûreté allemands. Le procès de ceux que l'on désigne comme la bande de la rue Lauriston ou la Gestapo française est annoncé parmi les premiers à Paris. Absolument personne ne doute du verdict : la peine de mort pour les huit accusés, le refus de la grâce. Des verdicts de mort et des peines de travaux forcés frappent également à Lyon le gang du PPF qui rançonnait les Juifs, les torturait et les livrait aux Allemands. Il se présentait à leurs victimes comme « police allemande ».

Cette sévérité perdure au fil des années. En 1962 est retrouvé un ancien agent français du SD d'Angers. À son actif, arrestations, dénonciations, exactions, meurtres. Jugé par contumace en septembre 1945, il avait été condamné à mort. Il est de nouveau condamné à cette peine par la cour de sûreté de l'État en 1965 (les juridictions de l'épuration n'existent plus). Il sera néanmoins gracié. Parmi les tout derniers libérés des condamnés pour faits de collaboration figurent d'ailleurs surtout des miliciens et des tortionnaires.

Juger la Solution finale

Pour expliquer la place subalterne qui avait été faite après guerre au témoignage des rescapés de la Shoah, on a souvent avancé l'idée selon laquelle leur calvaire n'apparaissait alors que comme un exemple parmi d'autres des crimes commis contre toutes sortes de victimes de la répression. Mais à regarder ce qui se passe devant les cours de justice, on peut estimer que c'est globalement la souffrance individuelle de toutes les catégories de victimes du nazisme et du régime de Vichy qui se trouve masquée par le tort infligé à la Patrie. En ce sens, comme l'a explicitement voulu le législateur, le particulier s'efface absolument derrière le général. La trahison ne résulte pas de la somme de toutes les souffrances infligées à des degrés divers à la quasi-totalité des Français, ni même des torts réels portés à l'économie ou à l'intégrité du territoire, mais des atteintes symboliques portées à une entité abstraite et transcendante. Les persécutions antisémites sont donc considérées comme une séquelle parmi d'autres de l'Occupation.

Pas plus que la chasse aux résistants la persécution des Juifs n'entre commodément dans le cadre juridique de l'épuration judiciaire. En dépit des accords de Londres définissant la notion toute nouvelle de crime contre l'humanité (8 août 1945) et de la participation de la France comme accusateur et juge au procès de Nuremberg, ces incriminations ne sont pas appliquées aux complices français des nazis.

Il serait pourtant exagéré de dire que la politique discriminatoire de Vichy, la participation de l'administration française aux persécutions et l'antisémitisme de parole ou de plume ont été négligés par les cours de justice. Ils sont bien présents dans les dossiers d'instruction : textes officiels, écrits publics, documents administratifs, enquêtes et témoignages y abondent. Toutefois ils n'occupent qu'une place tout à fait secondaire dans les débats et ne figurent guère au nombre des accusations, faute d'incrimination spécifique.

Durant les procès tenus entre octobre 1944 et mai ou juin 1945, la méconnaissance de ce qu'ont été la déportation et l'extermination rend les griefs assez vagues et probablement incomplets. On ne peut pas accuser de complicité avec la Solution finale quand le principe et l'étendue de cette Solution finale sont ignorés. Reprochant à Brasillach son antisémitisme précautionneux, le commissaire du gouvernement parle en janvier 1945 de « ce *martyre* qui commence à Paris pour les Juifs et qui finira dans *les camps exceptionnels de sévérité* en Pologne ». La disparition des victimes aggrave l'ignorance de la justice dès lors que les juges d'instruction privilégient les dépositions. Ainsi, de l'aveu même du commissaire du gouvernement, les accusations contre Lucien Dehan, l'un des principaux acteurs de la traque policière des Juifs à Bordeaux, manquent de précision. « Par suite du nombre considérable d'Israélites qui ne sont pas revenus de déportation, il n'a pu être établi qu'un nombre relativement restreint de cas dans lesquels Dehan a tenu un rôle actif. »

De quelque nature qu'ils soient, les crimes contre les Juifs doivent pouvoir entrer dans les catégories définies de la trahison, de l'aide à l'ennemi, de l'atteinte à la défense nationale, pour pouvoir être jugés. Ce qui ne va pas sans acrobatie conceptuelle et juridique et en limite forcément les effets. Prenons le procès de Joseph Antignac et de la SEC, avatar de la police des Questions juives. Nonobstant la destruction des archives du service ordonnée par Antignac, le juge d'instruction a accompli un travail de recoupement remarquable. Ayant fait rechercher du côté de la police judiciaire tous les procès-verbaux d'arrestations, il a reconstitué les opérations, l'identité, le nombre et le sort des personnes arrêtées ainsi que la responsabilité de chaque inspecteur dans les arrestations. Ajoutant à ces bases les lois et textes d'application édictés par le gouvernement, le commissaire de la République a pour sa part restitué les conséquences de la politique de Vichy dans l'aide apportée aux Allemands. Grâce à cela, il conclut que ce service de police a été créé pour « servir la politique raciste allemande en France ». Donc, il y a eu aide à l'ennemi, il y a eu trahison, il y a eu crime : une sanction est possible. Antignac est condamné à mort (peine commuée). Mais si la SEC a été une « façade administrative française » de la politique allemande, cela signifie aussi qu'il n'y a pas eu d'intention criminelle de la part de ses membres dont les responsabilités personnelles doivent être considérées en vertu de leur devoir d'obéissance. Neuf inspecteurs sont acquittés, six condamnés à la dégradation nationale comme peine principale et treize à des peines de prison inférieures à quatre ans.

Autre procès à cet égard déconcertant, celui du préfet régional de Poitiers, tenu le 10 septembre 1945 devant la cour de justice locale. Le préfet est accusé d'être mêlé à une affaire durant laquelle cent résistants furent arrêtés, trente déportés et dix exécutés, d'avoir fait rechercher des réfractaires au STO et d'avoir brimé les internés du camp d'internement de Rouillé. Il est répondu non à la question principale (l'accusé a-t-il entretenu des intelligences avec une puissance étrangère en vue de favoriser les entreprises de cette puissance contre la France ?) et oui avec circonstances atténuantes à la seconde (l'accusé a-t-il entretenu des intelligences avec des agents d'une puissance étrangère ayant eu pour effet de nuire à la situation militaire et diplomatique de la France ?). Il est condamné à huit années de réclusion, à la dégradation nationale et à la confiscation de ses biens. Son implication dans la rafle de 481 Juifs de la région, le 31 janvier 1944, qui figure au dossier et apparaît au détour des débats, ne compte même pas au nombre des accusations… Cet exemple, parmi tant d'autres, montre qu'il n'y a alors pas de prise en compte raisonnée de la complicité du régime et de l'administration dans la Solution finale, pour ne rien dire de celle d'une politique antisémite autonome.

Faute de témoins survivants – ou que l'on veuille entendre – et au moyen d'arguties têtues sur les notions d'initiative et de réticence, les accusations de persécution sont parfois difficiles à maintenir. Durant le procès d'Émile Hennequin, directeur de la police municipale de Paris – qui a à ce titre fourni les policiers nécessaires aux grandes rafles –, le grief qui figure dans le réquisitoire introductif d'avoir « donné des consignes sévères aux équipes chargées de l'arrestation des Israélites », est abandonné par le commissaire du gouvernement. Hennequin a emporté l'adhésion par des témoignages selon lesquels il aurait averti des personnes de l'imminence des rafles. Les policiers chargés de l'enquête sont d'avis qu'il n'a fait en la matière que se conformer aux ordres allemands, précis jusque dans les plus infimes détails.

Même raisonnement pour le commissaire du XIXe arrondissement, participant à la rafle du Vél'd'Hiv, dont l'affaire est classée. Il ne sera même pas déféré en chambre civique où une condamnation risquerait de l'écarter de la fonction publique. Il est entendu qu'on excuse un policier de n'avoir pris aucun risque pour protéger des Juifs, alors même qu'on lui reconnaît le mérite d'avoir pris des risques au profit de résistants. Les fonctionnaires avaient apparemment le droit de choisir leur désobéissance.

> Les rafles et les arrestations d'Israélites étaient des mesures d'ordre général qui ne sauraient être imputées personnellement au prévenu [...] Il est établi que le prévenu était en rapport avec des membres influents de la Résistance et qu'il les a aidés à se soustraire aux Allemands. Il n'a jamais dénoncé de patriotes [...] On ne saurait dire qu'il avait la possibilité de se soustraire à de tels ordres (exposé du commissaire du gouvernement).

Au contraire, l'inspecteur Robert S. est condamné à mort pour avoir pris des initiatives pour augmenter ses résultats. Il a brutalisé certaines de ses victimes, il a obtenu une promotion. Surtout il a extorqué de l'argent à des étrangers juifs sous prétexte de leur procurer une protection.

> S. n'a pas été poursuivi pour avoir exécuté strictement les ordres que lui donnaient ses chefs. S'il s'en était tenu à cette obéissance passive, il aurait pu invoquer l'excuse absolutoire prévue à l'art. 3 de l'ordonnance du 28 novembre 1944. Mais S. a pourchassé les Juifs avec zèle, il a pris l'initiative d'arrestations sur la voie publique après de longs moments de guet. Il ne s'est pas borné à procéder aux arrestations prévues par des fiches ou opérées au cours de rafles. S. a déployé un zèle excessif contre les Juifs. Il est responsable de la mort ou de la déportation de plus de vingt malheureux. Il a agi par esprit de lucre. Il ne mérite aucune indulgence, aucune pitié (rapport du commissaire du gouvernement sur la demande grâce, août 1945).

Le condamné, gracié, se présente dès lors comme une victime : victime d'un jury composé de « bons Français et patriotes juifs », d'un président partial, d'un public « composé en majorité de Juifs », d'un procureur demandant une peine « sans rapport avec les faits reprochés ». Car, enfin, il a accepté de l'argent parce qu'il croyait que « ces gens étaient sincères et reconnaissants ». Il a arrêté vingt-trois Juifs, mais c'étaient des étrangers appréhendés sur ordre de sa hiérarchie. Il n'a jamais arrêté de « patriotes », même pas de communistes. « Cette affaire a été montée par certains de mes collègues, jaloux de ma place et surtout furieux de la promotion au grade d'inspecteur spécial » (Robert S., Compte-rendu du procès et résumé des faits qui ont motivé la condamnation à mort, fait à Fresnes le 11 août 1945 cellule des condamnés à mort).

Recenser les Juifs, les marquer, traquer ceux qui se dérobent aux ordonnances allemandes, planifier des rafles, arrêter des Juifs, les garder au sein de camps, tout cela est mesuré à l'aune de l'obligation d'obéir à l'occupant. Par définition contraintes, ces actions ne constituent pas forcément des charges, alors que la moindre trace d'insoumission, de réserve même, compte à décharge. Dans cette logique, le discriminant du zèle marque les enquêtes contre les fonctionnaires et policiers qui ont pris part aux déportations. S'il n'y a ni zèle, ni initiative, ni profit personnel, le fonctionnaire est présumé simple exécutant réduit à l'obéissance.

> Il n'y a ni crime ni délit lorsque les faits n'ont comporté de la part de leurs auteurs que la stricte exécution – exclusive de toute initiative personnelle – d'ordres ou d'instructions reçus sans aucun dépassement de ceux-ci ou de l'unique accomplissement d'obligations professionnelles sans participation volontaire à un acte antinational (ordonnance du 27 juin 1944).

Le commissaire François, chef de la direction des étrangers et des affaires juives à la préfecture de police de Paris, responsable administratif du camp de Drancy, bénéficie d'un classement en cour de justice, au motif qu'il n'a fait qu'obéir aux Allemands et à ses supérieurs. Sur plainte de deux avocats anciens internés, une nouvelle procédure est ouverte contre lui en 1947, qui débouche à son tour sur un non-lieu.

Des gendarmes qui gardaient le camp sont à leur tour jugés en mars 1947. Dans leur cas, le procès a bien lieu. Il résulte de plaintes d'internés survivants et, fait exceptionnel, cinquante-six témoins à charge juifs défilent à la barre. Ce n'est pas le camp qui est jugé, ni les forces de l'ordre en tant que partie prenante des déportations. Ce sont des subordonnés qui sont accusés pour des brutalités et des spoliations. Le réquisitoire précise qu'il s'agit de sanctionner *la façon* dont ces gendarmes ont exercé leurs fonctions. Pour aboutir, le commissaire du gouvernement croit bon de qualifier les violences et les vols d'actes de collaboration. Le jury et la cour en semblent bien moins persuadés qui les condamnent à des peines de dégradation nationale, de deux années de prison, voire prononcent des acquittements. La question se pose dans ces conditions de savoir s'il n'aurait pas mieux valu les traduire devant une cour d'assises...

Cette indulgence perdure durant la décennie suivante : la logique jurisprudentielle l'emporte sur la réflexion à propos de la nature de la Shoah et des conditions qui ont rendu possible la participation française. Ainsi, l'inspecteur des RG Antoine S., qui animait une équipe chargée de traquer les Juifs dans les rues de Paris, ne comparaît qu'en février 1953 devant le tribunal militaire de Paris, car il avait réussi à s'évader en 1946. Or, il est acquitté, ce qui lui permet de réintégrer la police puis de bénéficier de sa pension de retraite.

Mesurées à l'égard des fonctionnaires, les cours ne se montrent pas forcément impitoyables à l'encontre des hommes qui ont fait le choix du métier d'antisémites. Le jeune Georges R., membre de la Ligue française, avoue avoir participé pour le compte des Allemands à la traque des Juifs et avoir fait arrêter à Paris une femme qui cachait des Juifs. Il est condamné à dix ans de prison.

Dans des affaires où l'antisémitisme a été au cœur des motivations des inculpés, il arrive qu'il ne figure qu'à titre accessoire. Les treize membres du gang PPF à Lyon ont été chargés par leur parti de piller des biens juifs pour alimenter la trésorerie. Quand le vol et l'extorsion ne suffisaient pas, ils s'accompagnaient de meurtres et de déportations. Les victimes ont été choisies parce qu'elles étaient juives, c'est-à-dire extrêmement vulnérables et réputées riches. Pourtant, le procès oscille entre la trahison (le PPF parti collaborationniste obéissant à l'ennemi) et l'association de malfaiteurs (certains sont des truands et ils ont gardé une bonne part de l'argent au lieu de le remettre à leur parti). Leur antisémitisme n'est pas jugé dans la mesure où le fait que les victimes de leurs exactions étaient en priorité juives ne constitue pas une caractéristique de l'accusation.

Dans toutes ces affaires, la question des éventuelles opinions des accusés n'est pas posée explicitement car l'antisémitisme n'est pas un délit ou un crime inscrit au Code pénal. Elle ne peut toutefois pas être évacuée lorsqu'il s'agit d'envisager la propagande antisémite sous toutes ses formes. Dans les procès des plus célèbres plumes de l'Occupation, l'antisémitisme se retrouve forcément, même sur un mode mineur. Le journaliste Henri Béraud, auquel il est essentiellement reproché ses diatribes anglophobes et contre les gaullistes, doit répondre de deux affaires assez confuses de dénonciation, concernant un abbé qui aidait des Juifs et un Juif interné avec lequel il aurait été en conflit à propos d'un logement. Les preuves manquent et Béraud s'exclame :

> – J'en profite pour dire que je n'ai jamais été antisémite !
>
> Le président : La cour appréciera...

En effet, parmi tous les hérauts de la Collaboration et de la Révolution nationale, un clivage s'établit entre ceux qui, c'est bien simple, n'ont jamais été antisémites (ou si peu...) ; et ceux qui l'ont été (peut-on nier qu'il y ait un « problème » juif ?) mais (et cela change tout) toujours de façon strictement française. Les deux catégories se rejoignent d'ailleurs dans la parfaite innocuité de leur antisémitisme.

> J'ajoute que jamais à la radio, publiquement, je n'ai demandé qu'on envoie les Juifs à l'extermination. Jamais. À aucun moment. Je n'ai pas été un chasseur de têtes. Je connaissais à Paris des Juifs, des Israélites qui ne portaient pas l'étoile. Je ne suis jamais allé les dénoncer à une quelconque gestapo. Absolument pas. Ce n'était pas mon genre. Ce n'était pas mon habitude non plus. Je n'étais ni policier ni chasseur de têtes (interrogatoire de Jean Hérold-Paquis, cour de justice de la Seine).

Dans l'exposé du parquet contre Céline (exposé tardif puisque rédigé en 1949), l'attention de la cour est effectivement attirée sur la différence entre les opinions antisémites habituelles (acceptées) et les conséquences des prises de position antisémites concordant avec les persécutions.

> Céline avait parfaitement le droit de faire paraître un tel ouvrage [*Bagatelles pour un massacre* publié en 1937, nouvelle édition en 1943 avec photographies] avant la guerre, il aurait dû s'y opposer à une époque où les Juifs étaient arrêtés en masse et déportés en Allemagne dans les camps d'extermination [...] Céline pouvait peut-être ignorer l'extermination radicale telle qu'elle était pratiquée alors en Allemagne, mais il ne pouvait ignorer les déportations de Juifs. Il ne pouvait pas ne pas s'apercevoir que toute propagande antisémite facilitait cette déportation, que tout Juif déporté était un travailleur de plus pour la machine de guerre allemande.

Les arguments développés contre Céline en la matière se retrouvent dans le procès d'autres intellectuels, comme dans celui de Maurras : « cette attitude vis-à-vis d'une partie de la population française déjà persécutée par les nazis est d'autant plus odieuse qu'elle est en harmonie avec les consignes de la propagande allemande ; sur ce point, Maurras rejoint les théories de l'hitlérisme ». Mais demeure en arrière-plan l'idée que l'antisémitisme, à condition qu'il soit français, est une opinion et que chacun a droit à ses opinions.

Dans les milieux judiciaires prévaut officiellement une vision irénique des réactions françaises aux persécutions qui en fait indiscutablement un crime allemand et évacue l'antisémitisme français.

> Je désirerais simplement indiquer ici que ce fut aussi une grande souffrance pour tous les autres habitants de ces pays de constater les traitements abominables qui étaient infligés aux Juifs. Tous les Français ont ressenti une profonde affliction en voyant persécuter d'autres Français comme eux, dont beaucoup avaient mérité la reconnaissance de la patrie [...] Les Français ont éprouvé la même révolte et la même tristesse à l'égard des persécutions qui atteignaient les Juifs qui n'étaient pas français, des Juifs étrangers et de ceux qu'on appelait des apatrides, parce que nous pensions que ces hommes, même s'ils n'étaient pas français, étaient des hommes comme nous (Edgar Faure, procureur général adjoint au tribunal militaire international de Nuremberg, accusation française, « la condition humaine sous la domination nazie (Europe occidentale) »).

On peut imaginer que les entrepreneurs de la répression judiciaire n'aient pas souhaité avoir l'air de rendre la justice « au nom des Juifs ». C'est évidemment l'un des arguments préférés des épurés de se poser en victimes de la vindicte juive, énième avatar du complot juif... Depuis Sigmaringen, le journal du PPF s'exclamait déjà en janvier 1945 : « Les Juifs ont exigé que soient frappés les Français ayant pris une position antisémite ». Suivait une liste exhaustive de noms de condamnés à mort.

De toute façon, les institutions juives ne recherchent pas les interventions directes officielles, qui ne pourraient être faites qu'hors des prétoires puisqu'on a vu que les associations ne peuvent pas se constituer partie civile. En outre, l'expérience ultérieure des procédures contre Bousquet, Legay ou Papon a montré que la recherche de vérité des victimes, leur demande de réparation, leur éventuelle action groupée nourrissent des débats parfois vifs dans la société en confrontant leurs concitoyens à une réflexion sur la mémoire et la justice. Juste après la Libération, les Juifs de France ont davantage le désir de réintégrer la communauté nationale que de se signaler. Pour eux prévaut, comme pour tous les autres Français, l'interprétation qui fait de l'antisémitisme de Vichy un instrument imposé et manipulé par l'occupant.

> À quoi bon faire une distinction raciale entre les victimes du nazisme ? Les non-Juifs n'ont-ils pas souffert autant que les Juifs ? En continuant à traiter les Juifs comme une catégorie à part, ne fût-ce que dans la compassion, la pitié ou les réparations, ne risque-t-on pas de ressusciter le principe racial ? (E. Ratner, *Bulletin du Centre de documentation juive contemporaine*, juin 1945).

Au pays de la délation

Au nombre des affaires où l'antisémitisme devrait entrer en compte, il y a les dénonciations de Juifs. On estime en effet que le commissariat général aux Questions juives aurait à lui seul reçu 20 000 dénonciations. Pourtant, les dénonciations de Juifs ne représentent qu'une partie de toutes les délations opérées sous l'Occupation.

Bien que l'histoire de la délation en France n'en soit qu'à ses débuts et demeure tributaire de nos idées reçues, les dossiers des cours de justice permettent de constater quelques réalités. Souvent, les dénonciations mettent à l'œuvre des règlements de compte familiaux, des affaires privées, des conflits de voisinage. Elles émanent aussi bien d'hommes que de femmes. Souvent, elles sont signées, ce qui va permettre après la Libération de nombreuses poursuites.

Si l'on met à part les caractéristiques exorbitantes de Paris, les cours de justice traitent de façon récurrente d'une gamme réduite d'affaires parmi lesquelles les dénonciations peuvent représenter jusqu'à 50 %. Les départements ruraux paraissent compter au nombre des accusés une majorité de délateurs, à des degrés plus ou moins graves. Surtout en zone occupée. Dans l'Orne, sur 150 condamnations prononcées par la cour de justice, 120 comprendraient exclusivement ou aussi une accusation de dénonciation. Ces chiffres sont de 311 et 176 dans le Maine-et-Loire. Dans le Calvados, par exemple, il y a eu 1 300 dossiers ouverts pour délation, dont 580 ont été instruits et ont abouti à 380 condamnations. La différence entre les dossiers ouverts et les dossiers traités tient à la fois à l'impossibilité de retrouver certains auteurs de dénonciations et à l'exclusion des poursuites des dénonciations qui ne sont pas considérées comme des atteintes patriotiques (dénonciations fondées contre des trafiquants, affaires de mœurs et même dans une certaine mesure, plaintes contre les dysfonctionnements du ravitaillement).

En fait, les magistrats et les jurés se retrouvent pour beaucoup appelés à établir une gradation des peines en vertu de la personnalité et des intentions du dénonciateur, ainsi que des conséquences de ses actes. Au plus haut degré de la culpabilité figurent les dénonciateurs mués en mouchards puis en tortionnaires. C'est un engagement, plus ou moins conscient, et une profession. Parmi tant d'autres, l'équipe de Raymond Richard, un agent de l'Abwehr, qui infiltrait la Résistance. Après le temps de la collecte des renseignements vint celui des arrestations et des tortures, dans leur propre local de la rue Mallet-Stevens à Paris. L'un des agents dépose sur la conviction qui les poussa à agir :

> [Richard] n'était pas aussi pétainiste qu'on me l'avait dit. Il me paraissait même assez monté contre le régime vichyssois et les Allemands. Au sujet de

> la Résistance, il manifesta des sentiments assez complexes. Il me dit aider de nombreux résistants et avoir rendu service à beaucoup qui étaient en mauvaise posture avec les Allemands. Par contre, il fit part d'une défiance très nette à l'égard d'une certaine portion de la Résistance. Il était convaincu que les agents communistes, plus rusés et mieux camouflés que les membres de l'Armée secrète [gaulliste] par exemple, noyautaient toute la Résistance et qu'ils chercheraient à tourner à leur profit exclusif le bénéfice de l'élan patriotique représenté par la Résistance [...] Étant donné nos convictions anticommunistes, nous adoptions le seul moyen de parer à *sic* ce que nous estimions être le danger communiste, à savoir de nous servir des Allemands (déclaration de Simone Dominique V. à la Sûreté, 29 décembre 1944).

D'où le démantèlement de groupes résistants non communistes (par exemple Vengeance, affilié au mouvement Ceux de la Libération), au cas où ils seraient noyautés par les communistes, ou la trahison de maquis, au cas où les communistes voudraient s'en servir... Ce qui vaut à cet agent un satisfecit décerné par l'Abwehr : « se rend très bien compte du but à atteindre, est énergique et intelligente ». Ces compliments se paieront, comme pour le reste de l'équipe, d'une condamnation à mort en mars 1948.

Viennent ensuite les indicateurs, dénonciateurs cupides. Par nécessité, comme dans le cas probablement de Madame C., une Grenobloise mère de deux enfants, qui se livrait occasionnellement à la prostitution. Elle s'est mise à donner à la kommandantur des informations sur les noms et les activités des résistants locaux. Elle touchait à chaque fois 1 000 francs (210 euros). Ces dénonciations intéressées répondent à une demande de l'occupant qui placarde sur les murs des promesses de récompenses. La police allemande a établi un barème : 1 000 francs pour un Juif, 3 000 pour un gaulliste, de 5 000 à 30 000 francs pour un renseignement conduisant à la découverte d'une cache d'armes. L'appât du gain, une certaine exaltation font de certains de ces délateurs de dangereux multirécidivistes (parfois en famille), dont le palmarès peut se compter en dizaines de dénoncés. Une telle activité implique bien sûr une recherche constante d'informations, un espionnage de ses compatriotes les plus vulnérables, une volonté de parvenir à des résultats.

> Je lui répondis que je ne voulais pas être mêlée à des assassinats ou des choses semblables. Il m'a répondu que c'était simplement un service de collaboration et de recherche de Juifs [...] Il me fit entrevoir les choses sous un angle magnifique, me disant que ce n'était pas faire de mal, que je voyagerais beaucoup et que j'allais surtout être indépendante (déposition de Jeanine W., 23 ans, 21 juin 1945).

Le cas du résistant défaillant ou retourné a fourni la matière de certaines des affaires les plus retentissantes de l'après-guerre, à commencer par les deux procès de René Hardy. Localement, ces procès excitent particulièrement la vindicte, comme comble porté à la trahison. Le 17 novembre 1944, la cour de justice de Clermont-Ferrand juge ainsi Georges Mathieu. Ce jeune homme a appartenu à un groupe de résistants très actifs de l'université de Strasbourg, repliée dans le Puy-de-Dôme. Il s'occupait en particulier de la distribution de faux papiers. Arrêté en octobre 1943 alors qu'il avait rejoint un maquis, il en vint à aider la Gestapo. « J'ai accepté de travailler pour les Allemands par peur de représailles contre ma fiancée qui était enceinte et qui avait été arrêtée un jour avant moi. » Il est vu en train de désigner des camarades lors de la grande rafle des Alsaciens et des résistants opérée dans les rues de Clermont en novembre 1943. Par la suite, des témoins rapporteront qu'il a pris part à des interrogatoires violents. Dès qu'il entre dans le tribunal, le public, composé en grande partie d'étudiants et de familles de déportés, se met à hurler et cherche à s'en saisir. Tout l'interrogatoire est ponctué de cris de colère montant de la salle et le président a le plus grand mal à rétablir l'ordre. Lorsque le commissaire du gouvernement requiert la peine de mort, qu'il qualifie d'encore trop douce, des applaudissements éclatent dans la salle. Le bâtonnier, qui a été obligé de se commettre lui-même d'office, plaide la déficience mentale. Lorsque tombe le verdict, des cris de joie montent de la salle. Le portrait dessiné du condamné paru à la une du journal *la Montagne* lui donne un physique repoussant : tonsure de bagnard, arcades sourcilières proéminentes, menton fuyant, lippe avachie. Une caricature d'homme de Néandertal, le prototype du traître, « l'homme de la Gestapo ».

Le 3 août 1945 comparaît à Blois Paul M., âgé de 19 ans. Un an et demi plus tôt, un ami l'a mis en contact avec un groupe de résistants. Après avoir assisté à une réunion avec un responsable parisien du mouvement, il décide, racontera-t-il, de dénoncer tout le monde. Ce qu'il fait en échange de 5 000 francs (un peu plus de 1 000 euros). Il joue ensuite de sa jeunesse et de sa bonne mine pour continuer à servir d'indicateur et empocher de nouvelles primes. Deux de ses victimes sont mortes et deux autres ont été déportées. Sommé de s'expliquer, Paul M. s'en trouve incapable, il ne professe aucune opinion politique. L'audience est très brève, à l'exception du témoignage des épouses des résistants tués. Condamné à mort, il sera gracié, probablement parce que mineur.

Toutes ces catégories sont sans doute les plus méprisées. Par leurs concitoyens, par les pouvoirs publics et par les épurés eux-mêmes qui se défendent couramment en refusant d'être assimilés à ces criminels : je n'ai dénoncé personne, je n'ai pas de sang français sur les mains, je n'ai rien gagné... Ils y croient, d'ailleurs, chacun trouvant toujours pire que lui-même en prison.

> Je ne crois pas à une amnistie totale et inconditionnelle. Il est parfaitement logique de séparer le simple délit d'opinion des actes de cruauté, voire des dénonciations en série [...] Il n'y a pas que d'honnêtes gens ici ; il y a des assassins pseudo-policiers et certains millionnaires collaborateurs économiques. Je n'ai – et beaucoup d'autres comme moi, heureusement – rien de commun avec ces personnes-là (journal de prison de Guionnet, secrétaire du RNP en Charente, 12 janvier et 7 février 1946).

Pour choquantes et saisissantes qu'elles soient, ces dénonciations tragiques ne constituent pourtant que l'écume de la délation banale qui fait l'ordinaire des cours de justice. En ce sens, la répression judiciaire des faits de collaboration n'est absolument pas une opération politique. Elle ne contribue même pas à la rénovation du pays, à moins d'estimer qu'il suffit pour cela de punir quelques milliers de faibles, d'imbéciles, de malfaisants, de jaloux ou de rapaces.

Comme devant les chambres civiques comparaissent des femmes inculpées essentiellement de relations sexuelles avec l'ennemi (chapitres 5 et 11). La question se pose toujours dans les mêmes termes puisqu'il ne s'agit pas d'actions ou de comportements qui entrent dans le cadre des articles 75 à 83 du Code pénal, concernant la trahison, l'intelligence avec l'ennemi, l'atteinte à la défense nationale ou à la sûreté intérieure ou extérieure. Ces reproches sont donc généralement assortis d'autres accusations telles que le marché noir ou, plus souvent, les dénonciations qui semblent l'aboutissement logique de la corruption sexuelle. Les cas comparables à ceux de Jeanne B., 32 ans, abondent. Son mari est prisonnier de guerre. Elle avait des amants allemands. Après une dispute avec une voisine qui la traitait de vendue, elle la dénonce à la Feldgendarmerie qui convoque et réprimande la voisine. Jeanne B. est condamnée à un an de prison, mille francs d'amende et à la dégradation nationale. Plus perturbant encore a été le comportement de Thérèse T., qui fréquentait assidûment la Feldgendarmerie, affichait son admiration pour l'armée allemande et terrorisait le voisinage en agitant la menace de dénonciations. Elle est condamnée à cinq années de prison.

Il advient que même lorsque les faits de délations sont tout à fait mineurs, voire non avérés, l'accusée soit traduite en cour de justice et condamnée. Ainsi Jacqueline L., 23 ans qui vivait dans un village où des troupes allemandes n'ont été cantonnées que durant six mois. La conduite de la jeune fille donne bien vite sujet à commentaires : elle reçoit des Allemands avec d'autres femmes, ils leur apportent des denrées ; travaillant comme femme de ménage au cantonnement, on la voit plaisanter et rire avec les soldats. Après le départ des militaires, un voisin accroche à sa porte une lanterne rouge qui assimile sa maison à un bordel. Elle menace de le faire fusiller. L'altercation reste sans suite. Le 15 août 1944, elle est aperçue en grande discussion avec un garde allemand au moment où sont pris cinq otages qui seront fusillés le lendemain. Aucun rapport de cause à effet ne peut être établi. Pourtant, sur ces bases, elle est condamnée à trois ans de prison, à dix ans d'indignité et à mille francs d'amende.

La comparaison des verdicts laisse encore une fois songeur. Considérons deux affaires présentées à la suite devant la cour de justice de l'Orne, le 23 février 1945. Une fille de salle a dénoncé plusieurs requis qui tentaient de se dérober au STO. Elle est punie de dix ans de travaux forcés. Le directeur de l'office de placement de Laigle, c'est-à-dire un homme dont le travail consistait à fournir de la main-d'œuvre à l'effort de guerre de l'ennemi n'est condamné qu'à deux ans de travaux forcés.

À côté de ces affaires de complaisance pour l'occupant, la lecture des dossiers montre surtout l'importance des conflits d'ordre privé dans lesquels la présence allemande est en quelque sorte instrumentalisée.

Léone J., 44 ans, divorcée en janvier 1943, a perdu la garde de son fils. Elle dénonce à la kommandantur son ex-mari comme communiste et ancien des Brigades internationales pour récupérer l'enfant. Elle est condamnée à cinq ans de prison. Madeleine H., 34 ans, était battue par son mari. Elle a perdu son enfant. Elle dénonce son mari à la kommandantur pour possession d'armes et il fait un mois de prison. « J'avais peur que B. qui était très brutal à mon égard ne se serve de ce revolver contre moi. J'avais simplement l'intention de le désarmer et non de le faire condamner », explique l'accusée qui reçoit une peine de cinq ans de prison. Bienaimé L., 26 ans, a dénoncé son patron à la Feldgendarmerie pour détention d'armes. Celui-ci a été condamné à mort et déporté en Allemagne. Il lui avait refusé par deux fois une augmentation : « il a agi sous le coup de la colère et il ne prévoyait pas que sa dénonciation aurait des conséquences aussi graves ». Georges Q., 69 ans, a désigné un ouvrier spécialisé pour le STO car il était, en amour, son rival plus jeune et plus chanceux : deux ans de prison.

L'intérêt financier ou professionnel peut aussi emporter la décision de dénoncer un confrère qui est un concurrent, un industriel ou un artisan mieux loti à l'heure des attributions de matières premières, un cultivateur dont on convoite les terres, un commerçant auquel on envie son emplacement...

Même si elles apparaissent hors de proportion avec l'enjeu, on peut expliquer les dénonciations commises dans un moment de colère ou d'affolement, ou par désir de vengeance. De même, rien n'est plus facile à comprendre que l'appât du gain ou de l'intérêt personnel qui motive le délateur appointé, disposé d'ailleurs à prêter la main aux Allemands pourvu qu'il y ait quelque chose à y gagner. Plus complexe est le vertige qui semble avoir saisi certaines personnes qui ont pratiqué des dénonciations gratuites dans tous les sens du terme. Il y a là sans doute une griserie, l'impression d'avoir accès un pouvoir – fût-il seulement celui de nuire – procuré par les circonstances exceptionnelles de l'Occupation. La dénonciation devient un vice secret, d'autant plus exaltant qu'on sait bien qu'il est répréhensible. Après la Libération, la jeune femme de 23 ans – dont les dénonciations ont provoqué la déportation et la mort d'un homme – se justifie maladroitement :

> Je n'agissais pas ainsi pour de l'argent, mais parce que nous avions toujours été mal vus des autres habitants du pays. Nous avons fini par nous dire qu'avec les Allemands, cela changerait. Et, cependant, pendant l'Occupation, tout le monde était encore plus contre nous et nous traitait de boches.

Elle est condamnée à quinze ans de travaux forcés.

Parfois de peu de conséquences, ces différends n'ont emprunté à la collaboration que l'occasion de nuire et ne se retrouvent devant les cours de justice – qu'ils encombrent – que faute de solutions plus appropriées. À défaut d'être reversés en chambre civique, ils parasitent et dénaturent la justice de l'épuration, en même temps qu'ils remplissent les prisons et faussent les statistiques de la répression. Car ce n'est pas là la trahison qui est jugée, mais la vilenie, la peur et l'imbécillité.

L'insaisissable collaboration économique

La collaboration économique a sans doute été la plus fréquente et ses conséquences n'ont pas été négligeables pour la vie et l'avenir du pays, comme pour la conduite de la guerre. En cela, elle est bel et bien une trahison. Mais sa répression en cour de justice est loin d'être aussi volumineuse que ces préalables le laisseraient croire. Elle est en outre très inégale selon les lieux et les secteurs.

Dans les départements ruraux, le marché noir et, plus précisément le commerce avec les Allemands, représentent autour de 10 % des comparutions. Il s'agit d'affaires assez restreintes, restées sur une échelle artisanale. Couramment, le cultivateur qui réserve sa viande, ses œufs, ses produits laitiers aux Allemands, le restaurateur dont la clientèle allemande est ravitaillée par un marché noir protégé par l'occupant se voient infliger cinq ans de prison, éventuellement assortis de confiscations partielles des biens.

Dès qu'il est question d'entreprises et de marchés passés avec les troupes d'occupation, le tableau se nuance. On estime que plus les entreprises sont petites, plus elles sont dirigées par des étrangers (par exemple italiens) ou des Français d'origine étrangère, plus le risque de comparution en cour de justice est élevé. Là encore, les sanctions tournent autour de quelques années de prison. Un grossiste en épicerie d'Argenteuil vendait beaucoup aux Allemands, y compris en fraude et moyennant de gros bénéfices. Il est condamné à trois ans de prison, à l'indignité nationale et à la confiscation de ses biens.

La collaboration économique s'avère très difficile à juger et il est probable que, de tous les types de collaboration, elle est une de celles qui entrent le plus malaisément – ce qui n'est pas peu dire – dans les catégories de trahison définies par le Code pénal, comme dans la procédure des cours de justice. Elle oblige les magistrats à réfléchir à l'établissement de critères que l'on veut objectifs et chiffrés. Mais aussi à tenir compte de circonstances atténuantes complexes et ambiguës.

> L'article 75 du Code pénal s'applique chaque fois qu'il y a intention de servir ou de favoriser les entreprises de l'ennemi ; chaque fois qu'il y a un concours apporté à son armée. L'infraction de l'article 75 est donc constituée par l'aide conscience apportée au potentiel de guerre ennemi, deux éléments sont essentiellement à retenir :
>
> Le chiffre d'affaires avec l'ennemi réalisé par l'entreprise
>
> Le ou les responsables de ou dans l'entreprise.
>
> L'infraction ne disparaît que devant l'excuse légale que constitue le cas de force majeure. Ce cas de force majeure ne peut pas résulter, au profit des chefs d'entreprise, des prescriptions des gouvernements de Vichy. Seul le fait de l'ennemi peut constituer la force majeure. C'est le cas de réquisition de l'entreprise, décidée, exécutée et maintenue. Les circonstances aggravantes découlent essentiellement de la notion de zèle. Les circonstances atténuantes (les pressions, l'infériorité de la production, le maintien en France de la main-d'œuvre, les services rendus aux résistants) peuvent être tout aussi fréquentes ; mais la charge de les présenter incombe à l'inculpé (note du procureur général près la cour d'appel de Paris au commissaire du gouvernement près la cour de justice de la Seine, 16 avril 1945).

La cour de justice classe ainsi l'affaire des établissements Félix Potin (entreprise d'épicerie possédant des usines de production, des magasins en région parisienne et servant de grossiste en province) parce que la part allemande du chiffre d'affaires n'est estimée qu'à 2 %. Si l'on considère par exemple deux producteurs de films, qui ont à leur actif trois films de propagande financés par les Allemands (*la Résistance terroriste, la LVF, les Allemands dans la lutte contre le chômage*), il est clair que la cour de justice de la Seine qui les a condamnés en décembre 1948 à de courtes peines de prison, à 120 000 francs d'amende chacun et à la confiscation de trois millions (respectivement 3 900 et 65 000 euros) a dû hésiter entre la punition de la collaboration politique et celle de la collaboration économique. Le problème se pose pour tout ce secteur dans la mesure où les résultats d'exploitation de tels films ont été si faibles qu'on ne peut parler de profits.

La proportion d'acquittements est en matière de collaboration économique singulièrement forte. Dans le Nord, les accusés de collaboration économique sont acquittés à 48 %, contre 35 % pour la collaboration politique et 9 % pour la collaboration militaire. Toutes les condamnations à mort pour collaboration économique ont en outre été commuées.

Au milieu de ces affaires, il faut considérer à part la collaboration économique d'envergure. On a vu que les inquiétudes et les critiques à propos de la répression de la collaboration économique tenaient à l'idée que « les gros » s'en tiraient toujours par la corruption, les relations ou l'utilité pour le relèvement économique du pays (chapitre 7). En considérant les dossiers d'instruction et les audiences des affaires de collaboration économique, force est de reconnaître que si « les gros » s'en sont sortis, c'est plutôt par les vertus conjuguées de l'habileté, de la complexité et de l'ambiguïté. Comme l'écrivit le commissaire du gouvernement chargé de l'affaire Francolor, « le système de défense des inculpés évolue à mesure que les charges contre eux se précisent et s'aggravent ». Le dossier finira par mourir d'épuisement devant le tribunal militaire, après la fuite en Suisse du principal inculpé.

Dans ces sortes d'affaires, les premiers alliés des accusés sont en fait la masse et le temps. Dans l'affaire Francolor, commencée le 28 août 1944, c'est-à-dire aussitôt la Libération, le rapport de l'expert commis le 29 août, n'est remis que le 22 mai 1947 ! Entre-temps, trois juges d'instruction ont ployé sous le faix d'un dossier qui comprend 400 cotes documentaires, dont une trentaine de documents en allemand ou en anglais au nombre desquels un rapport de 800 pages du Sénat américain sur l'emprise d'IG Farben sur l'industrie chimique de l'Europe occupée. Dans l'affaire des établissements sidérurgiques de Wendel, le rapport de l'expert-comptable compte à lui seul 436 pages. Pour venir à bout de l'exposé des faits dans l'affaire de la Banque de Paris et des Pays-Bas, il a fallu deux commissaires du gouvernement qui ont rédigé ensemble 126 pages... À titre de comparaison, un exposé ordinaire peut faire couramment moins de deux pages. La complexité joue très généralement en faveur des accusés. Un ingénieur et un industriel accusés d'avoir fourni aux Allemands des informations sur la fabrication de bombes volantes sont condamnés après trois ans de procédure à dix-huit mois d'indignité nationale. Dans cette histoire on ne peut plus caractéristique de l'aide volontaire à l'ennemi, la technicité du dossier a dépassé les compétences des magistrats qui ont retenu le fait que le profit n'avait pas pu être prouvé.

Lorsque ces affaires parviennent en audience, on n'est pas toujours plus avancé. Durant les interrogatoires, la profusion de détails menace sans cesse d'engloutir la cour, les explications des accusés embrouillent encore un peu plus le tout, les dépositions des experts assomment les jurés. L'interrogatoire à l'audience du PDG de Carbone-Lorraine est ainsi un interminable tunnel où se mêle historique de l'entreprise, exposés circonstanciés sur le marché des piles, rebondissements des rapports avec les Allemands, controverses avec le personnel, dans un va-et-vient désordonné, haché par les interventions tatillonnes ou dilatoires des avocats. Les dépositions s'ensablent en chemin dans des chronologies approximatives et des querelles sans conclusion sur l'exégèse des propos tenus trois ou quatre ans plus tôt. Le président se tient péniblement sur la crête en essayant de faire ressortir des faits simples susceptibles de nourrir la conviction des jurés :

> L'accusé : Nous avons estimé qu'au point de vue commercial, il y avait intérêt pour la société à ne pas se trouver trop désavantagée au vu des fabrications des piles par rapport à nos concurrents.
>
> Le président : Il y avait intérêt à ne pas collaborer à une production en faveur de l'ennemi. Voilà l'intérêt.
>
> L'accusé : C'étaient des commandes qui auraient été exécutées par une autre maison française.
>
> Le président : Peu importe. Ce n'est pas vous qui auriez fabriqué pour le compte de l'ennemi.

À la cour de justice de la Seine, où converge la majorité des procédures mettant en cause de grandes entreprises, il a fallu créer une section des affaires économiques où les magistrats se sont spécialisés. On imagine les difficultés pratiques qu'affrontent les juridictions plus modestes quand des cas leur sont soumis. Dans la région de Lyon, seules trois grandes entreprises auront finalement un procès en cour de justice. Les comités régionaux interprofessionnels d'épuration ne transmettent guère que 10 % de leurs dossiers aux cours de justice. Ces affaires bénéficient très souvent de non-lieux, même quand elles avaient fait les gros titres. Les condamnations pénales sont plus rares encore.

Une collaboration trop loin

En démocratie, la justice pénale suppose qu'on accepte le principe de l'individualisation des peines. En même temps que l'on juge un crime, on juge un homme. Chaque cas mérite un traitement particulier. C'est le progrès que représentent les cours de justice par rapport aux cours martiales et tribunaux improvisés en tout genre. Ainsi, dans les procès intentés à des miliciens, la cour recherche les détails : date de leur adhésion, port de l'uniforme, possession d'une arme, actes de propagande et, surtout, participation à des opérations militaires ayant ou non entraîné la mort de résistants. Quoique l'on tienne ainsi compte de la réalité de leur action, les miliciens sont plutôt lourdement frappés. Ils paient non seulement leurs propres délits ou crimes, mais aussi ce que la Milice a représenté et fait en France depuis 1943.

En comparaison, les membres de la LVF bénéficient d'une forme d'indulgence, alors qu'on peut considérer qu'ils n'ont rien à envier aux miliciens pour ce qui est de l'aide à l'ennemi. Jusqu'à revêtir l'uniforme de l'ennemi, à servir sous ses ordres et à prêter serment d'allégeance à son Führer.

Les condamnations prononcées par la cour de justice de Versailles, appelée à juger un nombre assez important de membres de la LVF (dont le siège était à Versailles) et de la Waffen SS, sont très dispersées, depuis l'acquittement (pour manque de discernement) jusqu'aux peines de dix, quinze ou vingt ans de travaux forcés (plutôt par contumace). Les peines de prison sont les plus nombreuses, y compris inférieures à cinq ans.

Trois données jouent en la faveur des légionnaires contre le bolchevisme et autres Waffen SS français. Tout d'abord, le fait d'appartenir à une armée, d'être soldat est mieux considéré dans la société française que d'être milicien ou supplétif d'une quelconque police allemande. Ensuite, beaucoup, absents de France jusqu'en mai ou juin 1945, sont jugés assez tardivement. Enfin – et c'est sans doute décisif –, les cours qui les jugent ignorent ce qu'ils ont fait, en particulier en Union soviétique. Ces soldats de fortune développent avec un certain succès l'argument selon lequel ils n'ont pas de sang français sur les mains, sans qu'on leur demande ce qu'il en est du sang russe, polonais, ukrainien…

> On ne peut me reprocher que le port de la tenue allemande […] car le temps que je fus à la LVF, je fus toujours en terre française et les racontars que je fis pendant mon passage chez moi sont la faute des communications [sic]. J'ai une conscience nette. Je n'ai jamais fait aucune arrestation ni dénoncé personne. Mes mains sont nettes et n'ont jamais été souillées de sang français (manuscrit rédigé en prison par Jean-Baptiste T., 46 ans, membre de la LVF et de la NSKK, 15 ans de travaux forcés).

Ainsi Jean Bassompierre est-il incriminé surtout pour ses fonctions d'inspecteur général de la Milice pour la zone Nord : responsabilités dans l'organisation d'expéditions contre le maquis en Bourgogne et en Bretagne, dans l'assassinat de Georges Mandel et dans la répression de la révolte des résistants détenus à la prison de la Santé. On ne s'interroge pas sur ce qui lui a valu, sur le front de l'Est, tandis qu'il était officier dans la LVF, d'obtenir des décorations militaires françaises et allemandes.

De même, Georges Quirin, qui s'est vanté d'avoir pendu des Soviétiques et d'avoir rapporté de la corde en souvenir, est condamné à mort et exécuté pour sa participation à une escarmouche mortelle contre des FFI, avec des Allemands, en août 1944. Autre ancien de l'armée allemande, Jean-Baptiste T. se voit infliger une peine de travaux forcés parce qu'il s'est complu à raconter qu'il avait pris part en France à des opérations contre des maquis, faits qui n'ont pas été établis à l'instruction.

Le rapport d'un expert psychiatre, établissant la responsabilité d'un accusé, donne un aperçu de la relative compréhension accordée aux engagés de la LVF, dans des milieux méfiants à l'encontre de l'Union soviétique et du communisme :

> Lorsqu'il dit qu'il est entré dans la LVF croyant faire son devoir et servir son pays, qu'il est allé combattre contre les Russes avec la même conviction, mais qu'il a voulu quitter la LVF parce qu'on lui faisait porter l'uniforme allemand au lieu de l'uniforme français, cela nous paraît sincère. Il a été dans la psychologie normale de jeunes gens loyaux et désireux de servir leur pays, désolés d'assister au désastre sans pouvoir rien faire, de croire à la propagande qui leur représentait la LVF comme une nouvelle armée française qui protégerait leur pays contre le vandalisme et la barbarie des Russes (rapport d'expertise neuropsychiatrique concernant Georges Quirin, 23 ans, membre du MSR, de la LVF, achève un FFI blessé lors d'une poursuite en compagnie d'Allemands le 27 août 1944, condamné à mort et exécuté).

Il y a trois manières d'être inculpé comme membre de la LVF ou de la Waffen SS. Soit cet état est de notoriété publique : on s'est montré revêtu de son uniforme (éventuellement en narguant son voisinage), on a fait parler de soi dans la presse, on est officier. Soit les noms ont été relevés dans des documents retrouvés en France après la Libération ou en Allemagne après la capitulation (et il s'agit souvent de simples listes ou fiches d'engagement). Soit – et c'est plus rare – on s'est fait prendre en Allemagne ou à la frontière avec le tatouage des SS sur le bras. Ce que montrent ces occurrences, c'est qu'au fond l'absence de documents tels que des rapports, des journaux de marche, l'absence de témoins directs, et l'absence de communication entre les Alliés ne donnent aucune idée ni du rôle de la LVF sur le front de l'Est ni a fortiori des responsabilités de chacun.

Sur le moment, les preuves vraiment lourdes se résument à quelques correspondances vantardes où le légionnaire étale ses crimes ou tout simplement son allégeance à l'Allemagne nazie.

> Nous sommes surpris de voir que l'on n'avance pas vite pour opérer les nettoyages du pays de toute la juiverie qui l'infecte. Il est dommage qu'on ne soit pas en France aussi expéditif que nous l'avons été en Russie où j'ai fait pendre à tour de bras toute la racaille juive qui a pu me tomber sous la main [...] Le Maréchal devrait demander à la Légion pour assurer l'épuration, ce serait vite et proprement fait, je vous l'assure, et cela permettrait auparavant de faire rendre gorge aux rapaces qui ont tant pressuré le pays et l'ont conduit à l'abîme (lettre du chef de bataillon de la LVF Lacroix, mars 1942).

Ces saisies sont plus redevables au hasard qu'à des politiques suivies de perquisition.

> J'avais écrit à ma femme en lui disant que je voudrais être pris pour combattre certains Français ; sur une autre lettre, je disais qu'il faudrait un homme comme Hitler en France, mais je ne souhaitais pas du tout voir Hitler en France, mais c'est un chef comme lui que je pensais voir dans notre pays pour remettre tout le monde à sa place. Et ma femme a remis cette lettre à la police par suite de pressions de sa famille. Mais je déclare n'avoir fait aucune propagande pour l'Allemagne, ni fait de dénonciation, ni aucune déportation. Cela, je le jure devant Dieu qui peut me juger (lettre au président de la République d'Émile F. travailleur volontaire en Allemagne, ayant tenté de se faire enrôler dans la Waffen SS, condamné à sept ans de travaux forcés, 28 janvier 1948).

Dans l'immense majorité des dossiers, il n'y a rien de tel. Une fiche établit l'engagement dans la LVF ou la Waffen SS et c'est à peu près tout. Libre à l'accusé dans ses interrogatoires de minimiser totalement son action.

> Son activité est mal connue car elle n'aurait pu l'être que d'après ses propres déclarations, mais celles-ci sont très concises. B. a essayé de dissimuler son action collaborationniste et ce n'est qu'à l'instruction qu'il a été obligé de reconnaître son engagement volontaire dans la Waffen SS. Il a prétendu avoir essayé de déserter au mois de mars 1944 et avoir été condamné à trois ans de forteresse (exposé concernant André B., 20 ans, trois ans de prison).

Dans ces conditions, les Français engagés dans l'armée allemande n'ont jamais combattu, ou à peine : soit ils étaient chauffeurs, employés de bureau, soit ils faisaient des barrages antichars. Ils ont été blessés, gelés, réformés à peine arrivés au combat. Mieux, ils n'ont jamais approché le front. Ils ont été malades, ils ont été tout de suite faits prisonniers. Ils ont cherché à déserter à la faveur des permissions en France. Ils ont été contraints, ils n'ont rien fait que répondre à une impulsion malheureuse. « C'est sur un coup de tête et dans un moment de cafard que j'ai fait ma demande d'engagement dans la Waffen SS. » Jusqu'au général Pinsard, membre du comité central de la LVF et inspecteur général des Amis de la LVF, qui ne savait pas où il mettait les pieds :

Le président : C'était un organisme créé par le gouvernement de Vichy, à ce moment complètement inféodé à l'Allemagne, poursuivant une politique de collaboration totale. Cela n'est pas douteux et vous le saviez.

Pinsard : Je le savais, mais je n'ai pas été approfondir ces questions-là.

Le commissaire du gouvernement en est souvent réduit à ce constat : « Les allégations de l'inculpé ne peuvent être vérifiées et il ne peut indiquer le nom d'aucun témoin utile » (exposé concernant Laurent B. 25 ans, travailleur volontaire, engagé dans la Waffen SS, six mois de prison).

On ne connaît guère l'activité de W. que d'après ses propres déclarations. Cependant, et malgré le principe de Droit pénal de l'indivisibilité de l'aveu, il est difficile d'admettre la logique très spéciale de ses explications (exposé concernant Marius W., 43 ans, membre du RNP et de la LVF, dix ans de travaux forcés).

Toutefois, les rares fois où la cour dispose d'informations précises, les condamnations se font plus lourdes. Des documents ont permis d'établir que Jean D., né en 1923, engagé dans la LVF, a gagné la croix de fer légionnaire sur le front de l'Est. Versé dans la division Charlemagne, il a été envoyé dans une école de sabotage pour être parachuté en France. Finalement dirigé sur Milan, il s'est engagé dans un service de renseignement allemand. Il est condamné à vingt ans de travaux forcés.

Y a-t-il ici quelqu'un qui croit à la collaboration ?

Motif et objet de la trahison, la collaboration est bien présente en tant qu'acte et résultat. Les commissaires du gouvernement ne cessent d'y ramener les incriminations, au prix d'accommodements juridiques : le porte-voix de l'ennemi, le provocateur quotidien de la guerre civile en temps de guerre étrangère, la trahison intégrale, une entreprise allemande, un criminel de droit commun, un super-traître...

Au contraire, le service de Vichy, l'adhésion à l'idéologie de la Révolution nationale, la dévotion envers Pétain tiennent une place secondaire dans les prétoires. Tout est ramené à l'Allemagne, à l'ennemi, à l'aide consciente qu'on lui a apportée.

En même temps, cette « collaboration » sans cesse reprochée aux accusés n'apparaît pas souvent sous sa forme fondamentale, celle de choix politique et idéologique. Hormis des intellectuels et des hommes politiques (très minoritaires), les inculpés ne revendiquent leur adhésion à la collaboration que pour se réclamer du maréchal Pétain et du gouvernement légal et amenuiser leurs responsabilités. C'est ce que font couramment les militaires et les fonctionnaires trop « zélés ». C'est ce que font aussi les petits délateurs assez habiles pour s'inventer des excuses. Ainsi ce surveillant d'usine qui a fait arrêter un ouvrier porteur de fausses cartes d'alimentation destinées à des réfractaires au STO.

> J'ai cru sincèrement à la collaboration avec les Allemands, et ceci en raison de l'attitude du Maréchal. Mais, depuis, j'ai reconnu mon erreur. C'est au moment où je croyais à la collaboration que j'ai écrit, le 8 février 1944, dans mon livre de consignes le passage suivant : « Notre tâche est assez difficile et très ingrate, tant pis. C'est en nous que nous trouverons une juste satisfaction car dans nos cœurs fervents de collaborateurs, nous aurons conscience d'avoir fait quelque chose d'utile à l'avenir de notre patrie pour une France propre dans une Europe unie. Nous sommes tous des révolutionnaires et devons avoir à cœur de donner un peu de nous-mêmes » (interrogatoire de Serge O., 23 ans, condamné à huit ans de travaux forcés).

Certaines figures de la Collaboration se découvrent « hommes du Maréchal », comme aimait à le proclamer Doriot pour faciliter les recrutements.

> Ma collaboration, à moi, est venue d'une chose bien simple. Il y avait un grand soldat – car on l'appelait ainsi – qui nous montrait le chemin en 1940. Ce grand soldat était allé à Montoire ; tous les corps constitués lui avaient prêté serment. Vingt-sept nations étaient représentées auprès du gouvernement de Vichy, y compris Russie et États-Unis. À ce moment-là, on ne parlait pas du tout de double jeu, personne n'en parlait [...] Je suis allé, moi, au bout de mes convictions et, maintenant, je sais ce que c'est que le double jeu du Maréchal. Alors, je puis le dire ici. Ça consiste à faire fusiller des Français parce qu'ils étaient des adversaires et à en faire fusiller d'autres parce que nous avons été ses amis [...] J'ai été un homme de mots, c'est un fait. J'ai été violent parce que j'étais sincère [...] Je sais ce que je risque ici. Je n'ai pas à camoufler mes responsabilités. Je n'ai pas fui mes responsabilités. Je les ai prises entières, jusqu'au bout. Je le répète, je ne renie rien (interrogatoire de Jean Hérold-Paquis, cour de justice de la Seine).

À ce plaidoyer souvent entendu, le président de la cour de justice, excédé, répond avec emportement :

> Du reste, vous vous valez tous, que ce soit les uns ou les autres [...] Je sais bien que vous semblez tirer une excuse de ce fait que les thèmes de la propagande allemande étaient les mêmes que ceux du gouvernement de Vichy. Tant pis pour ce dernier. Tant pis pour vous également !

Pour être honnête, les épurés eux-mêmes se rendent compte à l'usage de l'inefficacité, sinon de l'inanité de ce système de défense.

> Il y a dans nos cas une sorte de paradoxe tragique : tous ceux qui devant leurs juges ont refusé de courber la tête, tous ceux qui ont refusé une compétence

> juridique ou morale au tribunal, ont été condamnés au maximum. Le procédé qui consistait à évoquer au début la fidélité au gouvernement légal de Vichy, les encouragements prodigués à Pétain par Herriot et Jeanneney [présidents de la Chambre et du Sénat en 1940], ce procédé de juste examen a été abandonné tant il s'avérait mauvais quant aux résultats. Pour mériter l'indulgence des cours, il faut faire l'imbécile ou jouer les repentis. Dire : je me suis trompé, je le regrette (journal de prison de Guionnet, secrétaire départemental du RNP en Charente, 6 mai 1943).

Donc, à côté de cela, combien de miliciens prétendument entrés dans la Milice pour noyauter, maintenir l'ordre, « servir ».

> Jusque-là, je m'étais abstenu de toute activité collaborationniste. Cet engagement a été déterminé non par des sentiments hostiles à la Résistance, en ce sens que je n'envisageais pas la lutte contre le maquis, mais seulement par le désir d'être utile au maintien de l'ordre en cas de bombardement ou de troubles provoqués par les difficultés de ravitaillement (contrôleur technique de la SNCF, engagé dans la Milice le 6 juin 1944, 5 ans de prison, 10 ans d'indignité nationale).

On frôle l'insanité en entendant l'un d'entre eux expliquer que sa participation à une opération punitive contre le maquis peut être qualifiée « de purement symbolique ou sentimentale », puisqu'il s'agissait de venger un camarade (Pierre C., 24 ans, condamné à cinq ans de prison par la cour de justice de Quimper).

Nombreux sont ceux qui se présentent comme « lampistes », avec le souci de se dédouaner mais aussi de garder quelque estime de soi. Le lampiste n'est alors pas seulement le malchanceux pris par erreur, ni même le second couteau, le badaud de la Collaboration. Il est le vrai patriote, le « national » prêt à prendre des risques par amour désintéressé d'une France plus propre, plus grande, plus française. Mais toujours manipulé, toujours lâché, et toujours incompris dans son pur sacrifice.

> Nous sommes les soldats des luttes politiques / Ceux que leurs chefs toujours ont lâchés au combat / Et qui marchent pourtant, pleins d'une foi mystique / En leur destin futur et l'effort de leurs bras.
>
> Nous sommes les dupés, les poires, les lampistes / Qui suivirent Jepthé, César ou Ménélas / Qui n'ont jamais eu droit au dernier tour de piste / N'étant jamais vainqueurs, et pourtant jamais las (Lavilatte, « Vers pour passer le temps », Fresnes, 1er janvier 1946).

Il ne faut pas voir simplement dans l'oubli de la « collaboration » un souci de ne pas jeter d'huile sur le feu. La plupart des accusés n'y pensent tout simplement pas. Le projet collaborationniste ne les a nullement concernés. Dans les lettres de dénonciation, les motifs politiques ou idéologiques sont très loin d'être systématiques et s'ils sont mentionnés, ce n'est souvent que pour emballer la marchandise frelatée de la vengeance ou de la haine. B., ancien employé municipal de 74 ans, qui comparaît devant la cour de justice de Grenoble en octobre 1944, a signalé à la Feldgendarmerie de Bourgoin un jeune Alsacien. Sa lettre était signée et, après la Libération, il reconnaît les faits en se justifiant : il s'agissait d'un étranger et d'un déserteur. Dans sa lettre, il avait recouru aux mêmes arguments : « il serait plus à sa place au front ». L'expert psychiatre estime pourtant que ses motivations doivent être trouvées dans son anxiété profonde qui lui fait craindre tout de qui est inconnu et nourrit sa xénophobie.

Les adhésions aux principes du régime de Vichy qui accompagnent les dénonciations se partagent entre protestations de loyalisme et prétextes à ses propres penchants. Pour ne rien dire de l'adhésion à l'ordre nazi. Après avoir mis en garde plusieurs fois l'instituteur de son fils, Germaine L. finira par le dénoncer comme communiste :

> Monsieur, Je suis dans l'obligation de vous écrire car comme *la Marseillaise* étant défendue et que vous la chantez quand même alors je défends que mon enfant la chante vu que c'est contre les Allemands car nous sommes plus en république, nous marchons germaniquement, cela a été marquer sur les journaux toute personne qui sera prise à la chanter sera poursuivie. Alors Monsieur, je ne veux pas être dans les embêtements, j'espère que vous comprendrez que nous ne sommes plus en république. Alors recevez Monsieur mes salutations.

L'exécution

Des articles du Code pénal qui sanctionnent la trahison découle la peine capitale, à moins de circonstances atténuantes. C'est au commissaire du gouvernement qu'incombe la tâche de la requérir s'il l'estime juste.

> Oui, je l'ai demandée contre des hommes qui avaient servi l'ennemi avec frénésie ; qui avaient torturé des Français avec fanatisme ; contre un général félon qui s'était vendu à Pierre Laval pour 200 000 francs par mois ; contre un recruteur de la LVF qui envoyait des hommes à Hitler ; contre un polémiste qui a plus empoisonné le pays par ses campagnes et par ses écrits que tout le fascisme d'avant-guerre réuni. Mais je ne la demande pas systématiquement et, même, quand je ne la demande pas, je le dis (réquisitoire de l'avocat général Guyenot au procès des juges de la section spéciale de Paris, cour de justice de la Seine).

Réclamer la peine de mort contre des tortionnaires sadiques ou des dénonciateurs avides ne pose guère de problème aux commissaires du gouvernement.

La voter ne doit guère tourmenter davantage le jury. Qu'en est-il toutefois des miliciens, y compris de leurs chefs, quand la responsabilité directe dans les crimes n'est pas clairement prouvée ? Il est plus malaisé encore de la réclamer contre des journalistes qui n'ont pas, à proprement parler, commis de gestes de meurtre, de torture, de violence. La première possibilité est d'assimiler leurs articles à des dénonciations. Et effectivement, certains ont désigné nommément des adversaires à arrêter ou abattre. Ou alors, ils s'en sont pris à des catégories de personnes et ont ainsi contribué à entretenir et légitimer le climat de violence instauré à leur encontre. Le journaliste est mis face aux conséquences de son choix. Il a fait un pari. Il a perdu. Il paie. La logique l'emporte. Le commissaire du gouvernement prend alors de s'adresser directement à l'accusé dont il réclame la mort.

> Je pourrais vous dire : « Vous avez joué, vous avez couru le risque, vous l'avez accepté, payez ». Je vous dis : « Vous avez aimé la collaboration au point de tout lui sacrifier, jusqu'à votre vie ; exécutez-vous » (réquisitoire du commissaire du gouvernement Lindon au procès de Jean Luchaire, président de la Corporation de la presse française, à l'Information dans la délégation gouvernementale de Sigmaringen, 1946).

> Votre œuvre est mauvaise, Brasillach, et appelle une conclusion mathématique : c'est la peine capitale et je la requiers contre vous (réquisitoire du commissaire du gouvernement Reboul, 19 janvier 1945).

Souvent, le procureur montre qu'il est conscient de la responsabilité terrible qui lui incombe. Et souvent, il l'endosse sans crainte apparente. Après tout, si la loi lui dicte inculpations et peines afférentes, sa parole dans le prétoire reste, en principe, libre. Mais il arrive probablement qu'il sache quelle réquisition on attend de lui et qu'il s'y plie.

> Vous aviez raison, ce procès était infiniment douloureux [...] Ce n'était pas un représentant du ministère public qui se trouvait en face d'un accusé. C'était un chef qui rencontrait un chef opposé. Je n'ai pas la force d'écrire « ennemi » [...] À mon sens, la condamnation à mort était inévitable. Elle devait être prononcée, comme elle devait être requise [...] Maintenant, j'ai accompli ma tâche jusqu'au bout. Elle était rude. Mais je n'ai jamais reculé (lettre du procureur R. de Nîmes à Jacques Isorni, à propos de son client Charles R., chef départemental de la Milice dans le Gard, engagé dans la division Charlemagne, condamné à mort et gracié, 20 mars 1946).

Le verdict de mort est suivi d'une demande de grâce, dévolue au chef du gouvernement provisoire de la République (le général de Gaulle, Félix Gouin, Georges Bidault, Léon Blum), puis au président de la République (Vincent

Auriol). Les copieux et scrupuleux dossiers et notes d'Auriol révèlent la teneur des arguments qui jouent en faveur ou défaveur des condamnés. Évidemment, les avocats ne ménagent pas leur peine pour exhumer le moindre fait positif. Par exemple, dans le dossier du journaliste de *Je suis partout* Lucien Rebatet, on lit qu'il a eu des suicides dans sa famille (dont celui de son père), ce qui témoigne d'une hérédité chargée. Que tout jeune, il a été comme fanatisé par l'Action française et n'a jamais réussi à se défaire de cette influence néfaste. Qu'il n'a jamais tiré profit de ses écrits collaborationnistes. Qu'il n'a pas écrit tandis qu'il était réfugié en Allemagne, alors même qu'il était sans ressources. Qu'il est un critique musical talentueux.

Selon les périodes et les circonstances politiques, la décision prend de quelques jours à plusieurs mois d'une attente proprement inhumaine. Mais une fois la grâce rejetée, tout va très vite.

La mise à mort sur décision de justice s'insère dans un processus administratif routinier. Lorsque la date de l'exécution est arrêtée, les protagonistes sont avertis, à l'exception du principal intéressé. L'autorité militaire aura à constituer un peloton d'exécution de huit hommes. Tout le monde agit dans la plus grande discrétion car il est interdit de révéler à l'avance la date d'une exécution.

L'exécution n'est pas publique. Un lieu écarté est choisi, parfois à la maison d'arrêt, parfois en dehors. Les habitants actuels des différentes préfectures de France seraient sans doute surpris, comme je l'ai été moi-même, en trouvant dans les archives quel était, dans leur ville, le lieu du supplice : fort militaire, stand de tir...

L'exécution a lieu aux premières heures du jour. Les cellules des autres prisonniers sont maintenues fermées. Commissaire du gouvernement, avocats, officier de la place, légiste, aumônier et directeur de la prison se présentent en groupe à la porte du condamné. Il revêt sa tenue civile, abandonnant costume pénal et chaînes. On lui concède un cordial, une cigarette, une dernière lettre, une courte prière, une absolution. Le petit cortège emprunte les couloirs, accompagné souvent de quelques saluts, de vociférations, d'un *Ce n'est qu'un au revoir* – chanson qui fera désormais horreur à la plupart des emprisonnés de l'épuration – ou d'un chant militaire ou politique. On procède à la levée d'écrou. C'est un homme libre qui va mourir. Le condamné monte dans un fourgon cellulaire qui se met en route, suivi des voitures des officiels et encadré de policiers.

Le poteau est une planche fichée dans le sol. Les mains sont liées dans le dos. Le bandeau sur les yeux peut être refusé. Les derniers mots. Un sous-officier ou un officier commande le feu. Il donne le coup de grâce. Le décès est constaté et noté au procès-verbal :

> Le commissaire spécial, chef des Renseignements généraux, a l'honneur de faire connaître que le nommé B. Gilbert, né le 21 février 1922 à Caen, agent de la Gestapo, a été passé par les armes ce jour à 8 h 37, à la maison d'arrêt. Il avait été condamné le 14 février dernier par la cour de justice de l'Orne à la peine de mort. Le corps a été inhumé au cimetière Saint-Léonard. Le peloton d'exécution était constitué de huit tirailleurs marocains commandés par un lieutenant.

Le corps placé dans un cercueil de bois blanc est rapidement transporté au cimetière et enseveli. La tombe ne porte ni marque ni nom. Une bonne volonté note l'emplacement pour la famille qui, arrivée plus tard, repérera la terre fraîchement remuée. Le lendemain, les journaux annoncent l'exécution : justice est faite, le traître a payé ses crimes de sa vie.

Ces gestes seront accomplis à 790 reprises. Le dernier fusillé de l'épuration sera, en mars 1949, le comédien Jean Mamy, dit Paul Riche, réalisateur du « grand » film de l'Occupation sur la franc-maçonnerie (*Forces occultes*) et condamné pour dénonciation de résistants.

Une prime au temps ?

L'un des commentaires les plus tenaces sur l'épuration affirme qu'il valait mieux passer en justice le plus tard possible afin d'échapper à de lourdes sentences. Ce qui, à la fin de 1944, valait la mort ou les travaux forcés à perpétuité, n'aurait plus coûté en 1946, et a fortiori plus tard, qu'une peine de prison. Une fois étanchée la soif de vengeance, les jurés seraient devenus plus raisonnables. Cela aurait eu pour effet de protéger les fuyards de l'été 44 qui auraient eu affaire, à leur retour en France à une justice plus apaisée et plus clémente.

Avant de traiter cette question, y compris de manière statistique, il convient de s'interroger sur la notion même de durée telle qu'elle est vécue sur le moment. Cette période est en effet marquée par une rencontre d'événements militaires, politiques et sociaux inouïs. Ils se pressent et se bousculent sur la toile de fond d'une vie quotidienne en constant déséquilibre. Quand on attend, quand on est déçu, quand on a peur, quand adviennent tant de choses considérables, le temps s'étire. À l'hiver 1945, le début du fonctionnement des cours de justice paraît déjà bien loin, pour ne rien dire de la Libération. Et pourtant, à peine quelques mois se sont écoulés. La sévérité dépend très directement des circonstances. Ainsi, la première condamnation à mort prononcée par la cour de justice des Ardennes l'est le 8 janvier 1945, c'est-à-dire pendant l'angoissante offensive allemande.

Au contraire, les crimes politiques vieillissent plus vite que les crimes de droit commun. Parmi les derniers condamnés, on ne trouve plus que des hommes qui se sont mis au service des forces de répression allemandes. Ainsi, à Grenoble sont jugés en 1951 : Julien Berthon, chef départemental de la Milice, participant à la « Saint-Barthélémy » de novembre 1943 durant laquelle des groupes collaborationnistes chapeautés par le SD lyonnais abattent onze personnes et en arrêtent vingt autres en quelques jours. Berthon n'est néanmoins condamné qu'aux travaux forcés à perpétuité. Jean Barbier, auxiliaire de la police allemande en Isère, retrouvé en 1962, est condamné à mort en 1965. Gracié, il sera l'un des derniers libérés de l'épuration en 1984. Face à ces cas certes rares, mais réels, il est évident que la collaboration « politique » épuise beaucoup plus tôt l'énergie et l'intérêt. Parmi les condamnés à mort par contumace qui ont purgé leur contumace et bénéficié soit d'une grâce soit de l'amnistie figurent par exemple Marc Augier, cofondateur du journal *la Gerbe*, animateur des Jeunes de l'Europe nouvelle, engagé dans la LVF dont il a dirigé ensuite le journal *le Combattant européen* ; Pierre Clémenti, créateur du Parti national-collectiviste et membre du comité directeur de la LVF ; Maurice-Yvan Sicard, le responsable de la propagande du PPF...

L'examen des verdicts prononcés pendant la période d'activité des cours de justice fait apparaître trois pics de sévérité. Le plus connu concerne les derniers mois de 1944 : les cas graves et flagrants ont été recherchés pour ouvrir les audiences, les jugements se font dans l'émotion. La tentation existe en outre de conformer les coupables à l'image que l'on s'en fait et de grossir le crime et le châtiment pour donner du sens à la nouvelle justice. Dans le Nord, au 15 décembre 1944, il y a déjà 17 verdicts de mort. Ils représentent un quart de toutes les peines capitales que les sections de la cour de justice du Nord prononceront en trois ans et demi d'exercice.

Le second pic se situe un an plus tard : il s'agit cette fois de juger les fuyards de l'été 1944 et des collaborationnistes rentrés d'Allemagne au printemps 1945. Ce sont alors des miliciens, des agents des services de renseignement allemands. Leur fuite a renforcé la certitude de leur lourde culpabilité.

Le troisième pic, limité, intervient à la fin de 1946 et regroupe de grosses affaires qui ne parviennent à leur terme qu'après de nombreux rebondissements judiciaires. C'est par exemple le procès, en juillet 1946 à Dijon, des soixante-dix inculpés de l'Abwehr, le service de renseignement de l'armée allemande.

Les plus hautes autorités de l'État tiennent compte de cette réalité. Le traitement des grâces montre que si les cas graves (trahison, dénonciations ayant entraîné la mort, tortures ou assassinats de résistants) sont punis aussi durement en 1947 qu'en 1944, il a fallu, en 1944 et 1945, alléger des verdicts. Le général de Gaulle a, entre septembre 1944 et décembre 1945, accordé la commutation de peine dans 63 % des cas. Durant cette même période, le nombre des condamnés à mort s'élève à 1 601 (contre 215 en 1948).

Dans leur recours, les condamnés usent de l'argument selon lequel ils ont été plus lourdement frappés que des condamnés plus tardifs. Ils y ajoutent des considérations envieuses sur les libérations dont d'autres ont bénéficié. Les prisons constituent à cet égard un réservoir géant de comparaisons encouragées par l'entourage.

> Sans évoquer les récentes condamnations d'authentiques criminels à des peines très inférieures à la mienne, je me permets de vous signaler qu'un grand nombre de condamnés à mort ou aux travaux forcés à perpétuité, dont la fonction, l'autorité, la responsabilité étaient plus importantes, l'activité jugée plus néfaste et, surtout, les charges relevées avec certitude plus répréhensibles sont depuis longtemps rendus à leur famille (5 juin 1950, lettre au procureur général de Dijon de Jacques de L., chef départemental de la Milice dans l'Allier, engagé dans la Waffen SS, condamné aux travaux forcés à perpétuité).

Géographie de la rigueur

Les cours de justice ont assuré 58 000 jugements, ce qui représente presque sept fois l'activité des cours d'assise durant la même période. Certaines affaires ont été rejugées, ne serait-ce que pour purger des contumaces, mais d'autres comportaient plusieurs accusés.

7 000 peines de mort ont été prononcées, dont 40 % seulement en présence de l'accusé. Les autres l'ont été par contumace. Sur ces condamnés présents, 790 ont été effectivement fusillés, ce qui représente un taux de grâces de presque trois quarts.

Les peines de prison ont été les plus nombreuses : près de 43 % des verdicts. Viennent ensuite les travaux forcés à temps (en pratique entre 5 et 20 ans) avec 19 %. Les travaux forcés à perpétuité et les peines de réclusion criminelle correspondent à environ 5 % des verdicts. Les dégradations nationales comme peine principale sont résiduelles avec à peine plus de 1 % des verdicts. Enfin, 15 % des inculpés ont été acquittés.

Ce bilan des cours de justice fait donc apparaître un tableau nuancé. La rigueur affichée par une mise en exergue de la peine de mort (12 % des verdicts) est infirmée par la prééminence des contumaces et des grâces. En pratique, 1, 4 % des personnes jugées par les cours de justice ont été fusillées. Cette proportion correspond à celle des verdicts de cour d'assise avant-guerre. Quand les contumaces ont été purgées, elles ont en outre corrigé souvent les verdicts de mort et même de travaux forcés. À Annecy, en septembre 1946, une milicienne condamnée à vingt ans de travaux forcés par contumace voit sa peine ramenée à un an de prison. Le même jour, un milicien engagé dans la Waffen SS, un temps prisonnier des Soviétiques, est condamné à cinq ans de travaux forcés, au lieu de sa peine de mort initiale.

La répression judiciaire des faits de collaboration aboutit en fait à de la prison dans la moitié des cas, tendance renforcée par les commutations de peines et les grâces partielles qui ont amené à la conversion de la majorité des peines de travaux forcés et de réclusion criminelle. Ces peines se mesurent de ce fait en années, plutôt qu'en décennies.

On peut en outre estimer que les jurés ont privilégié des voies moyennes avec des travaux forcés à temps pour les cas graves et des peines de prison de moins de dix ans pour les autres. Quoique les verdicts de mort et de travaux forcés à perpétuité soient évidemment ceux qui ont le plus retenu l'attention, ils sont prodigués sur le long terme avec une certaine économie. Ils ne sont pas galvaudés.

Enfin, les cours de justice n'ont pas fonctionné comme des machines à légaliser la vengeance ou la révolution. En dépit des passions de l'heure, elles ont relaxé plus de la moitié des inculpés, à l'étape de l'instruction (travail des magistrats) ou de l'audience (travail de la cour, y compris les jurés). Ce taux n'est guère inférieur à celui qui était en vigueur en temps ordinaire en matière de justice pénale.

En regard de ces moyennes, certains résultats départementaux sont bien sûr exorbitants. Ainsi, l'Ardèche présente un taux de 49 % de verdicts de mort ! Diverses raisons à cette rigueur. Le faible nombre d'affaires jugées : 117, la violence subie par cette terre maquisarde, surtout, la proportion considérable de contumaces. La sévérité ardéchoise traduit paradoxalement l'incapacité dans laquelle la justice locale s'est trouvée de condamner effectivement. Cette nécessité de relativiser se retrouve dans d'autres départements. Presque un quart de condamnations à mort dans le Cantal, mais seulement cinq verdicts en présence de l'inculpé. 70 % de contumaces aussi pour les condamnés à mort du ressort d'Aix-en-Provence.

Il est vrai que la carte des condamnations prononcées par les cours de justice montre d'un côté, une France des maquis, des combats, des représailles, des massacres, des juridictions d'exception, où les condamnations les plus sévères sont les plus nombreuses. De l'autre, une France plus apaisée et nuancée où la gamme des condamnations est plus étendue et moins rigoureuse. Le classement du nombre de condamnations à mort prononcées fait apparaître Aix-en-Provence (699), Lyon (693), Nîmes (514), Grenoble (476), Toulouse (462),

Douai (453). En dépit du nombre exorbitant d'affaires traitées à Paris, parmi lesquelles beaucoup des plus fameuses, le nombre des condamnations à mort est de 364.

Cette géographie recoupe celle des exécutions extralégales, ce qui montre que les différents volets de la répression ne se sont pas compensés, mais se sont cumulés en allant dans la même direction.

La sévérité, toutefois, ne s'estime pas qu'au nombre de peines de mort prononcées et exécutées. Le taux d'exécutions n'est en effet pas un discriminant très pertinent, car il est lissé au plan national par l'octroi des grâces qui tient compte davantage du contenu de chaque dossier individuel que du contexte local. On peut prendre en considération le nombre de procès pour mille habitants. Le classement est alors légèrement différent, plaçant en tête les Bouches-du-Rhône, le Haut-Rhin, le Lot-et-Garonne et le Gard. La rigueur ressort aussi de la proportion respective de peines lourdes (les travaux forcés) et d'acquittements. Dans les départements « sévères », le taux de verdicts de mort comme de travaux forcés se fixe autour d'un tiers de l'ensemble des condamnations. Le taux d'acquittements est inférieur à 10 %. La proportion de condamnés effectivement fusillés oscille entre 1 et 5 % au hasard des contumaces et des grâces. Les chiffres d'exécutés restent toutefois faibles et s'évaluent plutôt en unités. Dans les départements indulgents, le taux de verdicts de mort tombe à 5 % ou moins, les travaux forcés représentent plutôt un quart des condamnations. Le taux d'acquittement est élevé, entre 15 et 20 %.

La répartition géographique de ces situations ne fait pas apparaître de blocs homogènes. Dans la région toulousaine, par exemple, on distingue très nettement des départements sévères (Ariège, Haute-Garonne) et d'autres plus indulgents (Gers, Lot). Dans ce dernier département, le taux anormalement élevé d'acquittements (32 %) laisse deviner des incriminations faites à l'origine en dépit du bon sens et menées devant la cour contre toute logique. Les jurés ont été clairement obligés d'assumer le tri que les commissaires du gouvernement par lâcheté ou incompétence, n'avaient pas effectué en amont.

Pour être complet sur ce bilan, il convient de mentionner le travail des tribunaux militaires, commencé avant celui des cours de justice, mais aussi poursuivi pendant la période d'activité des cours de justice et ensuite. À défaut de pouvoir accéder aux archives, on en est pour l'heure réduit aux recoupements. Ils permettent tout de même d'estimer que les tribunaux militaires, sur l'ensemble de cette période, ont prononcé peut-être 700 peines capitales, dont beaucoup par contumace. En effet, les tribunaux militaires, pendant que les cours de justice étaient à l'œuvre, devaient juger de nombreux Allemands ou

Italiens accusés d'espionnage ou de crimes de guerre. Ils auraient ainsi statué sur le cas de 3 000 Allemands, par contumace dans la moitié des cas. Pour le reste, leur activité dans la répression des faits de collaboration est à la fois difficile à distinguer des cas jugés par les cours de justice comme de leur activité ordinaire en tant que justice militaire.

Purger sa peine

Tirer le bilan des cours de justice consiste aussi à marquer la différence entre les verdicts et la réalité des peines purgées. Il est facile de remarquer le décalage important entre les condamnations à mort prononcées et les condamnations à mort exécutées. Encore faut-il ajouter que la commutation automatique, en cas d'octroi de grâce, des peines de morts en travaux forcés à perpétuité ne signifie nullement que les condamnés graciés soient restés détenus à vie, ni même plusieurs décennies. Vingt ans après les procès, il restait en prison à peine quelques dizaines de condamnés pour faits de collaboration, alors qu'en termes strictement comptables, ils auraient pu être trois ou quatre mille au moins.

Ces résultats, nous y reviendrons, découlent d'une politique d'amnistie précoce (1947-1953) qui a conduit à la libération anticipée de la plupart des condamnés, en même temps qu'à l'effacement des peines accessoires (voir l'épilogue). Ils découlent aussi d'une active politique de remises de peine et de grâces individuelles et collectives pratiquée avec constance par les gouvernements qui se sont succédé entre 1946 et le début des années 1950.

Pour des raisons d'efficacité et de bonne gestion, il n'est pas possible de maintenir en prison plusieurs dizaines de milliers de condamnés sans espoir, qui n'auraient aucune raison de se tenir tranquilles ou de s'amender. Il aurait été coûteux voire dangereux de concentrer ainsi des réprouvés n'ayant plus rien à perdre. En outre, la prison est supposée n'être pas seulement une protection de la société et une punition du délinquant, mais encore le lieu du début de la réhabilitation et de la réinsertion. Les hommes issus de la Résistance, parfois eux-mêmes anciens détenus des prisons de Vichy, croyaient sincèrement à ces principes humanitaires incarnés par les réformes du régime pénitentiaire et du traitement de la délinquance juvénile mises en chantier dès la Libération. Mais les soucis pratiques ou la charité ne sont pas seuls de mise. Des considérations politiques jouent à plein, qui mêlent prise de distance vis-à-vis des communistes et désir de corriger les déséquilibres de l'épuration.

Les cas des détenus sont envisagés et traités individuellement par le ministère de la Justice dans le cadre des possibilités collectivement offertes par la loi. Une marge d'appréciation très grande est laissée à l'administration centrale du ministère de la Justice et, dans une moindre mesure, au président de la République, détenteur du droit de grâce. Cette autonomie de la décision se lit clairement dans le décalage très fréquent entre les avis négatifs des préfets ou des magistrats sur les libérations, et l'effectivité de ces libérations. Les choix s'opèrent en vertu d'une ligne politique générale. Par exemple, on souhaite favoriser les détenus qui présentent le plus de chances de réinsertion tranquille, et l'avis du directeur de l'établissement pénitentiaire compte alors beaucoup. Tout un système de lobbying, de recommandations et d'interventions se met très tôt en place pour appuyer les demandes de remises de peines ou de grâces. Les motivations des intervenants sont de tous ordres : caritatives, religieuses, politiques, électorales, régionales. Parlementaires, ecclésiastiques, hommes d'affaires, bailleurs de fonds, hommes d'influence, femmes du monde, tous ceux qui possèdent un peu de crédit ou de relations s'en mêlent et sollicitent hauts-fonctionnaires, membres des cabinets et ministres. Suscitant parfois l'agacement des sollicités. La lecture de ces plaidoyers montre les ressources inépuisables de l'indulgence et de l'imagination humaines. En effet, il n'y a guère de condamnés qui ne trouvent un défenseur, quelle que soit sa faute. Les chiffres collectés par la chancellerie témoignent de l'ampleur du mouvement (et du travail). Entre avril et décembre 1947, 20 000 recours en grâce et demandes de libération anticipée ont été examinés au ministère de la Justice, 74 000 autres en commun avec le conseil supérieur de la magistrature. La présidence de la République est obligée de demander du personnel supplémentaire rien que pour classer les dizaines de milliers de dossiers en instance.

Une cour de justice fonctionne dans chaque département jusqu'au printemps 1946, date à laquelle la plupart des cours ont épuisé la majorité de leurs dossiers. Il n'en demeure alors plus qu'une dans chaque cour d'appel : on en compte ainsi vingt-cinq en 1947. L'année suivante, elles ne sont plus que huit puis quatre. Le 1er août 1949, il ne reste que celle de Paris. Elle s'arrête à son tour deux ans plus tard. Le relais est pris, pour les ultimes affaires, par le tribunal militaire de Paris, ramenant ainsi les procédures aux tentatives de remise en ordre de l'été 1944. En dehors de quelques affaires exceptionnelles, cette justice militaire s'occupera surtout de purger des contumaces, souvent avec une indulgence qui témoignera de ce que les temps ont changé.

XI

En chambres civiques : l'ordinaire de la collaboration

On survit à tout, de nos jours, excepté à la mort
(Oscar Wilde, *le Portrait de Dorian Gray*, chapitre 19).

Devant les cours de justice, toutes les peines s'accompagnent d'une dégradation nationale. Parfois, même en l'absence de condamnation pénale, seule l'indignité nationale est prononcée à l'encontre de l'inculpé. Ce crime d'indignité nationale, auquel les résistants ont voulu accorder une importance régénératrice, dispose par ailleurs de sa propre juridiction : les chambres civiques, qui sont des sections des cours de justice. De par l'action de ces instances, l'indignité est finalement la condamnation la plus prononcée par la justice dans le cadre de la répression des faits de collaboration : plus de 95 000, dont la moitié comme peine principale.

En effet, les chambres civiques ont traité en audience plus de la moitié des affaires de collaboration, ce qui en fait la première instance judiciaire. Elles sont pourtant méconnues et, pour tout dire, fort dépréciées. En s'intéressant à la façon dont elles ont travaillé et aux résultats qu'elles ont obtenus, on découvre tout de même une justice honorable et un tableau pointilliste de la collaboration ordinaire.

Le sauvetage de la République

La France libre puis les résistants se sont forgés la conviction que l'État français n'est pas le gouvernement légal de la France, mais une autorité usurpatrice. Selon ce postulat, cette nullité juridique, éclatante depuis le 10 juillet 1940, remonte en réalité au 16 juin, date où fut décidée la demande d'armistice d'où découlent tous les maux ultérieurs. Les textes préparant l'épuration judiciaire utilisent donc cette date comme point de départ des actes de trahison ou des crimes. La France est considérée comme étant à la fois toujours en guerre et toujours en République.

De tels principes, même clairement posés, ne suffisent toutefois pas à répondre à la situation telle qu'elle se présentera à l'issue de l'Occupation et du renversement du gouvernement de Vichy. Comme on l'a dit, le recours aux lois antérieures à 1939 et à la notion de trahison ne couvrent pas le champ de la complicité avec un ennemi qui a été aussi un occupant et un maître. Et il ne tient assurément pas compte des coups portés contre les valeurs et les principes de la Nation et de la République. La servilité, la lâcheté, la cupidité, l'opportunisme doivent être punis, au même titre que les engagements qui servent, même indirectement, la cause ou la propagande de l'ennemi. C'est ainsi que l'on introduit la notion de crime moral autant que factuel, commis contre la nation, commis contre l'honneur. Ce sera l'indignité nationale.

Dans la mesure où l'épuration est au moins autant régénération que vengeance, il importe d'exclure ceux qui ont démérité : ils sont indignes de compter dans la République restaurée, d'avoir leur mot à dire. Inutile de recourir pour cela à la prison et moins encore au peloton d'exécution. Il suffit de les priver d'un certain nombre de droits en déclarant leur dégradation nationale : dégradation en tant que citoyen, mais aussi en temps qu'acteur économique, politique ou intellectuel. Ils se retrouveront ainsi dépourvus de moyens d'intervention et même d'influence.

Après divers débats à l'Assemble consultative, l'ordonnance du 26 août 1944 instaure l'indignité nationale. Les conduites antinationales peuvent ne pas avoir été prévues dans les lois pénales. Pourtant, il existe des actes qui « dégradent » leurs auteurs. Ceux-là doivent être écartés des postes de direction et d'influence, car ils ont mis à mal les idéaux et les intérêts français au moment même où ils étaient le plus en danger. L'ordonnance donne la liste de ces actes synonymes de dégradation. Certaines catégories sont vastes : aide volontaire à l'Allemagne ou à ses alliés après le 16 juin 1940 ; attentat contre les principes républicains. D'autres catégories sont très spécifiques et introduisent une forme d'automaticité : avoir appartenu à l'un des gouvernements du maréchal Pétain ; avoir détenu une fonction exécutive dans les services gouvernementaux de propagande ou au Commissariat général aux Questions juives ; avoir été membre, même non militant, d'organisations collaborationnistes dont une longue liste est donnée ; avoir participé à l'organisation de manifestations ou réunions en faveur de la collaboration ; avoir écrit ou parlé en faveur de l'ennemi, de la collaboration, du racisme ou des doctrines totalitaires.

L'automaticité de la dégradation se trouve limitée par la possibilité laissée au tribunal compétent d'apprécier le contenu réel des faits, les circonstances atténuantes ou une réhabilitation ultérieure, obtenue en participant aux combats ou à la Résistance.

Quoiqu'essentiellement morale, la dégradation nationale n'est toutefois pas une peine symbolique. Elle s'accompagne d'interdictions et de pertes tangibles concernant le droit de vote et d'éligibilité, l'appartenance à la fonction publique, le grade militaire, la direction d'une entreprise financière ou de média, les professions du droit, de l'enseignement, du journalisme, les fonctions dans les syndicats ou les associations professionnelles, la détention ou le port d'une arme. Le tribunal peut décider d'y ajouter la confiscation de tout ou partie des biens, et l'interdiction de résidence. En 1947, l'Assemblée nationale étend les pénalités économiques : majoration des impôts, privation des dommages de guerre, interdiction de professions industrielles et commerciales...

L'ordonnance du 26 décembre 1944, qui reprend ses dispositions, confie le jugement à des chambres civiques, instituées sur le modèle des cours de justice : échelon départemental, un magistrat, quatre jurés désignés par les comités de Libération, une instruction classique, un commissaire du gouvernement pour porter l'accusation, un avocat pour la défense, une audience contradictoire. Les chambres civiques se mettent à fonctionner, selon les départements, dans les dernières semaines de 1944 ou les premiers jours de janvier 1945. On pourrait donc faire aux chambres civiques les mêmes reproches de parti pris qu'aux cours de justice. Ce n'est pas pourtant pas ceux-là qui seront retenus, mais celui, à la fois juridique et polémique, de juger des « crimes » inventés de façon rétrospective, et celui, plus étonnant, de ridicule.

Qui et pourquoi

Un peu plus de 77 000 personnes vont comparaître devant les chambres civiques. Qui sont ces personnes et pourquoi se retrouvent-elles devant cette juridiction ?

Elles peuvent figurer dans le flot des individus arrêtés et internés. Elles ont été repérées dès avant la Libération. Les critères les plus évidents sont une appartenance identifiée à l'une ou l'autre des organisations collaborationnistes ; des propos ou une attitude favorables à l'occupant, à la collaboration ou, éventuellement à Vichy ; des rapports sexuels avec des Allemands ; le travail volontaire en Allemagne ; les avantages tirés de relations avec l'occupant qu'il s'agisse de petits trafics ou de coups de pouce professionnels. La saisie de documents tels que des listes ou des cartes d'adhérents, d'abonnés, des photos, des lettres, des articles viennent à l'appui des incriminations et révèlent de nouveaux contrevenants. En cela, le tout-venant des internés traités par les commissions de vérification des internements administratifs préfigure assez bien la future clientèle des cham bres civiques. Mais on y trouvera aussi des justiciables pas encore inquiétés par ailleurs.

La répartition des prévenus entre cour de justice et chambre civique est faite par le juge d'instruction ou le commissaire du gouvernement, qui estiment la conformité des accusations avec les incriminations répertoriées par les ordonnances sur l'indignité nationale et la validité d'éventuels autres griefs. Prenons des exemples. L. est parti volontairement travailler en Allemagne en mars 1943. Une fois revenu chez lui, il aurait adhéré au parti franciste. Il aurait été vu portant l'uniforme et collant des affiches, ce qu'il nie. Il tenait des propos favorables à la collaboration. On le soupçonne d'avoir dénoncé des réfractaires au STO, mais cela n'a pu être prouvé. À cause de cette restriction, il ne relève pas de la cour de justice, mais de la chambre civique. Il est accusé d'avoir « sciemment apporté en France ou à l'étranger une aide directe ou indirecte à l'Allemagne : 1° en travaillant volontairement pour l'ennemi; 2° en se livrant volontairement par ses propos ou par tout autre moyen de propagande en faveur de l'ennemi ou de la politique de collaboration avec l'ennemi ou des groupements français de collaboration ».

Autre cas : Francine C., âgée de 18 ans, dont la mère tenait un café dans un bourg de Normandie. De l'avis général – y compris celui de sa mère –, elle se « tenait mal » avec des Allemands. Elle a avoué avoir eu un amant allemand, puis s'est rétractée pendant l'instruction. On l'a accusée d'avoir interrogé puis signalé à des policiers allemands des enfants qui prétendaient connaître un dépôt d'armes. Son implication directe dans cette affaire n'a pu être prouvée. Elle est donc déférée en chambre civique et non en cour de justice, accusée d'avoir « sciemment apporté une aide directe ou indirecte à l'Allemagne ou porté atteinte à l'unité de la Nation, 1° en ayant eu des relations sexuelles avec des militaires allemands, 2° en tenant en présence d'Allemands des propos favorables à l'ennemi et pouvant porter préjudice à des Français ».

Plus simplement, ceux qui bénéficient d'un classement ou d'un non-lieu durant l'instruction par une cour de justice peuvent être en quelque sorte reversés en chambre civique, qu'il s'agisse d'anonymes ou de personnalités. La jeune tondue de Chartres qui figure, son bébé dans les bras, sur la célèbre photo de Robert Capa, a d'abord été déférée devant la cour de justice de la Seine avec sa mère. Elles étaient tenues pour responsables de la déportation de quatre de leurs voisins, dénoncés pour avoir écouté la BBC. Leur responsabilité dans cette délation n'ayant pu être établie, l'affaire de la mère est classée, tandis que Simone est traduite en chambre civique car elle a travaillé comme interprète dans divers services allemands de Chartres et s'est portée volontaire pour le travail en Allemagne afin de rejoindre son amant allemand, dont elle a eu un enfant. Elle est condamnée à dix ans d'indignité nationale. À l'autre extrémité de l'échelle sociale, le docteur Bernard Ménétrel, ancien secrétaire particulier du maréchal Pétain, après avoir bénéficié d'un non-lieu devant la cour de justice, reste passible de la chambre civique. Pierre Taittinger, fervent maréchaliste nommé président du conseil municipal de Paris en 1943, suit un parcours identique. Même résultat pour Sacha Guitry, après un premier classement par la cour de justice, jusqu'à ce que la réouverture d'une seconde instruction devant la cour de justice, suivie d'un second classement, le dispense finalement de toute comparution. Les écrivains et artistes ne seront d'ailleurs pas nombreux à comparaître.

On l'aura compris, les chambres civiques constituent – sans que cela ait été l'intention du législateur – une juridiction de second ordre où sont reversées les affaires jugées de moindre gravité, dont on ne sait pas toujours quoi faire, mais qui semblent soit entrer dans le cadre juridique de l'indignité nationale, soit mériter une sanction pour des raisons plus morales que judiciaires.

L'examen des sentences prononcées par les chambres civiques permet de préciser ce panorama très vaste.

Tout d'abord, il faut rappeler la masse considérable que représentent plus 77 000 personnes à juger, dans le cadre de près de 68 000 dossiers. À côté de départements où le nombre d'affaires est vertigineux (9 000 dans la Seine, 3 700 en Seine-et-Oise, 3 000 en Seine-Maritime, 1 400 en Gironde, 1 200 en Loire-Inférieure, un millier dans l'Allier...), on doit aussi noter qu'il n'y a pas de département, si modeste soit-il, qui n'ait sa chambre civique, ses audiences et ses inculpés, qui se comptent tout de même par centaines.

Si l'on considère le motif principal des condamnations, le tableau est toujours le même. Une petite moitié relève de l'appartenance à une organisation collaborationniste. Ensuite viennent les catégories appelées « débauche », « inconduite », « relations sexuelles avec des Allemands » qui représentent environ 10 ou 15 % des condamnations. Plus ou moins au même niveau on trouve le travail volontaire en Allemagne, des petits trafics commerciaux (consistant le plus souvent à vendre des produits aux Allemands au marché noir en quantités modérées, faits fréquents dans les départements agricoles). Ensuite viennent des désignations de plus en plus vagues qui doivent renvoyer à des propos, des attitudes plus qu'à des faits définis : « collaboration », « menées antinationales », « attitude antinationale », « manœuvres antinationales ». Ferme la marche de loin la « propagande » explicite, qui est très résiduelle.

La particularité des chambres civiques est de juger – et de condamner – beaucoup plus de femmes que les autres juridictions de l'épuration. On estime qu'elles ont représenté un quart des inculpés. Selon les départements, on en trouve jusqu'à 40 % (Nord et Pas-de-Calais ou Bretagne) ou même 60 % (Loir-et-Cher) ou 70 % (Marne). L'écart est très net entre zones Nord et Sud (16 % de femmes parmi les inculpés dans les Alpes-Maritimes). Si l'on considère les infractions poursuivies, ces chiffres surprennent moins : les relations sexuelles avec l'occupant concernent exclusivement des femmes. L'importance relative accordée à cette accusation explique d'éventuels déséquilibres dans la proportion de femmes entre les départements de la zone occupée dès 1940 et de l'ancienne zone libre. Les femmes peuvent aussi avoir pratiqué un marché noir de proximité, par exemple des fermières dont le nombre devant les chambres civiques des départements agricoles est loin d'être insignifiant. Elles comptent parmi les auteurs de propos favorables aux Allemands ou à la collaboration. Elles ont facilement pu se laisser aller à des petites délations, ou à des menaces. Enfin, elles ne sont pas absentes des organisations collaborationnistes, y compris des partis politiques. Nous verrons que ces organisations se sont attaquées à elles avec une certaine prédilection, les jugeant plus crédules ou plus vulnérables. Cette relative féminisation des accusés des chambres civiques contribue à leur réputation de ne juger que des affaires mineures, sans intérêt, voire risibles ou pitoyables.

Les chambres civiques ne peuvent punir que par l'indignité nationale. Toutefois, cette peine est traitée sur une échelle graduée assez finement. L'indignité nationale peut être à vie, ou pour quelques années. Si les interdictions qui l'accompagnent ne souffrent aucun aménagement, il n'en va pas de même des confiscations de biens et des interdictions de séjour qui peuvent être omises (souvent) ou modulées. La marge d'appréciation des circonstances et des conséquences est ici laissée au président de la chambre et aux jurés. Les peines à temps, conditionnées par la reconnaissance de circonstances atténuantes, sont données de cinq ans en cinq ans. La loi n'autorise pas les condamnations inférieures à cinq ans. En Seine-et-Oise, par exemple, de janvier à août 1945, la chambre civique distribue 53 % d'indignité à vie, 5 % pour quinze ans, 15 % pour dix ans, et 27 % pour cinq ans. Elle n'introduit que plus tard la peine de 20 ans. Toutefois, l'examen du poids relatif de ces sanctions semble moins pertinent que le constat que les chambres civiques ont beaucoup relaxé, et dans une moindre mesure relevé d'indignité ou dispensé de peine des mineurs. Si bien qu'on a pu les surnommer chambres d'acquittement. Dans le département de la Seine, dont on mesure l'importance numérique et symbolique, plus de 54 % des personnes jugées ont été exemptées de peine sous une forme juridique ou une autre. Selon les départements, on trouve des proportions qui varient de 15 % (Orne), 18 % (Haute-Vienne), 20 % (Loir-et-Cher), 25 % (Lot-et-Garonne), 28 % (Sarthe), 29 % (Bouches-du-Rhône), 32 % (Pyrénées-Orientales ou Marne), 34 % (région toulousaine), 36 % (Allier), 38 % (Seine-et-Oise ou Seine-Maritime), 40 % (Nord et Pas-de-Calais), 45 % (Gironde), 55 % (Ardennes), 75 % (Corse)... Comment en partant de critères moraux si exigeants aboutit-on à ce résultat catégorique ?

Le nombre fait-il la loi ?

Les chambres civiques sont, comme toutes les instances de l'épuration, submergées par le nombre de prévenus. On leur demande en outre de faire vite. Pour des raisons de morale et pour des raisons d'opportunité. C'est ainsi que, le 15 mars 1945, la chambre civique de la Sarthe est priée par le commissaire de la République et le premier président de la cour d'appel de juger toutes les femmes seulement accusées de relations sexuelles avec l'occupant, en audiences groupées, de façon à en avoir fini avant les élections du 29 avril. On propose même un « tarif » unique de cinq années d'indignité. Ce genre de dispositions n'est pas exceptionnel : elles transparaissent dans les relevés des décisions de la chambre civique de Seine-et-Oise où alternent des audiences qui ne jugent presque que des femmes ou presque que des hommes. Ceci peut suggérer une organisation du travail qui spécialise les audiences.

Devant cette même juridiction, selon les jours, ce sont de trois à douze prévenus qui comparaissent, signe d'une activité soutenue et rapide. Même en admettant qu'il y a des affaires qui comptent plusieurs comparaissants, ni les réquisitoires, ni les plaidoiries ne doivent durer, sans parler du défilé éventuel des témoins ou des experts. Or, le garde des Sceaux multiplie les rappels, manifestant par leur répétition même l'ampleur de la tâche. Tout d'abord, il prescrit que toutes les affaires soient traitées avant le 1er février 1945. Le 3 janvier, il lui substitue la date butoir du 1er avril. À la fin de 1946, on y sera encore... Dans ces conditions, un président de chambre est toujours à la recherche du compromis entre efficacité et équité. Au début de février 1945, le président de la chambre civique de la Seine-et-Oise dresse un premier constat : la chambre siège depuis un mois et demi, à raison de trois audiences par semaine ; chaque audience dure près de cinq heures et traite de huit à dix affaires, ce qui ne fait guère que trente minutes pour chacune. Il n'est pas possible d'aller plus vite, sous peine de réduire les droits de la défense. Il est donc décidé de passer à quatre audiences par semaine, mais en essayant de juger douze affaires.

Le jury est tiré au sort, comme celui des cours de justice, à partir d'une liste établie par le CDL. Le tirage au sort dans la Sarthe donne en décembre 1944 deux femmes (elles ne représenteront en général qu'environ 10 % des jurys possibles) et dix-huit hommes. Les âges vont de 31 à 54 ans. On trouve des cultivateurs (6), des instituteurs (4), des artisans (3), des employés et des commerçants (2 dans chaque catégorie) et un industriel. Ces jurys émanent le plus souvent des classes moyennes, avec une part d'agriculteurs variant selon la nature du département. L'examen des jurys successifs de la chambre civique des Alpes-Maritimes montre une répétition des mêmes noms : on est susceptible d'être plusieurs fois jurés de la chambre civique et de l'être aussi de la cour de justice. Il n'est donc pas exclu que certains jurés acquièrent une expérience et se donnent à eux-mêmes, à défaut d'une jurisprudence, des règles de comparaison entre toutes les affaires qui leur sont soumises. Ainsi est un peu compensé l'inévitable déséquilibre entre les citoyens ordinaires et les magistrats professionnels, le président qui a un rôle prépondérant de conseil et de direction, et le commissaire du gouvernement, détenteur de considérables pouvoirs d'instruction et d'accusation.

Une majorité des affaires présentées ressortit d'une adhésion politique assez molle à l'un ou l'autre des partis collaborationnistes. Au vu de l'accusé et du dossier, la cour estime de façon sans doute bientôt routinière le degré d'implication et de culpabilité du prévenu. À l'usage, c'est l'*intention* de collaboration avec l'ennemi qui va prévaloir. Cette interprétation est confortée par une circulaire du garde des Sceaux en appelant à la tradition (27 janvier 1945) : « Il convient en effet d'observer que l'indignité nationale étant qualifiée de crime par la loi, l'intention criminelle en est un élément constitutif nécessaire, à défaut duquel le parquet serait fondé à décider un classement ».

Pour les femmes accusées de relations sexuelles avec les Allemands, la répartition des peines se fait dans un mélange de considérations morales (un ou plusieurs amants, un enfant né de cette liaison, des avantages matériels substantiels, une mauvaise réputation), politiques (a adhéré ou non à une organisation collaborationniste) et matérielles (a travaillé ou non dans un service allemand, par choix ou par nécessité, est partie travailler en Allemagne par nécessité ou pour rejoindre son amant), et de circonstances atténuantes (est mineure, livrée à elle-même, bonne fille au demeurant)... Ce qui ne pardonne pas, ce sont les lettres dans lesquelles, emportée par l'amour ou la passion politique, une accusée a appelé de ses vœux la victoire allemande ou honni les Alliés. Ces propos, strictement privés, sont assimilés à de la propagande et à la preuve d'un esprit de collaboration. Et elles sont d'autant plus lourdement sanctionnées qu'elles sont destinées non à un amant allemand, mais à des Français.

> Je ne puis pas croire que vous allez perdre la guerre car j'ai une grande confiance en vous. Si tu voyais ce qui passe comme matériel car d'après bien des bruits les Anglais arrivent. Ils seraient aux portes de Paris, ah les salauds. Là les gens vont peut-être comprendre ce que c'est que la libération. Il sera peut-être trop tard. Moi je n'ai qu'une idée et ce sera la tienne et je respecterai l'habit que tu portes. Les Anglais peuvent venir me chercher, je tiendrai ma parole [...] Je sais que tu es très brave, ainsi que vous tous et j'ai une grande confiance en la victoire allemande [...] si toutefois il m'arrivait quelque chose, tout ce que j'ai dans notre petit nid serait pour toi (lettre à un sergent de la LVF, 11 août 1944, femme de ménage, 46 ans, indignité nationale à vie).

> Je suis heureuse que tu as reçu des nouvelles d'Albert, je me mets à ta place et je ressens pour toi ta joie car quand je reçois une lettre de mon cher Sissi, je ne me contiens plus de joie. Ici, nous avons des SS [écrit à l'allemande] presque tous Italiens mais malgré tout bons camarades [...] Nous n'avons maintenant plus de visites de nos chers amis, seulement des passages et la DCA de sape même pas. Mais malgré tout, chaque jour, beaucoup de Français sont « libérés » et cela ma réjouit profondément, ils sont si adroits ces tommies ! Ce n'est pas leur faute et puis, après tout, c'est la guerre ! J'ai toujours espoir pour la victoire allemande. La nouvelle arme « V1 » fait du bon et beau travail (lettre à une amie, 13 juillet 1944, jeune fille, 20 ans, membre du Francisme, 10 ans d'indignité nationale).

Malgré leur apparente complexité, les appréciations sont vite portées. D'abord parce que les femmes qui comparaissent en chambre civique et non en cour de justice ne sont pas impliquées dans des délations ou des trafics. Ensuite parce que l'idée du jury et du président se bâtit de manière largement implicite en fonction des critères en cours sur le patriotisme et les mœurs. Une dactylo de 24 ans reconnaît avoir été la maîtresse d'un caporal allemand pendant plus de trois ans (elle a été tondue à la Libération), mais nie farouchement s'être fait avorter, comme l'indique une dénonciation anonyme. Elle fait des déclarations très explicites sur sa vie sexuelle et réclame un examen médical (qui n'aura pas lieu). Elle est condamnée à quinze ans d'indignité, ce qui est beaucoup pour des relations sexuelles, mais est inapproprié si l'avortement a bien eu lieu car il constitue un crime punissable en correctionnel de dix ans de prison...

Le débat entre les membres de la chambre civique porte peut-être sur la part des circonstances atténuantes. Le manque de discernement est accordé généreusement aux mineures. Ainsi, dans l'Allier, une femme de 39 ans qui avait des amants allemands est condamnée à la dégradation nationale à vie, tandis que sa fille de 18 ans, qui avait fait de même, est acquittée : la mère est implicitement condamnée pour avoir donné un mauvais exemple à sa fille, au lieu de la protéger. Au contraire, une veuve qui lavait le linge des Allemands et qui a avoué avoir couché avec des Allemands, tout comme le faisaient ses filles – majeures – est relaxée, probablement sur la foi du témoignage du maire : « Malgré sa moralité spéciale (manque de tenue), cette femme ne serait pas capable d'accomplir sciemment d'actes dont le but serait de faire du mal. »

Le comportement d'ensemble est ici jugé, et non pas seulement le crime prévu par la loi. C'est d'autant plus vrai que les relations sexuelles n'ont jamais figuré dans la liste des actes susceptibles d'entraîner l'indignité nationale. Pour les sanctionner, il a fallu les faire entrer de vive force dans les catégories de l'aide volontaire à l'Allemagne ou de l'atteinte à l'unité nationale, ce qui prêterait à sourire si cette distorsion n'avait pas eu de pénibles conséquences pour plusieurs milliers de femmes.

Le travail volontaire en Allemagne devrait bien plutôt être sanctionné aux termes de la loi et, même, représenter un nombre considérable d'inculpations : il correspond parfaitement à l'aide apportée à l'ennemi et s'assortissait parfois d'une forme de propagande consistant à vanter les bénéfices de ce travail ou ce qu'on avait vu de positif en Allemagne. Or, on le sait, cette masse de travailleurs justement est telle (entre 200 et 300 000) que les pouvoirs publics demandent de limiter les poursuites aux « cas les plus graves et les plus caractérisés ». Une circulaire conjointe des ministres de l'Intérieur et de la Justice recommande même l'indulgence pour les Nord-Africains : « l'isolement, le manque de sens critique, la misère et le conformisme gouvernemental des Nord-Africains expliquent dans une certaine mesure qu'ils aient été livrés sans défense aux recruteurs du service de travail allemand » (19 décembre 1944). Ce n'est pas seulement que les affaires de travail volontaire soient classées. Les dossiers ne sont même pas ouverts. On estime, à partir de premières données chiffrées, que probablement 3 % des travailleurs volontaires ont été traduits devant les chambres civiques, d'ailleurs pas toujours pour ce seul motif. En outre, ils sont très souvent relaxés, la chambre se contentant d'entériner un état de misère et de désarroi, et non de constater une faute politique. C'est ainsi que, parmi tant d'autres, est acquitté un homme parti travaillé six mois en Allemagne. Il fait valoir qu'il n'arrivait pas à trouver d'emploi en France et avait sept personnes à charge. Bien qu'il ait adhéré au RNP, il n'a eu aucune activité politique réelle. Ancien combattant de la Première Guerre mondiale, il a par ailleurs une réputation correcte dans son voisinage. Au contraire, les condamnations frappent les travailleurs volontaires d'origine étrangère, les naturalisés. Comme s'ils avaient commis une double faute. Faute parfois doublement pénalisée puisque la dégradation nationale peut entraîner une déchéance de la nationalité française pour les naturalisés condamnés. De même, les déclarations sur les avantages acquis en Allemagne, sur le bonheur des ouvriers dans le Reich ou les performances de l'économie allemande sont assimilées à de la propagande et punies. L'intérêt crûment affiché rebute également la chambre civique. Ainsi condamne-t-elle à vie un serrurier qui n'a cessé, dans ses lettres et ses propos, de clamer combien on mangeait mieux en Allemagne qu'en France. Son entêtement à en faire l'argument même de sa défense et le récit des péripéties de son approvisionnement en Allemagne lui valent en outre une confiscation de 50 000 francs (5 800 euros). En effet, la dégradation s'assortit dans les cas de bénéfice flagrant de confiscation de quelques dizaines de milliers de francs équivalents au profit du séjour dans le Reich. Pour aboutir en chambre civique et être sanctionné, le choix de partir travailler en Allemagne doit donc être volontaire sans ambiguïté et revêtir aux yeux de l'intéressé et de son voisinage une dimension politique, non dénuée de provocation.

En l'occurrence, c'est bien le nombre de coupables qui leur a permis, dans leur immense majorité, d'échapper à une sanction : la justice de l'épuration, supposée être prompte, ne peut traîner à sa suite plusieurs centaines de milliers de dossiers peu significatifs. Entre la rapidité et la sévérité, le premier critère a été privilégié.

Il faut ajouter qu'il n'a pas été question de poursuivre les Français employés en France dans des entreprises travaillant pour l'économie allemande. Les chiffres auraient alors créé le vertige et c'est toute la société qui aurait été bouleversée. Comme le déclare sans fioriture un contremaître des usines Junker interrogé sur son attitude sous l'Occupation : « Je n'ai jamais été collaborateur, mais j'ai travaillé chez les Allemands comme tout le monde » (44 ans, 20 ans d'indignité nationale).

Propagande organisée, propagande spontanée

Ainsi, les chambres civiques s'occupent à la fois d'affaires qui n'en sont pas au terme de la loi (les relations sexuelles) et délaissent des affaires qui, par centaines de milliers, l'intéresseraient au premier chef, l'aide sciemment apportée à l'ennemi, en l'occurrence par le travail. Qu'en est-il des autres catégories prévues par la loi ?

Quelques fonctions impliquent la dégradation nationale, telles celles de ministres, secrétaires d'État, secrétaires généraux, gouverneurs..., et les fonctions exécutives dans les services gouvernementaux de propagande et au CGQJ.

Évidemment, les membres des gouvernements relèvent de la Haute Cour et ne comparaissent jamais en chambre civique. Pour les autres, que faut-il entendre par fonctions exécutives ? Ce terme voudrait dire en bon français : qui ont appliqué les lois... Rien d'extraordinaire donc, pour des agents publics. Le ministère de l'Information comme le commissariat général aux Questions juives constituent toutefois pendant la guerre des administrations nouvelles. On n'y travaille pas par hasard entre 1940 et 1944, mais par choix, politique ou opportuniste à tout le moins. En outre, l'Information s'est attachée des délégués locaux, éventuellement bénévoles, sélectionnés par affinité idéologique. Pourtant, ils ne sont pas condamnés systématiquement en chambre civique, en vertu d'un simple crime d'appartenance. Un délégué peu actif ou réticent peut être relaxé et, si les délégués régionaux ou départementaux comparaissent régulièrement, les délégués cantonaux ou municipaux sont plus rares à être incriminés.

> En 1941, étant donné que je suis un ancien PSF et ennemi politique de Bergery à cause de sa naissance allemande et de sa politique pro-allemande, j'ai sollicité et j'ai accepté de prendre en main la propagande et l'information du gouvernement Pétain, croyant faire œuvre nationale. Peu après ma nomination comme délégué d'arrondissement, je me suis aperçu que la propagande que l'on me chargeait de faire, était nettement pro-allemande, surtout dans les tracts et brochures. J'ai immédiatement avisé mes délégués communaux de ne faire aucune distribution de tracts et d'attendre. Je me suis déplacé plusieurs fois à Paris et à Versailles pour indiquer mon désaccord avec ce genre de politique. J'ai été tenu à l'écart puis j'ai démissionné en septembre 1943, ainsi que la plupart des délégués communaux [...] Je n'ai jamais été rémunéré de mon temps et de mes déplacements. J'ai essayé par l'Information de rendre service à mes concitoyens et non de leur nuire (négociant en carburant, 34 ans, relaxe).

Au contraire, un délégué cantonal qui a organisé une réunion à laquelle il avait convoqué les directeurs des établissements scolaires de son ressort est considéré comme un propagandiste actif et condamné à dix années de dégradation. Mieux encore, cet épicier littéralement tombé dans la propagande. Le voilà responsable local du RNP, créateur d'une Équipe de la Révolution nationale, membre du groupe Collaboration et délégué cantonal du ministère de l'Information. Il paie de sa personne, distribue des tracts, organise des réunions et prend ses renseignements à bonne source en assistant à tous les meetings possibles. Il poursuit sa propagande jusque dans son magasin, ce qui finit par faire fuir les deux tiers de sa clientèle.

> Je savais que Déat préconisait une étroite collaboration avec l'Allemagne et j'estimais qu'il avait raison, en ce sens que, en tant que vaincus momentanément et sous la botte de l'Allemagne, il était préférable de ne pas heurter les

> occupants de crainte de représailles. Évidemment, si je m'étais contenté de tenir mon commerce, je n'aurais pas eu de crainte de représailles, mais j'ai voulu et j'ai cru travailler pour mon pays et contribuer à élargir le sort de la classe ouvrière par mon adhésion au RNP. Je faisais de la propagande par les tracts que je distribuais à domicile et parfois à mon magasin [...] Je ne me suis jamais rendu compte d'avoir eu une activité antinationale ; tout ce que je puis vous dire, c'est que j'ai peut-être été abusé par les dirigeants du RNP. D'autre part, je ne pensais pas à une victoire immédiate des Alliés et j'avais peur que nous soyons pendant de longues années sous la botte allemande, c'est pourquoi je jugeais qu'il fallait biaiser et admirais pour cela la politique du Maréchal que je croyais double.

Il est condamné à la dégradation nationale à vie, à la confiscation de ses biens et à l'interdiction de séjour dans sa région.

L'art de collaborer

Les ordonnances de 1944 retiennent aussi parmi les actes qui impliquent une dégradation nationale « d'avoir volontairement participé à l'organisation de manifestations artistiques, économiques, politiques ou autres en faveur de l'ennemi, du racisme et des doctrines totalitaires ». Ce champ est déjà largement balayé par les épurations professionnelles (qui n'excluent pas la sanction judiciaire) et labouré par les cours de justice qui, on le sait, jugent nombre de journalistes et d'écrivains. Que peut-il bien rester aux chambres civiques ?

Essayons de donner quelques exemples. Antoine B. est pensionnaire de la Comédie-Française lorsqu'en juillet 1944, il accepte de dire un poème de Drieu La Rochelle et un autre de Philippe Henriot lors d'une cérémonie d'hommage organisée en mémoire de ce dernier salle Pleyel. C'est une décision pour le moins malencontreuse, surtout à cette date. Jugé par la chambre civique le 12 novembre 1945, il est condamné à cinq ans d'indignité nationale dont il est aussitôt relevé puisqu'il est avéré qu'il diffusait le journal clandestin résistant *Bir Hakeim*. Deux ans plus tard, c'est au tour de Lucien Muratore, chanteur d'opéra et directeur de l'Opéra-Comique nommé par le ministre de Vichy fortement collaborationniste Abel Bonnard, de comparaître. À douze reprises, il a chanté sur Radio Paris, station inféodée aux Allemands et symbole de la collaboration radiophonique. Il est acquitté par la chambre civique, mais reçoit un blâme moral à cause des appointements versés par Radio Paris. Cette sanction n'existe pas dans la loi. Elle a été inventée par les juges. Le blâme est prononcé par les présidents des chambres civiques lors des jugements d'acquittement. Il signifie une désapprobation sociale ou morale, sans qu'il y ait faute sanctionnable. Il est symbolique et montre les limites des moyens dont disposent les chambres civiques.

Plus chaotique est le parcours de la cantatrice Germaine Lubin à qui on reproche de s'être régulièrement produite à l'Opéra avec des orchestres allemands et d'avoir gratifié de sa participation des spectacles à la vocation évidente de propagande : *Tristan et Isolde* en 1941 avec le Staatsoper de Berlin dirigé par Karajan, concert accompagnant l'exposition du sculpteur Arno Brecker au musée de l'Orangerie en 1942. Arrêtée et internée, elle est d'abord accusée de dénonciation à l'encontre d'un couple de domestiques. Il se dit qu'elle aurait eu pour amant le chef des services secrets de la Marine allemande à Paris. Traduite dans un premier temps en cour de justice, elle est condamnée à l'indignité nationale à vie et à la confiscation de ses biens, bénéficiant de nombreux témoignages de ceux qu'elle a aidés sous l'Occupation, à la faveur de ses fréquentations dans les milieux officiels allemands. Le commissaire de la République estime qu'« ayant sans doute voulu soutenir, aux yeux de ses admirateurs allemands une réputation brillamment acquise dans l'interprétation des rôles wagnériens, elle n'a pas eu l'attitude digne, la tenue correcte et le civisme d'une bonne Française ». Rejugée ultérieurement en chambre civique, elle voit sa peine ramenée à cinq ans.

De tels faits sont effectivement dépourvus de sens politique. On peut estimer que leurs auteurs ont désiré exercer leur activité professionnelle sans tenir compte de circonstances extérieures. Et si effectivement, ce n'est pas très estimable ou très judicieux, ce n'est pas criminel. Pourtant, un jeune homme sans carrière artistique qui s'est fait embaucher dans l'orchestre de l'organisation Todt pour échapper au STO est condamné à vingt années d'indignité. La chambre paraît avoir considéré qu'en soutenant le moral des travailleurs, ces musiciens avaient soutenu l'effort de guerre allemand…

Considérons un profil plus spectaculaire, comme celui du journaliste Claude Jamet. Normalien, agrégé de philosophie, professeur, membre de la SFIO et du comité de vigilance des intellectuels antifascistes, Claude Jamet est fait prisonnier en 1940. Libéré pour raisons de famille en 1941, il opte alors pour la collaboration par ultrapacifisme. Il tient, avec succès, la rubrique littéraire dans *la France socialiste* et la chronique théâtrale de *Notre Combat*. En 1944, il est rédacteur en chef de l'hebdomadaire *Germinal*, financé par le trust de presse allemand Hibbelen, nouvel avatar d'une presse destinée aux ouvriers qui manipule le discours de gauche pour alimenter en main-d'œuvre la machine de guerre du Reich. Après la Libération, il est emprisonné trois mois et inculpé d'intelligence avec l'ennemi en vertu de l'article 75. Mais il bénéficie d'un non-lieu devant la cour de justice, il est reversé devant la chambre civique de la Seine. Il comparaît le 5 mai 1945. Grâce à son fils, nous disposons de quelques informations sur le contenu et le déroulement de l'audience, ce qui est exceptionnel pour les chambres civiques.

Jamet se présente accompagné de sa nombreuse famille. Plusieurs témoins attestent qu'il a abrité un prisonnier de guerre évadé et évité le recensement à une jeune fille juive. Des officiers se portent garants de son patriotisme. L'accusé prend la parole pour se présenter comme un homme de gauche, qui a conservé le cap pacifiste. Il se dépeint non comme un journaliste, mais comme un critique littéraire. Il met en avant ses frictions avec des journaux collaborationnistes, affectant de prendre le heurt recuit des ambitions manipulées par les Allemands pour une confrontation politique. Il limite ce qu'on peut lui reprocher à deux articles de circonstances, l'un écrit après un bombardement allié sur Paris, l'autre écrit en juin 1944 pour déconseiller aux Français de prendre part aux combats : l'horreur de la guerre et la compassion ont seules dicté ses mots éventuellement un peu vifs. Après un réquisitoire et une plaidoirie également brefs, Jamet est acquitté.

En matière de propagande, la justice s'intéresse aussi à des entreprises plus nettement politiques. Par exemple à l'Amicale de France, créée sous les auspices du cabinet du maréchal Pétain en 1940, et à ses créateurs, à commencer par le sulfureux Gabriel Jeantet.

> Contre Jeantet d'être entré en relations, après son arrivée à Vichy en juillet 1940, avec diverses personnalités politiques favorables à la collaboration avec l'ennemi, d'avoir été inspecteur général de la Propagande, d'avoir créé une organisation de propagande dénommée l'Amicale de France, d'avoir lancé une revue intitulée « France », d'avoir mérité la confiance de l'ex-maréchal Pétain, d'être entré en liaison avec les autorités allemandes, d'avoir effectué une mission officielle en Afrique-Occidentale française (exposé des motifs, 1er septembre 1948).

Tout cela est vrai, comme le sont les services rendus par Jeantet à des résistants, ses accointances avec l'Abwehr pour quelque vague complot antinazi, son internement en Allemagne en 1944. Condamné à l'indignité nationale, il est aussitôt relevé pour services rendus à la Résistance.

Autre inculpé relevé, Dorgères, le leader avant-guerre des célèbres Chemises vertes, ligue paysanne d'extrême droite, devenu en 1941 conseiller national et délégué général de la Corporation paysanne. C'est aussi son hebdomadaire, *le Cri du sol*, paraissant en zone libre, qui est visé. Dorgères convainc en détaillant ses contacts avec des délégués du comité français de la Libération nationale : « J'ai été, en un mot, maréchaliste anti-collaborateur » (12 novembre 1945).

Les restes de la délation

On trouve aussi en chambre civique des affaires de délation. Elles sont bien sûr mineures, sans conséquence dommageable pour le dénoncé, sans quoi elles auraient été passibles de la cour de justice. Même si la ligne de séparation n'est pas toujours évidente. Les dénonciations reçoivent des sanctions assez sévères. Dix ans d'indignité nationale pour un ancien conseiller municipal d'une commune agricole qui a écrit en mars 1943 un article dans un petit journal local qui s'en prenait à la secrétaire de mairie d'origine anglaise. Dix ans aussi pour un homme qui envoyait des lettres d'injures et des dessins pornographiques à ses voisins : il n'y aurait pas eu lieu de mobiliser pour cela la chambre civique, s'il n'avait pas eu l'idée de proférer en public des menaces de dénonciation aux Allemands. Vingt ans pour un homme qui, à cause d'une histoire d'héritage, dénonce pour détention d'armes une femme âgée condamnée ensuite à une amende légère par un tribunal militaire allemand. La dégradation nationale à vie et la confiscation de 25 000 francs (6 580 euros) pour un homme qui a dénoncé à la kommandantur deux voisins qui lui avaient envoyé un petit cercueil pour le stigmatiser comme collaborateur. Condamné à vie aussi un débardeur qui, après avoir été giflé et traité de « sale boche » dans un bar, écrit au journal collaborationniste *la France au travail* pour raconter ses avanies : la police est alors prévenue. Est relaxé au contraire un homme de 83 ans qui a dénoncé à la préfecture de police comme communistes deux de ses locataires récalcitrants. L'affaire a été étouffée par l'inspecteur chargé de l'enquête. Doit-il cette mansuétude à cet heureux dénouement, à son grand âge ou à sa magnifique défense : « Je ne savais pas qu'il y avait des poursuites contre les communistes pendant l'Occupation. Je ne m'occupais pas de politique » ?

Enfin apparaissent ces cas de menées antinationales qui désignent des faits qui n'entrent pas dans les catégories définies par la loi, qui ne sont pas caractérisés, voire pas prouvés, mais révèlent un comportement qui semble blâmable. Ainsi, un couple de Mosellans est soupçonné d'avoir servi d'interprètes voire d'intermédiaires pour des réquisitions de logements, d'avoir fait un peu de marché noir, éventuellement d'avoir quelques délations sur la conscience. Une perquisition a permis de trouver chez eux une arme, des munitions, deux photos de soldats allemands. Sur ces bases assez peu substantielles, ils sont condamnés à l'indignité nationale à vie et interdits de séjour dans leur région. C'est dans ce registre qu'apparaissent aussi tous ces inculpés qui recevaient des Allemands chez eux, éventuellement dans un registre un peu mondain, qui chassaient avec eux.

Petits trafics et grands oublis

En tant que telle, la collaboration économique ne relève pas des chambres civiques. Si des affaires de collaboration économique y sont jugées, elles sont forcément d'une extrême modestie comme celle de ce cultivateur soupçonné d'avoir fait une trop bonne affaire en achetant deux chevaux à l'armée allemande pour 6 600 francs chacun (1 740 euros). Il est relaxé. De même que cette confectionneuse soupçonnée de s'être enrichie en fabriquant des tenues pour les Allemands. Ou il peut s'agir d'un marché noir limité, occasionnel. Un jeune homme qui fait les marchés est condamné à cinq ans d'indignité pour avoir mis sa camionnette à disposition des Allemands du camp d'aviation voisin pour aller chercher du vin. Après s'être fait prendre par le Contrôle économique en possession d'une quantité supplémentaire, il a fait intervenir les Allemands pour annuler son amende. Semblable est l'histoire de cet épicier pris par la gendarmerie du Morbihan en train de transporter deux tonnes de cuir et qui déclare au Contrôle économique travailler pour un bureau d'achat allemand. Il est dégradé à vie et soumis à une confiscation de 250 000 francs (66 000 euros).

Quelques propriétaires de ce qu'on a appelé les entreprises-champignons, nées à la faveur de l'Occupation, comparaissent aussi en chambre civique. Un ingénieur des chantiers maritimes de Brest a monté sa petite flotte de camions mis à disposition des Allemands. Profitant de son affiliation au groupe Collaboration, la chambre civique ajoute vingt ans d'indignité et la confiscation de tous ses biens à l'amende et à la confiscation prononcées antérieurement par le comité de confiscation de profits illicites. Assez drôlement, la chambre civique rattrape aussi par le biais d'une appartenance à la Milice, supposée plus qu'avérée, un tailleur qui avait échappé aux sanctions « en raison de la nature particulière des fournitures effectuées » (exposé des motifs, 21 mai 1946). Difficile en effet de prouver que la confection de 50 000 soutiens-gorge a réellement bénéficié à l'effort de guerre du Reich de mille ans, la clientèle fut-elle exclusivement allemande. Voici ce « milicien » condamné à la dégradation nationale à vie, à une interdiction de séjour et à la confiscation d'une somme représentant à peu près quatre années de bénéfices. Au contraire, les dirigeants d'une entreprise de travaux publics qui a réalisé 18 millions de commandes allemandes (90 % de son chiffre d'affaires sous l'Occupation) sont relaxés, comme ils ont échappé à toutes les autres sanctions en cour de justice et devant le comité de confiscation, pour avoir établi la modicité de leur bénéfice (111 000 francs, soit 29 000 euros) et les réquisitions allemandes.

La collaboration économique est toutefois considérée comme une circonstance aggravante. Ainsi arrive-t-il que le magistrat fasse rechercher si l'adhésion à un parti collaborationniste a pu améliorer les affaires d'un commerçant ou d'un industriel. Dans le cas du cogérant d'une importante entreprise de quincaillerie en gros, membre peu actif du MSR puis du RNP, ce sont ces fournitures à l'organisation Todt qui lui valent la dégradation nationale pour la vie et la confiscation de ses biens, presque jamais prononcée pour les simples adhésions politiques.

Les « questions juives »

Dans le texte de l'ordonnance du 26 décembre 1944 figurent en toutes lettres trois incriminations qui renvoient aux persécutions antisémites de Vichy : avoir porté atteinte à la liberté ou à l'égalité des Français, avoir détenu des fonctions exécutives dans le commissariat général aux Questions juives, avoir fait de propagande écrite ou orale en faveur du racisme. Or, les procédures ouvertes en chambre civique en vertu de ces charges sont exceptionnelles. Dans les dossiers de chambres civiques, il apparaît que l'antisémitisme militant constitue une donnée éclairante, se situant entre la confirmation du fait principal et la circonstance aggravante. Mais il ne se trouve guère au cœur de l'inculpation. Ainsi, un volailler de la banlieue parisienne avoue-t-il devant la police son antisémitisme militant, dénoncé par des voisins :

> Je reconnais que dès le début de l'occupation allemande j'ai collé sur la porte de ma remise des coupures de journaux tels qu'*Au Pilori* et des acrimonies contre les Juifs. J'avais également écrit sur ma porte « maison interdite aux Juifs » (1er décembre 1944).

En dépit de ces aveux, dans un premier temps, il n'est pas inculpé. Le commissaire du gouvernement, qui concède qu'il n'y a pas là matière à instruire, insiste sur le témoignage de son gendre qui aurait vu chez lui une carte du RNP et demande une nouvelle enquête. Dans un second temps (avril 1945), l'homme admet une adhésion anecdotique à ce parti. Le prétexte est alors saisi pour le mettre en accusation. Son antisémitisme est porté à son débit, au même titre que divers attentats à la pudeur et tentatives de viol sur mineures qui se sont produits sous l'Occupation (pour lesquels il n'est pas poursuivi), mais ne constitue pas l'objet du procès. Il est condamné à dix ans d'indignité nationale.

Dans la liste des organismes qui déclenchent le soupçon d'indignité nationale manquent les organisations antisémites telles que l'institut d'étude des questions juives et Amis de l'IEQJ, qui revendiquaient plusieurs milliers d'adhérents et étaient de création allemande. De manière très frappante, les membres de l'IEQJ poursuivis devant la chambre civique de la Seine ont été relaxés ou acquittés dans plus de 80 % des cas : on a trouvé moyen d'excuser leur antisémitisme par leur passivité, leur rancune, voire leur cupidité ! C'était n'importe quoi, sauf de la collaboration, donc cela peut être absous.

Au contraire, les fonctionnaires du CGQJ mis en accusation sont en fait traduits devant la cour de justice. Quant à l'aryanisation économique, elle échappe aux chambres civiques : les dossiers concernant par exemple des administrateurs provisoires y sont rarissimes. Ils ne sont rattrapés qu'à condition d'avoir commis un autre délit. Le gérant commis à la liquidation de deux magasins juifs de meubles est poursuivi pour avoir dénoncé à la kommandantur des voisins qui le traitaient de collaborateur. Il est condamné à l'indignité nationale à vie, bien que sa délation soit restée sans conséquence. En outre, 25 000 francs (6 600 euros) lui sont confisqués, sanction peu courante dans les affaires de dénonciation sans dommage. Il est en réalité apparu durant l'enquête que son travail contre des commerçants juifs lui avait rapporté 22 000 francs. C'est donc une sanction collatérale qui est prononcée, mais non explicitée par la justice. Le cadre juridique existe, les magistrats ont conscience que les actes ou les propos antisémites doivent être punis. En même temps, ils ne poursuivent et ne sanctionnent qu'à l'abri d'autres incriminations, qu'ils estiment peut-être plus consensuelles.

La vérité de la collaboration politique

De fait, la majorité des affaires présentées en audiences concerne l'appartenance à des partis ou des organisations collaborationnistes, selon la liste arrêtée officiellement : SOL, Milice, groupe Collaboration, Phalange africaine, Légion tricolore, LVF, Amis de la LVF, Parti national collectiviste, RNP, COSI (comité ouvrier de secours immédiat), Service d'ordre prisonnier, PPF, parti franciste, MSR. À de très rares procès près, on se trouve en chambre civique en présence du degré zéro de la collaboration politique. Les collaborationnistes avaient reconnu sous l'Occupation qu'ils étaient ultra-minoritaires dans la société française, touchant bien moins d'un pour cent de la population. Brasillach parlait même des partis qui s'improvisent « avec douze adhérents et une caisse » (*Révolution nationale*, 30 octobre 1943). À lire les archives des chambres civiques, on mesure que leurs restrictions étaient encore trop optimistes eu égard à la véracité des chiffres d'adhésion (dont la plupart semble avoir été des adhérents fantômes) et à la qualité de l'engagement de leurs militants.

> L'acte d'accusation porte que j'ai fait de la propagande. Si c'est comme PPF, je puis vous faire connaître que quand j'ai adhéré au parti au mois de janvier 1941, la section de Sannois comptait cinq membres et quand je suis parti en Allemagne au mois de janvier 1942, il n'y avait plus qu'un membre pour une

> ville de 13 000 habitants [...] Quant à mes fonctions de secrétaire, elles étaient purement théoriques du fait du nombre insuffisant des adhérents et jamais aucune réunion n'a eu lieu (représentant de commerce, travailleur volontaire en Allemagne, 57 ans, indignité nationale à vie, confiscation de la moitié des biens).

La plupart des dossiers mentionne une adhésion au RNP ou au PPF, éventuellement au COSI, au groupe Collaboration, au MSR, au francisme. Les cas d'appartenance à la Milice, au SOL, à la Légion tricolore, à la LVF sont en général ambigus, mal établis car, sinon, ils relèveraient plutôt de la cour de justice. Les autres associations listées par l'ordonnance, très marginales, ne se retrouvent que ponctuellement, au hasard par exemple d'une implantation locale.

Sont absents de cette liste certains partis collaborationnistes des débuts de l'Occupation : parti national-socialiste français, Parti social-national de France, Croisade française du national-socialisme, Parti français, Gardes françaises, Front de la jeunesse, Jeune Front (dont le leader, Robert Hersant, est toutefois condamné à dix années d'indignité), le Feu, Ligue française d'épuration..., mouvements groupusculaires d'illuminés qui ont périclité en quelques mois. Le législateur a considéré avec raison qu'il était inutile de s'y attarder et que les plus enragés de leurs membres se retrouveraient sous la bannière d'autres formations. N'y figurent pas non plus en tant que tels les mouvements autonomistes liés à l'Allemagne, par exemple en Bretagne, en Corse, en Flandres, non plus que la nébuleuse des organisations implantées en Alsace et Lorraine. Peut-être entend-on nier ainsi l'idée même des séparatismes régionaux et réserver l'évaluation du cas alsacien. Dans la pratique, toutefois, de nombreux Alsaciens et Mosellans seront traduits en chambre civique pour leur appartenance aux organisations nazies, ce qui posera systématiquement la question du volontariat ou non de l'adhésion. Quant à la collaboration avec l'Italie, elle ne sera prise en compte qu'au niveau local dans l'ancienne zone d'occupation italienne. Sont aussi absentes les organisations jugées trop infimes en nombre mais trop compromises en action pour que leurs membres ne soient de toute façon incriminés par ailleurs : comité d'études antibolcheviques, comité d'action antibolchevique, CIOS. La prolifération, voulue par les autorités d'occupation et entretenue par les vanités concurrentes, rend l'exhaustivité non pertinente.

On ne trouve pas non plus d'organismes émanant de Vichy tels que la Légion française des combattants (au risque de traduire des centaines de milliers de Français en justice !), non plus que l'Amicale de France, les Amis du Maréchal (pourtant tolérés en zone occupée et dont certains membres actifs seront condamnés à mort en cour de justice pour leur collusion avec l'Abwehr), les

Équipes nationales, Jeunesse de France et d'Outremer... Ce qui émane de Vichy n'est pas jugé globalement indigne, en dépit de l'incrimination automatique de tous les membres de ses gouvernements. Cette différence de traitement pénalise l'ancienne zone occupée, première terre d'implantation des partis collaborationnistes (le groupe Collaboration n'est autorisé en zone libre qu'en novembre 1941 ; le RNP et la LVF l'année suivante).

Manquent enfin des organisations d'avant-guerre que les comités locaux de libération ou d'épuration tiennent souvent pour des indicateurs, des prémices du ralliement à Vichy et à la Collaboration : l'Action française, les ligues et le PSF. Ces noms apparaissent dans les dénonciations ou sont considérés par les nouvelles autorités locales ou la police comme des éléments à charge. Ainsi un rapport de police assimile-t-il l'adhésion avant-guerre au PSF à des sympathies pour les États totalitaires et pour le fascisme. Ces affiliations se retrouvent d'ailleurs dans le parcours des délégués du ministère de l'Information de Vichy, puisés par prédilection parmi les « nationaux ».

> Politicien violent et vindicatif. Homme d'affaires avant tout. A appartenu aux Croix-de-Feu et au PSF ; action et rapport avec les Jeunesses patriotes. Pendant l'occupation avait des relations suivies avec les officiers allemands qu'il recevait chez lui. Délégué à l'Information pour trois cantons de l'arrondissement. Avait placé dans la commune des délégués anciens PSF (notice individuelle d'Armand W., remplie par le maire de Bonnières, 15 mai 1945).

Surgit aussi de temps à autre dans les dossiers des soupçons d'appartenance à la « Rose des vents », une organisation antisémite et collaborationniste, mais très marginale. Elle dérivait de l'émission du même nom qui passait entre 1940 et 1944 sur Radio Paris et qui, sous prétexte de sonder l'opinion, collectait les dénonciations pour les transmettre à la police.

L'adhésion de rencontre ou d'opportunité

Pour ces inculpés d'appartenance, il s'agit bien sûr de se défendre à tout prix. Le moyen le plus commode est de dénier toute valeur à leur adhésion, à défaut de pouvoir en nier la réalité (par exemple quand existe un document écrit tel qu'une carte ou une liste). Si l'on se souvient que cette inculpation est la plus fréquente et que les chambres civiques ont prononcé de très nombreuses relaxes ou des condamnations pour des temps relativement courts, on peut deviner que ce système de défense a bien fonctionné. À moins d'estimer que magistrats et jurés étaient largement disposés à la complaisance, il faut reconnaître que ce système de défense emporte souvent la conviction et se demander pourquoi.

Confronté à l'évidence de son adhésion, l'inculpé tend naturellement à la minimiser. Pour ce faire, il essaie de démontrer qu'elle a été contractée sans conviction, qu'elle n'a pas duré et qu'elle n'a impliqué aucune activité réelle.

La première ligne de défense consiste à expliquer que l'on a adhéré pour trouver un travail ou pour obtenir un résultat matériel peu ou prou vital.

> Je suis resté au chômage pendant quatorze mois et, comme j'avais entendu dire que les membres du RNP avaient facilement du travail et ne partaient pas en Allemagne, je me suis rendu à la permanence de ce parti en vue d'y adhérer. J'ai assisté deux ou trois fois à des réunions sur invitations de ces messieurs qui me rappelaient que j'étais redevable de plusieurs cotisations. Ce groupement m'a procuré par la suite du travail (comptable, 44 ans, 5 ans d'indignité nationale).

Dans un registre voisin, un mécanicien de 68 ans explique qu'il est entré au PPF pour faire pression sur son employeur qui prétendait le priver de sa retraite. « À la suite de mon adhésion au PPF, j'ai touché une partie de ce qui m'était dû » (5 ans d'indignité nationale). Des femmes seules mettent en avant la nécessité économique de cette démarche, absolument pas politique.

> Pendant le cours de l'Occupation, je travaillais au camp de Satory en qualité de manœuvre ; en 1941, après le licenciement quasi-total du personnel civil français, je me trouvais sans travail avec ma mère à ma charge. Une pression fut exercée sur le personnel, principalement dans les jeunes, nous laissant entendre qu'une adhésion au RNP était susceptible de nous faire reprendre notre poste (dactylo, 21 ans, relaxée).

On se souvient des difficultés rencontrées sous l'Occupation par les petits responsables locaux pour trouver des adhérents. Elles leur valaient des rappels à l'ordre. « Je n'ai pas exercé des actions de prosélytisme pour le compte de ce parti mais je reconnais toutefois avoir essayé de recruter quelques membres pour le PPF à la suite de reproches qui m'avaient été faits sur ma passivité » (chauffeur, 25 ans, secrétaire du PPF dans une ville moyenne, indignité nationale à vie). Ils ont donc été poussés à faire feu de tout bois, à commencer par le harcèlement, les sentiments ou la tromperie :

> Le droit d'entrée à cette organisation était de 10 francs et, de ce fait, on obtenait la délivrance d'une carte de JPF [Jeunesses du PPF]. C'est bien sûr l'insistance de Philippe R. que j'ai adhéré aux JPF. Ce dernier […] s'occupait surtout de recrutement. À force d'insistance et de promesses, il a fini par recueillir les adhésions de D., d'I. et de moi-même […] R., pour arriver à ses fins, nous promettait de nous faire obtenir des vêtements, des chaussures, etc. (jeune homme, 19 ans, 5 ans d'indignité nationale).

> J'ai adhéré au PPF au mois de juillet 1942 sur la pression de B. qui était un ami. Las de le voir continuellement pour le même motif, je lui ai donné mon adhésion de principe et lui ai donné 60 francs, croyant en être quitte. Par la suite, j'ai reçu des convocations pour assister à des réunions auxquelles je ne me suis jamais rendu. Je n'ai eu qu'une fois l'occasion de me rendre au café des Fleurs à M. où se trouvait B. et où était venu un représentant du PPF de Paris, en tenue et saluant à l'hitlérienne. C'est à ce moment que j'ai compris les véritables buts du PPF et j'ai aussitôt donné ma démission par lettre recommandée à B. qui n'a pas voulu l'accepter (voyageur de commerce, 30 ans, relaxé).

Le comble est peut-être atteint par ce marchand de nouveautés prosélyte qui consent un rabais de 25 % aux clients membres du RNP et, pour bien faire, distribue lui-même les cartes !

Le deuxième élément constamment mis en avant par les inculpés est la brièveté de l'engagement. Ne pouvant nier la matérialité d'une carte de membre revêtue de timbres de cotisation, l'inculpé affirme n'avoir appartenu au parti que le temps qui apparaît sur la carte. Aussi long qu'il ait été, il est toujours présenté comme bref. Quand les preuves sont moins explicites, l'affirmation la plus courante est que l'on n'a payé qu'une fois, qu'on n'a ensuite plus donné signe de vie. L'absence de démission formelle est expliquée soit par l'indifférence (ce qui montre à quel point on n'y accordait aucune importance), par la crainte ou, au mieux, par une prise de conscience de l'erreur commise.

> Je n'ai assisté qu'à une seule réunion [...] Je n'ai payé qu'une seule cotisation au moment de mon entrée à ce parti mais je n'en ai jamais payé d'autre. Étant dans le commerce et constamment espionné, je n'ai pas envoyé ma démission par crainte de représailles (grossiste en fruits et légumes, 60 ans, RNP, 10 ans d'indignité nationale).

Il importe enfin d'insister sur l'absence de participation à la vie et à la propagande du parti. On n'est jamais allé qu'à une seule réunion, voire à aucune. On n'était pas abonné au journal du parti et si on le recevait, si l'on recevait des courriers, du matériel de propagande, c'était sans l'avoir demandé.

> Je n'ai jamais eu à démissionner du groupe Collaboration, n'y ayant jamais adhéré et n'ayant versé aucune cotisation. Ce groupe m'inondait littéralement de journaux (architecte retraité, 78 ans, 5 ans d'indignité nationale).

On n'a évidemment jamais porté l'uniforme : les voisins qui l'affirment se sont trompés ou sont de mauvaise foi. On ne collait pas d'affiches, on ne distribuait pas de tracts et, d'ailleurs, on n'a jamais prononcé un mot pour recruter ni une parole en faveur de la collaboration. On a même essayé de contenir la propagande imposée.

> Toutes les brochures et articles de propagande étaient détruits au fur et à mesure de leur arrivée [...] Je n'ai jamais voulu faire de réunion de propagande ni accepté le passage sur un écran des films de propagande malgré l'insistance du siège de Paris (outilleur dans l'industrie automobile, responsable local du COSI, 46 ans, relaxe).

Et pourtant, il y a du vrai dans tout cela.

L'impossible militant

Ces justifications ont beau être plus ou moins sincères, plus ou moins tronquées, arrangées, elles éclairent ce que furent les partis collaborationnistes entre 1940 et 1944, comment ils recrutaient et comment ils géraient leurs membres ordinaires et anonymes.

Aussi inouï que cela nous paraisse, leur nature et leurs buts véritables sont sur le moment méconnus. Le discours du parti, entendu pendant un meeting d'importance ou lu dans des documents de propagande, fait éventuellement découvrir l'évidence de son inféodation aux Allemands et de son soutien à la collaboration. Mais on constate plus généralement que chacun n'entend que ce qu'il veut entendre et qui correspond déjà à ses préoccupations ou à ses désirs.

D'autre part, les partis usurpent la légitimité de Vichy et plus encore celle du maréchal Pétain. En zone occupée, ils donnent tous à croire qu'ils sont le relais d'une forme de patriotisme mâtiné de raison.

> J'ai adhéré à ce parti [franciste], car j'avais une vive admiration pour le Maréchal, je croyais voir en Marcel Bucard un chef capable et honorable. Je me suis aperçu au bout d'un certain temps que j'avais commis une grosse erreur (étudiant à Sciences Po, 24 ans, 5 ans d'indignité nationale).

> Au moment de mon adhésion au PPF, je l'avais mis au courant en lui indiquant que je connaissais un parti « du Maréchal » qui s'occupait du retour des prisonniers et des revendications ouvrières (débardeur, 37 ans, indignité nationale à vie, interdiction de séjour dans deux départements).

En cela, Vichy et Pétain portent évidemment une responsabilité accablante dans le fourvoiement d'un certain nombre de Français crédules mais de bonne foi.

L'adhésion sur la forme existe bel et bien. Les partis accueillent des personnes qui veulent se faire des relations ou des jeunes qui ont besoin d'un encadrement, qui désirent une appartenance, un engagement, à la limite quels qu'ils soient.

> J'ai éprouvé le besoin dès la prime jeunesse de faire partie d'un groupement de jeunes. Malheureusement, le scoutisme n'existait plus en 1940. La seule organisation analogue qui s'offrait à moi à Sannois fut celle du RNP, aussi n'hésitais-je

pas à lui donner mon adhésion, indépendamment de toute idée politique. [...] Je me suis abstenue de toute propagande, cependant je dois reconnaître qu'une fois, j'ai distribué des tracts. C'était une corvée que je tachais d'éviter mais que je n'ai pas pu éviter ce jour-là (étudiante en philosophie, 24 ans, chef du groupe de jeunes filles de la section locale des JNP, membre de la commission exécutive locale, 5 ans d'indignité nationale).

Fin novembre 1942, à l'âge de 20 ans, désireux de chercher ma voie et de quitter la vie sans grandeur de la métropole, je fus tenté par un départ aux colonies et je demandai des renseignements à la Phalange africaine à Vichy dont le nom me semblait sonner plein de promesses. Je reçus en retour une carte ouverte qui, en me conseillant de m'adresser à la Légion de Volontaires français contre le bolchevisme, trahissait l'appartenance politique de ce mouvement, et je ne voulus donner aucune suite [...] Au mois de décembre 1942, je me suis intéressé à la constitution des Équipes nationales créées à l'origine dans un but uniquement social et j'avais reçu mission par la préfecture de Seine-et-Oise d'en organiser la formation dans le canton de Gonesse. Après avoir eu la certitude au cours d'une réunion de cadres à Paris à la mi-janvier 1943 que ce mouvement ne cherchait pas seulement à se consacrer aux tâches sociales, je le quittai. Le 10 mars 1943, au moment de mon départ en Allemagne [pour le STO], je venais de m'affilier à la Jeunesse ouvrière chrétienne (employé de banque, 23 ans, relaxe).

Il flotte parfois dans ces dépositions un consternant remugle de Lucien Lacombe... Voici les explications fournies par un étudiant en droit qui a volé les bustes de la République dans la mairie et la préfecture de sa ville pour les remplacer par les photos de Doriot et Pétain, ainsi que les plaques des rues portant les noms des États-Unis ou du général Pershing (dont la statue a été couverte de graffitis) :

Toutes les expéditions que nous avons effectuées ont été ordonnées par les membres directeurs du parti [...] en général nous considérions ces expéditions comme un sport et nous les exécutions en accord avec les jeunes du mouvement Franciste et RNP [...] Je regrette mes erreurs passées et je crois que mon attitude pendant la Libération est susceptible de le prouver, ayant appartenu aux FFI d'Aigoual, Cévennes, en qualité de chef de groupe d'un corps franc (indignité nationale à vie, interdiction de séjour dans trois départements).

Entrent aussi dans cette catégorie ceux qui veulent se rendre utiles et participer à des œuvres sociales, à des actions d'assistance ou d'entraide.

– Pourquoi avez-vous adhéré à la Milice ?

– Parce que je pensais qu'on s'y occuperait d'œuvres sociales. C'est là-dessus que portait la propagande (rapport d'expertise neuropsychiatrique de Maurice A., 37 ans, ingénieur, indignité nationale à vie).

L'approbation sur le fond des idées est plus rare. Elle renvoie alors à l'anticommunisme, à l'antisémitisme, éventuellement au pacifisme, presque jamais au fascisme ou au nazisme.

> J'ai horreur de la guerre, de l'Occupation. Nous nous sommes crus vaincus. Mais que faire pour alléger la souffrance de nos prisonniers, pour sauver des déportés [du travail] sinon de faire contre mauvaise fortune bon cœur et d'entrer dans les vues de la « collaboration », tout en gardant au fond de son cœur l'amour de la France ? (secrétaire, 26 ans, COSI, indignité nationale à vie).

Mais beaucoup de ces « professions de foi » montrent une pensée politique confuse et limitée, qu'il n'est pas difficile d'exploiter et de leurrer. L'anticommunisme fait recette.

> J'ai été membre du PPF de la section de Juvisy-Viry, j'ai adhéré à ce mouvement au début de 1942. J'en ai fait parti environ deux mois. J'ai adhéré à ce mouvement car je pensais que celui-ci avait des idées françaises, comme je pensais anticommuniste, et que c'était les idées de ce parti. J'en ai fait parti sur les conseils de M. L., qui tenait un bureau de tabac rue Pasteur à Juvisy. Celui-ci m'avait parlé que dans ce parti, on y parlait anticommuniste et anti-franc-maçon. En effet, comme j'avais assisté à une réunion qui s'était tenue dans ce tabac et qu'on y avait parlé dans ce sens, j'avais adhéré sur ses conseils (dessinateur, 32 ans, relaxé).

Au fond, les plus engagés sont devant les cours de justice et pas en chambre civique.

Une poignée de misérables convaincus

Dans ce flot d'adhérents de rencontre et de membres évanescents, le militant convaincu est une rareté, pour ne rien dire du militant conscient de ce qu'il fait. On décèle juste quelques inculpés en chambre civique qui assument leur appartenance.

Marcel S., rentier de 53 ans, a été le secrétaire du PPF à Versailles (il sera condamné à l'indignité à vie). Bien qu'il minimise l'activité de sa section, il admet l'ancienneté et la pérennité de ses opinions :

> En 1923, j'étais abonné au journal *la Victoire* qui avait pour rédacteur principal Gustave Hervé ; j'admirais la politique de cet homme qui aurait voulu que la France soit gouvernée par une République autoritaire. Jusqu'en 1934, j'avais suivi la politique du colonel de La Rocque qui, d'ailleurs, m'a déçu. À cette époque, un nouvel homme politique [Jacques Doriot] apparut sur la scène. Cet homme qui venait de la classe ouvrière et avec ses idées nouvelles m'avait emballé et séduit. Je l'ai donc suivi sans pour cela assister à toutes ses réunions [...] Je ne cache pas que j'ai été doriotiste comme je ne cache pas que j'ai été un admirateur du

Maréchal et que je vénère encore actuellement parce que je le considère comme un grand soldat et le brillant vainqueur de Verdun.

Les professions de foi se font souvent a minima, sur le terrain de la réconciliation franco-allemande porteuse de paix. Les enquêteurs, d'ailleurs, ne poussent guère les inculpés dans leurs retranchements.

J'ai adhéré au RNP quelque temps après la création de ce mouvement. J'étais favorable à la politique du Maréchal et je considérais que l'entente avec l'Allemagne était le meilleur moyen d'éviter les guerres dans l'avenir (couturière, 43 ans, indignité nationale à vie).

Mais, si les dépositions sont évidemment timides, il en va tout autrement des lettres saisies au cours de perquisitions :

Mes idées non jamais changé. Je suis national socialiste et je suivrai immédiatement un parti qui sera véritablement national socialiste. Pour le moment je n'en voit aucun en France. La seule révolution sera à mon avis sorti des hommes de la LVF et des Waffen SS (lettre de Franck A., mécanicien, 37 ans, membre successivement du RNP puis du PPF, indignité nationale à vie, interdiction de séjour dans la Région parisienne, confiscation de tous les biens).

Il peut aussi s'agir de légitimer une affiliation à un parti qui existait déjà avant-guerre. C'est le cas du francisme, créé en 1933 ou du PPF, formé en 1937. Dans ces conditions, l'accusé se sent justifié : il n'a fait que rester fidèle à ses convictions. Les circonstances ont changé tandis que lui demeurait constant. Fidélité aussi que l'adhésion au MSR pour les anciens cagoulards, même si l'étiquette n'est pas très facile à porter. Cela s'appelle avoir le courage de ses opinions… ou s'enferrer :

En 1937, j'ai été perquisitionné par un commissaire spécial venu de Paris ; je suppose qu'il dirigeait une enquête dans laquelle j'étais désigné comme détenteur d'armes pour le compte de la Cagoule. Avant la guerre j'appartenais au PSF et avant à l'association des Croix-de-Feu. Je n'ai pas donné ma démission de ces partis, mais depuis un certain temps déjà, je m'en suis désolidarisé, surtout depuis le désaveu public infligé à Deloncle. En adhérant à un parti dit de collaboration, je n'ai recherché aucun avantage matériel ni moral, mais j'ai voulu me rapprocher de M. Deloncle pour m'assurer de sa loyauté, notamment à la suite de la perquisition dont j'avais été l'objet. Je ne suis pas le collaborateur notoire qu'on prétend, mais j'ai toujours pensé qu'en France, nous étions assez grands pour nous conduire nous-mêmes, sans avoir besoin de l'étranger (entrepreneur, 50 ans, 10 ans d'indignité nationale).

Convaincu aussi cet autre membre du MSR, secrétaire de section qui fréquentait assidûment les réunions du parti et en diffusait la propagande de son mieux :

> Je reconnais avoir délibérément signé une prestation de serment à la LVF destinée au Maréchal Pétain à l'occasion de la nouvelle année [1942]. J'étais nettement pour la politique du Maréchal Pétain et pour la collaboration franco-allemande suivie par son gouvernement. J'étais un admirateur de la LVF et je croyais fermement à la victoire allemande (imprimeur, 30 ans, indignité nationale à vie, interdiction de séjour de 20 ans dans trois départements).

Régulièrement, le lien est établi entre le choix de la collaboration active et l'obéissance à Pétain.

> Je reconnais que j'ai agi et pensé PPF, ayant eu confiance en notre chef Doriot et plus particulièrement en Pétain. Je reconnais que lorsqu'il m'arrivait de parler politique avec des gens de Sannois, je soutenais la politique du Maréchal ce qui n'avait pas toujours l'air de plaire à mes interlocuteurs. Cependant, je n'ai jamais eu de discussion. J'étais collaborateur dans le sens de Montoire. En 1942, je suis parti travailler en Allemagne volontairement, mettant en application les directives de mon parti et du Maréchal en ce qui concernait la Relève. J'ai la conviction que mon geste a permis le retour d'un prisonnier. [...] Au début, j'ai montré mes idées à mes camarades de travail français, mais je me suis aperçu bien vite qu'ils ne suivaient pas et je me suis abstenu ensuite de parler politique [...] J'ai toujours été un bon Français. Je me suis peut-être trompé politiquement mais j'ai toujours été de bonne foi car mon activité ne m'a rien rapporté, bien au contraire (représentant de commerce, 57 ans, indignité nationale à vie et confiscation de la moitié des biens).

Mais ces convaincus qui admettent et expliquent leur engagement demeurent des exceptions. Même aux plus militants, il faut arracher les mots de la bouche. Voici Paul L., un ajusteur de 42 ans qui appartenait avant-guerre à la SFIO. Après l'armistice, il est entré au RNP et a été délégué départemental du Front social du travail. En 1942, la Fédération des métaux l'a désigné comme représentant des salariés au conseil des prud'hommes dont il a pris deux ans plus tard la présidence. Il était alors nommé conseiller juridique au ministère de l'Information. Au moment de se justifier, il se montre extrêmement prudent :

> Après l'armistice de 1940, j'ai voulu continuer à me consacrer aux questions sociales [...] J'ai rédigé une circulaire sollicitant les ouvriers d'adhérer au Front social du travail [...] et j'ai recruté environ 70 adhérents [...] Le programme du FST voulait réaliser la réconciliation franco-allemande, la participation effective de la France à la construction de l'Europe nouvelle dotée d'une économie distributive, la création d'un bloc économique eurafricain procédant à la mise

> en œuvre de toutes les richesses inexploitées de l'Europe et de l'Afrique, une Europe unie. Je considérais ce programme comme constituant seulement de belles phrases ; dans ma circulaire, je parlais seulement de l'avènement du socialisme, but de nos efforts [...] j'ai adhéré au RNP et au FST parce que je pensais que c'était le seul moyen de défendre la cause syndicaliste et ouvrière dans un moment où on n'avait pas la liberté de pensée.

Il est condamné à vingt ans de dégradation nationale.

Marie-Thérèse R. a été cheftaine départementale des Jeunesses féminines du PPF avant de devenir cheftaine des Équipes nationales dans l'Yonne. « J'avais des opinions personnelles bien nettes », concède-t-elle, tout en niant farouchement avoir jamais essayé de les faire partager...

Les vrais procès politiques devant les chambres civiques n'existent presque pas, hormis dans la Seine qui regroupe les célébrités et les exceptions nationales. C'est ainsi que se tient tardivement (en avril 1948) l'audience concernant Jean-Marie Clamamus et d'autres parlementaires et conseillers généraux membres du Parti ouvrier et paysan français (POPF), créé par les communistes en rupture avec le PC après le pacte germano-soviétique de 1939. Cette organisation ne figure pas dans la liste des organisations de collaboration. Pourtant, la presse communiste vomit le POPF au même titre que le PPF et on se souvient que plusieurs de ses dirigeants ont été victimes d'attentats sous l'Occupation. Clamamus, justement, les raconte à l'audience, à commencer par celui qui a coûté la vie à son fils en août 1944. Utilisant la salle du tribunal comme une tribune et profitant de la présence de la presse (si peu fréquente en chambre civique), lui et ses coaccusés essaient de faire le procès du PC et de ses revirements. Stratégie un peu moins risquée en 1948 qu'en 1944-1945. Il est puni de dix ans d'indignité nationale, tandis que ses coaccusés reçoivent cinq ans.

Abus de confiance

Tout bien considéré, on entre rarement dans un parti collaborationniste pour de « bonnes » raisons, c'est-à-dire par adhésion au programme réel de cette organisation et avec la volonté d'en servir les buts. Beaucoup d'adhérents croient y trouver tout à fait autre chose que ce qu'ils offrent. Les directions de ces partis en sont tellement conscientes que leur marchandise avariée est souvent vendue sous des formes trompeuses et par lot. C'est l'illusion de contribuer à améliorer le sort du pays, des prisonniers de guerre, voire de faire rentrer des prisonniers, ou même un prisonnier auquel on s'intéresse personnellement.

> Je me suis compromis par mon adhésion pensant, selon des promesses faites alors, que cette action favoriserait d'abord le retour des prisonniers français

> d'Allemagne, puis adoucirait les conditions imposées à la France. J'ai cessé tout rapport avec ces groupements, constatant leur inefficacité, plus d'un an avant la Libération (quincaillier en gros, 34 ans, membre du MSR puis du RNP, commerce avec l'organisation Todt, indignité nationale à vie et confiscation des biens).
>
> J'ai appartenu trois mois au parti le Francisme pour pouvoir faire libérer mon gendre qui était prisonnier. Voyant que je n'obtenais pas de résultat, j'ai donné ma démission de ce parti pour appartenir ensuite aux Amis du Maréchal (commerçant, 52 ans, 5 ans d'indignité nationale).
>
> Je me suis laissé inscrire, je dis bien « laissé inscrire » car à Enghien, à cette époque, cet organisme s'occupait de la libération de prisonniers et c'est dans l'espoir de faire libérer un de mes fils que j'ai consenti à mon inscription au RNP (directeur du casino, 61 ans, relaxe).
>
> J'ai adhéré au RNP autour de l'année 1940 et ceci sur l'instigation de Monsieur M... qui me promit que cette adhésion faciliterait le retour de mon pupille D... Jean, prisonnier de guerre dont j'avais un besoin urgent pour la bonne marche de ma ferme où j'étais seule. Comme beaucoup d'autres femmes, j'ai eu confiance dans les dires de M. M... et j'ai donc versé une cotisation. Celle-ci fut d'ailleurs la seule que j'ai versée car je m'aperçus bien vite que cet individu avait profité de ma crédulité (cultivatrice, veuve, 42 ans, relaxe).

C'est le travail que le parti peut procurer, l'aide matérielle qu'il peut offrir, le moyen d'échapper au STO qu'il donne en échange. Les enrôlements sont masqués : on croit donner pour une action caritative, on pense participer à une entreprise civique, on est persuadé de s'abonner à un journal et on se retrouve encarté.

> Sinistré partiel le 2 avril 1942, je suis venu à la mairie, comme tous les sinistrés, faire ma déclaration et j'ai également touché un secours. Au mois de juillet, deux messieurs se sont présentés chez moi comme inspecteurs du COSI de Paris. Ils m'ont demandé de m'occuper des sinistrés et que ce travail consistait simplement à venir en aide aux sinistrés (outilleur dans une usine d'automobiles, 46 ans, relaxé).

On remarque dans l'affiliation au groupe Collaboration – au prestigieux et rassurant comité d'honneur – une démarche qui doit moins à la conviction qu'au snobisme et à l'opportunisme économique, chacun se trouvant flatté de côtoyer des notables et d'en tirer quelque profit. Le recrutement par cooptation prend très bien dans les villes bourgeoises où l'on est flatté d'être distingué. Cette impression de confortable respectabilité, au contraire de l'aventureux arrivisme des partis, ces activités paisibles et « culturelles » expliquent aussi l'impact du groupe en zone libre où il compte un tiers de ces adhérents. Le pedigree des adhérents comme la vanité de leurs motivations expliquent aussi sans doute la plus grande mansuétude des chambres civiques à leur égard.

Enfin, l'adhésion initiale peut entraîner une sorte de spirale infernale pour les recrues les plus faibles ou les moins lucides. Ainsi, pour cet ingénieur entré dans la Milice en mai 1944 :

> - Pourquoi n'avez-vous pas démissionné ensuite ?
>
> - Une fois qu'on est dans l'engrenage, il est difficile d'en sortir. On n'ose plus se récuser.
>
> - Pourquoi avez-vous fui en Allemagne ?
>
> - J'avais donné mon adhésion. Je ne pensais pas qu'on nous emmènerait jusqu'en Allemagne. Après Nancy, il n'y avait plus de moyen de communication pour revenir.

Gribouille finit par se jeter à l'eau de peur d'être mouillé. C'est l'histoire de Madeleine C., dégradée à vie et interdite de séjour dans sa région d'origine. Tout juste majeure en 1940, voulant fuir sa famille, elle part travailler en Allemagne dès le mois de novembre. Femme de chambre dans une famille de la bonne bourgeoisie, elle connaît diverses tribulations en se mêlant à d'autres travailleurs volontaires et doit même acquitter une forte amende à la justice allemande. Rentrée en 1943, elle devient femme de ménage dans un cantonnement allemand et s'affilie au parti franciste.

> J'ai adhéré au parti franciste sachant que cette formation était une branche de la collaboration. J'y suis entrée parce que beaucoup de mes camarades en faisaient partie. [...] je suis entrée à la Milice car je craignais des représailles de la part des habitants de mon quartier qui m'en voulaient à cause de mon départ volontaire en Allemagne.

Bref, le recrutement des partis collaborationnistes mélange avec ardeur escroquerie, entôlage, chantage et fatalité. Mais pourrait-il en être autrement quand un nombre si infime de partisans de la collaboration ou de la victoire allemande est la proie de tant de formations concurrentes ? En juin 1941, par exemple, malgré une débauche de propagande et une masse de recrutements frauduleux exploitant la vulnérabilité des familles de prisonniers et des chômeurs, le RNP ne compte peut-être que 20 000 membres. L'escroquerie, remarquons-le, n'est pas financière, les cotisations se caractérisant par leur modestie (au plus une dizaine d'euros), sous peine, sans doute, de tarir tout à fait les recrutements. Ce n'est pas dans la poche de leurs membres que les partis recherchent leur financement, mais dans celles des Allemands et dans des entreprises où le marché noir le dispute au brigandage. Ces formes de recrutement illustrent la duperie que fut plus généralement la Collaboration qui prétendait pourtant parler au nom du réalisme.

En définitive, beaucoup d'adhérents paient devant les chambres civiques leur naïveté, leur bêtise, leur opportunisme et une incapacité désolante à voir que les conditions de l'engagement dans une formation politique sont radicalement modifiées par les circonstances de l'Occupation.

Une juridiction au rabais

Après avoir détaillé la typologie des comparutions en chambre civique, comment se garder des sentiments éprouvés par les contemporains : indifférence, ironie, accablement ? La législation initiale qualifie l'indignité nationale de crime. La sanction s'y conçoit comme la plus lourde et la plus infamante en dehors de la peine de mort. Or, de l'avis général, qui est puni de dégradation nationale s'en tire à bon compte. Les parlementaires renforcent cette orientation par la loi d'amnistie de 1951 qui transforme la dégradation en peine correctionnelle, en réduit la durée à vingt ans maximum, amnistie de plein droit tous les condamnés à moins de quinze ans et réduit les incapacités liées à l'indignité.

La « loi d'honneur » passe pour le débarras des affaires mineures et, pour tout dire, sans intérêt. Elle ne déshonore pas, elle ne déconsidère même pas ceux qu'elle frappe. Au plus, elle gêne, elle complique la vie. La belle affaire ! Ceci explique pourquoi tant de préfets renvoient en internement certains des premiers condamnés des chambres civiques : la sanction paraît si insignifiante qu'elle scandalise les populations.

Du fait de cette banalisation, celui qui passe en chambre civique est tenu pour un de ces fameux « lampistes » dont se régalent les critiques de l'épuration. De ce qui devait être exemplaire, l'usage fait la limite basse de la collaboration, le plus petit dénominateur de la faute. Pour les journalistes, qui ne prennent guère la peine de rendre compte des audiences, les incursions en chambre civique procurent juste quelques occasions de ridiculiser la collaboration, et plus encore ceux qui la jugent sous ces espèces. La forte proportion de femmes parmi les accusés renforce l'impression que les chambres civiques sont des juridictions mineures. Dès lors qu'elles traitent en grand nombre des relations sexuelles sans intérêt de pauvres filles ou de femmes dépravées, comment les prendre au sérieux ? Qui dit femmes dit alors êtres faibles, influençables, inconstants. Ainsi, les travailleuses volontaires sont encore moins nombreuses à comparaître que les travailleurs volontaires. Comme le montrent les documents officiels de l'époque, elles n'inquiètent pas pour leur impact sur l'effort de guerre allemand ou leur valeur démonstrative de propagandistes, mais comme porteuses de maladies vénériennes... En réfléchissant de la sorte les femmes n'auraient dû se retrouver enrôler dans les partis collaborationnistes que par entraînement et ignorance. Pourtant, les affaires où une épouse, une fille, une sœur, une mère sont jugées pour avoir adhéré à un parti collaborationniste sous l'influence d'un homme sont peu nombreuses, sans doute classées d'office. À y regarder de près, les justifications des femmes qui comparaissent pour leur engagement ne sont ni plus affligeantes ni plus inconsistantes que celles des hommes placés dans la même situation. Effectivement, les femmes qui assument leurs choix et les entourent d'un appareil idéologique sont en quantité infime, mais il en va de même des hommes. Simplement, la collaboratrice n'est pas prise en considération, dans tous les sens du terme.

Une jurisprudence ?

La mauvaise réputation des chambres civiques tient aussi aux affaires ineptes ou insignifiantes, ainsi qu'aux condamnations dépourvues de sens qu'on pouvait glaner au fil des audiences.

> M. Delery a ensuite parlé de l'épuration qui ne doit pas dégénérer en querelles personnelles, mais doit être rigoureuse pour ceux qui ont fauté. Il est regrettable, ajoute l'orateur, que certain officier français qui, depuis 1940, s'est fait remarquer en tout lieu par des propos nettement anti-français et spécifiquement collaborateurs, ait été remis en liberté sur intervention d'on ne sait qui, cependant qu'on poursuit avec rigueur celui qui aura revendu quelques kilos de viande à son voisin pour lui rendre service (compte-rendu par les RG d'un meeting du MLN à Argenteuil devant 300 personnes, 18 octobre 1945).

Les critiques de l'épuration, qu'ils la trouvent trop sévère ou trop indulgente, ne s'en privent pas, toujours sûrs de pouvoir confirmer leur thèse. Que font devant la chambre ce plombier de 70 ans qui a adhéré au RNP mais ne sait ni lire ni écrire, ce professeur de golf qui avait des clients allemands, cette dactylo de 19 ans dont le patron était le responsable local du RNP, cet ingénieur qui fréquentait un milicien, cette couturière qui retaillait des uniformes allemands, ce retraité nouveau venu qui croyait faire des rencontres en adhérant au PPF ?

L'examen des résultats au cas par cas manifeste l'incohérence de certains verdicts. La comparaison des arrêts de jugement, très succincts, peut laisser l'observateur dubitatif. Pourquoi une ouvrière de 33 ans est-elle condamnée à dix ans d'indignité nationale pour prostitution clandestine dans un camp de Waffen SS français ? Pourquoi ce chef d'équipe dans une usine d'aviation est-il condamné à vingt ans d'indignité pour avoir poussé à la production, quand cet autre, soupçonné de dénonciation de sabotage, est relaxé ? Pourquoi cette téléphoniste, accusée d'avoir espionné des conversations, n'en est-elle pas quitte après son licenciement des PTT, alors que cette dactylo qui se faisait bien voir des contrôleurs allemands de son usine est jugée assez punie par son renvoi ? Comment l'inspecteur du service de la main-d'œuvre à Nantes, responsable de « l'action sociale » du groupe Collaboration s'en tire-t-il avec dix ans d'indignité ? Comment des travailleurs volontaires peuvent-ils être poursuivis si leurs recruteurs ne sont pas lourdement sanctionnés ? Quel est l'intérêt d'infliger dix ou quinze ans d'indignité à ces petites sottes qui ont cru parler d'amour à leur amant allemand ou soldat de la LVF, en les assurant de leur foi dans la victoire allemande et de leur mépris pour les Français qui se réjouissent du débarquement ? Par quel miracle Bernard Grasset, accusé d'avoir publié « comme éditeur des ouvrages prônant la collaboration et le racisme », a-t-il bénéficié de trois comparutions, en dépit de deux condamnations par contumace, et d'un renvoi sine die qui le dispensera finalement de condamnation ? Comment cet homme qui a multiplié les démarches auprès du CGQJ et des services allemands pour s'emparer du contrôle de l'entreprise où il travaillait et dont le propriétaire était juif, et qui, une fois arrivé à ses fins, a sollicité des commandes allemandes n'est-il condamné qu'à cinq ans d'indignité ? Au nom de quelle logique relaxe-t-on cette femme membre des Amis de l'Institut d'études des questions juives qui a fait intervenir l'Institut dans un différend avec son employeur ou cette autre qui a dénoncé la nouvelle femme de son ex-mari comme juive ?

Il n'est pas douteux que bien des condamnés s'estimaient victimes d'une justice erratique, à l'image de Réjane F. partie travailler en Allemagne pendant huit mois et adhérente au RNP, alors qu'elle n'avait que 18 ans :

> J'accepterais cette peine si elle était appliquée à toutes les personnes dont le cas est identique au mien. Elle me paraît injuste en l'occurrence puisque nombre de gens qui ont signé un contrat volontairement pour l'Allemagne et qui y sont restés pour des périodes indéterminées n'ont pas eu d'ennuis d'aucune sorte. D'autre part, si cet engagement peut être considéré comme un délit malgré mon jeune âge à l'époque (18 ans à peine) et les conditions particulières de mon départ (désir malencontreux de voir du pays et de le perfectionner dans une langue que j'étudiais depuis plusieurs années déjà), on peut estimer que j'en ai été suffisamment punie en étant arrêtée à la Libération, enfermée pendant deux mois au camp de Drancy et mal considérée depuis ce moment (lettre au procureur de la République pour un pourvoi en cassation, 9 juin 1946).

En l'absence d'arrêts motivés, de procès-verbaux des audiences (et même de comptes-rendus dans la presse, ces affaires n'intéressant généralement pas assez les journaux), on en est réduit aux conjectures. Soit on admet – et c'est une grande critique de l'époque – que les chambres civiques sont une loterie où l'injustice côtoie l'absurdité. Soit on en déduit au contraire que l'appréciation se faisait de façon fine à chaque audience. Les variations seraient dues à la conscience des magistrats et des jurés et seraient accentuées par le changement des jurys toutes les semaines. Les bizarreries du raisonnement découleraient d'un respect de la tradition judiciaire qui impliquerait la recherche scrupuleuse de l'intention de collaboration. On devine en outre le poids de la conjoncture en reprenant, dans les archives, tous les dossiers jugés durant la même journée ou la même semaine. On perçoit en effet que les verdicts s'établissent en partie les uns par rapport aux autres. En succédant à une affaire évidente ou choquante, on peut espérer un peu plus d'indulgence si l'on se tient dans une moyenne basse de certitude ou de gravité. Et réciproquement.

Ce que l'on n'arrive presque jamais à cerner, c'est l'impact de la performance de l'accusé devant la chambre. Faute de compte rendu, les déclarations des accusés ne sont parvenues jusqu'à nous que grâce aux dossiers de procédure qui contiennent des dépositions faites devant la police, la gendarmerie, les commissions de vérification des internements administratifs, exceptionnellement devant un juge d'instruction ou un expert psychiatre, et des lettres justificatives à différentes instances. Il est arrivé que des reporters assurent qu'un acteur de la Comédie-Française, un journaliste, un notable étaient naturellement mieux armés pour faire impression que les fameux lampistes. Il est vrai que la lecture de dépositions suggère que beaucoup d'inculpés savent mal s'expliquer et n'évitent pas les impairs. La jeune femme qui détaille crûment ses relations sexuelles avec un Allemand donne peut-être le sentiment au jury d'être un peu trop délurée pour être honnête.

> Je reconnais avoir été la maîtresse d'un militaire allemand Willy B., de juin 1941 à février 1944. Si j'ai eu des relations sexuelles avec cet homme, c'est qu'il m'avait promis le mariage. Je nie formellement avoir été enceinte à la suite des relations sexuelles que j'ai eues avec cet Allemand, d'ailleurs presque à chaque fois, je me servais d'un préservatif (dactylo, 24 ans, dix ans d'indignité).

Pourtant, des gens de toutes les catégories sociales, même les plus modestes, sont relaxés. Il n'est pas exclu que le jury ait aussi été touché par le désarroi ou la vulnérabilité de certains et que l'excuse de manque de discernement n'ait pas été réservée, sans que le mot soit dit, aux seuls mineurs. Ce que le magistrat et le jury paraissent le moins bien supporter, ce sont les mensonges flagrants. Une déposition contredite par une lettre saisie ou un témoignage probant devient une lourde charge.

Il n'y a pas par ailleurs de différence marquée au fil des mois. On n'est pas plus sévèrement châtié en 1944 qu'en 1946. La fréquence des condamnations lourdes suit la chronologie de la guerre et le rythme des procédures. Au début, on trouve aussi bien des cas graves que des affaires absolument mineures qui font le nombre. À l'été 1945 apparaissent les justiciables revenant d'Allemagne. En 1946, la réversion régulière de dossiers jugés trop faibles pour la cour de justice réintroduit des cas sérieux. Il faut remarquer que les chambres civiques s'efforcent en outre de ne pas outrepasser leurs compétences. Ce n'est pas parce qu'un inculpé présente un profil défavorable qu'il ne bénéficie pas du respect de la loi. Ainsi, à condition de n'avoir pas contrevenu à l'ordonnance du 26 décembre 1944, on n'est pas dégradé même si on a des antécédents judiciaires, une mauvaise réputation, des mœurs condamnables, un manque d'assiduité au travail, des démêlés familiaux violents et répétés, ou qu'on est alcoolique.

Toutefois, les expertises psychiatriques qui relativisent la responsabilité des inculpés semblent ne pas jouer en leur faveur. À la réflexion, ce paradoxe doit s'expliquer par le fait que l'expertise médicale peut déjà avoir permis d'être reversé de cour de justice en chambre civique. La peine encourue est moins lourde. En outre, on peut estimer que la chambre n'hésitera guère à priver de ses droits civiques un individu dont un médecin vient lui certifier qu'il n'est pas en état d'en faire bon usage.

La machine à acquitter

En apparence incohérente dans ses décisions, la chambre civique peut aussi être présentée comme bizarrement ou scandaleusement indulgente. On rappelle que les historiens considèrent qu'environ 28 % des prévenus ont été relaxés, avec des pointes à plus de 50 % dans certains départements. Cette proportion d'acquittements pose plusieurs questions. Les chambres se sont-elles montrées indulgentes par complaisance ou par facilité ? Sinon, qu'est-ce que tous ces inculpés finalement relaxés faisaient en si grand nombre devant une juridiction répressive ?

L'étonnement face à ce fort taux d'acquittement découle pourtant en premier lieu de la méconnaissance bien normale des contemporains – que nous partageons – des chiffres des acquittements devant les autres juridictions. Il y a fort à parier que l'immense majorité des Français ignoraient qu'avant la guerre, presque un quart des accusés comparaissant en assises étaient acquittés.

Il y a en outre de très nombreux classements, peut-être 40 % des dossiers ouverts, dont on n'ose imaginer la vacuité. En pratique, les dossiers peuvent être classés pour impossibilité : par exemple l'auteur des faits est inconnu, mort, ou l'infraction n'est pas constituée. Ils peuvent aussi être classés par opportunité, quand les preuves sont absentes ou insuffisantes, ou quand les faits ne sont pas assez graves pour mettre en branle la justice.

> De même, la mise en mouvement de l'action publique pourrait être jugée inopportune chaque fois qu'il serait à craindre que des poursuites n'aboutissent à une décision d'acquittement. Tel est le cas notamment lorsqu'il est avéré que l'auteur du fait incriminé a agi sous l'emprise de la contrainte ou lorsqu'il a été induit en erreur comme celle ou ceux qui ont cru en signant un bulletin d'adhésion obtenir le retour d'un époux ou d'un parent prisonnier. Tel est encore le cas lorsque postérieurement aux agissements qui lui sont reprochés, leur auteur s'est réhabilité par les services notoires rendus à la cause de la libération du territoire (circulaire du ministre de la Justice, 27 janvier 1945).

Là encore, on relativisera la clémence des magistrats de l'épuration en considérant qu'en temps ordinaires, les parquets classent au moins 60 % des affaires.

Nous avons constaté que l'affiliation à des partis collaborationnistes a souvent résulté d'erreurs de jugement, voire de véritables abus de confiance. Dès lors que la bonne foi de l'accusé paraît établie, la chambre accorde sa relaxe. La conviction des magistrats et des jurés qui ont siégé à plusieurs reprises est d'autant plus facilement emportée que ces cas se sont multipliés, en particulier en 1941, jusqu'à devenir le véritable moyen pour certains partis de se constituer. Ils sont donc pléthore devant les chambres civiques et les évacuer au plus vite permet de faire du chiffre. Les juridictions tiennent compte également de la fragilité de certaines pièces à conviction comme des listes d'appartenance à un organisme collaborationniste ou à la Milice, listes qui semblent avoir relevé du vœu pieux de leurs promoteurs plus que de la réalité. Ce n'est pas fait pour faciliter le travail judiciaire :

> Monsieur le ministre de l'Intérieur me renseigne sur les conditions dans lesquelles ses services ont établi les listes des membres de partis antinationaux. À cet égard, Monsieur le ministre de l'Intérieur m'informe qu'il n'est pas en mesure de me préciser dans chaque cas l'origine des renseignements qui ont servi de base aux inscriptions sur ces listes. Des erreurs ayant pu se glisser dans l'établissement de ces documents, il appartient aux commissaires du gouvernement d'apprécier la valeur des renseignements communiqués et de faire procéder à des enquêtes préalables dans tous les cas où ces mesures apparaîtront nécessaires (circulaire du ministère de la Justice, 26 avril 1945).

Enfin, non seulement la chambre civique relaxe, mais « rabat » aussi les privations de droits civiques prononcés préventivement avant les élections de 1945.

À côté de ces cas dont la résolution ne surprend pas le lecteur actuel, d'autres s'avèrent incompréhensibles. On en est réduit à supposer que des éléments déterminants sont apparus à l'audience ou que le jury s'est prononcé en fonction de critères qui nous échappent et divergent de la jurisprudence d'ensemble. Peut-être les chambres civiques ont-elles tenu compte, sans le faire savoir explicitement, des conséquences variables d'une condamnation. Imaginons une jeune fille sans qualification professionnelle qui avait trouvé un emploi de service quelconque auprès de militaires allemands, qui a peut-être eu un ou plusieurs amants allemands, est partie travailler volontairement en Allemagne ou s'est laissée convaincre d'adhérer à tel parti ou telle association collaborationniste. Elle est condamnée à cinq ou dix ans d'indignité nationale. Que perd-elle au plan concret, hormis son droit de vote ? De même pour cet homme, cuisinier de profession, employé dans une kommandantur et qui, sur les conseils de son chef de cuisine allemand, est entré au RNP ? Ce cultivateur de 76 ans qui a un peu trop voulu mêler la kommandantur à la politique villageoise ? Ce manœuvre de 48 ans, qui vit d'expédients et de petits larcins depuis des années, travailleur volontaire en Allemagne qui n'a pu s'empêcher de se vanter de sa bonne fortune ?

Au contraire, la même sanction priverait de ses moyens d'existence un fonctionnaire, un cheminot, un retraité de l'armée ou de l'administration, le patron d'une entreprise, un journaliste... Un commandant de gendarmerie de 43 ans est traduit en chambre civique pour des faits qui lui ont déjà valu une révocation sans pension devant la commission d'épuration administrative : il était fidèle au gouvernement de Vichy, affichait ses doutes sur la possibilité d'une victoire alliée, admirait la discipline de l'armée allemande ; il est l'auteur d'un rapport sur la lutte contre les sabotages « terroristes » (comprendre perpétrés par des résistants) dans son arrondissement ; il a servi de secrétaire administratif durant les opérations des gardes mobiles contre le maquis de Haute-Savoie en 1944. Le déclenchement de l'enquête judiciaire lui a fait perdre le nouvel emploi qu'il s'était trouvé à Toulouse, alors qu'il a deux enfants. Malgré une défense plutôt convenue (l'obéissance, la discipline), il est relaxé : il n'est pas exclu de penser que la chambre l'estime suffisamment puni, en dépit des charges.

À défaut de pouvoir alléger le contenu de la peine, le « choix » entre les interdictions appliquées étant impossible, il arrive que la chambre civique, estimant que les conséquences seraient trop lourdes par rapport à la faute initiale, préfère acquitter un accusé, là où un autre est condamné au motif que – malheureusement ou heureusement – il n'a de toute façon pas grand-chose à perdre.

Une chambre civique peut aussi considérer, bien que cela ne soit nullement prévu par la loi, qu'un accusé a été suffisamment puni par son temps d'internement administratif ou par les sanctions reçues devant un comité professionnel d'épuration. Une veuve de 48 ans, qui lavait le linge des Allemands et leur accordait parfois ses faveurs, dont les filles – majeures – ont eu des amants allemands et ont fini par s'enfuir en Allemagne, est restée internée plus de six mois. Elle est acquittée. Une institutrice, épouse d'un responsable de section du RNP, milicien et travaillant au bureau de la LVF, avait pris sa carte du parti. Elle a été internée trois mois. Elle est relaxée par la chambre civique après avoir certifié qu'elle ignorait le détail des activités de son mari et ne l'a jamais aidé. Relaxée aussi, la jeune Olga G. qui était dactylo dans une usine d'aéronautique dont elle a été licenciée sans indemnité sur décision du comité interprofessionnel d'épuration pour avoir travaillé pendant la minute de silence en mémoire des marins français morts en novembre 1942, pour avoir utilisé les cars allemands pour des déplacements privés, pour avoir accepté des fleurs des contrôleurs allemands. Or, elle comparaissait devant la chambre civique exactement pour les mêmes motifs. On note aussi de l'indulgence à l'égard des maires des petites communes, déjà révoqués ou tout simplement non réélus par leurs concitoyens. Ainsi l'ancien maire de Gif-sur-Yvette est-il relaxé malgré des témoignages qui dénoncent son attitude équivoque vis-à-vis des prisonniers de guerre évadés et des réquisitions allemandes. Dans un registre assez proche, la chambre précise si un indigne national naturalisé mérite ou non d'être déchu de la nationalité française. Dans les avis motivés apparaissent des expressions telles que « suffisamment puni », « assez lourdement sanctionné », « condamné à proportion de sa faute »...

Des historiens font remarquer que les relaxes ont bénéficié plus facilement aux classes sociales les plus privilégiées, mais ce constat ne se vérifie apparemment pas dans tous les départements. Au contraire même, il est des lieux où les chambres montrent plus d'indulgence envers les personnes modestes ou peu instruites, qu'elles estiment ne pas jouir d'un jugement autonome ou bien fondé. À cet égard, il serait excessif de parler de justice de classe. Le seul moment où se fait sentir un décalage concerne peut-être les relèvements pour faits de résistance, moins rares dans les couches supérieures que chez les ouvriers, les paysans ou les employés. Est-ce faute pour ces dernières catégories d'avoir marqué par des actions positives un changement d'orientation ou faute d'être susceptibles de faire témoigner en leur faveur des personnalités dotées d'assise ou de renom ? En outre, certaines professions bénéficiaient de beaucoup plus de possibilités que d'autres pour faire actes de résistance sans brûler tous leurs vaisseaux. Le taux élevé de relèvement parmi les hauts-fonctionnaires et les patrons montre surtout leurs aptitudes à saisir des occasions pour fournir des renseignements, de l'argent, des véhicules, des papiers, pour protéger contre le STO, pour contenir des exigences allemandes, dont ne dispose évidemment pas le salarié ordinaire. On rejoint en outre le souci de la chambre civique de ne pas infliger une double peine à certains inculpés en ajoutant à l'indignité nationale la perte du travail.

« La nouvelle étoile jaune »

Les chambres civiques ont prononcé 46 150 condamnations à la dégradation nationale et les cours de justice (ainsi que la Haute Cour) en ont donné 49 700 autres, généralement ajoutées à des peines de prison (elles n'ont été peines principales que 700 fois). Autant dire qu'une masse de Français sont concernés. Or, cette masse est étonnamment peu visible.

Les seuls à lui donner vie sont les critiques de l'épuration, parfois frappés eux-mêmes d'indignité, qui se saisissent de ce nombre pour démontrer les ravages causés dans la société française. Encore ces quelque 95 000 condamnés ne font-ils pas encore assez d'effets, si bien qu'on se plaît, dans ces milieux, à gonfler les chiffres en parlant de centaines de milliers de condamnés et en inventant une contagion de l'indignité qui porterait les victimes collatérales à un million ou plus. Ainsi, Pierre Boutang écrit dans son périodique semi-clandestin *la Dernière Lanterne*, « il n'y a peut-être pas une famille qui n'ait son " indigne " ». Et ajoute gaillardement : « Deux ou trois millions de Français, touchés directement ou indirectement par l'épuration se trouvent au ban de la nation ». Paul Faure, député socialiste privé de son éligibilité, veut faire compatir sur le sort des parlementaires comme lui, « du jour au lendemain diminués moralement et matériellement, eux et leur famille ». Dans le même ordre d'idées, le journaliste Robert Cardinne-Petit dédie le livre qu'il consacre en 1948 à une démolition de l'épuration « à toutes les femmes, à toutes les mères, à tous les enfants d'" épurés ", à tous ceux qui souffrent, innocents, des souffrances infligés aux leurs, non coupables, à tous ceux qui constituent dans notre pays cette nouvelle classe de réprouvés, que la politique a ostracisés au nom de la liberté, de l'égalité et de la fraternité ».

Ces pamphlétaires font assaut d'imagination pathétique pour peindre le dénuement et la souffrance morale qui étreignent les indignes nationaux. Philippe Saint-Germain, dans *Paroles françaises*, y va de sa citation – apocryphe : « La mort est une libération, écrit un indigne national avant de se suicider ». Les tableaux poignants se succèdent et le vieux journaliste qui meurt de faim parce qu'il ne peut plus publier devient un poncif, côtoyant le militaire privé d'honneur et le fonctionnaire de retraite... Chacune des incapacités ajoutées par le législateur aux ordonnances initiales procure l'occasion d'un nouveau couplet désolé.

La dégradation nationale est présentée comme le comble de l'arme politique, moyen d'éliminer ceux qu'on n'aurait jamais pu accuser de trahison, mais dont on voulait prendre la place. D'où l'énormité de son iniquité.

> Les plus étranges alchimies élaborèrent, dans un climat de cupidité et de vengeance, de haine et de peur, les fameuses ordonnances d'Alger. Les hécatombes de bons Français qui en résultèrent par voie de condamnations à mort ou aux travaux forcés, d'épuration, d'inéligibilité, etc. creusèrent dans l'élite pensante et agissante de la nation des vides plus désastreux que les bombardements et les fusillades (abbé Desgranges, *les Crimes masqués du « résistantialisme »*, 1948).

La vacuité ou l'ineptie de certaines accusations, le désordre apparent des verdicts, la bizarrerie de certaines audiences permettent de décrier l'ensemble du processus avec d'autant plus de facilité que l'immense majorité des Français méconnaît tout à fait les chambres civiques et le principe de l'indignité.

> Cette législation était sans fissure. Elle permettait, étant donné le vague de la qualification des actes incriminés d'atteindre n'importe quelle catégorie de citoyens ayant vécu sous le régime de Vichy (*Défense de l'Occident*, janvier-février 1957).

Par un tour de passe-passe, cette sanction est présentée, malgré sa modération en comparaison des travaux forcés ou de la réclusion, comme une folie et un crime. Les indignes nationaux, petites gens ou notabilités injustement salies, sont supposés susciter la compassion en vertu de la disproportion entre la peine infligée et le caractère forcément véniel du « crime contraventionnel ». Pour faire bref, on est bafoué et réduit à la misère pour des faits commis – et encore… – sans intention délictueuse. Les condamnés sont désignés, dans un assaut de comparaisons lyriques, comme des réprouvés, des exilés de l'intérieur, des ostracisés, des parias, un état dans l'État, des morts-vivants. La trouvaille de l'abbé Desgranges est acclamée dans des milieux où, dans la meilleure des hypothèses, l'ardeur du combat a fait oublier la décence : « ce n'est pas seulement un châtiment corporel mais une sorte d'étoile jaune d'ignominie » (*les Écrits de Paris*, juillet 1947). Sur l'étoile, bien réelle, de 1942, on n'a rien à dire. Mais celle « inventée en 1944 » est « immonde », « absurde » : « les gens de Pétain la portent aujourd'hui. Qui la portera demain ? » (*Paroles françaises*, 16 juillet et 20 août 1948). « Elle demeure à jamais l'étoile jaune de la Libération » (Jean-Louis Tixier-Vignancour, 9 février 1951). La critique se poursuivra indéfiniment, dans le même registre, quand les grâces et les amnisties auront depuis longtemps épuisé le réservoir de l'indignité.

Faute de sources, il est beaucoup plus difficile de savoir comment réagissent les condamnés anonymes. Sont-ils sensibles à la perte de leur honneur, ainsi que le législateur l'a voulu ? Sont-ils honteux ou malheureux d'être stigmatisés, mis au ban de la citoyenneté ? Assez peu d'inculpés font part de leur inquiétude devant la perspective d'une telle condamnation. Cette femme d'officier, passible de la chambre civique pour avoir cotisé au RNP qu'on lui avait présenté comme une association d'entraide en faveur des prisonniers de guerre, est l'une des rares à exprimer une inquiétude à l'idée d'être exclue « de [ses] droits de vote etc., comme un criminel de droit commun ou un antifrançais » et à craindre la réaction de sa famille devant cette marque d'infamie (lettre au président de la chambre civique de Seine-et-Oise, 11 mai 1945). Dans les défenses, cet argument figure rarement de façon aussi explicite que sous la plume de cette femme qui plaide la cause de sa fille auprès du commissaire du gouvernement :

> J'insiste près de vous afin que vous redonniez l'honneur à notre jeune fille car elle est très honnête et travailleuse et pour elle cela la touche beaucoup ainsi que nous qui sommes d'honnêtes travailleurs déjà bien affligés par la guerre. Moi orpheline de guerre 14-18. Or dans cette guerre-ci, j'ai perdu mon frère de 22 ans fusillé par les Allemands et mon mari fit son devoir de français en 39-40 où il fut blessé à Dunkerque. Aussi, nous sommes bien Français et cela nous tient au cœur de ce qui s'est passé (26 avril 1946).

Parmi les femmes condamnées, combien s'attachent à cette privation des droits civiques, alors qu'elles n'ont jamais pu voter et ont toujours été considérées, dans bien des domaines, comme d'éternelles mineures ? Cette condamnation change-t-elle en l'occurrence quelque chose ?

Quant aux incapacités professionnelles, elles ont des effets contrastés. Pour beaucoup de petites gens, elles n'ont pas d'impact. On n'interdit pas à un indigne d'être débardeur, ouvrier, chauffeur, couturière, femme de ménage... À l'égard des fonctionnaires, les chambres civiques ont manié l'indignité avec commisération et ceux qui sont frappés avaient souvent été déjà sanctionnés par l'épuration administrative. Les chefs d'entreprise, les commerçants, les professions libérales se trouvent pénalisés par des interdictions nouvelles décrétées par l'Assemblée.

> Alors que des indignes à vie ne sont pas atteints dans leurs moyens d'existence, une peine légère d'indignité [10 ans] me fait perdre, parce que notaire, une situation que j'ai exercée sans reproche pendant près de 25 ans (lettre d'Aimé E., notaire à Chalon-sur-Saône, 18 août 1947).

L'effet est paradoxal qui consiste à priver de leurs outils de travail des entrepreneurs souvent modestes, plutôt condamnés pour une appartenance sans grande conséquence à un parti collaborationniste, tandis que les profiteurs des gros contrats allemands ou les agriculteurs enrichis par le marché noir conservent le leur. Restent des journalistes et des intellectuels qui se répandent d'autant mieux qu'ils ne peuvent plus écrire pour vivre. Car la presse fleurit de pseudonymes. Et les revues et journaux ouverts, voire favorables, aux épurés ne sont pas rares.

> J'ai donc dû, en mai [1949], passer en chambre civique. Le siège en était admirablement fait et je fus presque heureux de ne devenir indigne que pour dix ans. Mon avocat a depuis introduit un recours en grâce. Je ne saurais dire combien cette grâce serait utile, car mon activité journalistique, qui s'est amplifiée, souffre beaucoup de la clandestinité à laquelle je suis condamné (lettre de René Château, normalien, agrégé, député apparenté aux radicaux, journaliste à *l'Œuvre* de Déat et directeur politique de *la France socialiste*, 23 novembre 1949).

Le déclassement social ou professionnel est vécu comme la part la plus humiliante de la condamnation par une fraction de ceux qui se sont toujours identifiés à l'élite. « Plusieurs dizaines de milliers de libérés sont sans travail ou contraints à des besognes serviles en raison de l'indignité nationale infligée par ces mêmes jurys » (*Fraternité de Notre-Dame de la Merci*, juin 1951).

> Depuis un an, je cherche par des moyens honnêtes à trouver en France une activité qui puisse me permettre de faire vivre normalement ma femme et mes trois enfants. Mais, à chaque tentative, je me heurte de façon directe ou indirecte à cette peine combien lourde, à cette dégradation nationale qui m'interdit tout débouché normal en ce pays [...] N'ayant plus aucun bien, logeant dans une mansarde de bonne, étant à la charge de ma femme qui travaille depuis la date de mon arrestation (deux ans et demi), mes enfants étant recueillis en province par des amis depuis cette même date, j'en vois vraiment plus ce que je puis faire en dehors de l'expatriation que je me prépare à envisager (Gabriel P., capitaine au long cours, condamné à cinq ans d'indignité nationale, recours au garde des Sceaux).

Les confiscations demeurent exceptionnelles, et très partielles, mais génèrent un interminable contentieux. À peine plus nombreuses sont les interdictions de séjour qui provoquent toutefois une gêne réelle. Elles obligent à changer de travail, peuvent disloquer des familles. Un déménagement pose des problèmes très concrets dans une France où la pénurie de logements met une part non négligeable de la population aux abois jusqu'au milieu des années 1950. En Alsace-Lorraine, elles sont vécues comme de terribles sanctions, dans la mesure où certains condamnés, ne parlant pas ou mal le Français, se retrouvent comme exilés et arrivent très difficilement à trouver du travail.

Néanmoins, il faut garder à l'esprit que les condamnations ont été, à l'échelle de quelques années, atténuées et rebrassées par les lois d'amnistie de 1951 et 1953, ainsi que par les grâces amnistiantes, très généreusement distribuées. La loi de 1953 a ainsi amnistié de plein droit tous les indignes nationaux, à l'exception des condamnés de la Haute Cour de justice (quelques dizaines de personnes). Le résultat de ces lois et plus encore des débats qui en ont accompagné le vote est d'amoindrir la gravité attachée à l'atteinte aux principes de la République et de la Nation. La mansuétude des chambres civiques et leur ténacité à rechercher l'intention de collaboration pour modeler leurs sentences ont contribué à accréditer l'idée qu'une grande partie des Français qui ont collaboré ont en fait été pris dans le naufrage national inauguré par la débâcle militaire et le suicide de la République. Ils se sont laissé entraîner, plutôt qu'ils n'ont choisi, à l'image de tous ces adhérents inconscients aux partis collaborationnistes ou de tous ces travailleurs acculés par la nécessité à servir l'ennemi. Les chambres civiques se sont en outre focalisées sur l'aide volontaire et efficace à l'ennemi, bien plus que sur l'adhésion au régime de Vichy, ce qui ne correspond pas à la philosophie première de l'indignité. Qu'est devenue la régénération qui devait accompagner l'épuration ? Le projet a été balayé à une vitesse stupéfiante par la jurisprudence et par l'évanescence de la Résistance en tant que force politique. Les amnisties ne font sans doute que mettre un terme un peu plus précoce que prévu à l'éviction de ceux qui ont fauté contre le pacte républicain à l'heure de l'épreuve. La dégradation nationale, dans son principe comme dans ses moyens, ne pouvait suffire à solder un tel traumatisme.

XII

La Haute Cour de justice : le procès de Vichy ?

Avant que le coq ne chante deux fois,
tu m'auras renié trois fois
(Marc, 14, 70)

En bonne logique, il aurait fallu juger avant tout autre accusé le maréchal Pétain, ses ministres et les très hauts-fonctionnaires qui avaient choisi et mis en œuvre la politique de collaboration. Établir clairement leurs responsabilités aurait permis de sanctionner en toute connaissance de cause ceux qui leur avaient obéi ou leur avaient fait confiance, comme ceux qui avaient agi de leur propre chef. Le comité de la Libération nationale, à Alger, avait édicté une ordonnance en ce sens, le 3 septembre 1943, en préalable aux conditions du reste de l'épuration. Les ministres et très hauts-fonctionnaires (en particulier les gouverneurs coloniaux) présents en Afrique avaient été arrêtés et des instructions avaient été confiées à la justice militaire. Toutefois, au moins trois difficultés avaient très vite enrayé le processus. Tout d'abord, la séparation d'avec la métropole rendait incomplète la collecte des documents et des preuves. Pierre Pucheu, accusé d'avoir désigné lui-même des otages à exécuter lorsque les militaires allemands pratiquèrent des représailles après les premiers attentats, fut condamné plus sur une conviction que sur des pièces. Ce n'est que bien après son exécution et, en fait après la libération du territoire métropolitain que les faits purent être établis avec certitude. Même si les recherches donnèrent a posteriori raison aux accusateurs, il y a là un vice fondamental dans la démarche judiciaire. D'autre part, les

Alliés anglo-saxons s'opposèrent à la poursuite des procès, probablement moins par amour de la justice que pour continuer à ménager la possibilité de rallier tel ou tel dirigeant vichyssois, la conduite des opérations militaires primant sur le reste. Enfin, il fut impossible d'attendre d'avoir jugé les plus hauts responsables pour commencer à sévir contre les coupables que l'on avait sous la main comme les tortionnaires ou les supplétifs des troupes de l'Axe en Afrique du Nord.

Ce même schéma se reproduit en métropole après la Libération. Beaucoup de membres des gouvernements de Vichy sont absents, soit qu'ils aient fui, soit que les Allemands se soient assurés de leur personne. Au contraire, la piétaille du collaborationnisme, les fonctionnaires défaillants, les délateurs, les trafiquants, les miliciens, les journalistes et propagandistes sont disponibles par dizaines de milliers et il est inconcevable de retarder les sanctions à leur encontre.

Qui jugera ?

En dehors de raisons de logique judiciaire, la mise en accusation des gouvernants répond bien sûr à une nécessité politique. Dès juin 1940, le général de Gaulle a déduit de l'armistice tous les abaissements ultérieurs et condamné l'existence même du régime de Vichy. On a vu en outre que les journaux résistants avaient fustigé d'emblée Laval et les principaux ministres comme les valets de l'occupant qui paieraient cher le jour venu. Les Français mis à mal par les pénuries et les contraintes d'une économie dirigée, angoissés par les réquisitions humaines et craignant pour leur sécurité avaient, depuis 1942 au moins, pris leurs distances avec le gouvernement. En juillet 1944, les représentants du CFLN en métropole s'essayèrent aux nouvelles méthodes américaines de sondage pour interroger leurs compatriotes sur l'épuration.

- Épuration : faut-il laisser se déchaîner la vindicte populaire après la Libération ?

Oui : 25 %

Non : 44 %

La brider : 28 %.

- Pétain mérite-t-il la mort ?

Oui : 30 %

Oui avec circonstances atténuantes : 26 %

Non : 36 %

Indécis : 6 %

- Laval mérite-t-il la mort ?

Oui : 65 %

Oui avec circonstances atténuantes : 16 %

Non : 15 %

Indécis : 4 %.

Comme toujours en matière de châtiment des collaborateurs, on aspire à une justice prompte et même fulgurante. Aussi la presse annonce-t-elle à la mi-septembre 1944 que les procès d'anciens ministres vont commencer dans un délai de deux à trois semaines. Le 13 septembre, c'est le ministre de la Guerre qui signe l'ordre d'informer contre « Philippe Pétain et tous autres », les déférant devant le premier tribunal militaire permanent de Paris. Ce premier choix s'inscrit dans la continuité de ce qui s'est fait à Alger où Pierre Pucheu a été condamné par le tribunal d'armée, tandis que les premières instructions étaient menées par la justice militaire. Mais cette solution ne correspond plus à une situation où des juridictions civiles spécialisées (cours de justice et chambres civiques) sont en train de remplacer les cours martiales et les tribunaux militaires pour juger le tout-venant de la collaboration.

Il existe dans les lois constitutionnelles de la IIIe République une instance destinée à juger les ministres fautifs. C'est le Sénat, transformé en Haute Cour, telle qu'elle a fonctionné par exemple à la fin de la Première Guerre mondiale contre les anciens ministres accusés d'aide indirecte à l'ennemi ou de viol des devoirs de leur charge. Toutefois, rétablir cette Haute Cour reviendrait à restaurer le Sénat de 1940 et donc la IIIe République (décision supposée revenir au corps électoral), et à faire juger Vichy par une partie des parlementaires qui lui avaient donné vie le 10 juillet 1940 en sabordant la République. Le discrédit attaché dans l'opinion aux hommes politiques de la IIIe République, encore considérés comme les responsables de la défaite militaire, achève de rendre cette solution impossible. Or, le temps presse. Tandis qu'on discute encore de la forme à donner à la nouvelle juridiction, les communistes s'inquiètent : à ce rythme-là, on n'aura pas fini les procès avant au moins un an !

> Les ministres de Vichy doivent comparaître devant une Cour spéciale, appliquant une procédure que je qualifierai d'expéditive. S'il n'en est pas ainsi, si on ne fusille pas tous ces gens-là, je ne sais pas ce que deviendra le ministère de la Justice qui me semble, dès à présent, passablement discrédité (intervention d'Auguste Gillot, président de la commission de la Justice et de l'Épuration de l'ACP, séance du 1er décembre 1944).

Cette volonté frénétique de juger vite traduit une fois encore, plus symboliquement que dans le cas des justiciables ordinaires, une hâte inavouée d'en finir avec les procès pour pouvoir passer à autre chose.

On crée donc du neuf sous la forme d'une Haute Cour de justice (ordonnance du 18 novembre 1944) dont les membres seront désignés par l'Assemblée consultative provisoire en attendant de nouvelles élections. Des magistrats professionnels assureront toutefois les fonctions-clefs : présidence des audiences, accusation, majorité du travail de l'instruction. Le 9 décembre, le procureur général Mornet délivre un réquisitoire introductif contre soixante-dix inculpés. À terme, leur nombre sera porté à cent huit.

Les dossiers et, en quelque sorte, les départements ministériels sont répartis entre dix juges d'instruction pour rendre le travail cohérent et en équilibrer la charge. De tous ces magistrats, Pierre Béteille, chargé des cas de Pétain, Laval et Brinon, dispose de la meilleure expérience des procès politiques puisqu'il a instruit avant-guerre les affaires de la Cagoule, des ligues d'extrême droite et de *Je suis partout*. Il a même été détaché à la cour d'appel de Riom à l'époque où y siégeait la cour suprême de justice...

L'action des juges d'instruction doit être encadrée par une commission d'instruction, présidée par un magistrat, Bouchardon, et composée de membres choisis par l'Assemblée consultative pour représenter les différentes tendances politiques. Le parquet est emmené par le procureur général André Mornet. Celui-ci apparaît comme un véritable « spécialiste » de la trahison. Il a officié contre les espions de la Première Guerre mondiale (dont Mata-Hari). Il s'est forgé une doctrine selon laquelle la trahison matérielle (par exemple l'espionnage) est moins grave que la trahison morale « qui a pour but de porter atteinte à la résistance, à l'énergie, aux forces morales du pays » et que pratiquent des hommes d'influence tels que des journalistes ou des politiciens.

Se résoudre à la contumace

Au début du mois d'octobre 1944, le ministère de l'Intérieur dresse la liste des anciens ministres de Vichy qui sont arrêtés. Elle ne comprend que neuf noms, qui ne sont même pas les plus connus du public : Jacques Benoist-Méchin, Jean Berthelot, Max Bonnafous, François Chasseigne, le général Colson, Robert Gibrat, François Lehideux, Lémery et Georges Ripert. Pour être exact, il convient d'y ajouter les détenus d'Afrique du Nord non encore rapatriés comme Marcel Peyrouton ou Pierre-Étienne Flandin. Sur une bonne centaine de personnalités concernées, ce n'est pas très encourageant, d'autant que manquent à l'appel toutes les plus célèbres qui sont aussi les plus détestées : Laval, Darnand, Déat, Brinon, Darquier de Pellepoix sans compter le maréchal Pétain.

Sont hors d'atteinte ceux qui se trouvent en Allemagne, contre leur gré ou de leur plein gré (où ils sont en train d'aggraver leur cas dans la « commission gouvernementale » de Sigmaringen). Mais d'autres, nombreux, se cachent en France, en Suisse ou en Espagne, voire sont tout simplement à leur domicile. Mais les recherches ne sont pas très efficaces, faute de rapidité et d'organisation. Il y a même des ministres internés sans qu'on le sache encore à Paris (Adrien Marquet, Xavier Vallat, Joseph-Barthélémy en province, Jacques Barnaud qui se trouve à Drancy...). Très peu ont été exécutés par des résistants durant l'été 1944 : Albert Chichery, l'amiral Platon, Darquier de Pellepoix (croit-on à tort). Aucun ne semble avoir été jugé par un tribunal d'exception. On n'est au fond sûr de rien.

On ignore combien de temps encore les plus hauts responsables seront hors de portée du bras de la justice française. On doute même, pour certains d'entre eux, à commencer par le maréchal Pétain, qu'on puisse un jour s'en emparer et les traduire en justice. Or, la Haute Cour doit bien manifester qu'elle est au travail, y compris sur les dossiers cruciaux. Aussi entame-t-elle des procédures par contumace.

Dans le cas de Pétain, le souci principal semble être de démontrer l'illégitimité de son régime (en accord avec la thèse originelle de la France libre) pour éradiquer toute tentative ultérieure de s'abriter derrière l'obéissance au gouvernement légal. Afin de donner du poids à un argument qui souffre de la confrontation aux faits, la théorie de la conspiration est avancée pour discréditer par avance l'État français né de la défaite. Dans cette logique, Pétain, par haine ancienne de la République et de la démocratie, a rêvé de renverser la IIIe République et de s'emparer du pouvoir. Prêt à tout pour parvenir à ses fins, il a ourdi, par l'intermédiaire d'hommes que l'on retrouvera à Vichy ou dans la Collaboration, un complot impliquant une connivence avec l'Allemagne. La défaite a constitué l'opportunité tant attendue. Le reste, Vichy, ses lois exorbitantes, la collaboration, la répression ne sont que « l'aboutissement » de cette conspiration initiale. Le prolongement de la sujétion à l'Allemagne est compris comme la condition du succès définitif du complot.

Dans ces conditions, l'acte d'accusation daté du 23 avril 1945 se concentre sur l'avant-guerre (en particulier sur les agissements de la Cagoule dont Pétain aurait été le ferment essentiel), l'armistice et la chute de la République. Alors que les Français attendent manifestement qu'on leur parle de ce qu'ils ont enduré entre 1940 et 1944, l'accusation s'étend sur tout ce qui précède l'automne 1940, créant un véritable gouffre temporel. En outre, l'insuffisante partie consacrée aux années d'occupation (l'intelligence avec l'ennemi) souffre d'une accumulation d'erreurs et de confusions.

De surcroît, contumace n'est pas synonyme de rapidité. Redoutant un reste de respect pour Pétain, la persistance du fantasme d'un accord secret avec de Gaulle ou même simplement de la commisération, les résistants voudraient voir lever cette hypothèque qui pèse sur la vie publique. « Il faut juger Pétain, le premier traître de France, et le juger par contumace, tout de suite [...] Il n'est pas bon pour la santé morale du pays que de tels bruits continuent à courir » (*Franc-Tireur*, 22 février 1945). On sait, par ses *Mémoires*, que le général de Gaulle, tout en tenant lui aussi à un jugement, préférait le procès par contumace qui éviterait d'exposer au pays un grand vieillard dont la plus grande part de la vie avait été estimable et qui risquait de réveiller des sympathies dans le pays. Les audiences sont prévues pour la mi-mai.

Encore des débuts décevants

Préparer des contumaces et remplir des dossiers d'instruction, même s'il s'agit là d'un copieux travail, n'a pas de quoi satisfaire les légitimes attentes de l'opinion publique. Le gouvernement provisoire se charge de le rappeler à la Haute Cour en demandant régulièrement au parquet où en est son travail.

Or, les principaux inculpés manquent. Les instructions commencées en Algérie en 1943 sont restées au point mort. Si l'on veut agir, le choix n'est pas très large. Il se porte sur l'amiral Estéva et le général Dentz, deux officiers qui sont à disposition de la justice, dont les affaires paraissent simples et nourries de suffisamment de documents. Les instructions sont menées à bride abattue : l'amiral Estéva est interrogé moins d'une demi-douzaine de fois par la commission d'instruction alors que le dossier est assez volumineux pour que ses avocats se plaignent de ne pas avoir eu le temps d'en prendre entièrement connaissance.

La participation de l'Assemblée consultative à la Haute Cour ajoute au retard. Deux listes de noms doivent être préparées pour le tirage au sort des premiers jurés. L'une comprendra cinquante parlementaires en fonction en 1939 qui ne soient pas inéligibles. L'autre, cinquante résistants choisis sur les mêmes critères que les jurés des cours de justice et des chambres, mais encore plus « remarquables ». Toutes ces personnes doivent être désignées par l'ACP, en vertu des mérites et des sympathies certes, mais aussi au prorata des dosages entre partis et mouvements représentés à l'Assemblée. D'où de longues et délicates négociations. La Fédération républicaine dépasse le délai prescrit pour désigner ses délégués. On peut comprendre qu'elle ne compte pas en son sein beaucoup d'hommes irréprochables. D'ailleurs, la première publication des noms au *Journal officiel* en février 1945 doit être rectifiée car elle compte plusieurs parlementaires qui ont voté les pleins pouvoirs à Pétain le 10 juillet 1940…

À ce rythme, la première audience de la Haute Cour de justice ne se tient que le 9 mars 1945, soit trois mois après sa création et six mois après la Libération de Paris. On sait qu'à cette date, bien des Français estiment déjà que l'épuration est, dans son ensemble, manquée.

L'amiral Jean-Pierre Estéva était résident général en Tunisie au moment du débarquement anglo-saxon en Afrique du Nord et de l'intervention militaire germano-italienne dans le protectorat. Il est accusé d'avoir laissé les troupes de l'Axe prendre pied en Tunisie, d'avoir fait combattre des Français contre les FFC et les Alliés, de s'être conformé aux ordres du gouvernement de Vichy. Une seule journée d'audience doit permettre de juger de sa culpabilité. Requérant la peine de mort, le procureur général Mornet annonce clairement le but de tout ce procès : « C'est le procès de Pétain-Laval qui, dès aujourd'hui, commence ». Il parle d'ailleurs beaucoup de Pétain et annonce son procès d'ici deux mois. Cette logique, l'avocat de l'amiral la conteste formellement en réclamant au contraire le jugement préalable de Pétain auquel son client n'a fait qu'obéir. Il interpelle le procureur Mornet qui, lui aussi, a pour le moins obéi sous Vichy, au point de solliciter l'honneur de pouvoir requérir au procès de Riom, et de siéger à la commission de révision des naturalisations. L'avocat entend, au profit d'Estéva, discréditer la Haute Cour et, plus largement, le principe même de l'épuration. Ses confrères font de même depuis des mois devant les cours de justice. Avec la même absence de résultats pratiques, si ce n'est la satisfaction d'écouter Mornet produire des explications cruellement dépourvues d'originalité : il a poussé le sens du devoir jusqu'à assumer les tâches les plus ingrates afin d'en limiter les conséquences et d'empêcher quelque créature des Allemands de s'en charger. La leçon n'est pas perdue pour l'accusé. Au président Mongibeaux (ayant lui-même prêté serment à Pétain sous Vichy…) qui lui demande comment il n'a pas senti qu'il était des moments où l'indiscipline était sacrée, Estéva répond platement que non et que son action en Tunisie n'a eu pour but que de contenir l'emprise allemande. Il entonne là la rengaine de la justification de l'armistice et des concessions de Vichy. Parce qu'il avait fait libérer les détenus politiques in extremis avant l'arrivée des Allemands en Tunisie, Estéva échappe à la mort et est condamné aux travaux forcés à perpétuité. Premier à comparaître en Haute Cour, il concentre un intérêt sans doute disproportionné. Or, ce premier accusé tellement symbolique échappe à la mort. Un tel verdict est à porter au crédit des jurés qui ne se sont pas laissés aller à une condamnation exemplaire qui aurait fait fi du cas d'espèce. Seulement, après des mois d'attente, au moment de condamner pour la première fois Vichy en la personne d'Estéva, les circonstances atténuantes surgissent. Vichy tout entier va-t-il en bénéficier ?

Le mois suivant, la Haute Cour rejoue une pièce presque similaire avec le général Dentz, haut commissaire de la France au Levant qui avait ordonné aux troupes françaises de combattre les Français libres et les Britanniques entrés en Syrie en 1941. Le général se justifie par sa volonté de ne pas provoquer, par une résistance factice ou une défection, une rupture de la convention d'armistice qui aurait accru les malheurs de la métropole. Argument recevable, mais un télégramme figurant au dossier où il préconise l'envoi de l'aviation allemande pour appuyer les troupes françaises impressionne défavorablement le jury. Le général est condamné à mort (déjà très malade, il sera gracié par le général de Gaulle). Son avocat rappelle à son tour au procureur Mornet qu'il a exercé des fonctions sous Vichy. Il lui recommande ainsi plus de compréhension du devoir d'obéissance ressenti par Dentz. Parallèle que Mornet balaie au revers d'une phrase.

Ces audiences préfigurent les complexités et ambiguïtés futures des procès tenus devant la Haute Cour. En dépit d'une documentation abondante, l'instruction est partielle, l'accusation se focalise sur la trahison et l'intelligence avec l'ennemi, quitte à négliger le reste. Le choix de deux officiers oriente les procès sur le terrain de la collaboration militaire. Comme ils n'ont pas été ministres, ce n'est pas réellement l'activité gouvernementale dans toutes ses dimensions qui est envisagée.

La presse n'est en outre guère convaincue par l'ordre des procès. « Et pourquoi ne juge-t-on pas Pétain ? », s'exclame le journal communiste *la Défense*. Pour le garde des Sceaux, qui s'étonne lui aussi, le procureur général Mornet donne ses arguments.

> Deux affaires m'ont paru devoir précéder la mise en jugement de Pétain, affaires qui, par leur importance et leur caractère, lui servent en quelque sorte de préface, en ce sens que s'y manifestent, sur le terrain militaire, les effets nocifs de la politique de collaboration suivie par le maréchal, en même temps qu'on y relève les traces d'une intervention directe de sa part (lettre au garde des Sceaux, 11 mai 1945).

Il est difficile de démêler si Mornet est sincère et croit à la subtilité de sa démonstration, ou s'il s'est laissé prendre entre l'inopportunité de retarder encore le début des audiences de la Haute Cour et l'impossibilité d'être prêt à tenir le procès Pétain par contumace avant le début de l'été 1945. Car le retour inopiné du maréchal met à mal au moins le calendrier.

Devancer la contumace

Dès son arrivée en Allemagne en septembre 1944, le maréchal Pétain semble avoir envisagé la préparation d'une comparution devant la justice de son pays. En tout cas, son médecin et ancien secrétaire particulier, Bernard Ménétrel, qui était l'un de ses intimes, se mit à la tâche en ce sens aussi longtemps qu'il demeura à ses côtés. Après l'arrestation de Ménétrel par les Allemands, Pétain en fut réduit à demander – en vain – à Hitler de l'autoriser à rentrer en France pour prendre part à son procès.

> Je ne puis, sans forfaire à l'honneur, laisser croire, comme certaine propagande tendancieuse l'insinue, que j'ai cherché un refuge en terre étrangère pour me soustraire à mes responsabilités. C'est en France seulement que je peux répondre de mes actes et je suis seul juge des risques que cette attitude peut comporter (lettre de Philippe Pétain à Adolf Hitler, 5 avril 1945).

À la faveur du chaos de l'agonie du IIIe Reich, le Maréchal quitte Sigmaringen pourvu d'une très courte suite et se présente le 22 avril à la frontière suisse. La Confédération l'accueille volontiers, lui offrant même un asile définitif. Mais il demande à passer au plus tôt en France, souhait réalisé le 26, après des tractations diplomatiques intenses. Pris en charge par le général Koenig, il part pour Paris à bord d'un train, au milieu de manifestations d'hostilité. Aussitôt que les journaux relatent les conditions de son voyage, les familles de déportés s'en indignent en les comparant au rapatriement long et parfois douloureux de ceux qui viennent d'endurer l'horreur des camps nazis. Le terme de « traitement de faveur » est repris avec insistance pour qualifier aussi la détention de Pétain et de sa femme au fort de Montrouge, détention pourtant assez spartiate.

L'arrivée de l'ancien chef de l'État prend de court la commission d'instruction de la Haute Cour qui a rendu le 24 avril son arrêt de renvoi de Pétain dont le procès a été fixé au 17 mai. L'instruction est rouverte sous la forme d'un simple complément d'information et conduite à bride abattue car on espère encore fixer les audiences dans la seconde quinzaine de juin. Elles commenceront en fait le 23 juillet. Il a fallu compléter l'acte d'accusation du 23 avril, qui était destiné à un procès par contumace. Loin de saisir l'opportunité pour en redresser l'angle défectueux, le procureur Mornet, soucieux avant tout d'aller vite, ajoute des faits à peu près en vrac, dont la plupart portent sur l'avant-guerre, tandis que sont simplement mentionnés des événements considérables tels que les Protocoles de Paris ou le débarquement en Afrique du Nord.

Tous les justiciables de l'épuration sont intéressés au procès du Maréchal. Même si d'aucuns s'indignent que « le chef » tant révéré soit poursuivi, tous, à commencer par les anciens ministres, savent que son sort conditionnera le leur.

La question est des plus simples : pourra-t-on se défendre en arguant du respect de la légalité, d'une obéissance à un chef unanimement approuvé, d'un double jeu, ou la condamnation de Pétain tordra-t-elle le cou de toutes ces justifications ? Certains sont incriminés dans l'interminable exposé des faits rédigé par Mornet, dont des extraits paraissent dans la presse. Cet exposé des faits oriente tout le procès dans une direction têtue mais étroite, celle de la trahison.

Une grande dissertation sur le mot trahir

Quand s'ouvre, le 23 juillet 1945, le procès du maréchal Pétain, l'intérêt est à son comble. On s'écrase littéralement dans la salle du palais de justice de Paris, ce qui n'est pas fait pour conférer aux audiences la solennité espérée. Le bâtonnier Payen principal défenseur, s'efforce d'y porter un coup décisif en récusant les magistrats, qui ont servi Vichy et même prêté serment à celui qu'aujourd'hui ils vont accuser et juger. Puis il s'adonne à une contestation de la légalité même de la cour, puisant de façon un peu trop pédante à toutes les sources de l'histoire du droit. Un peu plus avant, Isorni réclamera une instruction plus longue. Ce sont donc les mêmes objections qui sont utilisées qu'aux procès d'Estéva et Dentz, ce qui témoigne des défauts récurrents de la Haute Cour comme du manque d'imagination des avocats.

La lecture de l'acte d'accusation, qui s'étend sur le complot et inventorie à la hâte les méfaits de Vichy, laisse l'auditoire sur sa faim. Les échos qui parviennent à l'extérieur du prétoire sont plus décevants encore. Le premier président et le procureur reçoivent un abondant courrier dans lequel des correspondants, tant personnes privées que représentants d'associations ou de régions, s'étonnent de voir manquer tel ou tel fait grave, événement ou avanie, et demandent parfois à témoigner à charge. Le procès est prétendument destiné à permettre aux Français de comprendre ce qui s'est passé. Mais des débats confus, la presse ne peut rendre compte que par quelques gros titres et un résumé des audiences limité par la modestie de sa pagination en période de pénurie de papier.

Quand la parole est pour la première fois donnée à l'accusé, il se lève et lit une déclaration soigneusement rédigée à l'avance où il prévient qu'il ne parlera plus, serait-ce pour répondre aux questions. Il refuse de cautionner un procès devant cette Haute Cour qui ne représente rien. Il n'accepterait que de s'adresser au peuple français qu'il a servi jusqu'au sacrifice et dont il sait qu'il conserve encore l'affection et la confiance. Il justifie brièvement et avec assez de cohérence (et de mauvaise foi) l'armistice, la légitimité de son pouvoir, sa politique d'attente et de protection du pays occupé, sa contribution à la libération, les réalisations de la Révolution nationale en faveur de la famille et du travail. Contre toutes les tyrannies, il a été le rempart de la civilisation. Il accepte par avance sa condamnation, pour l'épargner à ceux qui lui ont obéi. Mais elle signifierait la condamnation de l'immense majorité de Français.

Après sa déclaration, Pétain se mure dans un silence facilité par son grand âge et sa surdité. Il laisse à ses avocats le soin de contrer les témoins ou de mettre les magistrats en difficulté. Ce dont ils s'acquitteront avec plus ou moins de bonheur. Il ne sort guère de son mutisme que lors de la déposition d'un témoin à décharge, le général de Lanurien qui réveille son instinct de conservation au détriment de la grandeur sacrificielle qu'il affecte depuis le début des audiences. Bon orateur, Lanurien a dépeint avec chaleur les efforts consentis par Pétain pour sauver tout ce qui pouvait l'être. Il finit par l'évocation de la figure christique d'un vieillard dont la condamnation déshonorerait ceux qui la prononceraient et insulterait la postérité. Puis le voici qui, en réponse à la question d'un juré, se met avec sincérité à rappeler l'hostilité fondamentale de Pétain à l'encontre des maquisards et résistants assimilés à des terroristes et, au contraire, son approbation de la politique et des méthodes de Henriot et Darnand. De tels propos contredisent exactement l'un des axes principaux de la défense préparée par Pétain lui-même depuis l'automne 1944 (« J'ai toujours résisté aux Allemands. Donc je ne pouvais être que favorable à la Résistance »). Le maréchal se met soudain à parler :

> Je prends la parole pour une fois pour dire que je ne suis pour rien dans la présence du général de Lanurien ici. Je ne savais même pas qu'il devait se présenter devant la cour. Tout ceci s'est passé en dehors de moi.

Ce grossier désaveu d'un témoin si évidemment dévoué et de bonne foi impressionne péniblement la salle. Ne sont au contraire pas surpris ceux qui ont travaillé avec Pétain et connaissent son ingratitude. Pour tous, l'avertissement est clair : tant que le Maréchal aura son mot à dire, on ne se revendiquera de lui qu'à ses risques et périls.

Une large place est faite aux soixante-trois témoins, interrogés apparemment sans plan ni suite dans les idées. Certains parleront des heures durant sur plusieurs jours. La défense n'a pas mieux préparé ses contre-interrogatoires, non plus que la déposition de ses témoins à décharge. À elles seules, les dépositions des hommes politiques de la IIIe République vont occuper sept des dix-sept journées d'audience. Cette prééminence traduit la place exorbitante laissée à la période de l'armistice et de la fin de la République, au détriment du reste. Ces responsables politiques ont à cœur de magnifier leur action et de se poser en victimes de Vichy et des Allemands. Mais ils sont écoutés sans sympathie : ils restent les représentants d'une République discréditée et sont trop associés à la défaite dont il est si largement question. Certains, qui ne sont pas si rares, voudraient les voir comparaître eux aussi pour justifier de leurs insuffisances.

C'est au contraire avec une curiosité telle qu'elle se teinte de bienveillance que sont écoutés les hommes les plus haïs : Brinon, Darnand, Laval. Le public ne les conspue pas, mais tend avidement l'oreille. Les jurés ne les interpellent pas. Les magistrats ne les brusquent pas, au point de laisser Laval anticiper son propre procès en détaillant sa carrière et sa politique. De fait, les longues digressions de l'ancien chef du gouvernement sur l'avant-guerre ont le mérite de donner aux événements une profondeur et une cohérence plus intéressantes que la thèse du complot.

Font beaucoup moins grosse impression la kyrielle des ministres de Vichy, bien décidés à placer les morceaux de bravoure de leur défense, à commencer par le fameux « double jeu ». La plupart optent pour la prudence car il se dit qu'après le procès Pétain et la condamnation à mort de quelques figures emblématiques, la Haute Cour pourrait faire preuve de compréhension et d'indulgence. Autant ne pas être embarqué dans la charrette fatale. Les jurés les contrarient par des questions acerbes. Et les témoins se nuisent par leurs justifications attendues, leurs dérobades et leurs manœuvres hypocrites pour se décharger sur autrui, renier leurs responsabilités et les ambitions mêmes du régime de Vichy. Au point de décourager même les commentateurs les mieux disposés tels qu'Emmanuel Beau de Loménie :

> À lire les dépositions, nous avons l'impression qu'on veut nous faire croire qu'à part Laval et Darlan, et un tout petit nombre d'autres, le personnel de Vichy n'a vécu qu'avec le souci de tromper les Allemands et de servir les Alliés. Le plaidoyer personnel apparaît ici de façon trop systématique, trop naïve même parfois, pour convaincre toujours (*Questions actuelles*, 25 septembre 1945).

Mais, tandis que se succèdent les audiences, quand est-il question du programme dessiné par Pétain ? Où sont les lois qu'il a voulues, les exclusions qu'il a prononcées ? Où sont les victimes livrées aux nazis avec tant de bonnes raisons d'opportunité ou d'obligation ? La presse réclame qu'on les confronte aux responsables de leur malheur. Un juré, au bout d'une semaine d'audience, suggère que l'on parle d'un peu autre chose que de l'armistice. « De l'armistice à la libération il s'est passé, dans ce pays, une série de drames qui intéressent certainement beaucoup de jurés. Nous avons reçu des lettres de personnes qui demandaient à être entendues. » Avec un manque d'à-propos confondant, le président lui réplique que, devançant ses désirs, il a fait demander « la liste de deux ou trois personnes susceptibles d'éclairer la Cour sur les conséquences résultant de la politique pratiquée à partir de l'armistice » et, revenant aux marottes de l'accusation, qu'il fait rechercher les liens entre les mouvements factieux et Pétain.

Le procureur Mornet, plus vif d'esprit apparemment, va lui répondre sur le fond. Mais en renvoyant les victimes à un rôle accessoire, avec une certaine désinvolture.

> Nous entendrons ici quelques représentants des associations de victimes sorties saines et sauves – je les en félicite – des camps de Buchenwald, de Dachau, etc. Leur audition constituera ce que j'appelle des impressions d'audience plus que des arguments car, dans ce procès, ce qui importe, c'est de faire une démonstration.

Aussi stupéfiantes que paraissent ces explications, elles sont conformes à ce qui se pratique dans tous les tribunaux de l'épuration où, en l'absence de partie civile, les victimes, fussent-elles directes, sont reléguées au rang d'illustrations de la trahison. Deux résistants déportés viennent déposer. Puis le président d'une fédération d'associations de résistants qui a été obligé de relancer Mornet quelques jours auparavant. Courtes dépositions qui ne susciteront ni question ni contre-interrogatoire.

Le réquisitoire lâche du lest sur le thème de la trahison préconçue et appliquée comme un programme pour se concentrer sur l'attentat contre la République. Quoique passant à côté de l'essence du traumatisme vichyssois et mécontentant beaucoup d'observateurs, le procureur a l'habileté de dresser la liste des concessions et des faiblesses de Pétain à l'égard de Hitler qui paraissent ne pas toujours pouvoir être expliquées par l'habileté ou la contrainte. Faute de pouvoir ou de vouloir exploiter la masse documentaire d'ores et déjà disponible ont été piochés et cités à l'audience quelques écrits ou déclarations particulièrement compromettants que la défense a mollement réfutés. Repris ici dans une juxtaposition serrée, ils portent comme autant de coups terribles.

Les justiciables de l'épuration comptent sur les avocats du Maréchal pour poser les jalons d'une défense active dont tous pourraient bénéficier. Tel n'est pas vraiment le projet des avocats, déjà mal accordés entre eux sur les objectifs et les moyens. Ils sont d'ailleurs contraints de tenir compte du terrain choisi par l'accusation, le complot et la trahison. Ils plaident à l'usage de la Haute Cour et, si possible, de l'opinion dont ils espèrent, par un vieux souvenir de l'amour et de la confiance passés, obtenir quelque soutien. Le bâtonnier Payen déploie les ressources d'un juridisme pas toujours à bon escient pour rejeter la compétence de la cour. Il argumente en sourdine sur la sénilité du glorieux vieillard sacrifié. Me Isorni, dont le charme et la rhétorique pathétique sont les atouts, joue avec un succès d'émotion la description tragique de l'exécution du vieux Maréchal.

Mais il est aussi le premier (le seul) qui aborde le fond du dossier en essayant de mettre en parallèle deux attitudes possibles et valables : la Résistance consentant des sacrifices immédiats pour continuer à tout prix le combat ; le Maréchal cherchant à sauvegarder l'essentiel quitte à consentir à des abandons ponctuels. Il cite les faits les plus spectaculaires avec l'idée de leur donner une explication acceptable ou d'en rejeter sur autrui (les mauvais conseillers) la responsabilité : le conseil de justice politique, les sections spéciales, la LVF, l'antisémitisme d'État, la Milice.

Après que les délibérations ont tourné autour de la qualification de trahison, la Haute Cour condamne Pétain à mort pour intelligence avec l'ennemi et attentat contre la sûreté intérieure de l'État (articles 75 et 87 du Code pénal) et émet le vœu que la sentence ne soit pas exécutée, eu égard au grand âge du condamné (89 ans). La condamnation est effectivement commuée en détention. Elle est supposée être de portée essentiellement symbolique. On compte que ce vieillard ne posera plus longtemps problème. On se trompe une fois encore à son sujet.

Le procès a établi que Pétain a été un traître et un criminel. Il en résulte en principe l'impossibilité de se justifier par l'obéissance à ses ordres et à ceux de son gouvernement. Pour le reste, en dépit d'un certain soulagement d'en avoir fini, c'est une déception. Une de plus.

> Ce procès, mal conduit, a tourné en ignoble farce. Ceux qu'on voit défiler sont trop souvent des pantins sinistres, anciens présidents du conseil à la conscience trop lourde, généraux intrigants ou complices, gauleiters repentants. Ils écœurent.
>
> Armistice ou capitulation ? Fortifications ou chars ? Les avocats de s'enliser dans les subtilités juridiques ou tactiques. Les témoins de s'affronter avec aigreur ou prétention. Mais le crime dont Pétain est accusé, dont nous l'accusons, nous, Français de France, qui avons souffert, lutté, perdu tant des nôtres, ce n'est pas un crime juridique ou tactique, c'est le crime contre l'homme. Et je dis que si Pétain – je me refuse à écrire le Maréchal – n'était responsable que de l'envoi d'un seul Français ou d'une seule Française à Auschwitz ou dans un autre de ces lieux de supplices, il mériterait la mort (Claude Morgan, *les Lettres françaises*, 11 août 1945).

Pierre Laval ou comment s'en débarrasser

Au lendemain du verdict à l'encontre du Maréchal, les procès ne s'enchaînent pas. La Haute Cour, après avoir respecté les vacances judiciaires, essaie de déblayer le terrain. Bonnard et Déat, en fuite, sont condamnés à mort par contumace. Les cas des ministres morts avant d'être jugés sont réglés. Sept accusés de troisième plan sont relaxés. Il faut attendre le 3 octobre pour voir expédier le procès de Joseph Darnand, jugé effectivement à marche forcée avec son consentement résigné et l'approbation enthousiaste de l'opinion. Couvert de crimes, couvert de haine, l'ancien chef de la Milice, le Waffen SS, le secrétaire au Maintien de l'ordre est jugé et condamné à mort, en l'espace de cinq heures. Il est exécuté une semaine plus tard à la satisfaction générale.

Le lendemain, c'est au tour de Pierre Laval. En 1945, l'ancien chef du gouvernement est encore l'un des hommes les plus détestés de France. Il passe pour le grand coupable des abaissements et des maux du pays : choix de la collaboration et son cortège de compromissions, tentations de la collaboration militaire, STO, réquisitions, emprise policière... Tous les bords s'accordent sur son cas. Les résistants, bien sûr, les requis du STO et leurs familles, les Français de toute obédience politique, jusqu'aux maréchalistes ou aux épurés, qui voient dans l'ancien chef du gouvernement le bouc émissaire idéal et ne sont pas les derniers à l'accabler pour se blanchir.

> J'ai déjà dit que le mot de « collaboration » a été inventé par M. Laval et ses partisans [...] Ceux-ci avaient en effet le dessein de faire participer la France à la victoire finale, qu'ils croyaient assurée, de l'Allemagne. Qu'ils aient donc à répondre d'actes qui seraient, en effet, de la trahison, cela est justice (note de Pierre-Étienne Flandin pour la Haute Cour, 25 novembre 1945).

Or, Pierre Laval est relativement confiant. En dépit de la façon humiliante dont la Suisse lui a refusé l'asile. En dépit de la manière cynique dont Franco l'a dépouillé puis livré. En dépit de la solitude totale où il s'est retrouvé à la prison de Fresnes. D'ailleurs, il a fait front avec aplomb et ténacité, en donnant son interminable témoignage-plaidoyer au procès Pétain. Son sang-froid l'a requinqué. Il pense avoir fait effet, avoir convaincu même. Le président Mongibeaux, le procureur Mornet, qui l'ont laissé pérorer, lui paraissent à sa portée. Il accueille les trois avocats que sa fille porte à son secours moins comme des sauveurs que comme des assistants. Il teste sur eux ses arguments. Il pérore sans fin au milieu d'un nuage de fumée. Il embauche ses anciens collaborateurs détenus auprès de lui (et pas toujours très consentants) pour lui faire des fiches, afin d'alimenter un dossier énorme qui doit prouver que Laval a sauvé, protégé et nourri les Français. S'il intéresse un gardien, s'il devine un geste de commisération, il s'imagine déjà avoir conquis le bon peuple. Il croit qu'il va pouvoir plaider, se faire entendre, se sauver.

L'instruction devrait le faire déchanter. En première intention, elle doit être fort longue avec vingt-cinq interrogatoires programmés, en accord avec un plan d'information impressionnant (et fort peu encourageant pour l'accusé) :

origines, consommation et exécution de la trahison. Mais, peut-être éclairée par la prestation au procès Pétain comme par ses réponses évasives aux premiers interrogatoires, et surtout talonnée par les échéances électorales, la commission d'instruction se convertit à une information abrégée, en oubliant non seulement de faire juste mais même de faire utile. Le nombre d'interrogatoires est ramené à cinq, mais une séance peut durer jusqu'à neuf heures d'affilée, ce qui ne semble ni très équitable, ni très efficace, car Laval, jouant de sa fatigue, se dérobe et atermoie.

Dès la fin du mois de septembre, l'instruction est close et le procès est fixé au 4 octobre. Laval n'a été interrogé ni sur le 10 juillet 1940, ni sur Montoire ou ses négociations successives avec le gouvernement allemand, ni sur le STO ou la Milice, ni sur l'ensemble de la politique antisémite et de la participation de l'administration française à la mise en œuvre de la Solution finale. Pourra-t-on compter sur les audiences pour faire toute la lumière sur des questions aussi cruciales ?

Les avocats de Laval ne se présentent pas à la Haute Cour le premier jour du procès. Ils déposent le deuxième jour des conclusions, mais se retirent de nouveau. Ils estiment que l'instruction n'a pas été faite et qu'ils n'ont eu le temps ni de prendre connaissance du dossier, ni de réunir les témoins ni même de préparer leurs plaidoiries. C'est une question de principe. Ils profitent de l'inconséquence du président Mongibeaux qui a déclaré à la presse qu'on siégerait matin, midi et soir, mais que le procès serait à tout prix terminé avant les élections du 21 octobre. Le procureur Mornet justifie le procès amené *ex abrupto* par une manière de flagrant délit qui dispenserait d'instruction, fantasme récurrent de l'épuration :

> Quels sont les faits ? Ce sont les actes gouvernementaux auxquels a participé Pierre Laval quand ils ne sont pas son œuvre. C'est la politique qui a été suivie depuis cinq ans et dont a été victime ce malheureux pays. Ce sont ces déclarations qui sont comme autant d'aveux dont il ne conteste pas les termes. Il reste à discuter quoi ? [...] L'affaire Pierre Laval est une affaire qui aurait pu venir à l'audience sans qu'il soit besoin de la faire précéder d'une instruction judiciaire préalable, car l'instruction a commencé le jour de l'accession de Pétain et de Laval, comme son second, au pouvoir.

Dans son réquisitoire, il déplorera même qu'à l'occasion du passage de Laval à Paris en août 1944, il ne se soit trouvé personne pour l'abattre sommairement, éventualité rebaptisée par lui « geste de la Justice populaire ». Il est vrai qu'on aurait économisé instruction et procès... La brièveté de l'acte d'accusation – brièveté eu égard aux performances habituelles de Mornet comme à l'importance du sujet – témoigne effectivement d'une instruction incomplète.

Laval sera seul, dans le prétoire, décidé apparemment à se battre pied et à pied. À la diatribe de Mornet, il répond sur le même ton : « Mais vous étiez tous aux ordres du gouvernement à cette époque, vous tous qui me jugez, magistrats, et vous, Monsieur le procureur général... ». Voyant qu'il risque l'expulsion pour outrage, il fait marche arrière, préférant saisir toute occasion de s'expliquer. Et il parle effectivement, beaucoup, usant de ces habituelles digressions, tour à tour familier et solennel, s'adressant explicitement aux jurés, lançant quelques piques aux magistrats. Se vantant d'être libéral, le président Mongibeaux le laisse aller, et avec lui les audiences. Au troisième jour, Mongibeaux se reprend maladroitement et tente soudain de brider Laval qui se proclame privé du droit de se défendre. L'attitude des jurés va alors s'avérer décisive.

Les noms des jurés tirés au sort sur les listes constituées par l'Assemblée consultative ne nous disent aujourd'hui plus grand-chose. On a beaucoup glosé à propos des jurys « partisans » des juridictions de l'épuration. À tort ou à raison. Mais dans le cas du procès de Pierre Laval, c'est à raison. Ceux qui sont là sont sûrement motivés. En effet, alors que la campagne électorale bat son plein, on a réuni à grand-peine le quorum nécessaire au tirage au sort des jurés. Des présents, Laval renonce à en récuser aucun. Pourtant, sur les douze membres parlementaires potentiels du jury, cinq sont communistes et quatre socialistes. Il y a un radical, un MRP et un apparenté à l'Alliance démocratique. La moitié d'entre eux ont été, sous l'Occupation, emprisonnés d'une façon ou d'une autre. L'un rentre à peine de déportation à Mauthausen. Le 10 juillet 1940, quatre ont voté contre les pleins pouvoirs, deux se sont abstenus. Les cinq communistes ne pouvaient évidemment pas prendre part au vote. Ainsi, quand l'interrogatoire vient sur le 10 juillet 1940, certains jurés ont carrément été des témoins et des protagonistes des événements. Ils posent des questions précises et refont le débat avec celui qui s'était targué de conduire le Parlement au suicide. Vieux routier de la politique, Laval espérait pouvoir faire jouer les habitudes et les solidarités parlementaires pour amadouer les jurés. Or, de tous côtés qu'il se tourne, il n'est en présence que de victimes ou d'adversaires. Et si la plupart d'entre eux ont été députés ou sénateurs en même temps que Laval, ils semblent surtout en avoir déduit qu'on ne pouvait en aucun cas se fier à lui. La tendance ne peut évidemment être corrigée par les jurés non parlementaires qui sont des résistants, avec une forte proportion de communistes.

La tension, d'emblée, est très vive. Des jurés interrompent les avocats, lors de leurs rares interventions, par des remarques sarcastiques. Ils interpellent l'accusé, le menacent, l'injurient. Quand, dans la salle, le fils de l'ancien ministre des Finances de Vichy, Pierre Cathala, applaudit l'expulsion de Laval par le président, un juré s'exclame : « Il mérite, comme Laval, douze balles dans la peau ». On n'est encore qu'à la fin de la première journée d'audience. Le troisième jour, alors que le ton monte entre Laval et le président Mongibeaux, deux jurés s'exaspèrent et s'écrient : « Elle passera, la justice ! ». « Elle sera française ! », ajoute un troisième. Au moment où la séance est suspendue et où Laval va quitter la salle, ils lui lancent des apostrophes dont une partie seulement est saisie par le public : « C'est vous, le provocateur ! Salaud ! Douze balles ! Il n'a jamais changé ! ». Laval prend le public à témoin : « Les jurés !... Avant de me juger !... C'est formidable ! ». La réplique fuse : « On vous a jugé et la France vous a jugé aussi ! ». (L'avocat Albert Naud, qui n'était pas présent, ajoute d'autres propos qui auraient été entendus dans la bouche de jurés : « Une corde pour le pendre ! », « Tu gueuleras moins fort dans quinze jours ! ») Après cet éclat, on discute en coulisse. Ces jurés doivent-ils se retirer pour avoir forfait à leur charge ? Les magistrats sont complaisants. Ils ne veulent prendre la responsabilité ni d'un retard ni d'une annulation. On continue.

À la reprise des débats, Laval, arguant de la façon injurieuse dont le traitent le président et les jurés, se pose en victime d'un crime judiciaire et déclare vouloir dorénavant se taire. L'audience est encore suspendue, en attendant de pouvoir amener les témoins à la barre. Au bout de deux heures, quand le procès doit se poursuivre, Laval fait indiquer qu'il refuse de comparaître. Après sommation d'huissier, le président explique que la loi l'autorise à faire venir le prévenu de force mais aussi à poursuivre sans lui. Il n'insistera plus guère, trop content sans doute d'être débarrassé de la logorrhée et des ruses lavaliennes qui menaçaient de faire durer l'affaire jusqu'à la dernière extrémité. Il est donc passé outre son absence et l'ancien président de la République, Albert Lebrun, se présente à la barre des témoins. Il dépose longuement, répondant aux questions empressées du procureur. Le quatrième jour s'ouvre sans que Laval ni ses avocats ne soient là. Le défilé des témoins continue. Devrait venir le tour des témoins à décharge cités par Laval, mais aucun ne répond à l'appel. Le procureur demande que soient lues les dépositions de deux témoins ainsi que les interrogatoires de Laval durant l'instruction. Le greffier s'exécute longuement, tandis que la salle se vide.

Le cinquième jour, l'ambassadeur Léon Noël, cité comme témoin, refuse de déposer en l'absence de l'accusé et de ses défenseurs. Mornet prononce un interminable réquisitoire. Niant bien sûr toute responsabilité dans le tour catastrophique pris par le procès, il dénonce comme à son habitude le complot, l'atteinte à la Sûreté de l'État et la trahison, en dissimulant l'absence de travail de fond sous des citations aléatoires d'archives et de longues périodes moralisatrices. Si le caractère de Laval est dépeint dans toute la noirceur d'un traître de mélodrame, la cruauté bien tangible de la politique de Vichy et de ses conséquences n'est qu'effleurée. Il est beaucoup question de félonie et de déshonneur, beaucoup moins de faits précis ou de victimes. Le procès de Vichy n'est pas encore pour cette fois.

À l'issue d'une longue délibération, qui montre sans doute que tous les jurés ne s'étaient pas décidés d'emblée pour les « douze balles dans la peau », Pierre Laval est condamné à mort le 9 octobre 1945. Il refuse de demander sa grâce mais ses avocats sollicitent une révision du procès après une instruction sérieuse. Sur avis du garde des Sceaux, le général de Gaulle refuse, estimant que le fond de la culpabilité de Laval ne souffre aucun doute, même si la forme du procès a été navrante.

Le 15 octobre, à l'arrivée de la troupe habituelle des matins d'exécution capitale – procureur, président de la commission d'instruction, major de la place de Paris, directeur de la prison, interne en médecine, légiste, aumônier, avocats du condamné, Laval avale une pilule de cyanure qu'il conservait cachée dans ses affaires personnelles. Devançant les consignes du ministre, Mornet se refuse à le laisser réussir son suicide. On fait intervenir l'interne, puis un médecin et du personnel infirmier. On le ranime tant bien que mal, on lui lave l'estomac, on s'acharne pendant trois heures. On lui sauve la vie pour pouvoir le soutenir, non pas jusqu'au fort de Montrouge qu'il est trop faible pour atteindre, mais dans le chemin de ronde de la prison de Fresnes où il est fusillé en hâte, comme on l'a jugé.

Curieux objet juridique et événement remarquable, ce procès n'offre en revanche guère d'intérêt du point de vue du contenu historique. Laval, et dans une moindre mesure ses avocats, avait-il à l'esprit de recourir à des manœuvres dilatoires ? C'est bien possible, quoique l'on ne voie pas ce qu'il avait à y gagner, si ce n'est du temps. Mais, après tout, chaque jour gagné n'est-il pas infiniment précieux pour celui qui joue sa vie ? Espérait-il sincèrement qu'un délai supplémentaire lui permettrait de se justifier, de se faire comprendre ? Ce n'est pas exclu tant son manque de lucidité dans la préparation de son procès est évident. A-t-il au moins remporté une victoire sur la Haute Cour ou pour la postérité ?

Pour la postérité, assurément pas. En dépit de l'apitoiement que peuvent susciter le déroulement exorbitant de son procès et les circonstances misérables de son exécution, le passage du temps n'a pas servi à réhabiliter Laval. Sur le moment, la presse a exprimé son effarement, de nombreux Français ont été étonnés, voire choqués. Pour une fois à l'unisson de leurs concitoyens, les critiques intéressés de l'épuration s'interrogent :

> Le sabotage fut si flagrant et l'agencement si grossier qu'on peut se demander à quels mobiles obéirent ceux qui en furent les organisateurs ? Car, comment expliquer qu'ils aient pu consentir gratuitement au suicide leur honneur ? (*Les Écrits de Paris*, février 1948).

Mais les Français n'ont pas pour autant révisé leur opinion sur Laval le vendu, le négrier. Des rumeurs ont couru, selon lesquelles toute cette affaire aurait été menée à la sauvette pour cacher d'autres responsabilités. La thèse du complot ne tient pas devant celle de la maladresse ou de la bêtise. Car si Laval a obtenu un résultat, c'est d'avoir montré la suffisance et l'insuffisance des magistrats professionnels de la Haute Cour, maîtrisant mal les dossiers comme les débats, vulnérables dans leur passé, tout occupés à masquer de discours ronflants des béances juridiques dues à leur manque de travail et à leur empressement servile à devancer les désirs du pouvoir. Si l'on y ajoute l'attitude inqualifiable de jurés, qui ont démérité par rapport à bien des jurés ordinaires de cours de justice ou de chambres civiques, par leur indiscrétion et leur impudeur, la Haute Cour, non dans son principe mais dans ses acteurs, risquait de disqualifier tout le processus judiciaire d'épuration. Un comble pour une juridiction qui ne se privait pas de donner à tout propos des leçons de morale, à défaut de pouvoir donner des leçons de droit.

À l'issue du procès Laval, la Haute Cour, à la faveur du référendum sur les institutions et des élections à l'Assemblée constituante, suspend les procès. Il était temps sans doute, si l'on voulait la sauver.

Un objet politique en péril

Une réforme de la Haute Cour est votée dès le 27 décembre 1945 par la toute nouvelle Assemblée constituante, ce qui lui permet de renouveler sa légitimité démocratique. Les magistrats professionnels sont cantonnés à l'instruction et à l'accusation. Les présidences et vice-présidences reviennent à des parlementaires. Les jurés sont tirés au sort au sein d'un vivier de 96 parlementaires issus de l'Assemblée en proportion des groupes. Le tirage au sort est intégral, sans correction pour la représentation des groupes. Selon le hasard, la composition des jurys peut au fil des sessions ou des procès varier du tout au tout. Phénomène accentué par l'intérêt modéré et fluctuant que les constituants, aux prises avec tant d'impératifs urgents et passionnants, portent aux travaux de la Haute Cour. Les candidats font souvent défaut quand il faut tirer les jurés au sort. Et ils manquent à nouveau à l'appel quand il faut entrer en session. La variable la plus sensible et la plus surveillée sera la présence plus ou moins forte de communistes dans un jury. Tous les justiciables, à cet égard, ne seront pas à égalité. Mais il est difficile de démêler, dans l'allégement relatif des sentences, la part du passage du temps et celle de la composition des jurys.

Mais là ne s'arrête pas le pouvoir des communistes, puisqu'au gré des péripéties de la vie politique, ils s'efforceront de bloquer le fonctionnement de la Haute Cour en faisant défection en audience ou dans la commission d'instruction, ou en déposant des propositions de réformes radicales telles que la publicité des délibérations et l'exclusion totale des magistrats professionnels. À d'autres périodes, ils manifestent une assiduité telle que la composition des jurys s'en trouve déséquilibrée et ils tentent alors de peser de tout leur poids sur l'épuration. En 1947, les affrontements suscités par la guerre froide naissante empêchent à tel point le fonctionnement de la Haute Cour que l'un de ses vice-présidents se déclare convaincu que la juridiction ne pourra aller jusqu'au terme de sa tâche. Il reste alors près de la moitié des inculpés à juger, et pas toujours des moindres (Darquier de Pellepoix, Xavier Vallat, le général Weygand, René Bousquet...). Une loi du 15 septembre 1947 introduit la représentation proportionnelle des groupes dans les jurys, pour contrebattre l'entrisme communiste. Dès janvier 1948, un nouvel incident majeur se produit. Les communistes quittent le jury en pleine délibération au procès de l'ancien ministre de l'Intérieur Adrien Marquet parce que leurs collègues ne veulent pas voter la mort. En avril, une autre loi réduit le nombre des jurés et prévoit des sanctions contre ceux qui refusent de siéger. Lors de la nouvelle élection de la cour, le vice-président communiste est évincé. Ses camarades annoncent qu'ils ne participeront plus aux jurys. Quelques jours plus tard, après le non-lieu accordé à Weygand, ils quittent cette fois la commission d'instruction. De ce jour, la Haute Cour fonctionne sans aucun communiste, alors qu'ils étaient les porteurs les plus bruyants de l'épuration. Critiques internes de la Haute Cour depuis presque deux ans, ils en deviennent de véhéments contempteurs, achevant de ruiner son crédit dans l'opinion. La trentaine d'inculpés encore en attente seront jugés dans une apathie qui permettra à certains de tirer étonnamment bien leur épingle du jeu. Bousquet sera de ceux-là, qui comptera même un ami parmi ses jurés. Et il ne faut pas omettre que, si les jurys ont compris de chauds partisans de l'épuration, ils ont accueilli aussi des opposants de l'épuration. Parmi eux, André Mutter, exclu de son parti pour pétainisme, qui a dirigé l'un des principaux hebdomadaires critiques de l'épuration et favorables à la réhabilitation de Vichy (*Paroles françaises*).

Les questions qu'il adresse aux accusés, lors des procès Delmotte ou Marion par exemple, tendent toujours à leur permettre de faire valoir leur défense.

Les partis pris des jurés étaient-ils incompatibles avec leurs fonctions ? Jusqu'au début de 1946, les membres des jurys de la Haute Cour ne prononcent aucun serment car la cour est souveraine. En ce sens, les jurés du procès Laval n'ont pas trahi leur parole en révélant en audience leurs préjugés. De même, Jean Pierre-Bloch, juré au procès Pétain, se permet de rédiger un témoignage sur les délibérations, en indiquant la position de plusieurs jurés et magistrats. Les fuites se multipliant dans la presse, c'est le président Noguères qui prend en mars 1946 l'initiative d'écrire le texte d'un serment lu au nom de tous en tout début de procès :

> Élus du peuple français, nous sommes appelés à juger souverainement en son nom. Nous le ferons en engageant notre honneur, obéissant à notre seule conscience, dans la double résolution de décider en citoyens libres et de garder le secret de leurs délibérations.

L'insistance sur la liberté du vote et l'absence d'obéissance à des consignes extérieures montre assez de quel ordre pouvaient être les dissensions entre jurés. Par la suite, la formule devient plus courte et traduit une retombée des tensions :

> Je jure et promets de bien et fidèlement remplir mes fonctions, de garder religieusement le secret des délibérations, et de me conduire en tout comme un digne et loyal magistrat (juin 1948).

La commission d'instruction

Malmenée par ceux qui la composent, la Haute Cour, on s'en doute, est contestée fondamentalement par ceux qu'elle doit juger. La particularité de toutes ces procédures tient en cela qu'aucun des inculpés n'en admet le bien-fondé.

Aux hommes qui les arrêtent, les anciens ministres dénient le droit de le faire. Des autorités qui en donnent l'ordre, ils contestent la légalité. Le noyau des accusations de trahison portées contre eux, ils le rejettent formellement, comme ils refuseront le droit de la Haute Cour de les juger. Les protagonistes mis en présence ne devraient même pas arriver à se parler. Considérons par exemple la confrontation des points de vue entre le résistant nommé secrétaire général provisoire au Ravitaillement lors de la Libération, qui demande l'arrestation de François Chasseigne, ancien ministre, et Chasseigne lui-même, précisément arrêté pendant la Libération.

Exemple type du ministre de la trahison. Waffen SS protégé par la Milice, intelligent et énergique, a mis ouvertement ses qualités au service de l'ennemi, déclarant à ses services que « les ordres allemands ne se discutaient pas ». Traitant directement, d'ailleurs, les affaires avec les Allemands et à l'insu de ses services. Paraît intéressé à plusieurs scandales (lettre du secrétaire général provisoire au Ravitaillement au garde des Sceaux, 4 septembre 1944).

Je voudrais élever une protestation solennelle contre l'inculpation de trahison dont je suis l'objet. Je ne suis pas un traître [...] À Vichy, j'ai fait confiance au maréchal Pétain [...] Un jour, le peuple de France, qui jugera en dernier ressort, s'étonnera de voir sur quels hommes on a fait peser une accusation aussi infamante (déclaration annexée au procès-verbal de comparution devant la commission d'instruction de la Haute Cour à la demande de François Chasseigne, 20 janvier 1945).

La commission d'instruction est en principe la première instance chargée de démêler la teneur et la gravité des accusations. Elle est emmenée par un magistrat professionnel, mais composée de membres désignés par l'Assemblée consultative provisoire (ultérieurement par les Assemblées constituantes). Lors de sa constitution, elle comprend ainsi le communiste Marcel Willard (secrétaire général provisoire à la Justice en août et septembre 1944, à ce titre premier en charge de l'épuration) ; le général de gendarmerie Paul Tubert, venant d'Algérie au titre de la Résistance dans l'Empire ; l'avocat socialiste Max Juvénal, dirigeant de premier plan de la Résistance dans le Sud-Est, représentant le mouvement Combat ; Henri Choisnel, ancien Croix-de-Feu, membre d'un réseau d'évasion pour aviateurs anglais, responsable du noyautage des administrations publiques en Champagne, père d'un résistant déporté, représentant le Front national comme membre de son comité directeur ; Jean Dordain, de l'OCM et Georges Vankemmel, cofondateur du mouvement la Voix du Nord et responsable du BOA dans le Nord. Une composition éclectique qui a donné lieu à réflexion. Les mouvements de Résistance, par exemple, pensèrent choisir, en dehors de l'Assemblée, l'avocat Albert Naud, résistant authentique qui devait devenir le défenseur de nombreux justiciables de l'épuration (dont Pierre Laval et Adrien Marquet) et un critique vigoureux de la Haute Cour « dans sa forme résistantialiste »... Au fil des années, bien sûr, la composition de la commission se modifie. En juin 1946, on y trouve toujours Willard et Juvénal, mais cinq autres parlementaires se sont joints à eux. La commission n'est pas figée.

Généralement membres également de la commission de la Justice et de l'Épuration de l'Assemblée, ces hommes doivent certes agir en conscience mais ils sont comptables de leurs décisions devant l'Assemblée et devant les groupes qui les ont désignés. Il est possible que la présence de deux membres de la commission lors du quatrième interrogatoire de Pierre Laval ait précipité la décision d'abréger. Ils sont en effet frappés par son obstination à faire d'interminables exposés sur les sujets qui lui sont chers et par sa capacité à éluder. Ils en déduisent que l'ancien chef du gouvernement ne cherche qu'à gagner du temps et que, dans ces conditions, l'instruction ne sert à rien.

Quels sont les rapports de ces membres parlementaires, dotés d'une légitimité démocratique, et des magistrats (un tiers des membres de la commission) qui ont, eux, la haute main sur le travail effectif d'enquête, d'interrogation et de présentation des faits ? Le bâtonnier Jacques Charpentier, lui aussi très critique, prétend que la commission d'instruction est coupée en deux par l'antagonisme fondamental entre professionnels et politiques. Son confrère Albert Naud parle « des scrupules et du dégoût » d'un des juges d'instruction obligé de bâcler une instruction. Pourtant, les archives ne révèlent pas de heurts ou de ruptures éclatants. De rares témoignages très postérieurs montrent tout de même une réticence des juges. Guy Raïssac, juge d'instruction à la Haute Cour de 1944 à 1960, un temps secrétaire général chargé de classer et d'exploiter les archives de Vichy, se permettra en 1963 une remarque sur « le zèle répressif que manifestaient – avec d'évidentes arrière-pensées politiques – des extrémistes à froid que hantait le fantôme d'une Convention nationale coulée dans le moule stalinien » (*Un soldat dans la tourmente*, 1963). Leur sympathie pour certains inculpés, en particulier les officiers et les hauts-fonctionnaires, transparaît dans leurs propos et leur comportement. On en trouve trace dans les notes ou les lettres des accusés :

> M. Joulin m'a signifié qu'il tenait à clore rapidement l'instruction pour pouvoir transmettre mon dossier à la commission. Ne trouvant pas, pour sa part, trace de crime de trahison dans ma conduite, il ne veut pas garder pour lui la responsabilité de maintenir en prison un grand mutilé qu'il tient pour innocent [...] il est entendu qu'en trois interrogatoires, nous allons en terminer (Xavier Vallat, *Feuilles de Fresnes*, 1971).

Le juge qui instruit l'affaire de René Bousquet fait retarder son départ en retraite pour pouvoir aller au terme. Il instruit pendant près de trois ans, interroge Bousquet à soixante-treize reprises (un record), le laissant aller son train, exposer ce qu'il veut, évacuer ce qui le gêne, peu soucieux de traquer les contradictions ou d'obtenir des précisions. Ses questions se résument souvent à un simple « Veuillez poursuivre vos explications ». Bousquet obtient son transfert dans les locaux de la Haute Cour pour pouvoir consulter des documents et préparer ses réponses. Il estime, après une entrée en matière tendue, avoir pu « assez rapidement reprendre le contrôle des opérations » (lettre à Pierre

Laval, septembre 1945). Sa technique est très au point, parce que mûrement réfléchie.

> Les fluctuations de la vie politique répondent bien souvent à des lois qui défient la logique. Il faut faire traîner, gagner du temps, penser que les examinateurs n'ont à leur disposition qu'une documentation incomplète et qu'ils attendent de leurs clients que ceux-ci soulèvent des lièvres. Autrement dit, rester dans les généralités, répondre aux questions précises et ne pas élargir le débat tant qu'il est possible (lettre de René Bousquet à José de Chambrun, fille de Pierre Laval, août ou septembre 1945).

Des magistrats pressentis pour la Haute Cour ont décliné pour des motifs de sympathie personnelle, voire de très grande compréhension des choix des inculpés sous l'Occupation. Comme ce procureur nancéen qui écrit au garde des Sceaux, le 1er décembre 1945, pour refuser une proposition en expliquant qu'il doit le début de sa carrière à Raphaël Alibert, qu'il a travaillé avec le général Weygand et que Xavier Vallat est un intime.

> Cet homme, qui est mon ami depuis vingt ans, s'est trompé grossièrement quant à l'issue de la guerre. Mais il a été indiscutablement de bonne foi et n'a cessé d'être un patriote sans tache qui n'avait qu'un but : minimiser les suites du désastre et sauver ce qui pouvait l'être.
>
> Je sais qu'on reproche [à Weygand] d'avoir en juin 1940 conseillé l'armistice. Avait-il raison ? Avait-il tort ? Je sais que la doctrine officielle du moment le blâme. Moi, je n'ai pas d'opinion définitive à ce sujet. Ne possédant pas tous les éléments d'appréciation indispensables, je préfère m'en remettre au jugement de l'histoire.
>
> Je manque moi de la conviction nécessaire quant à l'utilité et la justice de certaines poursuites envisagées pour pouvoir être utilement le Fouquier-Tinville de la IVe République naissante.

À l'usage, les juges d'instruction se montrent peut-être moins partisans que débordés et mal organisés, défaut que les membres parlementaires de la commission, toujours de passage, ne peuvent corriger. Au début des travaux de la Haute Cour, les dossiers sont à peu près vides. Les premières séances d'interrogatoire en témoignent qui, faute de munitions, se bornent « à enregistrer purement et simplement les déclarations » des accusés, pour reprendre le constat de Xavier Vallat dans son journal. Les dossiers se remplissent au hasard des apports documentaires fournis pas les archives de l'État français arrivant des ministères plus ou moins consciencieux, des cours de justice, des administrations provinciales ou de Vichy même où la « malle Pétain » fait un temps les délices de la presse. Rapidement, la pénurie le cède à la submersion et une bonne part de l'énergie passe à canaliser ce flot pour l'exploiter au moins en partie. Dans certains procès, à commencer par le procès Pétain, seule une portion réduite des documents disponibles est utilisée. Les magistrats développent opportunément des arguments en vertu desquels l'information peut s'arrêter dès que la trahison est constatée.

> Le public ne comprendrait pas. Il trouve au contraire que cette information a trop duré. S'il savait ce que j'ai dans mes dossiers, s'il connaissait les éléments qui font de celui-ci non pas seulement un traître, mais un espion (réponse de l'avocat général à une demande de renvoi au début du procès Brinon, 4 mars 1947).

À charge pour les historiens de se colleter avec le reste des papiers dans l'avenir.

Les juges d'instruction, chargés de très vastes domaines (l'information et la politique intérieure pour l'un, la santé, les communications, les prisonniers et les questions juives pour un autre, par exemple) travaillent comme leurs confrères des cours de justice. Les dossiers sont ouverts et entretenus vaille que vaille par quelques pièces de forme. Puis, ils rédigent par fournée des commissions rogatoires, convoquent des témoins et interrogent l'inculpé si possible sur quelques mois pour ne pas trop perdre le fil. Au moment des dépositions, ils passent le dossier en revue, allant d'un sujet à l'autre au gré des documents disponibles et des associations d'idées. Lors du premier interrogatoire de Pétain (mené d'ailleurs hors de la présence d'un avocat), sont abordés le vote du 10 juillet 1940, les sections spéciales, la défaite, les lois antisémites, le STO, la LVF, le débarquement en Afrique du Nord : c'est tout de même beaucoup pour un travail de fond... Selon que l'inculpé perd pied ou en profite pour promener le magistrat, l'instruction avance plus ou moins bien. « Je dicte à sa charmante greffière pendant deux heures d'horloge des mises au point sur un certain nombre de renseignements vraiment trop généraux », raconte Xavier Vallat après sa huitième séance avec le juge Béteille. Le compte-rendu écrit par l'assistant d'un des avocats de Fernand de Brinon restitue la dispersion d'une séance d'instruction, préjudiciable tant aux intérêts de l'inculpé qu'à la révélation de la vérité.

> L'instruction doit avoir lieu dans le cabinet du président Béteille. Fixée à 15 heures. Avant celle-ci, M. de Brinon a été introduit dans le cabinet et a eu une entrevue avec Mme Mittre [sa maîtresse].
>
> L'instruction se déroule sur un ton courtois, rythme assez lent. Coupée par la visite de Mme Dansac [l'archiviste] et du conservateur des scellés pour régler la question des papiers dont nous demandons l'ouverture. Béteille offrira qu'il soit

apporté tout liquide ou réconfort [Brinon est gravement malade]. Toutefois, il demandera que « soit omis le cyanure », ce à quoi Fernand de Brinon répondra « qu'il n'en a aucune envie ». Sera réglée la question de la future seconde intervention [chirurgicale] dont doit faire l'objet l'inculpé. À cet effet, les trois experts de la Seine [médecins] viennent d'être commis et du cabinet un coup de fil est donné à Leuret [médecin de la prison] pour qu'il fasse diligence.

L'instruction commence, M. de Brinon étant près du Président dans sa tenue de malade, pyjama et robe de chambre, un manteau jeté sur les jambes. Dehors, il fait beau. À côté Floriot [l'avocat], puis moi, en face le Président, le greffier. Le président Béteille rédige des petites notes qu'il passe au fur et à mesure au greffier et que ce dernier transcrit d'une plume appliquée sur les feuilles officielles de la Haute Cour.

M. Béteille donne aux « excellents avocats et brillants défenseurs » le plan qu'il entend suivre pour l'instruction. M. de Brinon est invité à parler. Il prévient qu'il sera amené à parler longuement. Le Président lui propose alors – et je me demande pourquoi – de dire ce qu'il pense d'un rapport de politique dont il veut donner lecture mais que connaît l'inculpé et qui le dispense de la lecture, lui indiquant qu'il y a trois rectifications à faire. Toute l'instruction sera consacrée à la première remarque. Il est à noter qu'aucun ordre chronologique ne semble devoir être établi si l'on part de cette façon, ou bien alors tout le travail préparatoire est inutile.

Le rapport de politique est du 25 mai 1940. M. de Brinon revient en arrière et parle alors de son entrevue première avec Hitler [en septembre 1933] qu'il appelle la genèse de ses rapports avec les nationaux-socialistes. M. de Brinon, très fatigué, demande d'interrompre l'interrogatoire. Ce qui est accordé. Il est 5 heures 20 quand de Brinon signe les copies (instruction du 30 octobre 1945, notes personnelles de Me Castelain).

Si l'optique peut être différente entre les deux groupes composant la commission d'instruction, on aurait toutefois tort de penser qu'il s'agit uniquement d'antagonismes politiques. Avec les élections des deux Assemblées constituantes, puis les premières élections législatives de la IVe République, les membres parlementaires sont fréquemment renouvelés. On y trouve des hommes de toutes obédiences, y compris des hommes du centre ou de droite. Le retrait total des communistes en 1948 achève l'évolution.

À l'exception d'interrogatoires de Pétain ou de Laval, les membres parlementaires sont peu présents dans ces phases de l'information. Les interrogatoires de Pétain auxquels ils participent sont d'ailleurs atypiques, véritables séances plénières en présence de la presse, où chaque membre de la commission a à cœur de poser sa question. Ils ne lancent évidemment pas de commissions rogatoires, n'auditionnent pas de témoins, ne lisent pas la masse des archives arrivant à la Haute Cour, ne se tiennent pas au courant régulièrement du déroulement des affaires. Ils n'interviennent en fait qu'à la fin de la procédure, au moment où se décident le renvoi ou le classement. Ils prennent alors connaissance, dans la meilleure des hypothèses, du dossier. Plus souvent du seul acte d'accusation rédigé par un procureur sur la base du travail de ses collègues. Autant dire que l'opinion des magistrats pèse lourd.

Les non-lieux

Sur 108 inculpés de la Haute Cour de justice, 42 non-lieux ont été prononcés par la commission d'instruction, proportion qui invalide l'idée de parlementaires partisans assoiffés de vengeance (surtout si l'on considère qu'il y faut ajouter huit inculpés morts avant jugement). On trouve des non-lieux tout au long de la première période d'activité de la Cour (1945-1949), avec les deux premiers arrêts des poursuites intervenus en septembre 1945 et le dernier en février 1949. Le regroupement chronologique des non-lieux témoigne davantage d'une organisation du travail (on se « débarrasse » des dossiers par rafale) que d'une évolution du rapport de force au sein de la commission.

On peut remarquer que les bénéficiaires de ces relaxes n'en éprouvent aucune gratitude. Ils s'estiment toujours les victimes des circonstances exorbitantes de la Libération, puis de l'acharnement partisan. Les non-lieux ne viennent que consacrer ce qu'ils n'ont cessé de proclamer : qu'ils étaient d'irréprochables patriotes, injustement méconnus.

La commission exonère diverses catégories d'accusés. Ceux dont le passage au gouvernement a été bref et sans grande conséquence, dont beaucoup des ministres de l'été 1940 : les socialistes André Février et Albert Rivière ; Robert Schuman ou Antoine Cayrel, brièvement chargés des Réfugiés ; Charles Pomaret, ministre de l'Intérieur puis du Travail, lui-même interné par Vichy ; Émile Mireaux, Albert Rivaud, Charles Frémicourt, Georges Ripert, Georges Portmann, les généraux Colson ou Pujo, Jean Prouvost, tous restés au gouvernement un ou deux mois.

Viennent ensuite les ministres que la commission estime être des fantoches, des bouche-trous. Les Français, d'ailleurs, ne connaissent même pas leurs noms : François Musnier de Pleignes (secrétaire général aux Anciens combattants que l'on excuse pour n'avoir cherché que le moyen d'élever ses neuf enfants), Vincent Di Pace, Maurice Gaït, Charles du Paty de Clam, dernier commissaire général aux Questions juives, désigné en désespoir de cause pour empêcher la nomination d'un antisémite de choc inféodé à l'occupant ; Émile Boyez, Frédéric Roujou, Robert Weinmann, tous chargés de la main-d'œuvre, mais tenus pour les agents d'exécution d'une politique décidée en dehors d'eux ; ou trois généraux secrétaires à l'Aviation dont on pense qu'ils étaient impuissants. On leur accorde d'avoir fait ce qu'ils pouvaient pour freiner ou contrecarrer les exigences allemandes. Quelle que soit la méthode puisque du Paty de Clam se trouve crédité de l'incroyable pagaïe qui régnait dans ses services…

La commission, magistrats compris, atteint aussi ses butées en face de dossiers économiques et techniques, gonflés et complexifiés à loisir. Bénéficient ainsi de non-lieux des secrétaires d'État au Ravitaillement comme Max Bonnafous ou Louis Achard, Jacques Barnaud, délégué général aux Relations économiques franco-allemandes, ou François Lehideux. L'instruction concernant Lehideux enfouit le dirigeant de Renault sous le secrétaire d'État à la Production industrielle, lui-même masqué par le président du comité d'organisation de l'automobile, le tout enseveli sous un dossier surabondant. L'instruction représente aujourd'hui dix-huit cartons d'archive (quand le dossier Pétain en compte vingt-quatre et les autres ministres souvent de un à cinq). Les documents techniques s'y bousculent, entremêlés de rapports d'experts de plusieurs centaines de pages. On a vu que les juridictions de l'épuration se sont souvent laissées promener dans les affaires économiques et ont estimé la culpabilité à l'aune de l'intention. Les instructeurs de la Haute Cour, pas plus à l'aise sur ce terrain, ont adopté la même attitude. La collaboration économique n'est pas analysée comme une conséquence de l'armistice ni d'un choix politique mais comme la gestion plus ou moins réussie d'une situation de pénuries et de dépendance économique résultant de l'Occupation. Chacun des ministres concernés s'efforce donc de montrer comment il a compensé, de son mieux, la « contrainte ». Les non-lieux découlent alors de « charges insuffisantes ».

La prégnance d'une certaine conception du métier militaire et de la sauvegarde de l'empire colonial suscite d'autres non-lieux. On joue la discrétion sur les coloniaux tels que l'amiral Decoux, ancien gouverneur général de l'Indochine, alors qu'on est en pleine guerre d'Indochine. Le général de La Porte du Theil (qui dirigeait les Chantiers de la jeunesse) ou le général Weygand bénéficient de non-lieux (et de la sympathie active des magistrats). Weygand n'a été ministre que quelques semaines. Mais ce que l'on doit évaluer dépasse l'exercice éphémère de cette fonction et tient à son action déterminante en faveur de l'armistice en juin 1940 (par haine du régime républicain), puis à son activité pour conserver à Pétain la loyauté de l'empire colonial et de l'armée. Il a singulièrement compliqué la tâche de la France libre et des partisans du général de Gaulle pour remettre la France dans la guerre aux côtés des Alliés. L'accusation de complot contre la République est abandonnée. On estime sa volonté de préserver le potentiel militaire français uniquement dirigée contre l'Axe. Son internement de deux ans et demi en Allemagne accrédite son hostilité viscérale à la collaboration. Après une longue délibération la commission décide le 6 mai 1948 de l'arrêt des poursuites, en dépit de fortes oppositions. Le communiste Willard démissionne avec éclat.

Enfin, l'argument apparemment le plus objectif dont dispose la commission d'instruction dépend de la loi. En l'occurrence de la loi sur l'indignité nationale qui prévoit de relever les accusés qui se seront réhabilités par leur action de résistance. La difficulté sera de placer le curseur. La commission se montre bienveillante : alors que c'est sa sœur plutôt que lui-même qui a hébergé par dizaines les résistants et les personnes en situation irrégulière, André Février est excusé pour « avoir participé d'une façon active, efficace et soutenue à la résistance contre l'occupant ». Dans le cas de Jacques Le Roy Ladurie lui sont comptés ses recrutements pour la réception de parachutages, son aide pour créer le petit groupe des Volontaires paysans et ouvriers, financé par les Britanniques (suscitant au passage la méfiance de résistants qui y voyaient une tentative des vichystes pour s'immiscer dans la Résistance).

Dans sa conception de ce qu'est la Résistance, la commission se montre aussi extensive. L'« attitude anti-allemande », pour reprendre une expression caractéristique de l'époque, est considérée avec indulgence. Il suffit parfois de n'avoir rien fait pour les Allemands et d'avoir protesté de son hostilité. Le maréchalisme, voire le pétainisme sont acceptés comme excuses à l'entrée au gouvernement, alors qu'ils devraient être des facteurs aggravants dans la mesure où l'appartenance au gouvernement de Vichy est supposée être une faute en soi. Pinot, tout en ayant manifesté son rejet de Laval et de la collaboration, place son action au sein des prisonniers de guerre, officiellement et officieusement, dans l'orbite de Pétain. La commission considère qu'il « s'est distingué par une participation active efficace et soutenue à la résistance contre l'occupant ». Le général Debeney est exonéré par la commission en tant que directeur des services de l'armistice car l'enquête a établi qu'il a rempli ses fonctions avec dignité et un constant souci de contenir les exigences allemandes. Quant à son poste politique de secrétaire général du chef de l'État, il n'est pas pris en compte par la commission, peut-être satisfaite des explications fournies par l'accusé : « J'ai toujours estimé que le devoir d'un militaire était de servir ; j'avais confiance dans le Maréchal qui résistait et j'ai résisté à ces côtés ; il lui aurait été facile de partir en décembre 1942 et d'abandonner la France à son sort ; il aurait eu la gloire, mais il a préféré souffrir et sauver ce qu'il pouvait sauver. J'ai travaillé dans le même sens ». Un mois plus tôt, Pétain avait été condamné à mort pour intelligence avec l'ennemi. En se revendiquant de la résistance constante du Maréchal, Debeney bénéficiait d'un non-lieu... « On notera la très importante proportion des ministres de Vichy en faveur desquels ont été retenus des faits de résistance, commente Jacques Isorni avec délice. Ils étaient cependant ministres de Vichy et c'est comme ministres de Vichy qu'ils avaient accompli ces actes de résistance » (*Défense de l'Occident*, janvier-février 1957). Effectivement, la Haute Cour a fait évoluer l'excuse de résistance dans un sens toujours plus libéral.

Comme dans beaucoup d'affaires d'épuration, le regard rétrospectif, nourri des apports successifs de l'historiographie de Vichy, nous amène à considérer avec circonspection ou étonnement certaines décisions de la commission d'instruction. Remarquons d'abord qu'elle s'est prononcée en l'état des connaissances disponibles, ce dont on ne peut lui faire grief. Remarquons ensuite qu'elle a pris en compte des considérations politiques qui, pour nous être étrangères, paraissaient sur le moment fondées. Mais remarquons aussi que le flottement des décisions doit aussi à un manquement juridique qui consista à ne pas définir le crime avant de peser les culpabilités. Ces flottements se manifestent dans un certain nombre de non-lieux partiels qui, en ne laissant pour le procès que des charges minimes, ravalent la Haute Cour au rang de chambre civique de luxe. Dans d'autres cas, les faits sont requalifiés en catastrophe durant les audiences, comme pour Xavier Vallat, quand il apparaît que la peine encourue est trop faible. La commission d'instruction, pas plus que la Haute Cour dans son ensemble, ne s'est donné la peine de réfléchir à ce qu'elle allait châtier et d'arrêter une doctrine juridique. Serait-ce le principe même de l'existence de l'État français en tant que régime né de l'armistice, comme pouvait le suggérer le procès de Pétain ? Serait-ce la collaboration dans son acception collaborationniste ou en envisageant les liens entre la collaboration, la Révolution nationale et la sujétion à l'Allemagne ? Faute d'avoir tranché, la commission, comme la Haute Cour, a pris ses décisions au coup par coup, sans dégager une ligne directrice pour justifier ses décisions.

Le bouclier percé

On connaît l'apologue de l'épée (de Gaulle) et du bouclier (Vichy), qui visait à justifier et réhabiliter Pétain et ses gouvernements au nom d'une défense, humble mais bien comprise, des intérêts nationaux. Il a servi au bâtonnier Payen de péroraison lors du procès Pétain. Il sous-tend le livre que, dès 1954, Robert Aron consacre à l'*Histoire de Vichy* (1954). Il trouve sa source dans les propos mêmes de Pétain. Dans le dernier message laissé aux Français le 19 août 1944, le Maréchal écrit :

> Pendant plus de quatre ans, décidé à rester au milieu de vous, j'ai chaque jour cherché ce qui était le plus propre à servir les intérêts permanents de la France. Loyalement, mais sans compromis, je n'ai eu qu'un seul but : vous protéger du pire. Et tout ce qui a été fait par moi, tout ce que j'ai accepté, consenti, subi, que ce fût de gré ou de force, ne l'a été que pour vous sauvegarder. Car si je ne pouvais plus être votre épée, j'ai voulu rester votre bouclier.

Onze mois plus tard, il précise dans sa déclaration liminaire à son procès :

> Pendant que le général de Gaulle, hors de nos frontières, poursuivait la lutte, j'ai préparé les voies de la Libération, en conservant une France douloureuse mais vivante. À quoi, en effet, eût-il servi de libérer des ruines et des cimetières ?

Cette thèse trouve renforts et améliorations dans les procédures qui se sont déroulées devant la Haute Cour, à l'instruction comme aux procès.

> La collaboration bouclier, j'y croyais. La feinte de collaboration pour servir de bouclier à la France, j'y croyais (Paul Creyssel, secrétaire général à la Propagande, à son procès, 22-24 juin 1948).

> Moi, j'y croyais depuis toujours que, dans le monde tel qu'il existait en 1941-1942, le gouvernement de la collaboration ne pouvait pas être en même temps le gouvernement de la résistance et qu'il fallait, comme on l'a dit, le général de Gaulle à Londres et lui à Vichy (Paul Marion à son procès, 8-14 décembre 1948).

En effet, il ne se trouve pas d'anciens ministres pour dire : j'ai compris la défaite de 1940 comme une aubaine pour débarrasser le pays d'un régime politique moribond et nuisible ; j'ai misé sur une victoire allemande pour permettre à la France de prendre place dans l'Europe nouvelle durablement dominée par le Reich ; pour que la France occupe cette place, il fallait qu'elle se régénère au moyen du programme de la Révolution nationale, ce qui impliquait l'expulsion hors du corps social de ceux qui n'étaient pas dignes d'être français et l'éradication des dissidents qui menaçaient l'union nationale et l'intégrité de l'Empire ; j'ai vu les avantages qu'une victoire allemande apporterait en matière d'écrasement du communisme soviétique et du refoulement de l'influence anglo-saxonne, synonyme de ploutocratie.

Ils ne sont guère plus à admettre avoir cru à ce que disait Pétain, avec toutes les conséquences qui en découlaient, et s'être trompés. Darnand le fait pourtant, qui déclare à ses juges :

> Moi qui suis un homme simple, j'ai marché. Je n'ai pas joué le double jeu [...] Si j'ai commis des erreurs, je les regrette amèrement. Je ne renie rien de ce que j'ai fait. La légalité a changé de camp. Je sais parfaitement que l'arrêt est rendu.

Il n'y a, pour l'entendre, ni adversaire, ni partisan. Ou si peu. Les jurés ont déjà décidé de sa mort. Les messieurs de Vichy n'ont d'autre hâte que de se démarquer de cet embarrassant collègue. Que n'a-t-il pas révélé durant ces interrogatoires ?

> La Milice a été créée par une loi et avec l'approbation du conseil des ministres. D'autre part, mon activité à la tête de la Milice a toujours été approuvée et encouragée par le maréchal Pétain et Laval [...] Lors d'une réunion du conseil des ministres, à l'occasion du fonctionnement des cours martiales, le chef de l'État m'a félicité devant tous les ministres et m'a engagé à poursuivre mon action avec encore plus d'énergie (interrogatoire de Joseph Darnand, 3 juillet 1945).

Il faut s'éloigner, physiquement même, puisqu'à l'arrivée de Darnand à la prison de Fresnes, ils sont plusieurs à demander à déménager : ce voisinage est par trop compromettant. Comme celui de Brinon, sans doute, qui lâche le morceau en déposant lors du procès Pétain, au grand dam des avocats du Maréchal qui cherchent à lui couper la parole :

> À mon sentiment, il n'a jamais été question de double jeu [...] Il y a eu une politique de redressement de la France, en accord si elle était possible, avec l'Allemagne. C'était une politique d'assurance de l'intérêt français, en cas de victoire allemande. Derrière le paravent de cette politique, on pouvait faire beaucoup de choses. C'est peut-être cela qu'on appelle le double jeu, mais à la condition de ne pas commettre d'imprudences et, hélas !, j'en ai trop vu commettre et qui ont coûté cher aux Français.

Mais lui comme les autres, tout le monde n'était à Vichy que pour protéger et servir. Sur le grand air du sacrifice, tous les ministres « techniciens » vont égrener les ruses suprêmes du double jeu. Aux kamikazes et aux suicidaires près, la première tactique a consisté, on l'a vu, à gagner du temps et à minimiser les charges pendant l'instruction. Tous les détenteurs des ministères techniques se présentent avec une belle unanimité comme des « techniciens », ou pour mieux dire, ne se présentent *que* comme des techniciens. Jean Berthelot, qui fut secrétaire d'État aux Communications, commence sa déposition par cet avertissement : « Messieurs, vous n'attendez pas de moi un discours politique. Technicien... ». Interrompu par le président qui lui demande de répondre à la question, il insiste : « Je tiens tout de même à préciser que je ne suis qu'un technicien... ». Georges Dayras, qui fut secrétaire général du ministère de la Justice pendant quatre ans, s'adonne à un argumentaire juridique pour prouver qu'un secrétaire général, sorte d'administrateur-délégué, n'a aucune responsabilité politique.

À défaut de pouvoir se tenir sur cette crête étroite, reste la possibilité de se présenter comme un simple exécutant. Conscient d'une indéniable difficulté à faire admettre ses fonctions de secrétaire d'État aux Relations franco-allemandes comme « purement techniques », Jacques Benoist-Méchin proteste contre les responsabilités qu'on lui veut faire porter alors qu'il n'était, affirme-t-il, qu'une courroie de transmission :

> Vous m'objectez que mon système de défense consiste à prétendre que je n'étais qu'un agent diplomatique, porte-parole du gouvernement français auprès des Allemands. Mais ce n'est pas un système de défense ! C'est la pure vérité !

Avec variantes : le rôle modeste, l'ignorance. Quand on n'est pas de ceux qui devaient contresigner les lois, on jubile. Quand on est de ceux qui devaient signer, on minimise : c'était purement formel. Accusé d'avoir organisé par ses instructions la mise au service de l'économie de guerre allemande de la main-d'œuvre française, l'ancien ministre du Travail Hubert Lagardelle s'écrit, désespéré :

> Tout cela n'a pas eu lieu. Il n'y a rien eu, je n'ai rien fait. On a pris cette circulaire peut-être, mes services l'ont fait de façon automatique, mais on ne peut pas citer un cas où je suis intervenu (procès, 16-17 juillet 1946).

Ces précautions ne signifient toutefois pas que l'on n'ait rien fait. On n'a pas cessé de contenir, contrarier, contourner les exigences de l'occupant. On n'était littéralement au gouvernement que pour ça.

> J'ai été interrogé sur des documents qui établissent de la façon la plus indiscutable que toute mon action de ministre technique a été consacrée à la défense des intérêts français contre l'occupant (lettre au président de la commission d'instruction de Max Bonnafous, secrétaire d'État à l'Agriculture et au Ravitaillement, 15 juillet 1945).

Ici peut intervenir, à l'instinct de l'accusé, un petit couplet sur l'adéquation de cette position avec la pensée profonde du maréchal Pétain.

> Dans ma conscience, la question ne s'est pas posée d'une acceptation ou non de la politique de Montoire, mais du rôle que je pouvais jouer pour soutenir le Maréchal dans sa résistance à Laval qui voulait l'entraîner en exploitant sa faiblesse à exagérer cette politique (interrogatoire du général Laure, secrétaire général du chef de l'État, 10 juin 1947).

On fait bien entendu porter le chapeau aux Allemands dont le moins qu'on puisse dire est qu'ils font l'unanimité comme boucs émissaires, du côté des accusés comme des accusateurs. Hubert Lagardelle le fait avec une sincérité, obscène parce qu'affolée, qui met soudain à nu les réalités du gouvernement de Vichy, habillées le plus souvent de justifications compassées et flatteuses qui posent à l'homme d'État : « Qu'est-ce que je pouvais faire contre les Allemands ? Ils avaient leurs revolvers, j'avais simplement mon stylo. On discutait comme on pouvait » (procès, 16-17 juillet 1946).

On est frappé, à la lecture des dossiers d'instruction comme des comptes-rendus d'audience par l'absence des témoins allemands. Effectivement, les accusés – et on les comprend – réfutent le principe même de leurs témoignages. Plus étonnant, les accusateurs et les juges partagent peu ou prou ce point de vue. Les Allemands étaient l'ennemi et continuent à l'être. Il est entendu qu'on ne peut s'appuyer sur des dépositions forcément empreintes de duplicité et de volonté de nuire. On verra même, dans des affaires de dénonciation ou d'espionnage, des avocats plaider avec efficacité l'irrecevabilité des témoignages, mais aussi des documents allemands, comme si le Reich s'était adonné pendant quatre ou cinq ans à la confection de faux pour le plaisir de porter tort à la France. Les procureurs s'entourent donc de précautions – au moins oratoires : « lorsque j'ai une pièce allemande dans les mains, je l'étudie avec soin, je la relis, je pèse le degré de crédibilité » (réquisitoire au procès du général Delmotte, 1er-3 juin 1948). Quand, presque trente ans plus tard, l'historien américain Robert Paxton utilisera les archives allemandes pour écrire l'histoire de Vichy, on lui opposera le même argument de méfiance et de relativisation.

Les sources allemandes sont néanmoins réhabilitées par les Vichyssois lorsqu'il s'agit de montrer qu'on était mal vu des Allemands, qu'on a dû son renvoi à leurs pressions, qu'on a été menacé d'arrestation. « Les preuves des sentiments de l'ennemi à mon égard abondent. Je n'ai pas cessé d'être considéré avec réserve, avec suspicion, avec hostilité » (mémoire d'Yves Bouthillier pour la commission d'instruction , 3 novembre 1947).

On y ajoute avec profit les critiques de la presse ou des groupes collaborationnistes, voire les suspicions de la Milice. Il n'en manque heureusement pas tant les collaborationnistes ont vécu depuis 1940 dans la jalousie, la haine et l'imprécation généralisée, avant de sombrer dans la paranoïa. Il n'est point de ministre, sinon les miliciens ou les collaborationnistes, qui ne puisse produire au moins un article vindicatif. De tels indices signalent « l'attitude anti-allemande », désormais terriblement en vogue, qui est le corollaire du double jeu. Avec une drôlerie dont il n'était pas toujours coutumier, Brasillach en a caricaturé – à peine – l'unanimité.

> Le petit Paul S. m'a envoyé un canevas admirable de farce où Satan s'empare du ciel. Plus personne n'a jamais été avec Dieu. Le Saint-Esprit lui-même affirme

> n'avoir eu qu'une activité purement intellectuelle. Saint Michel a agi sous la contrainte. Les anges menaient un double jeu.

Le double jeu consiste à faire de son mieux pour empêcher les Allemands de se servir à leur guise en France et d'imposer leurs volontés sans frein. C'est la résistance au sens élémentaire du mot. La résistance de Vichy ou, pour plagier l'amiral Auphan, la « résistance légale ». Cette résistance ne sert pas seulement à racheter l'action de Vichy. Elle a sauvé la France. Là où les « résistants », maquisards, dissidents et autres terroristes amusaient la galerie par des opérations dangereuses pour la population comme pour l'intérêt bien compris de la patrie, les Vichyssois ont su « maintenir ».

> J'ai mené une politique de résistance. Résistance à cette époque peut-être plus difficile et plus périlleuse à pratiquer en France qu'à l'étranger (note de Pierre-Étienne Flandin, ministre des Affaires étrangères de décembre 1940 à février 1941, vers le 22 janvier 1945).

En cela, la revendication vichyssoise de résistance s'accommode parfaitement d'un profond mépris, voire de la haine de la Résistance. Sous l'Occupation et après la Libération. Contrairement à ce qui figure dans sa déclaration rédigée pour son procès, le maréchal Pétain s'était bien gardé, dans son message du 20 août 1944, de faire la moindre allusion à de Gaulle, à la Résistance, ou à la nécessité désormais venue de ramasser cette fameuse épée. Et ceci alors même que la rupture avec l'interlocuteur allemand était consommée par l'annonce de son départ forcé. Dans cette logique, les résistants sont des usurpateurs qui ont détourné le fruit du labeur acharné des gouvernements de Vichy qui avaient sauvé ce qui pouvait l'être.

Ceci n'empêche pas d'avoir fourni des aides particulières à certains Français sous l'Occupation, d'en revendiquer le bénéfice au moment de l'épuration, en se prévalant surtout des aides à des résistants ou aux Alliés, assimilables à la Résistance.

En détenant des fonctions gouvernementales, on était extrêmement bien placé pour intervenir en faveur de ses concitoyens soit auprès des administrations françaises, soit auprès des Allemands. C'est – heureusement – une pente naturelle de l'homme que d'aider son prochain, par bonté ou par vanité. Et, dans les cabinets ministériels, cela fait au fond partie du travail : que serait un homme de pouvoir qui ne pourrait pas fournir un coup de pouce ? Enfin, dans le contexte exorbitant de la Révolution nationale, avec son cortège de nouvelles contraintes, et de l'Occupation, synonyme d'arbitraire et de danger, les faveurs deviennent un mode de survie, au propre comme au figuré. Les Allemands ne sont d'ailleurs pas dupes, qui séduisent ceux qui les intéressent en leur accordant quelques passe-droits pour leurs protégés.

Les anciens membres des gouvernements de Vichy ont donc déployé leur action en la matière, avec plus ou moins de constance et de succès, selon les postes, l'entregent et le goût personnel. Les dossiers sont remplis d'attestations et on a vu qu'elles se sont avérées bienvenues à l'appui de certains non-lieux. Elles vont permettre aussi d'orienter les verdicts.

Dans ce paysage, deux hommes se caractérisent par l'abondance des services rendus et par le profit, très contrasté, qu'ils en tireront. Le premier est Fernand de Brinon, qui selon toute apparence est l'homme qui, sous l'Occupation, a prodigué le plus d'interventions en faveur de ses concitoyens, et avec le plus de résultats positifs. Ceci constitue, d'après Brinon, l'hypothèse du « bon traître ». Le procureur reconnaît volontiers la véracité des faits, pour les balayer aussitôt. Ces interventions faisaient partie des attributions mêmes du poste de Brinon, il serait abusif de lui en accorder le mérite personnel. Ses succès ne font que démontrer ses liens privilégiés avec les Allemands et la confiance qu'ils lui accordaient. Ni en détail ni en bloc, ces interventions ne peuvent racheter le « traître intégral ».

L'autre est René Bousquet qui n'a pas ménagé sa peine et des possibilités en tant que secrétaire général à la Police. Le président de la Haute Cour en viendra même à expliquer à un témoin à décharge pourquoi il ne le convoquerait pas pour déposer au procès :

> Il m'a dit que c'était strictement inutile, que cela ne servirait à rien et s'il voulait convoquer tous les gens à qui tu avais rendu service, il en avait pour plusieurs mois (lettre de M. Picard, préfet de l'Aude, à René Bousquet, 24 août 1949).

Le dossier d'instruction est suffisamment éloquent quant au nombre et à la qualité de ces témoins. Parmi eux de nombreux résistants attestent de ses offres de service, de ses avertissements pour prévenir un internement, une arrestation, une opération contre un maquis, de ses démarches pour obtenir des libérations. En matière d'aides, la prime revient aux yeux de la Haute Cour aux actions en faveur des résistants ou des Alliés. À ce qui, dépassant le geste d'humanité, s'apparente à un acte d'opposition aux Allemands ou à Vichy. À ce jeu Bousquet s'est montré très fort, ce qui lui vaut d'être relevé de l'indignité nationale (sa seule condamnation) pour « avoir participé de façon active et soutenue à la résistance contre l'occupant ».

Ce tableau avantageux, quoique parfois contradictoire, de Vichy trouve une conclusion logique dans le tandem devoir-sacrifice ou, pour parodier un standard de la pop, « gouverner sous l'Occupation est un sale boulot, mais quelqu'un doit le faire ».

> Universitaire, préfet, ministre, ma vie a toujours été consacrée au service de l'État. Tous ceux qui m'ont connu savent que mon action ne s'inspira jamais ni du désir des honneurs, ni de la recherche de l'intérêt personnel. L'amour de la France a été ma loi, comme il était ma foi. Il m'a constamment animé et soutenu dans les fonctions ministérielles si ingrates que j'avais acceptées par devoir, persuadé que chacun doit servir son pays « dans la voie où on a voulu l'appeler » et qu'il n'y a pas qu'une seule façon de le défendre (note de Max Bonnafous, février 1945).

Personne n'a jamais *voulu* devenir ministre sous Vichy. On a été sollicité et, honnêtement, on a d'abord pensé refuser. Et là, soit le Maréchal en personne, soit d'autres ministres, soit – et c'est encore mieux – des amis résistants ont fait valoir les arguments décisifs : le devoir commande de servir les intérêts de la France, quels que soient les risques personnels encourus.

> Personne, connaissant la réalité de la situation sous l'Occupation, ne peut nier la difficulté et les dangers que présentait une telle mission. Le rôle de celui qui, par sa fonction, doit sans cesse protester, qui dit non, est difficile à tenir longtemps. Il l'est plus encore quand on doit critiquer journellement l'action des services qui dépendent de son interlocuteur, fournir la preuve de leur mauvaise foi et des abus qu'ils commettent, ou se plaindre de l'incompréhension du gouvernement occupant (interrogatoire de René Bousquet, 21 juillet 1945).

On a alors seulement *accepté*, voire on s'y est *résigné*.

> Je suis entré sans aucune ambition dans un ministère purement technique. J'ai consulté Barnaud qui me dit que j'aurais un ministère purement technique, que Laval ne m'avait demandé aucun engagement politique et que je m'adjoindrais à un noyau d'opposants composé de Romier, de l'amiral Auphan (qui ne cachait pas ses sentiments anti-allemands ainsi que sa confiance en la victoire anglaise) et Le Roy Ladurie, ainsi que Barnaud lui-même (interrogatoire de Robert Gibrat, secrétaire d'État aux Communications, 29 mai 1945).

En outre, si un vrai, un bon Français ne se charge pas du poste, il se trouvera une crapule soumise aux Allemands pour le faire.

> Si je n'ai pas quitté plus tôt le gouvernement, c'est que je craignais d'être remplacé par un véritable « collaborateur » (interrogatoire de Jean Berthelot, 11 mai 1945).

Et le charme de Vichy – pour le rien dire de la collaboration parisienne –, charme accru par les morts et les fuites, c'est qu'on y trouve toujours pire que soi, un repoussoir pour former un contrepoint idéal.

> Comme ministre, j'ai rendu à mon pays des services dont je suis fier. Que l'on considère ce qui se serait produit si, le 16 juin [1940], je n'avais pas accepté

de barrer à Laval l'entrée aux Affaires étrangères (note de Paul Baudouin, 19 décembre 1946).

Il était nécessaire de se sacrifier.

J'ai considéré qu'il était de mon devoir de ne point me dérober à cet appel. Dans des circonstances identiques, je prendrais aujourd'hui la même décision. Je n'ai jamais pensé que l'art d'un fonctionnaire puisse résider uniquement dans l'aménagement de sa carrière en fonction de ses intérêts présents et à venir (interrogatoire de René Bousquet, 16 juillet 1945).

Jusqu'au moment où le sacrifice le cède à la résignation : « Si j'avais démissionné à ce moment-là, cela aurait avancé à quoi ? Ça n'aurait rien changé » (général Delmotte à son procès, 1er-3 juin 1948).

Tout en mesurant ce que ces justifications peuvent avoir d'opportunistes, et même d'hypocrites, servies à pareille heure, on n'oubliera pas que cette rhétorique est commune à cette époque et dans ces milieux. Dans le cabinet du Maréchal, on avait ainsi l'habitude de se gargariser de la maxime « servir et non se servir » avec la plus parfaite bonne conscience. Ce type de discours est intégré comme un habitus social et moral. C'est pourquoi il peut en partie être entendu par les juges et les jurés qui partagent formellement cette éthique.

Quant à la cohérence, pour ne pas dire la redondance, des arguments utilisés par les anciens ministres, elle témoigne d'une auto-persuasion autant que d'une habileté. Elle est renforcée par la facilité des communications en prison et avec l'extérieur. Dans des dépositions croisées, on se dédouane à charge de revanche avec d'autant plus de cœur qu'on y trouve l'occasion de se flatter soi-même :

Bousquet s'évertua sans arrêt à faire paraître des décisions dont l'esprit était animé du plus pur patriotisme. Nous nous sommes toujours trouvés d'accord pour trouver le moyen de contrer l'occupant (déposition d'Amédée Bussière, préfet de police, 15 juin 1945).

La cohabitation a permis aux accusés de se mettre d'accord, au sens le plus trivial (y compris par une surveillance réciproque), mais aussi d'élaborer sans véritable intention de le faire, par les discussions sans cesse reprises, un fond commun de défense. Après avoir alimenté les procédures judiciaires, il a nourri et orienté toute la vulgate ultérieure des épurés à propos de Vichy, à commencer par les mémoires des intéressés. En cela, il s'avère d'une importance qui dépasse les éventuels succès judiciaires du moment. Il produit une histoire de Vichy, celle de vaincus revendicatifs et persuasifs. Il impose une interprétation du régime de l'État français comme moindre mal, qui fait bon marché des facilités qu'il a procurées aux Allemands pour accomplir à frais réduits leurs objectifs tant en matière de pillage de l'économie que de répression.

La stratégie du double jeu s'avère plus efficace que l'excuse par l'obéissance qu'ont mise en œuvre Estéva ou Dentz au tout début des audiences de la Haute Cour. Leur expérience douloureuse n'a pas été perdue pour leurs successeurs. Ni pour les avocats qui déconseillent formellement de se réclamer des ordres donnés par le Maréchal maintenant que celui-ci a été condamné.

> [L'amiral Auphan] se fait des illusions sur la valeur des principes qui ne sont plus admis et il envisage de revenir sur des faits que l'on ne discute plus [...] Il parle sans cesse de sa loyauté à l'égard de la politique officielle [...] La Haute Cour est avant tout une juridiction politique et cette juridiction a prononcé la peine de mort contre l'auteur de la politique à laquelle il a conservé tardivement son loyalisme [...] Tous les hommes appelés à siéger dans le procès considèrent que la désobéissance pendant l'Occupation était un devoir.

Elle reste pourtant la préférée des officiers généraux. Et parmi eux, plusieurs se dérobent, dénonçant des procès qui méconnaissent les vraies valeurs nationales et attentent à l'armée.

> Quand l'opinion sera réveillée du somnambulisme qui l'ensorcelle, les Français ne me pardonneraient pas d'avoir fait juge de l'honneur de leur marine militaire, resté intact devant les Allemands, une juridiction actionnée par un gouvernement où figure, à côté d'un déserteur [Thorez], un ancien marin mutin de la mer Noire [André Marty] (lettre de l'amiral Auphan à Louis Noguères, président de la Haute Cour, 28 juillet 1946).

Audiences et verdicts

Sur 108 dossiers de Haute Cour, 42, on le rappelle, ont débouché sur un non-lieu et 8 se sont éteints du fait de la mort des inculpés. Restent 58 procès, dont 15 se sont déroulés par contumace. Trois inculpés ont été acquittés.

Les verdicts donnent 8 condamnations à mort (dont 5 commuées), 6 peines de travaux forcés, 11 de prison et 14 d'indignité nationale comme peine principale (dont 2 avec relèvement immédiat et 5 avec sursis). Ce bilan suggère un décalage avec les effets d'annonce et les moyens mis en œuvre. Il diverge aussi de celui des cours de justice. Pas sur la proportion de non-lieux, mais sur tout le reste. La Haute Cour est plus sévère en matière d'exécutions capitales, même sans tenir compte des contumaces, et elle acquitte moins. Mais elle donne aussi moins de peines de travaux forcés ou de prison, et privilégie l'indignité nationale. Cette sanction lui est imposée par la loi (elle est automatique en cas d'appartenance à un des gouvernements postérieurs au 16 juin 1940), mais elle l'assortit de sursis, de relèvements, ou la limite à cinq ou dix années.

Les procès de la Haute Cour sont en bonne logique ceux qui devraient avoir le plus d'importance et de retentissement. Pour ce qui est de l'importance, les inculpés des cours de justice ou des chambres civique, les comparaissants devant les comités d'épuration ne s'y trompent pas qui comprennent le procès du maréchal Pétain comme le leur à tous. Mais ils se désintéressent des suivants, si ce n'est pour comparer douloureusement leur sort à l'indulgence dont bénéficient, estiment-ils, les anciens ministres.

Pour ce qui est du retentissement, on est bientôt loin du compte. Une fois retombée la curiosité pour les premières audiences, l'effervescence du procès Pétain et les rebondissements du procès Laval, l'intérêt fléchit. Hormis quand apparaissent des noms encore connus, encore méprisés comme celui de Fernand de Brinon ou de Vallat, il faut reconnaître que les travaux de la Haute Cour suscitent bien moins d'intérêt que les événements politiques et militaires qui s'enchaînent entre 1945 et 1949. Et même que les grands faits divers et procès d'assises de l'époque : le Dr Petiot, Pierrot le fou et le gang des tractions avant, l'affaire Joanovici qui tient à la fois de la collaboration et du droit commun. Alors qu'on s'écrase dans le palais de justice durant le procès Pétain, public et journalistes sont clairsemés dans les abris suivants de la Haute Cour (palais du Luxembourg, salle des congrès au château de Versailles). Lors du procès Brinon (mars 1947), la presse est en grève et la salle du congrès à Versailles à peu près vide. Quand René Bousquet comparaît, parmi les tout derniers, en juin 1949, son affaire est jugée sans éclat. On compte une vingtaine de journalistes présents et dans le public ne figurent guère que ses proches et ses amis. Les pouvoirs publics ne font rien pour mettre la Haute Cour en vedette. Le garde des Sceaux Pierre-Henri Teitgen trouve à propos en mars 1946 d'annoncer que « l'œuvre de répression touche à sa fin », d'affirmer que « tous les véritables responsables ont été jugés, condamnés et, le plus souvent exécutés » et de citer en tout et pour tout Pétain, Laval, Bucart, Darnand, Suarez et Hérold-Paquis, un palmarès sans queue ni tête qui fait même passer l'expression du général de Gaulle sur la « poignée de misérables » à châtier pour une exagération.

Dans la presse ou les pamphlets favorables aux épurés, il est habituel d'asséner que les communistes sont si acharnés à leurs calculs vengeurs qu'ils votent toujours la mort, quelle que soit la peine requise. Paul Baudouin devrait trembler à qui le hasard malencontreux du tirage au sort a attribué douze communistes sur vingt-quatre jurés. Or, il se voit infliger cinq années de travaux forcés, l'indignité nationale et la confiscation de ses biens (copieux). D'ailleurs, l'inculpé estime les jurés à l'aune de sa condamnation. Xavier Vallat, avec sept jurés communistes sur vingt-quatre, part bien sûr du principe qu'il est condamné d'avance par un jury partisan. Au contraire, Marcel Peyrouton, acquitté en décembre 1948, leur trouve toutes les vertus : ils ont su – qualité rare – l'écouter vraiment et lui poser des questions pertinentes, au lieu de le condamner par avance en vertu de passions et de pressions.

L'importance du tirage au sort des jurés est augmentée par les réformes qui se multiplient avec la mise en place des Assemblées constituantes. La défense ne peut plus récuser de jurés. Moins pour la priver de ses droits que parce que le nombre de jurés peine bien souvent à être atteint : permettre aux avocats de récuser des jurés reviendrait à ajourner les procès. D'octobre 1945 à novembre 1946 se succèdent trois référendums constitutionnels, trois élections générales. Le pays est toujours en campagne électorale. Tandis que les manœuvres font rage à la commission constitutionnelle des Assemblées, la Haute Cour apparaît comme un terrain annexe où les partis mettent en valeur leurs idéaux, leur tactique, leur image, à proportion de l'intérêt public. Les deux premières années de fonctionnement de la Haute Cour sont donc gênées par l'activité électorale et constitutionnelle. Les suivantes le sont par la violence des affrontements partisans attisés par la guerre froide. Comparaissant en janvier 1948, l'ancien ministre de l'Intérieur Adrien Marquet joue sa tête, du moins pour les neuf jurés communistes décidés à voter la mort. Mais leurs collègues refusent de les suivre et les communistes quittent le procès, espérant empêcher un verdict par leur retrait. Or, le jury préfère en finir. Les défauts de l'organisation de la Cour ont déjà entraîné des remises, accumulé des retards. Il semble qu'on n'en finira jamais des séquelles des Vichy. Les parlementaires sont excédés par les démonstrations de force des communistes qui alternent coups d'éclat et opérations publicitaires au détriment des débats. Marquet lui-même est en prison depuis trois ans et demi. Le jury décide de passer outre, fort de sa souveraineté qui exclut appel ou cassation. Marquet n'est condamné qu'à dix années de dégradation nationale et quitte la Haute Cour en homme libre.

Mouvementées aussi certaines audiences lorsque les accusés choisissent une stratégie de rupture plutôt que de connivence. À l'exemple de Laval, pour les mêmes raisons de désespoir et avec la même absence de résultats, Brinon essaie d'obtenir un supplément d'information, la bataille de procédure, la réfutation venimeuse de la Haute Cour, le retrait de l'accusé (pendant un jour), la non-intervention des avocats qui espèrent jouer la statue du commandeur. Il n'y a ni plaidoirie, ni derniers mots de l'accusé, ce qui laisse le jury sur l'impression d'un réquisitoire cinglant. La peine capitale est votée sans grand débat.

Adrien Marquet joue de sa surdité quand cela l'arrange, cherche à apitoyer. Il obtient de se rapprocher des jurés et, comptant qu'on est entre parlementaires. Il s'adresse directement à eux pour plaider son affaire très politique en s'efforçant de démontrer qu'il a toujours été républicain et socialiste. Vallat multiplie les provocations et pensera avoir remporté une victoire au moins morale pour avoir pu étaler son antisémitisme bien français et obtenir une condamnation modérée sans s'être déjugé.

Le procès de Xavier Vallat montre pourtant que la Haute Cour n'est jamais si à son aise pour juger (et condamner sévèrement) que lorsqu'elle peut considérer les anciens ministres comme des journalistes. On a vu à plusieurs reprises que si tant de plumitifs de la collaboration ont été précocement jugés et lourdement sanctionnés, c'est parce que leur dossier est facile à constituer, à présenter et à apprécier. Il suffit de lire à haute voix des dithyrambes collaborationnistes et autres envolées fascistes pour convaincre le jury qu'il a bien à faire à un traître. D'autant qu'elles ne sont jamais compensées par des éloges du gaullisme, des Alliés ou des résistants. Quand il s'agit de dossiers techniques ou politiques complexes, il est plus difficile d'apprécier les responsabilités personnelles, de démêler les contraintes réelles des consentements volontaires, de mesurer les fautes à l'aune des aides à la Résistance ou aux Alliés, et de faire entrer l'ensemble dans les catégories définies par le Code pénal. Aussi certains procès de Haute Cour vont-ils recourir massivement aux déclarations et écrits des ministres pour estimer leur culpabilité, pour le plus grand profit des ministres « techniciens » qui se sont abstenus de discourir publiquement sur les vertus de la collaboration.

À cet égard, si l'instruction et le procès de Laval ont été expédiés, c'est aussi parce que le flagrant délit était attesté depuis qu'en juin 1942, il avait déclaré à la radio : « Je souhaite la victoire de l'Allemagne ». Comme proclamation de la trahison, on fait difficilement plus explicite. En juin 1945, le procès par contumace de Déat, qui a été ministre du Travail, chef d'un des principaux partis collaborationnistes, rouage essentiel dans le jeu allemand de pouvoirs et contre-pouvoirs en France, tourne essentiellement autour de son activité d'éditorialiste. Après avoir cité en abondance des extraits de la prose de Déat entre 1940 et 1944, le procureur fait explicitement référence à d'autres journalistes et nullement à d'autres ministres :

> Rappelez-vous le châtiment impitoyable et justifié qui a frappé les Brasillach, les Paul Chack. Déat est encore plus coupable qu'ils l'ont été, car il avait plus de talent et, en tout cas, plus d'autorité.

> Rappelez-vous le châtiment impitoyable mais justifié qui frappe les miliciens, les membres de la LVF. Déat est encore plus coupable qu'eux, car ils n'ont fait que suivre ses conseils.
>
> Rappelez-vous enfin les longues années de terreur et d'oppression.
>
> Rappelez-vous, lorsqu'un article de Déat venait à tomber sous nos yeux, un discours de Déat venait à frapper nos oreilles, rappelez-vous comme, de colère, de justice, de dégoût, d'indignation, nous serrions les poings, tellement que les ongles nous entraient dans la chair en pensant : le misérable ! Comme l'heure de la justice est lente à venir !
>
> Elle a enfin sonné... Je vous demande, messieurs, de prononcer le seul châtiment qui soit proportionné à la grandeur du crime, le châtiment suprême.

Dans le procès de Vallat, la première partie, consacrée à son activité à la tête du commissariat général aux Questions juives, se passe plutôt à son avantage, l'accusation peinant à faire émerger spécifiquement la trahison. Mais quand on se met à faire entendre les discours qu'il a prononcés à la radio en 1944, discours où il exprime à gorge déployée sa haine pour les Alliés et les résistants et son antisémitisme vengeur, tout change. L'accusation est requalifiée par référence à l'article 76 du Code pénal qui punit la démoralisation du pays nuisant à sa défense. On peut estimer que le verdict de dix ans de prison découle très largement de l'impression désastreuse produite par la diffusion des enregistrements des éditoriaux de Vallat pour le Radio Journal, plus faciles à juger que l'action au CGQJ.

Même constat pour François Chasseigne, qui comparaît devant la Haute Cour en tant que secrétaire d'État au Ravitaillement de mars à août 1944, mais qui est condamné à dix ans de travaux forcés essentiellement pour ses discours enflammés sur les vertus inépuisables de la Relève, du travail volontaire en Allemagne et de la collaboration, discours tenus dans des fonctions de chargé de mission ou de directeur de la propagande ouvrière qui ne relèvent pas de la Haute Cour. L'audition de ses allocutions dans le programme *Radio Travail* est décisive pour la cour.

Quelques jours plus tard, Paul Creyssel, autre ancien député entré dans les services de l'Information de Vichy, se trouve confronté à la même problématique. En entamant l'interrogatoire, le président annonce d'ailleurs une affaire « extrêmement simple ». Tous les discours de Creyssel sont présentés dans un inventaire thématique. Le président énumère les titres et les dates de ses soixante-dix allocutions à la radio et en lit quatre dont l'une qui compare la Milice à « une chevalerie politique ». Creyssel essaie tout au long de l'interrogatoire de se justifier, de façon documentée et bien préparée. Mais lui-même est parfois submergé par ce flot continu. « Je suis obligé de prendre la responsabilité de ce que j'ai dit, reconnaît-il. J'abandonne sur ce point mes textes et mes aveux à M. l'avocat général qui prend des notes et il a raison car je sais d'avance le parti qu'il en tirera. » Pour tous les protagonistes, les propos ou articles en faveur de la collaboration ou hostiles à la Résistance, sont des aveux. « Que sa propagande ait eu pour but d'amener à la collaboration, il ne le conteste pas. Comment d'ailleurs pourrait-il le contester ? Les textes sont là. » En dépit des aides substantielles que Creyssel a procurées par la suite à des Français en difficulté, il est condamné à quatre ans de prison pour participation à une entreprise de démoralisation de l'armée ou de la nation ayant pour objet de nuire à la défense nationale.

Six mois plus tard se déroule le procès de Paul Marion, secrétaire d'État à l'Information de Pierre Laval. Alors que le début de son interrogatoire se passe sereinement, la partie consacrée à ses discours donne lieu à de nombreux et vifs accrochages entre l'accusé, ses avocats et le président. Il apparaît que Marion risque la peine de mort, en particulier pour avoir repris la formule de Laval, « je souhaite la victoire de l'Allemagne ». Marion se défend pied à pied.

> Il ne faut pas seulement prendre les mauvais passages de mes discours ! Il y avait là une espèce de volonté patriotique incontestable. Je n'ai pas fait de discours de collaborateur parisien. Je n'ai même pas fait de discours de collaborateur vichyssois aplati, geignard et capitulard. J'ai toujours offert l'espérance. Mais cette espérance, je la voyais par notre redressement intérieur.

Mais au fur et à mesure que l'interrogatoire avance vers l'été 1944, chaque discours de Marion semble plus compromettant. À une allocution consacrée à la Milice le 4 juin 1944 succède une louange des miliciens, membres de la LVF et autres Waffen SS français dont l'enregistrement s'achève en fanfare par l'hymne allemand… « Le disque paraît le meilleur témoin à charge », se désole Marion. Effectivement, dans tous ces procès, la diffusion d'enregistrements, ravivant l'intérêt des jurés après d'interminables lectures et restituant le propos dans toute sa véhémence, a eu des effets particulièrement ravageurs. Comme la projection du film où l'on voyait Fernand de Brinon évoluer avec aisance et jubilation parmi des officiers allemands. La collaboration en images.

Pour tous ces propagandistes, les mots ont compté au moins autant que les actes. Et s'ils se comparent à leurs anciens collègues, ils constatent sans doute que leurs mots ont pesé plus lourd que les actes de certains autres.

En dépit de ce qui peut les choquer ou les indigner durant l'interrogatoire des témoins, les jurés de la Haute Cour ne se comportent plus comme certains d'entre eux l'ont fait devant Laval. Quand Benoist-Méchin se plaint de n'avoir pu exposer sa défense à cause des questions « tendancieuses ou incohérentes » des jurés, il devrait plutôt constater qu'il y a eu entre lui et eux une impossibilité de se comprendre. Pourtant, les jurés ne demandent en un sens qu'à comprendre, non pas pour excuser, mais pour satisfaire leur curiosité. Leurs questions, rarement agressives, pourraient toutes être formulées par un « comment est-il possible que… ? ». « Nous ne comprenons pas ! », s'exclame Hubert Lagardelle découragé au cours d'un interrogatoire serré sur ses responsabilités ministérielles.

Vichy et la question juive

Dans les textes qu'ils rédigent pour préparer leur défense, dans leurs déclarations aux magistrats instructeurs, beaucoup des accusés de la Haute Cour mentionnent spontanément les persécutions contre les Juifs. Ils savent d'instinct que se noue là une accusation particulièrement grave qu'ils vont devoir contourner ou surmonter. Au besoin par des arguments impropres ou mensongers.

L'échappatoire le plus commode consiste à affirmer qu'on n'a rien eu à voir avec les persécutions, mais qu'au contraire, on s'est dépensé en aides diverses. Ce n'est évidemment qu'une variante de la justification par les interventions. Brinon, dont on sait qu'il était par ses fonctions le champion des interventions, va en l'occurrence plus loin. Il se présente comme un défenseur précoce et acharné des Juifs contre les Allemands mais aussi contre Laval et Pétain, résolus à la passivité, pour ne pas dire à la complaisance. Dans ce texte destiné à l'instruction de son procès, il affirme que les autorités françaises pouvaient logiquement se douter, dès l'été 1940, que l'occupant allait rapidement exiger ou instaurer une politique de discrimination. (Il reviendra sur ce sujet avec des exemples et des anecdotes à l'appui dans ses *Mémoires* posthumes).

> Dès le mois d'août 1940, j'ai averti le Maréchal et M. Laval qu'il serait bon de penser à la protection des Israélites français [...] Au début de 1941 et on peut dire jusqu'à la fin de 1943, il était encore possible d'obtenir des mesures d'exception. Toutes celles qui furent accordées ont été dues à ma seule intervention [...] Il y avait quelque mérite à obtenir de telles exceptions car le capitaine Danecker était aussi dur qu'incompréhensif et que le fait que M. Laval lui avait déclaré devant M. Darquier de Pellepoix que jamais il ne s'occuperait d'un Juif était bien loin de faciliter les choses (note de Fernand de Brinon, probablement 1946).

Dans les notes de préparation pour sa défense qu'il adresse en prison à Pierre Laval, René Bousquet, lui aussi, aborde la déportation des Juifs, sans sollicitation. C'est donc un point évident pour un homme qui, après un internement de onze mois en Allemagne, est rentré en France en mai 1945 et est, depuis cette date incarcéré, limité à des contacts réduits avec l'extérieur. Il rappelle à Laval la teneur de sa conversation avec le général SS Oberg en août 1942. « Vous m'avez dit que les Allemands voulaient déporter tous les Juifs français et que vous n'aviez pu éviter cela qu'en renonçant à garder en France les Juifs étrangers. » Pour Bousquet, il s'agit là d'un élément de défense. Mais, alors que tous ces hommes prennent spontanément les devants, la justice ne va pas toujours se montrer très inquisitrice.

Devant la Haute Cour comme devant les autres juridictions de l'épuration, l'action antisémite de Vichy peine à trouver une place dans le débat où s'affrontent essentiellement deux conceptions de la légitimité et où l'accusation essentielle porte sur la trahison. La politique antisémite ordinaire de Vichy peut être perçue comme indépendante de la collaboration et donc hors du champ de l'accusation.

> Vous avez, en qualité de préfet, appliqué la législation de Vichy, diffusé les instructions du gouvernement contre les Juifs, celles sur le recrutement de la main-d'œuvre et celles sur la Relève. En dehors de ces actes, vous n'auriez apporté aucun zèle particulier dans l'exercice de vos fonctions en Limousin (interrogatoire par le président de la Haute Cour d'Antoine Lemoine, secrétaire d'État à l'Intérieur, 29 juin 1948).

Dans le dossier Pétain figurent plusieurs liasses de documents afférents à la persécution des Juifs, y compris des comptes rendus du conseil des ministres et des rapports sur l'état de l'opinion. L'instruction cherche même – en vain – à établir le bilan chiffré de la déportation des Juifs de France. Ce matériau abondant n'est toutefois presque pas utilisé durant le procès. Sans taire les persécutions antisémites, l'acte d'accusation ne les mentionne qu'à titre d'illustrations de la politique de trahison et de soumission à l'ennemi. Plus explicite, le réquisitoire désigne la « monstrueuse loi » du statut des Juifs, la « sentine » du CGQJ ou les listes de Juifs établies par les administrations françaises comme des instruments d'humiliation, « cette forme déshonorante de collaboration consistant de la part des Allemands à faire accomplir par des Français des besognes auxquelles Vichy se prêtait avec une servilité sans exemple ». L'arrêt de condamnation comporte une phrase sur l'exclusion des Juifs : « attendu [...] que la France adoptait bientôt une législation raciale calquée sur celle de l'Allemagne ». Or, nous savons aujourd'hui que cette législation, non exigée par les occupants, fut prise avec la volonté de constituer un antisémitisme d'État spécifiquement français. Xavier Vallat, lors de son propre procès devant la Haute Cour, s'en vantera même et s'en servira comme preuve qu'il n'obéissait pas à l'Allemagne... Ainsi, considérer la politique antisémite de Vichy sous l'angle de la trahison va s'avérer contre-productif.

Cette politique doit être jugée en particulier dans les procès des commissaires aux Questions juives (Vallat, Darquier de Pellepoix, du Paty de Clam), des ministres de la Justice en fonction lors de la publication des statuts des Juifs (Alibert, Joseph-Barthélémy), des responsables du ministère de l'Intérieur qui ont fait appliquer la législation et ont coopéré avec les autorités occupantes pour les arrestations et les internements (Laval, Bousquet). Un tel programme aurait dû permettre de caractériser et de châtier l'antisémitisme d'État et la participation française aux déportations. Mais Joseph-Barthélémy meurt d'un cancer en mai 1945 ; le procès bâclé de Laval escamote le sujet (parmi bien d'autres) ; du Paty de Clam, estimé insignifiant, bénéficie d'un non-lieu ; Alibert et Darquier sont en fuite ; Vallat et Bousquet, seuls à comparaître et apparemment placés dans une situation redoutable, vont faire preuve tous deux d'une stupéfiante habileté et d'un redoutable opportunisme.

Lors de l'instruction concernant Raphaël Alibert, tous les textes (244 lois plus des décrets et des circulaires) portant sa signature sont répertoriés et recherche est faite de sa responsabilité personnelle dans leur origine, leur rédaction, leur diffusion. Sur l'origine du statut des Juifs, les éléments dont dispose le juge sont toutefois incomplets et, en l'absence de l'accusé, il est difficile d'obtenir des éclaircissements. En outre, le magistrat tend à s'intéresser surtout à deux autres très gros événements : les actes constitutionnels de juillet 1940 qui ont créé l'État français et donné à Pétain un pouvoir considérable ; le renvoi de Pierre Laval du 13 décembre 1940 interprété – ou non – comme une tentative pour se débarrasser de la tutelle allemande. L'antisémitisme d'Alibert occupe pourtant dans le réquisitoire une place centrale :

> Alibert, qui n'a jamais dissimulé son hostilité aux Juifs, ne cachait pas que cette législation était son œuvre et qu'il la trouvait opportune. Non seulement il a préparé et signé ces honteuses lois d'exception, mais il a veillé à leur stricte application.

Un procès par contumace étant ce qu'il est, on ignore comment Alibert se serait défendu et avec quels résultats. Les mémoires en défense écrits par Alibert depuis son exil montrent toutefois qu'il a nié toute responsabilité dans les faits qui lui étaient reprochés, a minimisé son rôle et son pouvoir d'influence et, dans le cas particulier du statut des Juifs, a désigné le ministre de l'Intérieur Marcel Peyrouton comme unique auteur et rapporteur du projet (tous deux figurent parmi les neuf ministres signataires). La peine de mort prononcée le 7 mars 1947, très fréquente en contumace comme condamnation de principe, ne traduit pas rigoureusement l'opinion de la cour sur la culpabilité d'Alibert.

La contumace présente, dans ce cas, une autre conséquence majeure. Parce qu'Alibert n'a pas présenté de défense, la Haute Cour dédaigne ses objections quant à la responsabilité considérable de Peyrouton dans la rédaction du premier statut des Juifs. Or, les historiens établiront qu'elles sont valables : alors qu'Alibert était déjà en disgrâce à l'automne 1940, c'est bien le ministre de l'Intérieur qui a finalement préparé et rédigé le statut, l'a présenté à l'ambassadeur allemand Abetz et à la presse. Or, lors de son propre procès devant la Haute Cour, tenu plus d'un an et demi après celui d'Alibert, Peyrouton justifie sa participation à cette législation comme une réponse improvisée en catastrophe pour contrecarrer la propagande et les initiatives allemandes. Il rejette la faute antisémite sur Alibert, d'autant plus facilement que celui-ci, détesté de la plupart de ses collègues du gouvernement qui l'ont chargé dans leurs dépositions, jouit d'une réputation épouvantable de maurrassien réactionnaire. Au terme de son procès, Peyrouton est acquitté. On ignore qu'il est l'auteur du statut.

Le même avocat général qui a requis contre Alibert requiert contre les deux principaux commissaires aux Questions juives, Xavier Vallat (mars 1941-mai 1942) et Louis Darquier de Pellepoix (mai 1942-février 1944). Le procès par contumace de Darquier est évacué dans la journée du 9 décembre 1947. Pour ignoble et extrémiste qu'il soit, Darquier n'a guère d'action législative à sa charge. C'est son comportement qui va être jugé. Ce comportement est dépeint dans l'acte d'accusation commenté par le président de la Haute Cour, en l'absence d'interrogatoire. Darquier est un individu « peu recommandable ». Non seulement il est antisémite, mais surtout, c'est un antisémite violent qui injurie ou moleste ses adversaires, fait du scandale, trouble l'ordre public dès l'avant-guerre. L'insistance est mise aussi sur sa malhonnêteté, son avidité. Au commissariat aux Questions juives, il place ses amis, se procure de l'argent probablement en détournant les fonds provenant de l'aryanisation que, comme par hasard, il réclame à cor et à cri. Également en vendant des certificats de non-appartenance à la race juive. Il occupe ses fonctions administratives de façon désinvolte et incompétente, mais en profite pour se servir. On ne peut pas vraiment dire qu'il obéit aux Allemands : ce serait plutôt lui qui les relance pour obtenir à l'encontre des Juifs toujours plus d'humiliations et de moyens d'exclusion : étoile jaune, mentions sur les papiers d'identité, spoliations, enfermement dans l'UGIF.

L'avocat général va toutefois plus loin et, dans un procès par contumace, c'est essentiel puisque le réquisitoire constitue le morceau principal de la procédure. Au portrait moral répugnant, il ajoute des accusations précises : des dénonciations auprès des Allemands ; la réforme de la police antijuive qui, tout en s'alignant sur la Gestapo, s'est adonnée aux arrestations arbitraires, vols, pillages ;

son accord enfin pour la rafle du Vél'd'Hiv. C'est de ces faits qu'il déduit la collaboration et la trahison. « Darquier de Pellepoix a été en relations constantes avec les Allemands. Il a été sous leur contrôle. Il a toujours agi en plein accord avec eux et à leur solde. » Dans ses attendus, la cour suit les réquisitions et condamne Darquier à mort pour intelligence avec l'ennemi.

C'est le même jury qui va devoir juger Xavier Vallat, le prédécesseur de Darquier, car leurs procès étrangement intriqués se déroulent en même temps. Vallat ne peut que tirer avantage de la comparaison avec cet aventurier violent et avide, manifestement indigne de se voir confier la moindre responsabilité publique et dont l'accès à de hautes fonctions suffit à démontrer l'abaissement de Vichy et la façon ignominieuse dont les Allemands ont réussi à profiter de la crapulerie de certains Français prêts à tout.

Contrairement à tant d'autres procès de la Haute Cour, celui de Vallat est attendu et suscite l'intérêt de la presse et du public. Une foule se presse même aux abords de la salle, ce qu'on n'avait plus vu depuis 1945. Ce procès n'en sera que plus exemplaire, car ce n'est pas tant le secrétaire d'État aux Anciens Combattants ou l'orateur du Radio-Journal que l'on va juger que le premier commissaire aux Questions juives. Or, le chef d'accusation est modeste : appartenance au gouvernement de Vichy et atteinte à l'unité de la nation, à la liberté et à l'égalité des Français (passible d'indignité nationale) et actes de nature à nuire à la défense nationale. La commission d'instruction a prononcé des non-lieux pour l'intelligence avec l'ennemi et l'atteinte à la sûreté intérieure ou extérieure de l'État.

Vallat – et c'est son principal atout – a été pendant la Première Guerre mondiale un combattant valeureux. Il a été grièvement blessé et est un grand invalide de guerre. Ces faits, joints à sa réputation germanophobe, accréditent l'idée que, grand patriote, il peut difficilement être un collaborateur et un traître. Pour s'inscrire en faux, le procureur dispose d'une seule preuve, un rapport rédigé par Vallat en février 1942 où il déclarait avoir assuré les Allemands de son esprit de collaboration le plus loyal. Phrase spectaculaire peut-être, mais au fond assez creuse. Tout au long des audiences, Vallat réplique efficacement en s'en tenant à sa ligne de défense : il a instauré un antisémitisme d'inspiration et d'intérêt purement français ; l'hostilité des Allemands à son égard est continue et avérée. À grand renfort d'arguments spécieux et d'arrangements avec la vérité, facilités par un dossier d'instruction lacunaire qui ne donne pas les moyens de comprendre les rouages de la politique antijuive de Vichy, il fait bonne impression sur la cour. Il en profite même pour lui infliger une véritable leçon sur sa conception de l'antisémitisme. Et ce n'est pas sur la politique antisémite, mais après l'audition de ses éditoriaux radiodiffusés de 1944, d'une violence extrême à l'encontre des résistants ou se réjouissant de l'assassinat de Mandel, que les accusations contre lui sont complétées d'une entreprise de démoralisation de l'armée ou de la nation.

Son antisémitisme atavique n'est pourtant pas loin, qui pointe le bout de l'oreille et passera bientôt toute la tête. La Haute Cour, en effet, compte quelques membres juifs. À commencer par l'un de ses vice-présidents, communiste de surcroît, Maurice Kriegel-Valrimont. Il est une cible privilégiée pour la presse hostile à l'épuration, car non content d'être juif et communiste, son père s'est fait naturaliser après sa naissance. Il représente à lui seul l'ennemi suprême que s'étaient désignés Vichy et la Collaboration. On va au-delà des récriminations ordinaires contre une justice appliquée par des adversaires. Il s'agit là d'être jugé par la quintessence même de l'ennemi, qu'on affectera de trouver indigne de tels accusés. « Une France où Kriegel (Valrimont) est appelé à juger le professeur Jacques Chevalier [secrétaire d'État à l'Éducation nationale et à la Famille] n'est pas dans la voie de son renouvellement... » (*Paroles françaises*, 16 mars 1946). Vallat suscite un grave incident en prétendant récuser Kriegel.

> Je laisse entièrement à M. Benjamin Kriegel le droit de m'insulter, mais je lui retire le droit de me juger [...] Si j'étais moi, Juif français naturalisé polonais depuis moins de vingt ans, je ne me permettrais pas de me croire digne de juger du patriotisme d'un Polonais quelconque [...] Pour la même raison, je ne permettrai pas à M. Benjamin Kriegel fils d'Isaac, Français depuis moins de vingt ans, de juger l'ancien officier des chasseurs que je suis.

Le réquisitoire de l'avocat général contre Vallat ramène d'ailleurs l'antisémitisme au cœur de l'accusation. Il refuse de marquer une différence entre Vallat et Darquier, deux expressions d'une même politique. Il confronte les exposés théoriques de Vallat aux conséquences concrètes de sa politique : arrestations, séparations, internements, déportations, morts. Il oppose les valeurs républicaines aux justifications nationalistes d'un antisémitisme français. Il illustre le zèle de Vallat dans l'application des nouvelles lois. De tout cela, il déduit l'accord fondamental entre Vallat et l'occupant sur un programme antijuif et il présente le CGQJ comme une émanation des désirs et des besoins allemands. Même si Vallat n'a pas voulu, à l'origine, favorisé les entreprises allemandes en France, le résultat est là.

Après des délibérations longues et tendues, le verdict est de dix années de prison accompagnées de la dégradation nationale à vie. Le condamné et ses amis considèrent qu'il s'agit d'une victoire : la condamnation n'est pas très lourde et Vallat a pu faire valoir sa défense sans jamais se déjuger ni désavouer Vichy.

Reste le cas de René Bousquet, secrétaire général à la Police, coordinateur des rafles de Juifs des zones libre et occupée à l'été 1942 et négociateur des accords avec le général SS Oberg qui échangeaient le renforcement de la collaboration policière contre les apparences de la souveraineté française. Il comparaît l'un des derniers devant la Haute Cour, après une interminable instruction qu'il a orientée et rythmée de bout en bout. Au dossier figurent des pièces substantielles sur les persécutions antisémites, mais les interrogatoires, on l'a vu, ont été négligents sur ce point comme sur tant d'autres. L'acte d'accusation traduit l'emprise de l'accusé sur l'instruction puisqu'il dédouane largement Bousquet en utilisant ses propres arguments en matière d'interventions en faveur de Juifs internés ou menacés, ainsi que son opposition à l'extension de l'étoile jaune en zone Sud ou de refus de laisser les Allemands consulter les listes dressées par les préfectures. Le propos de l'accusation est donc très mesuré :

> L'examen du rôle de Bousquet à l'égard des Israélites fait ressortir que si, dans de nombreux cas, il s'est efforcé d'éviter le pire, il a cependant consenti, sur le plan général, à servir la politique de persécution raciale à laquelle Vichy s'est associé et que les Allemands seuls n'auraient pu poursuivre que plus difficilement.

Toutefois, la conclusion générale reprend surtout sa persévérance dans l'atténuation de toutes les mesures répressives, les nombreux services rendus à des résistants ou à des personnes en difficulté, son arrestation et son internement en Allemagne et le crédite de larges circonstances atténuantes. On se doute que, sur de telles bases, Bousquet peut affronter les audiences avec une assurance qui le pousse à se montrer très disert. Prenant l'initiative à toute occasion, il se présente sans cesse comme un fonctionnaire profondément républicain, mais tout à fait subalterne, qui a fait face de son mieux aux conditions dramatiques de l'Occupation. Quand arrive le sujet des persécutions, il se fait péremptoire :

> Eh bien, messieurs, si j'ai soutenu cette politique, je l'ai soutenue comme la corde soutient le pendu et, véritablement, je crois que si on peut parler, dans ce domaine, de ma collaboration, il faudrait plutôt penser à la collaboration du paratonnerre et de la foudre.

Servi par la chance une fois encore, Bousquet voit cette audience écourtée par un important vote à l'Assemblée nationale qui requiert la présence des députés-jurés au Palais-Bourbon. Dans la hâte d'en finir, le sujet est abandonné. Le rôle de Bousquet dans les rafles n'est pas mentionné dans le réquisitoire, alors qu'ont été imputées à Darquier des responsabilités infamantes dont Bousquet s'était débarrassé sur lui dès 1942. L'avocat général insiste au contraire sur les liens de Bousquet avec Laval et sur la satisfaction de lui-même qui l'a peut-être fait commettre de lourdes erreurs d'appréciation. Les attendus concèdent que l'attitude de Bousquet a pu être à certains moments regrettable, mais reconnaissent qu'il n'a pas nui aux intérêts de la défense nationale et qu'il a participé de façon si continue et active à la Résistance qu'il mérite d'être relevé de l'indignité nationale que lui vaudrait normalement sa participation au gouvernement de Vichy.

Si le verdict contre Vallat a suscité des protestations dans la communauté juive, rien de tel ne se produit après le quasi-acquittement de Bousquet. En Haute Cour moins encore que devant les cours de justice, il ne saurait être question de partie civile, ni même d'intervention ès qualité d'associations de victimes. Le CRIF tient d'ailleurs à laisser faire la justice. Lors des procès Pétain ou Vallat, il s'oppose, ainsi que le consistoire, au principe d'une intervention directe et officielle d'une organisation juive. Il regrette la déposition du grand rabbin de Bordeaux au procès d'Adrien Marquet. La ligne majoritaire est de se limiter à établir des dossiers et à fournir des mémoires explicatifs aux juges d'instruction.

L'histoire balbutie

Les justiciables de la Haute Cour sont en tant que tels exclus des lois d'amnistie. Cela ne signifie pas que les peines leur soient appliquées de façon plus sévère. On remarque très tôt de larges remises de peine. Jacques Chevalier, par exemple, a été condamné à vingt ans de travaux forcés, peine disproportionnée en comparaison de la plupart des autres verdicts. Six mois plus tard, il bénéficie d'une grâce qui ramène sa peine à quatre ans de prison. Deux ans après sa condamnation, il profite d'une libération conditionnelle. Les anciens ministres bénéficient en outre de grâces amnistiantes (plus de vingt entre avril 1954 et janvier 1958), qui impliquent la levée des indignités nationales. Aucun n'en profite pour reprendre vraiment une carrière politique. Ils démentent en cela les contempteurs de l'épuration qui avaient en leur temps crier aux condamnations opportunistes visant à évincer de redoutables adversaires.

> Ce qu'un communiste doit frapper chez un accusé, ce ne sont pas ses actes passés, sa responsabilité, bref sa culpabilité : c'est ce qu'il est, c'est-à-dire l'obstacle qu'il pourrait éventuellement opposer, par sa seule existence, au triomphe du communisme. Paul Baudouin est un bourgeois, un chrétien et un homme aussi dynamique qu'intelligent. Rompu à la pratique des affaires publiques et privées, il a acquis une expérience et une autorité qui pouvaient être encore utilisées efficacement. Il n'était ni vieux ni découragé. Dès lors, il importait de l'écarter à tout prix (*les Écrits de Paris*, mars 1947).

Doutent-ils de leur succès ? Sont-ils simplement échaudés ? Bousquet, candidat UDSR en 1958 dans la Marne, n'obtient que 10 % des suffrages aux élections législatives. Au contraire, plus d'un se reconvertit avec profit dans l'industrie, au grand scandale des procureurs impuissants. Ces faits, quoiqu'isolés, nourriront le fantasme d'une complaisance vis-à-vis des puissants, complaisance payée par les puissances d'argent. Il perdure aujourd'hui encore au débit de l'épuration, en particulier dans les rangs de l'extrême gauche. On peut ajouter que les anciens ministres condamnés se trouveront, quoi qu'ils en aient, dans une situation fausse.

> Monsieur Chasseigne n'avait aucun titre hiérarchique, une seule secrétaire-confidente, un petit bureau de 3 mètres sur 4. mais, par ses fonctions ministérielles passées, il avait la représentation exclusive de petits industriels allemands issus de grands groupes industriels démantelés par les Américains [...] Au quotidien, Monsieur Chasseigne, d'apparence massive, le cheveu gris très court, le sourire rare, la parole brève, donnait l'impression du pouvoir ; une attitude glaciale, totalement contrôlée, sauf quand il avait besoin d'un service qui était alors requis sans témoin afin de ne pas « écailler » son statut d'ancien ministre du Maréchal, comme il disait (témoignage d'un ancien collègue de François Chasseigne envoyé à l'auteur en septembre 2006).

Seulement, l'amnistie étant un geste politique, on ne veut pas en faire bénéficier en corps constitué ceux qui incarnent le régime de Vichy. Lors de la discussion des lois, l'exemple de condamnés de la Haute Cour est utilisé par les adversaires de l'amnistie. Les communistes brandissent le cas de Xavier Vallat, « champion de l'antisoviétisme, pourvoyeur de fours crématoires, condamné à vingt ans de travaux forcés, qui pourrait être candidat à la députation » (*la Défense*, 30 octobre 1952). Or, à cette date, Vallat est déjà en liberté conditionnelle depuis presque trois ans et n'est plus astreint à résidence. En avril 1954, une grâce amnistiante lui rend la plénitude de ses droits, y compris la possibilité d'attaquer – et de faire condamner – pour diffamation les journaux communistes qui le traitent de pourvoyeur des camps d'extermination. Mais le cas le plus embarrassant demeure Pétain qui, contre toute attente, survit pendant six ans à sa condamnation, posant interminablement à la classe politique le problème du « plus vieux prisonnier du monde ». On ne sait au fond pas quoi en faire, non de sa personne pour laquelle on serait disposé à s'apitoyer, mais de ce qu'il représente. On craint qu'il ne cristallise l'attention et n'attire des partisans. Ses avocats réclament à grands cris la révision de son procès, en faisant mine de disposer de faits nouveaux décisifs. La IVe République paraît ne pas être assez sûre de la façon dont a été conduite l'épuration pour pouvoir s'offrir le luxe de la clémence.

En 1958, quand s'achève la IVe République, il ne reste aucun haut responsable de Vichy en prison. Le général de Gaulle n'a pas modifié sa position qui en tenait, à la Libération, pour une vision de Vichy comme une trahison et non comme un choix politique, et de l'épuration comme le châtiment net et limité d'une « poignée de misérables ». Une ordonnance du 31 janvier 1959 complète l'amnistie, excluant seulement ceux qui ont sciemment exposé autrui à la torture, à la déportation ou à la mort. Raphaël Alibert, caché en Belgique depuis presque quinze ans, s'en réclame aussitôt avec impudence. Posant à la victime persécutée poursuivie pour un simple délit d'opinion, balayant d'un revers de main toutes ses responsabilités, il exige sa grâce… et l'obtient en quelques jours. Scandalisé, le procureur de la Haute Cour ne peut que s'exécuter, tout en soulignant l'injustice faite aux condamnés qui ont, eux, purgé leur contumace dans les formes.

En effet, alors que les procès sont achevés depuis près de dix ans, que les condamnés sont sortis de prison et que les accusés décèdent petit à petit, la Haute Cour de justice existe toujours. Elle assure le suivi de la gestion administrative des anciens condamnés. Elle doit aussi s'occuper des contumaces. Ce n'est pas tant qu'on se donne le mal de les faire extrader, c'est plutôt que certains, nostalgiques peut-être, désirent « vivre entre leurs parents le reste de leur âge »…

Entre 1945 et 1948 se sont déroulés devant la Haute Cour quinze procès par contumace. Ils ont débouché sur dix condamnations à mort, à la fois parce que les verdicts des contumaces sont par principe très sévères et parce que si les accusés étaient en fuite, c'est qu'il y avait à cela de bonnes raisons. Marcel Déat ou Abel Bonnard ont été des partisans proclamés de la collaboration ; les anciens gardes des Sceaux Raphaël Alibert et Maurice Gabolde sont tenus pour responsables l'un des lois constitutionnelles de 1940 et du premier statut des Juifs, l'autre des sections spéciales ; les secrétaires généraux Guérard, Masson Bonnefoy, Rochat passent pour des créatures de Laval ; le général Bridoux a fini dans le gouvernement fantoche de Sigmaringen ; Darquier de Pellepoix, commissaire général aux Questions juives, n'a pas fait mystère de son inféodation aux services allemands

Un procès par contumace se limite aux obligations essentielles de la procédure. La cour est constituée normalement, ainsi que le jury. L'acte d'accusation est lu. Il n'y a évidemment par d'interrogatoire de l'accusé et on fait également l'économie des dépositions. Il revient au président d'évoquer les charges en lisant les pièces essentielles du dossier. L'avocat général prononce son réquisitoire. L'accusé n'est pas représenté par un avocat. On passe donc aux délibérations et au verdict. « Cette brièveté, explique le procureur au procès de Déat en juin 1945, sera due à l'absence de l'accusé qui, je le reconnais, enlève tout intérêt aux débats. »

Cette simplification extrême n'empêche pas que l'instruction ait été faite complètement et parfois longuement. À l'absence près des interrogatoires des accusés (sauf quand ceux-ci se sont enfuis en cours de procédure comme le général Bridoux ou l'amiral Bléhaut), la démarche est identique dans la collecte des archives et des témoignages. Si le dossier est instruit à charge, c'est à cause de la pente naturelle de la justice française et de l'absence de contradiction. Toutefois, les dépositions favorables, les pièces qui jouent en faveur de l'accusé ne sont pas omises.

L'instruction menée sur le cas de Raphaël Alibert, comme l'acte d'accusation qui en découle, gardent la trace de ces efforts. Le *Journal officiel* a été dépouillé, des recherches ont été conduites ni mieux ni moins bien que pour les autres accusés dans les archives ministérielles et parmi les documents allemands. De nombreux témoignages à charge et à décharge ont été collectés. Sur ce dernier point, on peut juste remarquer que les témoins sont moins réticents à compromettre un accusé absent. De façon équitable, l'avocat général a écarté les faits qui n'étaient pas prouvés tels que l'appartenance à la Cagoule et à une conspiration pour abattre la République. Il a retenu les faits qui jouent pour l'accusé comme sa protestation contre les expulsions d'Alsaciens et de Mosellans hors de leur région, sa décision de faire arrêter Déat en décembre 1940 ou sa germanophobie démonstrative. Sont retenus les chefs d'accusation de soutien à la demande d'armistice, d'hostilité à la République, de rédaction des actes constitutionnels faisant de Pétain le détenteur et la source de tout pouvoir, les législations antisémites et antimaçonniques, les retraits de naturalisations, l'organisation du procès de Riom. Le procès par contumace de Georges Hilaire, secrétaire général du ministère de l'Intérieur auprès de Laval puis éphémère secrétaire d'État aux Beaux-Arts, est fait avec tel souci d'objectivité qu'en dépit de sa fuite, l'inculpé n'est condamné qu'à cinq ans de prison.

La Haute Cour étant souveraine, ses jugements par contumace sont définitifs. Mais, en droit français, les condamnés par contumace qui se livrent ou sont arrêtés bénéficient d'un nouveau procès. Dans les années 1950, plusieurs demandent à purger leur contumace. L'instruction est reprise, mais juste comme complément d'information. Celui qui concerne par exemple l'amiral Auphan est succinct, mais de toute façon, seules deux journées d'audience sont prévues. Cette fois, l'accusé peut bien sûr faire valoir ses arguments de défense et être assisté d'un ou plusieurs avocats. Ces éléments, joints au passage des années, contribuent à la clémence des nouveaux verdicts. Des condamnés à mort tels que Charles Rochat ou Jacques Guérard reçoivent en 1946 et 1958 une peine d'indignité nationale dont ils sont relevés pour faits de résistance (faits présentés par eux). Même résultat pour le général Noguès, qui fut résident général au Maroc, condamné à vingt ans de travaux forcés par contumace : alors que se profile l'indépendance du Maroc et que les « événements » d'Algérie défraient la chronique, il semble peu opportun de s'attarder sur le sujet. La préoccupation suscitée par les guerres coloniales est constante, entre préservation de l'armée et crainte du coup de force. On peut aussi comparer les deux procès contre Georges Hilaire. Le premier, en 1947, était déjà à sa décharge. La cour avait estimé que le dossier était mince, et qu'il n'y avait guère à lui reprocher que son amitié avec Laval et Luchaire. À trois mois de la prescription, Hilaire rentre de Suisse pour purger sa contumace, ce qui impressionne en sa faveur. Le procès, réduit à sa plus simple expression, se concentre sur des points de droit. L'avocat général recommande la bienveillance, l'avocat plaide la relaxe et l'obtient.

Le bilan des huit contumaces purgées entre 1955 et 1960 se résume en acquittements, dégradation nationale annulée et, pour le verdict le plus lourd, cinq ans de prison avec sursis (amiral Auphan) ; dix ans de bannissement commençant rétroactivement en mai 1945 pour Abel Bonnard qui venait de passer treize ans d'exil en Espagne… Plus de dix ans après la fin de la guerre, le travail de la Haute Cour se révélait pour ce qu'il avait été dès que l'élan initial s'était affadi : une corvée qui n'intéressait pas.

S'il est un domaine où le châtiment des traîtres fait figure de fiasco, c'est bien celui de la Haute Cour de justice. Sur le moment, les procès commencèrent par déconcerter et décevoir. Pétain refusait de parler. Les hommes politiques de la IIIe République monopolisaient la parole pour régler leurs comptes à la barre, sans voir qu'ils restaient largement discrédités et méprisés. Les anciens ministres de Vichy s'égaraient en justifications emberlificotées. Le procès de Laval fut trop expéditif, même en fonction des critères du moment, et les Français, dans leur majorité, ne comprirent pas si l'ancien chef du gouvernement avait perdu un pari osé de défense ou s'il avait été escamoté. Pour ce qui était de faire toute la lumière, on en fut pour ses frais. Les lieux même où se tenaient les procès donnaient à l'ensemble un air d'improvisation et de laisser-aller. Les interruptions entre les audiences (trois, cinq, sept mois…) déçurent l'opinion puis détournèrent son attention, avant d'avoir raison de son intérêt. Ce qui se passait entre-temps, le travail de la commission d'instruction restait méconnu, peu relayé par la presse si ce n'est au moment d'annoncer quelque non-lieu surprenant. Même si la Cour constituait parfois un terrain d'affrontement politique annexe, elle était devenue tout à fait secondaire dans l'esprit des parlementaires qui s'acquittaient la plupart du temps sans application ni implication de leur rôle de juré, voire de juge, à l'exception du président Noguères qui se caractérisa par une remarquable connaissance des dossiers qui lui permit de mener la plupart des débats avec sûreté et sans agressivité.

Rétrospectivement, les décisions et les verdicts de la Haute Cour forment un bilan mitigé. C'est évidemment le quasi-acquittement de René Bousquet, devenu presque incompréhensible quand fut déposée contre lui, en 1989, une plainte pour crime contre l'humanité, qui fait douter de la validité du travail de la Haute Cour. La lecture éventuelle des comptes-rendus sténographiques d'audience ou des biographies de tel ou tel ancien ministre paraît révéler un décalage exorbitant entre les griefs portés à la charge des accusés et les questionnements contemporains. L'anachronisme est violent et fausse évidemment nos impressions sur la valeur du travail de la Haute Cour. A posteriori, on peut tout de même considérer qu'elle a accompli sa tâche sur deux points. La Haute Cour a eu le mérite de désigner les acteurs principaux du régime de Vichy en leur appliquant le principe que la participation aux gouvernements de l'État français relevait en soi du crime d'indignité nationale. Elle a également collecté une masse documentaire impressionnante, qui constitue un apport essentiel dans la connaissance de l'histoire de la France entre 1940 et 1944.

Mais elle a souffert de défauts majeurs qu'un zèle vite retombé n'a pas pu corriger. Instance politique dans sa composition et sa vocation, la Haute Cour ne s'est pas assumée comme telle. Elle n'a pas non plus tiré partie de la légitimité démocratique qu'auraient dû lui conférer ses membres élus du peuple. Des parlementaires dans l'ensemble indifférents voire réticents ont laissé la main à une poignée d'entre eux – pas toujours les plus engagés – et à des magistrats professionnels finalement très spécialisés, ce qui venait en contradiction avec le projet initial. La Haute Cour était en outre appelée à juger des hommes très différents quant à leur profil, leur parcours ou leurs responsabilités. Elle s'est efforcée de les faire entrer bon an mal an dans la grille de lecture chancelante qui lui tenait lieu de doctrine et se focalisait sur la collaboration, la trahison, le complot.

En ce sens, la Haute Cour a été une réponse dogmatique à Vichy, mais elle n'a pris ni le temps ni la peine de dégager les conséquences réelles de l'armistice, de la collaboration, de la promotion d'une Révolution nationale en période d'occupation, d'un entêtement fatal à préserver l'apparence de la souveraineté nationale jusque dans la persécution, la répression et le crime. Les accusations qui nous paraissent a posteriori incomplètes ou erronées, les verdicts qui nous surprennent, l'absence de réaction des Français sur le moment montrent toutefois que si la Haute Cour a été un moyen d'exercer une justice politique et d'évacuer Vichy en tant que gouvernement légitime, elle n'a pas été un lieu d'histoire ni même de vérité.

ÉPILOGUE

Le hasard et la nécessité

Plonger dans une atmosphère qui me sapait le moral et la santé,
supporter la compagnie d'individus tarés ;
vous guetter pendant des jours et des jours, sans défaillance.
Et tout cela pour ce mirage de pacotille que j'avais devant moi !
Mais je vous poursuivrai jusqu'à la fin.
Vous m'intéressiez, « papa ».
On est toujours curieux de connaître ses origines.
(Patrick Modiano, *les Boulevards de ceinture,* 1972).

Tout au long de ce livre, il a été beaucoup question de chiffres : nombre de tués, nombre de condamnés, d'internés, de prisonniers, de tondues, d'indignes, de fuyards, d'exonérés, de sanctionnés, de radiés... Ils sont d'autant plus nécessaires que la mémoire de l'épuration a aussi été une querelle de chiffres et qu'aujourd'hui encore, il vaut mieux commencer par les mettre sur la table sous peine de passer pour un sectateur.

Ce bilan chiffré ne doit toutefois pas masquer le bilan humain de l'épuration pour ceux qui la subirent, pour ceux qui l'infligèrent, pour ceux qui la virent et pour nous aussi, qui vivons plus ou moins consciemment sur ses vestiges. Ce n'est qu'en réfléchissant à ce que l'épuration nous a légué, à son insu même, que nous pourrons dire si elle a été, ou non, un échec.

Quand il n'y a plus d'ailleurs

À l'heure de l'écroulement du Reich, tous les collaborationnistes se retrouvèrent dans une même obsession : échapper à la déferlante soviétique tout en évitant le bras armé de la justice de leur pays qu'ils imaginaient à peine moins soviétisé que l'Armée rouge. Après avoir caressé le dernier rêve d'un réduit tyrolien, où il aurait suffi d'attendre que les Alliés et les Russes en viennent aux mains, chacun s'égailla au gré de l'inspiration, des rumeurs et des opportunités. En mars, un contingent de la Milice était parti en Italie du Nord encore tenue par les fascistes pour combattre les partisans italiens. Parvenus sur place au moment où la région tout entière se soulevait, les miliciens se rendirent après des combats violents et, faute d'avoir réussi à passer en Suisse, furent internés comme prisonniers de guerre. Landeck, au cœur du Tyrol et près de la frontière suisse, était devenu un campement PPF. Mais c'est là que s'effectua la jonction des deux branches de la Ire armée française, le 7 mai 1945, transformant le refuge en nasse. Dans cette vaste débandade, les plus notoires ne furent pas les mieux lotis. À l'exception du maréchal Pétain, bienvenu en Suisse, les autres personnalités gouvernementales furent éconduites, à de rares exceptions près.

Au printemps et à l'été 1945, les autorités françaises déployèrent, avec l'aide plus ou moins constante des Alliés, une activité complexe pour arrêter et ramener en France les collaborationnistes qui avaient fui ou se trouvaient hors de France lors de la Libération. Ce projet restait commandé par les impératifs en vigueur depuis la Libération : une volonté de châtiment, d'autant plus vive que les principaux coupables avaient jusqu'alors échappé à la justice ; une hantise continue de la Cinquième Colonne qui faisait interroger soigneusement tous ceux qui auraient pu révéler la persistance de groupes armés. On fut donc très attentif à retrouver le haut personnel politique et les principales figures de la Collaboration. En dépit d'entraves américaines, les troupes françaises firent le forcing pour parvenir les premières à Sigmaringen. Le général de Lattre avait ordonné au général Béthouart :

> Pousse plein gaz sur Sigmaringen [...] À Sigmaringen, boucle tout. Tiens-les en force, mets-y un patron solide et dur, quelqu'un auprès de lui qui boucle instantanément les politiques et garde le silence jusqu'à la venue. J'ai des consignes particulières du général de Gaulle.

L'arrivée eut lieu le 22 avril, lendemain du jour où les derniers ministres s'étaient mis en route, au gré des diktats allemands ou des hypothétiques filons de chacun, dans un chaos qui rappelait l'exode de 1940. Coincés entre les frontières allemande, suisse, autrichienne et italienne, la plupart finirent par être contraints de se rendre aux Français, ou aux Américains, cette dernière solution étant censée ménager leur honneur. La Ire armée installa à Lindau un centre où vinrent s'échouer ces personnalités. La sécurité militaire et le contre-espionnage prirent la main sur les détenus qui, sommairement interrogés, furent en fait rapidement transférés en France. Ainsi était-il répondu à l'empressement des ministères de la Justice et de l'Intérieur qui ne cessaient de solliciter des informations sur les arrestations et de réclamer le retour en France des principaux inculpés. Un intense échange de télégrammes et d'appels téléphoniques en témoigne encore dans les archives.

Même si cette préoccupation était primordiale, elle n'était pas unique. On comptait aussi saisir tous ceux qui étaient venus en Allemagne de leur plein gré. On ne se contenta pas d'intercepter aux frontières les Waffen SS français, les miliciens, les membres des partis collaborationnistes, familles comprises, qui se jetaient à bout de ressources, dans la gueule du loup. On chercha à les retrouver quand ils se dissimulaient dans le flot des rapatriés sous l'identité usurpée d'un requis du STO, d'un Espagnol ou, à la rigueur, d'un travailleur volontaire. On constitua des missions militaires chargées de les identifier et de les interroger, qu'on envoya non seulement en Allemagne et en Autriche, mais aussi en Italie du Nord tenue jusqu'à la fin par des troupes allemandes. Des pressions furent exercées dès 1943 sur la Suisse pour éviter qu'elle ne devienne le refuge de tous les criminels et de leurs affidés.

> Le gouvernement des États-Unis manquerait de franchise en n'exprimant pas sa conviction que si la Suisse admettait sur son territoire aucun des principaux dirigeants de l'Axe ou de leurs vassaux, une telle action pourrait avoir pendant des années une répercussion défavorable sur les relations entre la Suisse et les États-Unis (aide-mémoire du gouvernement américain au gouvernement suisse, 18 septembre 1944).

Une catégorie de proscrits, criminels de guerre ou non, était définie qui, « en raison d'actes répréhensibles, paraissent indignes de l'asile ». Le cas de Pierre Laval fut évoqué par le Conseil national suisse :

> Il est évident que nous ne pouvons exposer inutilement notre sécurité extérieure pour exercer le droit d'asile. Il est évident aussi qu'il faut tenir compte dans l'exercice de ce droit [d'asile] de la situation d'une personne pourchassée à qui l'entrée dans notre pays peut sauver la vie. Ce sont de ces principes que nous nous sommes inspirés jusqu'à ce jour, mais il y a des cas limites. La question de l'octroi de l'asile à Laval, l'ancien Premier ministre français, ne se pose pas. M. Laval ne sera pas accepté dans notre pays (exposé devant la commission des Affaires étrangères du Conseil national de la Confédération helvétique, 12-15 septembre 1944).

En outre, la Confédération, qui jonglait depuis des années avec les principes de l'accueil à toute personne dont la vie est menacée, redoutait à présent les masses miséreuses et désorganisées qui allaient déferler sur son territoire. Au printemps 1945, le nombre des prisonniers regroupés dans le sud de l'Allemagne, à proximité de sa frontière, était à lui seul estimé à 350 000. Au milieu du mois d'avril, l'Allemagne prévint qu'elle allait laisser passer tous ceux qu'elle n'avait plus intérêt à garder. On parlait alors de 100 000 personnes dans la région du lac de Constance. Dès l'automne 1944, des accords furent conclus par la Suisse avec la France et l'Italie pour faciliter le transit de leurs ressortissants. Demeurait la crainte de se retrouver durablement encombrée des autres étrangers, ainsi que des Français et des Italiens qui ne voudraient à aucun prix retourner dans leur pays. Le plus simple était encore de leur refuser l'entrée. Les personnalités elles-mêmes furent « filtrées ». Paul Marion, qui avait réussi à entrer en Suisse, fut prié de repartir. Brinon fut obstinément refoulé. Quant aux collaborationnistes de second ordre qui réussirent à se glisser entre les mailles du filet, il leur arriva, après avoir erré de camp en camp, d'être tout bonnement remis aux autorités françaises. Ce fut le cas des journalistes Jean Hérold-Paquis et Jean Lousteau qui avaient tenté de passer pour Espagnols.

Dans ces conditions, d'autres crurent opportun de choisir la voie italienne et de se fondre dans le flot des personnes déplacées, à la faveur d'un impressionnant désordre. Ils avaient été précédés par une partie de la pègre gestapiste de la région méditerranéenne qui avait passé la frontière dès l'été 1944. Des filières s'étaient esquissées, tandis que s'organisait plus solidement un racket sur les opérations de change qui permettaient aux fuyards de se débarrasser de leurs marks. S'y ajouta une manière de refuge religieux qui, s'il réussit à Déat caché de monastère en monastère jusqu'à sa mort, n'empêcha pas Darnand de se faire prendre par la sécurité militaire anglaise. Le corps expéditionnaire français en Italie, augmenté de missions spécialisées, recherchait les collaborationnistes en fuite, avec l'aide fluctuante des armées américaines et anglaises, et des comités de libération italiens, partagés entre la solidarité antifasciste et le désir de rester maîtres chez eux. La désorganisation et l'isolement de la plupart des réfugiés, ainsi que leur pente – naturelle ? – à se dénoncer les uns les autres, que révèlent les archives, rendirent cette chasse rentable.

Antisémite, tu perds ton sang-froid

À l'exception de quelques collaborationnistes qui possédaient des liens personnels avec l'Italie – comme Jean Luchaire qui s'avisa soudain qu'il était italien de naissance et crut à tort qu'il ne pourrait être extradé –, la majorité ne cherchait dans la péninsule qu'un transit vers l'Espagne ou l'Amérique latine où les régimes nationalistes, autoritaires et catholiques semblaient des havres. On sait qu'effectivement certaines personnalités de la collaboration devaient finir par refaire leur vie en Argentine, soit dans les affaires, soit en mettant en pratique leurs compétences politiques et policières.

Tout comme la Suisse, l'Espagne franquiste se trouvait alors dans une situation exorbitante par rapport au reste de l'Europe occidentale. Neutre pendant la guerre, elle manifestait depuis l'origine de criantes affinités avec l'Allemagne nazie et l'Italie fasciste. À l'heure de leur écroulement, son isolement l'obligeait à louvoyer sur le terrain des relations internationales. Entre 2 000 et 5 000 Français peut-être sollicitèrent de s'y abriter. Les autorités franquistes refusèrent de prendre en charge la masse des réfugiés anonymes, hésitant sans solution de continuité entre le refoulement, l'internement, la résidence surveillée ou l'expulsion. S'ils étaient parvenus en Espagne, les Français en délicatesse avec la justice de leur pays étaient très vivement encouragés à émigrer ou à s'engager dans la Légion espagnole. Restaient les cas d'exception. D'abord les compagnons idéologiques, qui avaient bien mérité de la cause. C'est ainsi que l'ambassadeur espagnol en Suisse, au nom de la solidarité lointaine de la guerre d'Espagne, couvrit la supercherie de Hérold-Paquis et de Lousteau, qui tentaient de se faire passer pour des Espagnols à rapatrier. Mais en voulant les dispenser d'un transit par la France, il révéla leur identité réelle et, après des fuites, les autorités helvétiques n'eurent d'autre choix que de les remettre à la France. Les précautions prises par l'ambassadeur s'expliquent par un incident survenu le 15 juin 1945 à la gare de Chambéry. Un train provenant de Berne, qui reconduisait 500 Espagnols dans leur pays, fit un arrêt qui déclencha une émeute parmi les Français venus attendre leurs rapatriés. Quand ils surent que ce train convoyait probablement des anciens de la division Azul (légion de volontaires espagnols combattant avec la Wehrmacht en Union soviétique) et éventuellement des collaborationnistes cachés, ils attaquèrent le train : il y eut 61 voyageurs blessés. Vingt disparurent dont il n'est pas exclu d'imaginer que, s'ils étaient Français, ils purent avoir l'idée de profiter de la confusion pour s'éclipser. Le gouvernement français, après avoir montré qu'il ne ferait aucun effort pour enquêter sur ces faits et les réprimer, autorisa le survol de son territoire par des avions espagnols de rapatriement, à condition que toutes les identités soient au préalable vérifiées. L'Espagne préféra se rabattre sur un transit par l'Italie et la Méditerranée.

Aux élites de l'État français échouées sur son territoire, l'Espagne offrit au contraire un exil durable et protégé. Maurice Gabolde, rédacteur de la loi sur les sections spéciales en 1941 et garde des Sceaux en 1944, mourut en Espagne en 1972, sans avoir été inquiété. Même si les conditions matérielles purent être médiocres, la sécurité était totale et les affinités réelles. Beaucoup furent rémunérés en cas de besoin par de petits travaux payés par des organismes paragouvernementaux ou des ministères. Surtout, l'accueil social fut confortable, autorisant à la fois une sociabilité ouverte des exilés et des manifestations de solidarité publique, en particulier lors de célébrations religieuses. En février 1951, Franco déclara que « le maréchal Pétain pourrait passer en Espagne, chéri et respecté, les dernières années de sa vie ». À défaut se trouvaient déjà sur place l'ambassadeur de Vichy, éphémère secrétaire d'État aux Communications, François Piétri, et le général Charles Noguès, résident général au Maroc avant le débarquement de 1942. Furent accueillis aussi les anciens ministres et hauts-fonctionnaires Abel Bonnard, Jacques Guérard ou Eugène Bridoux (en 1947), et Darquier de Pellepoix, dont l'interview scandale de 1978 révéla qu'il vivait paisiblement en Espagne depuis 33 ans.

Comment cela était-il possible ? Le secret était-il si bien gardé que jamais les autorités françaises n'avaient soupçonné qu'il fût à Madrid ? Loin de là puisque, lors du procès par contumace de Darquier (9 décembre 1947), le président de la Haute Cour de justice tint à préciser que les autorités françaises n'étaient pas restées sans le rechercher. Il vivait à Madrid, expliqua-t-il aux jurés avant de donner le nom sous lequel il se cachait, son adresse et le nom de sa maîtresse. Il fit une remarque entendue sur le fait que Darquier enseignait pour l'heure le Français dans une école *allemande*. De commentaire sur d'éventuelles démarches pour obtenir l'arrestation de Darquier, il n'y en eut pas. Non plus qu'aucune question du jury à ce sujet.

Le cas de Darquier fut compris dans l'ensemble plus complexe des difficiles relations entre la France et l'Espagne franquiste. Cette dernière avait été partie prenante dans la querelle de légitimité entre Vichy et la France libre dans ses avatars paragouvernementaux. Elle était restée un partenaire de l'État français jusqu'au bout, tout en acceptant un dialogue avec la « dissidence », en particulier sur le sujet des évadés de France qui passaient sur son territoire. En plusieurs étapes, dès l'automne 1944, l'Espagne reconnut le Gouvernement provisoire de la République française. En dépit de son opinion publique, le GPRF adopta une politique attentiste car, à l'heure des pénuries, les pays neutres s'avéraient d'un grand intérêt. Après la capitulation allemande, Paris proposa aux « réfugiés » français en Espagne un examen individualisé de leur situation. Malgré la mobilisation antifranquiste de la Résistance, un accommodement fut trouvé, au prix de frictions mineures. Surtout, l'Espagne céda sur Pierre Laval en août 1945 ou, pour être plus exact, s'en débarrassa à la satisfaction générale. À la suite d'une demande pressante de ce dernier (« c'est un vieillard usé et fatigué qui vous écrit »), l'Espagne avait consenti à l'accueillir durant trois mois, dans une forteresse, pour lui permettre de préparer sa défense. On promit de ne pas le livrer aux Français, mais il lui serait demandé de partir aussitôt qu'un autre pays voudrait bien de lui. Arrivé près de Barcelone grâce à un avion allemand, Laval reçut un accueil des plus frais, tant il était évident qu'il était inutilement compromettant. Dès qu'on eut volé dans ses bagages les documents qui auraient pu apporter des révélations gênantes sur l'attitude de l'Espagne depuis 1939, il fut mis au secret et l'on compta très vite que sa rapide extradition permettrait de normaliser les rapports avec la France. Trois mois presque jour pour jour après son arrivée en Espagne, il était renvoyé, non en France, mais en Autriche, à destination des Américains qui s'empressèrent de faire suivre.

Les relations franco-espagnoles se raidirent par la suite : la frontière fut fermée de mars 1946 à février 1948. Mais les relations internationales évoluèrent au rythme de la guerre froide. Une délicate normalisation s'amorça dans laquelle, malgré quelques échauffourées ponctuelles, la question des réfugiés devint mineure. Les hommages publics lors de la mort de Pétain ou de Maurras furent considérés comme des provocations sans conséquence, de même que les articles que tel ou tel plumitif de la collaboration faisait passer dans la presse madrilène. À la fin des années 1940, le nombre des exilés politiques en Espagne était estimé à quelques centaines, ce qui, à tout prendre, était sans mesure avec la colonie des républicains espagnols en France. Et ces « réfugiés de la Libération » ne faisaient guère parler d'eux ni ne constituaient une menace. Mieux encore, dans les années 1950, plusieurs d'entre eux revinrent purger leur contumace en France : des peines d'indignité nationale, voire des relaxes, se substituèrent alors aux lourdes peines initiales. Lors de l'ultime procès tenu devant la Haute Cour, en 1960, l'avocat général proposa de condamner Bonnard au bannissement en le renvoyant tout bonnement en Espagne. Tous ces contumax revinrent par choix, quand ils estimèrent avoir plus à y gagner qu'à y perdre. Leur extradition ne fut pas demandée. Le sujet était épineux entre les deux pays, la France ne tenant nullement à devoir accorder des extraditions d'opposants au franquisme. Les accords conclus en la matière entre les deux pays excluaient les affaires politiques.

Dès septembre 1944, des bruits furent repris par la presse, annonçant l'exécution de Darquier dans diverses villes du Sud-Ouest, l'associant souvent à la mort de l'amiral Platon. Lui-même très affabulateur, l'ancien commissaire général aux Questions juives répandit la rumeur selon laquelle un homme qui lui ressemblait avait été abattu à sa place. Caché en fait à Paris, il profita de ses soutiens familiaux et d'ultimes fidélités, en particulier de l'ancien ambassadeur d'Espagne, pour franchir clandestinement la frontière, pourtant très contrôlée. En octobre

1944, il réussit sans coup férir là où l'ancien ministre des Affaires étrangères Paul Baudouin échoua en mars 1946, malgré ses prestigieuses relations.

Très vite, l'information filtra selon laquelle Darquier vivait à Madrid. Le mandat d'arrêt lancé de façon automatique par la Haute Cour de justice n'en tira pas de conséquence. Son affaire fut instruite, puis jugée par contumace en décembre 1947. Il fut condamné à mort, sentence évidemment dure, mais qui doit être relativisée par la contumace qui produisait toujours des résultats plus sévères qu'un procès contradictoire. Serait-il rentré en France, de son plein gré ou non, que cette peine n'aurait pas été appliquée sans un nouveau procès. Pendant les vingt années suivantes, rien de déterminant ne se produisit si bien que la prescription pénale joua en faveur de Darquier dès 1968.

> Lorsqu'un certain temps s'est écoulé depuis la condamnation, sans que le ministère public ait fait exécuter la peine, le souvenir de l'infraction s'est éteint. L'opinion publique ne réclame plus satisfaction. Généralement, une sanction si éloignée de la faute serait peu conforme aux exigences de la justice. Le condamné, pour se soustraire au châtiment, a dû mener une vie errante, de privations et d'angoisses, qui constitue, par elle-même, une expiation. Lui infliger, plus tard, une peine, ce serait le punir deux fois. La société encourage la bonne conduite du condamné en lui offrant la perspective de l'impunité si, pendant, un certain temps, il s'abstient d'attirer l'attention publique sur sa personne.

Ce que Henri Donnedieu de Vabres, l'un des quatre juges titulaires au procès de Nuremberg, commentait en ces termes :

> Du point de vue des principes, la prescription renferme une atteinte au respect de la chose jugée. Au point de vue pratique, la prescription donne une prime aux plus habiles, donc aux plus dangereux. Quant à l'argument qui attribue aux fugitifs des remords susceptibles de constituer une expiation, il méconnaît la mentalité véritable des malfaiteurs de profession (*Traité de droit criminel*, 1947).

Toutefois, il convient d'ajouter qu'il est vrai que les derniers procès rejugés devant la Haute Cour le furent dans une indifférence polie. D'autre part, l'imprescriptibilité des crimes contre l'humanité, votée en 1964 par l'Assemblée nationale, ne concernait pas Darquier qui n'avait été inculpé, jugé et condamné que pour intelligence avec l'ennemi. Ni pour crimes contre l'humanité, ni pour crimes de guerre. Dix ans plus tard, un journaliste spécialiste de scoops retrouvait sans trop de peine et faisait parler un Darquier cyclothymique mais lucide, qui en profita pour éructer son antisémitisme pathologique. Dans un premier temps, d'ailleurs, le débat très vif que provoqua la parution de l'interview – y compris à l'Assemblée nationale – porta sur l'erreur qu'il y avait eu à lui donner la parole, au moins autant que sur l'aberration que constituait l'absence de tout châtiment pénal à son encontre.

Dans son interview, Darquier se défaussa de toute responsabilité dans la rafle du Vél'd'Hiv'. En 1979, Jean Leguay, qui avait été délégué dans les territoires occupés du secrétaire général à la Police René Bousquet, fut inculpé de crimes contre l'humanité. Son cas attira l'attention sur les responsabilités de la haute administration française dans la mise en œuvre de la Solution finale. L'idée progressait que l'épuration n'avait pas eu lieu puisque des coupables évidents jouissaient de l'impunité. En 1980, lors de la tournée « Répression dans l'hexagone » du groupe de hard rock Trust, porté par le raz-de-marée du tube *Antisocial*, le public reprit en chœur le titre *Darquier* : « Vice dans la justice. Qui étaient ses complices ? » Louis Darquier de Pellepoix mourut en Espagne en 1980 sans qu'aucune procédure judiciaire n'ait été reprise à son encontre.

Vichy continué

En dépit de ce dénouement plutôt spectaculaire, l'Espagne ne fut pas le seul refuge pour les vichystes et les collaborationnistes aux abois. Après son attitude réservée du printemps 1945 – qui n'avait pas empêché tous les accueils (Charles Rochat, Georges Hilaire) –, la Suisse infléchit sa politique. C'est de l'automne 1946 à l'automne 1947 que se produisit un second pic dans l'émigration collaborationniste, constituée cette fois d'hommes qui avaient vécu cachés en France ou profitaient d'une libération provisoire. Ils passaient clandestinement la frontière puis déposaient des recours juridiques dans lesquels ils faisaient valoir qu'en France, leur vie était directement menacée par une justice inique gangrenée par les communistes. C'est ainsi qu'un ancien inspecteur du commissariat général aux Questions juives décrivit à la police vaudoise les juges des cours de justice comme « des communistes fraîchement naturalisés porteurs d'ordres impératifs de condamnation ». L'argument, tout gros qu'il fût, portait parce qu'il répondait aux stéréotypes sur l'épuration : les autorités suisses gobèrent les incantations anticommunistes, les auto-justifications pétainistes et les poses victimaires de collaborationnistes en mal de refuge.

> La France vient de subir une révolution politique et, en 1944-1946, la justice et la police ont été pratiquement entre les mains des communistes. L'« épuration » en France, comme en Hongrie, en Roumanie ou en Tchécoslovaquie, est une arme politique, qui permet de liquider toute opposition éventuelle. Il y a encore à l'heure actuelle 100 000 prisonniers politiques environ dans les prisons ou les camps de France et les « cours de justice » avec leurs quatre jurés choisis neuf fois sur dix par le parti communiste, continuent de fonctionner et

de condamner à des peines très lourdes (note de Henry Jamet, « aryanisateur » des éditions Calman-Lévy, 22 avril 1948).

Ces prophéties de terrorisme trouvaient pourtant leur immédiate contradiction dans l'absence d'empressement de la France à réclamer les fugitifs, bien différente des exigences de 1945. Un filet se maintint, alimenté par des personnalités telles que l'amiral Bléhaut, s'esquivant à la faveur d'une liberté provisoire, ou Bernard Faÿ, ordonnateur de la délation des francs-maçons, évadé de l'hôpital d'Angers en 1951, qui se priva ainsi de la libération conditionnelle qui, statistiquement, n'aurait plus guère tardé.

On glose volontiers sur le refuge trouvé en Suisse par des vichystes connus. Mais leur renom ne doit pas faire oublier leur nombre limité à moins de deux dizaines. La visibilité de certains intellectuels ou personnalités politiques ne doit pas masquer non plus la présence en Suisse, en plus grand nombre, de condamnés ordinaires des cours de justice, y compris des condamnés à mort (plutôt par contumace) : des policiers ayant traqué des résistants, des miliciens plus ou moins anonymes, des agents stipendiés ou occasionnels des services allemands, quelques Waffen SS plus chanceux que d'autres, et une poignée de collaborateurs économiques, entrepreneurs et industriels qui avaient pris peur. La sévérité des condamnations par contumace favorisait la tolérance dans la mesure où la condamnation paraissait plus facilement disproportionnée par rapport aux faits qu'évidemment l'intéressé minimisait de son mieux.

À tous ceux-là, dotés d'un statut de réfugiés politiques, les autorités helvétiques demandaient de la discrétion, faisant des exceptions pour le petit cercle de vichystes réunis autour de Jean Jardin, ancien directeur de cabinet de Laval. Ce « consul des émigrés » tirait profit de ses relations privilégiées avec le chef de la police des étrangers, par la grâce d'une obstination suisse à établir une différence entre collaborationnistes et pétainistes supposés probes et patriotes. Des publications virent le jour en Suisse comme *le Courrier du continent* où la fine fleur des porte-plume de la Collaboration donnait du renfort aux vestiges du collaborationnisme suisse. Jean-Pierre Maxence, Edmond Jaloux, Bertrand de Jouvenel, René Gillouin écrivaient dans les grands journaux suisses sous divers pseudonymes. Surtout fut créée une maison d'édition, À l'enseigne du cheval ailé, qui se destinait à répandre clandestinement en France (avec parfois des tirages de 10 000 à 50 000 exemplaires) les mémoires, pamphlets et plaidoyers de tous les « vaincus de la Libération » en mal d'écriture. Elle publia une vingtaine de livres qui, s'ils constituent aujourd'hui de précieuses sources, se concevaient sur le moment comme des instruments de combat visant à inverser l'image de Vichy et/ou de la Collaboration, voire de l'Allemagne nazie. Elle fut la première dans ce créneau. Ces ouvrages sont emblématiques du discours et de la mouvance des épurés tels qu'ils s'édifièrent dès la Libération.

Un discours très bien rôdé

Associés rivaux de par la volonté de l'occupant, vichystes et collaborationnistes se retrouvèrent dans une même galère après la Libération : l'épuration, les sanctions, l'opprobre. Ce rapprochement forcé transcenda un temps les clivages, dénudant l'évidence en vertu de laquelle Vichy n'aurait pas été sans la Collaboration, et réciproquement. Car c'est de Vichy que vinrent Montoire et la politique de collaboration qui alimentèrent en propagandes, en discours et en justifications toutes les actions collaborationnistes. C'est à Vichy que fut édicté tout l'arsenal discriminatoire et répressif qui légitima les violences collaborationnistes en même temps que les compromissions de l'appareil administratif. C'est à Vichy que naquit et prospéra la Milice qui fit finalement converger la Collaboration et l'État. Pour ne rien dire des concurrences et des surenchères qui attisèrent durant toutes ces années les politiques de répression françaises et allemandes. À l'été 1944, on en était bien arrivé au point de rencontre symbolique qui se manifesta sur les routes de l'exil ou dans les prisons.

Par la suite, le Maréchal continua à servir de prétexte et de porte-étendard : tout ce qu'on avait fait entre 1940 et 1944 n'avait été que d'obéir aux ordres de Pétain, chef du seul gouvernement légal de la France. Aujourd'hui qu'il était condamné et emprisonné, œuvrer à sa libération puis à sa réhabilitation (après sa mort survenue en 1951), c'était se servir soi-même. Il semblait être le seul vestige encore à peu près présentable aux yeux de l'opinion, dans le vertigineux discrédit final. Tant qu'il fut en vie, il n'était pas difficile d'apitoyer sur le sort d'un prisonnier de plus de 90 ans, de circonvenir l'Église, et de susciter même des sympathies à l'étranger. Les glissements faisaient le reste : sa libération signifierait la réconciliation nationale, sur fond de danger communiste. Sur le motif de la protection des détenus ou des sanctionnés apparurent de nombreuses associations qui, au prétexte de porter assistance et de demander des accommodements, servaient justifications et revendications et contestaient le principe même de l'épuration. Cette tendance culmina, on y reviendra, dans la campagne en faveur de l'amnistie, présentée de moins en moins comme une faveur et de plus en plus comme une réparation.

Les thèmes et leurs mises en musique circulaient, servis par une sociabilité plus ou moins choisie, ainsi que par une presse prétendument muselée et en fait foisonnante. La victimisation étalée, la clandestinité plus affichée que subie donnèrent une identité nouvelle qui confinait à l'auto-absolution. Restait à la faire partager. Les effets maïeutiques et dialectiques des commissions d'épuration, des enquêtes et des instructions finirent par structurer le discours des épurés comme l'avaient été leurs stratégies de défense, et par le transformer en corpus idéologique. Aux variantes près, il se résumait ainsi : la défaite de 1940 avait posé abruptement la question vitale du redressement français ; le maréchal Pétain, soutenu par la quasi-totalité de la population et reconnu par toutes les nations, s'était sacrifié pour sauver le pays ; après avoir limité les dégâts en négociant avec le vainqueur, il avait fallu choisir une voie d'avenir, soit la Révolution nationale, soit l'insertion dans une Europe nouvelle dressée contre le bolchevisme ; le bolchevisme, précisément, sévissait dorénavant en France où le parti communiste, sous prétexte d'épuration, était en train de massacrer les élites avant d'engager la révolution ; pour ce faire, il avait circonvenu le général de Gaulle, aveuglé par l'ambition, et sa clique de profiteurs soi-disant résistants ; sous l'effet de cette conjonction, l'épuration avait été un épisode de terreur sanguinaire ; vaincus uniquement par les circonstances, les épurés étaient prêts à passer sur les avanies qu'ils avaient subies, et au nom de l'intérêt national, exactement comme ils l'avaient fait entre 1940 et 1944 ; pour cela, il suffirait de réaliser l'amnistie prélude de la réhabilitation, et de reconnaître, en dépassant le discours dominant depuis la Libération, que tous les choix avaient été dictés par le patriotisme et le souci de bien faire. Le nombre de morts de l'épuration, qui donna lieu à une propagande effrénée, devenait la contrepartie de toutes les réhabilitations.

La minimisation ou l'euphémisation des crimes s'étendit éventuellement aux crimes nazis et le négationnisme fut initié dans ce milieu par Maurice Bardèche dès 1945. Il fut le fruit de la haine et d'une impossibilité pathologique à admettre d'avoir eu tort. Ces livres enchantèrent les épurés qui se sentaient à la fois vengés et justifiés puisque, loin d'être des coupables, ils n'étaient que les vaincus (provisoirement, peut-être) d'un combat où Alliés et résistants avaient été ignobles et criminels, et inventaient à présent le prétexte mensonger de la Solution finale.

> Un grand merci pour l'envoi du bouquin de Bardèche. Je l'ai reçu hier et l'ai aussitôt attaqué. Quelle défense mon Empereur ! C'est pis que *Nuremberg I*, mais cette fois, personne ne peut l'atteindre, car ce n'est plus lui qui parle. Ce sont de grands étrangers contre lesquels la loi française ne peut rien... Au risque d'être taxé d'abuser, en voici deux que je voudrais avoir 1° *Les Mensonges d'Ulysse* de Rassignier 2° *Lettre aux directeurs de la Résistance* de Paulhan (lettre de Maurice Levillain à Georges Albertini, en prison, 29 janvier 1952).

La société des épurés était, on l'a vu, très mêlée, et ce dans tous les registres. Si elle fut établie, diffusée et travaillée dans les milieux politiques et intellectuels de l'épuration, cette vulgate se répandit dans toutes les strates, sous des formes abâtardies ou durcies, comme une soupape et un réconfort. Il n'y eut pas jusqu'au plus bête des délateurs ou au plus cupide des tortionnaires qui n'ait pu prétendre avoir obéi au Maréchal et avoir fait quelque chose pour la France ou contre le communisme. Mais le discours demeura ici superficiel. Beaucoup d'anciens épurés se détournèrent après leur condamnation de l'engagement politique, si toutefois ils n'avaient pas agi que par avidité ou opportunisme. Les activistes, militants et propagandistes ne furent qu'une poignée à entretenir la flamme. D'ailleurs, la fin de l'expérience vécue de l'épuration (peur, privation de liberté, ostracisme, déchéance professionnelle) mit un terme à une solidarité illusoire parce que subie, tandis que rejouaient les déchirements de l'Occupation et les ségrégations sociales. Cette mouvance s'était partiellement trouvée en se comportant comme un groupe de pression acharné à obtenir des bénéfices concrets ; libérations, levées des indignités et des confiscations, recouvrement des pensions, réintégrations professionnelles, reconstitutions de carrière..., toutes revendications articulées sur un discours revendicatif de plus en plus véhément. Elle ne survécut pas à l'obtention des résultats escomptés, même s'il y manqua toujours la réhabilitation tant espérée.

Porter le nom d'un collabo

L'épuration frappa toutes les générations, comme elle avait frappé tous les sexes et tous les milieux. Dans les prisons, dans les prétoires, devant les commissions, il arrivait de rencontrer des adolescents de 16 ans comme des nonagénaires, sans parler des enfants même très jeunes qui transitèrent dans les camps d'internement. Des adolescents et des jeunes furent entraînés dans la Collaboration par leurs parents, généralement dans l'adhésion à des partis ou à la Milice. Mais aussi dans un partage ahurissant des délations faites en famille. Si l'excuse d'obéissance joua parfois en faveur des enfants, il y eut aussi des condamnations très lourdes.

« Toute notre vie n'a été qu'insultes, brimades, mais chacun vivait dans son silence ». Ainsi parlait en juin 2006 l'un des participants à la réunion de l'Amicale nationale des enfants de la guerre, association regroupant des hommes et des femmes nés des amours de Françaises et d'occupants allemands. Ils sont des enfants de l'épuration parce qu'ils ont été désignés comme enfants de la collaboration. « Toute ma jeunesse, on m'a traitée d'enfant de Boche. Ma mère a été tondue à la Libération et a fait de la prison pour avoir aimé un soldat allemand ». La République, pourtant, ne les désigna jamais comme une catégorie administrative à part – contrairement à ce qui advint par exemple en Norvège – et aucune épuration ou exclusion légale ne les frappa.

Il y a bien des façons d'être un enfant de l'épuration, mais elles impliquent toujours quelque chose à « payer ». Elles sont toujours difficiles, pour ne pas dire douloureuses et parfois humiliantes. Sur le moment et les décennies passant, la Collaboration représente un sommet dans l'infamie pour la France de la deuxième moitié du XXe siècle. « Porter le nom d'un collabo », comme le dit crûment Alexandre Jardin n'est pas anodin. C'est dresser des défenses, se poser des questions, balancer entre la culpabilité et la solidarité, entre le mutisme et la catharsis. C'est se sentir responsable de la vie d'un autre, voire coupable devant les autres. « Certaines choses et certains individus ne méritent pas le pardon », déclarait l'une des filles de Darquier, devenue psychanalyste et qui finit par se suicider.

Selon le rôle plus ou moins public tenu par le parent incriminé (généralement le père), selon les actes commis, selon la connaissance que l'on en a, selon la teneur des relations familiales avant, pendant et après la guerre, la position et la réaction des enfants d'épurés sont diverses. Mais, sans vouloir créer à toute force une typologie, ni extrapoler à partir de sources forcément limitées, le traumatisme est commun et si durable qu'il se transmet parfois d'une génération à l'autre. Il se joue dans des registres différents dans le rapport à la Collaboration et dans le rapport à l'épuration.

La première dimension à affronter est celle du secret. Secret de la honte ou de l'innommable. Dans *la Rive allemande de ma mémoire* (1980), Évelyne Le Garrec décide de se confronter à l'angoisse de savoir ce qu'a fait sous l'Occupation son père, membre du PPF, abattu lors d'un attentat.

À l'intérieur d'une même famille, d'une même fratrie, le secret constitue pour les uns une protection vitale.

> Quand on lui parlait de la guerre, elle serrait les dents, faisait non de la tête et regardait par la fenêtre. [...] Pour éviter de répondre aux questions, consciemment ou non, elle se retranchait derrière la maladie. « Ne me tourmente pas, je ne sais plus, j'ai mal à la tête. » Ou bien elle murmurait comme pour elle-même : « On ne juge pas ceux que l'on aime. Il a payé. Moi aussi. » (Marie Chaix, *les Silences ou la vie d'une femme*, 1976).

Pour les autres, le silence est au contraire un étouffement qui entrave toute leur existence. La libération ne s'acquiert qu'au prix de la transgression et au risque de la rupture : « J'ai reçu en héritage l'horreur, la folie, et l'interdiction de les dire. Mais je les ai dites. C'est une victoire » (Emmanuel Carrère, *Un roman russe*, 2007).

Il peut s'agir aussi d'une ignorance, d'une incompréhension entretenues. Parce que l'enfant était jeune, parce que les faits sont lointains, ils sont mal connus, mal interprétés, euphémisés.

> Auprès de nous, mon père ne parlait pas du passé. La guerre, sa démobilisation, l'Occupation, son arrestation, la suite. Quand j'étais en pension, disait-il avec un drôle de sourire. Et tout s'arrêtait là. Sur l'expression : quand j'étais en pension (Frédéric Vitoux, *l'Ami de mon père*, 2000).

> J'ai fini par me rendre compte que la complexité sur laquelle s'ancrait la rhétorique familiale était un brouillard qui diluait sa responsabilité et que, derrière elle, il y avait eu des choix révoltants (Alexandre Jardin, *le Nouvel Observateur*, 8 janvier 2009).

Dans le milieu familial, les faits sont repassés dans une grille d'interprétation qui fait du père condamné un homme dont les intentions et les actes ont été déformés. Il est évidemment la victime d'une injustice. Dans l'enfance, l'empathie est la plus courante. Parce que l'enfant partage la douleur de l'opprobre moral et l'inconfort éventuel d'une situation matérielle très amoindrie.

À l'âge adulte, l'oscillation ne cesse jamais entre un regard critique posé sur la Collaboration et l'élan vers le réprouvé. On trouve des excuses ou, au moins, des explications. On trouve toujours pire que son père. La raison se heurte aux sentiments à coups toujours recommencés. Dans ses très beaux récits d'enfance, Dominique Jamet passe des tableaux cruels et hilarants des rescapés de l'épuration à l'adhésion à la critique de l'épuration politique, intéressée, inique et dévastatrice. Il insiste sur son aspect d'éternel recommencement, d'acharnement, restituant ainsi ses propres peurs et déceptions des années 1944-1948 :

> Ça ne finirait donc jamais ? Il y aurait donc toujours de fins limiers pour le débusquer, des délateurs pour le désigner à la vindicte publique, des chiens de meute pour hurler à la mort (*Notre Après-guerre*, 2003).

De même, le tableau apocalyptique de l'épuration dressé par Pascal Jardin en 1973 est décalqué au mot près des propos outranciers et vindicatifs qu'il a entendus sur le vif dans le milieu qui fut celui de son père après la guerre, de ce qui fut écrit dans les livres et les revues de ce clan de réprouvés qui vivaient en vase clos en se justifiant par l'attaque. Les remettre en cause reviendrait à remettre en cause tout le reste, à commencer par ce qui a été fait entre 1940 et 1944.

> Avec la liberté, l'épuration commence, et la paix va faire en six mois autant de morts français que fit la guerre en quatre ans : juridictions d'exception, exécutions sommaires, chocs en retour du froid, de la peur, de la haine, de la Gestapo,

> de la Milice, création d'un nouveau délit, l'indignité nationale, vengeance pour le frère tué en Allemagne, pour le père déporté, pour la sœur violée, règlement de compte amoureux sous couvert politique, truanderie sous couvert policier, appropriation de fermes, de maisons, de terres et de commerces, par la torture et l'assassinat. Dans les campagnes, plus de dix mille personnes jetées dans des puits en moins d'un an, chambres civiques, hautes cours, camps de concentration [...] (*Guerre après guerre*, 1973).

L'enfant d'épuré chemine douloureusement entre l'amour et le doute, entre l'adhésion et la réprobation, parfois l'effroi. Évelyne Le Garrec a ainsi dépeint la figure de son père comme un oppresseur, tandis que Gérard Garouste raconte la dévastation créée par un père, spoliateur antisémite et tyran domestique. La nature et la teneur des témoignages montrent en outre que ce n'est pas la même chose d'être l'enfant d'un intellectuel ou d'un politique de la Collaboration : c'est dicible, c'est admissible. Ou d'un délateur, d'un tortionnaire, d'un acteur de la Solution finale. Il est moins affreux de se demander : comment a-t-il pu se fourvoyer, comment a-t-il pu cautionner ?, que : comment a-t-il envoyé à la mort, comment a-t-il profité, exploité, torturé, tué ?

Ce rapport au passé se trouve enfin compliqué par des relations père-enfants qui sont d'un autre temps, et qui paraissent aujourd'hui, dans un monde d'affect et de fusion, bien distantes et bien roides, pas toujours protectrices.

> Mes gosses font preuve à mon égard de la plus parfaite indifférence. Je ne saurais leur en vouloir car j'ai vraiment tous les torts : celui d'être divorcé et l'autre, plus grave, d'être en taule. Et pour des enfants, cela compte ! Aussi, comment pourrais-je leur adresser des observations ? Si j'arrivais à me sortir de ce repaire et que je puisse vivre avec eux (ce qui n'est qu'une supposition), avec mon caractère autoritaire, il faudrait que ça marche droit. J'ai reçu ces jours-ci une photo de mes deux garçons. Ils sont très gentils et je déplore chaque jour un peu plus de ne pas avoir pu profiter de leur affection. Leur mère a évidemment fort à faire avec eux et, surtout, avec leur sœur aînée qui a 20 ans et ne se foule pas, bien qu'elle soit sans travail (lettre de Charles S. à un ancien codétenu, printemps 1952).

Ce qui a été souffert est souffert à jamais, comme ce qui a été infligé. La trahison une fois commise est commise pour toujours. Les descendants ne sont pas sortis indemnes de cet héritage. Tout historien qui travaille sur la Collaboration ou l'épuration peut s'en rendre compte, à sa modeste échelle, aux lettres qu'il reçoit des enfants ou petits-enfants de ceux dont il parle : certaines sont menaçantes, d'autres avides d'informations, d'autres encore sont presque des suppliques.

Ces parcours personnels ont engendré les livres d'écrivains. En France, il existe ainsi un ensemble d'œuvres, au-delà de simples témoignages, qui donnent à la Collaboration un legs artistique, là où certes on ne l'attendait pas. Il relègue très loin les imitateurs autoproclamés de Chénier ou la littérature adonnée à la geste de la Waffen SS et à l'écœurant romantisme d'un fascisme prétendument jeunesse du monde.

Ce que la peine veut dire

Avec 41 000 peines de travaux forcés, de réclusion et de prison prononcées (y compris les contumax, mais sans compter la détention préventive), la fin des années 1940 et le début des années 1950 constituèrent une brève période de surpeuplement dans les prisons : 70 000 condamnés et prévenus en 1945, 60 000 en 1946 ; 16 200 condamnés des cours de justice détenus au 1er janvier 1948, 6 000 en 1950, 2 000 en 1952, moins de 500 en 1954. Ce nombre, devenu insignifiant, alla en s'amenuisant jusqu'au début des années 1960, moment de la libération des tout derniers condamnés pour faits de collaboration, qui se comptaient alors par unité. Ce fut au tour de la guerre d'Algérie d'approvisionner alors les prisons.

La détention préventive fut caractérisée par la diversité des situations. La précarité d'un internement improvisé côtoyait la banalité d'une maison d'arrêt de province ou la frénésie de la grande prison politique de Fresnes, qui, à elle seule, vit passer en trois ans 18 000 détenus pour collaboration, dont les plus célèbres figures du gouvernement, de la presse, du spectacle, des partis, des entreprises.

La nature différente des peines impliquait la distribution des condamnés dans divers types d'établissements pénitentiaires : maison centrale pour les travaux forcés, prison pour la réclusion, maison d'arrêt pour les peines inférieures à cinq ans. L'afflux et les spécificités des condamnés pour faits de collaboration – pour reprendre la terminologie de l'administration pénitentiaire – obligèrent à bien des accommodements, à commencer par le maintien de camps tels que La Noé, La Vierge à Épinal, le Struthof, Sorgues, Saint-Martin-de-Ré, en principe réservés aux condamnés que l'administration estimait amendables.

Cette population carcérale montra parfois son activisme par des mouvements de protestation : grève des colis en 1945, grève de la faim à Fresnes, à Clairvaux ou à Eysses pour l'obtention du régime politique en mai-juin 1947, rébellion au camp de La Noé, protestation organisée contre la fermeture des portes des cellules à Fresnes en 1950, ou contre la fermeture des fenêtres en 1952, mutinerie à Clairvaux la même année. Elle était pourtant moins politisée que ne l'avait redouté l'administration. Son étude précise révèle en effet quel fut le visage de la collaboration telle que l'institution judiciaire la châtia : pour une pincée d'hommes politiques ou de hauts-fonctionnaires, pour une poignée d'intellectuels, de notables, d'enrichis du marché noir, une foule de pauvres hères, illuminés du fascisme, dénonciateurs abrutis ou délirants, policiers mués en tortionnaires, truands reconvertis en gestapistes par appât du gain, aventuriers et délinquants à la dérive.

Les centrales étaient particulièrement redoutées dans le milieu des épurés. On les surnommait les « bagnes », quoique ceux-ci aient été abolis en 1938. Elles reçurent pour certaines (Poissy, Clairvaux, Fontevrault) une grande majorité de condamnés des cours de justice, à côté d'un reliquat de condamnés de droit commun. Dorénavant, le truand patenté avec lequel le journaliste, l'officier ou le fonctionnaire condamné cohabitait en centrale était bien passé par la collaboration économique ou « policière ». Chaque détenu pouvait le constater par lui-même :

> Ils sont ici cinquante, devant moi, alignés dans un atelier du bagne de Poissy ; une bonne dizaine de paysans, encore crottés, devenus délateurs par esprit de vengeance ou de cupidité, deux ou trois truands encore tout ébaubis d'être par le règlement traités avec une nuance d'égards, comme condamnés « politiques ». Quelques miliciens de Darnand, de Doriot, de Bucard, de Déat, des légionnaires qui poursuivent en prison leurs querelles de chapelles, enfin quelques ratés de ceci ou cela, folliculaires qui jouèrent les Rochefort dans la feuille de Costantini, speakers de la radio qui ne furent que les moulins à paroles d'une cause qu'ils ignoraient pour la plupart, ratés de leurs professions comme ils le sont aujourd'hui de cette aventure (Lucien Combelle, *Prisons de l'espérance*, 1952).

Par exemple, en 1950, à Clairvaux, un tiers des condamnés pour faits de collaboration avaient déjà été condamnés auparavant. En dépit du discours rebattu sur l'épuration qui voudrait qu'elle ait frappé des intellectuels égarés, des combattants idéalistes et des lampistes malchanceux, on note parmi les condamnés une forte proportion de délinquants authentiques et de délateurs au lourd tableau de chasse.

Certes, les conditions de vie étaient rudes en maison centrale : costume pénitentiaire de grosse toile, sabots, crâne rasé, délation à haute dose, règne des petits caïds, passe-droits et injustices, silence imposé, correspondance au compte-gouttes, hygiène sommaire, odeur insoutenable, repas frugaux, ateliers sales et sans sécurité, peines infligées par les concessionnaires pour rendement insuffisant, vide abyssal des journées des inaptes au travail, personnel lamentable, bouclage de douze heures dans les dortoirs, punitions par la mise au pain sec ou l'isolement au *mitard*...

> Accomplir chaque jour le même périple, réfectoire, atelier, dortoir, constamment aux mêmes heures et entendre presque aux mêmes instants les mêmes inepties, les mêmes stupidités, les mêmes grossièretés réglées comme le sont les repas ou le prétoire en devient écœurant (lettre de Carles S. à Georges Albertini, centrale d'Eysses, 22 septembre 1949).

Mais ces traitements ne furent pas inventés pour accabler les épurés. C'était, hélas pour la France, le régime pénitentiaire « normal » en vigueur depuis la fin du XIXe siècle, que Roger Vailland ou Albert Londres avaient dénoncé en vain, avant la guerre, pour le profit d'une opinion publique et d'élites ignorantes et indifférentes. L'administration pénitentiaire inventa néanmoins un traitement aménagé pour les personnalités connues, âgées ou malades, leur réservant des lieux particuliers, des occupations à leur choix, les autorisant à se faire servir par d'autres détenus et leur concédant plus de libertés en matière de correspondance ou de visites.

Le déclin rapide du nombre des détenus pour faits de collaboration incite évidemment à se poser des questions sur la façon dont les peines furent appliquées. Surtout si l'on rappelle que sur les 41 000 sentences d'emprisonnement prononcées, plus de 10 % l'étaient à perpétuité, et une bonne proportion pour vingt ans. En arithmétique simple, il y aurait dû y avoir encore dans les années 1960 plusieurs milliers de détenus pour faits de collaboration, au lieu d'à peine quelques dizaines.

Aussi difficile que ce soit à admettre pour les victimes de crimes comme pour l'opinion, les peines de prison se comprennent d'emblée comme indicatives et porteuses de leur propre raccourcissement. C'est la condition d'une gestion acceptable des détentions. Ce mode de fonctionnement fut accentué à partir de 1950 par la réforme qui introduisit un régime progressif de la détention et une modalité des peines en fonction de la conduite de chaque condamné. Si un traitement statistique d'ensemble des peines de prison purgées pour faits de collaboration est impossible pour l'heure, tous les échantillons traités donnent un résultat comparable : la relative brièveté des emprisonnements par rapport aux sentences, tendance encore accentuée par les amnisties sur lesquelles nous reviendrons.

C'est un processus administratif répondant à ses propres automatismes qui se mit en branle dès 1945. Parmi les archives des cours de justice sont conservés les arrêts qui donnent l'identité du prévenu, la date et la nature de son éventuelle condamnation. Sur ces documents, des mentions manuscrites ultérieures indiquent les commutations, remises de peine, libérations conditionnelles et amnisties. Les secondes sont particulièrement nombreuses et rapides, tandis que les pourvois sont rejetés à une écrasante majorité. En Seine-et-Oise, on trouve par exemple Émile R., condamné à vingt ans de travaux forcés le 9 décembre 1944 ; sa peine est commuée en 5 ans de prison en novembre 1945. Condamné à mort en février 1946, Jules T. a bénéficié d'une commutation de peine en travaux forcés à perpétuité en mai 1946 ; il est mis en libération conditionnelle en septembre 1955. Les cas se répètent à travers la France : deux ans et demi de prison pour un milicien condamné à huit ; trois ans effectués pour un Strasbourgeois entré au parti nazi puis dans l'armée allemande et condamné à dix ans de travaux forcés ; un milicien du Vercors condamné aux travaux forcés à perpétuité mis en liberté conditionnelle en 1951...

Si les verdicts des cours de justice attirèrent l'attention par leur disparité, l'application des peines se chargea d'égaliser les situations, quelle que soit la notoriété des condamnés. Les remises de peine et les grâces collectives ou individuelles, fréquentes et larges, se mirent à avoir des conséquences pratiques dès lors qu'elles commencèrent à entraîner libérations définitives et conditionnelles (il fallait avoir purgé la moitié de sa peine pour y prétendre). En 1948, il y eut 5 400 libérations conditionnelles accordées sur 6 800 demandées ; 5 040 sur 7 650 l'année suivante. Cette politique réduisit les peines dans des proportions qui expliquent que la « prison de l'épuration » était en voie de disparition dès le début des années 1950.

On a vu à quel point les premières grâces accordées à des condamnés à mort soulevèrent l'indignation du public, jusqu'à mettre en péril le processus de justice légale. Les premières remises de peine et mises en liberté intervenues dès 1945 attisèrent l'impression de scandale. Pourtant, la gestion de peines ne souleva plus par la suite ni la colère ni même l'intérêt du public, à quelques rares et brefs échos près. Il suffit aux pouvoirs publics d'appliquer suffisamment les interdictions de séjour pour rendre discrètes les libérations. La question de la récidive en matière de collaboration n'eut évidemment pas l'occasion de se poser, ce qui sortit la question du champ du débat public général. Elle n'affleura que lorsqu'existait un petit groupe de pression vigilant sur tel ou tel cas. Ou quand le retour du condamné sur le lieu de ces exploits faisait rejouer l'effet de peur ou d'indignation.

La presse et les milieux favorables aux épurés, qui s'étaient répandus sur le martyre des embastillés, firent à peu près mine d'ignorer les remises de peine et les libérations. Elles contredisaient par trop la théorie de l'acharnement qui servait de socle à leurs sommations victimaires et réparatrices. Si par extraordinaire des libérations étaient mentionnées, c'était toujours en soulignant l'iniquité de la condamnation originelle et le retard fatal de la clémence qui ne réparait plus rien. Cette discrétion, qui s'explique par des raisons idéologiques, valait aussi précaution dans la mesure où, dans ces milieux, les uns ne jugeaient jamais très favorablement les libérations des autres, même si elles suscitaient leurs espoirs. Les comparaisons allaient bon train et chacun s'estimait généralement moins coupable, mais moins bien loti qu'autrui.

Dès la fin de 1952, ces détenus devinrent assez peu nombreux pour être regroupés. Commencèrent alors les dernières années de prison pour des hommes qui, ayant traîné les uns avec les autres depuis 1944 ou 1945, partagé les épreuves mais aussi les mesquineries de la vie carcérale, ne se supportaient plus. L'ultime châtiment pour les criminels de la collaboration fut cette cohabitation exaspérée.

Compter les morts pour s'absoudre

Les libérations que la procédure administrative régulait par nécessité matérielle pouvaient être orientées et assumées par les autorités politiques en faisant des lois d'amnistie. L'amnistie est en effet un acte politique par lequel sont prescrits l'oubli officiel de certaines infractions et l'annulation de leurs sanctions. Son but est de rétablir la paix civile et l'équilibre dans une société bouleversée par une guerre ou une révolution.

Restait à savoir ce que l'on entendait par oubli officiel. Quoiqu'à l'époque il ne fût nullement question du devoir de mémoire, il fallait parvenir à s'entendre sur le sens que l'on donnerait à l'amnistie : clémence, pardon, réhabilitation, réparation. En outre, s'il était humain, juste, chrétien ou moral de pardonner, amnistier pouvait revenir à réintroduire dans la vie publique tous les indignes que l'on avait voulu en chasser pour que l'épuration soit aussi une rénovation.

Dans les milieux résistants, le consensus se fit dès la fin des années 1940 en faveur de la clémence. Nombreux étaient les partisans d'une généreuse étude des dossiers au cas par cas. Nombreux aussi ceux qui avaient connu la prison ou l'internement sous l'Occupation, et estimaient s'être battus aussi pour les libertés et les droits fondamentaux. Le personnel politique issu de la Résistance qui se succéda au pouvoir ne se contredit pas dans les pratiques de remise de peine, ni les grâces collectives intervenant, par exemple, au 14 juillet. Même si des décisions individuelles suscitèrent les hésitations ou le mécontentement de tel ministre contraint par ses fonctions de contresigner des remises de peine qu'il jugeait trop précoces, elles ne suscitèrent ni démission ni crise gouvernementale. Toutefois, toute idée de réhabilitation était proscrite parce qu'elle aurait impliqué de reconnaître que le combat des collaborationnistes avait été un combat qui en valait bien un autre. Or, on se refusait à les tenir, selon la façon dont ils aimaient eux-mêmes se présenter, comme des « vaincus de l'histoire ».

Leur défaite n'était pas circonstancielle : ils avaient eu tort. Mieux, ils avaient commis un crime en s'associant au nazisme et cela était irrémédiable. On pouvait gracier des hommes à titre individuel, on n'absoudrait pas le crime. Cette question de principe venait à l'encontre de tout projet cohérent d'amnistie.

Le discours en vigueur dans les milieux épurés ne facilitait d'ailleurs pas la transition. Parmi les détenus, rares étaient les repentis sincères, comme Albert Beugras, cadre important du PPF, qui admettait avoir porté tort à sa famille et à son pays par de mauvais choix. Le plus souvent, on se trouvait des excuses à sa mesure : la malchance, la jeunesse, l'ignorance, quand ce n'était pas la malveillance acharnée d'hypothétiques ennemis. Ceux-là rejoignaient dans la revendication à être des victimes tous ceux qui avaient d'autant moins fait amende honorable qu'ils étaient plus que jamais persuadés d'avoir toujours raison et d'avoir parfaitement bien agi.

Encore ne pouvaient-ils pas tous s'exprimer si bien que tenait lieu de porte-parole toute une collection de protecteurs autoproclamés, journalistes, avocats et politiciens en mal de cause, mais aussi hommes politiques et écrivains condamnés qui donnaient de la voix depuis leur prétendu bagne. En participant à gorge déployée au débat sur l'amnistie, ils prouvaient au passage que les condamnés politiques disposent de bien plus de ressources et de relais que ceux de droit commun. Pour en faire non une supplique, mais une revendication. Certains optaient pour une version présentable, se contentant d'une réhabilitation implicite : l'amnistie portait alors le nom de réconciliation nationale (de préférence sur le dos des communistes), sans qu'il y ait ni vainqueurs ni vaincus. Les partisans de cette solution se comptaient parmi les plus réalistes et parmi les condamnés encore détenus qui faisaient pour l'heure passer une bonne libération avant des arrière-pensées politiques. Mais la raison immédiate contenait parfois avec peine les sentiments profonds.

> J'ai la volonté tenace de réparer et de rebâtir tout ce qui m'appartenait. Et ce que je souhaite le plus, c'est cette Réconciliation française que beaucoup prêchent : nous sommes tous frères, n'est-ce pas ? Si tout le monde y mettait un peu du sien, on arriverait peut-être à un bon résultat.
>
> Croyez-vous que nous n'aurions pas, nous aussi, des raisons de haïr et de vouloir des revanches ? Mais, pour moi comme pour tous les bons Français, il n'y a qu'une chose qui compte : la France à faire revivre. Il faut que l'union soit refaite, et vous ne pourrez la refaire sans nous, sans nos familles, sans nos amis, sans nos sympathisants ; que les rancœurs soient sacrifiées au salut de la Patrie !
>
> Je ne comprends pas que l'élite, qui est partagée entre les gaullistes et les maréchalistes, n'ait pas honte de se laisser encore aller à des haines intestines que les

communistes exploitent contre la France, comme ils les ont naguère exploitées en Espagne (24 mars 1951, supplique au garde des Sceaux d'Émile V., milicien ayant participé à une opération contre le maquis dans l'Aisne, engagé en Allemagne dans la division Charlemagne, condamné à dix ans de travaux forcés).

D'autres, qui avaient moins à perdre, parlaient plus nettement. Ils exigeaient cette réhabilitation sur un mode véhément, voire haineux. En 1947, Maurice Bardèche rôda ces arguments dans sa lettre ouverte à François Mauriac en soutenant l'illégalité de l'épuration parce qu'elle avait condamné des citoyens qui s'étaient bornés à obéir au seul gouvernement légal, celui du maréchal Pétain. Ce n'était donc pas de réhabilitation qu'il fallait parler, mais de dédommagement. Il étendit par la suite son propos à une remise en cause de toute l'histoire de la Seconde Guerre mondiale qui impliquait la négation de la Shoah. Car s'il n'y avait pas eu crime, il ne pourrait y avoir châtiment...

Le morceau de bravoure de cette revendication portait sur le nombre de morts fait par l'épuration. Plus il serait élevé, plus il justifierait une indulgence compensatrice. Et plus il serait élevé, plus pourraient être minimisées les réalités de la répression allemande et vichyssoise en France. Cela devait permettre par exemple d'affirmer sans rougir que la « terreur » de l'épuration aurait fait plus de victimes que l'Occupation : « près de quatre fois plus que les odieuses fusillades allemandes » (*Paroles françaises*, 12 juin 1950). Et de damer le pion, comme par hasard, au Parti communiste et à ses trop fameux « 75 000 fusillés ». Se goberger des « crimes du résistantialisme » (pour reprendre le titre d'un pamphlet de 1948), c'était se dispenser d'avoir à rendre compte de ses propres errements. À qui, alors, la palme du martyr ?

C'est donc sur la crête des « 100 000 morts de l'épuration » que se déroula l'essentiel de la bataille idéologique. Durant les premières années, l'établissement de chiffres fiables restait une gageure. Des demandes de renseignements étaient adressées par les ministères aux gendarmeries, préfets et cours d'appel à propos des morts survenues sous l'Occupation, pendant les combats et juste après la Libération. L'épuration judiciaire allait son train, tant sur le terrain civil que militaire. Les contumaces se comptaient par centaines. Cependant, les ministres, soucieux d'afficher leur fermeté et leur efficacité, conformes aux promesses de la clandestinité, comme de suggérer la nécessité de restaurer l'autorité de l'État, diffusaient sans y prendre garde des chiffres déconnectés de la réalité. Adrien Tixier, ministre socialiste de l'Intérieur dans le gouvernement provisoire, aurait ainsi confié en novembre 1944 ou février 1945 (les témoignages divergent) que l'épuration sauvage aurait fait 100 000 morts. Les gardes des Sceaux y ajoutaient des rodomontades pour que tout un chacun sache bien que le pays était défendu… C'est ainsi qu'en 1946, Pierre-Henri Teitgen, pressé de se défendre des calomnies communistes qui l'accusaient de freiner l'épuration, magnifia devant l'Assemblée constituante le nombre des condamnations qu'il fixait à 150 000 et se targua d'avoir battu les conventionnels sur leur propre terrain, eux qui n'avaient fait que 17 000 victimes…

S'étant ainsi allègrement rangé dans le camp des fanatiques épurant et tuant au mépris de la justice et du droit, ce qui est assurément un grand service à rendre à sa cause, Teitgen accommodait aussi les chiffres à son idée. Certes, il y a bien eu de 16 000 à 17 000 personnes *guillotinées* en France durant la période révolutionnaire, mais il faut y ajouter environ 25 000 exécutions sommaires et 500 000 emprisonnements. Le tout pour une population de 24 millions d'habitants. Au moment où parlait Pierre-Henri Teitgen, il y avait eu moins de 95 000 condamnations pénales (dont une petite moitié d'indignité nationale seule), pour environ 40 millions d'habitants. Même en comptant les sanctions professionnelles, administratives ou financières, la comparaison n'était pas seulement mensongère, elle était absurde. Elle ne devait son existence qu'à l'erreur du garde des Sceaux qui avait cru se sauver de la campagne des communistes à son encontre en donnant des gages de sévérité ou, pour être plus exact, de brutalité. Or, non seulement il ne convainquit pas les communistes – avec lesquels il divergeait profondément sur la conception de la justice –, mais ses déclarations intempestives offrirent à ceux qui refusaient tout châtiment de la Collaboration l'aubaine inespérée de se prévaloir des propos même du garde des Sceaux pour assimiler l'épuration à la Terreur « en pire ».

Le mal, effectivement, était fait. Les 100 000 morts, tenus pour acquis, devinrent un cheval de bataille. L'épuration sauvage dévastatrice, agrémentée de tableaux d'atrocités diverses, servit dorénavant d'introduction à une condamnation globale de l'épuration. Le chiffre, répété, martelé, travaillé, allait ainsi devenir un stigmate aussi encombrant qu'injustifié, réussissant à polluer durablement tout débat sur l'épuration. Il commencerait par constituer l'angle d'attaque idéal dans le combat pour l'amnistie.

Opportunité, clémence, amnistie

On a vu que l'amnistie avait été évoquée dès 1944 avec l'institution des chambres de révision chargées d'annuler les condamnations pénales prononcées contre les résistants. Cette disposition fut complétée par une loi générale d'amnistie du 16 avril 1946 dont l'article stipulait toutefois qu'elle ne s'appliquait « en aucun cas » aux faits de collaboration. Cette insistance témoignait des débats qui avaient agité les parlementaires, en particulier à propos des condamnés des cours de justice mineurs (à cette époque, donc, âgés de moins de 21 ans), alors même que l'on était en pleine réflexion sur le sort des enfants et adolescents délinquants.

Pour le reste, il n'y avait pas eu de discussion sur l'opportunité d'une amnistie qui n'était alors défendue que par une poignée d'adversaires, anciens ou nouveaux, de la Résistance, disposés à exploiter toute espèce de réserves éventuelles sur l'épuration, qu'elles soient suscitées par la charité ou par des inquiétudes sur les besoins de la reconstruction économique.

> À toutes les échelles *sic* de la collaboration, il n'y a pas eu que des salauds [...] Au moment du rassemblement des forces, nous ne pouvons nous priver du concours de soldats qui, parce qu'ils ont cru un ensemble d'idées vraies ou fausses, ont eu le cran de quitter la facilité pour le danger, ou d'industriels qui n'ont fait tourner leurs usines que parce qu'ils étaient plus actifs et plus ingénieux que leurs camarades [...] notre pays de maigre natalité n'aura jamais trop de techniciens, d'industriels, de politiques, jamais trop d'hommes au sens plein du terme (général Henri d'Astier de La Vigerie, *Bulletin pour la défense des libertés*, 7 novembre 1945).

Suivant ainsi la mode, le général d'Astier était ici un sartrien qui s'ignorait. L'engagement était une valeur en soi, qui apparemment n'avait pas besoin de tenir compte du contenu de cet engagement. Traduisant une grande méconnaissance des réalités de la Collaboration et de l'épuration, jouant sur le fait que cette ignorance était répandue, ce genre de pétition de principe instituait un raisonnement où les intentions supposées primaient la réalité des actes.

Ces considérations plus ou moins oiseuses venaient se télescoper avec un réel problème d'équilibre politique. La droite, jusqu'au parti radical inclus, était réduite à la figuration par l'épuration et l'air du temps. Or, quelles que soient les préférences personnelles, la démocratie a besoin pour bien fonctionner du plein exercice de tendances politiques variées. S'y ajoutait le souci de contrebalancer le poids du Parti communiste. Les angoisses que suscitaient son impact électoral et son dynamisme pouvaient se comprendre à l'heure où se dessinait le terrible processus d'avènement des démocraties populaires en Europe centrale.

Les toutes premières lois d'amnistie, adoptées en 1947, ne concernaient pourtant que des cas limités et consensuels de condamnés pour faits de collaboration : les mineurs de moins de 18 ans, les mineurs entre 18 et 21 ans à condition qu'ils n'aient pas eu d'activité réelle, les Alsaciens et Lorrains condamnés à moins de dix années d'indignité nationale. Une autre loi, en 1949, élargit les cas d'amnistie en faveur des mineurs. Mais, entre-temps, la question de l'amnistie avait fini par déboucher sur le terrain politique.

On a vu, à propos de la Haute Cour, que l'année 1948 fut marquée par l'offensive des anciens parlementaires inéligibles. Débordant leur cas particulier pour se faire les champions du bien commun, ils englobaient dans le même opprobre l'épuration et la IVe République dont elle était, d'après eux, née en dépit de la justice, de la loi et de la tradition politique française. Seule l'amnistie aurait pu laver ce péché originel. Plus largement, les épurés se mirent à défendre leur cause avec moins de prudence et plus de véhémence, y compris publiquement comme en témoignait la création du Comité pour la libération du maréchal Pétain. Un réseau multiple, à défaut d'être dense, de publications, journaux, associations, comités utilisait les moyens à la mode comme les pétitions, et les plus traditionnels comme les célébrations religieuses et les pèlerinages, à défaut d'être assez nombreux pour envisager des manifestations ou des meetings.

En 1948, le MRP et le RPF du général de Gaulle se rallièrent au principe d'une amnistie partielle, pour se démarquer à la fois des Néo-Vichyssois et des durs de l'épuration. Les socialistes demeuraient réticents, préférant des larges grâces à condition qu'elles soient individuelles. Le PCF campait sur les positions les plus rigoureuses, de façon à pouvoir continuer à se présenter comme le seul porteur d'une justice authentique et populaire. En dépit de ces obstacles, une loi d'amnistie d'ampleur aboutit le 5 janvier 1951, à l'issue de débats parlementaires passionnés. De crime, l'indignité nationale devenait un délit. Devenue peine correctionnelle, la dégradation nationale était dorénavant limitée à vingt ans. Surtout, la loi amnistiait de plein droit tous les condamnés à moins de quinze ans d'indignité nationale et à moins de trois ans de prison. Les autres condamnés pouvaient demander une grâce amnistiante. C'était la première amnistie globale et elle concernait déjà plusieurs dizaines de milliers de personnes.

Pour inévitable qu'elle parut à présent, la « grande amnistie », comme on disait alors, ne trouvait pourtant de partisans dans la classe politique que résignés plutôt que convaincus. Jusque dans les rangs de la Résistance, l'épuration passait pour un échec. Les parlementaires cherchèrent, précisément pendant les débats sur l'amnistie à se renseigner sur ses réalités, mais les instruments de mesure manquaient, pour ne rien dire des analyses fines. Et le mésusage des chiffres, emportés par les passions, acheva de dévaluer l'épuration. Un sondage d'opinion de 1948 indiquait que près de deux tiers des personnes interrogées estimaient que les juridictions spécialisées n'étaient pas assez sévères. Un an plus tard, ils étaient aussi nombreux à estimer venu le temps d'une amnistie... Ces débats obligeaient en outre la Résistance, disloquée par les clivages du monde de l'après-guerre, à constater son impuissance à se constituer en force politique et à réussir la rénovation. « Si la Résistance, écrivit David Rousset, avait pu, au cours de ces dernières années, remporter une victoire politique et sociale claire, l'amnistie n'offrirait pas de difficulté » (*Combat*, 25 avril 1949). En dépit de toutes les analogies plus ou moins forcées avec les amnisties antérieures, celle-ci posait une question différente : la République pouvait-elle accorder largement le pardon au nom de la restauration des droits de l'homme à ceux qui les avaient bafoués ou niés, en s'en félicitant qui plus est ?

Une grande et triste amnistie

La campagne des élections législatives de 1951 se cristallisa sur l'amnistie. Certains partis, dont le MRP, choisirent de l'inscrire à leur programme. La droite libérale, qui ne pouvait faire l'économie des voix des anciens pétainistes, s'en fit un thème de reconstruction. Adversaires et partisans de l'amnistie s'accusaient mutuellement – non sans raison – de manœuvre politicienne. Enfin, les pétainistes présentèrent leurs propres candidats dans quelques circonscriptions et parvinrent à avoir quatre élus. La mort avait toutefois apporté sa contribution bénéfique au débat en emportant enfin le maréchal Pétain, à l'âge de 95 ans, débarrassant les hommes de gouvernement d'une question qui les empoisonnait depuis bientôt six années.

À peine le scrutin achevé, l'amnistie fit donc son entrée dans l'ordre du jour parlementaire sous la forme de trois propositions de loi. Mais tandis que la discussion s'ouvrait, les libérations allaient bon train. Il fallut en outre six mois de préparation devant la commission de justice de l'Assemblée, puis un an de débat très animé pour que l'amnistie soit votée, le 6 août 1953, à la faveur d'un retour au pouvoir de la droite modérée. Entre-temps s'était tenu le procès, longtemps retardé, des SS de la division Das Reich coupables des crimes d'Oradour, parmi lesquels une majorité d'Alsaciens enrôlés dans la Wehrmacht avant même d'avoir 18 ans. Ils furent aussitôt amnistiés par le Parlement, au nom d'une « exception alsacienne ».

La loi de 1953 fut précédée d'un préambule rendant un hommage plus qu'insistant à la Résistance, comme pour masquer l'échec que révélait ce vote. La loi reprenait les dispositions antérieures et étendait largement l'application de l'amnistie. Elle n'excluait en fait que deux catégories : ceux qui, étant majeurs, avaient été condamnés pour viol, meurtre, torture ou dénonciation ; ceux qui avaient travaillé pour les services de police ou de renseignements allemands et avaient été condamnés initialement à plus de vingt ans de réclusion ou de travaux forcés. L'indignité nationale ainsi que la trahison, qui était à l'origine le socle de l'épuration judiciaire, s'effaçaient derrière le crime crapuleux.

La loi portait aussi amnistie des sanctions administratives et professionnelles, mais sans réintégration ni reconstitution de carrière. Toutefois, elle accroissait les possibilités de faire valoir des droits à la retraite et, surtout, ouvrait de nouveaux délais de recours contentieux ou gracieux. Elle provoqua donc la réouverture de centaines de dossiers et conduisit ainsi à amodier les sanctions dans de très nombreux cas. Par ailleurs, les inéligibilités étaient supprimées et les condamnés de la Haute Cour étaient concernés pour la première fois. La page de la rénovation politique se tournait. Avec elle s'évanouissaient les rêves d'une Résistance unie faisant advenir une République régénérée. L'amnistie se faisait au fond contre les communistes, nouveau « parti de l'étranger », au moment où n'était pas exclue l'hypothèse d'une troisième guerre mondiale.

Ces conséquences-là étaient les plus considérables, car il restait en fait peu de condamnés en prison : moins de 2 000. Sur lesquels, la moitié ne pouvait pas profiter des bontés de la République. Ils constituaient le résidu infâme de toutes les collaborations ou, pour utiliser une métaphore, la « poignée de misérables » à laquelle le général de Gaulle avait voulu réduire la Collaboration dans son discours du 14 octobre 1944.

La grande amnistie intervint donc neuf ans après la Libération, rythme similaire à celui qui a été en vigueur au long de l'histoire politique française contemporaine. De l'avis général, on s'en débarrassa, faute de pouvoir s'en passer, et avec au moins le bénéfice d'aller de l'avant en laissant derrière soi les souvenirs pénibles. En dépit de la relative indifférence qui accueillit le vote de la loi, en plein mois d'août perturbé par une sévère grève des entreprises publiques, les discussions, qui figurèrent en bonne place dans la presse et au Parlement, ne purent manquer d'atteindre l'opinion. Il y eut bien une matière à un bilan de l'épuration, dressé et commenté par ses acteurs et ses spectateurs. Le garde des Sceaux communiqua ainsi des chiffres précis sur les exécutés avant et après la Libération, condamnés ou non par des juridictions légales, pour un total de 9 870. Cet ordre de grandeur et sa périodisation seront confirmés par les enquêtes ultérieures. Mais sans doute furent-ils communiqués trop tard et dans un contexte trop passionné pour être admis. Bilan et débats ne semblent pas non plus avoir convaincu que l'épuration avait bien eu lieu et avait produit des résultats appréciables. La relative rapidité de l'amnistie devait en outre alimenter a posteriori l'idée que l'épuration avait été peu ou mal faite, ce qui expliquait les difficultés durablement éprouvées par le pays pour faire face à son passé. Les amnisties ultérieures confirmèrent le sentiment que les puissants se protégeaient entre eux, au mépris de toute justice.

Pourtant, en observant le paysage politique français tel qu'il évolua par la suite, on peut aussi estimer que l'amnistie coupa l'herbe sous le pied d'un certain courant idéologique, en raréfiant l'air dont il avait besoin pour prospérer. Elle fit de la mouvance épurée une contre-culture épuisée et en voie d'extinction. Pas plus que l'épuration, elle ne fut totalement manquée, en dépit de leurs coûts politiques très élevés.

L'injustice et l'opprobre

Dans les années 1970, quand la Shoah fit irruption au centre de l'histoire, dans les années 1980, quand quelques affaires judiciaires retentissantes placèrent sous les feux de l'actualité d'anciens hauts-fonctionnaires de Vichy accusés de crimes contre l'humanité, il devint banal d'affirmer que l'épuration, au vrai sens du terme, n'avait pas été faite en France. S'y était substitué un désordre d'iniquités qui avait frappé les petits en épargnant les vrais coupables. Si la justice n'avait pas été une parodie, comment expliquer le quasi-acquittement de René Bousquet en 1949 ? Pouvait-on ne serait-ce que parler d'épuration administrative si Maurice Papon, loin de devoir se justifier à la Libération, avait aussitôt connu la promotion qui annonçait sa brillante carrière préfectorale puis ministérielle ? Comment ajouter le moindre crédit à la prétendue épuration professionnelle et économique, puisque les biens spoliés des Juifs de France étaient restés possessions de leurs accapareurs, voire au crédit de l'État ? Il n'y avait donc guère que les intellectuels qui avaient pâti, encore que ceux qui avaient réussi à sauver leur peau en 1944-1945 n'aient pas connu un bien long purgatoire.

En même temps – et ce n'est pas le moindre des paradoxes –, l'épuration était entourée d'une réputation sinistre et accablante. Car si les vrais coupables avaient surnagé sans dommage, les injustices avaient fait florès : femmes tondues, corps bafoués, exécutions sommaires, telle était la honteuse réalité de l'épuration. Sans émaner toujours des milieux d'extrême droite, de nombreux écrits condamnaient une épuration aveugle. Bref, le bilan était lamentable, tant en termes qualitatifs qu'en termes quantitatifs.

Considérer que ce discrédit est excessif – dans la mesure où l'épuration tant judiciaire qu'administrative a produit des résultats sévères mais encadrés par la loi et par la tradition juridique, et rapidement amendés par une politique de clémence – n'empêche pas de constater que l'impression sur le moment et par la suite n'a pas correspondu à ces faits. Sauf à estimer qu'une bonne politique de communication aurait suffi à faire toute la différence, il faut s'interroger sur les raisons de ce décalage abyssal.

Ces raisons sont d'abord matérielles. Tout le discours des résistants sur l'épuration, qui avait rencontré l'adhésion d'une grande partie de l'opinion, accréditait l'idée que les traîtres et les profiteurs, les « salauds », seraient vite et bien châtiés au vu et au su de tout le monde. L'évidence de la faute amènerait l'évidence de la punition. « Demain du sang noir séchera au grand soleil sur les routes », proclamait *le Chant des partisans*, suscitant un écho brûlant. Chaque Français, en contemplant l'abaissement de la vie publique, le comportement déviant de certains de ses voisins ou la compromission des agents stipendiés par l'ennemi, pouvait se forger une image percutante de ce que serait l'épuration. L'esprit représentait sans doute un tableau simple et dynamique, quoiqu'imprécis dans les détails : coupables évidents saisis, les uns exécutés en place publique après un procès d'enregistrement, les unes bafouées et humiliées à hauteur de leur concupiscence, les autres stigmatisés et emprisonnés à mesure de leur cupidité ou de leur lâcheté. Ainsi la page serait-elle tournée sur fond de triomphe de la justice.

Bien sûr, la réalité ne pouvait se contenter de traits aussi grossièrement esquissés. « Y'a qu'à » et « faut qu'on » ne font guère une politique et ne produisent certainement pas de lois, quelque désir qu'on en ait. Tout s'était déjà compliqué quand il avait fallu passer de l'incantation à la préparation de textes législatifs à partir de 1943. Et, après la Libération, ces dispositions avaient été amendées, affinées, corrigées pour essayer de répondre aux exigences de la situation, y compris une soif de vengeance désordonnée ou les contours parfois imprécis du crime. Dans ses *Mémoires*, le général de Gaulle a évoqué l'état matériel du pays en 1944 : « La marée en se retirant, découvre donc soudain, d'un bout à l'autre, le corps bouleversé de la France ». Et son âme, n'était-elle pas au moins aussi bouleversée ? Comment ne l'aurait-elle pas été après les déchirements haineux des années 1930 ; après une défaite inouïe par son ampleur et sa rapidité, couronnant le naufrage d'une République à bout de ressources ; après la peur paralysante de la subversion sociale ; après le vertige qui avait saisi le pays près de se voir disparaître ; après l'abus de confiance perpétré par le vainqueur de Verdun devenu l'homme de Montoire ; après les avanies et les souffrances de l'Occupation, subies, pour comble d'outrage, au rythme d'un discours glorificateur ; après des peurs incessantes, des violences foudroyantes, des chagrins sans fin, des compromissions honteuses ? L'épuration est aussi une purification et il n'est pas douteux que sous les appels à la rénovation pointait une aspiration à effacer un passé trop douloureux. Et à l'effacer vite.

Qu'elle ait été spontanée ou légale, l'épuration ne pouvait offrir cette table rase, ce monde jeune et nouveau. Elle ne pouvait même pas être rapide. Elle était donc forcément décevante, comme l'étaient les pénuries prolongées et aggravées, la guerre continuée, aussitôt relayée par les conflits coloniaux, l'enlisement presque immédiat des partis politiques soi-disant nouveaux. Un pays ne peut pas refaire sa vie.

Enfin, la lenteur et l'intrication des processus judiciaires, administratifs, professionnels, économiques, le foisonnement des instances, la valse des chiffres des condamnations et des sanctions rendirent les résultats illisibles et presque invisibles : le trop long, le trop diffus tuaient l'évidence. Les remises, les grâces, les correctifs, les annulations achevèrent d'embrouiller ce que l'on aurait pu savoir au profit de ce que l'on croyait savoir.

Décevante sur le moment, l'épuration parut bientôt incompréhensible. La guerre froide, sans réhabiliter le fascisme et le nazisme, rejeta le communisme aux marges et, avec lui, son implication contrastée dans la Résistance et l'épuration. La guerre d'Algérie raviva les clivages politiques hérités de Vichy, tout en les déformant. Les années soixante, rebelles et exigeantes, rejetèrent le fardeau des résistants installés au pouvoir et dans la commémoration, tout en mythifiant la révolte et la marginalité que pouvait incarner la Résistance. L'irruption de la centralité de la Shoah révéla une justice de l'épuration borgne, complaisante, incomplète. Les actions judiciaires pour crimes contre l'humanité intentées à des Français sortis à peu près indemnes de l'épuration discréditèrent l'ensemble de ses processus. Le malaise renouvelé face au souvenir des tontes – et dans une moindre mesure aux exécutions sommaires – implanta l'idée d'un temps méprisable et profondément injuste.

Ainsi occupé, à juste titre, à détailler les ratés de l'épuration dans tel ou tel domaine, on s'interroge plus rarement sur ses réussites et son efficacité.

L'épuration a d'abord été une continuation du combat. C'est ainsi que s'expliquent en grande partie les morts de l'été 1944 et certaines de celles qui intervinrent ensuite. Cette donnée a perdu très vite de sa lisibilité et même de sa légitimité. Republiant en 1964 une nouvelle de 1943 où il avait décrit l'exécution en rase campagne par des maquisards d'un juge de tribunal militaire allemand, Louis Aragon crut bon d'ajouter un post-scriptum presque en forme d'excuse : « il est difficile à l'auteur de relire cette dernière nouvelle, écrite dans la colère d'un temps où les faits parlaient plus haut que le sens humain ». C'est dans la bouche de l'Allemand, de l'ennemi, qu'étaient placés les mots « C'est une terrible chose, la guerre... » Pour nous aujourd'hui, l'attentat contre Philippe Henriot, milicien, secrétaire d'État à l'Information, chantre de la collaboration paraît avoir surtout une portée symbolique dans le champ politique. Pourtant, au printemps 1944, la nécessité de le tuer s'articula sur une réflexion d'utilité : il risquait, par sa propagande efficace, de gêner la réussite des opérations militaires en France. Le groupe franc qui alla l'abattre se concevait probablement comme en mission militaire et non pas politique ou symbolique. Les miliciens qui répliquèrent en assassinant divers otages et personnalités pensaient peut-être autant faire la guerre que venger Henriot. Le commando fut arrêté. Leur dénonciatrice, une femme d'âge mûr, qui prétendit avoir simplement obéi à la loi, fut condamnée à mort en 1945 et, graciée, passa de longues années en prison.

Tout comme existe le débat sur l'utilité militaire de la Résistance, peut exister un débat sur l'utilité militaire de ces morts. La seule chose que l'on puisse affirmer, c'est que, sur le moment, les « terroristes » qui abattaient des collaborationnistes notoires, les maquisards qui tuaient des miliciens, les soldats qui exécutaient celui qu'ils soupçonnaient d'être un agent ennemi infiltré derrière leurs lignes, avaient la certitude de faire la guerre. Et, dans une certaine mesure hélas, ceux qui lynchaient un condamné gracié avaient le sentiment de la continuer. Même dans ses violences, dans ses fautes, l'épuration a contribué à montrer que tous les combats ne se valent pas, qu'il y a des causes qui sont justes, et d'autres qui ne le sont pas.

L'épuration devait en deuxième lieu distribuer des châtiments, ce qu'elle fit effectivement. Quoi que l'on pense du choix des condamnés, de la nature ou de l'ampleur des sentences, les chiffres sont éloquents : 47 000 condamnés des cours de justice, 48 000 indignes nationaux, 160 000 comparutions devant les comités de confiscation des profits illicites, 25 000 fonctionnaires sanctionnés, sanctions professionnelles, inéligibilités... Peut-être n'a-t-elle pas rempli tous les critères qui modèlent un droit pénal moderne : prévention des délits, châtiment, neutralisation de l'individu dangereux, resocialisation du délinquant. Mais elle n'est pas la seule à avoir parfois échoué en la matière. Il y a bien eu un châtiment de la collaboration, de la trahison, des compromissions et même de la persécution raciale et politique, et des coups portés aux principes de démocratie et de liberté. Ce châtiment a contribué, bon an mal an, à assurer la transition démocratique et a dispensé la France des guerres civiles qui ont broyé tant de pays.

La resocialisation peut paraître, quant à elle, un peu trop réussie, à condition de considérer qu'on pouvait durablement garder en prison des dizaines de milliers de personnes. En dépit des amnisties, il serait en outre exagéré de dire que les condamnés des cours de justice et des chambres civiques, ou les sanctionnés de l'épuration administrative ou professionnelle ont ensuite refait leur vie comme si de rien n'était. On ne peut pas déduire que l'épuration n'a servi à rien ou que les épurés ont été accueillis à bras ouverts par une société restée pétainiste dans l'âme, du fait qu'Antoine Pinay, membre du conseil national sous Vichy, soit devenu en 1953 un populaire président du conseil ; de l'élection à l'Académie française de Paul Morand ; de la fructueuse carrière dans la banque et les conseils d'administration de René Bousquet ; de la longue filmographie d'une actrice... Ces cas individuels ne doivent pas masquer les innombrables reconversions professionnelles pas vraiment choisies, l'argent qui se fit rare, les portes qui se fermaient, les petites humiliations répétées, les vies personnelles et familiales bouleversées ou gâchées par les épreuves et les aigreurs. Les commérages, les insultes, les rejets se sont poursuivis durant des décennies. Les émotions du passé ne demandaient qu'à resurgir. En novembre 1983, un milicien se vit refuser par la chambre d'accusation de la cour d'appel de Chambéry la levée de l'interdiction de séjour en Haute-Savoie prononcée contre lui trente-huit ans auparavant :

> La population de la Haute-Savoie est restée très sensible au souvenir des exactions et atrocités commises par les hommes de la Milice, une cérémonie à la mémoire des victimes étant traditionnellement célébrée le 25 février de chaque année pour commémorer leur souvenir ; il ressort du rapport établi par le service départemental des Renseignements généraux qu'une mainlevée de la mesure d'interdiction de séjour n'apparaît ni opportune ni souhaitable dans l'intérêt même du requérant.

Un autre milicien, qui avait participé à la répression contre les maquis du Jura et s'était réfugié en Suisse après la guerre, revint en 1971, avec sa famille, dans l'Aube dont il était originaire. Tout se passa mal. Il fut même menacé de mort par un habitant du village où il était né. Tout le monde, constatèrent ses enfants consternés, semblait savoir qui il était et ce qu'il avait fait.

Aux émotions et aux souvenirs personnels, l'épuration a aussi apporté le renfort des faits et des principes. Les faits, même amnistiés, continuent d'exister. Les mémoires collective et savante ont reçu le dépôt de l'oubli légal. C'est aussi parce qu'il y a eu des enquêtes, des instructions, des procès, des commissions, des comparutions, des mémoires de défense, des plaintes, des dénonciations par dizaines de milliers que les faits sont aujourd'hui connus, répertoriés, accessibles, vérifiables. Rien n'empêche d'ouvrir les dossiers pour les considérer d'un œil neuf et se poser des questions nouvelles. Les omissions, les malentendus, les erreurs, les obsessions ne sont pas sans remède. Là où s'éteint le châtiment matériel demeurent la mémoire et les symboles. Le droit ne s'est pas tu quand cessèrent de servir les ordonnances de 1944 et 1945. La loi d'amnistie de 1951 rendait passibles des tribunaux l'apologie des crimes de guerre et la constitution d'associations d'anciens épurés. L'imprescriptibilité des crimes contre l'humanité fut adoptée en 1964. Depuis 1990, la contestation des crimes contre l'humanité est une infraction et, depuis 1992, le code pénal prévoit la sanction des génocides et des crimes contre l'humanité.

Pour essayer de sauver la tête de leurs clients les plus compromis, les avocats qui plaidaient devant les cours de justice mettaient parfois en garde les jurés contre les décisions sans retour en jetant dans la balance le jugement de la postérité. « Tous ces Français qui sont poursuivis, tous ces procès que vous faites à ces hommes : l'avenir les révisera tous ! » (plaidoirie de Me Felici, avocat de Jean Hérold-Paquis). Le temps leur a-t-il donné raison ?

Nous considérons d'un œil différent ce qui faisait crime en 1945, mais aussi ce qui était absous. Nous avons abandonné la peine de mort et il arrive que nous nous interrogions sur la pertinence d'un verdict ou d'une exécution. D'autres fois, nous ne comprenons pas comment celui qui nous paraît aujourd'hui si coupable a pu échapper au châtiment, ou presque. Gageons que dans six ou sept décennies, pour ne rien dire des siècles, le regard aura encore évolué. Cela signifie-t-il que toute cette entreprise n'ait été qu'une vaine contingence, le coup de sang d'un peuple humilié ?

Tout au long des procès, en particulier devant la Haute Cour de justice, les accusés n'ont cessé d'en appeler au jugement de la postérité, ce qui était à la fois une façon de nier la légalité du processus judiciaire mais sans doute aussi l'expression sincère d'une paradoxale bonne conscience. « La Justice me jugera mais l'Histoire jugera la Justice » (note de Pierre-Étienne Flandin pour la Haute Cour, 5 novembre 1945). Les juges ont, en un sens, abondé dans leur sens en remettant le produit de leurs investigations aux générations futures pour leur confier le soin de faire l'histoire tandis qu'eux se contentaient de faire justice.

> Nous ne sommes pas des historiens. Il appartiendra à ceux-ci, dans l'avenir, de faire des recherches soigneuses, notamment en ce qui concerne les intentions qui ont inspiré les inculpés... Il ne convient pas de s'attacher à des dépouillements d'archives trop poussés. Dans l'affaire, il suffit de rassembler un ou deux documents apportant la preuve d'un ou deux faits pour lesquels il est impossible d'opposer la preuve contraire (déclaration du procureur Mornet aux réunions de la commission d'instruction de la Haute Cour de justice, 10 janvier et 28 février 1945).

L'épuration n'a pas seulement châtié la collaboration au cas par cas. Elle en a dessiné les contours, elle a contribué à la définir, à la stigmatiser dans toutes ses dimensions. Elle l'a préservée et la restitue pour l'avenir. Elle a montré les crimes, parfois mal, parfois à son insu. Mais elle a pris le risque, démocratique, de nous léguer la possibilité de les examiner à notre tour.

Annexes

Archives et sources

Bibliographie

Index

Table des matières

Archives et Sources

En l'absence de notes, les références des archives et des sources utilisées sont données par chapitre.

Chapitre 1

AD78-1W336 : Programmes des partis politiques autorisés et renseignements.

AN-BB^{18}3285 : Attentats contre des militaires allemands à Paris, 1941.

BB^{18}3294^{1} : Attentats contre des militaires allemands, 1941.

BB^{18}3302 : Assassinats du lieutenant-colonel Holz à Nantes et du commandant Reimers à Bordeaux, 1941.

BB^{18}3577 à 3587 : Procès formés devant les juridictions répressives mises en place par l'État français.

F^{1a} 3689 : Papiers du directeur adjoint du cabinet de Pierre Pucheu, ministre de l'Intérieur.

F^{7}14886 : Collaboration des polices française et allemande.

BDIC-Frés334/10 : Sténographie du procès devant la cour de justice de la Seine des juges de la section spéciale de Paris, juin 1945.

Chapitre 2

AD78-1374W29 : Attentat contre Pierre Laval et Marcel Déat, 1941.

AN-BB^{18}3292^{1} : Assassinats survenus à Paris et dans la banlieue, dont assassinat de Marcel Gitton, 1941-1943.

BB^{18}3353 : Assassinat de Marx Dormoy, 1941.

BB^{18}3362 : Explosion d'une bombe à Nice, 1941.

BB^{18}3364 : Attentat de Paul Collette à Versailles contre Laval et Déat, 1941.

BB^{18}3368 : Agitation gaulliste à Chambon-sur-Lignon, 1941

F^{1a}3683 : Ministère de l'Intérieur. Légion française des combattants, SOL.

F^{7}14886 : Collaboration des polices française et allemande

3W139-141 : Haute Cour de justice. Procès de Joseph Darnand, 1945.

Chapitre 3

AD78-300W58 : Menaces de mort, 1943-1944.

AN-3AG2/337 à 339 : BCRA. Partis collaborateurs.

AJ^{40}551 : Commandement militaire allemand en France. Partis politiques français.

F^{1a}3809 à 3811 : CFLN. Commissariat à l'Intérieur à Alger. Épuration.

F^{1a}3812 et 3813 : CFLN. Commissariat à l'Intérieur à Alger. Corse

F^{7}14886 : Collaboration des polices françaises et allemandes, 1942-1944.

F^{7}14888 : Terroristes. Attentats contre des Français, 1941-1944.

F^{7}15312 : Direction des renseignements généraux. Attentats et terrorisme, 1940-1947.

BDIC-F°Δrés36 : Travaux de l'assemblée consultative provisoire à Alger.

F°Δrés37 : Dossiers sur l'épuration. Préparation du cadre juridique permettant l'épuration par une commission de l'assemblée consultative provisoire à Alger, 1943-1944.

F°Δrés365 : CNR. Documents prévoyant la mise en place de l'épuration.

Philippe Oulmont (dir.), *Le Journal officiel de la France au combat avec le général de Gaulle, Londres, Alger, Paris, 1940-1946*, DVD-ROM, Les Éd. des Journaux officiels, 2004 (comprend les débats de l'Assemblée consultative provisoire).

Chapitre 4

AD61-41J211 : Correspondant de l'IHTP. Enquête sur la répression à la Libération.

2W50 : Enquêtes de la Sécurité militaire FFI.

AD72-2000W276 : Renseignements généraux. Enquêtes sur les exécutions sommaires.

AD86-76W151 : Enquêtes sur les personnes fusillées par le maquis.

AN-BB^{18}3531 à 3534 : Ministère de la Justice. Attentats contre les personnes. Correspondance des procureurs, 1944.

BB^{18}3595 : Ministère de la Justice. Attentats contre des personnes suspectes de collaboration, 1944.

BB^{18}3617 à 3620 : Ministère de la Justice. Exécutions sans jugement, atteintes graves à la vie et aux biens des personnes, 1944.

BB^{18}3624 et 3625 : Ministère de la Justice. Meurtres d'individus détenus et attentats perpétrés après la libération du territoire, 1945.

BB^{18}3914 : Ministère de la justice. Révision des exécutions sommaires.

F^{7}14888 : Secrétariat général à la Police. Affaires allemandes. Attentats contre des Français, 1941-1944.

F^{7}14942 : FFI d'Ile-de-France. Arrestations, dénonciations, perquisitions, 1944.

BDIC-FΔrés810 : Archives de la commission politique et d'épuration de Roanne (Haute-Loire).

FΔ1832/12 : Fonds Robert Aron. Carnets de l'abbé Desgranges.

O pièce 24029 : Discours prononcés à la radio par M. le préfet Chaintron, 1944-1945.

IHTP-ARC075-7 : Archives de l'enquête du CHDGM. Statistiques de la répression à la Libération.

Chapitre 5

AD61-2W50 : Enquêtes de la Sécurité militaire FFI, 1944.

247W12 : Correspondance de la commission d'épuration du CDL.

AD72-2000W276 : Attentats contre les biens et les personnes, 1941-1943.

AD78-1W370 : Documents rassemblés pour la préparation des rapports du préfet, août-septembre 1944.

219W201 : Chambre civique. Dossier Jacqueline M., relaxée.

300W84 : Centres d'internement, 1940-1945.

1369W35 : Service de police judiciaire. Attentats et sabotages, 1944.

1446W10 : Centrale de Poissy. Registre d'écrous passagers, 25 août-17 septembre 1944.

AN-BB^{18}3532-3534 : Correspondance du ministère de la Justice. Attentats contre les personnes, 1944.

BB^{18}3620 : Ministère de la Justice. Exécutions, attentats, atteintes graves aux biens et aux personnes.

BB^{18}3624 : *Id.*, septembre 1944-décembre 1945.

F^{7}14942 : FFI d'Île-de-France. Arrestations, dénonciations, perquisitions, 1944.

Chapitre 6

AD2-970W13 : Renseignements généraux, département des Ardennes.

981W25 : Camp d'internement de la citadelle de Laon. Lettres interceptées.

984W376 : Ardennes, répression de la collaboration
984W377 : Répression de la collaboration dans le département de l'Oise
984W378 : Répression de la collaboration dans le département de la Somme
984W385 : Répression de la collaboration dans le département de l'Oise.
984W398 : Requêtes pour les internés administratifs.

AD61-2W16 : Camp de Sées, correspondance des internés.
2W24 : Camps de Sées, 1944-1946.

AD78-1W422 : Cabinet du préfet de Seine-et-Oise, répression de la collaboration.
300W85 : Centres d'internement.
300W98 : Arrestations par les FFI ou les comités de Libération.
300W99 : Répression à la Libération, internés administratifs, libérations, personnalités, 1944-1946.
1446W10 : Centrale de Poissy, registre d'écrous, passagers, 25 août-17 septembre 1944.

AN-F1CIII 1124 : Rapports des préfets des Haut et Bas-Rhin, 1945.
F7 14938 : 2e bureau FFI. Instructions et organisation générale, 1944.
F7 14939 : Commission de triage de Fresnes.
F7 14942 : FFI. Région Île-de-France. Arrestations, dénonciations, perquisitions, 1944.
F7 14945 : 2e bureau FFI, Paris, août et septembre 1944.
F7 14955 : Bureau de sécurité militaire. Internés, centre de séjour surveillé du fort de Charenton, 1944-1945.
F7 14965 : Listes de personnes arrêtées, listes de personnes conduites à Drancy, 1944-1945.
F7 14968 : Inspection générale des camps d'internement, 1944-1946.
F7 14969-70 : Statistiques des effectifs des centres de séjour surveillé, 1944-1945.
F7 14971 : Recensements des internés par catégories, 1944-1946.
F7 14972 : Internés, dossiers individuels, 1944-1946.
F7 15666 : Commission de vérification des internements administratifs de la Seine, 1945.
Z6/287 : Cour de justice de la Seine. Dossier d'instruction d'Amédée Bussière.

Archives de Science Po - CD1 : archives de Charles Dubost, commissaire du gouvernement près la cour de justice de Marseille.

Robert BRASILLACH, *Lettres écrites en prison, Œuvres complètes*, t. 9, Club de l'honnête homme, 1964.

René ROSSIGNON, *Un camp d'internement en France. Son fonctionnement, sa situation sanitaire*. Thèse pour le doctorat en médecine, Nancy, 28 novembre 1946.

Chapitre 7

AD2-984W413 : Dossiers des internés administratifs (Ardennes).

AD61-41J211. Enquête sur la répression à la Libération par le correspondant départemental de l'IHTP.

AD72-200W327 : Impact de l'épuration sur le département, 1945-1946.
200W457 : Contrôle économique.

AD78-1W370 : Documents ayant servi à la rédaction des rapports préfectoraux, juillet-septembre 1944.
1W398 : Documents concernant les personnes accusées de collaboration ou ayant eu une belle conduite résistante, 1945-1950.

1W423 : Épuration dans les entreprises, les professions et les associations.

1W424 : Affaires d'épuration par commune.

1W428 : Renseignements généraux. Répression de la collaboration.

1W1833-1836 : Comité régional interprofessionnel d'épuration (Seine-et-Oise).

300W7 : Épuration dans la police.

1369W43 : Service régional de police judiciaire. Meurtres et attentats politiques, 1944.

AN-BB^{18}3617 : Exécutions sans jugement, atteintes graves à la vie et aux biens des personnes, 1944.

BB^{18}3620 : Exécutions sans jugement, atteintes graves à la vie et aux biens des personnes, 1944.

BB^{18}3624 : Meurtres d'individus détenus et attentats perpétrés après la Libération, 1945.

F^{1a}3307 : Cabinet du ministre de l'Intérieur. Répression de la collaboration.

F^{7}14922 : Gardes des communications. Commission d'enquête.

F^{7}14940 : 2e bureau FFI Seine. Enquêtes, interrogatoires, dénonciations, 1944-1945.

F^{7}14942 : 2e bureau FFI Île de France. Arrestations, dénonciations, perquisitions, 1944.

F^{7}14945 : 2e bureau FFI Paris Sud. Dossiers d'affaires, août et septembre 1944.

F^{7}14965 : Service de la sécurité militaire en France. Enquêtes et renseignements sur les artistes.

F^{7}15294 : Direction des Renseignements généraux. Cinéma français, 1945-1949.

F^{7}15295 : Direction des Renseignements généraux. Radiodiffusion et photographie, 1941-1946.

F^{7}15298 : Direction des renseignements généraux. Artistes, écrivains, édition, 1941-1952.

F12/9557 : Commission nationale interprofessionnelle d'épuration des entreprises (CNIE). Correspondance, directives et documentation.

F12/9558 : CNIE. Courrier des comités régionaux.

F12/9619 : CNIE. Section commerces d'alimentation.

F12/9627 : CNIE. Section banques et assurances.

F12/9631 : CNIE. Section antiquaires et marchands d'art.

F12/9633-9642 : CNIE. Peintres, hommes de lettres, music-hall, théâtre, cinéma et maisons d'éditions.

F21/8102-8126 : Administration des Beaux-Arts. Épuration dans le personnel et les entreprises de spectacle, dans les théâtres nationaux, la radio, les professions d'artistes dramatiques, lyriques et de musiciens exécutants, des gens de lettres, auteurs et compositeurs.

BDIC-FΔrés368 et370 : Épuration de la presse en 1945.

FΔrés383 : Expropriation du *Temps*.

FΔ1548 : Seconde Guerre mondiale. Brochures.

FΔ1832/6 : Fonds Robert Aron. Procès devant la cour de justice de la Seine.

FΔ1832/15 : Fonds Robert Aron. Épuration de la presse.

FΔrés810 : Comité d'épuration de la ville de Roanne.

Frés334/46 : Cour de justice de la Seine. Procès de Felgines de Radio Paris

Frés334/53 : Cour de justice de la Seine. Procès de Gosselin

Frés334/65 : Cour de justice de la Seine. Procès de Legueu

Frés334/69 : Cour de justice de la Seine. Procès de Lousteau-Chartez de Radio Paris

Frés334/73 : Cour de justice de la Seine. Procès d'André Suarez.

O pièce 24029/1-10 : Discours prononcés à la radio par M. le préfet Chaintron

O pièce 27032 : Comité départemental de libération du Lot.

Chapitre 8

AD78-1W435 Cabinet du préfet. Municipalités. Ordonnance du 21 avril 1944

1W414 Conseil général. Rétablissement. Session de 1945.

1W1831 Commissions départementales de reconstitution des organisations syndicales, 1944-1947.

AN-F^{1a}3234-44 : Cabinet du ministre de l'Intérieur. Partis politiques, syndicats et organisations de résistance, 1944-1947.

F^{7}15284 Renseignements généraux. Partis politiques.

Centre confédéral d'archives de la CGT (Montreuil) – 95CFD1-9 Fonds Jayat. Commission nationale de reconstitution des organisations syndicales de travailleurs.

Centre d'histoire de Sciences Po - PE6 : Fonds Ernest Pezet, député MRP du Morbihan. Guerre, occupation, vote du 10 juillet, résistance et réhabilitation, 1938-1946.

PL3-4 : Fonds Pierre de Léotard. PSF 1936-1945

PL5-9 : *Id.* Parti républicain et social de la réconciliation française, 1944-1963.

Association des représentants du peuple de la IIIe République, *Banquet des mille du 14 mars 1948*, Imprimerie Lecram, 1948.

Association des représentants du peuple de la IIIe République, *Lettre aux adhérents*, 1947-1948.

Congrès national du MRP du 13 au 13 décembre 1945, rapport présenté par Albert Gortais sur le Mouvement ; rapport présenté par Georges Hourdin sur le bilan de la France.

Résistance ouvrière, 1944-1945.

La Révolution prolétarienne, 1947.

10 juillet 1940 : Assassinat de la République. Les coulisses de Vichy par un témoin, Librairie des Sciences et des Arts, 1945.

Emmanuel D'ASTIER, *Avant que le rideau ne tombe*, Éd. du Sagittaire, 1945.

Guillain de BÉNOUVILLE, *L'Avenir de la Résistance*, Julliard, 1945.

Emmanuel BERL, *La Fin de la IIIe République*, Gallimard, coll. Témoins, 2007 (édition annotée par Bénédicte Vergez-Chaignon).

Jean CASTAGNEZ, *Précisions oubliées ! Vichy 9 et 10 juillet 1940*, Impr. Serge Mignard, 1945.

Abbé DESGRANGES, *Les Crimes masqués du « résistantialisme »*, Éd. de L'Élan, 1948.

Paul FAURE, *Histoire d'un faux et de ses conséquences*, Imprimerie de la Renaissance [1959].

Henri FRENAY, « Les fossoyeurs de la Résistance », *Octobre*, 23 novembre 1946.

Pierre HERVÉ, *La Libération trahie*, Grasset, 1945.

INDOMITUS [Philippe Viannay], *Nous sommes les rebelles*, Coll. Défense de l'homme, 1945.

Pierre MAZÉ et Albert MILHAUD, *Le Parti radical-socialiste dans la guerre et la résistance : l'épuration*, Parti républicain radical et radical-socialiste, 1945.

Chapitre 9

AD2-970W13, 19 et 89 : Collaboration dans les Ardennes.

984W381 : Attaques de prison. Circulaires.

984W388 : Recours en grâce.

AD78-1W422 : Répression de la collaboration.

1W1173 : Recours en grâce.

1W1180-1182 : Demandes de libération conditionnelle.

300W85 : Centres d'internement.

AN-BB^{18}3595, 3617, 3618, 3619, 3624, 3625 : Ministère de la Justice. Exécutions sans jugement, atteintes graves à la vie et aux biens des personnes, 1944-1945.

F^{1a}3331 : Attaques de prison, attentats, exécutions sommaires, 1945-1946.

F^{7}14968 : Ministère de l'Intérieur. Inspection générale des camps d'internement, 1944-1946.

IHTP-ARC3015/2-4 : Archives de Joë Nordmann (secrétariat général provisoire à la Justice).

La Défense, organe du Secours populaire français, 1944-1952.

Les Lettres françaises, 1944-1945.

Charles de GAULLE, *Mémoires de guerre*, t. 3, *Le Salut*, Plon, 1959 (en particulier les documents reproduits en fin de volume).

Comité pour la libération des officiers de Maubeuge, *Comment le général vichyssois Pulcinelli a condamné les trois officiers de Maubeuge, héros de la Résistance. Compte-rendu analytique du procès devant le tribunal militaire de Paris*, sd.

Christelle PLOQUIN et Daniel SCHNEIDERMANN, *Jour de pendaison au village*, Riff productions et France 5, 2005.

Chapitre 10

AD2-970W19 : Département des Ardennes. Renseignements généraux.

970W89 : Département des Ardennes. Collaboration.

984W388 : Commissariat régional. Recours en grâce.

AD41-7U2/11 : Cour de justice de Blois.

AD61-42J211 : Cour de justice d'Alençon, fichier des verdicts.

2W24 : Cabinet du préfet. Affaires politiques.

AD72-2000W328 : Activité de la cour de justice du Mans, 1944-1946.

AD78-219W1à133 : Cour de justice de Versailles. Dossiers de procédure, 1944-1946.

219W134-137 : Cour de justice de Versailles. Arrêts, 1944-1946.

1081W189 : Cour de justice. Ordonnances et circulaires.

AN-334AP8-30 : Cabinet Bluet. Sténographies d'audiences des cours de justice de la Seine, de Melun, Lyon, Versailles, Dijon et Nancy, 1944-1951.

F^{1a}3307 : Cabinet du ministre de l'Intérieur. Répression de la collaboration, 1944-1947.

Archives de Sciences Po - CD1, 2, 11 et 12 : Archives personnelles de Charles Dubost, commissaire du gouvernement près la cour de justice de Marseille puis commissaire adjoint du gouvernement à la section économique de la cour de justice de la Seine.

BDIC-FΔ1832/1 : Fonds Robert Aron. Dossiers d'instruction de cours de justice

6 : Cour de justice de la Seine. Exposés des commissaires du gouvernement.

7/1-3 : Cours de justice de Gironde, des Pyrénées-Orientales et du Haut-Rhin.

13/1 : Cour de justice de la Creuse. Papiers de Me Lemoine.

14/1 : Rapports de l'inspection des services judiciaires, 1944-1946.

14/4 : Cour de justice de la Seine. Archives du juge Didier. Cahier « Jurys », 1944-1948.

FΔrés802 : Correspondance reçue par Georges Albertini pour des interventions en faveur de condamnés des cours de justice, 1946-1951.

Frés334 : Cabinet Bluet. Sténographies d'audiences de cours de justice de la Seine et de Lyon.

CDJC-LXXIV-3 à 17 : Extraits de procès des cours de justice de la Seine, de Lyon et Bordeaux.

Les Cours de justice. Conférence prononcée par M. Pierre-Henri Teitgen, garde des Sceaux, le vendredi 5 avril 1946 au théâtre Marigny, sous les auspices de la conférence des Ambassadeurs, Éd. du Mail, 1946.

Quatre procès de trahison devant la cour de justice de Paris, *Les Ed. de Paris*, 1947.

Edgar Faure, *Le Procès de Nuremberg. L'accusation française. La condition humaine sous la domination nazie (Europe occidentale)*, Office français d'édition, 1946.

Yves-Frédéric Jaffré, *Les Tribunaux d'exception*, 1940-1962, les Nouvelles Éditions latines, 1962.

Jean-Louis Lagor, *Le Temps de l'imposture 1944-1947*, l'Indépendance française, 1947.

Chapitre 11

AD61-2W22 : Correspondance de la préfecture avec le procureur de la République. Exposés des faits et décisions de renvoi devant la chambre civique de l'Orne, 1945.

AD72-2000W328 : Répression judiciaire de la collaboration. Activité de la cour de justice et de la chambre civique de la Sarthe, 1944-1946.

AD78-219W139 à 220 : Dossiers de procédure de la chambre civique de Seine-et-Oise, 1944-1946.

AN-$F^7$15298 : Renseignements généraux. Artiste, écrivains, éditions, presse après la libération.

Georges Ripert, *Le Déclin du droit. Études sur la législation contemporaine*, LGDJ, 1949.

Chapitre 12

AN-3W1 à 360 : Haute Cour de justice. Dossiers d'instruction, 1944-1960.

BDIC-FΔrés875 : Fonds du procureur général Mornet concernant la période des procès d'épuration.

F rés 334 : Sténographies des procès devant la Haute Cour de justice.

IHTP-ARC3015/2 à 4 : Fonds Joë Nordmann (secrétariat général provisoire à la Justice).

Les Écrits de Paris (*Questions actuelles*), 1944-1948.

Les Lettres françaises, 1945.

Paroles françaises, 1945-1951.

Le Procès Benoist-Méchin, Albin Michel, 1948.

Le Procès Brinon, Albin Michel, 1948.

Le Procès Laval, Albin Michel, 1946.

Le Procès du maréchal Pétain, 2 tomes, Albin Michel, 1945.

Le Procès de Xavier Vallat présenté par ses amis, Éditions du Conquistador, 1948.

Robert Dufourg, *Adrien Marquet devant la Haute Cour*, Janmaray, 1948.

Marcel Peyrouton, *Du service public à la prison commune*, Plon, 1950.

Xavier VALLAT, *Feuilles de Fresnes, 1944-1948*, Imprimerie Lienhart, 1971.

Épilogue

AN-F1a3308 et 3309 : Ministère de l'Intérieur. Arrestations en Allemagne, 1945.

AN Fontainebleau-19960136/E4512 : Ministère de la Justice. Régime des détenus politiques, 1944-1981.

19960279/E4673 dossier 23 article 8 : Ministère de la Justice. Détenus pour faits de collaboration, 1944-1949.

19960279/E4673 dossier 35 article 11 : Ministère de la Justice. Condamnés par la Haute Cour de justice, 1945.

19960279/E4698 : Ministère de la Justice. Détenus politiques.

19960279/E4704 dossier 146 article 39 : Ministère de la Justice. Collaborateurs, 1950-1957.

19960148/E4805 à 4810 articles 49 à 54 : Ministère de la Justice. Maison centrale de Clairvaux, 1947-1954.

BDIC-FΔrés802 : Correspondance de condamnés pour faits de collaboration adressée à Georges Albertini pour solliciter aide et interventions, 1948-1952.

Journal officiel. Débats parlementaires. Assemblée nationale, 1re séance du 2 novembre 1978 et Sénat, 2e séance du 7 décembre 1978.

Vincent AURIOL, *Journal du septennat*, Tallandier, 2003.

Philippe BILGER, *États d'âme et de droit*, Le Cherche Midi, 2009.

Emmanuel CARRÈRE, *Un roman russe*, POL, 2007.

Marie CHAIX, *Les Lauriers du lac de Constance*, Le Seuil, 1974.

Les Silences de la vie d'une femme, Le Seuil, 1976.

L'Âge du tendre, Le Seuil, 1979.

Lucien COMBELLE, *Prisons de l'espérance*, ETL, 1952.

Dominique FERNANDEZ, *Ramon*, Grasset, 2009.

Gérard GAROUSTE, *L'Intranquille. Autoportrait d'un fils, d'un peintre, d'un fou*, L'Iconoclaste, 2009.

Dominique JAMET, *Un petit Parisien*, Flammarion, 2000.

Notre après-guerre. Comment notre père nous a tués, Flammarion, 2003.

Alexandre JARDIN, *Le Roman des Jardin*, Grasset, 2005.

Pascal JARDIN, *La Guerre à neuf ans*, Grasset, 1971.

Guerre après guerre, Grasset, 1973

Le Nain jaune, Julliard, 1978.

Évelyne LE GARREC, *La Rive allemande de ma mémoire*, Le Seuil, 1980.

Frédéric VITOUX, *L'Ami de mon père*, Le Seuil, 2000.

Clarisse, Fayard, 2008.

Grand Hôtel Nelson, Grasset, 2010.

Bibliographie

Bibliographie

Les épurations avant la Seconde Guerre mondiale

Les Épurations administratives, Droz, 1977.

Histoire de la Justice, « L'épuration de la magistrature de la Révolution à la Libération », n° 6, 1993.

Françoise BRUNEL, « L'épuration de la Convention nationale en l'an III », Michel VOVELLE (dir.), *Le Tournant de l'an III. Réaction et Terreur blanche dans la France révolutionnaire*, Éd. du CTHS, 1997.

Jean-Louis CRÉMIEUX-BRILHAC, *Les Français de l'an 40*, 2 tomes, Gallimard, 1990.

Jean DESCHODT et François HUGUENIN, *La République xénophobe*, J.-C. Lattès, 2001.

Jean-Claude FARCY, *Les Camps de concentration français de la Première Guerre mondiale*, Anthropos, 1995.

François FURET, *Penser la Révolution*, Gallimard, 1978.

Simone GOYARD-FABRE, *L'État moderne, 1715-1848*, Vrin, 2000.

Georges GROMAIRE, *L'Occupation allemande en France (1914-1918)*, Payot, 1925.

Sacha GUITRY, *Le Diable boiteux*, DVD MK2-TF1 international, 2007.

Régis LATOUCHE, *Lorraine 1918. De l'armistice à la reconstruction*, Place Stanislas, 2008.

Jean-Yves LE NAOUR, « Femmes tondues et répression des " femmes à boches " en 1918 », *Revue d'histoire moderne et contemporaine*, tome 47, n° 1, janvier-mars 2000.

Gustave LE ROUGE et Louis CHASSEREAU, *La Gazette des Ardennes*, Tallandier, 1930.

Renée MARTINAGE, « Les collaborateurs devant les cours d'assises du Nord après la très Grande Guerre », *Revue du Nord*, n° 309, janvier-mars 1995.

Gérard NOIRIEL, *Les Origines républicaines de Vichy*, Hachette Littératures, 1999.

Charles RIDEL, *Les Embusqués*, Armand Colin, 2007.

Philippe SERNA, *La République des girouettes*, Champ Vallon, 2005.

Anne SIMONIN, *Le Déshonneur dans la République. Une histoire de l'indignité, 1791-1958*, Grasset, 2008.

Cécile THORAL, « L'administration locale en temps de crise : le cas de l'Isère en 1814-1815 », *Annales historiques de la Révolution française*, n° 339.

Sophie WAHNICH, *La Liberté ou la Mort. Essai sur la Terreur et le terrorisme*, Éd. de la Fabrique, 2003.

Épuration et répression par le gouvernement de Vichy

La Justice des années sombres, 1940-1944, La Documentation française, 2001.

Alain BANCAUD, « La magistrature et la répression politique de Vichy ou l'histoire d'un demi-échec », *Droit et Société*, n° 34, 1996.

Marc-Olivier BARUCH, *Servir l'État français. L'administration en France de 1940 à 1944*, Fayard, 1997.

Vincent GIRAUDIER, *Les Bastilles de Vichy. Répression politique et internement administratif*, Tallandier, 2009.

Bernard LAGUERRE, « Les dénaturalisés de Vichy », *Vingtième Siècle*, n° 20, octobre-décembre 1988 et « Être français sous Vichy », *Crises*, n° 2, 1994.

Denis PESCHANSKI, *Vichy 1940-1944. Contrôle et exclusion*, Complexe, 1997.

Dominique RÉMY, *Les Lois de Vichy*, Romillat, 1992.

Jean-Pierre RIOUX, Antoine PROST et Jean-Pierre AZÉMA (dir.), *Les Communistes français de Munich à Châteaubriant*, Presses de la FNSP, 1987.

Michel ROUSSEAU, « La section spéciale de la cour d'appel de Douai. Un aspect de la justice française en zone interdite » in *L'Occupation en France et en Belgique, 1940-1944*, Revue du Nord, 1988.

Patrick WEIL, *Qu'est-ce qu'un Français ? Histoire de la nationalité française depuis la Révolution*, Grasset, 2002.

Attentats et représailles sous l'Occupation

Jean-Marc BERLIÈRE et Franck LIAIGRE, *Liquider les traîtres. La face cachée du PCF, 1941-1943*, Robert Laffont, 2007.

Philippe BURIN, *La France à l'heure allemande, 1940-1944*, Éd. du Seuil, 1995.

Cyril OLIVIER, « Du charivari au désordre judiciaire : l'irrémissible sexualité (Chalais, 1942-1945) », *Cahiers d'histoire*, n° 84, 2001.

Jacques DELPERRIÉ DE BAYAC, *Histoire de la Milice*, Fayard, 1969.

Pierre GIOLITTO, *Histoire de la Milice*, Perrin, 1997.

Pascal ORY, *Les Collaborateurs*, Éd. du Seuil, 1976.

Virginie SANSICO, *La Justice du pire. Les cours martiales sous Vichy*, Payot, 2003.

Rita THALMANN, *La Mise au pas*, Fayard, 1991.

Les prémices de l'épuration

Jacques CANTIER, *L'Algérie sous le régime de Vichy*, Odile Jacob, 2002.

Hélène CHAUBIN, *Corse des années de guerre*, Tirésias-AERI, 2006.

La Libération

Lendemains de Libération dans le Midi, Université Paul Valéry, 1998.

Jacques-Augustin BAILLY, *La Libération confisquée : le Languedoc, 1944-1945*, Albin Michel, 1993.

Marcel BAUDOT, « L'épuration : bilan chiffré », *Bulletin de l'IHTP*, n° 25, septembre 1986.

Philippe BUTON, *La Joie douloureuse. La libération de la France*, Complexe, 2004.

François COCHET, « France, 1945 : le dossier controversé des prisonniers de guerre allemands », *L'Histoire*, n° 191, septembre 1995.

Pascal GIRARD, « Les violences d'après-guerre en Italie et en France, 1944-1946 », *Communisme*, n° 78-79, 2004.

Henry ROUSSO, « L'épuration en France. Une histoire inachevée », *Vichy. L'événement, la mémoire, l'histoire*, Gallimard, 2001.

Fabien THÉOFILAKIS, « Les prisonniers de guerre allemands en mains françaises au sortir de la Seconde Guerre mondiale : gestion et enjeux », *Revue d'Allemagne*, tome 36, n° 3/4, 2004.

Tzvetan TODOROV, *Une tragédie française. Été 1944 : scènes de guerre civile*, Éd. du Seuil, 2004.

Les femmes et l'épuration

Luc CAPDEVILLA, « La «collaboration sentimentale» : antipatriotisme ou sexualité hors normes ? (Lorient, mai 1945) », *Cahiers de l'IHTP*, n° 31.

Paul ÉLUARD, « Comprenne qui voudra », *Au rendez-vous allemand*, Éd. de Minuit, 1945 (l'exergue et le commentaire figurent dans *Les Lettres françaises*, 2 décembre 1944).

Pascal GIBERT, « Marquer pour stigmatiser. La place des tontes et des inscriptions comminatoires dans l'épuration. Quelques exemples auvergnats », *La Voix et le Geste. Une approche culturelle de la violence socio-politique*, PU Blaise Pascal, 2005.

Françoise LECLERC et Michèle WENDLING, « Des femmes devant les cours de justice », *Féminisme et nazisme*, Odile Jacob, 2004.

« La répression des femmes coupables d'avoir collaboré pendant l'Occupation », *Clio*, n° 1, 1995.

Anne Simonin, « La femme invisible : la collaboratrice politique », *Histoire@Politique*, n° 9, septembre-décembre 2009.

Fabrice VIRGILI, *La France « virile ». Des femmes tondues à la Libération*, Payot, 2002.

« La violence, réponse à la violence : les tontes à la Libération », *La Violence de guerre, 1914-1945*, Complexe, 2002.

« Les travailleuses françaises en Allemagne », *Travailler dans les entreprises sous l'Occupation*, PU de France-Comté, 2007.

L'internement, la prison

Denis PESCHANSKI, *La France des camps. L'internement, 1938-1946*, Gallimard, 2002.

Bénédicte VERGEZ-CHAIGNON, *Vichy en prison. Les épurés à Fresnes après la Libération*, Gallimard, 2006.

L'épuration économique, administrative et professionnelle

La Justice de l'épuration, La Documentation française, 2008.

La Main-d'œuvre française exploitée par le IIIe Reich, Centre de recherche d'histoire quantitative, 2003.

Claire ANDRIEU, Antoine PROST et Lucette LE VAN (dir.), *Les Nationalisations de la Libération. De l'utopie au compromis*, Presses de la FNSP, 1987.

Robert ARON, *Histoire de l'épuration*, t. 3-2 : *Le monde de la presse, des arts et des lettres*, Fayard, 1975.

Marc-Olivier BARUCH (dir.), *Une poignée de misérables. L'épuration de la société française après la Seconde Guerre mondiale*, Fayard, 2003.

Marc BERGÈRE (dir.), *L'Épuration économique en France à la Libération*, PUR, 2008.

Jean-Marc BERLIÈRE et Laurent CHABRUN, *Les Policiers français sous l'Occupation*, Perrin, 2001.

Jean-Marc BERLIÈRE et Denis PESCHANSKI (dir.), *La Police française (1930-1950). Entre bouleversements et permanences*, La Documentation française, 2000.

Arnaud BERTHONNET, « Le développement des stratégies d'entrepreneurs durant l'Occupation : l'exemple des travaux routiers », *L'Occupation, l'État français et les entreprises*, Association pour le développement de l'histoire économique, 2000.

« L'histoire d'une épuration : l'industrie du bâtiment et des travaux publics en région parisienne (1944-1949) », *Guerres mondiales et conflits contemporains*, n° 212, octobre 2003.

Jean-Pierre BERTIN-MAGHIT, « L'épuration du cinéma français : mythe ou réalité ? », *Film et Histoire*, 1984.

Le Cinéma français sous l'Occupation, PUF, 1994.

Philippe BUTON, *Les Lendemains qui déchantent. Le Pari communiste français à la Libération*, Presses de la FNSP, 1993.

Emmanuel CHADEAU, « L'industrie aéronautique française et l'Allemagne, 1940-1944 », *L'Occupation en France et en Belgique*, Revue du Nord, 1985.

Julie CHASSIN, « La perception de la trahison durant la Seconde Guerre mondiale : un exemple de collaboration économique dans le Calvados », *Traîtres et trahisons. Guerres, imaginaires sociaux et constructions politiques*, Seli Arslan, 2007.

Catherine FILLON, *Le Barreau de Lyon dans la tourmente : de l'Occupation à la Libération*, Aléas, 2003.

Fabrice GRENARD, *La France du marché noir, 1940-1949*, Payot, 2008.

Hervé JOLY (éd.), *Faire l'histoire des entreprises sous l'Occupation. Les acteurs économiques et leurs archives*, Comité des travaux historiques et scientifiques, 2004.

Georges LEPRINCE, *Le Monde du poids lourd. Les travailleurs de Berliet - RVI Vénissieux, 1915-1991*, Messidor, 1991.

Herbert LOTTMAN, *L'Épuration, 1943-1953*, Fayard, 1986.

Laurent MARIE, *Le cinéma est à nous. Le PCF et le cinéma français de la Libération à nos jours*, L'Harmattan, 2005.

Laurent MARTIN, « *Le Canard enchaîné*, un «objet politique mal identifié» », *Revue d'histoire moderne et contemporaine*, n° 50, 2003.

Jean-Yves MOLLIER, *Édition, presse et pouvoir en France au XX*e *siècle*, Fayard, 2008.

Richard MONTBEYRE, *L'Épuration administrative dirigée contre les services de lutte anticommuniste de la préfecture de police de Paris à la Libération*, Paris II, Master 2, 2006.

Alain PETIT, « Septembre 1944 dans le bassin minier ou l'espoir et l'illusion d'un quotidien meilleur », *Cahiers d'histoire de l'institut de recherches marxistes*, n° 58, 1995.

François MARCOT, « La direction de Peugeot sous l'Occupation : pétainisme, réticence, opposition et résistance », *Le Mouvement social*, octobre-décembre 1999.

Antoine PROST et alii, *Aryanisation et restitutions*, La Documentation française, 2000.

Eugène RIEDWEG, *L'Alsace et les Alsaciens de 1939 à 1945*, Strasbourg, thèse de 3e cycle, 1983.

François ROUQUET, *L'Épuration dans l'administration française. Agents de l'État et collaboration ordinaire*, Éd. du CNRS, 1993.

Danièle ROUSSELIER-FRABOULET, *Entreprises et Occupation. La métallurgie dyonisienne, 1937-1947*, EHESS, thèse, 1995.

Paul SANDERS, *Histoire du marché noir, 1940-1946*, Perrin, 2001.

Rolande TREMPÉ, *Les trois batailles du charbon (1936-1947)*, La Découverte, 1989.

Bénédicte VERGEZ-CHAIGNON, « L'"affaire" Guitry », *Sacha Guitry, une vie d'artiste*, Gallimard-BNF-CNF, 2007.

Internes et anciens internes des hôpitaux de Paris, 1918-1945, IEP Paris, thèse, 1995.

Philippe VERHEYDE, *Les Mauvais Comptes de Vichy. L'aryanisation des entreprises juives*, Perrin, 1999.

Danièle VOLDMAN, « L'épuration des architectes », *Matériaux pour l'histoire de notre temps*, n° 39-40, juillet-décembre 1995.

L'épuration dans les syndicats

Gérard ADAM, *La CFTC, 1940-1958*, Armand Colin, 1964.

Luc BOLTANSKI, « Taxinomies sociales et luttes de classes », *Actes de la recherche en sciences sociales*, n° 29, 1979.

Elyane BRESSOL (dir.), *La CGT dans les années 1950*, Presses universitaires de Rennes, 2005.

Claude CUENOT, *La CGT dans le Doubs : l'Union départementale de 1944 à 1950*, Cahiers de la fédération du centre fédéral de l'Éducation nationale, 1993.

Georges LEFRANC, *Les Expériences syndicales en France de 1939 à 1950*, Aubier, 1950.

Jean-Pierre LE CROM, *Syndicats, nous voilà ! Vichy et le corporatisme*, Éd. de l'Atelier, 1995.

Michel MARGAIRAZ (dir.), *Le Syndicalisme dans la France occupée*, Presses universitaires de Rennes, 2008.

Gilles MORIN, « L'épuration syndicale à la Libération » in Michel DREYFUS (dir.), *La Naissance de Force ouvrière*, Presses universitaires de Rennes, 2003.

Bénédicte VERGEZ-CHAIGNON, « Le syndicalisme médical français de sa naissance à sa refondation », *Revue d'histoire moderne et contemporaine*, n° 43-3, octobre-décembre 1996.

Henri WEBER, *Le Parti des patrons. Le CNPF, 1946-1986*, Le Seuil, 1986.

L'épuration dans les partis et les assemblées politiques

Jean-Claude DELBREIL, *Centrisme et démocratie chrétienne en France. Le Parti démocrate populaire des origines au MRP*, Publications de la Sorbonne, 1990.

Michel DREYFUS, *PCF, crises et dissidences*, Complexe, 1989.

Charles-Louis FOULON, *Le Pouvoir en province à la Libération*, Presses de la FNSP, 1975.

Gilles LE BÉGUEC (dir.), *La Reconstruction du Parti radical, 1944-1948*, L'Harmattan, 1993.

Le Parti socialiste entre Résistance et République, Publications de la Sorbonne, 2000.

Les Socialistes en Résistance, 1940-1944, Arlsan, 1999.

Jacques NOBÉCOURT, *Le Colonel de La Rocque ou les pièges du nationalisme chrétien*, Fayard, 1996.

Peter NOVICK, *L'Épuration française, 1944-1949*, Balland, 1985.

Gilles RICHARD (dir.), *La Recomposition des droites en France à la Libération*, Presses universitaires de Rennes, 2004.

Marcel RUBY (dir.), *Les Radicaux dans la guerre, 1936-1946*, Horvath, 1995.

Marc SADOUN, *Les Socialistes sous l'Occupation. Résistance et collaboration*, Presses de la FNSP, 1982.

Olivier WIEVIORKA, *Les Orphelins de la République. Destinées des députés et sénateurs français (1940-1945)*, Éd. du Seuil, 2001.

Études régionales

Marc BERGÈRE, *Une société en épuration. Epuration vécue et perçue en Maine-et-Loire de la Libération au début des années 1950*, Presses universitaires de Rennes, 2004.

Christian BOUGEARD, « Résistance et épuration sauvage en Bretagne », *La Résistance et les Français. Enjeux, stratégies et environnement social*, Presses universitaires de Rennes, 1995.

Perry BIDDISCOMBE, « The French Resistance and the Chambéry incident of June 1945 », *French History*, n° 11-4, 1997.

Pierre Bouisson, *Le Vaucluse à l'heure du provisoire*, mémoire de maîtrise, université d'Avignon, 1997.

Patricia Boyer, « L'épuration et ses représentations en Languedoc-Roussillon », *Vingtième Siècle*, n° 68, octobre-décembre 2000.

Luc Capdevilla, *Les Bretons au lendemain de l'Occupation. Imaginaire et comportement d'une sortie de guerre, 1944-1945*, PUR, 1999.

Julie Chassin, « La délation sous l'Occupation dans le Calvados », *Annales de Normandie*, janvier 2004.

Lucien Gaillard, « Les étrangers et l'épuration dans les Bouches-du-Rhône », *Revue d'histoire de la Deuxième Guerre mondiale*, n° 113, janvier 1979.

Pierre Gérard, « L'épuration dans la région de Toulouse, 1944-1951 », *Lendemains de Libération dans le Midi*, Université Paul Valéry, 1997.

Joseph Girard, *La Résistance et la Libération de Nice*, Serre éditeur, 2006.

Jean-Pierre Husson, *La Marne et les Marnais à l'épreuve de la Seconde Guerre mondiale*, t. 1, Presses universitaires de Reims, 1995.

Roger Joly, *La Libération de Chartres*, Le Cherche-Midi, 1994.

Jean-Pierre Koscielniak, *Collaboration et épuration en Lot-et-Garonne*, 1940-1945, Éd. de l'Albret, 2003.

Guy Labédan, « La répression à la Libération dans la région de Toulouse », *Revue d'histoire de la Deuxième Guerre mondiale*, n° 131, juillet 1983.

Pierre Laborie, « Entre histoire et mémoire, un épisode de l'épuration en Ariège : le tribunal du peuple de Pamiers, 18 au 18 août 1944 », *Les Français des années troubles*, Desclée de Brouwer, 2001.

Max Lagarrigue, « Épuration, attentats, affabulation : le Tarn-et-Garonne à la Libération », *Arkheia*, n° 5-6.

Daniel Laurent, « Sur l'épuration dans le Nord et le Pas-de-Calais », *Revue du Nord*, n° 226, juillet-septembre 1975.

Jean Meynier, *La Justice en Limousin au temps de la Libération. Les tribunaux d'exception, 1944-1948*, Éd. René Dessagne, sd.

Jean-Laurent Vonau, *L'Épuration en Alsace*, 1945-1953, Éd. du Rhin, 2005.

Les cours de justice

La Justice pénale en France. Résultats statistiques (1934-1954), *Les Cahiers de l'IHTP*, n° 23, avril 1993.

AFHJ, *La Justice de l'épuration à la fin de la Seconde Guerre mondiale*, La Documentation française, 2008.

Alain Bancaud, *Une exception ordinaire. La magistrature en France, 1930-1950*, Gallimard, 2002.

Marc-Olivier Baruch (dir.), *Une poignée de misérables. L'épuration de la société française après la Seconde Guerre mondiale*, Fayard, 2003.

Marc Bergère, « La justice à l'épreuve de la Libération : l'exemple du district judiciaire d'Angers », *Bulletin de l'IHTP*, n° 80, 2002.

Anne Freyssinier, « L'exercice du droit de grâce par le général de Gaulle », *Charles de Gaulle et la Justice*, Éd. Cujas, 2003.

Jean Goueffon, « La cour de justice d'Orléans », *Revue d'histoire de la Deuxième Guerre mondiale*, n° 130, 1983.

Alice Kaplan, *Intelligence avec l'ennemi. Le procès Brasillach*, Gallimard, 2001.

Anne SIMONIN, « Trahir », *Dictionnaire critique de la République*, Flammarion, 2002.

Olivier WIEVIORKA, « La délation sous l'Occupation », *L'Histoire*, n° 345, septembre 2009.

Benn WILLIAMS, « Letters of denunciation in the Lyon region, 1940-1944 », *Historische Sozialforschung*, n° 26, 2001.

Les chambres civiques et l'indignité nationale

Luc CAPDEVILLA, « La "Collaboration sentimentale" : antipatriotisme ou sexualité hors norme ? (Lorient, mai 1945) » , *Les Cahiers de l'IHTP*, n° 31.

Anne SIMONIN, *Le Déshonneur dans la République. Une histoire de l'indignité, 1791-1958*, Grasset, 2008.

Les persécutions antisémites devant la justice

Claire ANDRIEU, « Écrire l'histoire des spoliations antisémites », *Histoire@politique*, n° 9, septembre-décembre 2009.

Tal BRUTTMANN (dir.), *Persécution et spoliation des Juifs pendant la Seconde Guerre mondiale*, PUG, 2004.

Katy HAZAN, *La Persécution des Juifs dans quelques procès d'épuration et de collaboration*, DEA, IEP Paris, 1993.

Les représentations de la persécution des Juifs dans les procès de l'épuration en France , Le Monde juif, n° 156, janvier-avril 1996.

Laurent JOLY, « La délation antisémite sous l'Occupation », *Vingtième Siècle*, n° 96, 2007.

Antoine PROST et alii, *Aryanisation économique et restitution*, La Documentation française, 2000.

Henry ROUSSO, *Vichy. L'Événement, la mémoire, l'histoire*, Gallimard, 2001.

Une justice impossible. L'épuration et la politique antijuive de Vichy , Annales ESC, n° 3, mai-juin 1993.

La Haute Cour de justice

ASSOCIATION FRANÇAISE POUR L'HISTOIRE DE LA JUSTICE, *Les Ministres devant la justice*, Actes Sud, 1997.

Philippe BRANA et Joëlle DUSSEAU, *Adrien Marquet*, Atlantica, 2001.

Gérard CHAUVY, *Les Acquittés de Vichy*, Perrin, 2003.

Jérôme COTILLON (éd.), *Raphaël Alibert, juriste engagé et homme d'influence à Vichy*, Economica, 2009.

Marc FERRO, *Pétain*, Fayard, 1987.

Pascale FROMENT, *René Bousquet*, Stock, 1994.

Yves-Frédéric JAFFRÉ, *Les Tribunaux d'exception 1940-1962*, Nouvelles Éditions latines, 1962.

Laurent JOLY, *Xavier Vallat*, Grasset, 2001.

Vichy dans la « solution finale ». Histoire du commissariat général aux Questions juives (1941-1944), Grasset, 2006.

Gilbert JOSEPH, *Fernand de Brinon, l'aristocrate de la collaboration*, Albin Michel, 2002.

Fred KUPFERMAN, *Laval*, Flammarion, 1988.

Herbert LOTTMAN, *Pétain*, Éd. Du Seuil, 1986.

Bernard MORICE, *Les Procès de haute justice au palais du Luxembourg*, Éditions France-Empire, 1972.

Louis NOGUÈRES, *La Haute Cour de la Libération* (1944-1945), Éd. de Minuit, 1965.

Bénédicte VERGEZ-CHAIGNON, *Vichy en prison*, Gallimard, 2006.

Les Vichysto-résistants de 1940 à nos jours, Perrin, 2008.

Hugues VIEL, *Darnand, la mort en chantant*, Jean Picollec, 1995.

Les séquelles de l'épuration, l'exil, l'amnistie

ASSOCIATION FRANÇAISE POUR L'HISTOIRE DE LA JUSTICE, *Vérité historique, vérité judiciaire à travers les grands procès issus de la Seconde Guerre mondiale*, 2001 (disponible sur le site de l'AFHJ).

Caroline BAUDINIÈRE, « Une mobilisation des victimes illégitimes. Quand les épurés français de la Seconde Guerre mondiale s'engagent à l'extrême droite », *Contretemps*, n° 8, septembre 2003.

Carmen CALLIL, *Darquier de Pellepoix ou la France trahie*, Buchet-Chastel, 2007.

Alain CLAVIEN, « Les intellectuels collaborateurs exilés en Suisse », *Matériaux pour l'histoire de notre temps*, n° 67, juillet-septembre 2002.

Jean-Paul COINTET, *Sigmaringen*, Perrin, 2003.

Carlos COLLADO SEIDEL, *España, refugio nazis*, Temas de Hoy, 2003.

Jérôme COTILLON, *Ce qu'il reste de Vichy*, Armand Colin, 2003.

Korentin DENIS FALC'HUN, *Léon Degrelle. Un demi-siècle d'exil, 8 mai 1945-31 mars 1994*, DEA, Paris IV, 2003.

Luc van DONGEN, *Un purgatoire très discret. La transition helvétique d'anciens nazis, fascistes et collaborateurs après 1945*, Perrin, 2008.

Anne DULPHY, *La Politique de la France à l'égard de l'Espagne franquiste entre 1945 et 1955*, thèse d'histoire IEP Paris, 1997.

« Les exilés français en Espagne depuis la Seconde Guerre mondiale : des vaincus de la Libération aux combattants de l'Algérie française 1944-1970 », *Matériaux pour l'histoire de notre temps*, n° 67, juillet-septembre 2002.

Stéphane GACON, *L'Amnistie de la Commune à la guerre d'Algérie*, le Seuil, 2002.

André LASSERRE, *Frontières et Camps. Le refuge en Suisse de 1933 à 1945*, Payot, 1995.

Bénédicte VERGEZ-CHAIGNON, *Vichy en prison. Les épurés à Fresnes après la Libération*, Gallimard, 2006.

« Y a-t-il une culture politique des épurés ? », *Un professeur en République. Mélanges en l'honneur de Serge Berstein*, Fayard, 2006.

Fabrice VIRGILI, *Naître ennemi. Les enfants des couples franco-allemands nés pendant la Seconde Guerre mondiale*, Payot, 2009.

Sophie WAHNICH (dir.), *Une histoire politique de l'amnistie*, PUF, 2007.

Index

Index

D

E

F

G

H

I

J

K

L

M

N

O

P

Table des matières

ÉPILOGUE

ANNEXES

Imprimé en Espagne par Dédalo offset S.S.L.(Madrid)
Dépôt légal : septembre 2010
301129-02/11014303-JANVIER 2011